NOVO CURSO DE
DIREITO CIVIL

PARTE GERAL

NOVO CURSO DE DIREITO CIVIL – V. 1
Pablo Stolze Gagliano
Rodolfo Pamplona Filho

1.ª edição – mar. 2002
2.ª edição – out. 2002
3.ª edição – abr. 2003
4.ª edição – jul. 2003
5.ª edição – mar. 2004
5.ª edição, 2.ª tiragem – fev. 2005
5.ª edição, 3.ª tiragem – mar. 2005
6.ª edição – maio 2005
6.ª edição, 2.ª tiragem – jan. 2006
7.ª edição – fev. 2006
8.ª edição – jun. 2006
8.ª edição, 2.ª tiragem – nov. 2006
9.ª edição – 2007
10.ª edição – 2008
11.ª edição – dez. 2008
11.ª edição, 2.ª tiragem – jul. 2009
12.ª edição – jan. 2010
13.ª edição – jan. 2011
13.ª edição, 2.ª tiragem – jun. 2011
14.ª edição – jan. 2012
14.ª edição, 2.ª tiragem – ago. 2012
15.ª edição – jan. 2013
15.ª edição, 2.ª tiragem – jun. 2013
15.ª edição, 3.ª tiragem – set. 2013
16.ª edição – jan. 2014
16.ª edição, 2.ª tiragem – maio 2014
16.ª edição, 3.ª tiragem – out. 2014
17.ª edição – jan. 2015
18.ª edição – fev. 2016
19.ª edição – jan. 2017, 2.ª tiragem – set. 2017
20.ª edição – jan. 2018
21.ª edição – jan. 2019, 2.ª tiragem – jul. 2019
22.ª edição – jan. 2020
23.ª edição – jan. 2021
24.ª edição – jan. 2022
25.ª edição – jan. 2023
26.ª edição – jan. 2024
27.ª edição – jan. 2025

PABLO STOLZE GAGLIANO

Juiz de Direito. Professor de Direito Civil da Universidade Federal da Bahia — UFBA. Mestre em Direito Civil pela Pontifícia Universidade Católica de São Paulo — PUC-SP. Especialista em Direito Civil pela Fundação Faculdade de Direito da Bahia. Membro da Academia Brasileira de Direito Civil — ABDC, do Instituto Brasileiro de Direito Contratual — IBDCont e da Academia de Letras Jurídicas da Bahia. Já ministrou palestras e cursos em diversas instituições brasileiras, inclusive no Supremo Tribunal Federal. Membro da Comissão de Juristas da Reforma do Código Civil.

RODOLFO PAMPLONA FILHO

Juiz Titular da 32ª Vara do Trabalho de Salvador-BA. Professor Titular de Direito Civil e Direito Processual do Trabalho do curso de Direito da Universidade Salvador — UNIFACS. Professor Associado da graduação e da pós-graduação (Mestrado e Doutorado) em Direito da Universidade Federal da Bahia — UFBA. Mestre e Doutor em Direito das Relações Sociais pela Pontifícia Universidade Católica de São Paulo — PUC-SP. Máster em Estudios en Derechos Sociales para Magistrados de Trabajo de Brasil pela Universidad de Castilla-La Mancha/Espanha — UCLM. Especialista em Direito Civil pela Fundação Faculdade de Direito da Bahia. Membro e Presidente Honorário da Academia Brasileira de Direito do Trabalho. Membro (e ex-Presidente) da Academia de Letras Jurídicas da Bahia e do Instituto Baiano de Direito do Trabalho. Membro da Academia Brasileira de Direito Civil — ABDC, do Instituto Brasileiro de Direito Civil — IBDCivil, do Instituto Brasileiro de Direito Contratual — IBDCont e do Instituto Brasileiro de Direito de Família — IBDFAM.

NOVO CURSO DE
DIREITO CIVIL

PARTE GERAL

27ª edição
revista, atualizada e ampliada
2025

- Os autores deste livro e a editora empenharam seus melhores esforços para assegurar que as informações e os procedimentos apresentados no texto estejam em acordo com os padrões aceitos à época da publicação, *e todos os dados foram atualizados pelos autores até a data de fechamento do livro*. Entretanto, tendo em conta a evolução das ciências, as atualizações legislativas, as mudanças regulamentares governamentais e o constante fluxo de novas informações sobre os temas que constam do livro, recomendamos enfaticamente que os leitores consultem sempre outras fontes fidedignas, de modo a se certificarem de que as informações contidas no texto estão corretas e de que não houve alterações nas recomendações ou na legislação regulamentadora.

- Data do fechamento do livro: *03.01.2025*

- Os autores e a editora se empenharam para citar adequadamente e dar o devido crédito a todos os detentores de direitos autorais de qualquer material utilizado neste livro, dispondo-se a possíveis acertos posteriores caso, inadvertida e involuntariamente, a identificação de algum deles tenha sido omitida.

- Direitos exclusivos para a língua portuguesa
  Copyright © 2025 by **SRV Editora Ltda.**
  Publicada pelo selo **SaraivaJUR**
  Uma editora integrante do GEN | Grupo Editorial Nacional
  Travessa do Ouvidor, 11
  Rio de Janeiro – RJ – 20040-040
  www.grupogen.com.br

- **Atendimento ao cliente: (11) 5080-0751 | faleconosco@grupogen.com.br**

- Reservados todos os direitos. É proibida a duplicação ou reprodução deste volume, no todo ou em parte, em quaisquer formas ou por quaisquer meios (eletrônico, mecânico, gravação, fotocópia, distribuição pela Internet ou outros), sem permissão, por escrito, da **SRV Editora Ltda.**

- Capa: Lais Soriano

- **DADOS INTERNACIONAIS DE CATALOGAÇÃO NA PUBLICAÇÃO (CIP)**
  VAGNER RODOLFO DA SILVA – CRB-8/9410

G135n   Gagliano, Pablo Stolze
Novo curso de direito civil – v. 1 – Parte geral / Pablo Stolze Gagliano, Rodolfo Mário
   Veiga Pamplona Filho. – 27. ed. – [2. Reimp.] – São Paulo: Saraiva Jur, 2025.

496 p.
ISBN 978-85-5362-747-9

1. Direito. 2. Direito Civil. 3. Parte geral. I. Pamplona Filho, Rodolfo Mário Veiga.
II. Título. III. Série.

	CDD 347
2024-4371	CDU 347

Índices para catálogo sistemático:
1.   Direitos Civil   347
2.   Direitos Civil   347

Dedicamos esta obra a nosso Senhor Jesus Cristo, como sempre, a quem cabe toda honra e glória, e ao sentimento da amizade, que nos faz construir castelos e sonhos, com os tijolos da fé, o concreto da humildade e o suor da perseverança.

Agradecimentos

Poucos sentimentos são tão belos quanto a justiça da gratidão manifestada.

Por isso, registramos nossa sincera homenagem a todos aqueles que nos incentivaram para a edição deste volume.

Sempre tendo em mente ser melhor correr o risco da omissão parcial do que cair no vazio do silêncio absoluto, destacamos o apoio constante de nossos pais e irmãos, Emilia e Kalline (esposas), Nana e Bibi, Marina e Rodolfinho Pamplona (filhos), pela compreensão diante de nossa ausência por longas horas, além de Maria José Anselmo Figueiredo dos Santos; Fredie Didier Jr.; Oliveiros Guanais; Francisco Fontenelle e Guilherme Cortizo Bellintani (lembrando a época do Curso *JusPodivm*); Davi, Eli, Edivaldo, Aracele e o pessoal de Utinga/BA (pelo carinho e hospitalidade); Alexandre Nunes de Araújo, Neide, Claudinha, Mirella e Xandinho (e toda a turma de Recife/PE, pela compreensão e disponibilidade); Roberto, Eliede e Nathália (pela presença de sempre); Carolzinha; Maria Cristina Irigoyen Peduzzi; Otávio Brito Lopes; Nilza Reis; Júlio Gusmão; João Monteiro; Paulo Furtado; Carlos Alberto Dultra Cintra; José Justino Pontes Telles; Sílvia Zarif; Ivone Bessa Ramos; Tiago Alves Pacheco; a todos da Associação de Magistrados do Estado da Bahia e da Escola de Magistrados do Estado da Bahia; Roberto Pessoa; Beneval Santos Mutim; Geraldo Vilaça; Josaphat Marinho Mendonça, Maíra Braga ("baiana de Brasília"), Mayla Mey Friedriszik Octaviano, Isa (UFBA), Dafne da Silva Duarte, Fernanda Barretto, Luiz Felipe Candido de Oliveira (Uni-ANHANGUERA), Renata Castilla, Antônio Manuel da Silva Filho, Caio Cesar Tourinho Marques, Marcelo Sales, Leonardo Moraes, Isabela Galvão, Daniel Andrade Rangel, Técio Spinola Gomes, Luciano Lima Figueiredo, Carolina Meneses Pontes, Leonardo Feriato, Germana Queiroz, Fernanda Gonçalves; Cristiano Chaves de Farias; Rita Bonelli; Ulrico Zurcher; Ana Paula Viana; Adriana (ex-namorada, hoje esposa de Bomfim); Mário Delgado; Marcela Tapajós; Gustavo Heinz Schmidt Wiggers; Arthur Amorim (TRT/AL); Adriana Bina da Silveira e Sérgio Luiz Gonçalves (UNIFEBE, Brusque/SC); Guilherme Ludwig, Lucimar Pimentel de Castro; Fábio Periandro de A. Hirsch; Vicente Passos Júnior; Maristela Abreu; Antônio Lago Júnior; Felipe Rondinele; Carlos A. Zardo; Fabiana Trento; Camilo Colani; Carol Prazeres (São Luís/MA); Adriana Romero (DF); Rodrigo César; Gustavo Pereira da Silva Couto; Cleide Carvalho; Sérgio T. Matos (SE); Emerson Chaves Motta; Noemy (Monitoria – Intensivo IELF/SP); Ricardo Carvalho; Vágmo Pereira Batista (maior colaborador da sexta edição!); Christiane Néri; Fábio Sérgio do Amaral (IELF/SP); Gustavo Filipe B. Garcia (grande colaborador da sétima edição), Rodrigo Molaro, Fernando Ribeiro Ramos, Cláudio Rolim, os servidores das comarcas de Amélia Rodrigues, Teixeira de Freitas, Eunápolis, Ilhéus e Salvador, Lislaine Irineu (Uberaba/MG), Leandro Rangel, Marco Aurélio Castro Júnior, Antonio Adonias Aguiar Bastos, Bruno César Maciel Braga (Recife/PE), Ludmila Correia, Leonardo Grizagoridis da Silva, Gabriel Carballo Martinez, Salominho Resedá, Bruno Henrique Tenório Taveira (Paulo Afonso/BA), Marcelo C. F. de Negreiros, Gabriel da Silva Drumond, Audrey Jaqueline do Vale, Laércio Souza, Glauber Lima, Ronaldo Silva, Maria Berenice Dias, Leonardo Vieira, Mariana Faleiro (Santo Amaro/SP), Manuella Santos, Gibran Fonseca Bastos, Juliana Zerbini, Johnny Wellington Chaves de Andrade e Silva, Leonardo Celestino, Rodrigo Leite (Natal/RN), Altino Conceição da

Silva, Caroline Pereira (Porto Alegre), Adriano Silva de Oliveira (Natal/RN), Danilo Raposo Lírio (Vila Velha/ES), Marília Sacramento, Alexandre Lopes, Lúcio Flávio Holanda (Fortaleza/CE), Alysson (Brasília/DF), Sérgio Matos, Rômulo Moreira, Sebastian Mello, Maiana Pessoa; Flávio Tartuce (amigo querido e civilista de inegável brilho), a todos os especiais amigos do Kit-Gigi, Marco Antonio Rodrigues, Erwin Klabunde, Ana Paula Mansur de Carvalho, Mauro Araújo, Frederico Garcia Pinheiro, Marina Ximenes, Lueli Santos, Juliana Corbal, Raquel Moura da Cruz Soares, Flávio Setton (Floriano/Piauí), Cláudio Barbosa Bezerra (Manaus/AM), Isabela Lopes, Vanda Maranhão, Melquíades Peixoto Soares Neto, Alice Kramer Iorra (Porto Alegre/RS), Fernando Brasil (Fortaleza/CE), Ricardo Fernandes, Edson Pessanha Júnior, Miriam Leite (Pelotas/RS), Rodrigo Leite, Miro, Juliano Quelho W. Ribeiro (Aquidauana/MS), Marcos Avallone (MT), Miguel Calmon Teixeira de Carvalho Dantas (querido como um filho e o maior colaborador da 13ª edição), Christiano Mota, Moacir Nascimento Junior (Natal/RN), Ana Carolina Cintra Franco, Guilherme Fagundes Nunes (Bagé/RS), Nyere Pereira, Felipe Calero Medeiros, Simone Cox, Fabíola Barros de Queiroz, Daniel Carnaúba, Mateus "Tevez" Conceição, Antonio Carlos de Miranda (aluno de Direito da Universidade Estácio de Sá/MG), Daniel Lemos de Oliveira Mattosinho, Guilherme Köpfer, Teresa Rodrigues, Carolina Carvalho, Natália Cavalcante, Gilberto Rodrigues Martins, Geórgia Fernandes Lima, Rosângela Lacerda, Silvia Isabelle Teixeira, Murilo Sampaio, Guilherme Ludwig, Andrea Mariani Ludwig, Renato Dantas, Bruno Rodrigues, Leandro Cunha, Amanda Maria Oliveira Resende, Maria Lidia Borri, Gabriel Oliveira, Francisco Hupsel ("as time goes by..."), Ednaldo Melo e tantos outros amigos, colegas e alunos que estiveram presentes, em gestos, palavras e pensamentos, nesta empreitada.

Os Autores

Uma Reflexão sobre o Novo Código Civil

Todas as leis novas exigem comentário, na medida de sua importância. Não há texto límpido, a ponto de dispensar exegese. Os códigos, sobretudo, por sua amplitude, exigem estudo de seu sistema, mais do que análise de suas disposições isoladas. A visão do conjunto faculta o conhecimento da obra, na unidade de seu espírito, evitando, ou, pelo menos, reduzindo desvios e deturpações na compreensão do contexto. A singularidade da obra de *Eduardo Espínola*, *O Sistema no Direito Civil Brasileiro*, teve a virtude da interpretação global, reduzindo, talvez, sua influência, ao que se depreende das observações de *Orlando Gomes*, pelos vínculos ao rigor do pensamento alemão, notadamente quanto à primeira parte.

Em verdade, um Código Civil, especialmente, requer exame de sua estrutura, em correlação com a filosofia que o tenha inspirado, por abranger problemas do ser humano desde antes de nascer até depois da morte. Todo o complexo de relações jurídicas sobre a pessoa física nele se situa, dos direitos da personalidade aos de ordem patrimonial. Quanto ao novo Código Civil Brasileiro, além de sua extensão, que alcança obrigações comerciais, ainda há que notar o nexo com a Constituição, particularmente no que concerne ao Direito de Família. É extensa a inter-relação com questões de direito público.

Quando um Código Civil passa a vigorar em substituição a outro, de conteúdo e de tendências diferentes, como no caso brasileiro, maior há de ser o cuidado na sua aplicação, consequentemente na sua exegese, para que não se confundam instituições de caracteres diversos, nem se distingam as da mesma índole só por localizadas em textos distintos e de épocas distanciadas. A tarefa de comparar institutos, do texto velho e do novo, é empolgante e tormentosa, porque pressupõe a ciência perfeita dos dois documentos legislativos e capacidade de síntese na revelação de sua substância.

Na apreciação comparativa do Código Civil Brasileiro de 2002 com o de 1916, o trabalho do intérprete avulta porque há que se distinguir entre um texto de sentido *social* e outro de tendência *individualista* – o Código novo vê o *homem*, integrado na sociedade; o antigo divisou o *indivíduo*, com seus privilégios.

Os jovens professores baianos *Pablo Stolze Gagliano* e *Rodolfo Pamplona Filho*, com a condição também de magistrados, assumem a responsabilidade de visão ampla dos dois Códigos, em estudo comparativo.

Já prepararam o primeiro volume do *Novo Curso de Direito Civil*, abrangendo o Código atual e o novo, a viger dentro de um ano. Pelo índice das matérias do primeiro volume, que tivemos oportunidade de examinar, e que se estende das *"noções elementares de Direito"* ao problema da *"prescrição e decadência"*, a tarefa é longa e desafiante. Revelam ânimo de cumpri-la, que é pressuposto de aptidão. E é dever da mocidade ousar.

Salvador, janeiro de 2002.

Josaphat Marinho
Senador da República, Relator do Projeto do Código
Civil no Senado Federal, Professor da Faculdade
de Direito da Universidade Federal da Bahia.

Prefácio à Primeira Edição

Durante muitas décadas, nada de novo foi criado em matéria de obra sistemática no campo do Direito Civil em nosso país. Por muitas décadas e por muitas gerações, nós, os estudantes e operadores do Direito, valemo-nos dos mesmos autores nessa matéria. Autores do mais elevado nível e obras importantíssimas, é verdade, mas cujos mestres não deixaram seguidores e cujas obras foram sendo superadas pela pátina do tempo e pelos fenômenos da nova sociedade do final do século passado e desse alvorecer do século XXI.

Uma nova perspectiva se descortina doravante com a presença de um novo Código Civil. Há necessidade de um arejamento dos velhos temas e de um renascimento dos estudos do Direito Privado, o que certamente trará interesse aos cursos de pós-graduação, tal como ocorreu no passado, com a edição do Código de Processo Civil atual.

É com o maior júbilo para as letras jurídicas nacionais que recebemos os jovens autores desta obra que encetam a caminhada pelo Direito Civil. Dignos representantes da nova geração de mestres de Direito Civil, ambos da Bahia, berço de tantos e tantos juristas, propõem-se a elaborar o trabalho que englobe todo o horizonte do novo Direito Civil brasileiro. A obra inicial já demonstra uma maturidade ímpar e uma linguagem clara, que certamente cairá no gosto dos nossos estudantes e estudiosos. A limpidez e didática do texto demonstra que, sem dúvida, a parceria estampada na coautoria de ambos os autores representa uma perfeita identidade de ideias, aspecto nem sempre fácil de ser obtido em obras desse gênero.

Pablo Stolze Gagliano e *Rodolfo Pamplona Filho*, no alvor de sua maturidade e nos arroubos de sua juventude intelectual, lançam-se definitivamente, com esta obra inaugural, no panteão dos grandes civilistas do país. Magistrados, saberão sempre ouvir os reclamos e as necessidades da sociedade. Professores, saberão sempre sentir os anseios da juventude em nossas escolas de Direito. Esta obra inicial já traduz claramente essas qualidades.

Sempre enfatizamos que o exercício conjunto da magistratura e do magistério é o melhor caminho para a obra jurídica, pois une a prática ordenada e necessariamente regrada do juiz com a didática imposta ao professor. Os autores desta obra se destacam liminarmente por essas virtudes. Ademais, são homens de seu tempo, que julgam, ensinam e escrevem para a sociedade e o momento histórico que os cercam. Não existe nada mais injusto do que uma sentença anacrônica, nem nada mais piegas do que um estudo abstrato, sem aplicação prática. São exatamente esses aspectos vistos do lado positivo que distinguem e dão proeminência ao magistrado e ao jurista. Sob esse prisma, *Pablo* e *Rodolfo* já estão a divisar seus pares de um pedestal, tendo à sua frente um vasto horizonte a ser desbravado, e daí deverão proferir seus ensinamentos para muitas gerações e para gáudio dos leitores desta obra.

Sílvio de Salvo Venosa

Apresentação da Primeira Edição

O Direito Civil sempre foi o mais importante ramo do Direito. Constituiu-se no caldo de cultura onde, a partir do século XVIII, principalmente por força do *Code de Napoléon*, na França, da Pandectística, na Alemanha, que culminou com o *Burgelichesgesetzbuch*, e do *Codice Civile*, na Itália, o Direito viu nascer, desenvolver-se e consolidar-se a Ciência Jurídica através de obras notáveis consubstanciadas nos famosos tratados, comentários, cursos e manuais, que se tornaram clássicos e dominaram a cultura jurídica desde então.

Até 1916, a civilística nacional de significado, porém, resumia-se, praticamente, aos nomes do magistral Augusto Teixeira de Freitas, do inesquecível Lafayette Pereira e de alguns outros poucos, como Carlos de Carvalho (*Nova Consolidação das Leis Civis*), que, no entanto, não produziram obras doutrinárias de importância[1], exceto Lafayette, que escreveu os preciosos *Direito de Família* e *Direito das Cousas*.

Como ocorrera na Europa, o advento do Código Civil gerou efervescente movimento cultural, que se traduziu em tratados e comentários de valor inestimável, como o *Manual do Código Civil*, de Paulo de Lacerda, obra coletiva de que participaram os mais ilustres civilistas pátrios, os *Comentários* de A. Ferreira Coelho, infelizmente inacabados, de Carvalho Santos e de Clóvis Beviláqua, o *Tratado* e o *Sistema* de Eduardo Espínola, a obra de M. I. Carvalho de Mendonça, dentre muitos outros[2].

A partir de meados do século passado, no entanto, afora o magnífico *Tratado de Direito Privado* de Pontes de Miranda, cuja obra, em seu conjunto, constitui um marco insuperável na ciência jurídica mundial, e os trabalhos, sem dúvida notáveis, de Orlando Gomes, Caio Mário da Silva Pereira, Miguel Maria de Serpa Lopes, Washington de Barros Monteiro, Silvio Rodrigues, Maria Helena Diniz, Álvaro Villaça, Limongi França, Arnoldo Wald, Antonio Chaves e, mais recentemente, de Sílvio de Salvo Venosa[3], dentre alguns outros poucos, estes consubstanciados em cursos, portanto, de cunho preponderantemente didático (o que não lhes empana o valor cultural), quase nada se há publicado que tenha cuidado do Direito Civil em sua plenitude. Apesar do valor inegável de algumas obras e da importância de alguns juristas, o que foi produzido nesses anos, que não tem sido muito[4], se tem limitado ou a estudos monográficos sobre certos temas ou voltados a áreas específicas do Direito

---

[1] A ausência de doutrina nacional levou Teixeira de Freitas a perguntar: "onde está a doutrina?", ao responder crítica que lhe dirigira o Comendador Rebouças por haver incluído definições no texto do seu Esboço de Código Civil, ao argumento de que definição era matéria que deveria ser reservada à doutrina.

[2] É evidente que a plêiade de civilistas ilustres deste país que pontificaram na primeira metade do século passado não se resume aos nomes citados. No entanto, a grande maioria não publicou obras que, apesar de importantes, se tenham tornado referenciais.

[3] A referência nominal a esses autores se deve ao fato de terem elaborado obras que abrangem o Direito Civil em sua totalidade e não apenas a certa parte ou assunto específico. Não pretendemos, tampouco, esgotar o rol dos autores importantes, mas citar os mais divulgados.

[4] Walter Ceneviva, jurista ilustre e responsável pela seção "Livros Jurídicos" do jornal *Folha de S. Paulo*, em escrito publicado na edição de 31 de dezembro de 2001 (Cotidiano), fez um balanço das

Civil, mais notadamente o Direito de Família, como natural consequência da revolução havida nesse campo em razão, principalmente, mas não somente, da Constituição de 1988.

Essa realidade serve para dar procedência à afirmativa, atribuída ao Ministro José Carlos Moreira Alves, emérito cultor do Direito Civil, de que *"civilista é uma espécie em extinção"* e confirmar a grande verdade de que a Ciência do Direito Civil está estagnada.

Esse fenômeno, ao que nos parece, tem suas raízes, principalmente, em três fatores, a saber:

a) em primeiro lugar, o ser um civilista, em face da amplitude do conhecimento abrangido pelo Direito Civil, que regula a vida humana desde antes de sua concepção e até além de sua morte, nos mínimos atos de sua existência, impõe que o jurista domine o conteúdo de todas as matérias que o enchem, em razão do inter-relacionamento essencial que existe entre elas. O civilista já é um especialista, não um generalista, de modo que a especialização em alguma área específica do Direito Civil exige o domínio do todo. E mais: ser verdadeiro civilista implica, hoje, a necessidade de ser processualista e constitucionalista. Pode-se ser constitucionalista sem ser um civilista; pode-se, até, ser um processualista civil (mas o será, certamente, incompleto) sem ser um civilista, mas o inverso é, em rigor, inadmissível. Por isso, pelo tamanho da tarefa, o Direito Civil afugenta os espíritos inquietos, imediatistas, porque exige persistência, pertinaz e longa dedicação ao seu estudo;

b) depois, consolidando uma tendência que se iniciara no último quartel do século XIX, o desenvolvimento de ramos vários da Ciência do Direito, até então incipientes, como o Direito Constitucional, o Direito Administrativo e o Direito Processual Civil, que atraiu para seu culto espíritos notáveis, que antes, certamente, estariam mourejando messe do Direito Civil;

c) finalmente, como a experiência histórica tem demonstrado, as renovações sofridas pelo direito positivo estimulam e impulsionam o trabalho científico dos juristas, consoante anotamos antes. No Brasil, é inegável que vivemos um período de marasmo legislativo na área do Direito Civil, se considerarmos como nela incluídos apenas os institutos tratados no Código Civil. Praticamente, nada de relevante ocorreu, senão no Direito de Família em decorrência das inovações levadas a efeito pelo Constituinte de 1988, o que parece comprovar a observação acima. Por decisão do legislador (talvez pela errônea visão de que o Direito Civil estaria ultrapassado e esclerosado, constituindo uma estrutura fechada nos institutos regulados no Código Civil, por isso infenso à modernização), alguns temas próprios dele tiveram tratamento legislativo autônomo, com duas consequências relevantes: (a) estimularam o estudo desses temas como se fossem novos ramos do Direito e (b) criaram regulamentos diferentes para situações semelhantes. Exemplo: Código de Defesa do Consumidor e Estatuto da Criança e do Adolescente.

Nesse panorama, sem dúvida sombrio, surge um dado que talvez venha a se tornar em fator de sua transformação: a promulgação de outro Código Civil. Dizemos talvez porque esse Código Civil mais parece ser um clone do Código de 1916: já nasce envelhecido. Não encarna um espírito novo; não reflete as realidades da vida social hodierna; é desatento aos avanços da ciência; não traz novidades; as poucas inovações que incorporou, quase todas,

---

recensões de mais de 400 livros jurídicos que publicou durante o ano de 2001, nas diversas áreas do conhecimento jurídico; não há menção a um só de Direito Civil.

são velhas em outros sistemas jurídicos; deixa sem solução crônicos problemas que a Ciência do Direito Civil vem apontando desde longo tempo.

No entanto, devemos esperar que sirva de estímulo à retomada da civilística, criando um clima propício ao surgimento de uma nova literatura jurídica centrada, não na busca servil de apenas explicitar a *mens legis*, o pensamento do legislador, mas voltada à construção de uma doutrina crítica capaz de edificar uma estrutura jurídica que atenda as necessidades da comunidade: um novo Direito Civil.

E essa esperança desponta como realidade nesta obra que esses dois jovens e brilhantes professores baianos, Pablo Stolze Gagliano e Rodolfo Pamplona Filho, trazem a lume, analisando o Direito Civil já sob a ótica do *novo* Código Civil, antecipando-se a toda a doutrina que, certamente, dele tratará.

Os autores, na linha da melhor tradição dos exponenciais civilistas da Bahia, como Augusto Teixeira de Freitas e Orlando Gomes, tratam da matéria de modo inteligente e inovador. Desenvolvem método expositivo moderno, atual, que combina a vetusta tradição que vem do enorme resíduo do Código Civil de 1916 presente na nova Legislação Civil com as suas novidades nela adotadas, isto com aquela visão crítica que caracteriza os bons espíritos. A linguagem é clara, pertinente, simples, sem, contudo, ser banal ou vulgar, e direta, sem complicações desnecessárias e vãs, que apenas dificultam o entendimento dos temas. Essas clareza e simplicidade em nada deslustram o valor científico da obra, como poderia parecer aos menos desavisados ou aos fátuos que confundem ciência com empolação; ao contrário, demonstram a erudição dos autores e seu domínio sobre aquilo de que cuidam.

O mais importante: não se trata de uma obra que apenas faz ressoar opiniões doutrinárias postas e cristalizadas, mas se revela em um trabalho de criação que, no entanto, não se furta à admissão do que há de bom na doutrina sedimentada.

Ao que nos parece este *Novo Curso de Direito Civil* irá constituir-se em uma contribuição significativa e pioneira ao renascimento da civilística brasileira, repetindo o caminho de Teixeira de Freitas, que, sem dúvida, foi seu grande fundador.

Ponta Verde, em Maceió, janeiro de 2002.

Marcos Bernardes de Mello
Professor de Direito Civil da Universidade Federal de Alagoas
Membro do Instituto Brasileiro dos Advogados

Nota dos Autores

Neste ano de 2025, completamos 24 (vinte e quatro) anos de parceria.

Foram 11 (onze) volumes lançados com nossa assinatura conjunta, contando os 7 (sete) volumes desta coleção, os dois tomos sobre Contratos (que foram fundidos no atual volume 4), a obra *O Novo Divórcio* (depois rebatizada de *O Divorcio na Atualidade*) e o nosso robusto *Manual de Direito Civil*.

Isso sem falar nas nossas obras produzidas individualmente ou com outros(as) colegas.

São vários livros, portanto, que nos orgulham e elevam a nossa responsabilidade acadêmica e o nosso compromisso com o público leitor.

Para estas novas edições, procedemos, como de costume, à revisão geral de toda a obra, acrescentando novos posicionamentos jurisprudenciais, bem como incorporando as mais recentes inovações legislativas.

Reiteramos nossa disposição para continuar ensinando o novo Direito Civil brasileiro com profundidade, objetividade e leveza. Por isso, agradecemos, mais uma vez, todas as sugestões de aperfeiçoamento que recebemos pelos nossos *e-mails* pessoais, aqui novamente divulgados, juntamente com nossos perfis no Instagram e nossos *sites*.

Muito obrigado por tudo!

Com Deus, sempre!

Pablo Stolze Gagliano
pablostolze@gmail.com
Instagram: @pablostolze
Visite: www.pablostolze.com.br

Rodolfo Pamplona Filho
rpf@rodolfopamplonafilho.com.br
Instagram: @rpamplonafilho
Visite: www.rodolfopamplonafilho.com.br

Índice

Agradecimentos VII
Uma Reflexão sobre o Novo Código Civil IX
Prefácio à Primeira Edição XI
Apresentação da Primeira Edição XIII
Nota dos Autores XVII

Capítulo I
Noções Elementares de Direito

1. Objetivo do capítulo 1
2. Noções propedêuticas de direito 1
   2.1. Etimologia 1
   2.2. Conceito 2
   2.3. Outras acepções qualificadas da expressão "direito" 3
   2.4. Direito e moral 4
   2.5. Direito e poder 7
3. Fontes do direito 7
   3.1. Classificação das fontes 8
   3.2. Fontes do direito em espécie 9
      3.2.1. Legislação 9
         a) Características gerais da lei 10
         b) Classificação das leis 10
      3.2.2. Costume 14
      3.2.3. Jurisprudência 16
      3.2.4. Doutrina 18
      3.2.5. Analogia 18
      3.2.6. Princípios gerais do direito 19
      3.2.7. Equidade 20
4. Algumas palavras sobre os sistemas jurídicos (*civil law* e *common law*) ... 23
5. A dicotomia entre direito público e direito privado e a taxonomia do Direito Civil ... 52
6. Conceito doutrinário e histórico do Direito Civil 26
7. Conteúdo do Código Civil 27

Capítulo II
A Codificação do Direito Civil

1. O sentido da codificação 29
2. Argumentos favoráveis e desfavoráveis à codificação 30
3. Antecedentes históricos 32
4. A codificação do Direito Civil brasileiro: aspectos históricos e legislativos ... 34
5. Descentralização e constitucionalização do Direito Civil 37
6. O novo Código Civil brasileiro 42
7. Princípios norteadores do Código Civil de 2002 43

Capítulo III
Lei de Introdução às Normas do Direito Brasileiro

1. O objetivo da Lei de Introdução ao Código Civil: ser uma Lei de Introdução às Normas do Direito Brasileiro 45
2. Vigência, validade, eficácia e vigor das normas 46
3. Aplicação de normas jurídicas 52
   - 3.1. Interpretação de normas 52
   - 3.2. Algumas noções sobre a integração normativa 55
   - 3.3. Aplicação temporal de normas 56
   - 3.4. Conflito de normas no tempo (Direito Intertemporal) 61
   - 3.5. Aplicação espacial de normas 63
   - 3.6. Conflito de normas no espaço 65
   - 3.7. Segurança jurídica e eficiência na criação e aplicação de normas por agentes públicos (reflexões críticas sobre a Lei n. 13.655/2018, que alterou a LINDB) 86

Capítulo IV
Pessoa Natural

1. A personalidade jurídica 75
   - 1.1. Conceito 75
   - 1.2. Aquisição da personalidade jurídica 76
   - 1.3. O nascituro 78
2. Capacidade de direito e de fato e legitimidade 84
   - 2.1. Incapacidade absoluta 85
   - 2.2. Incapacidade relativa 90
     - 2.2.1. Os maiores de dezesseis e menores de dezoito anos 91
     - 2.2.2. Os ébrios habituais e os viciados em tóxicos 92
     - 2.2.3. Aqueles que, por causa transitória ou permanente, não puderem exprimir sua vontade 93
     - 2.2.4. Os pródigos 94
     - 2.2.5. Algumas palavras sobre a capacidade jurídica dos silvícolas 95
   - 2.3. Suprimento da incapacidade (representação e assistência) 96
   - 2.4. Restituição e anulação por conflito de interesses com o representado 98
3. Emancipação 100
4. Nome civil 105
   - 4.1. Esclarecimentos terminológicos 106
   - 4.2. Possibilidade de alteração do nome 107
   - 4.3. Tutela jurídica do nome 110
5. Estado da pessoa natural 111
6. Registro civil 112
7. Extinção da pessoa natural 115
   - 7.1. Morte civil 116
   - 7.2. Morte presumida 116
     - 7.2.1. Ausência 117
       - a) Curadoria dos bens do ausente 117
       - b) Sucessão provisória 118

	c) Sucessão definitiva	120
	d) Retorno do ausente	120
	e) Ausência e dissolução do casamento	121
	7.2.2. Justificação de óbito	121
7.3.	Morte simultânea (comoriência)	122

Capítulo V
Direitos da Personalidade

1. Importância da matéria 125
2. Conceito e denominação 125
3. Natureza dos direitos da personalidade 126
4. A construção da teoria dos direitos da personalidade e das liberdades públicas ... 129
5. Titularidade 130
6. Características dos direitos da personalidade 132
   6.1. Caráter absoluto 133
   6.2. Generalidade 134
   6.3. Extrapatrimonialidade 134
   6.4. Indisponibilidade 134
   6.5. Imprescritibilidade 136
   6.6. Impenhorabilidade 136
   6.7. Vitaliciedade 136
7. Classificação dos direitos da personalidade 137
   7.1. Direito à vida 137
   7.2. Direito à integridade física 141
       7.2.1. Direito ao corpo humano 143
           a) Direito ao corpo vivo 143
           b) Direito ao corpo morto (cadáver) 146
       7.2.2. Direito à voz 148
   7.3. Direito à integridade psíquica 148
       7.3.1. Direito à liberdade 149
       7.3.2. Direito à liberdade de pensamento 152
       7.3.3. Direito às criações intelectuais (autoria científica, artística e literária) 251
       7.3.4. Direito à privacidade 153
       7.3.5. Direito ao segredo pessoal, profissional e doméstico 155
   7.4. Direito à integridade moral 156
       7.4.1. Direito à honra 156
       7.4.2. Direito à imagem 156
       7.4.3. Direito à identidade 158
8. A proteção dos direitos da personalidade 158

Capítulo VI
Pessoa Jurídica

1. Introdução e conceito 163
2. Denominações 164

3. Natureza jurídica da pessoa jurídica (teorias explicativas)	165
3.1. Teorias negativistas	165
3.2. Teorias afirmativistas	166
4. Pressupostos existenciais da pessoa jurídica	168
5. Surgimento da pessoa jurídica	169
5.1. Sociedades irregulares ou de fato	171
5.2. Grupos despersonalizados	174
6. Capacidade e representação da pessoa jurídica	177
7. Classificação das pessoas jurídicas	180
7.1. Pessoas jurídicas de direito público	180
7.2. Pessoas jurídicas de direito privado	182
7.2.1. As associações	185
7.2.2. As sociedades	189
a) Constituição das sociedades	189
b) Classificação das sociedades	190
7.2.3. As fundações	194
a) Afetação de bens livres por meio do ato de dotação patrimonial	195
b) Instituição por escritura pública ou testamento	195
c) Elaboração dos estatutos	196
d) Aprovação dos estatutos	197
e) Realização do registro civil	198
7.2.4. As organizações religiosas	200
7.2.5. Os partidos políticos	201
7.2.6. As empresas individuais de responsabilidade limitada	202
8. Responsabilidade civil e penal das pessoas jurídicas	205
9. Desconsideração da personalidade jurídica (*disregard doctrine*)	206
9.1. Esclarecimentos terminológicos	208
9.2. Hipóteses de aplicação	210
9.3. Disciplina processual da desconsideração da personalidade	218
9.3.1. Reflexões sobre iniciativas legislativas	219
9.3.2. Incidente de desconsideração da personalidade jurídica	221
a) Iniciativa	222
b) Fundamentos para a desconsideração	222
c) Momento da desconsideração	223
d) Contraditório e instrução	225
e) Natureza da decisão	226
f) Recurso	226
g) Efeitos da desconsideração	226
10. Extinção da pessoa jurídica	227
11. Pessoas jurídicas de direito privado e a pandemia da Covid-19	227

Capítulo VII
Domicílio Civil

1. Importância da matéria	231
2. Conceito	232
3. Morada, residência e domicílio: distinções necessárias	233

4. Tratamento legal e mudança de domicílio 234
5. Domicílio aparente ou ocasional 236
6. Domicílio da pessoa jurídica 236
7. Espécies de domicílio 237

Capítulo VIII
Bens Jurídicos

1. Os bens como objeto de relações jurídicas 241
2. Bem × coisa 243
3. Patrimônio jurídico (com reflexões sobre o "patrimônio digital") 244
4. Classificação dos bens jurídicos 246
   4.1. Dos bens considerados em si mesmos (arts. 79 a 91 do CC/2002) 247
       4.1.1. Bens corpóreos e incorpóreos 247
       4.1.2. Bens imóveis e móveis 248
           a) Classificação dos bens imóveis 249
               a.1) Imóveis por sua própria natureza 249
               a.2) Imóveis por acessão física, industrial ou artificial 249
               a.3) Imóveis por acessão intelectual 249
               a.4) Imóveis por determinação legal 250
               a.5) Considerações sobre a natureza imobiliária do direito à sucessão aberta ... 250
           b) Classificação dos bens móveis 251
               b.1) Móveis por sua própria natureza 251
               b.2) Móveis por antecipação 251
               b.3) Móveis por determinação legal 251
           c) Semoventes 252
       4.1.3. Bens fungíveis e infungíveis 254
       4.1.4. Bens consumíveis e inconsumíveis 254
       4.1.5. Bens divisíveis e indivisíveis 255
       4.1.6. Bens singulares e coletivos 256
   4.2. Dos bens reciprocamente considerados (arts. 92 a 97 do CC/2002) 257
       4.2.1. Classificação dos bens acessórios 257
           a) Os frutos 257
           b) Os produtos 258
           c) Os rendimentos 259
           d) As pertenças 259
           e) As benfeitorias 260
           f) As partes integrantes 261
   4.3. Dos bens públicos e particulares 261
5. Bem de família 263
6. Coisas fora do comércio 273

Capítulo IX
Fato Jurídico em Sentido Amplo

1. Noções introdutórias sobre a importância do estudo do fato jurídico 275

2. Conceito de fato jurídico em sentido amplo 276
3. Classificação dos fatos jurídicos em sentido amplo 276
4. Efeitos aquisitivos, modificativos, conservativos e extintivos do fato jurídico 278
    4.1. Aquisição de direitos.. 278
    4.2. Modificação de direitos 279
    4.3. Conservação de direitos 280
    4.4. Extinção de direitos 280
5. Fato jurídico em sentido estrito 280
6. Ato-fato jurídico 282
7. Ato jurídico em sentido estrito... 283

Capítulo X
Negócio Jurídico (Noções Gerais)

1. Introdução 289
2. A transformação da teoria do negócio jurídico 289
3. Conceito e teorias explicativas do negócio jurídico....................................... 292
4. Concepção do negócio jurídico no direito positivo e pelos planos de existência, validade e eficácia 294
5. Classificação dos negócios jurídicos 296
6. Interpretação do negócio jurídico.. 298

Capítulo XI
Plano de Existência do Negócio Jurídico

1. A concepção do plano de existência 301
2. Elementos constitutivos do negócio jurídico 302
    2.1. Manifestação de vontade... 302
    2.2. Agente emissor da vontade 303
    2.3. Objeto 304
    2.4. Forma 304
    2.5. Algumas palavras sobre a causa nos negócios jurídicos 305

Capítulo XII
Plano de Validade do Negócio Jurídico

1. A concepção do plano de validade 309
2. Pressupostos de validade do negócio jurídico 310
    2.1. Manifestação de vontade livre e de boa-fé.. 310
    2.2. Agente emissor da vontade capaz e legitimado para o negócio.......... 315
        2.2.1. Da representação 316
    2.3. Objeto lícito, possível e determinado (ou determinável)..................... 317
    2.4. Forma adequada (livre ou legalmente prescrita) 319

Capítulo XIII
Defeitos do Negócio Jurídico

1. Introdução 321

2. Vícios do negócio jurídico 321
   2.1. Erro ou ignorância 321
   2.2. Dolo 325
   2.3. Coação 329
   2.4. Lesão 332
   2.5. Estado de perigo 338
   2.6. Simulação 341
   2.7. Fraude contra credores 345

Capítulo XIV
Invalidade do Negócio Jurídico

1. Introdução 353
2. Considerações prévias sobre a inexistência do ato ou negócio jurídico ... 355
3. Nulidade absoluta 355
4. Nulidade relativa (anulabilidade) 360
5. Quadro geral comparativo: nulidade absoluta × nulidade relativa ... 365
6. Conversão do negócio jurídico 365
7. Invalidade do negócio jurídico em face do novo conceito de capacidade civil ... 368
   7.1. A Lei Brasileira de Inclusão (Estatuto da Pessoa com Deficiência) ... 370
   7.2. A pessoa com deficiência e a teoria da invalidade do negócio jurídico ... 371
      7.2.1. Pessoa com deficiência tem curador nomeado 372
      7.2.2. Pessoa com deficiência tem apoiadores nomeados 373
      7.2.3. Pessoa com deficiência sem curador ou apoiador 374

Capítulo XV
Plano de Eficácia do Negócio Jurídico

1. A concepção do plano de eficácia 375
2. Elementos acidentais limitadores da eficácia do negócio jurídico ... 375
   2.1. Condição 376
   2.2. Termo 384
   2.3. Modo ou encargo 386

Capítulo XVI
Prova do Negócio Jurídico

1. Considerações gerais 389
2. Provas, em espécie, do negócio jurídico 392
   2.1. Confissão 392
   2.2. Documento 394
   2.3. Testemunha 399
   2.4. Presunções 403
   2.5. Perícia 404
3. Considerações finais 406

Capítulo XVII
Ato Ilícito

1. Noções introdutórias e conceituais 409
2. Da inexistência de diferença ontológica entre ilícito civil e penal 409
3. Tratamento no Código Civil de 1916 e no novo Código Civil 411
4. O abuso de direito 413
5. Causas excludentes de ilicitude 415

Capítulo XVIII
Prescrição e Decadência

1. O tempo como fato jurídico 419
2. Fundamentos sociais da limitação temporal de direitos e pretensões 420
3. Noções conceituais 421
4. Distinção entre prescrição e decadência 427
   - 4.1. Critérios tradicionais 428
   - 4.2. Fundamento doutrinário para distinção *a priori* de prescrição e decadência. 430
     - 4.2.1. Classificação dos direitos subjetivos quanto à finalidade 430
       - a) Direitos a uma prestação 430
       - b) Direitos potestativos 430
         - b.1) Exercitáveis mediante simples declaração de vontade do titular 431
         - b.2) Exercitáveis mediante declaração de vontade do titular, com exigência judicial no caso de resistência 431
         - b.3) Exercitáveis mediante ajuizamento obrigatório de ação judicial 431
     - 4.2.2. Classificação moderna das ações 432
     - 4.2.3. Correspondência entre os institutos da prescrição e decadência com a tutela jurisdicional pretendida 432
5. A prescrição e a decadência no novo Código Civil 433
6. Causas impeditivas e suspensivas da prescrição 435
7. Causas interruptivas da prescrição 439
8. Prazos de prescrição no novo Código Civil 445
9. Prazos de decadência no novo Código Civil 449
10. Prazos prescricionais em matéria de Direito Intertemporal 450
11. Prescrição intercorrente 453
12. Prescrição e decadência e a pandemia da Covid-19 454

Referências 457

Capítulo I
Noções Elementares de Direito

Sumário: 1. Objetivo do capítulo. 2. Noções propedêuticas de direito. 2.1. Etimologia. 2.2. Conceito. 2.3. Outras acepções qualificadas da expressão "direito". 2.4. Direito e moral. 2.5. Direito e poder. 3. Fontes do direito. 3.1. Classificação das fontes. 3.2. Fontes do direito em espécie. 3.2.1. Legislação: a) Características gerais da lei; b) Classificação das leis. 3.2.2. Costume. 3.2.3. Jurisprudência. 3.2.4. Doutrina. 3.2.5. Analogia. 3.2.6. Princípios gerais do direito. 3.2.7. Equidade. 4. Algumas palavras sobre os sistemas jurídicos (*civil law* e *common law*). 5. A dicotomia entre direito público e direito privado e a taxonomia do Direito Civil. 6. Conceito doutrinário e histórico do Direito Civil. 7. Conteúdo do Código Civil.

1. OBJETIVO DO CAPÍTULO

A proposta da presente obra é traçar um panorama abrangente de toda a parte geral do Direito Civil, introduzindo o leitor nesse magnífico ramo do Direito.

Todavia, como todo conhecimento científico, o estudo do Direito Civil imprescinde de premissas gerais, ainda que básicas, da sua própria Ciência fundante.

Para atender a esse objetivo foi concebido este capítulo, que traz algumas considerações propedêuticas importantíssimas para a compreensão da matéria, como, por exemplo, as diversas acepções da expressão "direito", suas fontes e classificações, bem como o conteúdo e taxonomia do Direito Civil neste contexto.

Sem qualquer pretensão, portanto, de aprofundar essa temática – que, por si só, foi, é e sempre será tema para longos tratados – passemos em revista essas noções elementares.

2. NOÇÕES PROPEDÊUTICAS DE DIREITO

Neste tópico, trataremos das noções mais comezinhas sobre o direito, envolvendo a sua etimologia e seu conceito genérico para o seu estudo científico, sem descurar, porém, de algumas acepções qualificativas que lhe são emprestadas.

2.1. Etimologia

No Direito Romano, a palavra utilizada para expressar o que entendemos, hodiernamente, como Direito era *jus* ou *juris*, da raiz sânscrita *ju*.

Tal expressão simbolizava a ideia de *jugo*, na qual se pode compreender, de fato, o vínculo jurídico criado entre as pessoas.

A origem, porém, da palavra *direito* se encontra no latim *directum*, literalmente *direto*, trazendo à mente a concepção de que o direito deve ser uma linha direta, isto é, conforme exatamente uma regra.

2.2. Conceito

Conceituar direito, por incrível que pareça, não é tarefa das mais fáceis, dada a enorme quantidade de visões ideológicas que envolve a doutrina jusfilosófica na espécie, coexistindo uma infinidade de escolas de pensamento, cada qual com sua própria teoria sobre a gênese do direito e seu papel social.

No testemunho de WASHINGTON DE BARROS MONTEIRO:

> "Podemos repetir, na atualidade, o que foi dito anteriormente por Kant, de que 'ainda continuam os juristas à procura do seu conceito de direito', e também por Álvares Taladriz, de que 'tão deficientemente como a geometria define o que seja espaço, assim acontece igualmente com o direito'.
>
> Pertence a questão ao âmbito da filosofia jurídica, desta constituindo um dos problemas fundamentais. Por isso, neste ensejo, fugindo intencionalmente às suas complexidades, limitar-nos-emos a uma única definição, talvez a mais singela, mas que, desde logo, por si só, fala ao nosso entendimento. É a de Radbruch: 'o conjunto das normas gerais e positivas, que regulam a vida social'"[1].

O primeiro passo, portanto, para conseguir conceituar o direito é reconhecer a sua característica essencialmente humana, instrumento necessário para o convívio social.

Enquanto *Robinson Crusoé* vivia sozinho na ilha, não importava o surgimento do fenômeno jurídico (o direito). Que importância teria reconhecer o seu "direito de propriedade" sobre a sua cabana, se era o único morador da ilha? Entretanto, com o aparecimento do índio "Sexta-Feira", houve a necessidade social de se implantarem *regras de conduta*, que viabilizariam a convivência pacífica entre ambos. O direito, enquanto *norma*, portanto, não pode prescindir da *interferência intersubjetiva de indivíduos*[2].

Isso significa que não há falar em direito sem *alteridade*, isto é, a relação com o outro, valendo ser invocado o brocardo latino *ubi homo, ibi jus* (onde há homem há direito), significativo de tal condição.

E, por mais que se fale em leis físicas ou naturais, estas diferem substancialmente do direito em face da perspectiva deontológica (de dever ser) que envolve este último, em detrimento das relações de causalidade (de ser) das leis da natureza.

Como um dado cultural, produzido pelo homem, o direito visa a garantir a harmonia social, preservando a paz e a boa-fé, mediante o estabelecimento de regras de conduta, com sanção institucionalizada.

---

[1] Washington de Barros Monteiro, *Curso de Direito Civil – Parte Geral,* 37. ed., São Paulo: Saraiva, 2000, v. 1, p. 1.

[2] *"Imaginemos que se ha despoblado el planeta hasta la extinción del último hombre que dando sobre su superficie, abandonados bajo la luna, los productos de la civilización: ¿esas formas que significarian? La Victoria de Samotracia habría degenerado, por la ausencia del hombre, a la condición de piedra inerte, en nada distinta a cualquier pedernal pulido por las lluvias... Es decir, se habría desvanecido su esencia... Pues esta no consiste, por supuesto, en la materia petrea sobre que la estatua se encuentra esculpida, sino en el sentido que esta materia adquiere mediante ello para la conciencia humana, sentido que desde luego reside en el objeto, pero que se realiza en la vivencia del sujeto y sobre todo, que existe para el sujeto, y sólo para él"* (Francisco Ayala, *Tratado de Sociología,* Buenos Aires: Losada, 1947, v. 2, p. 11).

Se é certo que CARLOS COSSIO, famoso jusfilósofo argentino, definia direito como a *conduta humana em interferência intersubjetiva*[3], a presença da sanção, ainda que difusa ou implícita pela análise hermenêutica do sistema, é um elemento importante para a compreensão e efetividade da norma jurídica.

Nesse sentido, confira-se a seguinte observação de LIMONGI FRANÇA:

> "Discute-se entre os autores se existe ou não direito sem sanção, isto é, sem a força do poder público ou dos grupos sociais que o torna obrigatório.
>
> Parece que a sanção não é da essência do direito, porque não é ela que o torna justo ou injusto. Mas, a nosso ver, é da sua natureza ter sanção, sem o que o direito seria inatuante"[4].

Assim, sem cair na tentação e no risco intelectual – que ultrapassa os limites da proposta deste livro – de querer inovar, trazendo um novo conceito de direito, fiquemos com a visão do supramencionado jurista, que o encara como "o conjunto das regras sociais que disciplinam as obrigações e poderes referentes à questão do meu e do seu, sancionadas pela força do Estado e dos grupos intermediários.

Nesse conceito encontram-se os quatro aspectos fundamentais do Direito:

a) a *norma agendi*: 'conjunto de regras sociais';

b) a *facultas agendi*: 'que disciplinam as obrigações e poderes';

c) o direito como o justo: 'referentes à questão do meu e do seu';

d) a sanção de direito: 'sancionadas pela força do Estado e dos grupos intermediários'"[5].

2.3. Outras acepções qualificadas da expressão "direito"

A expressão "direito"[6] é plurissignificativa.

De fato, no decorrer do sacerdócio da atividade jurídica, utilizamos – e neste livro não nos portaremos de forma diferente – diversas qualificações adjetivas da referida expressão.

Até mesmo a título de esclarecimentos terminológicos, vale registrar algumas dessas utilizações, matéria que é vista, muitas vezes, sob o título de "classificações do direito", o que não nos parece da melhor técnica, uma vez que não se trata de "formas diferentes de direito", mas sim de diversas denotações da mesma palavra[7].

---

[3] Confira-se o belíssimo tratado *La Teoría Egológica del Derecho y el Concepto Jurídico de Libertad* (2. ed., Argentina: Abeledo-Perrot, 1964).

[4] R. Limongi França, *Instituições de Direito Civil*, 5. ed., São Paulo: Saraiva, 1999, p. 6.

[5] R. Limongi França, ob. cit., p. 6-7.

[6] Preferimos empregar a expressão "Direito", utilizando a letra maiúscula "D" para caracterizar a ciência jurídica (dogmática jurídica), *entendida como uma* "ciência cultural que constitui, por oposição à história do direito, à sociologia jurídica, e à filosofia jurídica, a temática específica do jurista" (Antônio Luis Machado Neto, *Compêndio de Introdução à Ciência do Direito*, 6. ed., São Paulo: Saraiva, 1998, p. 13). É muito comum, também, que se utilize a letra maiúscula nas referências aos ramos do Direito – Direito Civil, Direito Penal, Direito do Trabalho... –, não obstante tal regra, em nosso entendimento, não seja absoluta.

[7] Nesse sentido preleciona Hugo de Brito Machado: "Também na linguagem dos estudos jurídicos a palavra direito tem vários significados, como se vê, por exemplo, nas seguintes expressões: a) direito objetivo, para designar uma norma ou um conjunto de normas; b) direito subjetivo, para designar um

Assim, quando falamos em *direito objetivo*, estamos nos referindo à regra imposta ao proceder humano (*jus est norma agendi*). Trata-se, portanto, da norma de comportamento a que a pessoa deve se submeter, preceito esse que, caso descumprido, deve impor, pelo sistema, a aplicação de uma sanção institucionalizada. Por exemplo, respeitar as normas de trânsito é um direito objetivo imposto ao indivíduo.

Já a expressão *direito subjetivo* designa a possibilidade ou faculdade individual de agir de acordo com o direito (*jus est facultas agendi*). Nela estão envolvidas as prerrogativas de que um indivíduo é titular, obtendo certos efeitos jurídicos, em virtude da norma estabelecida. Por exemplo, o *direito subjetivo de propriedade* gera as prerrogativas de usar, gozar e dispor do bem, o que se enquadra no conceito mencionado.

Em outra perspectiva metodológica, o *direito positivo* caracteriza o conjunto de regras jurídicas em vigor em um Estado em determinada época (*jus in civitate positum*), opondo-se à concepção de um *direito natural*, correspondente a um ordenamento ideal, na ideia abstrata do direito, simbolizando o sentimento de justiça da comunidade.

Da mesma forma, quanto ao raio de atuação do ordenamento jurídico, podemos considerar a existência de um *direito nacional*, que é aquele existente dentro das fronteiras de determinado Estado, e, bem assim, de um *direito internacional*, supraestatal, que se divide em direito internacional público (conjunto de normas que regulam as relações entre Estados, entre si e com Organismos Internacionais, bem como com seus indivíduos) e direito internacional privado (conjunto de normas internas de um país, instituídas especialmente para definir se a determinado caso se aplicará lei local ou lei de um Estado estrangeiro[8]).

Por fim, no que diz respeito à maior ou menor intervenção estatal, com a característica de imperatividade ou dispositividade, temos a mais clássica das classificações em *direito público* e *direito privado*.

Tendo em vista a importância desta última dicotomia, voltaremos a ela ainda neste capítulo.

2.4. Direito e moral

Uma das questões mais tormentosas da reflexão sobre o direito – e também das mais imprescindíveis e necessárias – é justamente desvelar a relação entre direito e moral.

Embora a moralidade deva ser sempre um norte na aplicação da norma jurídica, estando, inclusive, no plano da análise da validade de atos e negócios jurídicos, não há como, tecnicamente, confundi-los[9]. Mais do que isso, a moral, a partir do pós-guerra, passou a

---

efeito da incidência de uma, ou de várias normas; c) direito civil, ou direito penal, ou direito tributário, para designar uma parcela da Ciência Jurídica, ou uma disciplina jurídica, como se costuma dizer nos meios acadêmicos; d) direito brasileiro, ou direito francês, para designar um ordenamento jurídico; e) direito natural, para designar um conjunto de princípios ideais, não escritos, ou a ideia de Justiça" (*Uma Introdução ao Estudo do Direito*, São Paulo: Dialética, 2000, p. 17).

[8] Sobre o tema, confira-se, ainda, o Capítulo III ("Lei de Introdução às Normas do Direito Brasileiro") para maiores reflexões.

[9] "Tradicionalmente, os estudos consagrados às relações entre o direito e a moral insistem, dentro de um espírito Kantiano, naquilo que os distingue: o direito rege o comportamento exterior, a moral enfatiza a intenção, o direito estabelece uma correlação entre os direitos e as obrigações, a moral

integrar a própria estrutura da ordem jurídica; isso, todavia, não exclui a autonomia do direito como instância específica de direção comunitária por meio da normatização de condutas.

Ainda que seus conteúdos se encontrem na propensão humana para realizar valores, distinguem-se direito e moral pelo aspecto formal de garantia externa do mínimo ético.

Na sempre lembrada opinião de CARNELUTTI:

> "Diz-se frequentemente que o direito representa um *minimum* ético. É verdade. Se o quisermos compreender facilmente, podemos servir-nos desta fórmula insuperável da ética cristã: fazer ou não fazer aos outros aquilo que se quereria feito ou não feito a si mesmo. O conteúdo desta fórmula, que exprime inteiramente a simplicidade e a imensidade da ética, só em parte (podemos dizer que só metade dele) penetra no direito. Entre não se apoderar da coisa de outrem e dar o que é seu, há uma ascensão, por meio da qual, a mais das vezes, o direito se detém. A verdade é que existem regras éticas cuja observância é mais ou menos necessária à manutenção da paz, e que nem todas se prestam a ser impostas pela força. A partir daqui, pode formular-se uma distinção entre ética e direito natural à maneira da que se estabeleceu entre direito natural e direito positivo, visto que aquele pode entender-se na acepção de que não compreender toda a ética, mas apenas aquela parte dela que se pode transfundir no direito positivo. A verdade, porém, é que o progresso do direito se entende também no sentido de progressivamente se diminuir a diferença quantitativa entre ética e direito, ou seja, de se aumentar o que chamarei a receptividade ética do direito positivo"[10].

A moral, portanto, tem um campo de ação muito mais amplo que o direito, embora, do ponto de vista ideal, o norte ideológico é que eles se aproximem o máximo possível.

Na lição técnica de A. L. MACHADO NETO,

> "poderíamos estabelecer ainda uma relação genética entre moral e direito, considerando que uma sociedade passa a conferir a nota de exigibilidade e a consequente imposição inexorável através da sanção organizada a toda exigência moral que se tenha tornado essencial à vida e ao equilíbrio do grupo. Sob esse ângulo – o sociológico – que não se eleva ao plano da universalidade categorial, pode ser dito que o direito, ou melhor: que o proibido pela ordem jurídica é a atribuição de exigibilidade que a sociedade confere àquele mínimo de moral que ela considera imprescindível à sua sobrevivência. É isso o que se passa na transposição dos costumes éticos para a órbita do jurídico. A princípio, um costume seria apenas uma exigência moral, mas o seu não cumprimento era juridicamente facultado. Quando esse costume passou a representar algo essencial para a vida do grupo, de cuja observância este julgou não mais poder abrir mão, então a esfera do proibido jurídico estendeu-se até a observância dessa praxe, agora exigível por quem esteja na condição de sujeito titular da prestação que ele envolve, e garantido pela imposição inexorável através da sanção incondicionada dos órgãos do poder social, especialmente o Estado"[11].

Todavia, não há como negar que a moral tem uma preocupação expressiva com o foro íntimo, enquanto o direito se relaciona, evidentemente, com a ação exterior do homem. Por isso mesmo, cabe ao último o estabelecimento de sanções concretas, enquanto daquela

---

prescreve deveres que não dão origem a direitos subjetivos, o direito estabelece obrigações sancionadas pelo Poder, a moral escapa às sanções organizadas" (Chaïm Perelman, *Ética e Direito*, São Paulo: Martins Fontes, 1996, p. 298).

[10] Francesco Carnelutti, *Teoria Geral do Direito*, São Paulo: Lejus, 1999, p. 131.

[11] A. L. Machado Neto, *Introdução à Ciência do Direito* (Sociologia Jurídica), São Paulo: Saraiva, 1963, v. 2, p. 204-5.

somente podem se exigir sancionamentos difusos, não institucionalizados. A legalidade não é, portanto, sinônimo de moralidade, tanto que a coercitividade se limita ao direito, jamais à moral.

Em interessante prisma, anota JOÃO MAURÍCIO ADEODATO:

"Enquanto a justiça moral une abstratamente os indivíduos em suas relações, a justiça social confere a determinada situação real o caráter de *bem* jurídico. O direito positivo realiza a justiça na medida em que corresponde à intuição dos valores levada a efeito pela comunidade como um todo, configurando o que Hartmann denominou direito (espírito) *objetivo*. Tal correspondência é feita através da institucionalização de bens jurídicos, isto é, de situações (hipóteses) e de alternativas de comportamento consideradas justas (prestações). A expressão *bem jurídico* em Hartmann tem sentido diferente daquele elaborado pela dogmática civilista, significando qualquer conduta juridicamente protegida. Nesse sentido jurídico, a justiça não é mais valor moral mas sim *valor situacional*.

A justiça jurídica rege consequentemente um número menor de relações do que a justiça moral; ela defende valores morais legítimos, embora em grau mais modesto, e esta base é indispensável para o desenvolvimento dos valores morais mais altos da hierarquia em que a ética de Hartmann os organiza. Para defender este *mínimo ético necessário*, a justiça social é apreendida pelo direito positivo e então limitada segundo fronteiras mais rígidas, é codificada. Surgem assim instituições garantidoras desta moral mínima (justiça jurídica), tais como a legalidade, a sanção organizada, a ameaça de coação, o constrangimento pela violência legal"[12].

Nesse diapasão, observa WASHINGTON DE BARROS MONTEIRO que,

"embora não se confundindo, ao contrário, separando-se nitidamente, os campos da moral e do direito entrelaçam-se e interpenetram-se de mil maneiras. Aliás, as normas morais tendem a converter-se em normas jurídicas, como sucedeu, exemplificativamente, com o dever do pai de velar pelo filho e com a indenização por acidente do trabalho"[13].

Ressalte-se que a distinção entre direito e moral não implica na adoção de qualquer concepção que importe no reconhecimento da separação estanque entre os dois aludidos âmbitos de regulação de conduta humana.

A relação entre direito e moral, além de íntima, tem-se tornado cada vez mais intensa e, também, complexa, pois os problemas atinentes aos valores morais acabam repercutindo no âmbito jurídico.

Essa intensidade apenas demonstra o caráter complexo e problemático da busca incessante do direito justo, materialmente informado por valores morais que devem ser compartilhados pelos membros da comunidade.

Essa remoralização do direito se tornou necessária a partir da modificação da percepção da ordem jurídica como um todo, a partir do Direito Constitucional, espraiando-se para o Direito Civil, que teve modificado os paradigmas que norteavam o seu desenvolvimento e sua compreensão, passando a prevalecer a dignidade e a boa-fé.

---

[12] João Maurício Adeodato, *Filosofia do Direito – Uma Crítica à Verdade na Ética e na Ciência*, São Paulo: Saraiva, 1996, p. 134.

[13] Washington de Barros Monteiro, *Curso de Direito Civil – Parte Geral*, 37. ed., São Paulo: Saraiva, 2000, v. 1, p. 4.

Ademais, a moral se entrelaça ativamente com o direito pela via dos direitos fundamentais, os quais comportam uma caracterização não apenas como direitos individuais, mas também como direitos sociais, consoante doutrina de Robert Alexy[14] e Ronald Dworkin[15], dentre outros, muitos dos quais projetam sua eficácia, pelo caráter irradiante, para o Direito Civil.

2.5. Direito e poder

O direito tem uma relação umbilicalmente íntima com o fenômeno do poder[16].

Isso porque o direito positivo não é, definitivamente, um elemento da natureza, pronto, acabado e destinado a ser descoberto pelo homem, mas sim um produto da interação em sociedade, cuja existência depende ontologicamente do ser humano, uma vez que objetiva a solução dos eventuais conflitos de convivência social.

Assim, a impositividade é uma característica vital do direito, mas que está relacionada, em verdade, com o poder político da qual emana.

Historicamente, sempre foi o *centro de poder*, no grupo social, que *formalizou o jurídico e garantiu a sua efetividade*. Logo, a criação do direito (atividade legislativa) e a sua aplicação *in concreto* (atividade do julgador) convivem, como funções, no mesmo sistema (a organização política).

Ainda que possa haver confrontos pontuais, *legislador* e *julgador* são agentes de manutenção do *status quo*.

No Estado Democrático de Direito, a diferenciação entre esses momentos se faz ainda mais necessária, teorizando e institucionalizando-se órgãos distintos (Legislativo, Judiciário e Executivo), mas sem afastar a circunstância de que são todos integrantes do mesmo centro de poder, sendo impensável falar em conflito efetivo entre eles, porque isso significaria a ruptura e revolução do próprio sistema, negando-o.

Essas noções vêm à baila justamente para introduzir as formas de produção de normas jurídicas, em que o seu reconhecimento dependerá necessariamente de quem ostenta efetivo poder na sociedade.

É o tema das fontes do Direito, objeto do próximo tópico.

3. FONTES DO DIREITO

Na concepção gramatical, fonte é origem, gênese, de onde provém (água).

As chamadas "fontes do direito" nada mais são, portanto, do que os meios pelos quais se formam ou se estabelecem as normas jurídicas. Trata-se, em outras palavras, de *instâncias de manifestação normativa*.

---

[14] Robert Alexy, *Teoria dos Direitos Fundamentais*. São Paulo: Malheiros, 2008, p. 46-7. Nesse sentido, Alexy admite expressamente o caráter moral dos direitos fundamentais, remetendo à identificação da moralidade a partir de uma fundamentação racional, 2008, p. 46-7.
[15] Ronald Dworkin, *O Direito da Liberdade: A Leitura Moral da Constituição Norte-Americana*. São Paulo: Martins Fontes, 2006, p. 59.
[16] Sobre o tema, confira-se Tercio Sampaio Ferraz Jr., *Introdução ao Estudo do Direito*, 2. ed., São Paulo: Atlas, 1996.

O art. 4.º da Lei de Introdução às Normas do Direito Brasileiro (Decreto-lei n. 4.657, de 4-9-1942) dispõe expressamente que:

> "Art. 4.º Quando a lei for omissa, o juiz decidirá o caso de acordo com a analogia, os costumes e os princípios gerais de direito".

Embora a regra estabeleça o primado da lei como fonte do direito no ordenamento jurídico brasileiro, admitindo a aplicação supletiva da analogia, costumes e princípios gerais, a própria menção destes últimos nos permite abrir o campo de análise de outras fontes.

Ademais, outros diplomas normativos acabam admitindo expressamente, ainda que dentro de microssistemas, a aplicação de outras fontes. É o caso, por exemplo, da Consolidação das Leis do Trabalho, que, em seu art. 8.º, preceitua:

> "Art. 8.º As autoridades administrativas e a Justiça do Trabalho, na falta de disposições legais ou contratuais, decidirão, conforme o caso, pela jurisprudência, por analogia, por equidade e outros princípios e normas gerais de direito, principalmente do direito do trabalho, e, ainda, de acordo com os usos e costumes, o direito comparado, mas sempre de maneira que nenhum interesse de classe ou particular prevaleça sobre o interesse público.
>
> § 1.º O direito comum será fonte subsidiária do direito do trabalho. (Redação dada pela Lei n. 13.467, de 2017) (Vigência).

A teoria das fontes do direito é um dos instrumentos primordiais para regular o aparecimento contínuo e plural de normas de comportamento, sem perder de vista a segurança e certeza das relações jurídicas. Assim, quando se diz que a "lei" é a fonte primordial do direito brasileiro, está se dizendo que se pressupõe que toda norma que se reveste desse caráter (de lei) deve ser considerada como pertencente ao ordenamento.

A classificação das fontes, por sua vez, toma, necessariamente, esses dois elementos (segurança e certeza) para o estabelecimento de uma "hierarquia de prevalência" no ordenamento jurídico.

Vamos conhecê-la.

3.1. Classificação das fontes

Classificam-se as fontes do direito em:

a) *diretas*;

b) *indiretas*.

Nas primeiras, também denominadas fontes *primárias* ou *imediatas*, enquadram-se a *lei* – como dito, fonte primacial do direito brasileiro – e o *costume*, fonte primeira de diversas normas, bem como elemento-chave de alguns ordenamentos jurídicos (consuetudinários), como o anglo-saxão[17]. São consideradas as *fontes formais do direito*.

Entre as fontes *indiretas* (conhecidas ainda como *secundárias* ou *mediatas*), elencam-se a *analogia* e os *princípios gerais de Direito*, mencionados expressamente na LINDB – Lei

---

[17] A rigor, nos sistemas da *Common Law*, a exemplo do anglo-saxão, o costume é tão prestigiado como fonte do Direito que a jurisprudência é encarada como *fonte primária* do Direito. Sobre o tema, confiram-se os tópicos 3.2.3 ("*Jurisprudência*") e 4 ("*Algumas Palavras sobre os Sistemas Jurídicos ('Civil Law' e 'Common Law')*") deste capítulo.

de Introdução às Normas do Direito Brasileiro. Na mesma categoria encontram-se, ainda, importantes fontes auxiliares de interpretação: *a jurisprudência, a doutrina e a equidade*.

Além dessa classificação, outras podem ser lembradas, a depender do critério metodológico adotado.

Assim, em oposição também às já mencionadas fontes formais, fala-se na existência de uma *fonte material do direito*, que é, em última análise, *a própria sociedade*, com sua imensa gama de relações, fornecendo *elementos materiais* (biológicos, psicológicos, fisiológicos), *históricos* (conduta humana no tempo, ao produzir certas habitualidades que se sedimentam), *racionais* (elaboração da razão humana sobre a própria experiência de vida, formulando princípios universais para a melhor correlação entre meios e fins) e *ideais* (diferentes aspirações do ser humano, formuláveis em postulados valorativos dos seus interesses)[18].

Em conclusão, vale lembrar, ainda, a existência das chamadas *fontes históricas do direito*, que não deixam de servir de subsídio ao jurista, a exemplo do *Corpus Juris Civilis*, *da Lei das XII Tábuas*, *da Magna Carta Inglesa etc.*, registrando-se que, indiscutivelmente, o Direito Romano é a mais importante fonte histórica do Direito Moderno.

3.2. Fontes do direito em espécie

Nos próximos subtópicos, analisaremos as seguintes fontes do direito:

a) legislação;

b) costume;

c) jurisprudência;

d) doutrina;

e) analogia;

f) princípios gerais do direito;

g) equidade.

3.2.1. Legislação

Para denominar este subtópico, preferimos utilizar a expressão genérica "legislação", tendo em vista a enorme quantidade de espécies em que é classificada.

A lei é, por excelência, como já se disse, a mais importante fonte do direito em nosso ordenamento positivo. Nela se encontra toda a expectativa de segurança e estabilidade que se espera de um sistema positivado.

Em conceito bastante didático, SÍLVIO VENOSA define-a como a "regra geral de direito, abstrata e permanente, dotada de sanção, expressa pela vontade de autoridade competente, de cunho obrigatório e forma escrita"[19].

---

[18] "Como fontes materiais podem ser mencionadas: a) a realidade social, isto é, o conjunto de fatos sociais que contribuem para a formação do conteúdo do direito; b) os valores que o direito procura realizar, fundamentalmente sintetizados no conceito amplo de justiça" (André Franco Montoro, *Introdução à Ciência do Direito*, 23. ed., São Paulo: Revista dos Tribunais, 1995, p. 323).

[19] Sílvio de Salvo Venosa, *Direito Civil* (Parte Geral), São Paulo: Atlas, 2001, v. 1, p. 33.

O didatismo dessa conceituação está no fato de que condensa as características básicas dessa fonte normativa, quais sejam, *generalidade, abstração, permanência, existência de sanção, edição pela autoridade competente, obrigatoriedade e registro cartáceo da edição*.

Expliquemos cada um desses elementos no próximo tópico.

a) Características gerais da lei

A *generalidade* é uma característica marcante da lei, uma vez que, para ser assim considerada, por mais restrita que seja, deve ser dirigida a um número indeterminado de indivíduos.

As chamadas "leis singulares", entendidas como os atos normativos direcionados a uma pessoa especificamente, somente podem ser consideradas leis em uma acepção muito mais ampla da palavra do que seu conteúdo jurídico *stricto sensu*.

Em decorrência disso, exige-se *abstração* dos preceitos normativos, tendo em vista que as leis têm um caráter prospectivo de geração de efeitos para o futuro, em função de hipóteses concebidas idealmente, não devendo, em regra, produzir efeitos pretéritos.

Fala-se na *permanência* da lei para se entender o seu caráter imperativo enquanto estiver vigente, ou seja, mesmo nas leis editadas para reger determinados períodos de tempo, os efeitos de sua aplicação serão permanentes para as situações jurídicas ocorridas em sua vigência.

Da mesma forma, a *existência de sanção* é um elemento de grande importância para a efetivação da lei, decorrendo, em verdade, não somente dela, mas do próprio ordenamento que, abstratamente, preverá as consequências deontológicas do eventual descumprimento de deveres jurídicos.

A edição por meio de *autoridade competente* ressalta o aspecto formal dessa fonte do direito, sendo a própria separação de poderes uma forma de controle do arbítrio, limitando as possibilidades de atuação dos agentes estatais na sua edição. Vale lembrar ainda que, *formalmente*, considera-se lei "o ato legislativo emanado dos órgãos de representação popular e elaborado de conformidade com o processo legislativo previsto na Constituição (arts. 59-69)"[20].

A *obrigatoriedade* da lei é outro dado relevante, haja vista que o reconhecimento da ausência de força na lei seria a sua própria desmoralização, seja perante o Estado, seja no meio social.

Por fim, o *registro escrito* da lei, além de ser uma diferença para os sistemas do *common law*, como veremos em tópico posterior, garante maior estabilidade das relações jurídicas, com a sua consequente divulgação através das publicações oficiais.

b) Classificação das leis

Vários critérios classificatórios são utilizados pela doutrina na análise das leis *lato sensu*.

Esses critérios poderão, *mutatis mutandis*, ser adotados para analisar as outras fontes de direito, sendo, porém, mais adequados para a metodização do principal repositório de normas jurídicas, que é a lei.

---

[20] José Afonso da Silva, *Curso de Direito Constitucional Positivo*, 9. ed., São Paulo: Malheiros, 1993, p. 368. Registre-se, ainda, que a Lei Complementar n. 95, de 26 de fevereiro de 1998, regulamentada pelo Decreto n. 2.954, de 29 de janeiro de 1999, dispõe sobre a elaboração, a redação, a alteração e a consolidação das leis, e estabelece normas referentes à consolidação dos atos normativos.

Quanto à imperatividade, as leis se classificam em:

a) *Impositivas*: são regras de caráter absoluto, também denominadas cogentes, que estabelecem princípios de ordem pública, ou seja, de observância obrigatória. Ex. 1: as formalidades do casamento são inderrogáveis pela vontade das partes, sob pena de nulidade; ex. 2: o salário é irredutível, salvo convenção coletiva ou acordo coletivo de trabalho, sob pena de nulidade da cláusula de redução.

b) *Dispositivas*: são regras relativas (permissivas ou supletivas), aplicáveis na ausência de manifestação em sentido contrário das partes. Ex.: a obrigação de o locador pagar as despesas extraordinárias de condomínio, previstas em lei, pode ser transferida ao locatário, por força de pactuação expressa nesse sentido.

Quanto à sanção institucionalizada ou autorizamento[21], a doutrina as classifica em:

a) *Perfeitas*: regras cuja violação autoriza simplesmente a declaração de nulidade (absoluta ou relativa) do ato. Ex.: O ato ou negócio jurídico praticado com vício de consentimento[22] é anulável (art. 171, II, do CC/2002).

b) *Mais que perfeitas*: são aquelas que sua violação autoriza a aplicação de duas sanções: a nulidade do ato praticado ou o restabelecimento do *status quo ante*, qualquer delas acrescida de uma pena ao violador. Ex.: o casamento de pessoas casadas é vedado pela lei (art. 1.521, VI, do CC/2002), sendo sancionado com a nulidade pela Lei Civil (art. 1.548, II, do CC/2002) e com a punição penal ao infrator pelo crime de *bigamia* (art. 235 do CP[23]).

c) *Menos que perfeitas*: são as que autorizam, na sua violação, a aplicação de uma sanção ao violador, mas não a nulidade do ato. Ex.: o casamento do viúvo, com filhos do cônjuge falecido, antes de fazer o inventário do casal, com a partilha aos herdeiros, não implicava nulidade, na forma do art. 225 do CC/1916 (sem equivalente direto no CC/2002), mas sim apenas a perda do usufruto legal.

d) *Imperfeitas*: regras legais *sui generis*, não sendo consideradas, tecnicamente, normas jurídicas, por não prescreverem nulidade para o seu descumprimento, nem qualquer sanção direta. Por exemplo: a pessoa física não comunicar, previamente, à Prefeitura, a mudança do seu domicílio (art. 74 do CC).

Quanto à origem ou extensão territorial:

a) *Leis federais*: criadas no âmbito da União, ordinariamente pelo Congresso Nacional (embora, por exceção, como as leis delegadas e as medidas provisórias, deva se admitir o pronunciamento legislativo por outras esferas de Poder), aplicando-se a todo o País ou

---

[21] Expressão utilizada por Maria Helena Diniz (*Curso de Direito Civil Brasileiro*, 36. ed., São Paulo: Saraiva, 2019, v. 1, p. 48), que adota o entendimento de Goffredo Telles Jr. segundo o qual a norma é um "imperativo autorizante" (*O Direito Quântico*, 5. ed., São Paulo: Max Limonad, 1981).

[22] Confiram-se os Capítulos XII ("*Plano de Validade do Negócio Jurídico*"), XIII ("*Defeitos do Negócio Jurídico*") e XIV ("*Invalidade do Negócio Jurídico*").

[23] CP: "Art. 235. Contrair, alguém, sendo casado, novo casamento:

Pena – reclusão, de 2 (dois) a 6 (seis) anos.

§ 1.º Aquele que, não sendo casado, contrai casamento com pessoa casada, conhecendo essa circunstância, é punido com reclusão ou detenção, de 1 (um) a 3 (três) anos.

§ 2.º Anulado por qualquer motivo o primeiro casamento, ou o outro por motivo que não a bigamia, considera-se inexistente o crime".

a parte dele (legislações federais de desenvolvimento regional). Ex.: Constituição Federal, Código Civil, Consolidação das Leis do Trabalho etc.

b) *Leis estaduais*: promulgadas pelas Assembleias Legislativas, destinando-se aos territórios estaduais ou a parte deles. Ex.: Constituição estadual, Lei de ICMS (Imposto de Circulação de Mercadorias e Serviços) etc.

c) *Leis municipais*: aprovadas pelas Câmaras Municipais, com aplicabilidade limitada ao território respectivo. Ex.: Lei Orgânica Municipal, Lei do IPTU (Imposto Predial e Territorial Urbano) etc.

Quanto à duração:

a) *Permanentes*: leis estabelecidas sem prazo de vigência predeterminado. Trata-se da regra geral das leis brasileiras.

b) *Temporárias*: leis estabelecidas com prazo limitado de vigência. É importante frisar que os efeitos das normas temporárias serão permanentes para as situações jurídicas consolidadas durante a sua aplicabilidade, salvo disposição legal posterior.

Quanto ao alcance:

a) *Gerais*: disciplinam uma quantidade ilimitada de situações jurídicas genéricas. Ex.: Constituição Federal, Código Civil etc.

b) *Especiais*: regulam matérias com critérios particulares, diversos das leis gerais. Ex.: A Consolidação das Leis do Trabalho, quando surgiu, pretendeu disciplinar determinado contrato, qual seja, o de emprego, de forma distinta do Código Civil, que continuou regendo genericamente o contrato de prestação de serviços. Assim também a Lei do Inquilinato cuida especificamente da matéria de locação de imóveis, diferentemente do Código Civil.

c) *Excepcionais*: são as que disciplinam fatos e relações jurídicas genéricas, de modo diverso do regulado pela lei geral. A ideia que traduz é de exceção, sendo tais normas características de regimes desse porte. Não se confundem com as normas especiais, porque estas últimas têm somente um sentido de especialização do sistema, enquanto as leis excepcionais acabam negando as próprias regras gerais. Ex.: atos institucionais do regime militar brasileiro de 1964.

d) *Singulares*: norma estabelecida para um único caso concreto, somente sendo considerada lei por uma questão de classificação didática. Ex.: decreto legislativo de nomeação de servidor público.

Finalmente, quanto à hierarquia dentro do sistema nacional:

a) *Constituição*: fundamento do sistema positivo, é a mais importante norma em um ordenamento jurídico nacional. O princípio da supremacia da Constituição sujeita todas as normas da ordem jurídica a uma conformidade tanto formal quanto material com o texto constitucional. A conformidade formal exige que o ato normativo tenha sido produzido de acordo com as regras constitucionais que disciplinam a sua edição. A compatibilidade material impõe que não haja contraposição entre o que a constituição ordena ou proíbe e o que dispõem os atos normativos que integram a ordem jurídica. Observe-se, ainda, que o caráter dirigente da Constituição brasileira de 1988[24], aferido, por exemplo, pelo seu art. 3.º,

---

[24] O caráter dirigente da Constituição é caracterizado pela existência de princípios que determinam objetivos e tarefas de ordem política, social e econômica para o Estado, impondo-lhe a transformação da realidade e definindo, por essa via, prioridades políticas que passam a ser intangíveis.

resulta em que a Constituição também impõe ações para o Poder Público em atendimento às diretrizes estabelecidas e aos objetivos fixados. Assim, o descumprimento do Poder Público às normas constitucionais pode resultar de uma ação normativa incompatível, acarretando uma inconstitucionalidade por ação, ou por uma inércia ou conduta diversa daquela que é exigida, o que implica uma inconstitucionalidade por omissão. A Constituição como um parâmetro, a projeção dos efeitos dos direitos fundamentais sobre as relações privadas, o caráter irradiante dos princípios constitucionais e a feição analítica do texto constitucional brasileiro repercutem ativamente nas relações civis, acarretando uma "constitucionalização do direito civil", que não é insensível a uma "civilização do direito constitucional"[25]. As emendas à Constituição situam-se entre os atos normativos e, embora estejam sujeitas aos limites previstos pelo art. 60 da Constituição para sua edição, figuram, com relação às demais normas do sistema jurídico, como normas constitucionais. Assim, têm-se as normas constitucionais originárias e as normas constitucionais resultantes de emendas.

b) *Leis infraconstitucionais*: tecnicamente, não há hierarquia entre as leis infraconstitucionais, mas sim apenas peculiaridades quanto à matéria regulável, o órgão competente para sua edição e o *quorum* necessário. Nela se incluem as leis complementares; leis ordinárias e algumas outras formas de manifestação normativa que apenas materialmente podem ser consideradas leis: leis delegadas, decretos-leis (já extintos em nosso ordenamento jurídico) e medidas provisórias. No campo das normas infraconstitucionais, vale registrar que o Supremo Tribunal Federal considera que os Tratados Internacionais sobre Direitos Humanos possuem um caráter supralegal, estando em um grau superior aos textos legais, embora não tenham a mesma hierarquia dos preceitos constitucionais (abstraída, obviamente, a hipótese do § 3.º do art. 5.º da Constituição Federal[26], pois, aí, o tratado seria incorporado como norma constitucional).

c) *Decretos regulamentares*: atos do Poder Executivo, com a finalidade de prover situações previstas na lei em sentido técnico, para explicitá-la e dar-lhe execução; existem, ainda, os decretos legislativos, que veiculam, em regra, as deliberações do Congresso Nacional com eficácia *extra muros*, e os decretos judiciários.

d) *Normas internas*: embora, como as últimas, também não sejam leis *stricto sensu*, têm por finalidade disciplinar situações específicas, notadamente na Administração Pública. Ex.: estatutos, regimentos internos, instruções normativas etc.

Destacam-se, no particular, as normas programáticas, que passam a gozar de reconhecimento pleno da sua juridicidade e do seu caráter impositivo, em grau diferenciado, conforme desenvolvido por Canotilho. Sobre o tema, José Joaquim Gomes Canotilho, *Constituição Dirigente e Vinculação do Legislador: Contributo para a Compreensão das Normas Constitucionais Programáticas*. Coimbra: Coimbra Ed., 1994.

[25] José Joaquim Gomes Canotilho, Civilização do Direito Constitucional ou Constitucionalização do Direito Civil? A Eficácia dos Direitos Fundamentais na ordem jurídico-civil no contexto do Direito Pós-Moderno. In.: Grau, Eros Roberto *et* Guerra Filho, Willis Santiago. *Direito Constitucional: Estudos em Homenagem a Paulo Bonavides*. São Paulo: Malheiros, 2001, p. 108-15.

[26] "§ 3.º Os tratados e convenções internacionais sobre direitos humanos que forem aprovados, em cada Casa do Congresso Nacional, em dois turnos, por três quintos dos votos dos respectivos membros, serão equivalentes às emendas constitucionais" (Incluído pela Emenda Constitucional n. 45, de 2004).

3.2.2. Costume

O costume é *o uso geral, constante e notório, observado socialmente e correspondente a uma necessidade jurídica.*

Trata-se de uma fonte do direito, com objetividade evidentemente menor, uma vez que sua formulação exige um procedimento difuso, que não se reduz a um procedimento formal, como se verifica na elaboração das leis.

Para caracterizá-lo, mister se faz a presença simultânea de dois tipos básicos de elementos:

a) *objetivo* ou *substancial*: o uso continuado da prática no tempo;

b) *subjetivo* ou *relacional*: a convicção da obrigatoriedade da prática como necessidade social (*opinio necessitatis sive obligationis*).

Sociologicamente, é possível afirmar que a "convicção da obrigatoriedade tem um fundamento numa expectativa de consenso, melhor dito, na suposição bem-sucedida de que todos concordam, o que pressupõe, na verdade, uma capacidade social limitada para conceder atenção a tudo que ocorre. É isto que explica o engajamento pelo silêncio"[27].

Baseia-se, indubitavelmente, no argumento de que algo deve ser feito porque sempre o foi, tendo sua autoridade respaldada na força conferida ao tempo e no uso contínuo das normas.

Como observa ORLANDO GOMES:

> "O problema do fundamento da força obrigatória do costume tem, no Direito moderno, o interesse prático, e mais relevante, de explicar de onde o costume tira sua autoridade. Para essa indagação, há duas respostas: ou a autoridade do costume se consagra pela confirmação do legislador, ou pela aceitação do juiz. A tese da confirmação legislativa é inadmissível na sua fundamentação e em suas consequências, não passando de intolerável exageração do papel do legislador para lhe reservar o monopólio da produção normativa, que eliminaria o costume como fonte formal do Direito. A tese da confirmação jurisprudencial é aceitável. Segundo seus adeptos, o costume adquire força obrigatória quando reconhecido e aplicado pelos tribunais. Necessário, portanto, se consagre através da prática judiciária"[28].

O costume, como fonte do direito, pode ser visualizado de três formas:

a) *Praeter legem*: costume que disciplina matéria que a lei não conhece. Visa a suprir a lei, nas eventuais omissões existentes (art. 4.º da LINDB). É o caso, por exemplo, da maior parte das práticas comerciais individuais, existentes muito antes da sua disciplina formal em códigos. Lembra-nos, a respeito, FRANCO MONTORO: "a lei silencia quanto ao modo pelo qual o arrendatário deve tratar a propriedade arrendada; devemos então socorrer-nos dos costumes locais"[29].

b) *Secundum legem*: neste caso, a própria lei reconhece a eficácia jurídica do costume. Não se identificam totalmente, todavia, em função da impossibilidade material de a norma

---

[27] Tercio Sampaio Ferraz Jr., *Introdução ao Estudo do Direito*, 2. ed., São Paulo: Atlas, 1996, p. 241.
[28] Orlando Gomes, *Introdução ao Direito Civil*, Rio de Janeiro: Forense, 2001, p. 43-4.
[29] Exemplo dado por André Franco Montoro (*Introdução à Ciência do Direito*, 23. ed., São Paulo: Revista dos Tribunais, 1995, p. 351).

positiva prever todas as condutas, admitindo-se a disciplina costumeira por aplicação do princípio ontológico do Direito de que "tudo que não está juridicamente proibido, está juridicamente permitido". O mais didático exemplo talvez seja o da obrigação legal do locatário de pagar pontualmente o aluguel nos prazos ajustados, e, em falta de ajuste, segundo o costume do lugar (art. 569, II, do CC/2002), onde o preceito consuetudinário, não contido na lei, é admitido com eficácia obrigatória. Tomem-se outros exemplos: art. 1.297, § 1.º, do CC/2002 e art. 615 do CC/2002. Há quem entenda que, entre os costumes *secundum legem*, inclui-se o chamado *costume interpretativo*, pois, consoante dispõe o Código de Direito Canônico, "*o costume é o melhor intérprete da lei*".

c) *Contra legem*: tema dos mais polêmicos, trata-se do reconhecimento de uma prática que se oponha francamente ao direito legislado, numa "revolta dos fatos contra os códigos", na expressão de GASTON MORIN, o que não é admitido expressamente pelo sistema positivo.

Na lição de FRANCO MONTORO, "pode ocorrer em dois casos: no desuso (*dessuetudo*), quando o costume simplesmente suprime a lei, que fica letra morta, ou no costume ab-rogatório (*consuetudo ab-rogatoria*), que cria uma nova regra"[30]. No primeiro caso, a lei nem sequer gerou efeitos fáticos na realidade, embora tenha entrado formalmente em vigor, ou simplesmente deixa de ser aplicada, por já não corresponder à realidade e em seu lugar terem surgido novas regras costumeiras; no segundo, depois de a norma legal ter logrado eficácia por certo tempo, a evolução dos valores sociais leva a negá-la, criando um costume que se opõe à lei.

Nem mesmo na doutrina tal manifestação social é aceita pacificamente, uma vez que os pensadores de tendência racionalista, legalista ou formalista a rejeitam firmemente, por considerá-la incompatível com a função do Estado e com a regra de que as leis somente se revogam por outras leis.

Adotando postura diametralmente oposta, é insuperável a crítica de MACHADO NETO aos que não aceitam o costume *contra legem*, perguntando: "qual (é) o direito positivo de tal povo? A lei que ninguém segue e os próprios tribunais já não aplicam ou o costume que é vivido diuturnamente pelos membros da comunidade jurídica?"[31].

Exemplificar o costume *contra legem* é tarefa árdua, da qual se furta boa parte da doutrina[32], tendo em vista que, no final das contas, significa negar aplicabilidade a regras legais formalmente vigentes. Sem medo do risco, entendemos, porém, que não há como negar, ainda que sob o prisma da sociologia jurídica, que regras como a da possibilidade de *ação anulatória por defloramento anterior da mulher (prevista no art. 178, § 1.º, do CC/1916)* já estavam em evidente desuso, mesmo antes da Constituição Federal de 1988 ou da sua

---

[30] André Franco Montoro, ob. cit., p. 351.

[31] A. L. Machado Neto, *Compêndio de Introdução à Ciência do Direito*, 3. ed., São Paulo: Saraiva, 1975, p. 211.

[32] Maria Helena Diniz é uma das poucas que enfrentam a questão, nos seguintes termos: "No antigo direito pátrio houve um alvará, o de 30 de novembro de 1793, que mandou seguir, em matéria de prova, o costume de preferência à lei, e isso ocorreu numa época em que vigorava a Lei da Boa Razão, editada em 1769, que proibia o costume contrário às disposições legais. Outro exemplo foi o caso do chamado aluguel progressivo, que, apesar de proibido pelo art. 3.º da Lei n. 1.300/50, foi muito praticado, de tal forma que a Lei n. 3.494/58, no art. 2.º, o consagrou" (Maria Helena Diniz, *Compêndio de Introdução à Ciência do Direito*, 27. ed., São Paulo: Saraiva, 2019, p. 340).

revogação formal. Outro exemplo de típica hipótese de *desuso* encontramos no parágrafo único do art. 74 do CC/2002, que exige como *prova da intenção de mudança do domicílio "o que declarar a pessoa às municipalidades dos lugares, que deixa, e para onde vai"*. A referida "declaração", prevista expressamente pelo texto de lei como prova da mudança, é, indiscutivelmente, um mandamento normativo írrito, sem aceitação social.

3.2.3. Jurisprudência

Quando o reconhecimento de uma conduta como obrigatória se dá em sede dos tribunais, teremos a jurisprudência (ou o costume judiciário) como fonte do direito.

Diferencia-se, porém, do costume propriamente dito, porque esse é criação da prática popular, nascendo espontaneamente, como decorrência do exercício do que se considera socialmente obrigatório, ao passo que a jurisprudência é obra exclusiva da reflexão dos operários do direito, nas decisões de juízes monocráticos e tribunais, em litígios submetidos à sua apreciação.

A expressão "jurisprudência" era empregada, no vernáculo brasileiro, como um sinônimo de Ciência do Direito[33], sendo ainda utilizada dessa forma em diversos sistemas, notadamente o italiano.

Hodiernamente, porém, possui um significado mais limitado, *consistindo no conjunto de reiteradas decisões dos tribunais sobre determinada matéria (rerum perpetuo similiter judicatorum auctoritas)*. Assim, é um equívoco que beira a aberração técnica a menção, lamentavelmente cada dia mais comum, à existência de "jurisprudências" (no plural) favoráveis, pois, em verdade, a jurisprudência é *a complexa reunião de julgados, e não cada um deles isoladamente.*

Embora a Lei de Introdução às Normas do Direito Brasileiro não a reconheça expressamente como fonte normativa, a sua importância cresce a cada dia, mesmo no sistema romano-germânico. Em verdade, tem-se que a Lei de Introdução revela-se, no particular, anacrônica, pois, mesmo não a reconhecendo formalmente, a jurisprudência é fonte, ao menos, da compreensão do direito.

Sim, de fato, a jurisprudência pacífica dos tribunais não obriga juridicamente, mas acaba por prevalecer na maioria dos casos, valendo destacar, inclusive, que é hipótese de admissibilidade dos recursos extraordinários *lato sensu* (recurso extraordinário para o STF, recurso especial para o STJ e recurso de revista para o TST) a eventual violação ao entendimento das cortes respectivas, uma vez que sua função é, em última instância, uniformizar a jurisprudência nacional. Outrossim, não se podem ignorar os efeitos jurídicos que as reformas processuais têm atribuído à jurisprudência dominante (notadamente com o advento da "súmula vinculante"), com o desiderato de promover o desafogamento da jurisdição diante de conflitos em massa que são judicializados, para resguardar a isonomia e a segurança jurídica.

Neste passo, uma análise crítica do sistema brasileiro permite a conclusão de que, ainda que a passos lentos, a construção pretoriana (jurisprudencial) ganha contornos novos, que permitem reconhecê-la como verdadeira fonte produtora do direito.

---

[33] Cf. Antônio Luis Machado Neto, ob. cit., p. 13.

Sua finalidade real, sem dúvida, será readequar o sistema a uma nova conjugação de forças, sem negação das premissas do próprio centro de poder de que faz parte, sempre dentro da premissa do próprio art. 5.º da Lei de Introdução às Normas do Direito Brasileiro[34].

Especial destaque merece, porém, a chamada *jurisprudência "contra legem"*.

Sobre tão controvertida forma de jurisprudência manifesta-se o Prof. MACHADO NETO, da Universidade Federal da Bahia:

> "Embora não se possa aceitar o exagero da escola de direito justo de Hermann Kantorowicz que propugnava, em nome da justiça e da espontânea elaboração social do direito, a prática da jurisprudência *contra legem*, também não há negar que, tal como se passa em relação ao costume ab-rogatório, a jurisprudência *contra legem*, sem que possa vir a ser a regra, se porém, ocorre e logra vigência, ou melhor, eficácia, não há razão para negar-lhe a condição de efetivo direito. Também aqui poderíamos inquirir como da outra feita: qual será o direito de um povo, a lei que ninguém acata ou a jurisprudência, embora *contra legem*, mas que os tribunais vêm seguindo e acatando?"[35].

Como toda consagração de uma regra que se opõe à expressa letra da lei, exemplificar a jurisprudência *contra legem* também não é fácil.

Há, todavia, algumas hipóteses que nos parecem relevantes para efeitos didáticos, como, v. g., a aceitação jurisprudencial da prática[36] do cheque "pré-datado", uma vez que a própria "Lei do Cheque" o considera uma ordem de pagamento à vista[37] e também o Código Penal o enquadra, se não tiver suficiente provisão de fundos, no tipo incriminador do estelionato[38].

Cabe, ainda, atentar para a distinção entre jurisprudência e súmula.

A súmula adotada por um tribunal nada mais é do que a enunciação sintética de uma *ratio decidendi*, ou seja, constitui a síntese enunciada das razões de decidir de determinado

---

[34] LINDB: "Art. 5.º Na aplicação da lei, o juiz atenderá aos fins sociais a que ela se dirige e às exigências do bem comum".

[35] A. L. Machado Neto, *Compêndio de Introdução à Ciência do Direito*, 3. ed., São Paulo: Saraiva, 1975, p. 213.

[36] STF, Súmula 370: "Caracteriza dano moral a apresentação antecipada de cheque pré-datado".

[37] Lei n. 7.357/85:

"Art. 32. O cheque é pagável à vista. Considera-se não escrita qualquer menção em contrário.

Parágrafo único. O cheque apresentado para pagamento antes do dia indicado como data de emissão é pagável no dia da apresentação".

[38] CP: "Art. 171. Obter, para si ou para outrem, vantagem ilícita, em prejuízo alheio, induzindo ou mantendo alguém em erro, mediante artifício, ardil, ou qualquer outro meio fraudulento:

Pena – reclusão, de 1 (um) a 5 (cinco) anos, e multa.

§ 1.º Se o criminoso é primário, e é de pequeno valor o prejuízo, o juiz pode aplicar a pena conforme o disposto no art. 155, § 2.º.

§ 2.º Nas mesmas penas incorre quem:

(...)

VI – emite cheque, sem suficiente provisão de fundos em poder do sacado, ou lhe frustra o pagamento".

caso concreto. A função da súmula é preencher parcialmente a indeterminação e a vagueza que resultam de textos normativos, reduzindo a complexidade da interpretação, o que não significa que ela própria prescinda de interpretação. Ao contrário, os verbetes que compõem as súmulas demandam exegese, pois a sua justificação está em que seja aplicada a mesma *ratio decidendi* entre casos que sejam substancialmente idênticos. A dificuldade consiste em diagnosticar o grau de identidade que deve ter o caso que se pretende resolver com os casos (ou o caso) de que sobreveio determinado verbete.

No Brasil, até o advento da Emenda Constitucional n. 45/2004, não havia força vinculante e geral das decisões dos tribunais, salvo as do controle abstrato-concentrado de constitucionalidade, pois a adesão ao sistema do direito legislativo afastava a adoção do princípio do *stare decisis*, pelo qual se dá a vinculação do precedente, ou seja, da primeira decisão firmada por um tribunal sobre determinada matéria em um caso específico.

A partir deste momento histórico, porém, ao lado das súmulas persuasivas, passaram a existir as súmulas vinculantes, que podem ser editadas exclusivamente pelo Supremo Tribunal Federal e que obrigam aos demais órgãos do Poder Judiciário e à Administração Pública, em todos os âmbitos da Federação. Por ser vinculante, o seu descumprimento enseja a promoção, perante o Supremo Tribunal Federal, de Reclamação Constitucional, via pela qual a Corte promove a garantia da autoridade de suas decisões.

3.2.4. Doutrina

Doutrina é a opinião dos doutos, conhecidos como juristas (*communis opinio doctorum*).

A doutrina dominante não chega, no sistema de *civil law*, a ser considerada formalmente uma fonte do direito, uma vez que não há imposição a seu acatamento.

Todavia, pode ser responsável pela definição de alguns conceitos jurídicos indeterminados (ex.: mulher honesta[39], justa causa, absoluta impossibilidade etc.), permitindo o desenvolvimento de fórmulas interpretativas capazes de conferir certa uniformidade a tais conceitos vagos e ambíguos.

Acaba, no final das contas, sendo considerada uma fonte pelo fato de continuamente propor soluções, inovar, interpretar e colmatar lacunas.

Sua autoridade, inclusive, como *base de orientação para a interpretação do direito* é irrecusável, como, por exemplo, na construção pretoriana, anteriormente à Constituição Federal de 1988, da reparabilidade do dano moral, negada frontalmente no início pelo Supremo Tribunal Federal, mas admitida, posteriormente, sem que houvesse qualquer modificação legislativa genérica, em face da evolução dos estudos sobre responsabilidade civil.

3.2.5. Analogia

Embora mencionada no art. 4.º da LINDB, não se trata bem de uma fonte do direito, mas sim de um meio supletivo em caso de lacuna da lei.

---

[39] Registre-se que a Lei n. 11.106, de 28 de março de 2005, descriminalizou o adultério, a sedução e o rapto (embora este crime permaneça como forma qualificada de cárcere privado), tendo retirado a expressão "mulher honesta" dos crimes de fraude sexual.

Trata-se, em verdade, de uma "forma típica de raciocínio pelo qual se estende a *facti species* de uma norma a situações semelhantes para as quais, em princípio, não havia sido estabelecida"[40].

Por meio do emprego da analogia, portanto, havendo omissão legal, o juiz *aplicará ao caso concreto a norma jurídica prevista para situação semelhante*.

Pode-se manifestar de duas formas:

a) *analogia legis* – quando, inexistente a lei, aplica-se outra *norma legal* ao caso *sub judice*;

b) *analogia juris* – quando, inexistente a lei, aplica-se o *princípio geral do direito* ao caso sob apreciação.

Podemos ilustrar a matéria por meio de um exemplo. O contrato de hospedagem, em nosso sistema, é considerado atípico, uma vez que não se encontra expressamente regulado por nenhuma lei. Neste caso, inexistindo norma legal, o juiz poderá invocar, por analogia, as regras dos contratos de depósito, locação de serviços e compra e venda, com o propósito de dirimir eventuais controvérsias.

Outro exemplo de aplicação analógica nos é dado por JOÃO BAPTISTA DE MELLO E SOUZA NETO, referindo-se ao Código de Processo Civil de 1973:

> "é preciso fixar o valor da causa em uma ação que visa a exoneração para a obrigação de pagar alimentos. A lei silencia quanto a isso. Observado o Código de Processo Civil, verifica-se haver dispositivo para caso assemelhado, ação de alimentos, segundo o qual o valor da causa será igual a um ano dos alimentos pretendidos. Assim, aplica-se o dispositivo do art. 259, VI, à hipótese não originariamente prevista para a sua abrangência, qual seja a ação para a exoneração dos alimentos. E fixa-se tal valor em um ano do valor dos alimentos cuja exoneração se pretende (a esse respeito, confira-se JTJ 162/166)"[41].

Registre-se que a analogia continuou válida no novo sistema processual brasileiro, que não trouxe previsão legal específica para tal valor da causa (art. 292, III, do CPC/2015).

3.2.6. Princípios gerais do direito

Também mencionados no art. 4.º da LINDB, os princípios gerais são postulados que procuram fundamentar todo o sistema jurídico, não tendo necessariamente uma correspondência positivada equivalente.

Há quem os reduza, inclusive, aos famosos preceitos romanos: *honeste vivere, alterum non laedere, suum cuique tribuere*, mas, em verdade, podem ser encontrados e sistematizados por cada disciplina jurídica.

Na sempre invocada opinião de ORLANDO GOMES:

> "*A generalibus juri principiis*, da qual deve ser extraída a decisão judicial quando a lei for omissa, falhe a analogia e não existam costumes adequados, tem como determinante o 'espírito da ordem jurídica', que se manifesta através de 'valorações da camada dirigente', como *ultimum refugium* do juiz. Não devem ser entendidos como princípios de validade geral, segregados

---

[40] Tercio Sampaio Ferraz Jr., ob. cit., p. 247.
[41] João Baptista de Mello e Souza Neto, *Direito Civil – Parte Geral*, 3. ed., São Paulo: Atlas, 2000, p. 25.

pelo direito natural ou pelo direito justo, e absolutos, mas como princípios histórico-concretos, pertencentes a determinada ordem jurídica. Nessa perspectiva, quando o juiz encontra a solução do caso omisso valendo-se de ideias jurídicas gerais expressas no ordenamento legal, ele fundamenta a sentença ainda na lei. Há, no entanto, quem sustente que essas ideias são eficazes, como princípios, independentemente da lei, penetrando no Direito vigente, mas para adquirirem força vinculante é preciso que sejam cunhados legislativa ou judicialmente. Se não vinculam, fonte formal do Direito não podem ser"[42].

3.2.7. Equidade

A equidade, na concepção aristotélica, é a *"justiça do caso concreto"*.

Não se trata de um princípio que se oponha à ideia de justiça, mas sim que a completa, tornando-a plena, com a atenuação do rigor da norma, em evidente aplicação do brocardo latino *summum jus summa injuria*.

O julgamento *por* equidade[43] (e não *com* equidade) é tido, em casos excepcionais, como fonte do direito, quando a própria lei atribui ao juiz a possibilidade de julgar conforme seus ditames.

Existem, no vigente ordenamento jurídico brasileiro, diversas hipóteses legais em que isso é possível.

Entre elas, podemos elencar, por exemplo, a previsão do art. 85, § 8.º, do Código de Processo Civil de 2015, no que diz respeito à fixação de honorários nas causas em que for inestimável ou irrisório o proveito econômico ou, ainda, quando o valor da causa for muito baixo, em que se delega à apreciação equitativa do julgador a estipulação do *quantum debeatur*.

Claríssima, ainda, é a hipótese do art. 723 do Código de Processo Civil de 2015, que diz que, nos procedimentos de jurisdição voluntária, o *"juiz não é obrigado a observar critério de legalidade estrita, podendo adotar em cada caso a solução que considerar mais conveniente ou oportuna"* (grifos nossos).

Em todos esses casos, é facultado expressamente ao julgador valer-se de seus próprios critérios de justiça, quando for decidir, não estando adstrito às regras ou métodos de interpretação preestabelecidos.

Podemos, inclusive, afirmar que, nesta oportunidade, o julgador deixa de ser juiz – aplicador de regras estatais rígidas – para ser árbitro (que é diferente de arbitrário – ressalte-se), vinculado somente à sua consciência e percepção da justiça, naquele caso concreto, segundo sua própria racionalização do problema.

Segundo a doutrina de TERCIO SAMPAIO FERRAZ, o

> "juízo por equidade, na falta de norma positiva, é o recurso a uma espécie de intuição, no concreto, das exigências da justiça enquanto igualdade proporcional. O intérprete deve, porém, sempre buscar uma racionalização desta intuição, mediante uma análise das considerações

---

[42] Orlando Gomes, ob. cit., p. 49-50.
[43] "O juiz só decidirá por equidade nos casos previstos em lei" (art. 127, CPC/1973; parágrafo único do art. 140, CPC/2015).

práticas dos efeitos presumíveis das soluções encontradas, o que exige juízos empíricos e de valor, os quais aparecem fundidos na expressão juízo por equidade"[44].

Além disso, a equidade pode, ainda, ser utilizada como meio supletivo para suprir eventuais lacunas – ontológicas ou axiológicas – do Direito:

Conforme ensina LUÍS RECASÉNS SICHES,

> "el problema de la equidad no es propiamente el de 'corregir la ley' al aplicarla a determinados casos particulares. No se trata de 'corregir la ley'. Se trata de otra cosa: se trata de 'interpretarla razonablemente'. (...) Es un dislate enorme pensar en la posibilidad de una interpretación literal. Uno puede comprender que a algunos legisladores, imbuidos por una embriaguez de poder, se les haya ocurrido ordenar tal interpretación. Lo cual, por otra parte, resulta por completo irrelevante, carece de toda consecuencia jurídica, porque el legislador, por absolutos que sean los poderes que se le hayan conferido, no puede en ningún caso definir sobre el método de interpretación de sus mandatos. El legislador podrá ordenar la conducta que considere justa, conveniente y oportuna, mediante normas generales. A esto es lo que se pueden extender sus poderes. En cambio, esencial y necesariamente está fuera de su poder el definir y regular algo que no cabe jamás incluir dentro del concepto de legislación: el regular el método de interpretación de las normas generales que él emite. Pero, en fin, a veces, los legisladores, embriagados de petulancia, sueñan en lo imposible. La cosa no tiene, no debiera tener practicamente ninguna importancia, porque se trata de uno ensueño, sin sentido, al que ningún juez sensato puede ocurrirsele prestar atención. (...) Ahora bien, es sabido que las palabras cobran su auténtico sentido solo dentro de dos contextos: dentro del contexto de la frase, pero sobre todo dentro del contexto real al que la frase se refire, es decir con referencia a la situación y a la intencionalidad mentadas en la frase"[45].

FLORIANO CORRÊA VAZ DA SILVA, em elucidativo trabalho sobre a equidade, busca sintetizar o pensamento de RECASÉNS SICHES da seguinte maneira:

> "Equidade não é apenas *um* dos meios de interpretação, mas sim o meio de interpretação, aquele que engloba e sintetiza e permeia todos os meios de interpretação, aquele que constitui – ou deve constituir – *o único meio de interpretação*, não apenas do direito do trabalho, mas de todos os ramos do direito, de todo o direito. (...) Recaséns Siches entende que, mesmo sendo a lógica tradicional um instrumento indispensável para criar a norma individualizada da sentença do Direito, não é a mesma suficiente ao trabalho do jurista. Para compreender e interpretar de modo justo o conteúdo das disposições jurídicas, para criar a norma individualizada da sentença judicial ou da decisão administrativa, para elaborar as leis, para interpretar as leis em relação com os casos concretos e singulares, é necessário exercitar 'el logos de lo humano, la lógica de lo razonable y de la razón vital e histórica'"[46].

Dessa forma, podemos entender que a equidade significa, para o brilhante jusfilósofo espanhol, radicado no México, *a busca da interpretação mais razoável da norma para o caso em apreciação.*

---

[44] Tercio Sampaio Ferraz Jr., *Introdução ao Estudo do Direito*, 2. ed., 2. tir., São Paulo: Atlas, 1996, p. 304.
[45] Luís Recaséns Siches, *Tratado General de Filosofía del Derecho*, México: Porrúa, 1959, p. 418.
[46] Floriano Corrêa Vaz da Silva, A equidade e o Direito do Trabalho, *Revista LTr*, v. 38, São Paulo: LTr, 1974, p. 918-9.

Baseado nesse raciocínio, podemos afirmar que, quando o jurista se defronta com uma lacuna do direito, seja ela axiológica (para os que defendem a plenitude hermética do sistema jurídico), seja ela ontológica (para os que professam o direito como um sistema aberto e dinâmico), deve ser suprida através dum processo de integração da norma, que se pode dar, como já vimos, pela utilização, como meios supletivos, da analogia, do costume, dos princípios gerais de direito e, finalmente, da equidade.

Conforme ensina a Prof. MARIA HELENA DINIZ, pela

> "equidade ponderam-se, compreendem-se e estimam-se os resultados práticos que a aplicação da norma produziria em determinadas situações fáticas. Se o resultado prático concorda com as valorações que inspiram a norma, em que se funda, tal norma deverá ser aplicada. Se, ao contrário, a norma aplicável a um caso singular produzir efeitos que viriam a contradizer as valorações, conforme as quais se modela a ordem jurídica, então, indubitavelmente, tal norma não deve ser aplicada a esse caso concreto. (...) A equidade seria uma válvula de segurança que possibilita aliviar a tensão e antinomia entre a norma e a realidade, a revolta dos fatos contra os códigos"[47].

Dessa forma, quando houver a contradição entre a norma posta expressamente e a realidade, gerando uma lacuna ou antinomia, pode a equidade ser utilizada de forma a encontrar o equilíbrio entre a norma, o fato e o valor, aplicando o direito ao caso concreto.

Não se trata, entretanto, de (re)inventar o direito, mas sim de adequar a norma – a letra fria da lei – à realidade regulada, de acordo com os valores da sociedade e as regras e métodos de interpretação.

Após essa exposição, e visando esclarecer eventuais dúvidas, podemos classificar, segundo nosso posicionamento e dos ilustres juristas mencionados, as decisões que se valem da equidade de três formas distintas:

a) decisão *com* equidade: é toda decisão que se pretende estar de acordo com o direito, enquanto ideal supremo de justiça;

b) decisão *por* equidade: é toda decisão que tem por base a consciência e percepção de justiça do julgador, que não precisa estar preso a regras de direito positivo e métodos preestabelecidos de interpretação;

c) decisão utilizando a equidade *como meio supletivo de integração e interpretação de normas*: é toda decisão proferida no sentido de encontrar o equilíbrio entre norma, fato e valor (aplicação do direito ao caso concreto), na hipótese de constatação de uma contradição entre a norma legal posta e a realidade, gerando uma lacuna.

Entretanto, não se pode deixar de fazer uma advertência:

A equidade, neste último sentido, não é um instrumento que se possa utilizar de maneira irresponsável somente para negar aplicabilidade à lei, sem a construção de uma interpretação jurídica coerente, pelo que encerramos este estudo, lembrando DÉLIO MARANHÃO:

> "Levar o juiz em conta, na aplicação da lei, as circunstâncias do caso concreto, ajustar a lei à espécie, aplicá-la humanamente, decidir, enfim, com equidade, dentro dos limites da norma, é função legítima do julgador. O que lhe não será possível é negar aplicação à lei, por considerá-la injusta. Como adverte De Page, não se deve refazer o direito sob pretexto de equida-

---

[47] Maria Helena Diniz, ob. cit., p. 428.

de. Esta, infelizmente, a tendência demasiado frequente de certos juristas que, na verdade, ignoram o direito e pretendem remediar essa ignorância recorrendo à equidade... A equidade deve ser uma ambiência, uma atmosfera. Não é um fim em si mesma, mas um meio. Deve ser manejada por mãos de artista, por juristas que conheçam o direito 'tout court', e não por aqueles que o ignorem e tentem suprir suas próprias deficiências por uma equidade que não é, em realidade, senão uma concepção primária"[48].

4. ALGUMAS PALAVRAS SOBRE OS SISTEMAS JURÍDICOS (*CIVIL LAW* E *COMMON LAW*)

Um aspecto comumente omitido nos manuais de Direito Civil é a questão dos sistemas jurídicos.

De fato, parece-nos relevante destacar a importância das duas principais formas de sistematização do ordenamento jurídico (*civil law* e *common law*), ainda que a título de informação didática.

Isso porque, em uma sociedade cada vez mais globalizada, conhecer os fundamentos de cada sistema permite compreender as evidentes influências recíprocas que se constata em cada um deles.

A tradição brasileira se adequou ao sistema romano-germânico, do direito legislado, também conhecido como sistema do *civil law*, que é aquele calcado na positivação do direito pela norma legal.

Em tais sistemas, a atuação do operador do direito deve ser eminentemente técnica, conhecendo as normas integrantes do sistema e a doutrina que as interpreta, embora não deva deixar de conhecer também a jurisprudência.

Seu traço essencial revela-se na análise do sistema a partir da Constituição, como norma fundamental do sistema, seguida da edição de todas as outras normas infraconstitucionais.

Por isso, ainda que se reconheça a importância das reiteradas decisões dos tribunais, o fato é que, na visão tradicional desse sistema, os tribunais inferiores não estão vinculados às decisões dos superiores, tampouco às decisões dos demais juízes da mesma hierarquia e nem mesmo às suas próprias decisões, podendo mudar de orientação mesmo diante de casos semelhantes, pois o juiz deve julgar segundo a lei e conforme a sua consciência.

A crescente relevância que se vem emprestando aos precedentes jurisprudenciais, inclusive com o advento do novo Código de Processo Civil brasileiro, revela, porém, uma influência do outro grande sistema jurídico contemporâneo: o *sistema do direito do caso*, conhecido pela denominação *common law*, de origem britânica, por ser um direito comum a toda a Inglaterra, em oposição aos tradicionais costumes locais.

Nesses sistemas, a construção jurídica é formada especialmente pelas decisões de juízes e tribunais. São os sistemas vigentes na Inglaterra e nos Estados Unidos da América, em que se dá extrema importância às coletâneas de julgados, devendo ser o jurista um profundo

---

[48] Délio Maranhão, Arnaldo Süssekind et al., *Instituições de Direito do Trabalho*, 15. ed., São Paulo: LTr, 1995, v. 1, p. 169.

conhecedor destes e da doutrina que os interpreta, sem descurar do conhecimento das normas editadas pelos parlamentos e outros órgãos dotados de competência normativa[49].

Referindo-se a sistemas da *common law*, HUGO DE BRITO MACHADO pontifica que:

"a atividade de política judiciária desenvolve-se mais intensamente junto aos juízes e tribunais, especialmente quando devem estes julgar casos novos, ainda não apreciados e, portanto, sobre os quais não existam precedentes. A atividade jurisdicional é mais política do que técnica.

Assim, os juízes não são necessariamente juristas, mas podem e devem ser políticos, pois são geralmente eleitos. A eleição, que pode nos parecer um processo inadequado de provimento de cargos de magistrados, é realmente incompatível com o sistema de direito legislado, no qual o juiz deve ser um jurista, ou técnico em Direito, mas é adequada nos sistemas de direito do caso, em que o julgamento é muito mais de cunho sociológico.

O traço essencial dos sistemas do caso revela-se pelo apego aos precedentes. As leis são escassas e o texto da Constituição geralmente é apenas a expressão de princípios, cuja formatação para os casos concretos se processa na medida em que os conflitos são apreciados pelos tribunais, e ficam sujeitos às circunstâncias políticas de cada momento histórico.

Por isto é que, repita-se, as influências e as pressões, naturais na formação do sistema jurídico, são exercidas muito mais sobre os tribunais do que sobre os parlamentos"[50].

Os traços fundamentais desse sistema, em termos jurisprudenciais, podem ser assim sintetizados:

a) *Efeito vinculativo das decisões*: os tribunais inferiores estão obrigados a acolher os entendimentos emanados das cortes superiores, as quais também se obrigam por suas próprias decisões.

b) *Importância da decisão judicial por si só*: toda decisão relevante de qualquer tribunal é um argumento forte a ser levado em consideração na atividade judicante, podendo ser adotada como fundamento do magistrado no seu decidir.

c) *Construção jurisprudencial da doutrina jurídica*: o elemento vinculativo do precedente não é, porém, a sua conclusão, mas sim as suas razões de decidir (*ratio decidendi*), entendidas como o princípio geral de direito tomado como premissa para fundamentar a decisão, podendo o juiz que a invoca interpretá-la conforme sua própria razão.

d) *Perpetuidade do precedente*: a *ratio decidendi* nunca perde sua vigência, ainda que os anos a tenham tornado inaplicável às circunstâncias modernas, podendo ser invocada desde que se demonstre a sua utilidade para o caso.

Como se perceberá, com o aumento da importância da jurisprudência no ordenamento jurídico brasileiro, notadamente com os institutos da súmula vinculante e com os efeitos processuais dos precedentes judiciais, talvez estejamos caminhando para uma redefinição de nosso sistema.

Só o futuro responderá...

---

[49] Cumpre-nos advertir que, no Direito anglo-saxão da Idade Moderna, a expressão *civil law* correspondia ao chamado direito moderno, sendo que as matérias relativas ao que hoje entendemos como Direito Civil eram designadas como *private law*, registro terminológico dos mais importantes, principalmente para os não iniciados na língua inglesa.

[50] Hugo de Brito Machado, *Uma Introdução ao Estudo do Direito*, São Paulo: Dialética, 2000, p. 50.

5. A DICOTOMIA ENTRE DIREITO PÚBLICO E DIREITO PRIVADO E A TAXIONOMIA DO DIREITO CIVIL

Tradicionalmente, o direito objetivo positivado subdivide-se em direito público e direito privado.

Tal distinção, em verdade, não tem, na prática jurídica, a relevância que muitos doutrinadores lhe emprestam, uma vez que o direito deve ser encarado em sua generalidade, sendo qualquer divisão compartimentalizada apenas uma visão útil para efeitos didáticos, motivo pelo qual aqui a desenvolvemos.

Entende-se o direito público como o destinado a disciplinar os interesses gerais da coletividade (*publicum jus est quod ad statum rei romanae spectat*). Diz respeito à sociedade política, estruturando-lhe organização, serviços, tutela dos direitos individuais e repressão dos delitos.

Nesta esfera, estudar-se-iam, como seus ramos, o Direito Constitucional, Direito Administrativo, Direito Penal, Direito Processual (Judiciário), Direito Internacional, Direito Ambiental, entre outros.

Já o direito privado é o conjunto de preceitos reguladores das relações dos indivíduos entre si (*privatum, quod ad singulorum utilitatem*).

Seriam considerados seus ramos o próprio Direito Civil, além do Direito Comercial, Direito do Consumidor e Direito do Trabalho. Vale destacar, inclusive, que estes últimos ramos, embora tenham grande atuação do Estado, não deixam de ser privados, uma vez que envolvem relações entre particulares em geral.

Aliás, o fato de pertencer ao ramo do direito privado não quer dizer que as normas componentes do sistema sejam todas de cunho individual. Assim, no próprio Direito de Família, especial ramo do Direito Civil, várias de suas regras são cogentes, de ordem pública, inderrogáveis pela simples vontade das partes (como as referentes ao casamento, ao estado de filiação etc.).

Embora a realidade atual aponte para a impossibilidade de se traçar a nítida diagnose diferencial entre o *direito público* e o *direito privado*, a doutrina cuida de estabelecer critérios diferenciadores:

a) critério subjetivo – por meio desse critério, considera-se público o ramo do direito que discipline a atuação dos Estados entre si e os seus súditos, e particular, aquele que regula as relações entre particulares. Entretanto, não é a simples presença do Estado como parte na relação jurídica que determinará a categorização do direito em público ou privado. Sabemos, por exemplo, que o Estado trava relações eminentemente privadas (uma locação, por exemplo), sem que com isso se lhe possa negar, ainda que subsidiariamente, a aplicação do Direito Civil (ramo do Direito Privado);

b) critério finalístico ou teleológico – por meio desse critério, qualifica-se uma norma como pertencente a um ou outro ramo do direito, a depender do interesse jurídico tutelado: *se protege interesses gerais, pertence ao direito público; se tutela interesses particulares, ao direito privado*. Também esse referencial não satisfaz, pelo simples fato, já ressaltado, de que há, dentro de um mesmo ramo do direito (privado, por exemplo), normas com natureza jurídica diversa (de ordem pública ou cogentes, por exemplo). Ademais, por se tratar de conceitos abstratos, torna-se bastante difícil afirmar o que se entende por *interesse geral* e o que se reputa *interesse particular*.

Em termos taxionômicos, o Direito Civil é, sem sombra de dúvida, a grande base do que se convencionou chamar de Direito Privado, regendo, genericamente, todas as relações jurídicas dos indivíduos, antes de seu nascimento até depois de sua morte.

A eventual maior participação do Estado em suas relações não implica sua completa publicização, sendo apenas o reflexo das idas e vindas do perfil ideológico de quem detém o poder político.

Vale afirmar, inclusive, que todos os outros ramos do Direito Privado, em verdade, foram destacando-se do Direito Civil em função de uma necessária especialização da disciplina de seus interesses. Isso ocorre porque o Direito Civil deve disciplinar direitos e deveres de todas as pessoas enquanto sujeitos de direito, e não em condições especiais, como a de comerciante, empregado ou consumidor.

Destaque-se, por sua vez, que o novo Código Civil, possivelmente inspirado na ideia de unificação das relações civis e comerciais, pelo menos no que diz respeito aos institutos mais genéricos[51], trouxe para o âmbito do Direito Civil, através de sua legislação, a disciplina da figura do empresário, que atualiza e substitui a noção de comerciante.

6. CONCEITO DOUTRINÁRIO E HISTÓRICO DO DIREITO CIVIL

Etimologicamente, "civil" refere-se ao cidadão.

Assim, o Direito Civil pode ser traduzido, literalmente, como o "Direito do Cidadão", aliás, como o é em russo, *grazhdanskoe pravo*, e em alemão, *burgerliches Recht*.

Posto isso, conceituamos o Direito Civil como *o ramo do Direito que disciplina todas as relações jurídicas da pessoa, seja uma com as outras (físicas e jurídicas), envolvendo relações familiares e obrigacionais, seja com as coisas (propriedade e posse)*[52].

A História das civilizações ocidentais nos conta que o Direito Civil nos foi transmitido pelo Direito Romano, em que significava o *direito da cidade que regia os cidadãos independentes* (*jus civile*).

O Direito Privado dos romanos abrangia, além do *jus civile*, o *jus naturale* (*quod natura omnia animalia docuit*, o que a natureza ensinou aos animais) e o *jus gentium* (que regulava as relações dos estrangeiros – *peregrini* –, uma vez que a organização política não permitia que se regressem pelo *jus civile*, privilégio dos cidadãos romanos).

---

[51] Como veremos no Capítulo II ("*A Codificação do Direito Civil*"), já se tentou em nosso país a unificação do direito das obrigações, com o Projeto de Código de Obrigações de 1961, da lavra de Caio Mário da Silva Pereira. A orientação unificadora do CC/2002, embora evidente, deixa de fora somente os institutos típicos de Direito Comercial, como, por exemplo, as sociedades anônimas ("Art. 1.089. A sociedade anônima rege-se por lei especial, aplicando-se-lhe, nos casos omissos, as disposições deste Código").

[52] No sempre lembrado conceito de Miguel Maria de Serpa Lopes, o Direito Civil é o ramo do Direito "destinado a regulamentar as relações de família e as relações patrimoniais que se formam entre os indivíduos encarados como tal, isto é, tanto quanto membros da sociedade" (*Curso de Direito Civil*, 9. ed., Rio de Janeiro: Freitas Bastos, 2000, v. 1, p. 51).

Na Era Medieval, o Direito Romano foi sistematizado na compilação ordenada pelo Imperador Justiniano *(Corpus Juris Civilis)*, no século VI, facilitando seu conhecimento e estudo, o que possibilitou a sua divulgação pela Europa.

Como sintetiza ORLANDO GOMES:

> "do século XII ao século XVI, o Corpus Juris Civilis foi objeto de intensa exegese, sem cunho sistemático; por parte de juristas, conhecidos pelo nome de glosadores, porque redigiam breves anotações entre as linhas (*glossae interlineares*) ou à margem (*glossae marginales*) dos textos justinianeus. Dentre eles, gozam de maior fama Irnério e Acúrsio, este o autor da glosa ordinária. Seguem-se os pós-glosadores, cuja atividade se caracterizou pelo esforço para adaptar a doutrina dos glosadores às necessidades da época e aos costumes vigentes. Os principais representantes dessa escola são Bártolo e Baldo. No século XVI, a investigação do Direito Romano adquire colorido mais brilhante, devido ao empenho no melhor conhecimento das suas fontes e pela nova orientação, de caráter sistemático, que se procura seguir. As figuras marcantes desse movimento são Cujácio e Doneau. Desde então até nossos dias, o estudo das fontes romanas, principalmente na Alemanha e na Itália, se vem fazendo para melhor fixação de um momento alto da evolução jurídica. Esses estudos têm concorrido decisivamente não só para o esclarecimento das manifestações do gênio jurídico dos romanos, mas também para o aperfeiçoamento da técnica jurídica, em cujo manejo foram insuperáveis"[53].

Chegando à fase contemporânea, entendemos, como último tópico deste capítulo, qual é o conteúdo do vigente Código Civil.

7. CONTEÚDO DO CÓDIGO CIVIL

O Direito Civil tem por finalidade regular "os direitos e obrigações de ordem privada concernentes às pessoas, aos bens e às suas relações", como constava do art. 1.º do CC/1916.

A Parte Geral do Código Civil de 2002 (assim como do Código de 1916), objeto deste tomo, estabelece as regras abstratas e genéricas sobre pessoas, bens e fatos jurídicos em sentido amplo.

Além disso, o Código possui uma Parte Especial, contendo os seguintes livros:

a) Direito das Obrigações (arts. 233 a 965 do CC/2002, com equivalência aos arts. 863 a 1.571 do CC/1916).

b) Direito de Empresa (arts. 966 a 1.195 do CC/2002, sem equivalente no CC/1916).

c) Direito das Coisas (arts. 1.196 a 1.510 do CC/2002, com equivalência aos arts. 485 a 862 do CC/1916).

d) Direito de Família (arts. 1.511 a 1.783 do CC/2002, com equivalência aos arts. 180 a 484 do CC/1916).

e) Direito das Sucessões (arts. 1.784 a 2.027 do CC/2002, com equivalência aos arts. 1.572 a 1.805 do CC/1916).

Sobre a codificação do Direito Civil, trataremos no próximo capítulo.

---

[53] Orlando Gomes, ob. cit., p. 54.

Capítulo II
A Codificação do Direito Civil

Sumário: 1. O sentido da codificação. 2. Argumentos favoráveis e desfavoráveis à codificação. 3. Antecedentes históricos. 4. A codificação do Direito Civil brasileiro: aspectos históricos e legislativos. 5. Descentralização e constitucionalização do Direito Civil. 6. O novo Código Civil brasileiro. 7. Princípios norteadores do Código Civil de 2002.

1. O SENTIDO DA CODIFICAÇÃO

A proposta deste capítulo é entender a codificação do Direito Civil, verificando desde suas premissas doutrinárias, passando por sua evolução histórica, até chegarmos ao vigente Código Civil brasileiro.

Todavia, há um questionamento prévio a ser feito: que é um código?

Trata-se de uma lei que busca disciplinar integral e isoladamente uma parte substanciosa do direito positivo. Assim, codificação nada mais é que um processo de organização, que reduz a um único diploma diferentes regras jurídicas da mesma natureza, agrupadas segundo um critério sistemático.

Dessa forma, obtém-se uma unidade orgânica que centraliza as normas aplicáveis a determinados tipos de relações jurídicas.

Até mesmo pelo fato de que a lei não ascendeu à posição de primazia no direito de modo rápido há uma tentação quase obsessiva no legislador de ver as leis em um corpo ordenado de normas, condensando em um único texto todo o direito em vigor.

Trata-se, em nossa opinião, sem sombra de dúvida, de uma influência histórica da Escola do Direito Natural, cuja ambição era tornar realidade a concentração das normas jurídicas em um único corpo legislativo. A comparação com livros sagrados (como a Bíblia, a Torá, o Alcorão etc.) é inevitável, pela constatação de que eles também pretendem ser o repositório de todas as regras disciplinadoras de determinadas condutas.

A título de informação, vale distinguir a *codificação* de algumas figuras afins.

A *incorporação* pressupõe uma escolha de selecionada quantidade de regras jurídicas, transmitidas do passado, fragmentadas e sem coerência sistemática, com a determinação de que só aquele material admitido no código passa a ter validade, ao contrário da *codificação*, em que se reúnem, sistematicamente, em um só corpo, todas as regras vigentes. Como exemplo de *incorporação*, tem-se o *Corpus Juris*, de Justiniano.

A *recepção*, por sua vez, se processa quando um ordenamento jurídico estrangeiro é recebido como Direito próprio. A título de exemplo histórico, lembremos que o Direito Romano foi acolhido por certos países como seu ordenamento. Foi o caso da Germânia, logo após a queda do Império Sacro-Romano[1].

Por fim, distinga-se a *codificação* da *consolidação*. Enquanto a primeira tem uma perspectiva criativa, fazendo eliminações, adaptações e construções, a segunda pretende ter uma característica mais limitada, justapondo as normas vigentes para articulá-las sob determinada orientação, sem pretensões inovadoras. O exemplo mais evidente desta última é o da Consolidação das Leis do Trabalho, cuja comissão sistematizadora teve por finalidade compilar e sistematizar toda a legislação trabalhista esparsa existente na década de 40 (embora, na verdade, a CLT tenha um pouco de codificação, principalmente no que diz respeito à disciplina da Justiça do Trabalho e do processo trabalhista)[2].

2. ARGUMENTOS FAVORÁVEIS E DESFAVORÁVEIS À CODIFICAÇÃO

Discute-se, com argumentos acirrados, sobre a utilidade das codificações.

Com efeito, a análise das tendências mais modernas de sistematização jurídica leva o estudioso a refletir se não é preferível deixar que o direito nacional se desenvolva livremente,

---

[1] Miguel Maria de Serpa Lopes, *Curso de Direito Civil*, 9. ed., Rio de Janeiro: Freitas Bastos, 2000, v. 1, p. 126.

[2] Sobre o tema, dispõe o art. 13 da Lei Complementar n. 95, de 26-2-1998 (atualmente regulamentada pelo Decreto n. 4.176, de 28 de março de 2002, que revogou expressamente os Decretos n. 2.954, de 29 de janeiro de 1999, 3.495, de 30 de maio de 2000, 3.585, de 5 de setembro de 2000, 3.723, de 10 de janeiro de 2001, e 3.930, de 19 de setembro de 2001), com a redação dada pela Lei Complementar n. 107, de 26-4-2001:

"Art. 13. As leis federais serão reunidas em codificações e consolidações, integradas por volumes contendo matérias conexas ou afins, constituindo em seu todo a Consolidação da Legislação Federal.

§ 1.º A consolidação consistirá na integração de todas as leis pertinentes a determinada matéria num único diploma legal, revogando-se formalmente as leis incorporadas à consolidação, sem modificação do alcance nem interrupção da força normativa dos dispositivos consolidados.

§ 2.º Preservando-se o conteúdo normativo original dos dispositivos consolidados, poderão ser feitas as seguintes alterações nos projetos de lei de consolidação:

I – introdução de novas divisões do texto legal base;

II – diferente colocação e numeração dos artigos consolidados;

III – fusão de disposições repetitivas ou de valor normativo idêntico;

IV – atualização da denominação de órgãos e entidades da administração pública;

V – atualização de termos antiquados e modos de escrita ultrapassados;

VI – atualização do valor de penas pecuniárias, com base em indexação padrão;

VII – eliminação de ambiguidades decorrentes do mau uso do vernáculo;

VIII – homogeneização terminológica do texto;

IX – supressão de dispositivos declarados inconstitucionais pelo Supremo Tribunal Federal, observada, no que couber, a suspensão pelo Senado Federal de execução de dispositivos, na forma do art. 52, X, da Constituição Federal;

X – indicação de dispositivos não recepcionados pela Constituição Federal;

XI – declaração expressa de revogação de dispositivos implicitamente revogados por leis posteriores.

§ 3.º As providências a que se referem os incisos IX, X e XI do § 2.º deverão ser expressa e fundamente justificadas, com indicação precisa das fontes de informação que lhes serviram de base".

através de leis esparsas, na medida das exigências sociais, em vez de reuni-lo em um complexo volumoso de normas, contendo todas as instituições úteis ao país, tarefa excessivamente custosa e – por que não dizer? – hercúlea.

Há, porém, uma série de vantagens na codificação.

A primeira delas consiste na própria ideia de unificação do Direito vigente em determinado país por um critério uniforme.

Historicamente, de maneira principal na França e Itália, a codificação possibilitou a extinção de regimes de leis profusas, das mais variadas espécies, sem qualquer coerência metodológica que caracterize um ordenamento codificado.

De fato, a codificação ou fixação do direito de um povo, unificando-o, tem a grande virtude de possibilitar também a unidade política da nação. Animados por esse idêntico propósito, a história testemunha que tanto *Júlio César* quanto *Cromwell* pensaram em sua realização, embora sem êxito.

O Código Napoleão é um dos exemplos mais didáticos das vantagens de uma boa codificação. Apesar de promulgado em 1804, ainda continua em vigor na sua maior parte, regulando a vida jurídica de um dos povos mais altamente civilizados, influenciando consideravelmente na elaboração do direito positivo moderno.

Além disso, a codificação permite e facilita o estudo sistematizado do direito, que passa a se encontrar de forma cientificamente organizada, gozando o ordenamento de maior estabilidade nas relações jurídicas.

Um processo de codificação permite, no final das contas, a conversão do direito pensado na doutrina para o direito positivado, medida das mais salutares. Afinal, os códigos somente devem surgir quando o direito de um povo já se encontra suficientemente amadurecido, pois cada época histórica tem seu próprio momento para determinadas realizações.

Do outro lado, havia aqueles que se opunham aos códigos como fonte formal do Direito. SAVIGNY afirmava, por exemplo, que eles seriam, em verdade, fossilizações jurídicas, constituindo algo morto, que impedia o desenvolvimento ulterior e o curso natural da evolução jurídica. Para ele, o direito deveria viver sempre pela prática e pelo costume, expressão imediata da consciência jurídica popular[3].

---

[3] "A codificação no Direito Civil alemão suscitou famosa polêmica entre Thibaut e Savigny, travada, principalmente, em torno da possibilidade e conveniência da unificação desse Direito. Thibaut, professor de Heidelberg, escreveu uma obra, em 1814, sustentando a necessidade de se elaborar um código civil único para os alemães, a fim de uniformizar os usos e costumes, com a criação de um Direito Civil comum alemão. No mesmo ano, Savigny contestou essa afirmação, no seu notável livro *Da Vocação do nosso Século para o Direito*, no qual considerou prematura a codificação e reputou improvável a unificação pretendida por seu antagonista. A divergência manifestou-se mais profundamente a respeito do problema filosófico das fontes do Direito, não se devendo afirmar que o debate se feriu em torno da possibilidade ou impossibilidade absoluta da codificação, até porque, a esse tempo, já estavam em vigor três códigos importantes: o da Prússia (1794), o da França (1804) e o da Áustria (1811)" (Orlando Gomes, *Introdução ao Direito Civil*, 18. ed., Rio de Janeiro: Forense, 2001, p. 62).

Também GABBA[4] foi adversário das codificações, asseverando que estas facilitavam a missão e as pretensões dos medíocres, que se julgam dispensados de maiores indagações e da visão do conjunto, substituindo-as pelo culto da palavra e da letra, com períodos de franca decadência intelectual, pela estagnação do direito civil e seus estudos correspondentes.

Afirmou SALEILLES[5], por sua vez, que a legislação codificada atende às exigências da vida social apenas no instante em que é estabelecida, tornando-se desarrazoada a fixação do direito em um só diploma.

Isso porque é muito comum a verificação de um extremo apego à letra da lei nos primeiros anos de vigência de um código, divulgando-se a ideia de que todo o debate outrora existente deve ser relegado à curiosidade histórica.

Em nossa opinião, porém, os códigos devem ser realmente feitos para durar, com *animus* de definitividade. Tal característica não se confunde, todavia, com a ideia de preservação perpétua de sua disciplina fria, com a mesma concepção de quando promulgado. Isso porque a sua interpretação deve respeitar os valores da época em que vive o intérprete.

Não adianta, portanto, pretender mudar as leis se a mentalidade dos aplicadores continuar exatamente a mesma. No Brasil, principalmente, parece mais fácil mudar a Constituição do que superar velhas práticas arraigadas, as quais parecem ostentar uma sensação de obrigatoriedade, simplesmente porque as coisas sempre foram feitas dessa forma...

3. ANTECEDENTES HISTÓRICOS

O antecedente histórico necessário para se falar sobre codificação do Direito Civil é, sem dúvida, o Direito Romano.

De fato, esse não se apresenta, no seu estudo analítico, como um todo unitário, mas sim como a conjugação de vários sistemas, em um processo de desenvolvimento que nasce, evolui, atinge o clímax e cai em decadência, até se compilar no *Corpus Iuris Civilis*, de Justiniano, por volta do ano de 565 d.C.

Na opinião de FRANCISCO AMARAL, o

> "legado do direito romano, até hoje existente na cultura do mundo ocidental, traduz-se em alguns institutos de direito civil, como a teoria da personalidade, a capacidade de direito, a teoria dos bens e os direitos reais, a teoria da posse, a teoria geral das obrigações e a sucessão. E ainda, como princípios fundamentais, a liberdade, no sentido de uma esfera de atividade própria de cada indivíduo, a existência e reconhecimento de direitos certos e precisos do cidadão. Dessa crença na liberdade surgiu o princípio da autonomia da vontade e a propriedade, como direito subjetivo absoluto"[6].

Sobre tal influência do Direito Romano na codificação brasileira, ABELARDO LOBO chama a atenção para o fato de que mais de 4/5 dos artigos do Código Civil de 1916

> "são produtos da cultura romana, ou diretamente apreendidos nas fontes da organização justinianeia, ou indiretamente das legislações que aí foram nutrir-se largamente, como aconteceu a Portu-

---

[4] Gabba, Prolusione al Corso di Diritto Civile, *Archivio Giuridico*, 39/517.
[5] *Introduction à l'Étude du Droit Civil Allemand*, p. 89.
[6] Francisco Amaral, *Direito Civil – Introdução*, 3. ed., Rio de Janeiro: Renovar, 2000, p. 113.

gal, à Alemanha, à França e à Itália, que fizeram do Direito Romano o manancial mais largo e mais profundo para mitigar sua sede de saber"[7].

Na Idade Média, constata-se a preponderância dos conceitos de Direito Natural, sendo a codificação civil vista como algo menor, tendo em vista a supervalorização que se fazia do Direito Canônico.

Já na Idade Moderna, com um maior desenvolvimento das Universidades, surgidas, em sua concepção atual, desde a Idade Média, há uma redescoberta do Direito Romano e, consequentemente, constata-se a necessidade de criação de diplomas unificados para reger as relações sociais.

No movimento de codificação moderna, por volta do início do século XIX, destacam-se vários diplomas normativos, como, a título exemplificativo, o *Allgemeines Landesrecht fur die Preussischen Staaten* (Prússia, 1794) e o Código Civil austríaco de 1811[8].

Dentre todos os códigos feitos nesse período, interessa-nos, sobremaneira, o Código Napoleão (França, 1804), e, editado um pouco mais tarde, o Código Civil alemão (*Burgerlich Gesetzbuch*), com promulgação em 1896, mas em vigor somente a partir de 1.º de janeiro de 1900.

O Código Napoleão é, de fato, um dos mais duradouros diplomas normativos de direito privado do mundo ocidental, sendo, até hoje, o Código Civil vigente na França, embora alterado em muitas disposições.

Tendo a Constituição francesa de 3 de setembro de 1791 disposto que seria feito um código de todas as leis civis do País, foi desenvolvido um projeto amplamente discutido no Conselho de Estado, que era presidido pelo próprio Imperador Napoleão, promulgando-se várias (36) leis seguidamente, até que, em 21 de março de 1804, foi aprovado o conjunto normativo que se denominou Código Civil.

Sua composição é dividida em três livros, com vários títulos, subdivididos em capítulos, compostos por várias seções. Cada divisão é precedida de uma rubrica, havendo um "título preliminar" antes do Livro Primeiro.

Seu conteúdo abrange um livro "Das Pessoas"; outro "Dos Bens e as Diferentes Modificações da Propriedade" e um terceiro "Dos Diversos Modos pelos quais se adquire a Propriedade" (que compreende vários assuntos, entre os quais regimes matrimoniais, obrigações e garantias reais).

O BGB (*Burgerlich Gesetzbuch*) também é importante fonte histórica no estudo da codificação.

Tratou-se, em verdade, de uma consequência política da instalação do Império Alemão, em 1871, tendo sido a primeira comissão legislativa para tal fim instalada em 1874, a qual publicou um primeiro projeto em 1888, que, tendo sido bastante criticado, foi reelaborado, convertendo-se em um segundo projeto, somente terminado em 1895 e promulgado em 1896, para ter vigor em 1.º de janeiro de 1900.

---

[7] Abelardo Saraiva da Cunha Lobo, *Curso de Direito Romano*, Rio de Janeiro: Tipografia de Álvaro Pinto, 1931, v. 1, p. 51.
[8] Miguel Maria de Serpa Lopes, *Curso de Direito Civil*, 9. ed., Rio de Janeiro: Freitas Bastos, 2000, v. 1, p. 126.

Destaque-se, inclusive, que teve vigência como Direito Federal, na República Federal da Alemanha (Ocidental), incorporando-se ao ordenamento jurídico da Alemanha unificada com a queda do muro de Berlim.

Seu conteúdo foi fonte de inspiração tanto para o projeto do CC/1916 quanto para o do CC/2002, uma vez que se compõe de duas partes: uma geral, compreendendo o direito das pessoas, dos bens e os negócios jurídicos; e outra especial, dividida em quatro livros (Direito das Obrigações, Direitos Reais, Direito de Família e Direito das Sucessões).

Concomitantemente, foi elaborada uma Lei de Introdução ao Código Civil, com normas referentes ao direito internacional privado, que disciplinaria o relacionamento entre o Código Civil e as leis nacionais, o direito local e as disposições transitórias, fato também ocorrido no Direito brasileiro, como veremos a seguir.

4. A CODIFICAÇÃO DO DIREITO CIVIL BRASILEIRO: ASPECTOS HISTÓRICOS E LEGISLATIVOS

Para a perfeita compreensão do processo de codificação do Direito Civil no Brasil, é preciso conhecer a sua *proto-história*, ou seja, o período anterior à codificação (e mesmo à existência de um Estado brasileiro).

Antes da declaração de independência, todo o sistema normativo adotado em Portugal era aplicado em nosso território, uma vez que não há sombra de influência de regramento das comunidades indígenas que aqui habitavam antes do descobrimento.

Assim, na Península Ibérica, a partir do ano de 506 (século VI), vigeu o *Breviário de Alarico*, todo ele estribado na legislação romana, com grande influência nos sistemas ocidentais.

Após a separação formal de Portugal da Espanha, foram promulgadas, no novo reino, as Ordenações Afonsinas (Rei Afonso VI), em 1446, às quais sucederam, em 1521, as Ordenações Manuelinas (Dom Manuel, o Venturoso).

Em 1603, foram editadas as Ordenações Filipinas, cuja linha de orientação era baseada, como as anteriores, nos sistemas romano e canônico.

Com a independência do Brasil, em 1822, não havia como se editar, da noite para o dia, toda uma nova legislação. Assim, a Lei de 20 de outubro de 1823 determinou que continuasse a vigorar no Império a legislação do Reino (no caso, à época, as "Ordenações Filipinas"), até que tivéssemos legislação própria.

Uma curiosidade interessante é que Portugal revogou tais ordenações em 1867, com o advento de um novo Código, mas elas continuaram a viger no Brasil, dada a autonomia dos sistemas positivos.

A primeira Constituição brasileira, de 1824, art. 179, n. 18, *determinou que se organizasse, o quanto antes, um Código Civil baseado na Justiça e na equidade.*

As tentativas foram muitas, mas a demora foi mais longa do que se podia imaginar.

De fato, em que pese ter sido editado o Código Criminal em 1830 e o Código Comercial em 1850, a codificação civil brasileira passou por uma longa *via crucis*.

A necessidade de uma codificação, pelo menos para afastar do corpo de leis toda a matéria já revogada, tornava o problema inadiável.

Coube ao Barão de Penedo o mérito de ter de provocar a discussão em torno do problema. No testemunho de MIGUEL MARIA DE SERPA LOPES,

"Fê-lo em magnífico discurso pronunciado na abertura dos trabalhos do Instituto da Ordem dos Advogados, em 1845. Mostrou a situação em que se encontrava o nosso país, ainda regido pelas Ordenações e leis posteriores estabelecidas em Portugal, por leis denominadas extravagantes promulgadas no Brasil, após a Independência, formando um emaranhado indigesto e obscuro"[9].

Inicialmente, foi designado para redigir um projeto o baiano AUGUSTO TEIXEIRA DE FREITAS, que, assinando seu contrato em 1855, preparou, inicialmente, a "Consolidação das Leis Civis", em monumental trabalho de compilação e sistematização que, aprovado pelo governo, passou a preencher a lacuna do Código Civil.

A classificação das matérias utilizadas pelo ilustre jurista foi consagrada pela crítica especializada.

Pelo Decreto n. 2.318, de 1858, o Governo Imperial autorizou o Ministro da Justiça a confiar a elaboração de um código civil propriamente dito a um jurisconsulto de renome, tendo sido designado o próprio TEIXEIRA DE FREITAS.

Realizado um estudo profundo da matéria, considerou o ilustre jurista que, em vez de fazer simplesmente o projeto encomendado, seria muito mais digno oferecer um trabalho preparatório, destinado a ser publicado parcialmente, na medida em que fossem concluídas as suas partes, submetendo-o à crítica geral. Assim, em 1865, publicou o denominado *esboço*, contando 1.702 artigos, permanecendo em curso de publicação um total de 1.314 artigos, relativos a toda a parte dos direitos reais.

Todavia, em função de pressões para promulgação rápida e vendo necessidade de revisar o texto, acabou preferindo renunciar em 1866 a perder a cientificidade de sua obra, uma vez que não admitia o ilustre jurista a submissão do Código Civil ao Código Comercial, pois pretendia realizar um trabalho que abarcasse toda a matéria de direito privado, permitindo a sua unificação.

Embora não adotado no sistema brasileiro, trata-se de um colosso legislativo, que influenciou de grande maneira, por exemplo, o Código Civil argentino[10].

Sem êxito a missão do conterrâneo TEIXEIRA DE FREITAS, em 1872, NABUCO DE ARAÚJO, que já havia sido, inclusive, cogitado para a tarefa anteriormente, é designado para tentar diligenciar a especial tarefa, mas acaba falecendo em 1878, deixando somente um rascunho de apenas 182 artigos.

Novo jurista – desta vez o mineiro FELÍCIO DOS SANTOS, senador no 1.º Congresso da República – foi nomeado para a empreitada, tendo apresentado, em 1881, seus *Apontamentos para o Projeto do Código Civil Brasileiro*, o que foi submetido a uma comissão,

---

[9] Miguel Maria de Serpa Lopes, *Curso de Direito Civil*, 9. ed., Rio de Janeiro: Freitas Bastos, 2000, v. 1, p. 128.

[10] "Embora o Esboço não se tenha convertido em Projeto entre nós, o trabalho de Teixeira de Freitas teve grande repercussão no Código Civil argentino, como confessa com honestidade o jurista daquele país, Vélez Sarsfield. Esse código partiu da Consolidação e do Esboço, tanto que Teixeira de Freitas é até hoje autor citado e acatado naquele país" (Sílvio de Salvo Venosa, *Direito Civil (Parte Geral)*, São Paulo: Atlas, 2001, v. 1, p. 121).

que acabou opinando contrariamente, nem chegando a Câmara dos Deputados a se pronunciar sobre ele, uma vez que a comissão foi dissolvida em 1886 e, com o advento da República, em 1889, não se aceitou o trabalho anterior por ter sido concebido em outro regime de governo, sendo que as novas diretrizes do regime republicano tendiam para a pluralidade legislativa.

No ano de 1890, COELHO RODRIGUES, antigo professor da Faculdade de Recife, foi encarregado pelo Ministro Campos Sales para nova tentativa, tendo apresentado um projeto em 11 de janeiro de 1893, que, todavia, não foi aceito, em função de parecer desfavorável da comissão que foi designada para examiná-lo.

Em 1895, nomeou-se nova comissão, agora especialmente designada para examinar se algum dos projetos abandonados poderia servir de base ao futuro Código Civil, autorizando, em 6 de novembro de 1896, o Governo Republicano a contratar juristas para que procedesse à revisão do último texto apresentado.

Designou-se, então, CLÓVIS BEVILÁQUA, professor de Direito Comparado da Faculdade de Direito de Recife, para elaborar o novo projeto, aproveitando tanto quanto possível o projeto anterior de COELHO RODRIGUES, o que foi cumprido logo em 1899.

Na lição de SÍLVIO VENOSA:

"Numerosas foram as reuniões para críticas e emendas até ser encaminhado à Câmara dos Deputados, onde a chamada 'Comissão dos 21' redige oito volumes de atas. Em 1902, a Câmara aprova o Projeto e remete ao Senado. Ruy Barbosa é o Relator da comissão e redige em três dias seu parecer, que se prende mais ao ponto de vista da forma que de fundo. Seguiu-se enérgica discussão sobre a matéria, ficando famosa a Réplica de Ruy, na porfia com Carneiro Ribeiro, que redige a erudita Tréplica. Carneiro Ribeiro tinha sido antigo professor de Ruy Barbosa no Liceu Baiano"[11].

De fato, merecem registro as combativas emendas de RUY BARBOSA ao projeto Beviláqua, quase todas elas de cunho linguístico, devendo-se destacar o famoso debate intelectual que travou com CARNEIRO RIBEIRO, a quem incumbiu a revisão gramatical do projeto.

A respeito da atuação de RUY, RUBEM NOGUEIRA observa que:

"O trabalho, que se continha nos oito volumes da Comissão Especial do Código Civil na Câmara dos Deputados, Rui considerou-o defeituoso e incompleto, ao passo que lhe parecia encargo de segunda ordem dar-lhe a mão de obra literária. Mas preferiu este segundo encargo, apesar de árido e fastidioso, porque considerava necessário sustentar a própria personalidade brasileira, defendendo o idioma pátrio"[12].

Em 1912, o Senado conclui o seu papel, remetendo o Projeto à Câmara, com grande número de emendas.

Após mais de quinze anos de sua apresentação original, foi o Código Civil brasileiro, finalmente, aprovado em dezembro de 1915, sancionado e promulgado em 1.º de janeiro

---

[11] Sílvio de Salvo Venosa, ob. cit., p. 122.
[12] Rubem Nogueira, *História de Rui Barbosa*, 3. ed., Rio de Janeiro: Edições Casa de Rui Barbosa, 1999, p. 198.

de 1916, convertendo-se na Lei n. 3.071/16, entrando em vigor em 1.º de janeiro de 1917. Destaque-se, porém, que, em função de uma série de incorreções, notadamente de redação, procedeu-se à sua reparação, com a Lei n. 3.725/17, sem modificações de conteúdo.

O Código Civil brasileiro de 1916, seguindo o exemplo do Código Civil alemão, contou com uma Parte Geral (reguladora das noções e relações jurídicas entre pessoas, bens e fatos jurídicos) e outra Especial (disciplinando Direito de Família, Reais, Obrigações e Sucessões).

Da mesma forma que seu equivalente germânico, veio precedido de uma Lei de Introdução, que depois foi substituída pelo Decreto-lei n. 4.657/42, a ainda vigente "Lei de Introdução às Normas do Direito Brasileiro" (novo nome da conhecida "Lei de Introdução ao Código Civil brasileiro"), para a solução dos conflitos intertemporais e de Direito Internacional Privado.

Vale lembrar que o Código de 1916 seguiu a tendência da dualidade do direito privado, uma vez que não cuidou de matéria comercial, objeto de um código autônomo (Código Comercial).

Com a evolução da sociedade, reclamando soluções para problemas que o Código Civil jamais poderia prever, dado o momento histórico em que foi concebido originalmente, várias tentativas de reforma foram empreendidas, destacando-se, por exemplo, na década de 40, o anteprojeto de Código de Obrigações (desenvolvido por Orozimbo Nonato, Philadelpho Azevedo e Hahnemann Guimarães), limitando-se à Parte Geral das Obrigações; e, na década de 60, os projetos de Caio Mário da Silva Pereira (Código de Obrigações) e Orlando Gomes (Código Civil, com as demais matérias não obrigacionais).

Várias leis, porém, foram modificando disciplinas específicas do conteúdo do Código Civil, como, a título meramente exemplificativo, os prazos de prescrição (Lei n. 2.437, de 7-3-1955); a adoção (Lei n. 3.135, de 8-5-1957); o reconhecimento dos filhos adulterinos (Lei n. 883, de 21-10-1949); o Estatuto da Mulher Casada (Lei n. 4.121, de 27-8-1962); a Lei do Divórcio (Lei n. 6.515, de 26-12-1977); o bem de família legal (Lei n. 8.009, de 1990) e tantas outras.

Antes de falar, porém, do processo de construção e edição do novo Código Civil brasileiro, é importantíssimo tecer algumas considerações sobre o processo de descentralização do Direito Civil, além do fenômeno da sua constitucionalização, o que abordaremos no próximo tópico.

5. DESCENTRALIZAÇÃO E CONSTITUCIONALIZAÇÃO DO DIREITO CIVIL

A falta de sistematização do Direito Civil no século XVIII, influenciada pelo movimento racionalista que se iniciava, favoreceu o processo de unificação do direito privado.

A codificação, nesse contexto, a par de representar inegável progresso sob o prisma legislativo, significaria também a consagração ideológica definitiva dos valores da burguesia, tão temerosa quanto as pretensões intervencionistas do Estado.

O Código Napoleão, de 1804, marca o início desse processo.

Aliás, na França, a consagração do *Code Napoléon* operou com tamanha força que se teve a sensação de que, após a sua edição, todo o *Direito Civil francês foi apagado da história, e reescrito pela nova lei.*

Nesse sentido, é sugestiva a colocação de NORBERTO BOBBIO:

> "... a miragem da codificação é a completude: uma regra para cada caso. O Código é para o juiz um prontuário, que lhe deve servir infalivelmente, e do qual não pode se afastar"[13].

Como fenômeno de origem política e social, a pretensão exclusivista do movimento codificador – que se espraiaria pela Europa e pela América Latina nos séculos XIX e XX – é marcada pela lógica individualista do iluminismo.

A respeito da justificativa da codificação, consoante já vimos, diz-se comumente que um código é um sistema de regras formuladas para reger, com plenitude e generalidade, todos os aspectos das relações privadas, proporcionando a segurança necessária às relações sociais.

Mas não é só isso.

O código marca a tendência ideológica do seu momento, com um fator agravante: sua vocação fagocitária e totalizadora pretende atingir, com plenitude, todas as facetas da complexa e multifária cadeia de relações privadas.

O código pretende ser o "sol" do universo normativo.

Nesse contexto, o Código Civil de 1916, cuja concepção original foi elaborada por CLÓVIS BEVILÁQUA em 1899 (discutido anos a fio no Congresso Nacional, oportunidade em que receberia a influência humanista de RUY BARBOSA, como visto), traduz, em seu corpo de normas tão tecnicamente estruturado, a ideologia da sociedade agrária e conservadora daquele momento histórico, preocupando-se muito mais com o *ter (o contrato, a propriedade)* do que com o *ser (os direitos da personalidade, a dignidade da pessoa humana)*.

Nossa meta não é simplesmente criticar o CC/1916 (e todas as demais formas de codificação), chegando ao extremo de asseverar serem os códigos instrumentos "para servir à cúpula da sociedade"[14]. Isso porque, a despeito das críticas – que seriam muitas, talvez creditadas em parte à *senilidade congênita* de várias de suas normas –, os elogios seriam em muito maior número, e, sem dúvida, muito mais eloquentes, sobretudo em se considerando que a fecunda obra de BEVILÁQUA compôs a história de nosso Direito por mais de 80 anos.

Em verdade, a perplexidade que nos abate já era traduzida há muito por ORLANDO GOMES.

> "No mundo instável, inseguro e volúvel de hoje", advertiu o Mestre, "a resposta normativa não pode ser a transposição para um Código das fórmulas conceituais habilmente elaboradas no século passado, mas comprometidas com uma realidade muito distinta"[15].

A sociedade do século XX, sobretudo após a 1.ª Grande Guerra, marcaria o *ocaso das codificações*, por meio da maciça intervenção do Estado na economia, e, sobretudo, com o

---

[13] Norberto Bobbio, apud Gustavo Tepedino, O Código Civil, os Chamados Microssistemas e a Constituição: Premissas para uma Reforma Legislativa, in *Problemas de Direito Civil Constitucional*, Rio de Janeiro: Renovar, 2000, p. 2.

[14] Sílvio Meira, Os Códigos Civis e a Felicidade dos Povos, *Revista de Informação Legislativa do Senado*, n. 117, 1993, p. 347.

[15] Orlando Gomes, *Introdução ao Direito Civil*, 10. ed., Rio de Janeiro: Forense, 1993, p. 71.

processo, daí decorrente, de restrição à autonomia privada, pelo chamado dirigismo contratual.

A teia viva das relações sociais, as incertezas da economia, a imprevisão generalizada dos negócios e a publicização do direito começariam a amolecer o gesso das normas codificadas, vulnerando, passo a passo, importantes regras que pretendiam ser imutáveis e eternas.

Aliás, nesse prisma, todo o esforço despendido nos primeiros anos da faculdade para ensinar ao aluno a distinção entre direito público e privado acaba *não tendo mais importância alguma...*

Por tudo isso, a dificuldade em proceder a uma reforma generalizada de nosso Código desencadeou, pois, o (inverso) fenômeno da *descentralização ou descodificação do Direito Civil*, marcado pela proliferação assustadora, à velocidade da luz, de estatutos e leis especiais que disciplinariam não somente as novas exigências da sociedade industrializada, mas também velhas figuras que se alteraram com o decorrer dos anos, sob o influxo de novas ideias solidaristas e humanitárias, e que não poderiam ser plena e eficazmente reguladas por um código ultrapassado e conservador.

A título de ilustração, invocamos o *reconhecimento de filhos*.

O Código Civil, nesse ponto, refletiu uma ideologia patriarcal, típica de uma sociedade que via na família, não um grupo social afetivamente vinculado, mas uma unidade econômica dirigida por um chefe, e dentro da qual pouco importava o princípio – que não precisava ser constitucional, por ser de direito natural – da dignidade da pessoa humana.

O filho espúrio receberia tratamento tão severo pelo legislador de 1916 que o próprio BEVILÁQUA, em prol de um tratamento mais brando quanto ao reconhecimento dos filhos ilegítimos, esbravejou contra as emendas que, nesse particular, seriam feitas em seu projeto, observando que muitas das modificações deteriorariam o próprio *tecido da célula social*.

A partir daí, a dinâmica social e, sobretudo, o fortalecimento do pensamento crítico de determinadas classes sociais acentuariam a necrose instalada nesse e em outros pontos da Lei Codificada, determinando a edição de verdadeiros microssistemas jurídicos, indispensáveis para a correção das distorções normativas causadas pela esclerose das normas vigentes, e, bem assim, para realizar a necessária modernização de nosso Direito, à luz dos novos tempos. Citem-se, nesse ponto, os seguintes diplomas que disciplinariam direta ou indiretamente o instituto jurídico da filiação: *Lei n. 883/49, Lei n. 6.515/77, Lei n. 8.069/90* e *Lei n. 8.560/92*.

Para outros setores, importantes leis especiais indicam que o Código Civil não está mais no centro do sistema legal, assumindo, diversas vezes, função meramente supletiva: Lei n. 8.245/91 (Lei do Inquilinato), Lei n. 4.728/65 e Decreto-lei n. 911/69 (alienação fiduciária), o CDC, o ECA...

De fato, a evolução tecnológica e de costumes tem proporcionado novas visões de vida e de mundo, que não parecem se compatibilizar com a ideia de assentamento perene de regras, ínsita a toda codificação.

O advento de regulamentações jurídicas tópicas – os chamados microssistemas jurídicos – tem reforçado essa polêmica. Esses pequenos universos legislativos são compostos de uma legislação setorial dotada de lógica e principiologia própria, destinada a regular institutos isolados ou uma classe de relações, o que afasta a incidência da regra geral do Código Civil, que se torna inaplicável, na espécie.

Nas palavras de CAIO MÁRIO DA SILVA PEREIRA,

> "a celeridade da vida não pode ser detida pelas muralhas de um direito codificado. Acontecimentos, ora na simplicidade da existência cotidiana, ora marcados pelos de maior gravidade, exigem novos comportamentos legislativos. Em consequência, um edifício demoradamente construído, como é um Código, vê-se atingido por exigências frequentes, necessitando de suprimentos legislativos"[16].

Veja-se a que ponto chegou a importância das leis especiais.

Em estudo publicado em 1986, CHRISTIAN ATIAS pondera que "nenhum contrato de alguma importância prática pode subsistir sem sua lei especial. Nenhum procedimento verificado na sociedade pode ser deixado sem estatuto legislativo próprio..."[17].

Nesse sentido, ressaltando os matizes fundamentais da *descentralização do Direito Civil*, brilhante é a preleção de GUSTAVO TEPEDINO:

> "esse longo percurso histórico, cujo itinerário não se poderia aqui palmilhar, caracteriza o que se convencionou chamar de processo de descodificação do Direito Civil, com o deslocamento do centro de gravidade do direito privado, do Código Civil, antes um corpo legislativo monolítico, por isso mesmo chamado de monossistema, para uma realidade fragmentada pela pluralidade de estatutos autônomos. Em relação a estes o Código Civil perdeu qualquer capacidade de influência normativa, configurando-se um polissistema, caracterizado por um conjunto de leis tidas como centros de gravidade autônomos, e chamados, por conhecida corrente doutrinária, de microssistemas"[18].

Aliás, a ideia de descentralização, materializada na enxurrada de leis especiais e estatutos jurídicos autônomos, não deixa de significar a impossibilidade social de uma lei codificada pretender ser imutável.

Nesse sentido, conclui LUIZ EDSON FACHIN: "Se o Código não é apto a ensejar a discussão e o reconhecimento das transformações da realidade, é um instrumento de sua conservação"[19].

Diante desse quadro, pode-se ter a falsa impressão de que o mosaico normativo que caracterizaria esse processo descentralizador, por demais complexo e denso, careceria de lógica sistemática, em face da inexistência do eixo unificador (o Código Civil).

Não é bem assim.

Aí se manifesta, com toda a sua magnitude, a importância do *Direito Civil Constitucional*.

A coexistência harmônica desse polissistema – formado pelo Código, pelos estatutos jurídicos e leis especiais – encontra um ponto lógico-formal de apoio e aplicação hermenêutica nos princípios e normas superiores de Direito Civil consagradas na própria Constituição Federal[20].

---

[16] Caio Mário da Silva Pereira, *Direito Civil – Alguns Aspectos de sua Evolução*, Rio de Janeiro: Forense, 2001, p. 105.
[17] Apud Josaphat Marinho, Relatório no Senado Federal, in *O Projeto do Novo Código Civil*, Miguel Reale, 2. ed., São Paulo: Saraiva, 1999, p. 115.
[18] Gustavo Tepedino, ob. cit., p. 5.
[19] Luiz Edson Fachin, *Teoria Crítica do Direito Civil*, Rio de Janeiro: Renovar, 2000, p. 288.
[20] Cf., nesse ponto, o pensamento de Gustavo Tepedino, ob. cit.

Em uma de suas últimas preleções, em 1987, ORLANDO GOMES já profetizava que:

"Essa condensação dos valores essenciais do direito privado passou a ser cristalizada no direito público. Ocorreu nos últimos tempos o fenômeno da emigração desses princípios para o Direito Constitucional. A propriedade, a família, o contrato, ingressaram nas Constituições. É nas Constituições que se encontram hoje definidas as proposições diretoras dos mais importantes institutos do direito privado"[21].

Se, por um lado, o movimento codificador do século XIX distanciava-se do Direito Constitucional – por imaginar, dentro de sua perspectiva exclusivista, que todo o direito privado estaria concretizado em um corpo monolítico, vocacionado à perenidade, e com traços de autossuficiência –, o processo descentralizador do Direito Civil, nascido em um período de maior consciência democrática, tem na Constituição o seu sistema principiológico superior, estruturador da harmonia do conjunto.

Não se pode, pois, entender o Direito Civil – em suas vigas fundamentais: *o contrato*, *a propriedade* e *a família* – sem o necessário suporte lógico do Direito Constitucional.

Um se prende ao outro como corpo e alma.

Que atentado à formação do aluno comete o Professor de Direito Civil que o habitua e escraviza a livros antigos apenas, sem lhe descortinar o novo horizonte aberto pela Constituição Federal para o Direito Civil!

O CC/1916, sem diminuir a sua magnitude técnica, em sua crueza, é egoísta, patriarcal e autoritário, refletindo, naturalmente, a sociedade do século XIX.

Preocupa-se com o *"ter"*, e não com o *"ser"*.

Ignora a dignidade da pessoa humana, não se compadece com os sofrimentos do devedor, esmaga o filho bastardo, faz-se de desentendido no que tange aos direitos e litígios pela posse coletiva de terras, e, o que é pior, imagina que as partes de um contrato são sempre iguais.

Por tudo isso, a Constituição Federal, consagrando valores como a *dignidade da pessoa humana, a valorização social do trabalho, a igualdade e proteção dos filhos, o exercício não abusivo da atividade econômica*, deixa de ser um simples documento de boas intenções e passa a ser considerada um corpo normativo superior que deve ser diretamente aplicado às relações jurídicas em geral, subordinando toda a legislação ordinária.

Dentro desse contexto atual – caracterizado pela descentralização normativa –, em que avulta a importância do Direito Civil Constitucional, que dizer de um projeto de código em curso desde 1975? Haveria consagrado os avanços da Constituição Federal de 1988?

Estaríamos na contramão da história?

Essa questão, todavia, para o momento, encontra-se superada.

Temos um novo Código Civil.

---

[21] Orlando Gomes, *A Agonia do Código Civil – conferência pronunciada no Encontro Nacional de Mestres de Direito Civil, realizado em homenagem ao Professor Orlando Gomes: Sans Adieu – 50 Anos de Cátedra*, Salvador: Editora Ciência Jurídica, s.d., p. 76.

E é com esse novo instrumental normativo que iremos trabalhar, sem prejuízo da análise dos dispositivos do CC/1916, que, por regras de Direito Intertemporal, ainda terão vigor por algum tempo, mesmo depois do termo da sua vigência formal.

Ressalve-se que a modificação dos pressupostos culturais que respaldaram as codificações – e cada código civil em particular – não deve, porém, suprimir bruscamente o apoio que lhe sustenta se a referida norma foi redigida em estilo abstrato e generalizante, pois isso permite que os próprios tribunais façam a devida atualização axiológica. Só assim se pode explicar, inclusive, a sobrevivência de códigos com fundamentação ideológica individualista em um meio social coletivizado, com premissas sociais e econômicas completamente diversas das existentes no século XIX[22].

Vejamos, portanto, como foi o processo de construção e edição desse novo Código Civil brasileiro.

6. O NOVO CÓDIGO CIVIL BRASILEIRO

Em 1969, foi criada uma nova Comissão para rever o Código Civil, preferindo elaborar um novo código em vez de emendar o antigo.

Tal comissão, composta por JOSÉ CARLOS MOREIRA ALVES, AGOSTINHO DE ARRUDA ALVIM, SYLVIO MARCONDES, EBERT CHAMOUN, CLÓVIS DO COUTO E SILVA e TORQUATO CASTRO, sob a coordenação de MIGUEL REALE, apresentou, em 1972, o seu Anteprojeto de Código Civil.

No ano seguinte (1973), depois de receber inúmeras emendas, foi publicada a segunda edição revisada do Anteprojeto, submetida, porém, a nova revisão, com grandes modificações, para se transformar no efetivo "Projeto do Código Civil brasileiro", enviado, através do Poder Executivo, pela Mensagem n. 160/75, ao Congresso Nacional, onde se transformou no Projeto de Lei n. 634, de 1975.

Depois de anos de debates na Câmara dos Deputados, onde a matéria até se mostrou esquecida, ante a ausência de um clamor social que a exigisse, em 1984 foi aprovado o projeto, com sua transformação no Projeto de Lei n. 634/B, conforme publicação no *Diário do Congresso Nacional* de 17 de maio de 1984 (Suplemento n. 47).

Depois de adormecido por longos anos, o projeto foi retomado no Senado, com a competente e lúcida relatoria do Senador JOSAPHAT MARINHO, que conseguiu reavivar o interesse na tramitação do novo Código Civil, sendo aprovado naquela Casa Legislativa, para retorno à Câmara dos Deputados.

---

[22] Tal ideia parece ter sido partilhada pelo Deputado Ricardo Fiuza, relator do projeto do novo Código Civil na Câmara dos Deputados, conforme se verifica do seguinte trecho de seu relatório: "Isto não nos exime de lutar para que o novo Código, enquanto lei geral, apresente seus comandos em forma suficientemente aberta, de modo a permitir a função criadora do intérprete, face às transformações sociais inevitáveis. O eminente professor Miguel Reale, em estudo publicado sobre o projeto, já após aprovado no Senado, observa que 'é próprio de um Código albergar somente questões que se revistam de certa estabilidade, de certa perspectiva de duração, sendo incompatível com novidades ainda pendentes de estudos. O projeto deve se limitar, por conseguinte, àquilo que é da esfera civil, deixando para a legislação especial a disciplina de estudos que dela extrapolem'".

Registre-se que o trabalho do ilustre Senador foi digno de todos os encômios, discutindo amplamente com a sociedade e os operadores do direito os aspectos mais importantes da nova lei.

Todavia, em que pese o brilho do ilustre Relator, diversos segmentos da sociedade civil organizada questionavam supostos retrocessos no texto do projeto, sempre argumentando sobre o possível anacronismo de uma legislação concebida na primeira parte da década de 70.

Tais críticas em parte são justificadas, embora o Novo Código haja avançado em muitos outros pontos da legislação ordinária até então em vigor.

Na Câmara dos Deputados, foi designado como Relator o Deputado RICARDO FIUZA, que, verificando as muitas arguições de inconstitucionalidade no projeto submetido à sua Relatoria, e diante da impossibilidade, em princípio, de alterar o conteúdo do projeto (uma vez que não havia sido objeto de emendas no Senado), conseguiu aprovar um projeto de resolução, alterando o Regimento Comum do Congresso Nacional e permitindo que o projeto pudesse sofrer adequações constitucionais e legais (Resolução CN n. 1, de 31-1-2000)[23], o que permitiu, na realidade, a sua revisão.

No ano 2001, o projeto foi finalmente levado a votação, após as "atualizações" procedidas pelo relator, Deputado RICARDO FIUZA, sendo aprovado por acordo de lideranças e levado à sanção presidencial.

Em solenidade realizada no Palácio do Planalto, foi sancionado, sem vetos, o projeto aprovado na Câmara dos Deputados, convertendo-se na Lei n. 10.406, de 10 de janeiro de 2002 (publicada no *Diário Oficial da União* de 11-1-2002), o novo Código Civil brasileiro, que, dentre outras modificações, consagra a unificação parcial do direito privado (obrigações civis e comerciais).

7. PRINCÍPIOS NORTEADORES DO CÓDIGO CIVIL DE 2002

Um dos temas mais fascinantes sobre o novo Código Civil brasileiro é a sua principiologia.

De fato, tem ele uma concepção bem diferente da encampada pelo seu antecessor.

Embora talvez não seja o colosso legislativo, com o primor redacional da codificação de 1916, o vigente diploma está fundado em três princípios norteadores que lhe permitem sonhar com uma vida ainda mais longa do que a do código revogado.

São eles os princípios da eticidade, socialidade e operabilidade.

Consiste o *Princípio da Eticidade* na busca de compatibilização dos valores técnicos conquistados na vigência do Código anterior, com a participação de valores éticos no ordenamento jurídico.

---

[23] O art. 1.º da mencionada resolução alterou a Resolução n. 1, de 1970, do Congresso Nacional, que passou a vigorar com a seguinte redação:
"Art. 139-A. O projeto de código em tramitação no Congresso Nacional há mais de três legislaturas, será, antes de sua discussão final na Casa que o encaminhará à sanção, submetido a uma revisão para a sua adequação às alterações constitucionais e legais promulgadas desde sua apresentação.

Nessa linha, um dos exemplos mais visíveis é a previsão do seu art. 113, segundo o qual "os negócios jurídicos devem ser interpretados conforme a boa-fé e os usos do lugar de sua interpretação". Também a boa-fé objetiva, prevista no art. 422, é exemplo da sua aplicação.

Já o *Princípio da Socialidade* surge em contraposição à ideologia individualista e patrimonialista do sistema de 1916. Por ele, busca-se preservar o sentido de coletividade, muitas vezes em detrimento de interesses individuais.

Por isso, valores foram positivados no prestígio à *função social do contrato* (art. 421) e à *natureza social da posse* (art. 1.239 e s.).

Nesse sentido, observam JUDITH MARTINS-COSTA e GERSON LUIZ CARLOS BRANCO:

> "O quadro que hoje se apresenta ao Direito Civil é o da reação ao excessivo individualismo característico da Era codificatória oitocentista que tantos e tão fundos reflexos ainda os lega. Se às Constituições cabe proclamar o princípio da função social – o que vem sendo regra desde Weimar –, é ao Direito Civil que incumbe transformá-lo em concreto instrumento de ação. Mediante o recurso à função social e também à boa-fé – que tem uma face marcadamente ética e outra solidarista –, instrumentaliza o Código agora aprovado a diretriz constitucional da solidariedade social, posta como um dos 'objetivos fundamentais da República'"[24].

Por fim, o *Princípio da Operabilidade* importa na concessão de maiores poderes hermenêuticos ao magistrado, verificando, no caso concreto, as efetivas necessidades a exigir a tutela jurisdicional.

Nessa linha, privilegiou a normatização por meio de cláusulas gerais, que devem ser colmatadas no caso concreto, merecendo destaque, como exemplo, a nova regra de responsabilidade civil incrustada no parágrafo único do art. 927, em que se admite a "obrigação de reparar o dano, independentemente de culpa, nos casos especificados em lei, ou quando a atividade normalmente desenvolvida pelo autor do dano implicar, por sua natureza, risco para os direitos de outrem".

É com essa nova principiologia que o civilista do século XXI deverá preparar-se para os desafios que se avizinham.

---

§ 1.º O relator do projeto na Casa em que se finalizar sua tramitação no Congresso Nacional, antes de apresentar perante a Comissão respectiva seu parecer, encaminhará ao presidente da Casa relatório apontando as alterações necessárias para atualizar o texto do projeto em face das alterações legais aprovadas durante o curso de sua tramitação.

§ 2.º O relatório mencionado no § 1.º será encaminhado pelo Presidente à outra Casa do Congresso Nacional, que o submeterá à respectiva Comissão de Constituição e Justiça.

§ 3.º A comissão, no prazo de 5 (cinco) dias, oferecerá parecer sobre a matéria, que se limitará a verificar se as alterações propostas restringem-se a promover a necessária atualização na forma do § 1.º.

§ 4.º O parecer da Comissão será apreciado em plenário no prazo de 5 (cinco) dias, com preferência sobre as demais proposições, vedadas emendas ou modificações.

§ 5.º Votado o parecer, será feita a devida comunicação à Casa em que se encontra o projeto de código para prosseguimento de sua tramitação regimental, incorporadas as alterações aprovadas".

[24] Judith Martins-Costa e Gerson Luiz Carlos Branco, *Diretrizes Teóricas do Novo Código Civil Brasileiro,* São Paulo: Saraiva, 2002, p. 144.

Capítulo III
Lei de Introdução às Normas do Direito Brasileiro

Sumário: 1. O objetivo da Lei de Introdução ao Código Civil: ser uma Lei de Introdução às Normas do Direito Brasileiro. 2. Vigência, validade, eficácia e vigor das normas. 3. Aplicação de normas jurídicas. 3.1. Interpretação de normas. 3.2. Algumas noções sobre a integração normativa. 3.3. Aplicação temporal de normas. 3.4. Conflito de normas no tempo (Direito Intertemporal). 3.5. Aplicação espacial de normas. 3.6. Conflito de normas no espaço. 3.7. Segurança jurídica e eficiência na criação e aplicação de normas por agentes públicos (reflexões críticas sobre a Lei n. 13.655/2018, que alterou a LINDB).

1. O OBJETIVO DA LEI DE INTRODUÇÃO AO CÓDIGO CIVIL: SER UMA LEI DE INTRODUÇÃO ÀS NORMAS DO DIREITO BRASILEIRO

A finalidade da outrora denominada *Lei de Introdução ao Código Civil* brasileiro era muito mais ampla do que a primeira intelecção literal possa depreender.

De fato, em que pese se referir ao Código Civil, a norma conhecida originalmente como Lei de Introdução ao Código Civil (em verdade, o Decreto-lei n. 4.657/42) dele não era parte integrante, constituindo, na realidade, um diploma que disciplina a aplicação das leis em geral.

Por isso, desde a primeira edição desta obra, defendemos que mais técnico seria, inclusive, se fosse denominada "Lei de Introdução às Leis", sendo efetivamente uma regra de superdireito[1], aplicável a todos os ramos do ordenamento jurídico brasileiro, seja público ou privado.

Sua função, portanto, não é, tecnicamente, reger relações sociais,

> "mas sim as normas, uma vez que indica como interpretá-las ou aplicá-las, determinando-lhes a vigência e a eficácia, suas dimensões espácio-temporais, assinalando suas projeções nas situações conflitivas de ordenamentos jurídicos nacionais e alienígenas, evidenciando os respectivos elementos de conexão. Como se vê, engloba não só o direito civil, mas também os diversos ramos do direito privado e público, notadamente a seara do direito internacional privado. A Lei de Introdução é o Estatuto de Direito Internacional Privado; é uma norma cogente brasileira, por determinação legislativa da soberania nacional, aplicável a todas as leis"[2].

---

[1] "O termo deve-se a E. Zitelmann e tem sido assimilado a direito hermenêutico, como regra áurea de aplicação e de interpretação de textos legais ou de relações materiais de direito comum, manejada pelos Órgãos realizadores do Direito" (Washington Luiz da Trindade, *O Superdireito nas Relações de Trabalho*, Salvador: Editora e Distribuidora de Livros Salvador Ltda., 1982, p. 15).
[2] Maria Helena Diniz, *Lei de Introdução ao Código Civil Brasileiro Interpretada*, 7. ed., São Paulo: Saraiva, 2001, p. 4.

O Direito Internacional Privado, por sua vez, é o conjunto de normas internas de um país, instituídas especialmente para definir se a determinado caso se aplicará a lei local ou a lei de um Estado estrangeiro, o que é, como visto, a própria finalidade da Lei de Introdução.

Assim, trata-se de uma norma máxima de compreensão do sistema jurídico, que, além da evidente importância para a soberania nacional, regula a vigência e a eficácia de todas as outras, trazendo critérios para os seus conflitos no tempo e espaço, bem como estabelecendo parâmetros para a interpretação normativa (art. 4.º) e garantindo a eficácia global do ordenamento positivo, ao não admitir o erro de direito (art. 3.º) e ao reconhecer a necessidade de preservação das situações consolidadas em que o interesse individual prevalece (art. 6.º).

Vale destacar, inclusive, que o mencionado Decreto-lei n. 4.657/42 revogou a original *Introdução ao Código Civil*, promulgada simultaneamente com o Código Civil de BEVILÁQUA (Lei n. 3.071/16), substituindo-a em todo o seu conteúdo, uma vez que modificou numerosos princípios básicos que tinham inspirado o legislador de 1916[3].

Por isso, confessamos que não podemos deixar de aplaudir a modificação procedida pela Lei n. 12.376, de 30 de dezembro de 2010, que alterou a ementa do referido Decreto-lei n. 4.657/42, apenas para determinar que o referido preceito normativo passasse a ser conhecido como "Lei de Introdução às Normas do Direito Brasileiro".

Se é certo que a alteração pode ser considerada "cosmética", o fato é que atende ao velho reclamo da doutrina (inclusive o nosso), dando um título mais técnico à referida norma.

Afinal de contas, tudo o que uma "Lei de Introdução ao Código Civil" objetivava era isso mesmo: ser uma "Lei de Introdução às Normas Jurídicas".

2. VIGÊNCIA, VALIDADE, EFICÁCIA E VIGOR DAS NORMAS

Para compreender efetivamente as regras estabelecidas pela Lei de Introdução às Normas do Direito Brasileiro, parece-nos que os conceitos em epígrafe devem ser previamente apreendidos pelo estudioso do Direito, evitando imprecisões terminológicas.

Enfrentemos, então, essa árdua tarefa.

A noção de *validade* da norma é um aspecto dogmático fundamental, pois significa a sua identificação como compatível ao sistema jurídico que integra, sendo um critério puramente lógico-formal.

---

[3] Antes do Decreto-lei n. 4.657/42, "vigorava, com 21 artigos, a Introdução ao Código civil, revogada na totalidade. O projeto Beviláqua propusera que se adotasse para a introdução o título que lhe deu o legislador alemão: lei de introdução. No projeto revisto, embora se mantivesse numeração à parte, houve o propósito de fazê-la entrar no corpo do código, como título preliminar. A comissão revisora preferira a orientação do Esboço de Teixeira de Freitas e do projeto de Felício dos Santos, que era a mesma do Código de Napoleão. A comissão dos 21 deputados adotou a designação – lei preliminar – como se encontrava no projeto Coelho Rodrigues. Por emenda do Senado, foi acolhida a epígrafe definitiva, ficando a Introdução fora do corpo do código, com a numeração separada, como fez o legislador italiano, com as 'disposições sobre a aplicação das leis em geral', que precedem o respectivo código civil" (Eduardo Espínola e Eduardo Espínola Filho, *A Lei de Introdução ao Código Civil Brasileiro*, 3. ed., Rio de Janeiro: Renovar, 1999, v. 1, p. 6).

Tal concepção toma por base a observância das condições formais e materiais da produção normativa, estabelecidas pelo próprio ordenamento.

O descumprimento das regras de validade importará no reconhecimento da inconstitucionalidade ou ilegalidade (a depender do âmbito em que foi fixada a premissa validante) da norma estabelecida, considerando-a não pertinente ao sistema.

A validade de uma norma pode se verificar sob duas óticas:

a) *Formal*: observância das normas referentes a seu processo de criação[4], ou seja, a validade formal depende da conformidade do ato normativo em questão, com o devido processo legislativo constitucionalmente previsto para a sua edição. As espécies normativas com *status* de lei estão estabelecidas pelo art. 59 da Constituição Federal, que regula, nos arts. 61 e s., o processo legislativo ordinário.

Assim, enfocando uma regra de validade sobre o momento da edição normativa, temos, como exemplo, o § 1.º do art. 60 da CF/88, que estabelece que a "Constituição não poderá ser emendada na vigência de intervenção federal, de estado de defesa ou de estado de sítio".

Da mesma forma, estabelece o § 2.º do mesmo artigo que a "proposta será discutida e votada em cada Casa do Congresso Nacional, em dois turnos, considerando-se aprovada se obtiver, em ambos, três quintos dos votos dos respectivos membros"; qualquer emenda constitucional que não observe tal procedimento será formalmente inválida.

b) *Material*: se houve observância da matéria passível de normatização (ex.: CF/88, arts. 21 a 24, 29 e 30, 48, 52 etc.) por parte das entidades federativas, ou se houve incompatibilidade de conteúdo.

Exemplificando, a legislação de competência privativa da União está estabelecida no art. 22 da CF/88, sendo inconstitucional qualquer norma estabelecida por outra entidade federativa em relação à matéria ali constante[5].

---

[4] Vale destacar que a Lei Complementar n. 95, de 26 de fevereiro de 1998, editada em cumprimento ao parágrafo único do art. 59 da CF/88, dispõe sobre a elaboração, a redação, a alteração e a consolidação das leis, conforme determina o parágrafo único do art. 59 da Constituição Federal, e estabelece normas para a consolidação de atos normativos. Na esfera federal, o Decreto n. 4.176, de 28 de março de 2002 (que revogou expressamente os Decretos n. 2.954, de 29 de janeiro de 1999, 3.495, de 30 de maio de 2000, 3.585, de 5 de setembro de 2000, 3.723, de 10 de janeiro de 2001, e 3.930, de 19 de setembro de 2001), estabelece normas e diretrizes para a elaboração, a redação, a alteração, a consolidação e o encaminhamento ao Presidente da República de projetos de atos normativos de competência dos órgãos do Poder Executivo Federal, e dá outras providências. Sem embargo da similaridade dos temas, tais diplomas não alteraram as diretrizes da LINDB, diploma que continua vigorando em nosso sistema.

[5] CF/88: "Art. 22. Compete privativamente à União legislar sobre:

I – direito civil, comercial, penal, processual, eleitoral, agrário, marítimo, aeronáutico, espacial e do trabalho;

II – desapropriação;

III – requisições civis e militares, em caso de iminente perigo e em tempo de guerra;

IV – águas, energia, informática, telecomunicações e radiodifusão;

V – serviço postal;

VI – sistema monetário e de medidas, títulos e garantias dos metais;

Da mesma forma, quando uma norma infraconstitucional, em matéria da competência correspondente da entidade federativa responsável, cerceasse, por exemplo, o direito de ir e vir, também se vislumbraria uma inconstitucionalidade material, por violação ao conteúdo da norma hierarquicamente superior.

Vigência, por sua vez, é um critério puramente temporal.

Refere-se, precisamente, ao período de validade da norma, ou seja, o lapso temporal que vai do momento em que ela passa a ter força vinculante até a data em que é revogada

---

VII – política de crédito, câmbio, seguros e transferência de valores;

VIII – comércio exterior e interestadual;

IX – diretrizes da política nacional de transportes;

X – regime dos portos, navegação lacustre, fluvial, marítima, aérea e aeroespacial;

XI – trânsito e transporte;

XII – jazidas, minas, outros recursos minerais e metalurgia;

XIII – nacionalidade, cidadania e naturalização;

XIV – populações indígenas;

XV – emigração e imigração, entrada, extradição e expulsão de estrangeiros;

XVI – organização do sistema nacional de emprego e condições para o exercício de profissões;

XVII – organização judiciária, do Ministério Público do Distrito Federal e dos Territórios e da Defensoria Pública dos Territórios, bem como organização administrativa destes; (Redação dada pela Emenda Constitucional n. 69, de 2012)

XVIII – sistema estatístico, sistema cartográfico e de geologia nacionais;

XIX – sistemas de poupança, captação e garantia da poupança popular;

XX – sistemas de consórcios e sorteios;

XXI – normas gerais de organização, efetivos, material bélico, garantias, convocação, mobilização, inatividades e pensões das polícias militares e dos corpos de bombeiros militares; (Redação dada pela Emenda Constitucional n. 103, de 2019)

XXII – competência da polícia federal e das polícias rodoviária e ferroviária federais;

XXIII – seguridade social;

XXIV – diretrizes e bases da educação nacional;

XXV – registros públicos;

XXVI – atividades nucleares de qualquer natureza;

XXVII – normas gerais de licitação e contratação, em todas as modalidades, para as administrações públicas diretas, autárquicas e fundacionais da União, Estados, Distrito Federal e Municípios, obedecido o disposto no art. 37, XXI, e para as empresas públicas e sociedades de economia mista, nos termos do art. 173, § 1.º, III;

XXVIII – defesa territorial, defesa aeroespacial, defesa marítima, defesa civil e mobilização nacional;

XXIX – propaganda comercial.

XXX – proteção e tratamento de dados pessoais. (Incluído pela Emenda Constitucional n. 115, de 2022)

Parágrafo único. Lei complementar poderá autorizar os Estados a legislar sobre questões específicas das matérias relacionadas neste artigo".

ou em que se esgota o prazo prescrito para sua duração (no caso de normas temporárias)[6]. Abordaremos mais esse aspecto a seguir, nos tópicos 3.3 ("Aplicação Temporal de Normas") e 3.4 ("Conflito de Normas no Tempo").

Já a *eficácia* é a qualidade da norma que se refere à *aptidão* para a produção concreta de efeitos.

Do ponto de vista teórico, a eficácia pode ser:

a) *Social*: produção concreta de efeitos, porque presentes as condições fáticas exigíveis para seu cumprimento.

Uma norma, por exemplo, que estabelecesse a utilização obrigatória de determinado equipamento de segurança inexistente no mercado (e sem previsão de produção) seria uma norma sem qualquer eficácia social.

Não se deve confundir, porém, essa forma de eficácia com sua efetiva observância, pois sempre será possível, enquanto vigente, sua imposição coercitiva pelo Judiciário. É o caso, por exemplo, da obrigatoriedade do uso do cinto de segurança, constante do Código de Trânsito Brasileiro (Lei n. 9.503, de 23-9-1997): mesmo não havendo o hábito de utilização do referido equipamento em algumas regiões do Brasil, isso não será justificativa para o perdão de multas eventualmente impostas.

b) *Técnica*: produção de efeitos, porque presentes as condições técnico-normativas exigíveis para sua aplicação.

A previsão de *"relação de emprego protegida contra despedida arbitrária ou sem justa causa, nos termos de lei complementar, que preverá indenização compensatória, dentre outros direitos"*, contida no inciso I do art. 7.º da CF/88, pode ser considerada um típico exemplo de norma, por si só, sem eficácia técnica, tendo em vista a inexistência, até o momento, da referida lei complementar[7]. Registre-se, outrossim, o fato de que *toda norma constitucional*

---

[6] "Processual Civil e Tributário. Contribuição Previdenciária. Compensação. Art. 97 da Lei n. 8.383/91. Vigência. 1. O art. 66 da Lei n. 8.383/91 autorizou a compensação de tributos indevidos ou pagos a maior, com outros da mesma espécie, dentre eles os de natureza previdenciária. 2. O art. 97, por sua vez, dispôs expressamente que a Lei n. 8.383/91 entraria em vigor na data da sua publicação; vale dizer, em 31.12.91, produzindo os seus efeitos somente a partir de 1.º.01.92, quando então passou a ser aplicada aos casos concretos. 3. A vigência de uma lei diz respeito ao período compreendido entre o dia em que passa a ter existência no ordenamento jurídico até o dia de sua revogação, ou, no caso das leis temporárias, no dia em que expira a sua força normativa. A eficácia, por outro lado, diz respeito à possibilidade de uma lei ser aplicada ao caso concreto, de modo a produzir efeitos. 4. A legislação relativa à compensação tributária deve ser interpretada estritamente, tendo em vista tratar--se de forma de extinção do crédito tributário (art. 111, CTN). 5. Recurso especial provido" (STJ, 1.ª T., REsp 439.072/RJ; REsp 2002/0063528-7, Rel. Min. Luiz Fux, j. 5-12-2002, data da publicação/fonte: *DJ*, 19-12-2002, p. 343). No mesmo sentido, confira-se também: STJ, 1.ª T., REsp 408.621/RS; REsp 2002/0010839-0, Rel. Min. Luiz Fux, j. 8-10-2002, data da publicação/fonte: *DJ*, 11-11-2002, p. 155.

[7] Pensando talvez justamente nessa "mora constitucional" é que o art. 10 do Ato das Disposições Constitucionais Transitórias dispôs:

"Art. 10. Até que seja promulgada a lei complementar a que se refere o art. 7.º, I, da Constituição:

I – fica limitada a proteção nele referida ao aumento, para quatro vezes, da porcentagem prevista no art. 6.º, *caput* e § 1.º, da Lei n. 5.107, de 13 de setembro de 1966;

II – fica vedada a dispensa arbitrária ou sem justa causa:

possui *eficácia jurídica lato sensu*, razão pela qual a legislação complementar ou ordinária – existente ou que venha a ser criada – não poderá contrariá-la, sob o argumento de ainda estar pendente de regulamentação. Ademais, como realçado adiante, já se tem sustentado a plena aplicabilidade de normas constitucionais que demandam regulação legislativa, o que reforça a constatação do caráter jurídico e normativo de toda a ordem jurídica, principalmente da Constituição.

Como observa TERCIO SAMPAIO FERRAZ JR., a

> "eficácia, no sentido técnico, tem a ver com a aplicabilidade das normas no sentido de uma aptidão mais ou menos extensa para produzir efeitos. Como esta aptidão admite graus, pode-se dizer que a norma é mais ou menos eficaz. Para aferir o grau de eficácia, no sentido técnico, é preciso verificar quais as funções da eficácia no plano da realização normativa. Estas funções podem ser chamadas de funções eficaciais"[8].

Classificando essas *funções*, que podem, inclusive, coexistir na mesma norma, podemos constatar as seguintes aptidões:

a) *Função de bloqueio*: é o caso das normas que visam a impedir ou cercear a ocorrência de comportamentos contrários a seu preceito, como, por exemplo, em regra, as normas punitivas e proibitivas.

b) *Função de programa*: é o caso de normas que visam à realização de um objetivo do legislador. Observam um interesse público relevante. Como exemplo, lembre-se o art. 218 da CF/88 ("O Estado promoverá e incentivará o desenvolvimento científico, a pesquisa e a capacitação tecnológicas"). Essas são as normas classicamente denominadas como normas programáticas.

c) *Função de resguardo*: é o caso de normas que visam a assegurar uma conduta desejada. Exemplificando, temos a previsão constitucional dos direitos autorais, no art. 5.º, XXVII, da Lei Maior ("aos autores pertence o direito exclusivo de utilização, publicação ou reprodução de suas obras, transmissível aos herdeiros pelo tempo que a lei fixar").

Para a concretização de sua função eficacial, a norma pode depender ou não de outras normas, classificando-se, pois, em:

a) *Normas de eficácia plena*: quando a sua função eficacial é imediatamente concretizada, ou seja, não é dependente de qualquer outra norma para produzir efeitos. Deve ser a regra geral dos comandos normativos.

b) *Normas de eficácia limitada*: quando há necessidade de outras normas para a realização da função eficacial, como nos mencionados arts. 7.º, I, e 218 da CF/88, em que, embora haja a eficácia jurídica, ainda não está perfeita a eficácia técnica. Essas, segundo lição de JOSÉ AFONSO DA SILVA[9], trazendo para o Brasil as contribuições do italiano VEZIO CRISAFULLI em derredor das normas programáticas, dividem-se em normas constitucionais

---

a) do empregado eleito para cargo de direção de comissões internas de prevenção de acidentes, desde o registro de sua candidatura até um ano após o final de seu mandato;

b) da empregada gestante, desde a confirmação da gravidez até cinco meses após o parto".

[8] Tercio Sampaio Ferraz Jr., *Introdução ao Estudo do Direito*, 2. ed., São Paulo: Atlas, 1996, p. 199.

[9] José Afonso da Silva, *Aplicabilidade das Normas Constitucionais*, 4. ed., São Paulo: Malheiros, 2000.

de eficácia limitada de princípio institutivo e as de princípio programático[10]. Aquelas preveem a criação de órgãos ou institutos que devem ser implementados pela legislação infraconstitucional[11]. Essas últimas apontam diretrizes, objetivos e finalidades para o Estado, limitando o espectro de decisões políticas quanto às prioridades, ficando o legislativo e o executivo vinculados à realização dos programas e diretrizes constitucionais, o que é reforçado pela natureza dirigente da Constituição brasileira[12]. A doutrina constitucional tem reconhecido que, em alguns casos, a depender da densidade normativa, mesmo a norma programática pode ser aplicada pelo juiz, independentemente da lei que seria necessária para sua regulação[13].

c) *Normas de eficácia contida*: quando pode ser restringida, sendo plena enquanto não sobrevier a restrição. É o caso, por exemplo, da previsão do inciso XIII do art. 5.º da CF ("é livre o exercício de qualquer trabalho, ofício ou profissão, atendidas as qualificações profissionais que a lei estabelecer"). Observe-se que a sua aplicabilidade é imediata e a regulação por via legislativa poderá vir ou não e, se vier, será para restringir o conteúdo material ou o âmbito de incidência do direito.

Por fim, o *vigor* (também chamado de "*força da norma*") diz respeito à força vinculante da norma, isto é, *à impossibilidade de os sujeitos subtraírem-se ao seu império.*

Não se confunde nem com a vigência nem com a eficácia, pelo fato de que, no vigor, o que se verifica é a *realização efetiva de resultados jurídicos*. Assim, uma norma já revogada (ou seja, não mais vigente) pode continuar sendo aplicada em juízo, se disser respeito a situações consolidadas sob sua vigência[14], fenômeno que se denomina *ultratividade*.

Na conclusão de TERCIO SAMPAIO FERRAZ JR.,

> "é possível dizer, diante do exposto, que uma norma pode ser válida, mas não ser ainda vigente (caso da *vacatio legis*); ser válida e vigente, mas não ter eficácia (tanto no sentido de efetividade quanto de eficácia técnica); não ser nem válida nem vigente e, no entanto, ter força ou vigor, o que fundamenta a produção retroativa de efeitos (ultratividade), isto é,

---

[10] Para José Afonso da Silva, são "[...] programáticas aquelas normas constitucionais através das quais o constituinte, em vez de regular, direta e imediatamente, determinados interesses, limitou-se a traçar-lhe os princípios para serem cumpridos pelos seus órgãos (legislativos, executivos, jurisdicionais e administrativos), como programa das respectivas atividades, visando à realização dos fins sociais do Estado." Ob. cit., p. 138.

[11] Por exemplo, a previsão na Constituição de 1988 do Superior Tribunal de Justiça. Antes de 1988 não havia o Superior Tribunal de Justiça e suas atribuições eram desempenhadas pelo Supremo Tribunal Federal. Em 6 de outubro de 1988 o tribunal recém-criado ainda não estava em funcionamento, pois dependia de uma série de medidas normativas, de atos jurídicos e de ações materiais para que fosse posto em funcionamento.

[12] Sobre o tema, José Joaquim Gomes Canotilho, *Constituição Dirigente e Vinculação do Legislador: Contributo para a Compreensão das Normas Constitucionais Programáticas*. Coimbra: Coimbra, 1994.

[13] Com precedência sobre o tema, Paulo Roberto Lyrio Pimenta. *Eficácia e Aplicabilidade das Normas Constitucionais Programáticas*. São Paulo: Max Limonad, 1999, p. 133-231. E, em sentido geral, Dirley Cunha Junior. *Controle das Omissões do Poder Público*. São Paulo: Saraiva, 2004.

[14] CP: "Art. 3.º A lei excepcional ou temporária, embora decorrido o período de sua duração ou cessadas as circunstâncias que a determinaram, aplica-se ao fato praticado durante sua vigência".

embora revogada, ela ainda conserva sua força vinculante e pode, por isso, produzir concretamente efeitos"[15].

3. APLICAÇÃO DE NORMAS JURÍDICAS

A norma jurídica é, em si, abstrata, apenas trazendo previsões impessoais e genéricas para regular indefinidamente as relações na sociedade.

Quando determinado fato individual se enquadrar perfeitamente no conceito abstrato da norma, estará o aplicador realizando o que se convencionou chamar de *subsunção* do fato à norma, o que impõe uma adequada interpretação do conteúdo normativo[16].

Como se depreende, nem sempre é possível encontrar tão facilmente assim solução do caso concreto a partir do cotejo do texto com o contexto, permitindo a construção da norma, devendo o magistrado se valer das fontes do Direito[17] para, em caso de omissões legislativas, realizar a chamada *integração* normativa, processo intelectivo onde se colmatam as lacunas – ontológicas ou axiológicas – do ordenamento, realizando-se o direito no caso concreto.

Mas como interpretar e integrar as normas, e aplicá-las no tempo e no espaço?

É o que pretendemos desenvolver nos próximos tópicos.

3.1. Interpretação de normas

A hermenêutica jurídica[18], segundo a doutrina clássica, tem por objeto o estudo sistemático das técnicas de interpretação e colmatação da norma.

Toda norma precisa ser interpretada para que revele sua significação e a regra que é o seu sentido.

---

[15] Tercio Sampaio Ferraz Jr., ob. cit., p. 202.

[16] Registre-se que a subsunção, como decorrência de uma compreensão lógico-dedutiva do direito, já vem sendo rechaçada por aqueles que a associam com uma matematização do direito, dando ensejo ao desenvolvimento de outras dimensões para a aplicação do direito. Nessa seara, há de se destacar as contribuições hauridas da hermenêutica filosófica, da tópica, desenvolvida por THEODOR VIEHWEG, e, sobretudo, da reflexão sobre a interpretação e a aplicação das normas constitucionais, pela peculiar dificuldade que encerram, à vista do seu caráter principiológico e abstrato.

De qualquer sorte, não parece mais adequado cindir a *interpretação* da *aplicação*, a *norma* do *caso*, como se fossem dimensões separadas do fenômeno da realização do direito, como acentua GADAMER em sua concepção hermenêutica, salientando que "[...] a aplicação é um momento do processo hermenêutico, tão essencial e integrante como a compreensão e a interpretação". Assim, "[...]o conhecimento do sentido de um texto jurídico e sua aplicação a um caso jurídico concreto não são atos separados, mas um processo unitário" (Hans-Georg Gadamer. *Verdade e Método*. 3. ed., Petrópolis: Vozes, 1999, p. 460).

Evidentemente que, sendo desenvolvimentos no âmbito epistemológico e da hermenêutica, repercutem no Direito como um todo, inclusive no Direito Civil, em que estão presentes princípios de forte matiz axiológica, cláusulas gerais e termos jurídicos indeterminados, envolvendo, também, aspectos de colisão de princípios.

[17] Confira-se o tópico 3 ("Fontes do Direito") do Capítulo I ("Noções Elementares de Direito").

[18] A palavra "hermenêutica", segundo os doutos, derivaria da Mitologia Grega, de "Hermes", mensageiro da palavra dos deuses.

No depoimento do jurista português JOSÉ DE OLIVEIRA ASCENSÃO:

"Há uma certa tendência para confundir 'interpretação' e 'interpretação complexa' e supor que se a fonte é clara não ocorre fazer interpretação. Há mesmo um brocardo que traduz esta orientação: *in claris non fit interpretatio*. Perante um texto categórico da lei, por exemplo, o intérprete limitar-se-ia a tomar conhecimento"[19].

A concepção *in claris cessat interpretatio*, conforme ensina CARLOS MAXIMILIANO,

"embora expresso em latim, não tem origem romana. Ulpiano ensinou o contrário: *Quamvis sit manifestissimum edictum praetoris, attamen non est negligenda interpretatio ejus* – 'embora claríssimo o edito do pretor, contudo não se deve descurar da interpretação respectiva'. A este conceito os tradicionalistas opõem o de Paulo: *Cum in verbis nulla ambiguitas est, non debet admitti voluntatis quaestio* – 'Quando nas palavras não existe ambiguidade, não se deve admitir pesquisa acerca da vontade ou intenção. O mal de argumentar somente com adágios redunda nisto: tomam-nos a esmo, isolados do repositório em que regiam muitas vezes casos particulares, e, descuidadamente, generalizam disposição especial. Quem abra o Digesto, logo observa que a máxima de Paulo só se refere a testamentos, revelando um respeito, talvez exagerado, pela última vontade; com o fim de evitar que lhe modifiquem a essência, a pretexto de descobrir o verdadeiro sentido da fórmula verbal. Ao contrário, a parêmia de Ulpiano refere-se à exegese do que teve força de lei, ao direito subsidiário, aos editos pretórios. No campo legislativo, embora perfeita a forma, cumpre descer a fundo, à ideia. Prevalece ali o ensinamento de Celso: *Scire leges non hoc este, verba earum tenere, sed vim ac potestatem* – 'saber as leis não é conhecer-lhes as palavras, porém a sua força e poder', isto é, o sentido e o alcance respectivos. A exegese, em Roma, não se limitava aos textos obscuros, nem aos lacunosos; e foi graças a essa largueza de vistas dos jurisconsultos do Lácio que o Digesto atravessou os séculos e regeu institutos cuja existência Papiniano jamais pudera prever"[20].

Como podemos verificar, o ditado "*in claris cessat interpretatio*" tem origem específica no campo do direito de sucessões, notadamente no que diz respeito às disposições de última vontade.

Entretanto, na atividade jurídica, é muito comum valer-se dessa máxima para evitar uma interpretação mais aprofundada de algum dispositivo normativo.

Trata-se de equívoco manifesto, pois até mesmo para verificar se a hipótese fática submetida à apreciação é equivalente a outras já conhecidas é preciso interpretar.

A finalidade da interpretação normativa é:

a) revelar o sentido da norma;

b) fixar o seu alcance.

---

[19] José de Oliveira Ascensão, *O Direito – Introdução e Teoria Geral – Uma Perspectiva Luso-Brasileira*, 2. ed. bras., Rio de Janeiro: Renovar, 2001, p. 403. E continua o referido autor, afirmando que "esta posição é contraditória nos seus próprios termos. Até para concluir que a disposição legal é evidente foi necessário um trabalho de interpretação, embora quase instantâneo, e é com base nele que se afirma que o texto não suscita problemas particulares. Se toda a fonte consiste num dado que se destina a transmitir um sentido ou conteúdo intelectual, a que chamaremos o seu espírito, tem sempre de haver uma tarefa intelectual, por mais simples que seja, como condição para extrair da matéria o espírito que a matéria encerra".

[20] Carlos Maximiliano, *Hermenêutica e Aplicação do Direito*, 14. ed., Rio de Janeiro: Forense, 1994, p. 33-4.

Várias técnicas coexistem para auxiliar o aplicador do direito na sua árdua (e, muitas vezes, solitária) tarefa de interpretar, sendo os métodos mais conhecidos os seguintes:

a) *Literal*: também conhecido como interpretação *gramatical*, consiste no exame de cada termo utilizado na norma, isolada ou sintaticamente, de acordo com as regras do vernáculo. O seu desenvolvimento deveu-se, historicamente, à Escola de Exegese.

b) *Lógico*: utilização de raciocínios lógicos (dedutivos ou indutivos) para a análise metódica da norma em toda a sua extensão, desvendando seu sentido e alcance.

c) *Sistemático*: análise da norma a partir do ordenamento jurídico de que é parte, relacionando-a com todas as outras com o mesmo objeto, direta ou indiretamente.

d) *Histórico*: análise da norma partindo da premissa dos seus antecedentes históricos, verificando as circunstâncias fáticas e jurídicas que lhe antecederam, bem como o próprio processo legislativo correspondente.

e) *Finalístico* ou *teleológico*: análise da norma tomando como parâmetro a sua finalidade declarada, adaptando-a às novas exigências sociais.

Admitem-se, outrossim, outras classificações:

a) quanto à origem: *doutrinária* (realizada pelos doutos), *jurisprudencial* (realizada pelos juízes e tribunais) e *autêntica* (realizada pelo próprio legislador, por meio de uma *lei interpretativa*);

b) quanto aos resultados: *declarativa* (apenas declara o exato alcance da norma), *extensiva* (estende o alcance eficacial da norma, *"que disse menos do que deveria"*), *restritiva* (restringe o alcance eficacial da norma, *"que disse mais do que deveria"*) e *ab-rogante* (reconhece que o preceito interpretado é inaplicável).

Nenhum desses métodos se impõe necessariamente sobre o outro, nem prevalece isoladamente de forma absoluta, sendo apenas um conjunto de instrumentos teóricos à disposição do aplicador do direito para a realização da *"regra de ouro"* de interpretação, contida no art. 5.º da LINDB, nos seguintes termos:

> "Art. 5.º Na aplicação da lei, o juiz atenderá aos fins sociais a que ela se dirige e às exigências do bem comum".

A interpretação judicial, sempre com fundamento no já mencionado dispositivo, busca também atualizar o entendimento da lei, dando-lhe uma interpretação atual que atenda aos reclamos das necessidades do momento histórico em que está sendo aplicada.

Neste ponto, toda a construção pretoriana sobre certos conceitos jurídicos, calcada principalmente na doutrina e na observação da sociedade, permite entender o conteúdo socialmente vigente da lei.

Em algumas matérias, todavia, a interpretação dada pelos tribunais é de tal efeito que acaba antecipando muitas vezes a atividade legislativa, como se deu, v. g., em julgamentos de *habeas corpus*, por meio dos quais o STF impediu, durante o estado de sítio, o degredo para lugares desertos ou insalubres, o que foi acolhido, *a posteriori*, pelo art. 175, § 1.º, da CF/34; e no reconhecimento aos empregados do direito às chamadas horas *in itinere*, primeiro consagradas jurisprudencialmente pelos Enunciados n. 90, 320, 324 e 325 do colendo Tribunal Superior do Trabalho e, depois, previstas no § 2.º do art. 58 da CLT, por força da Lei n. 10.243, de 19 de junho de 2001.

Nesse contexto, faz-se relevante recordar a referência de que a concepção da interpretação e da aplicação do direito como fenômenos separados tem sido superada, concomitantemente, à crítica acerca da inaptidão dos métodos clássicos para promover a realização do direito.

Com efeito, o sentido do texto é a própria norma, que não se confunde com o texto normativo.

Não se pode assegurar que um método defina peremptoriamente o sentido normativo que deve ensejar a solução do problema a ser resolvido no caso concreto.

Não há qualquer critério que assegure a prevalência de um método sobre o outro ou que um seja o mais adequado.

Nesse contexto, FRIEDRICH MÜLLER acentua a necessidade de separação entre texto e norma, sustentando que, quando os juristas falam e escrevem sobre a Constituição Federal, estão visando ao seu texto, da mesma forma que ocorre quando se dirigem à lei, lição que pode ser estendida ao Direito Civil[21].

Desse modo, a interpretação é o momento próprio de construção da norma jurídica a partir do texto legislativo e das compreensões do intérprete, matizadas pelos seus "pré--conceitos" (no sentido de conceitos prévios) e no âmbito de toda a tradição jurídica, que é composta tanto pela doutrina, como pela jurisprudência.

3.2. Algumas noções sobre a integração normativa

Quando inexiste lei a aplicar diretamente ao caso, deve o magistrado se valer das outras fontes do Direito para encontrar a regra que efetivamente deve disciplinar a relação jurídica submetida à sua apreciação.

Na forma do art. 4.º da LINDB, nesses casos, o juiz decidirá de acordo com a *analogia*, os *costumes* e os *princípios gerais de direito*.

Como já dissemos em tópico anterior, ao qual remetemos o leitor[22], a essas fontes supletivas somam-se a *doutrina*, a *jurisprudência* e a *equidade*.

A título de informação, vale registrar que não se deve confundir o método analógico de integração normativa com a interpretação extensiva da norma.

Na primeira, diante da ausência de lei disciplinadora da matéria levada ao Judiciário, o magistrado *aplicará ao caso concreto a norma jurídica prevista para situação semelhante, dada a identidade de razões ou de finalidade*, enquanto, na segunda, *existindo lei aplicável ao caso*, nada se acresce a ela, mas apenas se estabelecem (novos) legítimos limites da norma, realizando o juiz uma interpretação menos *literal*, para alargar o alcance da regra, a despeito de sua dicção original estreita. Assim, no Direito Penal, por exemplo, a norma incriminadora da bigamia (art. 235 do CP) admite interpretação extensiva para compreender a proibição não prevista da poligamia.

---

[21] Friedrich Müller. *Discours de la Méthode Juridique*. Paris: Presses Universitaires de France, 1996, p. 168.
[22] Tópico 3 ("Fontes do Direito") do Capítulo I ("Noções Elementares de Direito").

Busca-se, portanto, uma interpretação mais afinada com o sistema normativo, valendo-se de métodos como os explicitados no tópico anterior[23].

3.3. Aplicação temporal de normas

Para que uma norma, em regra, seja aplicável, é preciso que esteja vigente.

Essa vigência surge, para o Direito, com a publicação no *Diário Oficial*, o que faz presumir o conhecimento de todos sobre a regra.

Por uma ficção jurídica, imposta pelo art. 3.º da LINDB, ninguém se escusa de cumprir a lei alegando que não a conhece.

Embora se saiba que esse conhecimento absoluto da regra, do ponto de vista material, jamais poderá ocorrer no mundo real[24], trata-se de um postulado para a garantia do interesse público, não se admitindo, em regra, o erro de direito[25].

A obrigatoriedade da lei, pois, somente surge *a partir de* sua publicação oficial, mas esse fato não implica, necessariamente, vigência e vigor imediatos.

De fato, salvo disposição em contrário, a lei[26] começará a vigorar em todo o País somente quarenta e cinco dias depois de oficialmente publicada, conforme consta do *caput*

---

[23] "Diferentemente da interpretação extensiva, o método analógico não pode ser utilizado em todos os casos, nem adaptável a todas as leis. O princípio geral é o de ser um processo apenas compatível com as leis comuns, porém incoadunável com as leis excepcionais. É de observar, contudo, que essa incompatibilidade não decorre da natureza das coisas, isto é, não é natural, mas pura e simplesmente legal, inspirada na ideia de garantir o indivíduo e a sociedade, num movimento de política legislativa. E isto tem a sua explicação na história do Direito, pois o Direito romano (Dig., 18, 4, 7, § 3.º) admitia a aplicação das penas por analogia, orientação seguida pelos Códigos da Saxônia e de Brunswick, e, na atualidade, pelo Código Penal da União Soviética" (Miguel Maria de Serpa Lopes, *Curso de Direito Civil*, 9. ed., Rio de Janeiro: Freitas Bastos, 2000, v. 1, p. 184-5).

[24] Conforme desabafa Ricardo Fiuza, em seu relatório sobre o projeto de novo Código Civil brasileiro: "Sabe-se, pelas estimativas da própria Presidência da República, que o universo do ordenamento jurídico brasileiro inclui entre 15 e 17 mil leis, incluídas as ordinárias, complementares, e delegadas, não computadas as medidas provisórias não apreciadas pelo Legislativo, as emendas constitucionais, os decretos legislativos e as resoluções das duas casas do Congresso. A elas somam-se mais de 120 mil decretos e cerca de 1,5 milhão de atos normativos de natureza diversa e variada que, em alguns casos, tumultuam mais a vida do cidadão do que as próprias leis. E aqui estamos nos referindo, apenas, à esfera normativa da União. Como exigir, segundo prescreve a lei de introdução ao Código Civil, que ninguém possa alegar ignorância para se furtar ao cumprimento da lei? A quantidade desses textos e a impossibilidade de conhecê-los, até mesmo em relação àqueles que apenas dizem respeito ao interesse imediato do cidadão, para saber quais os que estão em vigor, aumentam de forma insuportável os conflitos jurídicos representados por cerca de 6 milhões de ações ajuizadas a cada ano, atravancando a justiça, tornando-a cara, lenta e de resultados incertos. Por isso, é preciso pôr em ordem o país, no que se refere à complexidade, à heterogeneidade e ao conflito das leis federais, e à praga já disseminada do paralelismo legal".

[25] Sobre o erro como vício de manifestação da vontade, confira-se o tópico 2.1 ("Erro ou Ignorância") do Capítulo XIII ("Defeitos do Negócio Jurídico").

[26] Em relação aos atos administrativos, admite-se a obrigatoriedade a partir da publicação, não somente porque tal regra era a praxe desde a aplicação do art. 5.º do revogado Decreto n. 572, de 12 de julho de 1890, mas também pela circunstância lógica de que não se trata de lei *lato sensu*, a exigir a aplicação da mencionada regra.

do art. 1.º da LINDB[27]. Admitindo-se, porém, na forma do § 1.º do mesmo dispositivo, a obrigatoriedade da lei brasileira em Estados estrangeiros, tal vigor somente se iniciará três meses depois da publicação[28].

Para que a nova lei vigore imediatamente, portanto, é preciso que conste expressamente tal fato em seu corpo.

Sobre o tema, a Lei Complementar n. 95, de 26 de fevereiro de 1998, que dispõe sobre a elaboração, redação, alteração e consolidação das leis, preceitua, *in verbis*:

> "Art. 8.º A vigência da lei será indicada de forma expressa e de modo a contemplar prazo razoável para que dela se tenha amplo conhecimento, reservada a cláusula 'entra em vigor na data de sua publicação' para as leis de pequena repercussão.
>
> § 1.º A contagem do prazo para entrada em vigor das leis que estabeleçam período de vacância far-se-á com a inclusão da data da publicação e do último dia do prazo, entrando em vigor no dia subsequente à sua consumação integral. (Parágrafo incluído pela Lei Complementar n. 107, de 26-4-2001.)
>
> § 2.º As leis que estabeleçam período de vacância deverão utilizar a cláusula 'esta lei entra em vigor após decorridos (o número de) dias de sua publicação oficial'. (Parágrafo incluído pela Lei Complementar n. 107, de 26-4-2001.)
>
> Art. 9.º A cláusula de revogação deverá enumerar, expressamente, as leis ou disposições legais revogadas". *(Redação dada pela Lei Complementar n. 107, de 26-4-2001.)*

A *vacatio legis* é justamente o período em que a lei, embora publicada, aguarda a data de início de sua vigência, em função de três hipóteses possíveis:

a) ter sido fixada uma data posterior para momento de início de seus efeitos;

b) dever entrar em vigor quarenta e cinco dias após publicada, em face de omissão de norma explícita[29];

c) estar pendente de regulamento, explícita ou implicitamente (normas de eficácia limitada)[30].

---

[27] A expressão "vigorar" está sendo utilizada aqui apenas por referência ao texto legal mencionado, que insiste na atecnia, uma vez que, como vimos no tópico 2 do presente capítulo, a expressão adequada seria "viger", de vigência (critério temporal), e não "vigorar", de vigor (critério de realização efetiva de resultados jurídicos), conceitos com conteúdo jurídico distinto.

[28] A regra do § 2.º do art. 1.º, que estabelece que a "vigência das leis, que os governos estaduais elaborem por autorização do Governo Federal, depende da aprovação deste e começará no prazo que a legislação estadual fixar", já não tem aplicabilidade desde a Constituição de 1946, que suprimiu a hipótese codificada, outrora existente no regime constitucional de 1937.

[29] Embora o § 2.º do art. 8.º da Lei Complementar n. 95, inserido pela Lei Complementar n. 107, estabeleça a ideia de que toda norma com *vacatio legis* deve trazê-la de forma expressa, não chegamos a considerar que a *vacatio legis* tácita (de 45 dias) esteja revogada, pois pode ocorrer justamente a omissão de tal dispositivo, o que imporia o reconhecimento da manutenção do *caput* do art. 1.º da LINDB no vigente ordenamento jurídico positivo.

[30] Essa é uma hipótese bastante polêmica, embora suscitada por juristas de escol (*Wilson de Souza Campos Batalha* e *Eduardo Espínola*, entre outros). Em verdade, parece-nos, porém, que a norma realmente entra em vigência, na forma do art. 1.º, § 1.º, da LINDB, mas a parte pendente de regulamentação fica condicionada a regulamentação posterior, produzindo somente a partir daí os seus efeitos, de forma a respeitar o direito adquirido e o ato jurídico perfeito. Na área trabalhista, há

Adotou a vigente Lei de Introdução às Normas do Direito Brasileiro, portanto, um prazo único, ressalvada a produção de efeitos no território estrangeiro. Tal diretriz se diferenciou da norma anterior, promulgada com o CC/1916, que estabelecia um prazo progressivo[31].

E se ocorrer republicação da lei? Como se deve proceder? A *vacatio legis* continuaria a mesma?

Coerentemente com tal diretriz, preceituou o art. 1.º da LINDB, uniformizando a questão:

> "§ 3.º Se, antes de entrar a lei em vigor, ocorrer nova publicação de seu texto, destinada a correção, o prazo deste artigo e dos parágrafos anteriores começará a correr da nova publicação[32].
>
> § 4.º As correções a texto de lei já em vigor consideram-se lei nova".

Demos início a esse tópico afirmando que a *regra* é que a norma, para ser aplicável, deve estar em vigência.

Todavia, como exceção, temos o fenômeno da *ultratividade*, em que uma norma, não mais vigente, continua a vincular os fatos anteriores à sua saída do sistema.

Tal circunstância ocorre, juridicamente, em virtude de que relações jurídicas se constituíram e consolidaram sob a égide de determinada norma, não havendo como, tecnicamente, afastá-la.

O próprio CC/1916, expressamente revogado pelo CC/2002 (revogação essa que, por óbvio, somente produziu efeitos ao término da *vacatio legis* prevista em seu art. 2.044[33]), continuará sendo aplicado, pelo menos em processos judiciais, por um bom tempo, enquanto ainda existirem relações jurídicas consolidadas durante a sua vigência[34].

---

diversos direitos constitucionalmente garantidos pendentes de regulamentação, constituindo-se normas sem vigor, como, por exemplo, o adicional de remuneração para as atividades penosas (art. 7.º, XXIII). Todavia, ressalve-se, conforme salienta Clóvis Beviláqua, que "se apenas uma parte da lei depender de regulamento, somente a essa parte se aplica a regra" (Clóvis Beviláqua, *Código Civil Comentado*, 1916, v. 1, p. 91).

[31] "Assim é que, em desacordo com a orientação do projeto primitivo, o Código Civil, no seu art. 2.º, implantou o sistema progressivo de vigência da lei, determinando que, oficialmente publicadas as leis, seriam obrigatórias (desde que outras coisas não dispusessem): três dias depois, no Distrito Federal; quinze dias, no Estado do Rio de Janeiro; trinta, nos outros Estados marítimos e em Minas Gerais; cem dias, nos demais e nas circunscrições não constituídas em Estado" (Eduardo Espínola e Eduardo Espínola Filho, *A Lei de Introdução ao Código Civil Brasileiro*, 3. ed., Rio de Janeiro: Renovar, 1999, p. 44-5).

[32] Vale destacar que isso aconteceu com a própria Lei de Introdução ao Código Civil (designação original da "Lei de Introdução às Normas do Direito Brasileiro"), publicada originalmente no *Diário Oficial da União* em 9 de setembro de 1942, mas com publicação de retificações em 17 de setembro do mesmo ano, através do Decreto-lei n. 4.707, de 17 de setembro de 1942. Por força desse decreto de republicação, que trouxe nova regra expressa de início de validade, a originariamente designada "LICC" entrou em vigor em 24 de outubro de 1942, data inicialmente esperada.

[33] CC/2002: "Art. 2.044. Este Código entrará em vigor 1 (um) ano após a sua publicação".

[34] Sobre o tema no campo das relações trabalhistas, confira-se o excelente trabalho do culto e operoso magistrado Roberto Pessoa (A Ultra-atividade das Normas Coletivas, in Lélia Guimarães Carvalho Ribeiro e Rodolfo Pamplona Filho, *Direito do Trabalho – Estudos em Homenagem ao Prof. Luiz de Pinho Pedreira da Silva*, São Paulo: LTr, 1996, p. 470-81).

Por fim, destaque-se que as normas jurídicas tendem sempre a uma duração indeterminada, devendo ser consideradas como exceções as normas temporárias (limitadas no tempo), motivo pelo qual somente terão vigência até que outra lei as modifique ou revogue, na forma expressa, inclusive, no *caput* do art. 2.º.

Mas, afinal de contas, que se entende por "revogação"?

Em um ordenamento jurídico, as normas podem perder a sua vigência, deixando de pertencer ao sistema, fato que, do ponto de vista temporal, é denominado *revogação*.

Sobre o tema, preceitua o art. 2.º, *caput*, e seus §§ 1.º e 2.º:

"Art. 2.º Não se destinando à vigência temporária, a lei terá vigor até que outra a modifique ou revogue.

§ 1.º A lei posterior revoga a anterior quando expressamente o declare, quando seja com ela incompatível ou quando regule inteiramente a matéria de que tratava a anterior.

§ 2.º A lei nova, que estabeleça disposições gerais ou especiais a par das já existentes, não revoga nem modifica a lei anterior".

Da análise de tais dispositivos, podemos assim sistematizar a revogação de uma lei:

a) *Expressa*: quando a nova norma enuncia a revogação dos dispositivos anteriores.

Como exemplo, tomemos tanto o CC/1916 quanto o CC/2002, pois ambos trouxeram dispositivos explícitos de revogação de determinadas regras, a saber:

CC/1916: "Art. 1.807. Ficam revogadas as Ordenações, Alvarás, Leis, Decretos, Resoluções, Usos e Costumes concernentes às matérias de direito civil reguladas neste Código".

CC/2002: "Art. 2.045. Revogam-se a Lei n. 3.071, de 1.º de janeiro de 1916 – Código Civil e a Parte Primeira do Código Comercial – Lei n. 556, de 25 de junho de 1850".

b) *Tácita*: quando, embora não enunciando a revogação, a nova norma disciplina a matéria de forma diferenciada da regra original, tornando ilógica a sua manutenção.

Em que pese o art. 9.º da Lei Complementar n. 95, com a redação dada pela Lei Complementar n. 107, preceituar que "A cláusula de revogação deverá enumerar, expressamente, as leis ou disposições legais revogadas", isso não significa que a possibilidade de revogação tácita esteja afastada do nosso ordenamento, pois o sistema não teria como comportar duas normas incompatíveis, simplesmente pelo fato de que a mais recente omitiu tal menção aos dispositivos ou textos legais revogados.

A manutenção, porém, do instituto da revogação tácita é reconhecida pela própria Lei Complementar n. 95/98, quando, no art. 13, § 2.º, XI, admite "revogação de dispositivos implicitamente revogados por leis posteriores"[35].

---

[35] "Art. 13. As leis federais serão reunidas em codificações e consolidações, integradas por volumes contendo matérias conexas ou afins, constituindo em seu todo a Consolidação da Legislação Federal. (*Redação dada pela Lei Complementar n. 107, de 26-4-2001*).

(...)

§ 2.º Preservando-se o conteúdo normativo original dos dispositivos consolidados, poderão ser feitas as seguintes alterações nos projetos de lei de consolidação: (Parágrafo incluído pela Lei Complementar n. 107, de 26-4-2001)

(...)

XI – declaração expressa de revogação de dispositivos implicitamente revogados por leis posteriores."

No que diz respeito à abrangência da revogação, poderá ser *total ou parcial*, o que se convencionou chamar de *ab-rogação* ou *derrogação*, respectivamente[36].

O novo Código Civil, por exemplo, *revogou totalmente* o Código de 1916 (ab-rogação). No Direito de Família, a Lei n. 9.278/96, referente à união estável, apenas *revogou parcialmente* a Lei n. 8.971/94 (derrogação), uma vez que dispositivos de natureza alimentar e sucessória entre conviventes, existentes nesta última lei, continuam a viger.

É possível estabelecer, ainda, algumas regras reguladoras da revogação:

a) *Lex superior*: a norma que dispõe, formal e materialmente, sobre a edição de outras normas prevalece sobre estas. É o caso do confronto entre a Constituição Federal e uma lei ordinária. A norma constitucional é superior a todas as outras normas, que têm nela o seu fundamento de validade.

b) *Lex posterior*: se normas do mesmo escalão estiverem em conflito, deve prevalecer a mais recente.

c) *Lex specialis*: a norma especial revoga a geral no que esta dispõe especificamente.

O fenômeno da *repristinação*, entendido como a restauração da lei revogada pela revogação da sua lei revogadora, por sua vez, não é aceito, em regra, pelo nosso ordenamento jurídico, conforme se verifica do § 3.º do mencionado artigo:

> "§ 3.º Salvo disposição em contrário, a lei revogada não se restaura por ter a lei revogadora perdido a vigência".

Tomemos um exemplo: imagine-se que a lei X discipline o exercício de determinada atividade, vindo tal lei a ser substituída, por meio de revogação total (expressa ou tácita), pela lei Y. Surgindo, tempos depois, uma lei Z, que simplesmente revoga a lei Y, sem dispor nada sobre a matéria, não será possível "ressuscitar" (*repristinar*) a lei X. Até mesmo se for editada nova norma, com o mesmo conteúdo da lei X, não será esta que estará reaparecendo, mas sim somente um novo regramento, coincidentemente com o mesmo perfil de outrora.

Todavia, por exceção, é possível, sim, haver a repristinação, desde que haja disposição expressa nesse sentido.

Um bom exemplo de repristinação legal está presente na Lei n. 9.868/99, que regula o processo de controle concentrado de constitucionalidade perante o STF. Seu art. 11, § 2.º, estabelece que a "concessão da medida cautelar torna aplicável a legislação anterior acaso existente, salvo expressa manifestação em sentido contrário".

Uma questão interessante sobre o tema da repristinação era o que, abstratamente, poder-se-ia dizer ocorria com a medida provisória, antes da Emenda Constitucional n. 32,

---

[36] "Os romanos conheciam outros termos, como se verifica pelo texto de *Ulpianus* (*Fragmenta Libri Regularum Singularis*, proem., § 3.º): *Lex aut rogatur, id est, fertur; aut abrogatur, id est, prior lex tollitur; aut derogatur, id est, par primae legis tollitur; aut subrogatur, id est, adjicitur aliquid primae legi; aut obrogatur, id est, mutatur aliquid ex prima lege*. A *rogatio*, portanto, era a apresentação da lei, ou melhor, a proposta da lei; a *abrogatio*, a supressão total da lei anterior; a *derogatio*, a supressão de parte da lei anterior; a *subrogatio*, o acréscimo de alguma coisa à lei anterior; a *obrogatio*, a modificação de alguma coisa da lei anterior" (Wilson de Souza Campos Batalha, *Direito Intertemporal*, Rio de Janeiro: Forense, 1980, p. 29).

quando perdia a validade ou era rejeitada (ex.: A Medida Provisória X disciplina totalmente uma questão tratada pela Lei Y, o que, em tese, revogaria esta última. Que fazer, se a medida provisória fosse rejeitada ou caducasse, se o Congresso Nacional não disciplinasse a questão, na forma da redação original do parágrafo único do art. 62 da CF/88?). Chegou-se, inicialmente, a defender que seria um caso excepcional de repristinação, mas, dogmaticamente, parece que a melhor construção – que, inclusive, não violenta a regra da LINDB – é a de que a revogação de normas feita por medida provisória é sempre com condição resolutiva, que se opera na hipótese de sua rejeição ou caducidade.

Até mesmo por curiosidade, vale expor que a *caducidade* é também uma forma de extinção de normas jurídicas, que se dá na superveniência de uma situação cuja ocorrência torna a norma inválida sem que ela precise ser revogada por norma implícita ou manifesta. A norma caduca porque as condições por ela previstas não mais existem, sendo o exemplo mais didático justamente as normas temporárias.

3.4. Conflito de normas no tempo (Direito Intertemporal)

No conflito temporal de leis, deverá ser aplicada a lei nova ou a lei velha às situações cujos efeitos invadirem o âmbito temporal da lei revogadora mais recente?

Em prol da segurança jurídica, o art. 6.º da LINDB dispõe que as leis em vigor terão "efeito imediato e geral, respeitados o ato jurídico perfeito, o direito adquirido e a coisa julgada".

Essas ressalvas são explicadas pelos próprios parágrafos do artigo mencionado, nos seguintes termos:

"§ 1.º Reputa-se ato jurídico perfeito o já consumado segundo a lei vigente ao tempo em que se efetuou.

§ 2.º Consideram-se adquiridos[37] assim os direitos que o seu titular, ou alguém por ele, possa exercer, como aqueles cujo começo do exercício tenha termo pré-fixo, ou condição preestabelecida inalterável, a arbítrio de outrem.

§ 3.º Chama-se coisa julgada ou caso julgado a decisão judicial de que já não caiba recurso".

O respeito ao *ato jurídico perfeito, ao direito adquirido e à coisa julgada*, imposto constitucionalmente (art. 5.º, XXXVI, da CF), concretiza o princípio de que *as leis civis não têm retroatividade*, uma vez que os seus efeitos esbarram nessas situações.

A lei civil, portanto, assim como toda lei em geral, é *irretroativa*.

Nesse ponto, aliás, repousa um dos erros mais comuns dos profissionais do Direito.

A *lei penal benéfica*, segundo mandamento constitucional (art. 5.º, XL, da CF), deverá retroagir. E isso se dá por uma razão muito simples: como na persecução criminal o réu (indivíduo) litiga contra o Estado, qualquer benefício que o próprio Estado admita, por meio do legislador (a diminuição da pena, por exemplo), deverá, por princípio de justiça, alcançar

---

[37] Na clássica definição de Gabba, "é adquirido um direito que é consequência de um fato idôneo a produzi-lo, em virtude de lei vigente ao tempo em que se efetuou, embora a ocasião de fazê-lo valer não se tenha apresentado antes da atuação da lei nova, e que, sob o império da lei então vigente, integrou-se imediatamente no patrimônio do seu titular" (apud Caio Mário da Silva Pereira, *Instituições de Direito Civil*, 19. ed., Rio de Janeiro: Forense, 2001, p. 97).

o acusado, que luta pelo seu *jus libertatis*. Entretanto, mesmo nesta seara, a *irretroatividade legal* é a regra.

Tal não ocorre no Direito Civil, ramo que tutela, por excelência, interesses particulares.

Nas lides de natureza privada, em geral, litigam dois particulares, cada qual pretendendo, *ultima ratio,* preservar seu próprio patrimônio ou seus interesses pessoais. Por isso, as situações concluídas sob a égide de uma lei civil, mesmo que venham a produzir efeitos futuros, constituem *atos jurídicos perfeitos,* cuja impositividade uma lei posterior não poderá retirar. Assim, celebrado um contrato no período de vigência de determinada lei, *as partes têm direito adquirido à aplicação da norma que dirigiu a sua formação,* não podendo um dos contratantes invocar a aplicação de uma lei posterior, sob o argumento de *"ser-lhe mais benéfica",* principalmente pelo fato de que a nova norma revogadora da anterior poderá ser prejudicial aos interesses da outra parte. É, pois, incorreto imaginar que a lei civil benéfica retroage.

Nem mesmo o Estado poderá pretender retroagir os efeitos de uma nova lei para atingir *situações definitivamente constituídas,* razão por que nos insurgimos, com todas as nossas forças, e por amor à Constituição Federal, contra a falaciosa justificativa de que *se deve reconhecer a retroação de efeitos somente às leis de "ordem pública":*

"Não há na Carta Magna", pondera HUMBERTO THEODORO JR., "dispositivo algum, no campo da intervenção econômica, que autorize o legislador, a pretexto de ordem pública, a ignorar os direitos fundamentais que a própria Constituição institui, para servir de base ao sistema normativo da nação"[38].

No decorrer do nosso estudo, cuidaremos de salientar o princípio da irretroatividade da lei civil, para que se evitem tais equívocos. No Direito de Família, por exemplo, observe-se que os direitos de natureza alimentar e sucessória da(o) convivente somente foram reconhecidos a partir da vigência da Lei n. 8.971/94. Assim, as uniões estáveis extintas antes do advento dessa lei *não foram atingidas por seus efeitos,* razão pela qual a(o) companheira(o) não poderá invocar a proteção legal, sob pena de violar o direito adquirido da outra parte[39].

Para confirmar a ideia de que toda regra tem exceção, admitimos a possibilidade de retroatividade, se expressa e não ofender direito adquirido, ato jurídico perfeito e coisa julgada, o que nem sempre é fácil de visualizar no caso concreto[40]. Um bom exemplo ocorre, com frequência, no serviço público, quando há edição de lei fixadora de subsídios com efeitos retroativos, o que se justifica até mesmo pelo embate político gerador da norma.

Apenas a título de curiosidade, MARIA HELENA DINIZ, que também considera a retroatividade uma situação excepcional, apresenta a seguinte classificação teórica sobre o tema:

---

[38] Humberto Theodoro Jr., *O Contrato e seus Princípios*, Rio de Janeiro: Aide, 1993, p. 58.

[39] Sobre o tema, cf. o excelente trabalho de Cláudia Grieco Tabosa Pessoa, *Efeitos Patrimoniais do Concubinato,* São Paulo: Saraiva, 1997.

[40] "O princípio insculpido no inciso XXXVI do art. 5.º da Constituição (garantia do direito adquirido) não impede a edição, pelo Estado, de norma retroativa (lei ou decreto) em benefício do particular" (STJ, RE 184.099, rel. Min. Octavio Gallotti, Primeira Turma, julgado em 10-12-1996, *DJ*, 18-4-1997, p. 13788).

"A retroatividade poderá submeter-se a uma classificação quanto: 1) aos efeitos: máxima, se destruir ato jurídico perfeito, ou se atingir relações já acabadas (Dec.-Lei n. 1.907, de 26-12-1939. Revogado pelo art. 4.º do Dec.-Lei n. 8.207/45); média, se ocorrer quando a norma nova alcançar efeitos pendentes do ato jurídico perfeito verificado antes dela (Dec. n. 22.626/33; CTN, art. 105); mínima, se afetar somente os efeitos dos atos anteriores, mas produzidos após a data em que entrou em vigor; e 2) ao alcance: justa, quando não se depara na aplicação do texto uma ofensa ao ato jurídico perfeito, direito adquirido ou coisa julgada; injusta, quando qualquer dessas situações vier a ser lesada com a aplicação da nova norma"[41].

3.5. Aplicação espacial de normas

Em razão do conceito jurídico de soberania estatal, a norma deve ser aplicada dentro dos limites territoriais do Estado que a editou.

Trata-se do princípio da territorialidade, decorrente necessariamente da concepção tradicional de Estado, como reunião dos elementos: *povo, governo* e *território*.

Entretanto, a simples limitação ao território, fisicamente falando, é deveras insuficiente para abranger imensa gama de relações jurídicas travadas em um mundo que vive em constante interação.

Se "ninguém é uma ilha", o deslocamento das pessoas pelo globo faz com que eventualmente travem relações jurídicas submetidas a um sistema positivo distinto do existente em sua nação de origem.

Dessa forma, como ensina MARIA HELENA DINIZ:

"Sem comprometer a soberania nacional e a ordem internacional, os Estados modernos têm permitido que, em seu território, se apliquem, em determinadas hipóteses, normas estrangeiras, admitindo assim o sistema da extraterritorialidade, para tornar mais fáceis as relações internacionais, possibilitando conciliar duas ou mais ordens jurídicas pela adoção de uma norma que dê solução mais justa"[42].

A ideia de extraterritorialidade é, portanto, a admissão de aplicabilidade, no território nacional, de leis de outro Estado, segundo princípios e convenções internacionais.

É a consagração da figura do "estatuto pessoal", situação jurídica em que a norma de um Estado acompanha seu nacional para regular seus interesses em outro país.

A lei nacional, portanto, deve ser aplicada ordinariamente a todas as relações travadas em seu âmbito espacial de incidência, embora, no caso de interferirem estrangeiros sobre relações jurídicas constituídas no território nacional ou de nacionais terem bens ou negócios jurídicos em território estrangeiro, possam surgir exemplos de extraterritorialidade ou de aplicação extraterritorial do Direito.

---

[41] Maria Helena Diniz, *Lei de Introdução ao Código Civil Brasileiro Interpretada*, 7. ed., São Paulo: Saraiva, 2001, p. 197.
[42] Maria Helena Diniz, *Curso de Direito Civil Brasileiro*, 36. ed., São Paulo: Saraiva, 2019, v. 1, p. 115-116.

Até mesmo em matéria penal, os ordenamentos nacionais reivindicam a sua aplicação fora do território nacional em determinados casos previstos na lei[43].

É fácil constatar a adoção, pelo Brasil, do princípio da territorialidade moderada, uma vez que a LINDB, simultaneamente, admite regras de territorialidade (arts. 8.º e 9.º) e de extraterritorialidade (arts. 7.º, 10, 12 e 17).

Vejamos, portanto, ainda que rapidamente, quais os critérios propostos pela legislação nacional específica para os conflitos de normas no espaço.

---

[43] Preceitua o Código Penal brasileiro:

"Art. 5.º Aplica-se a lei brasileira, sem prejuízo de convenções, tratados e regras de direito internacional, ao crime cometido no território nacional.

§ 1.º Para os efeitos penais, consideram-se como extensão do território nacional as embarcações e aeronaves brasileiras, de natureza pública ou a serviço do governo brasileiro onde quer que se encontrem, bem como as aeronaves e as embarcações brasileiras, mercantes ou de propriedade privada, que se achem, respectivamente, no espaço aéreo correspondente ou em alto-mar.

§ 2.º É também aplicável a lei brasileira aos crimes praticados a bordo de aeronaves ou embarcações estrangeiras de propriedade privada, achando-se aquelas em pouso no território nacional ou em voo no espaço aéreo correspondente, e estas em porto ou mar territorial do Brasil.

Art. 6.º Considera-se praticado o crime no lugar em que ocorreu a ação ou omissão, no todo ou em parte, bem como onde se produziu ou deveria produzir-se o resultado.

Art. 7.º Ficam sujeitos à lei brasileira, embora cometidos no estrangeiro:

I – os crimes:

a) contra a vida ou a liberdade do Presidente da República;

b) contra o patrimônio ou a fé pública da União, do Distrito Federal, de Estado, de Território, de Município, de empresa pública, sociedade de economia mista, autarquia ou fundação instituída pelo Poder Público;

c) contra a administração pública, por quem está a seu serviço;

d) de genocídio, quando o agente for brasileiro ou domiciliado no Brasil;

II – os crimes:

a) que, por tratado ou convenção, o Brasil se obrigou a reprimir;

b) praticados por brasileiro;

c) praticados em aeronaves ou embarcações brasileiras, mercantes ou de propriedade privada, quando em território estrangeiro e aí não sejam julgados.

§ 1.º Nos casos do inciso I, o agente é punido segundo a lei brasileira, ainda que absolvido ou condenado no estrangeiro.

§ 2.º Nos casos do inciso II, a aplicação da lei brasileira depende do concurso das seguintes condições:

a) entrar o agente no território nacional;

b) ser o fato punível também no país em que foi praticado;

c) estar o crime incluído entre aqueles pelos quais a lei brasileira autoriza a extradição;

d) não ter sido o agente absolvido no estrangeiro ou não ter aí cumprido a pena;

e) não ter sido o agente perdoado no estrangeiro ou, por outro motivo, não estar extinta a punibilidade, segundo a lei mais favorável.

§ 3.º A lei brasileira aplica-se também ao crime cometido por estrangeiro contra brasileiro fora do Brasil, se, reunidas as condições previstas no parágrafo anterior:

a) não foi pedida ou foi negada a extradição;

b) houve requisição do Ministro da Justiça".

3.6. Conflito de normas no espaço

Saber qual é a norma de direito material estrangeiro que excepcionalmente é aplicada no território de outro Estado (extraterritorialidade) é um dos objetivos do Direito Internacional Privado.

A simples leitura da LINDB já nos permite vislumbrar, sem precisar descer a minúcias dos dispositivos mencionados (até mesmo porque isso transbordaria dos limites do objeto desta obra), os seguintes critérios de aplicação:

a) Em questões sobre o começo e fim da personalidade, o nome, a capacidade e os direitos de família, deve ser aplicada a *lei do país de domicílio da pessoa* (art. 7.º).

b) Em questões sobre a qualificação e regulação das relações concernentes a bens, deve ser aplicada a *lei do país onde estão situados* (art. 8.º).

c) Em questões envolvendo obrigações, deve ser aplicada a *lei do país onde foram constituídas*, reputando-se constituída no lugar em que residir o proponente (art. 9.º, § 2.º).

d) Em questões envolvendo sucessão por morte (real ou presumida – ausência), deve ser aplicada a *lei do país de domicílio do "de cujus"*, ressalvando-se que, quanto à capacidade para suceder, aplica-se a lei do domicílio do herdeiro ou legatário. Finalmente, quando a sucessão incidir sobre bens do estrangeiro, situados no Brasil, aplicar-se-á a lei brasileira em favor do cônjuge brasileiro e dos filhos do casal, sempre que não lhes for mais favorável a lei do domicílio do defunto (art. 10, §§ 1.º e 2.º).

Sobre as empresas estrangeiras no Brasil, devem elas obedecer à lei do Estado em que se constituíram (art. 11, *caput*, o que acaba sendo uma aplicação para as pessoas jurídicas da regra, *mutatis mutandis*, do art. 7.º), mas somente poderão ter, aqui, filiais, agências ou estabelecimentos depois de terem seus atos constitutivos aprovados pelo Governo brasileiro, ficando tais sucursais submetidas à lei nacional.

Para a aplicação do Direito estrangeiro no Brasil, não só pode como deve o magistrado exigir de quem o invoca prova do seu texto e vigência, na forma do art. 14 da LINDB, bem como do art. 376 do CPC/2015[44].

Em relação aos fatos ocorridos no estrangeiro, sua prova é regida pela lei que nele vigorar, quanto ao ônus e aos meios, não sendo tolerável a utilização de provas que a lei brasileira não admita (art. 13). É competente a autoridade judiciária brasileira, quando for o réu domiciliado no Brasil ou aqui tiver de ser cumprida a obrigação, sendo que somente ela poderá conhecer ações relativas a imóveis situados no Brasil (art. 12, § 1.º, que nada mais é do que uma aplicação do art. 8.º da mesma lei).

Originariamente, competia ao Supremo Tribunal Federal processar e julgar a homologação das sentenças estrangeiras e a concessão do *exequatur* às cartas rogatórias (art. 102, I, *h*, da CF de 1988).

Todavia, o dispositivo foi modificado pela Emenda Constitucional n. 45 ("Reforma do Judiciário"), passando tal competência ao Superior Tribunal de Justiça, por força da inserção da novel alínea *i* ao inciso I do art. 105 da Constituição Federal.

---

[44] CPC/2015: "Art. 376. A parte que alegar direito municipal, estadual, estrangeiro ou consuetudinário provar-lhe-á o teor e a vigência, se assim o juiz determinar".

Os requisitos para que sentença proferida no estrangeiro seja executada no Brasil estão no art. 15, a saber:

a) haver sido proferida por juiz competente;

b) terem sido as partes citadas ou haver-se legalmente verificado a revelia;

c) ter passado em julgado e estar revestida das formalidades necessárias para a execução no lugar em que foi proferida;

d) estar traduzida por intérprete autorizado;

e) ter sido homologada, outrora pelo Supremo Tribunal Federal, agora pelo Superior Tribunal de Justiça[45].

Vale destacar que, após a Lei n. 12.036, de 1.º de outubro de 2009 (que revogou o parágrafo único do art. 15 da antiga LICC, hoje LINDB), a homologação de sentença estrangeira pelo Superior Tribunal de Justiça tornou-se indispensável, qualquer que seja o seu efeito, patrimonial ou pessoal.

Em sendo concedido o *exequatur* (autorização do STJ para cumprimento da diligência estabelecida em decisão estrangeira), a autoridade brasileira as cumprirá segundo a forma estabelecida na lei brasileira, observando, porém, a lei do país estrangeiro quanto ao objeto das diligências (§ 2.º do art. 12).

Destaque-se, na aplicação da lei estrangeira, deve o juiz se limitar ao seu conteúdo isoladamente, não sendo possível considerar qualquer remissão feita a outras leis, na forma do art. 16.

Em relação ao matrimônio, há uma série de regras na LINDB, justificáveis pelo fato de que o casamento é um ato complexo e solene no sistema brasileiro, com formalidades por vezes distintas das exigidas em outros países.

Assim, sem descurar da regra geral, constante do *caput* do art. 7.º da Lei de Introdução às Normas do Direito Brasileiro, de que a "lei do país em que for domiciliada a pessoa determina as regras sobre o começo e o fim da personalidade, o nome, a capacidade e os direitos de família", ao casamento realizado no Brasil será aplicada a lei brasileira quanto aos impedimentos dirimentes e às formalidades da celebração. Se um marroquino muçulmano quiser casar no Brasil, ainda que sua legislação de origem admita mais de um matrimônio, somente poderá convolar núpcias se não tiver impedimentos (como o de já ser casado), ao menos que, na forma do § 2.º do art. 7.º, celebre-o "perante autoridades diplomáticas ou consulares do país de ambos os nubentes".

---

[45] Sobre a *eficácia de sentença estrangeira, para efeitos criminais*, preceitua o *Código Penal brasileiro*: "Art. 9.º A sentença estrangeira, quando a aplicação da lei brasileira produz na espécie as mesmas consequências, pode ser homologada no Brasil para:

I – obrigar o condenado à reparação do dano, a restituições e a outros efeitos civis;

II – sujeitá-lo a medida de segurança.

Parágrafo único. A homologação depende:

a) para os efeitos previstos no inciso I, de pedido da parte interessada;

b) para os outros efeitos, da existência de tratado de extradição com o país de cuja autoridade judiciária emanou a sentença, ou, na falta de tratado, de requisição do Ministro da Justiça".

Da mesma forma, tratando-se de "brasileiros, são competentes as autoridades consulares brasileiras para lhes celebrar o casamento e os mais atos de Registro Civil e de tabelionato, inclusive o registro de nascimento e de óbito dos filhos de brasileiro ou brasileira nascido no país da sede do Consulado", na forma do art. 18[46].

A extraterritorialidade da lei, todavia, pode ser limitada, pois atos, sentenças e leis de países alienígenas não serão aceitos no Brasil quando ofenderem a soberania nacional, a ordem pública e os bons costumes, na forma do art. 17 da LINDB (Decreto-lei n. 4.657, de 4-9-1942). Trata-se de uma forma de preservação dos valores nacionais, sem prejuízo do respeito aos sistemas estrangeiros.

Por esse motivo, entendíamos não ser possível o reconhecimento do matrimônio realizado entre homossexuais fora do Brasil[47], considerando que os nossos costumes ainda reconheciam, por princípio, a diversidade de sexos como pressuposto existencial do ato nupcial. Esta afirmação se fundamentava na previsão legal específica do casamento, como ato formal, e no próprio estado civil de casado. A matéria, porém, ganhou novos contornos em função da histórica decisão do Supremo Tribunal Federal, que reconheceu a união homoafetiva como entidade familiar. A tal forma de composição de família, por ausência de normatização específica, será aplicado, por analogia, o regramento da união estável, o que defendíamos publicamente, inclusive desde a primeira edição do nosso volume dedicado ao "Direito de Família"[48]. Em nosso sentir, pois, a despeito de eventuais posicionamentos diversos, houve o reconhecimento da união estável homoafetiva como forma de família, na perspectiva dos princípios da isonomia e da dignidade da pessoa humana[49].

---

[46] Registre-se que a Lei n. 12.874, de 29 de outubro de 2013, inseriu dois parágrafos no referido art. 18, com o seguinte teor:
"§ 1.º As autoridades consulares brasileiras também poderão celebrar a separação consensual e o divórcio consensual de brasileiros, não havendo filhos menores ou incapazes do casal e observados os requisitos legais quanto aos prazos, devendo constar da respectiva escritura pública as disposições relativas à descrição e à partilha dos bens comuns e à pensão alimentícia e, ainda, ao acordo quanto à retomada pelo cônjuge de seu nome de solteiro ou à manutenção do nome adotado quando se deu o casamento.
§ 2.º É indispensável a assistência de advogado, devidamente constituído, que se dará mediante a subscrição de petição, juntamente com ambas as partes, ou com apenas uma delas, caso a outra constitua advogado próprio, não se fazendo necessário que a assinatura do advogado conste da escritura pública".
A referida norma tem, evidentemente, uma importante finalidade, que é reconhecer a possibilidade de celebração do "divórcio extrajudicial" pelas autoridades consulares brasileiras. Lamenta-se profundamente, porém, que a norma venha à luz sem a devida adequação ao novo sistema constitucional, inaugurado pela Emenda Constitucional n. 66, que reconheceu ao divórcio o *status* de direito potestativo exercitável a qualquer tempo, extinguindo prazos e outros requisitos, inclusive, em nosso sentir, a separação judicial. Para maiores detalhes, confira-se nosso *O novo divórcio* (São Paulo: Saraiva).
[47] Citem-se alguns países que já admitem a união civil (matrimonial) entre casais homoafetivos: Dinamarca, Noruega, Suécia, Holanda, devendo-se registrar que, dos países escandinavos, excepciona-se apenas a Finlândia.
[48] Confira-se o Capítulo XXI ("*União Homoafetiva*") do volume 6 ("Direito de Família") desta coleção.
[49] Como decorrência lógica, a conversão da união estável homoafetiva em matrimônio é possível juridicamente, embora, dadas as características típicas do casamento, que exige uma procedimentalização extremamente formal, até pelas consequências que acarreta (notadamente para o estado civil e

3.7. Segurança jurídica e eficiência na criação e aplicação de normas por agentes públicos (reflexões críticas sobre a Lei n. 13.655/2018, que alterou a LINDB)

A Lei de Introdução às Normas do Direito Brasileiro sofreu profunda alteração, por meio da promulgação da Lei n. 13.655, de 25 de abril de 2018, que acrescentou os novos arts. 20 a 30 à LINDB.

Salta aos olhos a circunstância de que as disposições contidas nesse novo diploma poderiam vir em lei autônoma, opção que não foi feita pelo legislador.

Tal aspecto, por si só, causa certa estranheza, conforme observam, em pioneira entrevista sobre o tema, PABLO STOLZE e SALOMÃO VIANA:

> "O que de logo chama a atenção é a constatação de que os 11 artigos que a lei n. 13.655/2018 acrescentou à LINDB poderiam, perfeitamente, corresponder ao conteúdo de uma lei isolada. Contudo, optou-se por inserir tais artigos num diploma legal já existente.
>
> No caso, o diploma legal alterado é um dos mais importantes do sistema jurídico: a Lei de Introdução às Normas do Direito Brasileiro. Trata-se de um diploma legal do qual se extraem normas que são consideradas integrantes de um chamado 'superdireito'.
>
> Há, portanto, uma importantíssima opção político-legislativa contida no fato de a lei n. 13.655/2018 ser um diploma alterador e não um diploma legal autônomo. Isso, por si só, é suficiente para se perceber que as normas extraídas dos textos dos novos artigos devem ser recebidas como normas que, apesar de infraconstitucionais, estão acima do universo normativo que se colhe dos textos dos diplomas infraconstitucionais de um modo geral.
>
> Essa constatação dispara um alerta no intérprete no momento em que ele se depara, de um lado, com dispositivos que trazem regras de concretização do Estado Democrático de Direito e, de outro, com uma profusão de expressões que contêm conceitos jurídicos indeterminados, indevidamente vinculadas a uma previsão, contida no novo art. 28, de responsabilidade pessoal do agente público por suas decisões ou opiniões técnicas, 'em caso de dolo ou erro grosseiro'"[50].

Observe-se que as novas regras entraram em vigor na data da sua publicação, na forma do art. 2.º da Lei, salvo quanto à faculdade procedimental prevista no novo art. 29 da LINDB[51], que teve uma *vacatio legis* de 180 (cento e oitenta) dias.

---

registros cartoriais, inclusive imobiliários), seja recomendável a edição de uma norma legal regulamentadora, para evitar a indesejada insegurança jurídica. Registre-se, porém, que, na esteira deste entendimento, vários Tribunais de Justiça já têm admitido a habilitação direta para o casamento entre pessoas do mesmo sexo, o que marca uma evolução em nosso Direito de Família. Nesse sentido, confira-se, inclusive, a vanguardista norma do TJBA, disponível no <http://www5.tjba.jus.br/corregedoria/images/pdf/provimento_conjunto_12_2012.pdf>. Na mesma linha, verifique-se também a Resolução n. 175/2013 do CNJ, que veda às autoridades competentes a recusa de habilitação, celebração de casamento civil ou de conversão de união estável em casamento entre pessoas de mesmo sexo, disponível em: <http://www.cnj.jus.br/atos-administrativos/atos-da-presidencia/resolucoespresidencial/ 24675-resolucao-n-175-de-14-de-maio-de-2013>.

[50] "Impactos da nova lei que altera normas do direito brasileiro". Disponível em: <https://www.lfg.com.br/conteudos/entrevistas/geral/impactos-da-nova-lei-que-altera-normas-do-direito-brasileiro>. Acesso em: 27 jul. 2018.

[51] "Art. 29. Em qualquer órgão ou Poder, a edição de atos normativos por autoridade administrativa, salvo os de mera organização interna, poderá ser precedida de consulta pública para manifestação de interessados, preferencialmente por meio eletrônico, a qual será considerada na decisão.

A finalidade da nova normatização nos parece clara: busca-se restringir o âmbito de atuação interpretativa do agente público, nas searas administrativa, controladora ou judicial, prestigiando-se uma perspectiva "pragmática" ou "consequencialista" em suas decisões.

Nessa linha, confiram-se os novos arts. 20 e 21 da LINDB:

> "Art. 20. Nas esferas administrativa, controladora e judicial, não se decidirá com base em valores jurídicos abstratos sem que sejam consideradas as consequências práticas da decisão.
>
> Parágrafo único. A motivação demonstrará a necessidade e a adequação da medida imposta ou da invalidação de ato, contrato, ajuste, processo ou norma administrativa, inclusive em face das possíveis alternativas."
>
> "Art. 21. A decisão que, nas esferas administrativa, controladora ou judicial, decretar a invalidação de ato, contrato, ajuste, processo ou norma administrativa deverá indicar de modo expresso suas consequências jurídicas e administrativas.
>
> Parágrafo único. A decisão a que se refere o *caput* deste artigo deverá, quando for o caso, indicar as condições para que a regularização ocorra de modo proporcional e equânime e sem prejuízo aos interesses gerais, não se podendo impor aos sujeitos atingidos ônus ou perdas que, em função das peculiaridades do caso, sejam anormais ou excessivos".

Não somos contra o fato de o agente público – especialmente o juiz – ter de imprimir uma reflexão "consequencialista" ou "pragmática" dos impactos da sua decisão.

De fato, isso é, inclusive, uma cautela recomendável, até mesmo para a efetivação da decisão, seja de natureza administrativa, seja judicial[52]. Para isso, pode-se propugnar, inclusive, por um regime de transição[53], em verdadeira modulação de efeitos para garantir a estabilidade das relações jurídicas[54].

---

§ 1.º A convocação conterá a minuta do ato normativo e fixará o prazo e demais condições da consulta pública, observadas as normas legais e regulamentares específicas, se houver."

[52] "Art. 22. Na interpretação de normas sobre gestão pública, serão considerados os obstáculos e as dificuldades reais do gestor e as exigências das políticas públicas a seu cargo, sem prejuízo dos direitos dos administrados.

§ 1.º Em decisão sobre regularidade de conduta ou validade de ato, contrato, ajuste, processo ou norma administrativa, serão consideradas as circunstâncias práticas que houverem imposto, limitado ou condicionado a ação do agente.

§ 2.º Na aplicação de sanções, serão considerados a natureza e a gravidade da infração cometida, os danos que dela provierem para a administração pública, as circunstâncias agravantes ou atenuantes e os antecedentes do agente.

§ 3.º As sanções aplicadas ao agente serão levadas em conta na dosimetria das demais sanções de mesma natureza e relativas ao mesmo fato."

[53] "Art. 23. A decisão administrativa, controladora ou judicial que estabelecer interpretação ou orientação nova sobre norma de conteúdo indeterminado, impondo novo dever ou novo condicionamento de direito, deverá prever regime de transição quando indispensável para que o novo dever ou condicionamento de direito seja cumprido de modo proporcional, equânime e eficiente e sem prejuízo aos interesses gerais."

[54] "Art. 24. A revisão, nas esferas administrativa, controladora ou judicial, quanto à validade de ato, contrato, ajuste, processo ou norma administrativa cuja produção já se houver completado levará em conta as orientações gerais da época, sendo vedado que, com base em mudança posterior de orientação geral, se declarem inválidas situações plenamente constituídas.

Nessa diretriz, buscam-se estabelecer marcos de segurança na aplicação das normas pelas autoridades públicas de qualquer natureza, que passam a ser, inclusive, estimuladas a estabelecer normas internas vinculantes, na forma do novel art. 30 da LINDB[55].

Da mesma forma, também passou a ser estimulada a celebração de compromissos com todos os interessados[56], de forma a garantir uma maior previsibilidade dos efeitos jurídicos para todos os envolvidos, talvez em uma aplicação da velha máxima popular de que "o combinado não é caro nem barato, mas sim o combinado".

Na busca de preservar o erário, prevenindo a Administração Pública de gastos indevidos ou outros prejuízos, autorizou-se, da mesma forma, a imposição de compensações, facultando-se, inclusive, também a celebração de compromissos processuais entre os envolvidos[57].

O que nos parece, porém, um evidente exagero é a exigência, contida especialmente no art. 20, no sentido de que não se decidirá "com base em valores jurídicos abstratos" – **e afinal o que seriam "valores jurídicos abstratos"? Princípios? Cláusulas gerais? Conceitos normativos? Postulados ou preceitos não densificados?** – senão antevendo-se (todas) as consequências práticas da decisão.

Absurdo.

Então, nessa linha, o agente público terá de recorrer a lições de Alquimia ou exercícios de Futurologia!

Parágrafo único. Consideram-se orientações gerais as interpretações e especificações contidas em atos públicos de caráter geral ou em jurisprudência judicial ou administrativa majoritária, e ainda as adotadas por prática administrativa reiterada e de amplo conhecimento público."

[55] "Art. 30. As autoridades públicas devem atuar para aumentar a segurança jurídica na aplicação das normas, inclusive por meio de regulamentos, súmulas administrativas e respostas a consultas.

Parágrafo único. Os instrumentos previstos no *caput* deste artigo terão caráter vinculante em relação ao órgão ou entidade a que se destinam, até ulterior revisão."

[56] "Art. 26. Para eliminar irregularidade, incerteza jurídica ou situação contenciosa na aplicação do direito público, inclusive no caso de expedição de licença, a autoridade administrativa poderá, após oitiva do órgão jurídico e, quando for o caso, após realização de consulta pública, e presentes razões de relevante interesse geral, celebrar compromisso com os interessados, observada a legislação aplicável, o qual só produzirá efeitos a partir de sua publicação oficial.

§ 1.º O compromisso referido no *caput* deste artigo:

I – buscará solução jurídica proporcional, equânime, eficiente e compatível com os interesses gerais;

II – (VETADO);

III – não poderá conferir desoneração permanente de dever ou condicionamento de direito reconhecidos por orientação geral;

IV – deverá prever com clareza as obrigações das partes, o prazo para seu cumprimento e as sanções aplicáveis em caso de descumprimento."

[57] "Art. 27. A decisão do processo, nas esferas administrativa, controladora ou judicial, poderá impor compensação por benefícios indevidos ou prejuízos anormais ou injustos resultantes do processo ou da conduta dos envolvidos.

§ 1.º A decisão sobre a compensação será motivada, ouvidas previamente as partes sobre seu cabimento, sua forma e, se for o caso, seu valor.

§ 2.º Para prevenir ou regular a compensação, poderá ser celebrado compromisso processual entre os envolvidos."

Imaginar que se devam antever, profeticamente, em uma decisão judicial ou administrativa, todas as prognoses possíveis ou consequências derivadas do pronunciamento oficial é uma exigência surreal.

Tomemos a hipótese da prolação de uma sentença.

É recomendável e esperado que o juiz sopese o impacto da sua decisão e delineie, sim, possíveis consequências e efeitos **discutidos pelas partes ao longo da demanda**.

Mas exigir que o magistrado anteveja todos os possíveis efeitos e consequências não discutidos no processo é juridicamente inviável e humanamente inaceitável.

Ora, se o diploma alterador da LINDB pretendeu imprimir mais segurança jurídica às decisões, certamente não logrou êxito, tendo em vista a imprecisão dos seus próprios termos e conceitos, aliada a uma exigência estapafúrdia de antecipação genérica de efeitos futuros.

Aliás, vale lembrar que o art. 489, § 1.º, II, do Código de Processo Civil de 2015 já contém regra segundo a qual "não se considera fundamentada qualquer decisão judicial, seja ela interlocutória, sentença ou acórdão", que "empregar conceitos jurídicos indeterminados, sem explicar o motivo concreto de sua incidência no caso".

Excelente essa previsão na Lei Processual, diferentemente da contida na nova LINDB, que, diante de "valores jurídicos abstratos", exige projeções (futuristas) de (todos) os efeitos e consequências advindos de uma decisão.

Inimaginável.

Vamos além.

Impedir, por exemplo, o magistrado de decidir com base em "valores jurídicos abstratos", senão sob o condicionamento de antever, genericamente, as consequências e efeitos advindos do seu pronunciamento, coarcta ou reduz a própria função jurisdicional, em evidente afronta à indispensável liberdade de convicção do julgador na perspectiva da garantia constitucional da inafastabilidade da jurisdição (art. 5.º, XXXV, da CF)[58].

O que causa ainda mais espanto é a previsão contida no art. 28.

Estabelece ele que o "agente público responderá pessoalmente por suas decisões ou opiniões técnicas em caso de dolo ou erro grosseiro".

Se não bastasse o fato de a LINDB conter, como se sabe, "normas de superdireito", ou seja, compreender um microssistema que disciplina outros diplomas – o que, por si só, afastaria, por má localização técnica, uma regra de responsabilidade civil –, pergunta-se: **o que se entende por erro grosseiro?**

Demonstrando preocupação sobre o dispositivo, observam os mencionados PABLO STOLZE e SALOMÃO VIANA:

> "Sem qualquer dúvida, o centro da polêmica está na inserção, na LINDB, do art. 28, que, não por acaso, teve três parágrafos vetados e que é exatamente aquele que alude à responsabilidade pessoal do agente público por suas decisões ou opiniões técnicas.

---

[58] Nesse ponto, fazemos justa homenagem ao talentoso Professor e Procurador da República EDILSON VITORELLI, cujas aulas já teciam críticas acerca da inutilidade e inconstitucionalidade desse diploma alterador da LINDB.

Esse dispositivo esparge efeitos para quase todos os outros dez novos dispositivos, uma vez que, em vários dos outros artigos, há alusões a deveres do agente público, o que resulta por vincular o que eventualmente venha a ser considerado descumprimento de tais deveres com a responsabilização pessoal do agente.

É sempre importante lembrar que a referência a agentes públicos inclui os membros da magistratura.

Qual o motivo do realce aos membros da magistratura?

Um exemplo pode ser útil. De acordo com o novo art. 21 da LINDB, a decisão que, nas esferas administrativa, controladora ou judicial, decretar a invalidação de ato, contrato, ajuste, processo ou norma administrativa deverá indicar de modo expresso suas consequências jurídicas e administrativas.

Trata-se de dever imposto ao agente do ato decisório. Imagine-se que, no cumprimento desse dever, o magistrado, apesar de haver se referido a várias outras, não insira, na decisão, uma determinada consequência administrativa que tenha escapado à sua capacidade de previsão, e que outros agentes considerem tratar-se de consequência grave.

O magistrado, num caso desse, não estará, em tese, livre de uma tentativa de imposição de responsabilização pessoal, sob a alegação de que teria ele cometido erro grosseiro. É preciso questionar – e esse questionamento deve ser fortemente lançado, sob o ponto de vista da constitucionalidade da nova lei, nesse específico aspecto – até que ponto uma previsão normativa dessa ordem é capaz de produzir, como efeito colateral, uma inibição da atuação do Poder Judiciário.

É que seus agentes – seres humanos que são, diante de duas decisões possíveis, uma de acolhimento e outra de rejeição do pedido – podem ser induzidos, pelo risco de responsabilização pessoal, a adotar o caminho menos arriscado, ante a impossibilidade de prever todas as consequências práticas de uma decisão em outro sentido. Não se pode exigir dos magistrados poderes que são somente dos adivinhos e das pitonisas da antiguidade.

Uma previsão desse tipo gera desequilíbrio entre os Poderes Executivo, Legislativo e Judiciário?

É exatamente esse o centro. Trata-se de um dispositivo, o art. 28, que desiguala a responsabilização dos agentes políticos dos Poderes da República.

O nó está na equiparação, sob o ponto de vista da responsabilização pessoal, entre a decisão judicial, que é ato praticado por agente político de um Poder da República, e a decisão administrativa, que, no geral, é protagonizada por agentes públicos que não são agentes políticos de Poder.

Percebe-se. Um parlamentar que, nas suas manifestações no plenário das casas do Congresso Nacional, ou mesmo ao apresentar um projeto de lei, cometer o que, aos olhos de outros agentes, seria um erro grosseiro, estará acobertado pela imunidade parlamentar, que é prerrogativa indispensável, num Estado Democrático de Direito, para o exercício das suas funções institucionais.

Não existe, e se existisse seria inconstitucional, texto legal que aluda expressamente à possibilidade de responsabilização pessoal do parlamentar num caso desse.

Dê sua vez, o membro do Poder Executivo que fizer uma opção que, aos olhos de outros agentes, é grosseiramente equivocada, consistente em destinar recursos financeiros para determinado setor, e não para outro, evidentemente mais carente, estará atuando sob o pálio da sua prerrogativa de definir as políticas públicas que entende prioritárias.

Não se pode apenar – pode-se, no máximo, criticar politicamente – o administrador que opta por reformar um prédio em que funciona uma repartição pública, em vez de destinar recursos para incremento das atividades de fiscalização do cumprimento de normas de proteção ao meio ambiente.

Se assim é com os agentes políticos dos Poderes Legislativo e Executivo, não pode ser diferente com os membros do Poder Judiciário. A criação de um clima de limitação à prerrogativa de decidir de acordo com a convicção a respeito de qual seja o Direito aplicável ao caso malfere um dos pilares do Estado Democrático de Direito. O juiz não pode ficar exposto a instrumentos de inibição ao exercício de suas funções institucionais.

O risco de outros agentes considerarem que o juiz cometeu erro grosseiro, do que seria possível extrair uma responsabilização pessoal do magistrado, é fator de inibição ao exercício da atividade jurisdicional. E, em razão disso, a norma que contiver tal previsão não pode ser albergada pelo sistema jurídico.

E, só para complementar, vale a pena observar um detalhe. A LINDB é uma lei diferenciada. Dentre outros aspectos que podemos chamar de reveladores da 'superioridade' da LINDB, está o fato de que ela regula a vigência e a eficácia das normas jurídicas, apresenta soluções para casos de conflitos ou colisões entre normas e disciplina mecanismos de integração normativa.

Pois bem. Implantou-se, num diploma legal com tais características, um dispositivo que fala em responsabilização pessoal do agente público. Salta aos olhos que há uma falta de pertinência entre tal dispositivo e a função política da LINDB.

Trata-se, a rigor, de dispositivo que empobrece, amesquinha a função política da LINDB. É possível mesmo questionar a adequação de tal dispositivo à norma que se colhe do texto do art. 7.º, II, da Lei Complementar n. 95/1998, que impede que uma lei contenha matéria estranha a seu objeto ou que a este não seja vinculada por afinidade, pertinência ou conexão"[59].

E, ainda que superadas todas as questões, é preciso refletir sobre a eficácia do próprio diploma alterador da LINDB.

Caso, por exemplo, o juiz não anteveja determinada consequência prática, a sua decisão será inexistente? Inválida? Ineficaz?

"Está aí um belo problema. O ato judicial, como todo ato jurídico, deve ser examinado nos planos da existência, da validade e da eficácia. Quanto à existência, nenhum questionamento pode ser feito numa situação dessa.

No que toca à validade, não é possível imputar defeito a um ato que, à época da sua prática, tenha atendido às exigências formais para preenchimento da sua estrutura executiva. Assim, considerando que o surgimento de determinada consequência prática, não prevista, é evento posterior à prática do ato, a sua ocorrência não pode implicar invalidação.

Resta a análise do ato decisório no plano da eficácia. E a solução para a questão não está pronta. O que fazer? Reputar-se-á ineficaz a decisão, no que se refere àquela específica consequência prática, já que não foi ela prevista? E se a consequência prática revelar-se consectário lógico e inevitável da decisão? Então haverá contenção de toda a eficácia do

---

[59] "Impactos da nova lei que altera normas do direito brasileiro". Disponível em: <https://www.lfg.com.br/conteudos/entrevistas/geral/impactos-da-nova-lei-que-altera-normas-do-direito-brasileiro>. Acesso em: 27 jul. 2018.

ato decisório, em razão de se constatar, depois, que tal consequência será produzida? Esses são apenas alguns dos questionamentos"[60].

Em síntese, lamentamos, acadêmica e profundamente, a reforma operada na LINDB pela Lei n. 13.655, de 2018, a qual, sem dúvida, trouxe-nos mais dúvidas e incertezas do que a almejada segurança jurídica.

---

[60] STOLZE, Pablo e VIANA, Salomão, entrevista citada.

Capítulo IV
Pessoa Natural

Sumário: 1. A personalidade jurídica. 1.1. Conceito. 1.2. Aquisição da personalidade jurídica. 1.3. O nascituro. 2. Capacidade de direito e de fato e legitimidade. 2.1. Incapacidade absoluta. 2.2. Incapacidade relativa. 2.2.1. Os maiores de dezesseis e menores de dezoito anos. 2.2.2. Os ébrios habituais e os viciados em tóxicos. 2.2.3. Aqueles que, por causa transitória ou permanente, não puderem exprimir sua vontade. 2.2.4. Os pródigos. 2.2.5. Algumas palavras sobre a capacidade jurídica dos silvícolas. 2.3. Suprimento da incapacidade (representação e assistência). 2.4. Restituição e anulação por conflito de interesses com o representado. 3. Emancipação. 4. Nome civil. 4.1. Esclarecimentos terminológicos. 4.2. Possibilidade de alteração do nome. 4.3. Tutela jurídica do nome. 5. Estado da pessoa natural. 6. Registro civil. 7. Extinção da pessoa natural. 7.1. Morte civil. 7.2. Morte presumida. 7.2.1. Ausência: a) Curadoria dos bens do ausente; b) Sucessão provisória; c) Sucessão definitiva; d) Retorno do ausente; e) Ausência e dissolução do casamento. 7.2.2. Justificação de óbito. 7.3. Morte simultânea (comoriência).

1. A PERSONALIDADE JURÍDICA

Um dos temas mais importantes para a Teoria Geral do Direito Civil é, indubitavelmente, a questão da personalidade jurídica, pois a sua regular caracterização é uma premissa de todo e qualquer debate no campo do Direito Privado.

Embora, topologicamente, a sua disciplina legal mais ampla esteja localizada no primeiro capítulo do Título I, que se refere às "Pessoas Naturais", faz-se mister esclarecer, de plano, que o instituto é muito mais abrangente, aplicando-se, também, às pessoas jurídicas.

Não há como deixar de registrar que, sendo o ser humano o destinatário final de toda norma, forçoso concluir que o estudo da personalidade jurídica tome como parâmetro inicial a pessoa natural, finalidade deste capítulo.

1.1. Conceito

Em 1949, noticia EMILIO MIRA Y LÓPEZ, renomados psicólogos reuniram-se em um congresso realizado em Berna, com o propósito de traçar um conceito de personalidade que fosse aceito pela maioria significativa dos profissionais de psicologia, havendo os *experts* chegado à conclusão de que tal conceito seria "a estrutura ou a silhueta psíquica individual", ou, ainda, "o modo de ser peculiar do eu"[1].

---

[1] Walter Moraes, Concepção Tomista de Pessoa – Um contributo para a teoria do direito da personalidade, *Revista de Direito Privado*, v. 2, abr./jun. 2000, São Paulo: Revista dos Tribunais, 2000, p. 190.

Tal definição, todavia, a par de interessar sobremaneira à teoria dos direitos da personalidade, não serve à técnica exigida pela Teoria Geral do Direito Civil.

Nesse sentido é a preleção de CLÓVIS BEVILÁQUA:

"a personalidade jurídica tem por base a personalidade psíquica, somente no sentido de que, sem essa última não se poderia o homem ter elevado até a concepção da primeira. Mas o conceito jurídico e o psicológico não se confundem. Certamente o indivíduo vê na sua personalidade jurídica a projeção de sua personalidade psíquica, ou, antes, um outro campo em que ela se afirma, dilatando-se ou adquirindo novas qualidades. Todavia, na personalidade jurídica intervém um elemento, a ordem jurídica, do qual ela depende essencialmente, do qual recebe a existência, a forma, a extensão e a força ativa. Assim, a personalidade jurídica é mais do que um processo superior da atividade psíquica; é uma criação social, exigida pela necessidade de pôr em movimento o aparelho jurídico, e que, portanto, é modelada pela ordem jurídica"[2].

Personalidade jurídica, portanto, para a Teoria Geral do Direito Civil, é a *aptidão genérica para titularizar direitos e contrair obrigações,* ou, em outras palavras, é *o atributo para ser sujeito de direito*[3].

Adquirida a *personalidade*, o ente passa a atuar, na qualidade de sujeito de direito (pessoa natural ou jurídica), praticando atos e negócios jurídicos dos mais diferentes matizes.

No que tange à pessoa natural ou física, objeto do presente capítulo, o Código Civil de 2002, substituindo a expressão "homem" por "pessoa", em evidente atualização para uma linguagem politicamente correta e compatível com a nova ordem constitucional, dispõe, em seu art. 1.º, que: "Toda pessoa é capaz de direitos e deveres na ordem civil".

Essa disposição, como já se infere, permite a ilação de que a personalidade é atributo de toda e qualquer pessoa, seja natural ou jurídica, uma vez que a própria norma civil não faz tal distinção de acepções[4].

1.2. Aquisição da personalidade jurídica

A pessoa natural, para o direito, é, portanto, o ser humano, enquanto sujeito/destinatário de direitos e obrigações.

TEIXEIRA DE FREITAS, vale lembrar, preferia a expressão *pessoa de existência visível*, acolhida pelo Código Civil da Argentina (arts. 31 e 32), para caracterizar a pessoa natural.

O seu surgimento, segundo a dicção legal, ocorre a partir do *nascimento com vida* (art. 2.º do CC/2002).

---

[2] Clóvis Beviláqua, *Teoria Geral do Direito Civil*, Campinas: RED Livros, 1999, p. 81.

[3] Esta definição harmoniza-se, em nosso sentir, com a Teoria Geral do Direito Civil. Excepcionalmente – por não ser, o Direito, uma ciência exata – surgem figuras peculiares, que atuam como sujeitos na relação jurídica, a despeito de não possuírem personalidade, como se dá com os órgãos (uma Câmara de Vereadores, por exemplo) no âmbito do Direito Administrativo.

[4] Vale destacar que o relatório do Senador Josaphat Marinho consagrava a expressão *"ser humano"* no mencionado primeiro dispositivo, termo que foi modificado na Câmara dos Deputados, como visto, para *"pessoa"*. Embora a uniformização linear seja aceitável, o fato é que ela acaba gerando impropriedades vernaculares, agressivas ao ouvido, como a aliteração do art. 2.º ("A *personalidade* civil da *pessoa*...").

No instante em que principia o funcionamento do aparelho cardiorrespiratório, clinicamente aferível pelo exame de docimasia hidrostática de Galeno[5], o recém-nascido adquire *personalidade jurídica*, tornando-se *sujeito de direito*, mesmo que venha a falecer minutos depois[6].

Ao menos aparentemente esta teria sido a opção do legislador brasileiro, na medida em que tradicional corrente doutrinária defende a denominada *teoria natalista*[7].

Seguindo essa diretriz doutrinária e legal, que tem importantes reflexos práticos e sociais, se o recém-nascido – cujo pai já tenha morrido – falece minutos após o parto, terá adquirido, por exemplo, todos os direitos sucessórios do seu genitor, transferindo-os para a sua mãe. Nesse caso, a avó paterna da referida criança nada poderá reclamar.

A Lei de Registros Públicos (Lei n. 6.015/73) determina, em seu art. 50, que "todo nascimento que ocorrer no território nacional deverá ser dado a registro, no lugar em que tiver ocorrido o parto ou no lugar da residência dos pais, dentro do prazo de 15 (quinze) dias, que será ampliado em até 3 (três) meses para os lugares distantes mais de 30 (trinta) quilômetros da sede do cartório"[8].

---

[5] Esse exame é baseado na diferença de peso específico entre o pulmão que respirou e o que não respirou, mergulhados na água. O primeiro, por se achar com os alvéolos dilatados e impregnados de ar, sobrenada, ao passo que o segundo, compacto e vazio, com as paredes alveolares colabadas e, por conseguinte, mais denso, vai ao fundo. Na eventual impossibilidade de utilização desse método principal de investigação (se, por acaso, o pulmão do neonato já vier impregnado de líquido), outras técnicas são aplicáveis, como a docimasia pulmonar histológica (verificação dos alvéolos pulmonares, pois, se houve respiração, apresentarão dilatação uniforme e, caso contrário, as paredes alveolares estarão coladas), docimasia óptica de Icard (exame microscópico de fragmento do pulmão, esmagado em uma lâmina, quando, ao observar pequenas bolhas de ar na película esmagada, deduz-se a respiração), docimasia química de Icard (passagem rápida de fragmento do pulmão em álcool absoluto, a seguir mergulhado em solução alcoólica de potássio cáustico a 30%, que dissolve o estroma pulmonar, liberando bolhas de ar, no pulmão que respirou), docimasia radiográfica de Bordas (exame radiográfico dos pulmões, que se mostrarão opacos – se não respiraram – ou transparentes – se receberam oxigênio), docimasia epimicroscópica pneumoarquitetônica (exame da superfície externa dos pulmões) e as docimasias respiratórias indiretas (verificação de outros órgãos, como estômago, intestinos, fígado e ouvidos – trompas de Eustáquio – conjuntamente com os pulmões, para tentar constatar se houve ar circulando no corpo do nascituro), como nos informa Sérgio Abdalla Semião (*Os Direitos do Nascituro – Aspectos Cíveis, Criminais e do Biodireito*, Belo Horizonte: Del Rey, 1998, p. 158-9).

[6] "Apesar das longas discussões da doutrina", pontifica Walter Ceneviva, "no Brasil há nascimento e há parto quando a criança, deixando o útero materno, respira. É na respiração cientificamente comprovável que se completa conformação fática do nascimento. Sem ela, tem-se o parto de natimorto, que, sendo expulso do ventre materno ao termo da gestação com duração mínima normal, mas sem vida, não é sujeito de direito" (*Lei dos Registros Públicos Comentada*, 13. ed., São Paulo: Saraiva, 1999, p. 111).

[7] Nesse sentido: Vicente Ráo, Silvio Rodrigues, Eduardo Espínola, Sílvio Venosa. Este último autor, com propriedade, adverte que: "O Código Brasileiro poderia ter seguido a orientação do Código francês que estabelece começar a personalidade com a concepção. Em nosso código, contudo, predominou a teoria do nascimento com vida para ter início a personalidade" (*Direito Civil – Parte Geral*, São Paulo: Atlas, 2001, p. 142).

[8] Vale destacar que a mesma lei, em seu art. 53, trata da situação da criança natimorta, bem como da criança que falecer depois do parto, determinando o registro correspondente em ambas as situações:

Sucede que, conforme veremos no tópico seguinte, não é pacífica a aceitação da corrente natalista, o que torna o assunto ora estudado de grande interesse acadêmico, senão apaixonante.

De qualquer forma, independentemente da linha de pensamento adotada, cumpre-nos advertir que, diferentemente da orientação romanista, na generalidade das civilizações contemporâneas não se exige mais a forma humana e a viabilidade para se conceder ao recém-nascido a qualidade de pessoa[9].

1.3. O nascituro

A situação jurídica do nascituro é, sem dúvida, um dos temas mais apaixonantes e complexos do Direito Civil.

LIMONGI FRANÇA, citado por FRANCISCO AMARAL, define-o como sendo "o que está por nascer, mas já concebido no ventre materno"[10].

Em outras palavras, cuida-se do *ente concebido, embora ainda não nascido.*

A Lei Civil trata do nascituro quando, posto não o considere explicitamente pessoa, coloca a salvo os seus direitos *desde a concepção* (art. 2.º do CC/2002)[11].

"Art. 53. No caso de ter a criança nascido morta ou no de ter morrido na ocasião do parto, será, não obstante, feito o assento com os elementos que couberem e com remissão ao do óbito. (Renumerado do art. 54, com nova redação, pela Lei n. 6.216, de 1975).

§ 1.º No caso de ter a criança nascido morta, será o registro feito no livro "C Auxiliar", com os elementos que couberem. (Incluído pela Lei n. 6.216, de 1975).

§ 2.º No caso de a criança morrer na ocasião do parto, tendo, entretanto, respirado, serão feitos os dois assentos, o de nascimento e o de óbito, com os elementos cabíveis e com remissões recíprocas. (Incluído pela Lei n. 6.216, de 1975)".

[9] Em um primeiro momento, previa o Código Civil espanhol: "*Art. 30. Para los efectos civiles, solo se reputará nacido el feto que tuviere figura humana y viviere veinticuatro horas enteramente desprendido del seno materno*". Posteriormente, aquele dispositivo fora aperfeiçoado para dispor que: "*La personalidad se adquiere en el momento del nacimiento con vida, una vez producido el entero desprendimiento del seno materno*". Este artículo está redactado conforme a la Ley 20/2011, de 21 julio, del Registro Civil (BOE n. 175, de 22-7-2011, p. 81468-81502).

[10] Francisco Amaral, ob. cit., 2018, p. 323.

[11] Aprofundando a questão, para admitir, inclusive, a proteção legal desde a mais simplificada forma de vida humana, *inclusive a concebida "in vitro"*, previa o Projeto de Lei n. 6.960, de 2002 (posteriormente n. 276/2007), que o referido artigo tivesse a seguinte redação: "Art. 2.º A personalidade civil da pessoa começa do nascimento com vida; mas a lei põe a salvo, desde a concepção, os direitos do embrião e os do nascituro". Nesse ponto, vale lembrar que tramitou no Congresso Nacional o Projeto de Lei n. 90, de 1999, de autoria do Senador Lúcio Alcântara, que pretende regulamentar a reprodução humana assistida e, em seu art. 9.º, § 1.º, prevê expressamente que: "Não se aplicam aos embriões originados *in vitro*, antes de sua introdução no aparelho reprodutor da mulher receptora, os direitos assegurados ao nascituro na forma da lei". Ora, uma rápida leitura dos dois textos legais leva-nos à conclusão de haver desarmonia entre ambos. De tal forma, impõe-se ao legislador corrigir a antinomia, antes que os mencionados projetos se convertam em lei, causando conflitos de normas no tempo a serem dirimidos pelo intérprete. A respeito do tema, somos favoráveis à ampla proteção do embrião concebido *in vitro*, uma vez que não reputamos justo haver diferença de tratamento em face do nascituro pelo simples fato de este ter-se desenvolvido intrauterinamente. A título de pesquisa histórica sobre o Projeto de Lei n. 90/99, cf. o excelente artigo jurídico de Elimar Szaniawski, O

Ora, adotada a tradicional *teoria natalista,* segundo a qual a aquisição da personalidade opera-se a partir do nascimento com vida, conclui-se que não sendo pessoa, o nascituro possuiria mera *expectativa de direito.*

Mas a questão não é pacífica na doutrina.

Os adeptos da *teoria da personalidade condicional* sufragam entendimento no sentido de que o nascituro possui *direitos sob condição suspensiva* (OERTMANN). Nesse sentido, preleciona ARNOLDO WALD: "A proteção do nascituro explica-se, pois há nele uma personalidade condicional que surge, na sua plenitude, com o nascimento com vida e se extingue no caso de não chegar o feto a viver"[12]. Também essa é a linha de pensamento de MIGUEL MARIA DE SERPA LOPES. Essa corrente, em geral, não é tão incisiva ao ponto de reconhecer a personalidade do nascituro (inclusive para efeitos patrimoniais), posição esta adotada pela teoria seguinte, mais ousada e abrangente.

A *teoria concepcionista*, por sua vez, influenciada pelo Direito francês, contou com diversos adeptos. Segundo essa vertente de pensamento, *o nascituro adquiriria personalidade jurídica desde a concepção, sendo, assim, considerado pessoa.* É a posição de TEIXEIRA DE FREITAS[13], seguido por BEVILÁQUA, LIMONGI FRANÇA e FRANCISCO AMARAL SANTOS. Essa linha doutrinária rende ensejo inclusive a se admitirem efeitos econômicos e materiais, como o direito aos alimentos, decorrentes da personificação do nascituro.

Existem autores, outrossim, cujo pensamento, mais comedido, aproxima-se, em nosso pensar, da teoria da personalidade condicional, pois sustentam que a personalidade do nascituro conferiria aptidão apenas para a titularidade de direitos personalíssimos (sem conteúdo patrimonial), a exemplo do direito à vida ou a uma gestação saudável, uma vez que os direitos patrimoniais estariam sujeitos ao nascimento com vida (condição suspensiva). "Poder-se-ia mesmo afirmar", adverte MARIA HELENA DINIZ, "que, na vida intrauterina, tem o nascituro personalidade jurídica formal, no que atina aos direitos personalíssimos e aos da personalidade, passando a ter a personalidade jurídica material, alcançando os direitos patrimoniais, que permaneceriam em estado potencial, somente com o nascimento com vida. Se nascer com vida, adquire personalidade jurídica material, mas se tal não ocorrer, nenhum direito patrimonial terá"[14].

Entretanto, como dito acima, a teoria concepcionista, em sua forma mais pura, ao reconhecer o nascituro como pessoa – desde a concepção – alcançaria, inclusive, determinados efeitos patrimoniais[15].

Embrião Excedente – O Primado do Direito à Vida e de Nascer. Análise do Art. 9.º do Projeto de Lei do Senado n. 90/99, *Revista Trimestral de Direito Civil – RTDC*, Rio de Janeiro: PADMA, ano 2, v. 8, out./dez. 2001, p. 83-107.

[12] Arnoldo Wald, *Curso de Direito Civil Brasileiro – Introdução e Parte Geral*, 8. ed., São Paulo: Revista dos Tribunais, 1995, p. 120.

[13] Concordamos com a posição da Prof.ª Silmara Chinelato e Almeida no sentido de que Teixeira de Freitas seria adepto da *teoria concepcionista, não da personalidade condicional.* Nesse sentido, o art. 221 do *Esboço*: "desde a concepção no ventre materno começa a existência visível das pessoas, e, antes de seu nascimento, elas podem adquirir direitos, como se já estivessem nascidas".

[14] Maria Helena Diniz, *Código Civil Anotado*, 5. ed., São Paulo: Saraiva, 1999, p. 9.

[15] Vale citar o seguinte julgado: "DIREITO CIVIL. DANOS MORAIS. MORTE. ATROPELAMENTO. COMPOSIÇÃO FÉRREA. AÇÃO AJUIZADA 23 ANOS APÓS O EVENTO. PRESCRIÇÃO

Tradicionalmente, a doutrina, no Brasil, segue a *teoria natalista*, embora, em nosso sentir, a visão concepcionista, paulatinamente, ganhe força na jurisprudência do nosso País[16].

Mas a questão, como visto, não é simples.

Ainda que o nascituro não seja considerado pessoa, a depender da teoria adotada, ninguém discute que tenha *direito à vida, e não uma mera expectativa.*

SILMARA CHINELATO E ALMEIDA, respeitável defensora da tese concepcionista, preleciona que,

> "juridicamente, entram em perplexidade total aqueles que tentam afirmar a impossibilidade de atribuir capacidade ao nascituro 'por este não ser pessoa'. A legislação de todos os povos civilizados é a primeira a desmenti-lo. Não há nação que se preze (até a China) onde não se reconheça a necessidade de proteger os direitos do nascituro (Código chinês, art. 1.º). Ora, quem diz direitos, afirma capacidade. Quem afirma capacidade, reconhece personalidade"[17].

Nesse diapasão, em defesa da *corrente concepcionista* e apesar da polêmica doutrinária existente, vale conferir o seguinte julgado do Tribunal de Justiça do Rio Grande do Sul:

> "Seguro-obrigatório. Acidente. Abortamento. Direito à percepção de indenização. O nascituro goza de personalidade jurídica desde a concepção. O nascimento com vida diz respeito apenas à capacidade de exercício de alguns direitos patrimoniais. Apelação a que se dá provimento (5 fls.) (Apelação Cível n. 70002027910, sexta câmara cível, Tribunal de Justiça do Rio Grande do Sul, Relator: Carlos Alberto Álvaro de Oliveira, julgado em 28/03/2001)".

Independentemente de se reconhecer o atributo da personalidade jurídica, o fato é que seria um absurdo resguardar direitos desde o surgimento da vida intrauterina se não se autorizasse a proteção desse nascituro – direito à vida – para que justamente pudesse usufruir tais direitos. Qualquer atentado à integridade do que está por nascer pode, assim, ser considerado um ato obstativo do gozo de direitos[18].

INEXISTENTE. INFLUÊNCIA NA QUANTIFICAÇÃO DO *QUANTUM*. PRECEDENTES DA TURMA. NASCITURO. DIREITO AOS DANOS MORAIS. DOUTRINA. ATENUAÇÃO. FIXAÇÃO NESTA INSTÂNCIA. POSSIBILIDADE. RECURSO PARCIALMENTE PROVIDO. I – Nos termos da orientação da Turma, o direito à indenização por dano moral não desaparece com o decurso de tempo (desde que não transcorrido o lapso prescricional), mas é fato a ser considerado na fixação do *quantum*. II – O nascituro também tem direito aos danos morais pela morte do pai, mas a circunstância de não tê-lo conhecido em vida tem influência na fixação do *quantum*. III – Recomenda-se que o valor do dano moral seja fixado desde logo, inclusive nesta instância, buscando dar solução definitiva ao caso e evitando inconvenientes e retardamento da solução jurisdicional." (STJ, 4.ª T., REsp 399028/SP; REsp 2001/0147319-0, Min. Sálvio de Figueiredo Teixeira, j. 26-2-2002, *DJ* 15-4-2002, p. 232).

[16] Este duelo entre as duas teorias (natalista x concepcionista) é antigo e está longe de acabar. CLÓVIS BEVILÁQUA, em seus *Comentários ao Código Civil dos Estados Unidos do Brasil* (Rio de Janeiro: Ed. Rio, 1975, p. 178), após elogiar abertamente a teoria concepcionista, ressaltando os seus excelentes argumentos, conclui ter adotado a natalista, "por parecer mais prática". No entanto, o próprio autor, nessa mesma obra, não resiste ao *apelo concepcionista,* ao destacar situações em que o nascituro "se apresenta como pessoa".

[17] Silmara J. A. Chinelato e Almeida, *Tutela Civil do Nascituro*, São Paulo: Saraiva, 2000, p. 160.

[18] A doutrina trabalhista é pródiga em exemplos de atos obstativos que podem ser objeto de sanção judicial, como, por exemplo, a despedida obstativa da aquisição de estabilidade decenal (art. 499, § 3.º, da Consolidação das Leis do Trabalho) ou, no caso da empregada doméstica, que não tem

A situação se torna ainda mais complexa se levarmos em consideração a polêmica sobre a eventual descriminalização do aborto – atualmente tipificado nos arts. 124 a 127 do vigente Código Penal brasileiro – ou mesmo o já autorizado aborto necessário ou no caso de gravidez resultante de estupro (art. 128), em que o direito à vida é relativizado em função da tutela de outros valores jurídicos.

A despeito de toda essa profunda controvérsia doutrinária, o fato é que, nos termos da legislação em vigor, inclusive do novo Código Civil, *o nascituro, embora não seja expressamente considerado pessoa, tem a proteção legal dos seus direitos desde a concepção.*

Nesse sentido, pode-se apresentar o seguinte quadro esquemático:

a) o nascituro é titular de direitos personalíssimos (como o direito à vida, o direito à proteção pré-natal etc.)[19];

b) pode receber doação, sem prejuízo do recolhimento do imposto de transmissão *inter vivos*;

c) pode ser beneficiado por legado e herança;

d) o Código Penal tipifica o crime de aborto;

e) como decorrência da proteção conferida pelos direitos da personalidade, o nascituro tem direito à realização do exame de DNA, para efeito de aferição de paternidade[20].

---

direito à estabilidade gestante, a despedida obstativa do gozo da licença-maternidade. Sobre a matéria, confira-se o verbete "Despedida Obstativa" in José Augusto Rodrigues Pinto e Rodolfo Pamplona Filho, *Repertório de Conceitos Trabalhistas*, São Paulo: LTr, 2000, p. 186-8.

[19] O art. 7.º do Estatuto da Criança e do Adolescente dispõe que: "a criança e o adolescente têm direito à proteção à vida e à saúde, mediante a efetivação de políticas públicas que permitam *o nascimento* e o desenvolvimento sadio e harmonioso, em condições dignas de existência".

[20] Confira-se, nesse ponto, o polêmico julgado do Supremo Tribunal Federal no caso "Glória Trevis" (Rcl 2.040, Questão de Ordem na Reclamação, Rel. Min. Néri da Silveira, j. 21-2-2002, órgão julgador: Tribunal Pleno, *DJ*, 27-06-2003, p. 31), em que podemos observar a aplicação da teoria da "ponderação de interesses", visando a dirimir eventuais conflitos entre direitos constitucionais. Embora se buscasse, em verdade, a apuração de um crime, o fato é que o nascituro mereceu, em nosso sentir, no caso em tela, o benefício da produção da prova pericial, para que, após seu nascimento, não tivesse que carregar o peso das circunstâncias duvidosas da sua concepção: "EMENTA: Reclamação. Reclamante submetida ao processo de Extradição n. 783, à disposição do STF. 2. Coleta de material biológico da placenta, com propósito de se fazer exame de DNA, para averiguação de paternidade do nascituro, embora a oposição da extraditanda. 3. Invocação dos incisos X e XLIX do art. 5.º da CF/88. 4. Ofício do Secretário de Saúde do DF sobre comunicação do Juiz Federal da 10.ª Vara da Seção Judiciária do DF ao Diretor do Hospital Regional da Asa Norte – HRAN, autorizando a coleta e entrega de placenta para fins de exame de DNA e fornecimento de cópia do prontuário médico da parturiente. 5. Extraditanda à disposição desta Corte, nos termos da Lei n. 6.815/80. Competência do STF, para processar e julgar eventual pedido de autorização de coleta e exame de material genético, para os fins pretendidos pela Polícia Federal. 6. Decisão do Juiz Federal da 10.ª Vara do Distrito Federal, no ponto em que autoriza a entrega da placenta, para fins de realização de exame de DNA, suspensa, em parte, na liminar concedida na Reclamação. Mantida a determinação ao Diretor do Hospital Regional da Asa Norte, quanto à realização da coleta da placenta do filho da extraditanda. Suspenso também o despacho do Juiz Federal da 10.ª Vara, na parte relativa ao fornecimento de cópia integral do prontuário médico da parturiente. 7. Bens jurídicos constitucionais como 'moralidade administrativa', 'persecução penal pública' e 'segurança pública' que se acrescem – como bens da comunidade, na expressão de Canotilho – ao direito fundamental à honra (CF, art. 5.º, X), bem assim direito à honra e à imagem de policiais federais acusados de estupro da extraditanda, nas dependências da Polícia Federal, e direito à imagem da própria instituição,

No âmbito do Direito do Trabalho, vale destacar que a estabilidade da gestante se conta do início da gravidez, mesmo que seja do desconhecimento de empregado e empregador.

Neste sentido, o entendimento jurisprudencial predominante é de que o que vale é a data da concepção em si, e não a data da confirmação científica ou da comunicação do estado gravídico ao empregador.

Tal estabilidade é aplicável, inclusive, tanto no contrato de trabalho por tempo determinado (mesmo o de experiência) quanto no caso do aviso prévio, conforme consta do inciso III da Súmula 244 do TST[21], o que foi posteriormente ratificado pela Lei n. 12.812/2013, que acrescentou o art. 391-A à CLT[22].

Defendemos ainda, desde a primeira edição desta obra, o entendimento de que o nascituro tem direito a *alimentos*, por não ser justo que a genitora suporte todos os encargos da gestação sem a colaboração econômica do pai da criança que está por vir ao mundo. Por isso, é com bons olhos que vislumbramos que tal matéria passou a ser objeto de legislação expressa, através da Lei n. 11.804, de 5 de novembro de 2008, que disciplinou o direito aos chamados "Alimentos Gravídicos", que compreendem todos os gastos necessários à proteção do feto[23].

Em abono a este entendimento, confira o nosso amigo leitor o seguinte julgado do Tribunal de Justiça do Rio Grande do Sul:

> "Investigação de paternidade. Alimentos provisórios em favor do *nascituro*. Possibilidade. Adequação do *quantum*. 1. Não pairando dúvida acerca do envolvimento sexual entretido pela gestante com o investigado, nem sobre exclusividade desse relacionamento, e havendo necessidade da gestante, justifica-se a concessão de alimentos em favor do *nascituro*. 2. Sendo o inves-

---

em confronto com o alegado direito da reclamante à intimidade e a preservar a identidade do pai de seu filho. 8. Pedido conhecido como reclamação e julgado procedente para avocar o julgamento do pleito do Ministério Público Federal, feito perante o Juízo Federal da 10.ª Vara do Distrito Federal. 9. Mérito do pedido do Ministério Público Federal julgado, desde logo, e deferido, em parte, para autorizar a realização do exame de DNA do filho da reclamante, com a utilização da placenta recolhida, sendo, entretanto, indeferida a súplica de entrega à Polícia Federal do 'prontuário médico' da reclamante".

[21] "III. A empregada gestante tem direito à estabilidade provisória prevista no art. 10, inciso II, alínea 'b', do Ato das Disposições Constitucionais Transitórias, mesmo na hipótese de admissão mediante contrato por tempo determinado. (Alteração dada pela Resolução TST 185/2012 de 14.09.2012)."

[22] "Artigo 391-A. A confirmação do estado de gravidez advindo no curso do contrato de trabalho, ainda que durante o prazo do aviso prévio trabalhado ou indenizado, garante à empregada gestante a estabilidade provisória prevista na alínea *b* do inciso II do art. 10 do Ato das Disposições Constitucionais Transitórias."

[23] Lei n. 11.804, de 5 de novembro de 2008: "Art. 2.º Os alimentos de que trata esta Lei compreenderão os valores suficientes para cobrir as despesas adicionais do período de gravidez e que sejam dela decorrentes, da concepção ao parto, inclusive as referentes a alimentação especial, assistência médica e psicológica, exames complementares, internações, parto, medicamentos e demais prescrições preventivas e terapêuticas indispensáveis, a juízo do médico, além de outras que o juiz considere pertinentes.

Parágrafo único. Os alimentos de que trata este artigo referem-se à parte das despesas que deverá ser custeada pelo futuro pai, considerando-se a contribuição que também deverá ser dada pela mulher grávida, na proporção dos recursos de ambos".

tigado casado e estando também sua esposa grávida, a pensão alimentícia deve ser fixada tendo em vista as necessidades do alimentando, mas dentro da capacidade econômica do alimentante, isto é, focalizando tanto os seus ganhos como também os encargos que possui. Recurso provido em parte (Agravo de Instrumento n. 70006429096, Sétima Câmara Cível, Tribunal de Justiça do RS, Relator: Sérgio Fernando de Vasconcellos Chaves, julgado em 13-8-2003)".

Ainda sobre o tema dos direitos aplicáveis ao nascituro, vale registrar que o Enunciado n. 2 da I Jornada de Direito Civil da Justiça Federal, de setembro de 2002, preceituou: "Art. 2.º: Sem prejuízo dos direitos da personalidade, nele assegurados, o art. 2.º do Código Civil não é sede adequada para questões emergentes da reprogenética humana, que deve ser objeto de um estatuto próprio".

Por fim, saliente-se que a tutela propugnada pela codificação civil, tanto a vigente quanto a revogada, em relação ao nascituro, estende-se, *mutatis mutandis*, ao *natimorto*, tendo em vista que a vida já foi reconhecida desde o ventre materno.

Neste sentido é o Enunciado n. 1 da Jornada de Direito Civil, promovida pelo Centro de Estudos Judiciários do Conselho da Justiça Federal, no período de 11 a 13 de dezembro de 2002, sob a coordenação científica do Ministro RUY ROSADO DE AGUIAR, do Superior Tribunal de Justiça[24].

Ainda sobre o tema, vale lembrar da figura do *nondum conceptus*, a saber, a prole eventual da pessoa existente por ocasião da morte do testador, quando há disposição testamentária a seu favor.

Trata-se de um "sujeito de direito", sem ser pessoa (como o nascituro), previsto nos arts. 1.799 e 1.800 do CC/2002[25]. Os bens que lhe são destinados ficam sob a administração de alguém designado pelo próprio testador ou, em não havendo indicação, de pessoa nomeada pelo juiz, devendo a nomeação recair no testamenteiro, se houver. Somente em sua falta é que o magistrado poderá nomear outra pessoa, a seu critério.

---

[24] Enunciado 1: "Art. 2.º: A proteção que o Código defere ao nascituro alcança o natimorto no que concerne aos direitos da personalidade, tais como nome, imagem e sepultura".

[25] CC/2002: "Art. 1.799. Na sucessão testamentária podem ainda ser chamados a suceder:
I – os filhos, ainda não concebidos, de pessoas indicadas pelo testador, desde que vivas estas ao abrir-se a sucessão;
II – as pessoas jurídicas;
III – as pessoas jurídicas, cuja organização for determinada pelo testador sob a forma de fundação.
Art. 1.800. No caso do inciso I do artigo antecedente, os bens da herança serão confiados, após a liquidação ou partilha, a curador nomeado pelo juiz.
§ 1.º Salvo disposição testamentária em contrário, a curatela caberá à pessoa cujo filho o testador esperava ter por herdeiro, e, sucessivamente, às pessoas indicadas no art. 1.775.
§ 2.º Os poderes, deveres e responsabilidades do curador, assim nomeado, regem-se pelas disposições concernentes à curatela dos incapazes, no que couber.
§ 3.º Nascendo com vida o herdeiro esperado, ser-lhe-á deferida a sucessão, com os frutos e rendimentos relativos à deixa, a partir da morte do testador.
§ 4.º Se, decorridos dois anos após a abertura da sucessão, não for concebido o herdeiro esperado, os bens reservados, salvo disposição em contrário do testador, caberão aos herdeiros legítimos".

2. CAPACIDADE DE DIREITO E DE FATO E LEGITIMIDADE

Adquirida a personalidade jurídica, toda pessoa passa a ser capaz de direitos e obrigações.

Possui, portanto, *capacidade de direito ou de gozo*.

Todo ser humano tem, assim, capacidade de direito, pelo fato de que a personalidade jurídica é atributo inerente à sua condição.

MARCOS BERNARDES DE MELLO prefere utilizar a expressão *capacidade jurídica* para caracterizar a "aptidão que o ordenamento jurídico atribui às pessoas, em geral, e a certos entes, em particular, estes formados por grupos de pessoas ou universalidades patrimoniais, para serem titulares de uma situação jurídica"[26].

Nem toda pessoa, porém, possui aptidão para exercer pessoalmente os seus direitos, praticando atos jurídicos, em razão de limitações orgânicas ou psicológicas.

Se puderem atuar pessoalmente, possuem, também, *capacidade de fato ou de exercício*.

Reunidos os dois atributos, fala-se em *capacidade civil plena*.

Nesse sentido, cumpre invocar o preciso pensamento de ORLANDO GOMES:

> "A capacidade de direito confunde-se, hoje, com a personalidade, porque toda pessoa é capaz de direitos. Ninguém pode ser totalmente privado dessa espécie de capacidade". E mais adiante: "A capacidade de fato condiciona-se à capacidade de direito. Não se pode exercer um direito sem ser capaz de adquiri-lo. Uma não se concebe, portanto, sem a outra. Mas a recíproca não é verdadeira. Pode-se ter capacidade de direito, sem capacidade de fato; adquirir o direito e não poder exercê-lo por si. A impossibilidade do exercício é, tecnicamente, incapacidade"[27].

Não há que confundir, por outro lado, *capacidade* e *legitimidade*.

Nem toda pessoa capaz pode estar *legitimada* para a prática de determinado ato jurídico. A legitimação traduz uma capacidade específica.

Em virtude de um interesse que se quer preservar, ou em consideração à especial situação de determinada pessoa que se quer proteger, criaram-se *impedimentos circunstanciais*, que não se confundem com as hipóteses legais genéricas de incapacidade. O tutor, por exemplo, embora maior e capaz, não poderá adquirir bens móveis ou imóveis do tutelado (art. 1.749, I, do CC/2002). Dois irmãos, da mesma forma, maiores e capazes, não poderão se casar entre si (art. 1.521, IV, do CC/2002). Em tais hipóteses, o tutor e os irmãos encontram-se *impedidos de praticar o ato por falta de legitimidade ou de capacidade específica para o ato*.

Sobre o assunto, manifesta-se, com propriedade, SÍLVIO VENOSA, nos seguintes termos:

> "Não se confunde o conceito de capacidade com o de legitimação. A legitimação consiste em se averiguar se uma pessoa, perante determinada situação jurídica, tem ou não capacidade para estabelecê-la. A legitimação é uma forma específica de capacidade para determinados atos da vida civil. O conceito é emprestado da ciência processual. Está legitimado para agir em determinada situação jurídica quem a lei determinar. Por exemplo, toda pessoa tem capacidade para comprar ou vender. Contudo, o art. 1.132 do Código Civil estatui: 'os ascendentes não

---

[26] Marcos Bernardes de Mello, Achegas para uma Teoria das Capacidades em Direito, *Revista de Direito Privado*, São Paulo: Revista dos Tribunais, jul./set. 2000, p. 17.

[27] Orlando Gomes, ob. cit., p. 172.

podem vender aos descendentes, sem que os outros descendentes expressamente consintam'. Desse modo, o pai, que tem a capacidade genérica para praticar, em geral, todos os atos da vida civil, se pretender vender um bem a um filho, tendo outros filhos, não poderá fazê-lo se não conseguir a anuência dos demais filhos. Não estará ele, sem tal anuência, 'legitimado' para tal alienação. Num conceito bem aproximado da ciência do processo, legitimação é a pertinência subjetiva de um titular de um direito com relação a determinada relação jurídica. A legitimação é um *plus* que se agrega à capacidade em determinadas situações"[28].

Portanto, sintetizando a nossa linha de pensamento, temos:

Capacidade de direito = capacidade genérica

Capacidade de fato (ou de exercício) = capacidade em sentido estrito (medida do exercício da personalidade)

Capacidade específica = legitimidade (ausência de impedimentos jurídicos circunstanciais para a prática de determinados atos)

E o que se dá quando é ausente a capacidade de fato?

Estaremos diante da incapacidade civil, seja absoluta ou relativa, o que será abordado nos próximos tópicos e que passou por verdadeira revolução com a Lei n. 13.146, de 6 de julho de 2015 – Estatuto da Pessoa com Deficiência[29] – a partir da sua entrada em vigor, em janeiro de 2016.

É o que veremos a partir do próximo subtópico.

2.1. Incapacidade absoluta

Em linha de princípio, cumpre mencionar, mais uma vez, que a previsão legal da incapacidade traduz a falta de *aptidão para praticar pessoalmente atos da vida civil*. Encontra-se nessa situação a pessoa a quem falte *capacidade de fato ou de exercício*, ou seja, que esteja impossibilitada de manifestar real e juridicamente a sua vontade.

Ressalte-se, todavia, que a incapacidade jurídica não é excludente absoluta de responsabilização patrimonial, uma vez que, na forma do art. 928 do CC/2002, "o incapaz

---

[28] Sílvio de Salvo Venosa, ob. cit., p. 139. A referência é ao CC/1916. Confira o art. 496 do CC/2002.

[29] Conforme observado por um dos autores em sua página do Facebook (Pablo Stolze – Editorial 41 – O Estatuto da Pessoa com Deficiência e o Sistema Jurídico Brasileiro de Incapacidade Civil):

"Esta Lei, nos termos do parágrafo único do seu art. 1.º, tem como base a Convenção sobre os Direitos das Pessoas com Deficiência e seu Protocolo Facultativo, ratificados pelo Congresso Nacional por meio do Decreto Legislativo n. 186, de 9 de julho de 2008, em conformidade com o procedimento previsto no § 3.º do art. 5.º da Constituição da República Federativa do Brasil, em vigor para o Brasil, no plano jurídico externo, desde 31 de agosto de 2008, e promulgados pelo Decreto n. 6.949, de 25 de agosto de 2009, data de início de sua vigência no plano interno.

Em verdade, este importante Estatuto, pela amplitude do alcance de suas normas, traduz uma verdadeira conquista social.

Trata-se, indiscutivelmente, de um sistema normativo inclusivo, que homenageia o princípio da dignidade da pessoa humana em diversos níveis."

responde pelos prejuízos que causar, se as pessoas por ele responsáveis não tiverem obrigação de fazê-lo ou não dispuserem de meios suficientes"[30].

O Código Civil de 1916, em seu art. 5.º, reputava absolutamente incapazes de exercer pessoalmente os atos da vida civil:

a) os menores de dezesseis anos;

b) os loucos de todo o gênero;

c) os surdos-mudos, que não puderem exprimir a sua vontade;

d) os ausentes, declarados tais por ato do juiz.

Seguindo uma diretriz mais moderna, o Código Civil de 2002 indicou as seguintes pessoas como *absolutamente incapazes de exercer pessoalmente os atos da vida civil*:

a) os menores de dezesseis anos;

b) os que, por enfermidade ou deficiência mental, não tiverem o necessário discernimento para a prática desses atos;

c) os que, mesmo por causa transitória, não puderem exprimir sua vontade.

Observe-se que o novo Código Civil afastou a expressão "loucos de todo o gênero", duramente criticada por NINA RODRIGUES na época da elaboração do Código Civil de 1916.

Da mesma forma, aperfeiçoando o sistema, deu nova compreensão ao tema da *ausência*, que passou a figurar em capítulo próprio como modalidade de presunção de morte[31], bem como excluiu os *surdos-mudos impossibilitados de manifestar vontade* do rol de absolutamente incapazes.

Esta foi a disciplina desde a entrada em vigor do atual Código Civil.

Todavia, com o advento da Lei n. 13.146, de 6 de julho de 2015 – Estatuto da Pessoa com Deficiência – uma verdadeira reconstrução jurídica se operou[32].

Com efeito, de maneira inédita, o Estatuto retira a pessoa com deficiência[33] da categoria de incapaz.

Trata-se de uma mudança paradigmática, senão ideológica.

Em outras palavras, a partir de sua entrada em vigor[34], a pessoa com deficiência – aquela que tem impedimento de longo prazo, de natureza física, mental, intelectual ou sensorial,

---

[30] Vale destacar que o parágrafo único do mesmo dispositivo legal estabelece que a "indenização prevista neste artigo, que deverá ser equitativa, não terá lugar se ela privar do necessário o incapaz ou as pessoas que dele dependam", o que justifica a menção à expressão "absoluta" em nossa afirmação.

[31] *Vide* tópico 7 deste capítulo.

[32] Pablo Stolze. O Estatuto da Pessoa com Deficiência e o sistema jurídico brasileiro de incapacidade civil (Editorial 41). *Revista Jus Navigandi*, Teresina, ano 20, n. 4.411, 30 jul. 2015. Disponível em: <http://jus.com.br/artigos/41381>. Acesso em: 7 set. 2015.

[33] "Art. 2.º Considera-se pessoa com deficiência aquela que tem impedimento de longo prazo de natureza física, mental, intelectual ou sensorial, o qual, em interação com uma ou mais barreiras, pode obstruir sua participação plena e efetiva na sociedade em igualdade de condições com as demais pessoas".

[34] "Art. 127. Esta Lei entra em vigor após decorridos 180 (cento e oitenta) dias de sua publicação oficial".

nos termos do art. 2.º – não deve ser mais tecnicamente considerada civilmente incapaz, na medida em que os arts. 6.º e 84, do mesmo diploma, deixam claro que a deficiência não afeta a plena capacidade civil da pessoa:

"Art. 6.º A deficiência não afeta a plena capacidade civil da pessoa, inclusive[35] para:

I – casar-se e constituir união estável;

II – exercer direitos sexuais e reprodutivos;

III – exercer o direito de decidir sobre o número de filhos e de ter acesso a informações adequadas sobre reprodução e planejamento familiar;

IV – conservar sua fertilidade, sendo vedada a esterilização compulsória;

V – exercer o direito à família e à convivência familiar e comunitária; e

VI – exercer o direito à guarda, à tutela, à curatela e à adoção, como adotante ou adotando, em igualdade de oportunidades com as demais pessoas".

"Art. 84. A pessoa com deficiência tem assegurado o direito ao exercício de sua capacidade legal em igualdade de condições com as demais pessoas".

Esse último dispositivo é de clareza meridiana: *a pessoa com deficiência é legalmente capaz*[36].

Considerando-se o sistema jurídico tradicional, vigente por décadas, no Brasil, que sempre tratou a incapacidade como um consectário quase inafastável da deficiência, pode parecer complicado, em uma leitura superficial, a compreensão da recente alteração legislativa.

Mas uma reflexão mais detida é esclarecedora.

Em verdade, o que o Estatuto pretendeu foi, homenageando o princípio da dignidade da pessoa humana, fazer com que a pessoa com deficiência deixasse de ser "rotulada" como incapaz, para ser considerada – em uma perspectiva constitucional isonômica – dotada de plena capacidade legal, ainda que haja a necessidade de adoção de institutos assistenciais específicos, como a *tomada de decisão apoiada*[37] e, extraordinariamente, a *curatela*, para a prática de atos na vida civil.

---

[35] Note-se que o emprego da expressão "inclusive" é proposital, para afastar qualquer dúvida acerca da capacidade da pessoa com deficiência, até mesmo para a prática dos atos mencionados nesses incisos.

[36] Certamente, inúmeros problemas de "adaptação" do Estatuto ao tradicional sistema normativo brasileiro vão se apresentar, como bem observou JOSÉ FERNANDO SIMÃO ("Estatuto da Pessoa com Deficiência causa Perplexidade – Parte 01". Disponível em: <http://www.conjur.com.br/2015--ago-06/jose-simao-estatuto-pessoa-deficiencia-causa-perplexidade>. Acesso em: 7 set. 2015). A título exemplificativo, tomemos a previsão da invalidade do ato jurídico praticado pelo incapaz sem o seu representante. É preciso cautela e cuidado no labor interpretativo, a partir do novo diploma, diante desta e outras situações que se revelarão, sob pena de o avanço esperado converter-se em prejuízo. Ao longo desta obra, enfrentaremos várias dessas situações.

[37] Trata-se de instituto consagrado pelo Estatuto. Sempre que possível, deve ser a primeira opção assistencial, antes de se pretender a sujeição à curatela:

"'TÍTULO IV
Da Tutela, da Curatela e da Tomada de Decisão Apoiada'
Art. 116. O Título IV do Livro IV da Parte Especial da Lei n. 10.406, de 10 de janeiro de 2002 (Código Civil), passa a vigorar acrescido do seguinte Capítulo III:

De acordo com este novo diploma, a curatela, restrita a atos relacionados aos direitos de natureza patrimonial e negocial (art. 85, *caput*), passa a ser uma medida extraordinária[38]:

> "Art. 85, § 2.º A curatela constitui medida extraordinária, devendo constar da sentença as razões e motivações de sua definição, preservados os interesses do curatelado".

Temos, portanto, um novo sistema que, vale salientar, fará com que se configure como "imprecisão técnica" considerar a pessoa com deficiência incapaz.

Ela é dotada de capacidade legal, ainda que se valha de institutos assistenciais para a condução da sua própria vida.

Em outros pontos, percebemos que esta mudança legislativa operou-se em diversos níveis, inclusive no âmbito do Direito Matrimonial, porque o mesmo diploma estabelece, revogando o art. 1.548, I, do Código Civil, e acrescentando o § 2.º ao art. 1.550, que a pessoa com deficiência mental ou intelectual, em idade núbil, poderá contrair núpcias, expressando sua vontade diretamente ou por meio do seu responsável ou curador.

Isso só comprova a premissa apresentada no início do texto.

A pessoa com deficiência passa a ser considerada legalmente capaz.

Por consequência, dois artigos matriciais do Código Civil foram reconstruídos.

'CAPÍTULO III
Da Tomada de Decisão Apoiada

Art. 1.783-A. A tomada de decisão apoiada é o processo pelo qual a pessoa com deficiência elege pelo menos 2 (duas) pessoas idôneas, com as quais mantenha vínculos e que gozem de sua confiança, para prestar-lhe apoio na tomada de decisão sobre atos da vida civil, fornecendo-lhes os elementos e informações necessários para que possa exercer sua capacidade. § 1.º Para formular pedido de tomada de decisão apoiada, a pessoa com deficiência e os apoiadores devem apresentar termo em que constem os limites do apoio a ser oferecido e os compromissos dos apoiadores, inclusive o prazo de vigência do acordo e o respeito à vontade, aos direitos e aos interesses da pessoa que devem apoiar. § 2.º O pedido de tomada de decisão apoiada será requerido pela pessoa a ser apoiada, com indicação expressa das pessoas aptas a prestarem o apoio previsto no *caput* deste artigo. § 3.º Antes de se pronunciar sobre o pedido de tomada de decisão apoiada, o juiz, assistido por equipe multidisciplinar, após oitiva do Ministério Público, ouvirá pessoalmente o requerente e as pessoas que lhe prestarão apoio. § 4.º A decisão tomada por pessoa apoiada terá validade e efeitos sobre terceiros, sem restrições, desde que esteja inserida nos limites do apoio acordado. § 5.º Terceiro com quem a pessoa apoiada mantenha relação negocial pode solicitar que os apoiadores contra-assinem o contrato ou acordo, especificando, por escrito, sua função em relação ao apoiado. § 6.º Em caso de negócio jurídico que possa trazer risco ou prejuízo relevante, havendo divergência de opiniões entre a pessoa apoiada e um dos apoiadores, deverá o juiz, ouvido o Ministério Público, decidir sobre a questão. § 7.º Se o apoiador agir com negligência, exercer pressão indevida ou não adimplir as obrigações assumidas, poderá a pessoa apoiada ou qualquer pessoa apresentar denúncia ao Ministério Público ou ao juiz. § 8.º Se procedente a denúncia, o juiz destituirá o apoiador e nomeará, ouvida a pessoa apoiada e se for de seu interesse, outra pessoa para prestação de apoio. § 9.º A pessoa apoiada pode, a qualquer tempo, solicitar o término de acordo firmado em processo de tomada de decisão apoiada. § 10. O apoiador pode solicitar ao juiz a exclusão de sua participação do processo de tomada de decisão apoiada, sendo seu desligamento condicionado à manifestação do juiz sobre a matéria. § 11. Aplicam-se à tomada de decisão apoiada, no que couber, as disposições referentes à prestação de contas na curatela.'"

---

[38] A Lei não diz que a curatela será uma medida "especial", mas sim, "extraordinária", o que reforça o seu aspecto acentuadamente excepcional.

O art. 3.º do Código Civil, que dispõe sobre os absolutamente incapazes, teve *todos* os seus incisos revogados, mantendo-se como única hipótese de incapacidade absoluta a do menor impúbere (menor de 16 anos). Nesse sentido, o STJ já decidiu que "a incapacidade absoluta para exercer pessoalmente os atos da vida civil se restringe aos menores de 16 (dezesseis) anos, ou seja, o critério passou a ser apenas etário, tendo sido eliminadas as hipóteses de deficiência mental ou intelectual anteriormente previstas no Código Civil" (REsp 1.927.423/SP, j. 27-4-2021).

O art. 4.º, por sua vez, que cuida da incapacidade relativa, também sofreu modificação. No inciso I, permaneceu a previsão dos menores púberes (entre 16 anos completos e 18 anos incompletos); o inciso II, por sua vez, suprimiu a menção à deficiência mental, referindo, apenas, "os ébrios habituais e os viciados em tóxico"; o inciso III, que albergava "o excepcional sem desenvolvimento mental completo", passou a tratar, apenas, das pessoas que, "por causa transitória ou permanente, não possam exprimir a sua vontade"; por fim, permaneceu a previsão da incapacidade do pródigo.

Certamente, o impacto do novo diploma se fará sentir em outros ramos do Direito brasileiro, inclusive no âmbito processual. Destacamos, a título ilustrativo, o art. 8.º da Lei n. 9.099/95, que impede o incapaz de postular em Juizado Especial. A partir da entrada em vigor do Estatuto, certamente perderá fundamento a vedação, quando se tratar de demanda proposta por pessoa com deficiência.

Pensamos que a nova Lei veio em boa hora, ao conferir um tratamento mais digno às pessoas com deficiência.

Verdadeira reconstrução valorativa na tradicional tessitura do sistema jurídico brasileiro da incapacidade civil.

Mas o grande desafio é a mudança de mentalidade, na perspectiva de respeito à dimensão existencial do outro.

Mais do que leis, "precisamos mudar mentes e corações"[39].

Assim, temos que, no vigente ordenamento jurídico, restam como absolutamente incapazes somente os menores de dezesseis anos (menores impúberes).

Abaixo desse limite etário, o legislador considera que a pessoa é inteiramente imatura para atuar na órbita do direito.

É bom notar que não é correto dizer que apenas as *crianças* são absolutamente incapazes. Segundo o Estatuto da Criança e do Adolescente, até os doze anos de idade incompletos considera-se a pessoa criança[40]. Entretanto, conforme mencionado acima, os adolescentes até os dezesseis anos também são reputados absolutamente incapazes.

Para a relação de emprego, hodiernamente também estão proibidos de qualquer labor os menores de dezesseis anos, salvo na condição de aprendizes (em que se admite o trabalho a partir dos *quatorze anos*), valendo destacar que esse limite de proibição mostra uma retrospectiva constitucional oscilante (*quatorze anos* em 1946; *doze anos* em 1967/69,

---

[39] Pablo Stolze. (Editorial 41) "O Estatuto da Pessoa com Deficiência e o sistema jurídico brasileiro de incapacidade civil", cit.
[40] Art. 2.º, do ECA: "Considera-se criança, para os efeitos desta Lei, a pessoa até 12 (doze) anos de idade incompletos, e adolescente aquela entre 12 (doze) e 18 (dezoito) anos de idade".

quatorze anos com a promulgação da Constituição Federal de 1988 e, finalmente, *dezesseis anos* em 1998 – Emenda Constitucional n. 20, de 17-12-1998)[41].

Registre-se, porém, que, na recente III Jornada de Direito Civil, realizada em novembro/2004 no Superior Tribunal de Justiça, foi aprovado o Enunciado 138, proposto pelo Juiz Federal GUILHERME CALMON NOGUEIRA DA GAMA, ressalvando: "Art. 3.º: 138 – A vontade dos absolutamente incapazes, na hipótese do inc. I do art. 3.º, é juridicamente relevante na concretização de situações existenciais a eles concernentes, desde que demonstrem discernimento bastante para tanto", o que se pode mostrar bastante razoável, notadamente em matéria de Direito de Família.

Se a incapacidade absoluta ficou limitada à questão etária, o mesmo já não pode ser dito em relação à incapacidade relativa, que, embora também afetada pela Lei n. 13.146/2015 (Estatuto da Pessoa com Deficiência), ainda comporta algumas modalidades autônomas.

É o que veremos no próximo subtópico.

2.2. Incapacidade relativa

Entre a *absoluta incapacidade* e a *plena capacidade civil*, figuram pessoas situadas em zona intermediária, por não gozarem de total capacidade de discernimento e autodeterminação.

Trata-se dos *relativamente incapazes*.

O Código de 1916, em seu art. 6.º, considerava incapazes, relativamente a certos atos ou à maneira de os exercer:

a) os maiores de dezesseis e menores de vinte e um anos;

b) os pródigos;

c) os silvícolas.

Já o Código Civil de 2002, em seu texto original, considerou incapazes, relativamente a certos atos ou à maneira de os exercer:

a) os maiores de dezesseis e menores de dezoito anos;

b) os ébrios habituais, os viciados em tóxicos, e os que, por deficiência mental, tenham o discernimento reduzido;

c) os excepcionais, sem desenvolvimento mental completo;

d) os pródigos.

Contudo, a Lei n. 13.146/2015 (Estatuto da Pessoa com Deficiência) reconstruiu essa disciplina normativa.

De fato, modificou o inciso II – suprimindo a menção à deficiência mental – que passou a prever somente "os ébrios habituais e os viciados em tóxico"; bem como alterou o inciso III, que albergava "o excepcional sem desenvolvimento mental completo", passando

---

[41] Constituição Federal: "Art. 7.º São direitos dos trabalhadores urbanos e rurais, além de outros que visem à melhoria de sua condição social: (...) XXXIII – proibição de trabalho noturno, perigoso ou insalubre a menores de dezoito e *de qualquer trabalho a menores de dezesseis anos, salvo na condição de aprendiz, a partir de quatorze anos*" (grifos nossos).

o dispositivo a tratar, única e exclusivamente, das pessoas que, "por causa transitória ou permanente, não possam exprimir a sua vontade".

2.2.1. Os maiores de dezesseis e menores de dezoito anos

Neste inciso figura uma das mais importantes modificações do novo Código Civil, se comparada com a regra do Código Civil de 1916.

A incapacidade relativa, seguindo orientação do Projeto de Código Civil de 1965, deixou de se situar na faixa dos dezesseis aos vinte e um anos, e reduziu o seu limite etário máximo para os dezoito anos.

A partir do Código Civil de 2002, a maioridade civil passou a ser atingida aos dezoito anos, seguindo uma tendência já firmada em nossa sociedade, no sentido de chamar os jovens à responsabilidade mais precocemente, igualando-a, nesse aspecto, à maioridade criminal e trabalhista.

Registre-se, porém, que não há nenhuma correlação obrigatória entre a maioridade civil e a imputabilidade penal. A coincidência do marco temporal dos dezoito anos é acidental, constituindo-se muito mais uma exceção do que uma regra na história jurídica do Brasil (o Código Criminal do Império de 1830, por exemplo, fixava a responsabilidade em 14 anos). Quanto às atenuantes ligadas a critérios etários, da mesma forma, não há qualquer relação com a idade de capacidade civil, estando mais relacionada à sua própria formação psicológica[42].

O sábio MOREIRA ALVES, em artigo publicado na Internet, "A Parte Geral do Projeto do Código Civil", discorrendo sobre o tema, assevera:

> "Nesse ponto, fui vencido – talvez pela pecha que me atribuem, de renitente e conservador –, mas continuo com dúvidas. Não desconheço que a imensa maioria das legislações modernas abaixou o limite de idade em matéria de capacidade de fato, mas também penso que, no momento em que o mundo mais se complica e em que as relações jurídicas se tornam complexas, não me parece que um instituto dessa natureza seja *capitis deminutio*, que não visa a denegrir ninguém, e, portanto, considerar que quem tenha 18 anos não tem um certo discernimento; no entanto, esquecem-se aqueles que se baseiam nisso de que esse é um instituto de proteção e não visa senão à tutela dos interesses daquele que é lançado na vida das relações jurídicas e pode ter o seu patrimônio e as suas relações jurídicas sem a tutela necessária, em face da complexidade da vida jurídica moderna"[43].

Em nosso entendimento, a redução da maioridade civil é, porém, um reflexo natural da evolução da sociedade contemporânea, em que o jovem é chamado a assumir, cada vez mais precocemente, uma função socialmente ativa.

---

[42] Nesse sentido, decidiu o STJ: "Novo Código Civil. Menoridade. Atenuante. O fato de o art. 5.º do novo Código Civil afirmar que a menoridade cessa aos dezoito anos em nada influi na aplicação da atenuante relativa ao agente menor de vinte e um anos (art. 65, I, do CP). Para efeito de incidência daquela atenuante, não há que se cogitar a respeito de capacidade civil, pois se cuida, sim, de mero critério etário adotado pela legislação penal. Resta, então, que não há que se falar em revogação implícita" (HC 40.041-MS, Rel. Min. Nilson Naves, j. 17-3-2005).

[43] José Carlos Moreira Alves, "A Parte Geral do Projeto do Código Civil", disponível em: <www.cjf.gov.br/revista/numero9/artigo1.htm>, *site* do Conselho da Justiça Federal.

Saliente-se, porém, que a redução do limite etário, para fins de capacidade jurídica, não importa, necessariamente, em modificação de tais limites em matérias relacionadas com a dependência econômica, não somente por aí se tratar de uma questão de necessidade de alimentos, mas também por se tratar, muitas vezes, de estatutos próprios, verdadeiros microssistemas paralelos à codificação civil[44]. Na mesma linha, entendemos que tal redução não implica "cancelamento automático" do pagamento de pensão alimentícia no âmbito do Direito de Família, desde que mantidos os pressupostos autorizadores da referida obrigação.

2.2.2. Os ébrios habituais e os viciados em tóxicos

"Na doutrina e na legislação comparada", prelecionam EUGENIO RAÚL ZAFFARONI e JOSÉ HENRIQUE PIERANGELI, "deparamos com diferentes períodos e ideologias em torno da problemática da embriaguez. Em todos os tempos, o homem procurou fugir da realidade mediante a utilização de tóxicos. Em geral, as pessoas que têm de suportar maior miséria e dor são aquelas que procuram fugir dessa realidade miserável ou dolorosa, decorra ela de conflitos predominantemente individuais ou de condições sociais (no fundo, sempre existem condições sociais, só que mais ou menos mediatas). Quem fugir da realidade, na maioria dos casos, é quem suporta as piores condições sociais, ou seja, os marginalizados e carentes. O uso de tóxicos visa o rompimento dos freios, ou criar as condições para fazê-lo"[45].

Triste realidade dos nossos dias, a embriaguez é um mal que destrói o tecido da célula social, degradando moralmente o indivíduo.

Sensível a esse fato, o Código Civil de 2002 elevou à categoria de *causa de incapacidade relativa a embriaguez habitual* que reduza, sem privar totalmente, a capacidade de discernimento do homem.

A evolução na disciplina jurídica do mal da embriaguez já era visualizada, há algum tempo, no campo do Direito do Trabalho, pois, embora prevista na Consolidação das Leis do Trabalho como falta grave ensejadora da extinção por justa causa do contrato de trabalho[46], o seu reconhecimento como patologia vem afastando o rigor da norma legal, se não tiver acarretado prejuízo direto à comunidade.

> "A embriaguez habitual corresponde à forma crônica, tradicionalmente vista como marco reprovável do cultivo de um vício evidentemente antissocial. Através dela, a justa causa se configura pelo fato da conduta social do empregado, independentemente de ter ocorrido dentro ou fora da empresa. Sua justificativa teórica é a inconveniência da manutenção de um empregado com comportamento censurável pela sociedade.

---

[44] Nesse sentido preceitua o Enunciado 3 da I Jornada de Direito Civil da Justiça Federal, de setembro/2002: "Art. 5.º: A redução do limite etário para definição da capacidade civil aos 18 anos não altera o disposto no art. 16, inc. I, da Lei n. 8.213/91, que regula específica situação de dependência econômica para fins previdenciários e outras situações similares de proteção, previstas em legislação especial".

[45] Eugenio Raúl Zaffaroni e José Henrique Pierangeli, *Manual de Direito Penal Brasileiro – Parte Geral*, São Paulo: Revista dos Tribunais, 1997, p. 534.

[46] "Art. 482. Constituem justa causa para rescisão do contrato de trabalho pelo empregador: (...) f) embriaguez habitual ou em serviço."

Esta faceta da embriaguez tem sido atenuada, como justa causa, tanto pela doutrina, quanto pela jurisprudência, em vista da evolução dos estudos sobre o alcoolismo como doença, e não como vício social. A embriaguez patológica, normalmente associada a outros distúrbios da saúde, pode ensejar, em cada caso concreto, a suspensão do contrato individual para encaminhamento do empregado à Previdência Social, em lugar de justificar a denúncia do contrato por justa causa.

Já a embriaguez em serviço não exige a iteratividade para se caracterizar como justa causa. Por isto mesmo, recomenda-se ao empregador uma postura de rigorosa prudência, tal qual na configuração da desídia, a fim de não ser reprimido pelo uso desproporcionado da punição, o que pode variar de acordo com as peculiaridades do caso concreto. De fato, sendo ocasional ou havendo motivo plausível para ocorrer a embriaguez em serviço (como, por exemplo, nas confraternizações de final de ano), será mais recomendável reprimi-la com punição mais leve. Ao contrário, em determinadas atividades (v. g., condução de veículos), a embriaguez, no comparecimento à empresa ou durante a prestação do serviço, ainda que numa única oportunidade, pode ensejar mal manifesto à comunidade, pelo que, provada a alegação de estado etílico, significativamente elevado, torna-se bastante razoável a aplicação da sanção máxima da despedida"[47].

Na mesma linha, os *viciados em tóxicos* com reduzida capacidade de entendimento são agora considerados relativamente incapazes. Todavia, é preciso analisar o grau de intoxicação e dependência para aferir se haverá efetivamente possibilidade de prática de atos na vida civil, no caso de internamento para tratamento[48].

2.2.3. Aqueles que, por causa transitória ou permanente, não puderem exprimir sua vontade

Esta modalidade é uma "novidade" da Lei n. 13.146/2015 (Estatuto da Pessoa com Deficiência).

De fato, as pessoas que "mesmo por causa transitória, não puderem exprimir a sua vontade "foram enquadradas originalmente, pelo Código Civil de 2002, como absolutamente incapazes.

De repente, o novo diploma converteu aqueles que eram absolutamente incapazes em relativamente capazes.

Sinceramente, não nos convence tratar essas pessoas, sujeitas a uma causa temporária ou permanente impeditiva da manifestação da vontade (como aquele que esteja em estado de coma) no rol dos relativamente incapazes.

Se não podem exprimir vontade alguma, a incapacidade não poderia ser considerada meramente relativa.

A impressão que temos é a de que o legislador não soube onde situar a norma.

---

[47] José Augusto Rodrigues Pinto e Rodolfo Pamplona Filho, *Repertório de Conceitos Trabalhistas*, São Paulo: LTr, 2000, p. 227-8.
[48] Nesse sentido, o art. 27 do Decreto-lei n. 891, de 25 de novembro de 1938: "Art. 27. A toxicomania ou a intoxicação habitual, por substâncias entorpecentes, é considerada doença de notificação compulsória, em caráter reservado, à autoridade sanitária local".

Melhor seria, caso não optasse por inseri-la no artigo anterior, consagrar-lhe dispositivo legal autônomo.

Trata-se do que convencionamos chamar de "brecha autofágica"[49].

De fato, o legislador, ao deslocar, com pequena alteração redacional, a previsão do antigo inciso III do art. 3.º do Código Civil para o inciso III do art. 4.º (pessoas que, por causa transitória ou permanente, não possam exprimir a sua vontade), cometeu um perceptível equívoco de localização.

Expliquemos.

Primeiramente, é até desnecessário observar que este inciso, mesmo na sistemática anterior, não tratava de pessoas com deficiência, então contempladas no inciso II do art. 3.º do Código Civil, mas, sim, das situações em que determinada causa privasse o indivíduo de exprimir a sua vontade, como se dá na hipnose ou no estado de coma derivado de um acidente de trânsito.

Por óbvio, tais pessoas estão absolutamente impedidas de manifestar vontade, não havendo sentido algum em considerá-las "relativamente incapazes", como pretende o inciso III do art. 4.º do CC, alterado pelo Estatuto.

Menos sentido ainda há – sob pena de inversão da lógica de todo o sistema inaugurado – em imaginar haver, nessa hipótese de incapacidade relativa, uma "brecha" para que as pessoas com deficiência ainda fossem consideradas incapazes.

E pior: uma brecha inconstitucional e autofágica, pois, além de ferir mortalmente a Convenção de Nova York, teria o condão de desmantelar a pedra fundamental do próprio Estatuto, que, com isso, destruiria a si mesmo.

O cenário desenhado seria absurdo: desrespeitando-se flagrantemente o comando constitucional do art. 12 da Convenção e, ainda, em rota de colisão com os arts. 6.º e 84 do Estatuto, as pessoas com deficiência, a despeito de contempladas com um novo conceito de capacidade legal, caso não pudessem exprimir vontade, seriam reputadas "relativamente incapazes".

Houve, sem dúvida, um "erro topográfico", na localização do texto do inciso III do art. 4.º do Código Civil.

E é papel do intérprete corrigi-lo, e não amplificá-lo.

Posto isso, propugnamos, em termos práticos, que, em situações concretas, designe-se curatela para aquele que não tem efetivamente condições de manifestar vontade (art. 1.767, I, do CC/2002).

2.2.4. Os pródigos

Segundo CLÓVIS BEVILÁQUA, *pródigo é* "aquele que desordenadamente gasta e destrói a sua fazenda, reduzindo-se à miséria por sua culpa".

Tanto o Código de 1916 quanto o Código Civil de 2002 não definiram a prodigalidade.

---

[49] STOLZE, Pablo. Deficiência não é causa de incapacidade relativa – a brecha autofágica. *Revista Jus Navigandi*, Teresina, ano 21, n. 4.794, 16 ago. 2016. Disponível em: <https://jus.com.br/artigos/51407>. Acesso em: 26 ago. 2018.

A origem dessa *capitis deminutio* radica-se no Direito Romano, que, "considerando o patrimônio individual uma copropriedade da família, capitulava como prejudicial ao interesse do grupo familiar a dilapidação da fortuna"[50].

Trata-se de um desvio comportamental que, refletindo-se no patrimônio individual, culmina por prejudicar, ainda que por via oblíqua, a tessitura familiar e social. Note-se que o indivíduo que desordenadamente dilapida o seu patrimônio poderá, ulteriormente, bater às portas de um parente próximo ou do próprio Estado para buscar amparo.

Por isso a lei justifica a *interdição do pródigo*, reconhecendo-lhe relativa capacidade.

Segundo a legislação em vigor, *a interdição do pródigo somente o privará de, sem curador, emprestar, transigir, dar quitação, alienar, hipotecar, demandar ou ser demandado, e praticar, em geral, atos que não sejam de mera administração* (art. 1.782 do CC/2002). Não suporta restrição, pois, a prática de atos pessoais, uma vez que a sua incapacidade, justificadora da curatela, refere-se apenas a atos que possam diminuir o seu patrimônio.

Vale acrescentar que a legitimidade para promover a interdição encontra-se regulada nos arts. 747 e 748 do Código de Processo Civil, admitindo-se, em nosso sentir, ainda, por força de interpretação sistemática, a denominada "autointerdição", a teor do quanto dispõe o Estatuto da Pessoa com Deficiência, em sua parte final. A despeito de o Estatuto haver alterado o art. 1.768 do Código Civil, acrescentando a possibilidade de a própria pessoa pleitear a curatela, a revogação deste dispositivo (o referido art. 1.768) pelo CPC remete-nos à conclusão de que a nova previsão deve ser agregada ao rol da própria Lei Processual.

2.2.5. Algumas palavras sobre a capacidade jurídica dos silvícolas

A disciplina normativa da capacidade jurídica dos indígenas, que no CC/1916 mereceu assento entre os *relativamente incapazes,* passou a ser remetida à legislação especial (art. 4.º, parágrafo único, do CC/2002), que regulará autonomamente a matéria.

Registre-se, a propósito, que a codificação revogada usava o termo "silvícola" (aquele que vive na selva), o que também constava no projeto do Código vigente. Entretanto, por emenda do Deputado Ricardo Fiuza, o vocábulo foi substituído por "índio", tornando a regra civilista harmônica com o texto constitucional de 1988.

A Lei n. 5.371, de 5 de dezembro de 1967, consagrando sistema de proteção, instituiu a FUNAI (Fundação Nacional do Índio), que exerce poderes de representação e apoio ao indígena.

Interessante notar que a Lei n. 6.001, de 19 de dezembro de 1973 (Estatuto do Índio), considera o indígena, em princípio, *agente absolutamente incapaz, reputando nulos os atos por eles praticados sem a devida representação.*

---

[50] Caio Mário da Silva Pereira, ob. cit., p. 180. Não esqueçamos, também, da menção à prodigalidade nos ensinamentos de Jesus Cristo, na conhecida parábola do filho pródigo, relatada em Lucas 15, 11-32.

Ressalva a lei, todavia, a hipótese de o indígena demonstrar discernimento, aliado à inexistência de prejuízo em virtude do ato praticado, pelo que, aí, como exceção, poderá ser considerado plenamente capaz para os atos da vida civil.

Portanto, havendo o novo Código Civil remetido a matéria para a legislação especial, parece-nos que o indígena passou a figurar, em regra, entre as pessoas privadas de discernimento para os atos da vida civil (absolutamente incapazes), o que não reflete adequadamente a sua atual situação na sociedade brasileira.

Cumpre fixar, ainda, que a Lei n. 6.015, de 31 de dezembro de 1973 (Lei de Registros Públicos), determina que "os índios, enquanto não integrados, não estão obrigados a inscrição do nascimento. Este poderá ser feito em livro próprio do órgão federal de assistência aos índios (renumerado pela Lei n. 9.053, de 25-5-1995)".

A constante inserção social do indígena na sociedade brasileira, com a consequente absorção de valores e hábitos (nem sempre sadios) da civilização ocidental, justifica a sua exclusão, no novo Código Civil, do rol de agentes *relativamente capazes*.

Por isso, não é razoável firmar-se a premissa da sua absoluta incapacidade, como quer a legislação especial. Apenas em hipóteses excepcionais, devidamente comprovadas, deve ser reconhecida a sua completa falta de discernimento, para efeito de obter a invalidade dos atos por si praticados.

Assim, acreditamos que a melhor disciplina sobre a matéria é considerar o indígena, se inserido na sociedade, como plenamente capaz, podendo ser invocada, porém, como norma tuitiva indigenista, não como presunção absoluta, mas sim como situação verificável judicialmente, inclusive com dilação probatória específica de tal condição, para a declaração de nulidade do eventual negócio jurídico firmado.

É digno de nota que a Lei n. 13.146/2015 (Estatuto da Pessoa com Deficiência) alterou o parágrafo único do art. 4.º do Código Civil para substituir a palavra "índios" por "indígenas", que nos parece mais adequada. O teor da norma, por sua vez, fora mantido.

2.3. Suprimento da incapacidade (representação e assistência)

O suprimento da incapacidade absoluta dá-se através da representação.

No Código de 1916, atuavam por meio de representantes legais (pais, tutores ou curadores) os absolutamente incapazes, elencados em seu art. 5.º.

Tal disciplina não foi substancialmente modificada pelo CC/2002, em sua redação original (antes do Estatuto da Pessoa com Deficiência)[51], uma vez que os menores de dezesseis anos seriam representados por seus pais ou tutores e os enfermos ou deficientes mentais, privados de discernimento, além das pessoas impedidas de manifestar a sua vontade, mesmo que por causa transitória (art. 3.º do CC/2002), por seus curadores.

No caso dos relativamente incapazes (art. 4.º do CC/2002), temos uma forma mais branda de representação, pois o denominado "assistente" não pratica o ato "em nome" do representado, mas juntamente consigo.

---

[51] Como sabemos, após a Convenção de Nova York e a Lei Brasileira de Inclusão (Lei n. 13.146/2015), a deficiência deixou de ser causa de incapacidade civil.

Se o absoluta ou relativamente incapaz atua sem o seu representante ou assistente, o ato praticado padece de invalidade jurídica (nulidade absoluta ou relativa).

Pois bem.

O representante, sem dúvida, deve praticar o ato no interesse do incapaz.

Dessa forma, é importante frisar que tal interesse é sempre o norte na condução do representante legal, porém não é qualquer obrigação assumida, por exemplo, pelos pais, em nome dos filhos, que pode ser considerada válida[52].

Nesse sentido, o CC/2002 tratou, em seu art. 119, expressamente, de tal questão, estabelecendo, inclusive, prazo decadencial para a desconstituição (anulabilidade) do negócio jurídico firmado contra interesses do representado[53].

Não se pode confundir, por outro lado, a representação legal, ora tratada, com a representação voluntária ou convencional, a exemplo do que ocorre no contrato de mandato. Neste caso, uma parte (mandante) cuida de outorgar, por ato de vontade, mediante procuração (instrumento do mandato), poderes gerais ou específicos para que a outra (mandatário) pratique atos jurídicos em seu nome e no seu interesse. Por isso mesmo, o art. 120 preceituou que os "requisitos e os efeitos da representação legal são os estabelecidos nas normas respectivas; os da representação voluntária são os da Parte Especial deste Código".

Destaque-se que o Código Civil de 2002 reservou, na Parte Geral, um capítulo para os preceitos genéricos sobre a representação legal e a voluntária.

Sobre esse tema, já na Exposição de Motivos do Anteprojeto de Código de Obrigações de 1941, firmada por OROZIMBO NONATO, PHILADELPHO AZEVEDO e HAHNEMANN GUIMARÃES, lia-se:

"O instituto da representação foi libertado da sua condição servil ao mandato, deixando-se à disciplina deste contrato apenas as relações entre as próprias partes contratantes.

A representação, seja qual for a sua origem, legal ou convencional, obedecerá a princípios uniformes, que devem resguardar a boa-fé de terceiros, obrigados a tratar com interposta pessoa".

Por isso mesmo, em qualquer das formas de representação, é essencial a comprovação, pelo representante, de sua qualidade, bem como da extensão de seus poderes para atuar em nome do representado. A sanção para o excesso de atuação é a responsabilidade pessoal do representante pelos atos excedentes, conforme regra do art. 118 do CC/2002.

---

[52] Nesse sentido, confiram-se, por exemplo, os arts. 1.691 e 1.692 do CC/2002: "Art. 1.691. Não podem os pais alienar, ou gravar de ônus real os imóveis dos filhos, nem contrair, em nome deles, obrigações que ultrapassem os limites da simples administração, salvo por necessidade ou evidente interesse da prole, mediante prévia autorização do juiz. Parágrafo único. Podem pleitear a declaração de nulidade dos atos previstos neste artigo: I – os filhos; II – os herdeiros; III – o representante legal. Art. 1.692. Sempre que no exercício do poder familiar colidir o interesse dos pais com o do filho, a requerimento deste ou do Ministério Público o juiz lhe dará curador especial".

[53] "Art. 119. É anulável o negócio concluído pelo representante em conflito de interesses com o representado, se tal fato era ou devia ser do conhecimento de quem com aquele tratou. Parágrafo único. É de cento e oitenta dias, a contar da conclusão do negócio ou da cessação da incapacidade, o prazo de decadência para pleitear-se a anulação prevista neste artigo". O prazo, neste caso, foi evidentemente diminuído, como se pode verificar da redação do antigo art. 178, § 6.º, III, do CC/1916.

Mais detalhes sobre a representação como forma de manifestação de vontade serão expostos em tópico próprio[54].

2.4. Restituição e anulação por conflito de interesses com o representado

O Código Civil de 1916, em seu art. 8.º, afastou da proteção conferida aos incapazes o *benefício de restituição* (restituição *in integrum*).

Trata-se do "benefício concedido aos menores e às pessoas que se lhes equiparam, a fim de poderem anular quaisquer outros atos válidos sob outros pontos de vista, nos quais tenham sido lesadas"[55].

Assim, por meio desse instituto, um negócio celebrado por um menor, com a observância de todas as formalidades legais (representação ou assistência, inexistência de vícios de vontade etc.), poderia ser desfeito se lhe fosse prejudicial.

Tal possibilidade sempre foi encarada como um atentado à segurança dos negócios e à própria economia. O exemplo mais evidente seria o de um contrato de compra e venda celebrado entre um menor de dezessete anos, devidamente assistido por seu pai, e uma sociedade mercantil de artigos de informática. Poderia o menor, arrependido do negócio que fez, apontar algum prejuízo patrimonial posterior e pleitear a anulação do contrato? A resposta mais óbvia, em um primeiro momento, é não, uma vez que, respeitada a legislação em vigor, trata-se da aplicação da regra do *pacta sunt servanda*.

Por outro lado, vale registrar que, se o negócio fosse celebrado sem a devida representação ou assistência, deveria ser invalidado, como já dito, à luz da teoria geral das nulidades.

A despeito de o novo Código Civil não haver consagrado dispositivo expresso excludente do benefício de restituição, é razoável aceitar que a orientação doutrinária e jurisprudencial, do ponto de vista geral, deva permanecer a mesma, no sentido de não admitir o desfazimento de atos judiciais ou extrajudiciais praticados pelo representante, em nome do menor, sob o simples argumento de ter havido algum prejuízo patrimonial.

Mas uma hipótese excepcional de anulação de negócio prejudicial aos interesses do menor deve ser analisada.

Em função da redação do já transcrito art. 119 do CC/2002, no caso dos incapazes (no que se equiparam, para esse efeito, os outorgantes de representação voluntária, guardadas as devidas proporções), há uma mudança axiológica de tratamento.

De fato, como o incapaz não pode manifestar a sua vontade – o que enseja a representação legal –, o conflito de interesses a que se refere o dispositivo somente poderá ser aferido judicialmente, de acordo com as circunstâncias do caso concreto[56].

---

[54] Maiores detalhes sobre a representação no negócio jurídico podem ser encontrados em tópico próprio ("2.2.1. Da Representação") do Capítulo XII ("Plano de Validade do Negócio Jurídico").

[55] Clóvis Beviláqua, ob. cit., p. 121.

[56] Até mesmo para a validade do negócio jurídico, o conflito de interesses, na relação de direito material, é uma hipótese de outorga de curador especial, a requerimento do menor ou do Ministério Público. A propósito, a regra do art. 387 do CC/1916 continua, com a atualização da expressão

A ideia básica que orienta a regra do art. 119 do CC/2002 é, justamente, a existência de *conflito de interesses* entre representante e representado.

Trata-se, em verdade, de uma forma peculiar de anulação de negócio jurídico, fora da previsão genérica do art. 171 do CC/2002, justificada pelo fato de que o representante não é titular da vontade ou do patrimônio do representado, devendo agir sempre em benefício deste último, como um múnus, e não como prerrogativa pessoal de uso ilimitado.

Convencendo-se o magistrado, na ação anulatória, da existência do conflito de interesses, bem como demonstrando-se que tal situação era ou devia ser do conhecimento do terceiro, anular-se-á o negócio jurídico estabelecido.

Note-se que o conflito de interesses não decorre necessariamente de um prejuízo financeiro, mas sim da própria noção de conveniência da disponibilização do patrimônio do incapaz. A título de exemplo, pode-se elencar a alienação do único imóvel do menor – onde este pretenda habitar, ao adquirir a maioridade – pelo seu representante, fora das hipóteses legais (*vide* art. 1.691 do CC/2002). Mesmo que não haja desproporção entre as prestações (prejuízo econômico) ou dolo do contratante (vício de consentimento), este deveria saber[57] que tal alienação somente poderia se dar *por necessidade ou evidente interesse da prole, mediante prévia autorização do juiz*.

Um dos critérios probatórios, porém, que certamente serão mais utilizados, *sem prejuízo de outros parâmetros*, para a demonstração do conflito de interesses, elemento essencial para o acolhimento da postulação anulatória, é o da desproporção entre as prestações estabelecidas, o que fará presumir o conhecimento do terceiro.

Admite-se, aqui, uma espécie de dolo eventual do terceiro contratante, que passa a assumir os riscos de uma celebração de negócio jurídico envolvendo incapazes, o que, embora possa aparentemente gerar insegurança jurídica, na verdade garante a efetiva tutela dos interesses daqueles que não podem manifestar a vontade, em especial dos menores, destinatários de proteção cada vez maior por microssistemas jurídicos próprios, como o Estatuto da Criança e do Adolescente (Lei n. 8.069, de 13-7-1990).

Embora não se trate, tecnicamente, de vício de consentimento (pois a manifestação de vontade foi feita por quem poderia fazê-lo, apesar do interesse pessoal diferenciado do representado), o abuso da representação tem evidente semelhança com o "novo vício positivado" da *lesão (art. 157 do CC/2002)*, podendo ser razoável invocar analogicamente a previsão do § 2.º do mesmo dispositivo, no sentido da manutenção do negócio jurídico com a eventual suplementação da prestação ou redução do proveito.

Note-se, porém, que, diferentemente da lesão, em que a vontade do agente foi manifestada de forma viciada pela premente necessidade ou inexperiência, no abuso da representação pelo conflito de interesses o que se discute não é o vício de vontade da pessoa que realizou o negócio jurídico (representante), mas sim um elemento intrínseco a essa manifestação, qual seja, a realização dos efetivos interesses do representado.

"*poder familiar*", no CC/2002, a saber: "Art. 1.692. Sempre que no exercício do poder familiar colidir o interesse dos pais com o do filho, a requerimento deste ou do Ministério Público o juiz lhe dará curador especial".

[57] Lei de Introdução às Normas do Direito Brasileiro: "Art. 3.º Ninguém se escusa de cumprir a lei, alegando que não a conhece".

Vale destacar, por óbvio, que, se a hipótese for realmente, do ponto de vista técnico, a de um vício de consentimento (ou seja, a aplicação direta das previsões legais correspondentes), como a *lesão* ou o *dolo*, o negócio jurídico poderá ser anulado, mas, logicamente, por fundamento distinto, qual seja, o art. 171, II, do CC/2002, tendo, inclusive, prazo decadencial diferenciado[58]. Neste caso, o agente (seja o representante, seja o próprio titular do direito material, se capaz de manifestar a vontade) foi visivelmente ludibriado, defeito este muito mais grave para o ordenamento jurídico.

3. EMANCIPAÇÃO

A menoridade, à luz do novo Código Civil, cessa aos dezoito anos completos, quando a pessoa fica habilitada à prática de todos os atos da vida civil (art. 5.º).

Nesse ponto, vale anotar a curiosa observação de WASHINGTON DE BARROS MONTEIRO:

"Interessantes problemas relacionam-se intimamente com o advento da maioridade. O primeiro é este: em que instante, precisamente, se completa a maioridade? Contam-se os 21 anos de momento a momento? Será preciso se compute o último dia integralmente? A opinião mais correta é no sentido de que o indivíduo se torna maior e capaz no primeiro momento do dia em que perfaz os 21 anos. Se ele nasceu num ano bissexto, a 29 de fevereiro, a maioridade será alcançada no 21.º ano, mas a 1.º de março. Se ignorada a data do nascimento, exigir-se-á exame médico, porém, na dúvida, pender-se-á pela capacidade (*in dubio pro capacitate*)"[59].

Ocorre que é possível a antecipação da capacidade plena, em virtude da autorização dos representantes legais do menor ou do juiz, ou pela superveniência de fato a que a lei atribui força para tanto.

Cuida-se da *emancipação,* figura equivalente à *declaração de maioridade do direito alemão e do direito suíço*[60].

A emancipação poderá ser:

a) voluntária;

b) judicial;

c) legal.

A emancipação voluntária ocorre pela concessão dos pais, ou de um deles na falta do outro, mediante instrumento público, independentemente de homologação judicial, desde

---

[58] CC/2002: "Art. 178. É de *quatro anos* o prazo de decadência para pleitear-se a anulação do negócio jurídico, contado:

I – no caso de coação, do dia em que ela cessar;

II – no de erro, dolo, fraude contra credores, estado de perigo ou lesão, do dia em que se realizou o negócio jurídico;

III – no de atos de incapazes, do dia em que cessar a incapacidade".

[59] Washington de Barros Monteiro, ob. cit., p. 66. Vale lembrar a modificação do limite etário para dezoito anos, empreendida pelo vigente Código Civil brasileiro, como visto no subtópico 2.2.1 (*Os maiores de dezesseis e menores de dezoito anos*) deste capítulo.

[60] Caio Mário da Silva Pereira, ob. cit., p. 183.

que o menor haja completado dezesseis anos (art. 5.º, parágrafo único, I, primeira parte, do CC/2002).

Note que o CC/1916 autorizava a emancipação voluntária por concessão do pai, ou, se fosse morto, da mãe, se o menor contasse dezoito anos completos (art. 9.º, § 1.º, I, primeira parte). Tal dispositivo se afigurava flagrantemente inconstitucional, à luz do princípio da igualdade. A esse respeito, sempre defendemos, mesmo durante a vigência do Código de 1916, que o ato de emancipação deveria conjugar a anuência de ambos os pais, somente admitido o suprimento judicial para hipóteses de impossibilidade material de sua manifestação (por exemplo, um dos pais está em coma), mas nunca, em nosso sentir, se sobrepondo à eventual recusa expressa de um deles.

A própria Lei de Registros Públicos, ao disciplinar o registro da emancipação, faz referência aos *atos dos pais*, *in verbis*:

> "Art. 89. No cartório do 1.º Ofício ou da 1.ª subdivisão judiciária de cada comarca serão registrados, em livro especial, as sentenças de emancipação, bem como os *atos dos pais* que a concederem, em relação aos menores nela domiciliados.
>
> Art. 90. O registro será feito mediante trasladação da sentença oferecida em certidão ou do instrumento, limitando-se, se for de escritura pública, as referências da data, livro, folha e ofício em que for lavrada sem dependência, em qualquer dos casos, da presença de testemunhas, mas com a assinatura do apresentante. Dele sempre constarão:
>
> 1.º) data do registro e da emancipação;
>
> 2.º) nome, prenome, idade, filiação, profissão, naturalidade e residência do emancipado; data e cartório em que foi registrado o seu nascimento;
>
> 3.º) nome, profissão, naturalidade e residência *dos pais* ou do tutor" (grifamos).

A emancipação é ato irrevogável, mas os pais podem ser responsabilizados solidariamente pelos danos causados pelo filho que emanciparam. Esse é o entendimento mais razoável, em nossa opinião, para que a vítima não fique sem qualquer ressarcimento.

A *emancipação judicial* é aquela concedida pelo juiz, ouvido o tutor, se o menor contar com dezesseis anos completos (art. 5.º, parágrafo único, I, segunda parte, do CC/2002).

O CC/1916 continha dispositivo semelhante, autorizando a emancipação por ato do juiz para os menores com dezoito anos (art. 9.º, § 1.º, I, segunda parte).

Observe-se que a previsão legal, por mencionar tutor, pressupõe a falta de ambos os pais, motivo pelo qual a emancipação somente se dará pela via judicial, ao contrário da modalidade anterior – emancipação voluntária – que se realiza extrajudicialmente[61].

O juiz, nesses casos de emancipação judicial, deverá comunicar a emancipação ao oficial de registro, de ofício, se não constar dos autos haver sido efetuado este em oito dias. Antes do registro, a emancipação, em qualquer caso, não produzirá efeito (art. 91 e parágrafo único da Lei n. 6.015, de 31-12-1973).

Posto isso, passaremos a analisar as hipóteses de *emancipação legal*.

---

[61] Registre-se que não se enquadra no conceito de emancipação judicial a realizada no caso de impossibilidade de um dos pais (motivo de saúde, por exemplo), em que o juiz é chamado a intervir, pois, neste caso, atua no exercício da sua própria função jurisdicional.

A primeira hipótese é o *casamento* (art. 5.º, parágrafo único, II, do CC/2002). A capacidade geral para todos os atos da vida civil, à luz do Novo Código, somente advém a partir dos dezoito anos. Todavia, podem casar o homem e a mulher a partir dos dezesseis anos desde que tenham a autorização de ambos os pais ou de seus representantes legais (art. 1.517 do CC/2002)[62]. Recebendo-se em matrimônio, portanto, antecipam a plena capacidade jurídica, estando implícita a manifestação de vontade dos pais ou representantes legais de emancipar o(s) menor(es) nubente(s).

Não faria sentido que permanecessem os cônjuges sob o poder familiar (expressão consagrada em substituição a "pátrio poder"), se passam a formar um novo núcleo familiar. A responsabilidade decorrente do casamento justifica essa hipótese legal de emancipação.

Interessante notar que, mesmo havendo a dissolução da sociedade conjugal (pelo divórcio, separação judicial ou morte), o emancipado não retorna à anterior situação de incapacidade civil.

Em caso de nulidade ou anulação, entendemos que a emancipação persiste apenas se o matrimônio fora contraído de boa-fé (casamento putativo). Em caso contrário, retorna-se à situação de incapacidade.

Em seguida, prevê a lei como causa de emancipação legal o *exercício de emprego público efetivo* (art. 5.º, parágrafo único, III, do CC/2002). A expressão "emprego público" utilizada não é a mais adequada, uma vez que limita, tecnicamente, a finalidade da norma.

De fato, servidor público é

"o indivíduo que mantém, com o Estado ou entidades de sua Administração direta ou indireta, relação de trabalho de natureza profissional e caráter não eventual, sob vínculo de dependência.

O servidor, entretanto, é um gênero, do qual se extraem duas espécies: o empregado público (conhecido pelo neologismo 'celetista'), que mantém relação de trabalho subordinado, regida, portanto, pela legislação trabalhista comum (no caso brasileiro, a CLT, de onde se origina o epíteto mencionado); e o serventuário ou funcionário público, que é o trabalhador que exerce cargo ou função pública, mediante aprovação em concurso público, eleição ou nomeação em comissão, com disciplina por Estatuto (daí também o neologismo de servidor 'estatutário'), que é instituto jurídico regido pelo Direito Administrativo"[63].

O objetivo da regra legal – e é assim que deve ser interpretada – é que essa causa especial de emancipação diz respeito às hipóteses de provimento efetivo em *cargo ou emprego público,* não importando a atecnia. Desde que haja nomeação em caráter efetivo – afastadas, portanto, as designações para cargos comissionados ou temporários –, o agente adquire plena capacidade civil, emancipando-se.

Ademais, não se justifica a resistência da doutrina civilista em aceitar a vinculação a autarquia ou entidade paraestatal como causa de emancipação[64]. Isso porque são considerados servidores públicos, em sentido amplo, os *estatutários e os empregados*

---

[62] Reduziu-se a capacidade núbil do homem, que, no CC/1916, só era adquirida aos dezoito anos.
[63] José Augusto Rodrigues Pinto e Rodolfo Pamplona Filho, *Repertório de Conceitos Trabalhistas*, São Paulo: LTr, 2000, p. 474-5.
[64] Cf. Maria Helena Diniz, Sílvio Venosa, Washington de Barros Monteiro etc.

públicos[65] da administração pública indireta, de maneira que, não sendo temporário o vínculo, justifica-se plenamente a emancipação.

A par dessas considerações, cumpre reconhecer que, a partir da vigência do novo Código Civil, essa hipótese restou esvaziada, perdendo importância prática. Tal conclusão se dá pela circunstância de que dificilmente a lei admitirá o provimento efetivo em cargo ou emprego público antes dos dezoito anos, até mesmo porque esta é a idade mínima admitida para a capacidade plena trabalhista[66]. E, como se sabe, atingido esse patamar de dezoito anos, já estará adquirida a plena capacidade civil[67].

Também a *colação de grau em curso de ensino superior* é causa legal de emancipação (art. 5.º, parágrafo único, IV, do CC/2002).

Sobre esse item, cumpre transcrever a arguta preleção de WASHINGTON DE BARROS MONTEIRO: "dificilmente alguém se emancipará presentemente por essa forma, dada a considerável extensão dos cursos (1.º e 2.º graus superior). Quando vier a receber o grau, o estudante terá certamente atingido a maioridade"[68]. Tal dificuldade é ainda maior no novo Código Civil, que reduz a maioridade para os dezoito anos.

Finalmente, justifica a emancipação o *estabelecimento civil ou comercial, ou a existência de relação de emprego, desde que, em função deles, o menor com dezesseis anos completos tenha economia própria* (art. 5.º, parágrafo único, V, do CC/2002).

Nesse ponto, houve peculiar inovação do Novo Código.

O Código de 1916 autorizava a emancipação apenas *pelo estabelecimento civil ou comercial com economia própria.*

A Nova Lei, por seu turno, além de estabelecer a idade mínima de dezesseis anos, estendeu a norma para a hipótese de existência de relação de emprego, desde que o menor passe a ter economia própria.

RUBENS REQUIÃO já sustentava a possibilidade de o menor de dezesseis anos emancipar-se por haver se estabelecido comercialmente. Nesse sentido, pontificava:

> "Sempre sustentamos que o menor, com dezesseis anos, estabelecendo-se com economia própria, mesmo sem autorização paterna, emancipa-se. Poderá, então, ser comerciante. Assim pensamos, porque a capacidade, segundo o sistema de direito privado, constitui matéria civil. Integra-se no campo do direito civil e aí o direito comercial, como direito especial que é, vai buscar, para seu uso, os princípios nele fixados. Não deve haver portanto, uma capacidade comercial e outra civil. O menor que se estabelecer com 16 anos em negócio civil, adquire capacidade; o menor que se estabelecer com 16 anos em negócio comercial, também adquire capacidade. O contrário seria um *nonsense*, afetando, inclusive, o preceito constitucional de que

---

[65] Maria Sylvia Zanella di Pietro, *Direito Administrativo*, 9. ed., São Paulo: Atlas, 1998, p. 355.
[66] *Vide* o já transcrito art. 7.º, XXXIII, da Constituição Federal de 1988.
[67] Uma das hipóteses mais comuns desta cada vez mais rara modalidade de emancipação legal nos foi lembrada em sala de aula, nas nossas palestras pelo País, qual seja, a assunção do cargo público de aluno oficial, nas Academias de Polícia Militar, em que o candidato ao concurso de admissão pode ter menos de 18 (dezoito) anos e, nesse caso, precisa, para a inscrição, da autorização (leia-se assistência) dos seus responsáveis legais.
[68] Washington de Barros Monteiro, ob. cit., p. 69.

todos são iguais perante a lei. A capacidade, nas normas que lhe são peculiares, não distingue o comerciante do não comerciante"[69].

Mas essa tese encontrava alguns obstáculos.

Isso porque, além de o Código Comercial, na sua forma original, não ensejar interpretação no sentido de considerar comerciante o menor com idade inferior a dezoito anos (confiram-se os seus revogados art. 1.º e incisos), a antiga Lei de Falências (Decreto-lei n. 7.661, de 21-6-1945) também somente autorizava a declaração de insolvência do menor *com mais de dezoito anos que mantenha estabelecimento comercial com economia própria.*

Por tudo isso, consideramos ainda remota, embora não impossível, a possibilidade de o menor púbere com idade inferior a dezoito anos emancipar-se por meio de estabelecimento comercial com economia própria.

Já a existência de relação de emprego a partir de dezesseis anos, apesar de proibida em trabalho noturno, perigoso ou insalubre, é mais factível, embora, do ponto de vista social, seja difícil imaginar que, com tal idade, alguém consiga um posto de trabalho que lhe permita ter economia própria.

Ocorrendo, porém, essa nova hipótese legal, parece-nos razoável afirmar que todas as normas da Consolidação das Leis do Trabalho e leis extravagantes anteriores à edição do CC/2002, que limitem a manifestação de vontade do menor entre dezesseis e dezoito anos[70] estejam tacitamente revogadas, uma vez que seria um contrassenso imaginar que tal trabalhador teria alcançado a maioridade civil – que lhe autoriza praticar todos os atos jurídicos no meio social – mas não possa firmar, por exemplo, um Termo de Rescisão de Contrato de Trabalho[71].

Da mesma forma, perderá o sentido lógico a regra do art. 440 da CLT, que preceitua que "Contra os menores de 18 (dezoito) anos não corre nenhum prazo de prescrição", se, a partir dos dezesseis anos, ele já for emancipado pela celebração de contrato de trabalho subordinado. Neste caso, deve ser invocada a regra do art. 198, I, do CC/2002, que limita

---

[69] Rubens Requião, *Curso de Direito Comercial*, 23. ed., São Paulo: Saraiva, 1998, v. 1, p. 85-6. Em sentido semelhante: Waldemar Ferreira, Fran Martins. Contra: Carvalho de Mendonça e Clóvis Beviláqua.

[70] Referimo-nos, especificamente, às limitações à manifestação de vontade, parecendo-nos a subsistência das normas protetivas sobre condições de trabalho, uma vez que elas estão calcadas em preceitos de medicina do trabalho, dada a higidez física média dos menores trabalhadores, em especial sua própria condição de estar em fase de crescimento.

[71] Referimo-nos ao art. 439 da CLT, que dispõe, *in verbis*: "Art. 439. É lícito ao menor firmar recibo pelo pagamento dos salários. Tratando-se, porém, de rescisão do contrato de trabalho, é vedado ao menor de 18 (dezoito) anos dar, sem assistência dos seus responsáveis legais, quitação ao empregador pelo recebimento da indenização que lhe for devida". Nessa linha, o Secretário de Relações do Trabalho do Ministério do Trabalho e Emprego editou a Portaria n. 1, de 25-5-2006, aprovando diversas ementas com orientações que devem ser adotadas pelos órgãos regionais do Ministério do Trabalho e Emprego em seus procedimentos internos e no atendimento ao público, estabelecendo, precisamente na Ementa n. 1, o seguinte: "HOMOLOGAÇÃO. EMPREGADO EMANCIPADO. Não é necessária a assistência por responsável legal, na homologação da rescisão contratual, ao empregado adolescente que comprove ter sido emancipado. Ref.: art. 439 da CLT e art. 5.º do Código Civil".

a não contagem da prescrição aos incapazes do art. 3.º, ou seja, *in casu*, justamente ao menor de *dezesseis anos*[72].

É importante, porém, deixar claro que a emancipação não se adquire, pura e simplesmente, com a celebração de contrato de trabalho, devendo concorrer, como outro requisito, a existência de *economia própria*, o que descarta, *a priori*, os contratos de aprendizagem (art. 428 da CLT) e os de jornada a tempo parcial (art. 58-A da CLT), que admitem contratação com remuneração por valores inferiores ao salário mínimo legal.

Uma questão que nos parece relevante diz respeito à prova da emancipação legal pela existência da relação de emprego.

Com efeito, a celebração de um contrato de trabalho subordinado com um menor exige, para sua regularidade, alguns requisitos formais.

De fato, como se trata de um menor, a assistência, para o ato da celebração, é formalidade que não pode ser considerada despicienda.

E, assim sendo, na assistência familiar, teríamos uma situação semelhante à da emancipação voluntária, pois estaria implícita a manifestação de vontade no sentido de emancipar o menor.

Assim, a carteira de trabalho (CTPS), devidamente assinada, seria o documento hábil para comprovar a emancipação legal, que, obviamente, perduraria mesmo que o empregado menor fosse despedido antes de completar 18 (dezoito) anos.

Nas situações, porém, em que o contrato de trabalho tenha sido celebrado sem a devida assistência ou sem a assinatura da CTPS, parece-nos que, até mesmo por medida protetiva em face dos interesses do menor, não deve este ser considerado emancipado, exigindo-se, sim, a assistência de seus pais para a prática de atos jurídicos em geral, ou do Ministério Público do Trabalho, em eventuais reclamações trabalhistas[73].

4. NOME CIVIL

O nome da pessoa natural é o sinal exterior mais visível de sua individualidade, sendo através dele que a identificamos no seu âmbito familiar e no meio social.

Algumas teorias tentam explicar a natureza jurídica do direito ao nome.

A primeira o identifica como um direito de propriedade, cujo titular, para alguns, seria a família e, para outros, o próprio indivíduo.

Tal tese somente prospera em relação ao nome comercial, que, por possuir valor pecuniário, torna patrimonial o direito do titular.

Em relação ao nome civil, porém, é inaceitável tal afirmação, uma vez que o direito ao nome tem natureza evidentemente extrapatrimonial, haja vista que ninguém pode dispor do próprio nome, alienando-o ou abandonando à mercê de terceiros.

---

[72] A única justificativa jurídica que pode ser aceita para não se considerar irremediavelmente revogada tal norma é a eventual invocação do princípio da proteção ao hipossuficiente econômico, com a regra de aplicação da norma mais favorável ao trabalhador.

[73] Consolidação das Leis do Trabalho: "Art. 793. A reclamação trabalhista do menor de 18 anos será feita por seus representantes legais e, na falta destes, pela Procuradoria da Justiça do Trabalho, pelo sindicato, pelo Ministério Público estadual ou curador nomeado em juízo".

Outros, porém, entendem que o nome é, meramente, uma questão de estado, como um fato protegido pelo ordenamento jurídico. Como observa ORLANDO GOMES, para seus defensores, como COLIN, "não passa de um simples sinal distintivo e exterior do estado, de modo que toda questão a ele relativa é uma questão de estado. Essa explicação não satisfaz porque, em síntese, a possibilidade de mudança do nome a infirma, atestando sua artificiosidade"[74].

Por fim, tem-se a teoria, adotada expressamente pelo novo Código Civil, que visualiza o nome como um dos direitos da personalidade, ainda que submetido a regras especiais, conferindo-lhe toda a sua tutela específica[75].

4.1. Esclarecimentos terminológicos

Conforme consta do art. 16 do CC/2002, "Toda pessoa tem direito ao nome, nele compreendidos o prenome e o sobrenome".

Por uma questão de rigor técnico, faz-se mister tecer alguns esclarecimentos terminológicos sobre o significado da expressão "nome".

Se formos consultar o dicionarista Aurélio, constataremos facilmente que se trata de uma palavra plurissignificativa, tendo, gramaticalmente, as seguintes acepções próprias:

"NOME. [Do lat. *nomen*.] *S. m.* 1. Palavra(s) com que se designa pessoa, animal ou coisa. 2. V. prenome: *Seu nome é Joana*. 3. Palavra(s) que exprime(m) uma qualidade característica ou descritiva de pessoa ou coisa; epíteto, cognome, alcunha, apelido. 4. Fama, reputação, nomeada, renome. 5. Boa reputação: *É uma firma de nome.* 6. Família, linhagem: *D. João, o sexto do nome* (D. João VI). 7. Pessoa que se notabiliza por sua atuação em determinado campo de atividade: *Goya é um nome na pintura.* 8. Título (4): *Só é chefe no nome.* 9. V. nome feio: *É um imoral: vive dizendo nomes.* 10. Designação patronímica da pessoa; nome de família; sobrenome, apelido"[76].

A ideia, porém, que deve vir à mente quando se falar em nome civil é da denominação completa que se encontra no registro civil.

É desse "nome" que trata o supramencionado art. 16 do CC/2002, que compreende, necessariamente, duas partes:

a) *Prenome*: trata-se, como se infere da própria etimologia da palavra, do primeiro nome, que corresponde ao chamado "nome de batismo". Pode ser simples ou composto[77], sendo imutável, salvo exceções legais[78].

---

[74] Orlando Gomes, *Introdução ao Direito Civil*, 18. ed., Rio de Janeiro: Forense, 2001, p. 160.

[75] CC/2002: "Art. 11. Com exceção dos casos previstos em lei, os direitos da personalidade são intransmissíveis e irrenunciáveis, não podendo o seu exercício sofrer limitação temporária". Para maiores detalhes sobre os direitos da personalidade, confira-se o Capítulo V deste livro.

[76] Aurélio Buarque de Holanda Ferreira, *Novo Dicionário Aurélio da Língua Portuguesa*, 2. ed., Rio de Janeiro: Nova Fronteira, 1986, p. 1197.

[77] Lei n. 6.015/73: "Art. 63. No caso de gêmeos, será declarada no assento especial de cada um a ordem de nascimento. Os gêmeos que tiverem o prenome igual deverão ser inscritos com duplo prenome ou nome completo diverso, de modo que possam distinguir-se".

[78] *Vide* tópico 4.2 deste capítulo.

b) *Patronímico*: trata-se do nome de família, ou sobrenome. A expressão "sobrenome" mostra-se mais adequada, uma vez que já não é concebível a ideia patriarcal de família.

Como um terceiro elemento do nome, de frequência bastante comum, mas sem previsão no CC/2002, deve-se elencar o agnome, que é um sinal distintivo que se acrescenta ao nome completo para diferenciá-lo de parentes próximos (ex.: Filho, Neto, Terceiro etc.).

A título de curiosidade, vale lembrar, como outras espécies de nome, elementos secundários não tratados pela legislação civil. Como observa SÍLVIO DE SALVO VENOSA:

> "É o caso dos títulos nobiliárquicos ou honoríficos, como, por exemplo: *conde* e *comendador*, apostos antes do prenome, denominados, no léxico, 'axiônimos'. Também devem ser lembrados os títulos eclesiásticos que juridicamente são irrelevantes, como *padre, monsenhor, cardeal*. Há ainda os qualificativos de identidade oficial, como as denominações *Senador* Olímpio; *Juiz* Almeida; *Prefeito* Faria Lima etc., assim como os títulos acadêmicos e científicos, como *Doutor* e *Mestre*"[79].

Por fim, destaque-se a existência do *pseudônimo* ou *codinome*, que é o nome escolhido pelo próprio indivíduo para o exercício de uma atividade específica, como é muito comum no meio artístico e literário. O CC/2002 outorga expressamente a tal denominação a mesma proteção ao nome real da pessoa[80].

4.2. Possibilidade de alteração do nome

A ideia que deve reger a disciplina legal do nome é que este é marca indelével do indivíduo, como um atributo de sua personalidade[81].

Sucede que o tratamento jurídico do nome tem passado por um interessante processo de mudança, tendo em vista, sobretudo, a dimensão existencial do indivíduo à luz do princípio da dignidade da pessoa humana.

Nesse ponto, merecem transcrição os arts. 55 e 56 da Lei de Registros Públicos:

> "Art. 55. Toda pessoa tem direito ao nome, nele compreendidos o prenome e o sobrenome, observado que ao prenome serão acrescidos os sobrenomes dos genitores ou de seus ascendentes, em qualquer ordem e, na hipótese de acréscimo de sobrenome de ascendente que não conste das certidões apresentadas, deverão ser apresentadas as certidões necessárias para comprovar a linha ascendente. (Redação dada pela Lei n. 14.382, de 2022)
>
> § 1.º O oficial de registro civil não registrará prenomes suscetíveis de expor ao ridículo os seus portadores, observado que, quando os genitores não se conformarem com a recusa do oficial, este submeterá por escrito o caso à decisão do juiz competente, independentemente da cobrança de quaisquer emolumentos. (Incluído pela Lei n. 14.382, de 2022)
>
> § 2.º Quando o declarante não indicar o nome completo, o oficial de registro lançará adiante do prenome escolhido ao menos um sobrenome de cada um dos genitores, na ordem que julgar mais conveniente para evitar homonímias. (Incluído pela Lei n. 14.382, de 2022)

---

[79] Sílvio de Salvo Venosa, *Direito Civil* (Parte Geral), São Paulo: Atlas, 2001, v. 1, p. 177.
[80] "Art. 19. O pseudônimo adotado para atividades lícitas goza da proteção que se dá ao nome."
[81] A redação original do art. 58 da Lei de Registros Públicos, inclusive, estabelecia expressamente que o prenome era imutável, o que se flexibilizou posteriormente, conforme se verificará ainda neste tópico.

§ 3.º O oficial de registro orientará os pais acerca da conveniência de acrescer sobrenomes, a fim de se evitar prejuízos à pessoa em razão da homonímia. (Incluído pela Lei n. 14.382, de 2022)

§ 4.º Em até 15 (quinze) dias após o registro, qualquer dos genitores poderá apresentar, perante o registro civil onde foi lavrado o assento de nascimento, oposição fundamentada ao prenome e sobrenomes indicados pelo declarante, observado que, se houver manifestação consensual dos genitores, será realizado o procedimento de retificação administrativa do registro, mas, se não houver consenso, a oposição será encaminhada ao juiz competente para decisão. (Incluído pela Lei n. 14.382, de 2022)

Art. 56. A pessoa registrada poderá, após ter atingido a maioridade civil, requerer pessoalmente e imotivadamente a alteração de seu prenome, independentemente de decisão judicial, e a alteração será averbada e publicada em meio eletrônico. (Redação dada pela Lei n. 14.382, de 2022)

§ 1.º A alteração imotivada de prenome poderá ser feita na via extrajudicial apenas 1 (uma) vez, e sua desconstituição dependerá de sentença judicial. (Incluído pela Lei n. 14.382, de 2022)

§ 2.º A averbação de alteração de prenome conterá, obrigatoriamente, o prenome anterior, os números de documento de identidade, de inscrição no Cadastro de Pessoas Físicas (CPF) da Secretaria Especial da Receita Federal do Brasil, de passaporte e de título de eleitor do registrado, dados esses que deverão constar expressamente de todas as certidões solicitadas. (Incluído pela Lei n. 14.382, de 2022)

§ 3.º Finalizado o procedimento de alteração no assento, o ofício de registro civil de pessoas naturais no qual se processou a alteração, a expensas do requerente, comunicará o ato oficialmente aos órgãos expedidores do documento de identidade, do CPF e do passaporte, bem como ao Tribunal Superior Eleitoral, preferencialmente por meio eletrônico. (Incluído pela Lei n. 14.382, de 2022)

§ 4.º Se suspeitar de fraude, falsidade, má-fé, vício de vontade ou simulação quanto à real intenção da pessoa requerente, o oficial de registro civil fundamentadamente recusará a retificação. (Incluído pela Lei n. 14.382, de 2022)"

Salientamos, nesse ponto, a lúcida observação feita por JONES FIGUEIRÊDO ALVES, quanto a alteração do prenome:

"A dispensa de intervenção judicial para determinados atos registrais representa a desejada desjudicialização do registro civil, atendendo a importância da cidadania urgente conferida pelo Oficial do Registro Civil de Pessoas Naturais nos atos de seu relevante ofício. Vejamos:

Prenome: Um deles, de maior densidade social, é o de permitir a alteração do prenome pela pessoa registrada, após ter atingido a maioridade civil, independente de decisão judicial, ou seja, por via extrajudicial com requerimento pessoal diretamente em cartório e sem submissão ao anterior prazo decadencial de um ano do atingimento da maioridade, como agora dispõe a nova redação dada ao artigo 56 da Lei n. 6.015/73. A alteração imotivada do prenome, a qualquer tempo, não se sujeitará a nenhuma exigência, tendo-se por certo que a modificação não prejudicará os apelidos de família, como aludia a redação primitiva do dispositivo"[82].

---

[82] ALVES, Jones Figueirêdo. Novo Regime Jurídico do Nome Civil e outros Avanços do Direito Registral. Disponível em: <https://www.conjur.com.br/2022-jul-11/processo-familiar-regime-juridico-nome-civil-outros-avancos-direito-registral>. Acesso em: 30 nov. 2022.

Consagrou-se, portanto, o direito potestativo de alteração do prenome, pela via extrajudicial, uma única vez.

Ainda sobre o tema escrevem BIANCA ROLFSEN e RODRIGO ALVARES:

> "A regra da definitividade do prenome cada vez mais tem sido mitigada, a ponto de se poder defender que atualmente prevalece a regra da mutabilidade do nome. Ademais, nos tempos atuais, com o desenvolvimento da sociedade, a suposta insegurança jurídica não mais pode servir como entrave à desjudicialização do procedimento de mutação do prenome. Cabe salientar que para se evitar riscos a terceiros constarão expressamente tanto da averbação de alteração de prenome quanto em todas as certidões extraídas do assento modificado o prenome anterior, os números do documento de identidade, de CPF, de passaporte e de título de eleitor"[83].

Nos termos do art. 57 da Lei de Registros Públicos (com a redação dada pela Lei n. 14.382/2022), a alteração posterior de sobrenomes poderá ser requerida pessoalmente perante o oficial de registro civil, com a apresentação de certidões e de documentos necessários, e será averbada nos assentos de nascimento e casamento, independentemente de autorização judicial, a fim de:

a) inclusão de sobrenomes familiares;

b) inclusão ou exclusão de sobrenome do cônjuge, na constância do casamento;

c) exclusão de sobrenome do ex-cônjuge, após a dissolução da sociedade conjugal, por qualquer de suas causas;

d) inclusão e exclusão de sobrenomes em razão de alteração das relações de filiação, inclusive para os descendentes, cônjuge ou companheiro da pessoa que teve seu estado alterado.

Outro aspecto importante é a possibilidade de substituição do prenome por apelidos públicos notórios ou em razão de fundada coação ou ameaça decorrente da colaboração com a apuração de crime, por determinação, em sentença, de juiz competente, ouvido o Ministério Público, à luz do art. 58 da LRP.

Também merece referência, no âmbito administrativo, o Decreto n. 8.727, de 28 de abril de 2016, que dispôs sobre o uso do nome social e o reconhecimento da identidade de gênero de pessoas travestis e transexuais no âmbito da administração pública federal direta, autárquica e fundacional.

Destacamos o seu art. 4.º:

> "Art. 4.º Constará nos documentos oficiais o nome social da pessoa travesti ou transexual, se requerido expressamente pelo interessado, acompanhado do nome civil".

No caso de a alteração de nome ter sido concedida em razão de fundada coação ou ameaça decorrente de colaboração com a apuração de crime, na forma do § 7.º do art. 57, "o juiz competente determinará que haja averbação no registro de origem de menção da existência de sentença concessiva da alteração, sem a averbação do nome alterado, que

---

[83] ROLFSEN, Bianca; ALVARES, Rodrigo Feracine. A Lei Federal 14.382 - 2022 e a possibilidade de realizar a alteração do prenome no Registro Civil de Pessoas Naturais. Disponível em: <https://ibdfam.org.br/artigos/1861/A+Lei+Federal+14.382+2022+e+a+possibilidade+de+realizar+a+alteração+do+prenome+no+Registro+Civil+de+Pessoas+Naturais>. Acesso em: 30 nov. 2022.

somente poderá ser procedida mediante determinação posterior, que levará em consideração a cessação da coação ou ameaça que deu causa à alteração".

A facilitação da identidade no setor comercial ou profissional também foi considerada um motivo justificador de alteração de nome, consoante deflui da interpretação do § 1.º do art. 57.

Por fim, o art. 63 da LRP determina alteração compulsória de prenome no caso de gêmeos ou irmãos de igual prenome, que deverão ser inscritos com prenome duplo ou nome completo diverso para que possam ser distinguidos entre si. Caso haja o descumprimento de tal norma, é lógico que os interessados estarão legitimados para postular tal modificação.

4.3. Tutela jurídica do nome

A designação do nome civil da pessoa natural é de livre escolha do declarante, ressalvado o registro obrigatório do sobrenome, inexistindo exclusividade para sua concessão.

Mesmo os que não têm conhecidos os pais (e, portanto, sem possibilidade concreta de ter um sobrenome) têm direito ao nome, do ponto de vista mais amplo, como se verifica, em relação ao exposto e ao menor abandonado, em disposições próprias da Lei de Registros Públicos, a saber:

> "Art. 61. Tratando-se de exposto, o registro será feito de acordo com as declarações que os estabelecimentos de caridade, as autoridades ou os particulares comunicarem ao oficial competente, nos prazos mencionados no art. 51, a partir do achado ou entrega, sob a pena do art. 46, apresentando ao oficial, salvo motivo de força maior comprovada, o exposto e os objetos a que se refere o parágrafo único deste artigo.
>
> Parágrafo único. Declarar-se-á o dia, mês e ano, lugar em que foi exposto, a hora em que foi encontrado e a sua idade aparente. Neste caso, o envoltório, roupas e quaisquer outros objetos e sinais que trouxer a criança e possam a todo tempo fazê-la reconhecer, serão numerados, alistados e fechados em caixa lacrada e selada, com o seguinte rótulo: 'Pertence ao exposto tal, assento de fls. ... do livro ...' e remetidos imediatamente, com uma guia em duplicata, ao juiz, para serem recolhidos a lugar seguro. Recebida e arquivada a duplicata com o competente recibo do depósito, far-se-á à margem do assento a correspondente anotação.
>
> Art. 62. O registro do nascimento do menor abandonado, sob jurisdição do juiz de menores, poderá fazer-se por iniciativa deste, à vista dos elementos de que dispuser e com observância, no que for aplicável, do que preceitua o artigo anterior".

O CC/2002, de forma expressa, protege o nome contra a sua utilização indevida por quem quer que seja, mesmo que não haja *animus difamandi*, como se consta dos arts. 17 e 18, *in verbis*:

> "Art. 17. O nome da pessoa não pode ser empregado por outrem em publicações ou representações que a exponham ao desprezo público, ainda quando não haja intenção difamatória.
>
> Art. 18. Sem autorização, não se pode usar o nome alheio em propaganda comercial".

Em complemento a essa tutela legal, vale destacar que o Código Penal brasileiro, em seu art. 185, tipificava a usurpação de *nome ou pseudônimo alheio*, cominando a pena de detenção de seis meses a dois anos e multa a quem *"atribuir falsamente a alguém, mediante o uso de nome, pseudônimo ou sinal por ele dotado para designar seus trabalhos, a autoria de obra literária, científica ou artística"*. Embora se tratasse de infração penal de médio potencial ofensivo, para a qual se previa o benefício da suspensão condicional do processo, *ex vi* do disposto no art. 89 da Lei n. 9.099/95, tal tipo foi suprimido da vigente codificação penal com o advento da Lei n. 10.695, de 1.º de julho de 2003, que buscou dar uma tutela criminal mais abrangente à violação dos direitos do autor e os que lhe são conexos.

5. ESTADO DA PESSOA NATURAL

O *estado da pessoa natural* indica sua situação jurídica nos contextos político, familiar e individual.

Com propriedade, ensina ORLANDO GOMES que *"estado (status), em direito privado, é noção técnica destinada a caracterizar a posição jurídica da pessoa no meio social"*[84].

Seguindo a diretriz traçada pelo mestre baiano, três são as espécies de estado:

a) *estado político* – categoria que interessa ao Direito Constitucional, e que classifica as pessoas em *nacionais* e *estrangeiros*. Para tanto, leva-se em conta a posição do indivíduo em face do Estado;

b) *estado familiar* – categoria que interessa ao Direito de Família, considerando as situações do *cônjuge* e do *parente*. A pessoa poderá ser casada, solteira, viúva, divorciada ou judicialmente separada, sob o prisma do direito matrimonial. Quanto ao parentesco, vinculam-se umas às outras, por consanguinidade ou afinidade, nas linhas reta ou colateral. O estado familiar leva em conta a posição do indivíduo no seio da família. Note-se que, a despeito de a união estável também ser considerada entidade familiar, desconhece-se o estado civil de "concubino ou convivente", razão pela qual não se deve inserir essa condição na presente categoria;

c) *estado individual* – essa categoria baseia-se na *condição física do indivíduo influente em seu poder de agir*. Considera-se, portanto, a idade, o sexo e a saúde. Partindo-se de tal estado, fala-se em *menor ou maior, capaz ou incapaz, homem ou mulher*.

Os atributos da pessoa, componentes de seu estado, caracterizam-se pela *irrenunciabilidade, inalienabilidade e imprescritibilidade*. Ninguém pode pretender vender ou renunciar ao seu estado de filho ou brasileiro, por exemplo.

As ações judiciais referentes ao *estado da pessoa natural* são denominadas *prejudiciais (actiones praeiudiciales)*. Têm por fim criar, modificar ou extinguir determinado estado, sendo, portanto, *constitutivas positivas ou negativas*, a exemplo da ação de separação judicial. Não admitem prazo decadencial para o seu exercício e são intransmissíveis.

A respeito, cumpre transcrever o preciso ensinamento de MOACYR AMARAL SANTOS:

> "Dos romanos, essas ações entraram para o direito moderno, com a finalidade de defender o estado de família. As ações prejudiciais tendem, pois, à tutela do estado de família. São ações prejudiciais, no direito brasileiro, conforme a relação oferecida por Gabriel de Rezende Filho, as seguintes: a) ação para pedir a posse em nome de nascituro; b) ação de emancipação; c) ação de levantamento de impedimentos matrimoniais; d) ação de suprimento de consentimento para casamento; e) ação de separação dos cônjuges; f) ação de anulação ou de nulidade de casamento; g) ação de filiação; h) ação de contestação de paternidade; i) ação de contestação de maternidade; j) ação de impugnação de reconhecimento de filho; k) ação reclamatória de filho; l) ação suspen-

---

[84] Orlando Gomes, ob. cit., p. 173.

siva de pátrio poder; m) ação destituitória do pátrio poder; n) ação de nulidade ou de anulação, ou de impugnação de adoção"[85].

6. REGISTRO CIVIL

Segundo FRANCISCO AMARAL,

"O registro civil é a instituição administrativa que tem por objetivo imediato a publicidade dos fatos jurídicos de interesse das pessoas e da sociedade. Sua função é dar autenticidade, segurança e eficácia aos fatos jurídicos de maior relevância para a vida e os interesses dos sujeitos de direito"[86].

O sistema de registros públicos visa, principalmente, a conferir publicidade aos atos jurídicos em geral, mas não apenas isso. Na constituição de uma pessoa jurídica, por exemplo, o registro, de natureza constitutiva, é condição *sine qua non* para a sua existência legal. Da mesma forma, para que se opere a aquisição da propriedade imobiliária, de acordo com a diretriz romana adotada por nosso Direito, não basta a celebração do contrato (título), mas se torna indispensável que se lhe agregue a solenidade do registro.

O Sistema Registral brasileiro tem passado, nos últimos anos, por um importante processo evolutivo com destaque para a Lei n. 14.382, de 27 de junho de 2022, que consagrou o Sistema Eletrônico de Registros Públicos (SERP).

De acordo com a Lei n. 6.015/73 (Lei de Registros Públicos), o sistema de registros públicos no País é organizado da seguinte forma:

"Art. 1.º Os serviços concernentes aos Registros Públicos, estabelecidos pela legislação civil para autenticidade, segurança e eficácia dos atos jurídicos, ficam sujeitos ao regime estabelecido nesta Lei. *(Redação dada ao caput e parágrafos pela Lei n. 6.216, de 30-6-1975.)*

§ 1.º Os registros referidos neste artigo são os seguintes:

I – o registro civil de pessoas naturais;

II – o registro civil de pessoas jurídicas;

III – o registro de títulos e documentos;

IV – o registro de imóveis.

§ 2.º Os demais registros reger-se-ão por leis próprias".

Com referência ao *estado da pessoa natural*, tópico desenvolvido acima, cuidou-se de criar o sistema brasileiro de registro civil, organizado pela mesma lei:

"Art. 29. Serão registrados no registro civil de pessoas naturais:

I – os nascimentos;

II – os casamentos;

III – os óbitos;

IV – as emancipações;

---

[85] Moacyr Amaral Santos, *Primeiras Linhas de Direito Processual Civil*, 17. ed., São Paulo: Saraiva, 1994, v. 1, p. 179.
[86] Francisco Amaral, *Direito Civil – Introdução*, 10. ed., São Paulo: Saraiva, 2019, p. 349.

V – as interdições;

VI – as sentenças declaratórias de ausência;

VII – as opções de nacionalidade;

VIII – as sentenças que deferirem a legitimação adotiva.

§ 1.º Serão averbados:

I – as sentenças que decidirem a nulidade ou anulação do casamento, o desquite e o restabelecimento da sociedade conjugal;

II – as sentenças que julgarem ilegítimos os filhos concebidos na constância do casamento e as que declararem a filiação legítima;

III – os casamentos de que resultar a legitimação de filhos havidos ou concebidos anteriormente;

IV – os atos judiciais ou extrajudiciais de reconhecimento de filhos ilegítimos;

V – as escrituras de adoção e os atos que a dissolverem;

VI – as alterações ou abreviaturas de nomes.

§ 2.º É competente para a inscrição da opção de nacionalidade o cartório da residência do optante, ou de seus pais. Se forem residentes no estrangeiro, far-se-á o registro no Distrito Federal (...)".

Note-se que todos os fatos constitutivos, modificativos ou extintivos do estado das pessoas exigem reconhecimento oficial pelo sistema de registros públicos, à luz dos *princípios da legalidade, veracidade e publicidade.*

Os episódios mais importantes da vida do homem (pessoa natural) refletem-se no registro civil: nascimento, casamento, separação, divórcio, morte.

Sobre o registro de nascimento da pessoa natural, vale ressaltar, por óbvio, a sua natureza jurídica declaratória, em contraposição à natureza constitutiva (essencial) do registro da pessoa jurídica. Permitindo-nos um trocadilho, "a pessoa natural registra-se porque nasce e a pessoa jurídica nasce porque se registra".

Na forma da Lei n. 6.015, de 31 de dezembro de 1973, o prazo para registro de nascimento é de quinze dias, ampliável para 45 dias (no caso de impedimento do pai) ou até três meses (em lugares distantes mais de 30 km da sede do cartório), conforme se vislumbra dos seus arts. 50 a 52. O descumprimento desse prazo não importa em impossibilidade de registro extemporâneo do nascimento[87]. Na hipótese de registro tardio, duas consequências básicas advirão: a obrigatoriedade do registro no domicílio da

---

[87] A Lei n. 9.465, de 7 de julho de 1997, por exemplo, dispõe sobre o fornecimento gratuito de registro extemporâneo de nascimento, quando destinado à obtenção de Carteira de Trabalho e Previdência Social. Já a LRP estabelece, em seu art. 30 – em função da alteração determinada pela Lei n. 9.534/97 –, que "Não serão cobrados emolumentos pelo registro civil de nascimento e pelo assento de óbito, bem como pela primeira certidão respectiva", sendo que, pelo § 1.º, os "reconhecidamente pobres estão isentos de pagamento de emolumentos pelas demais certidões extraídas pelo cartório de registro civil".

residência do interessado e a necessidade de um requerimento que deverá ser assinado por duas testemunhas[88].

Sobre a obrigatoriedade de proceder à declaração, o mesmo diploma legal apresenta um rol de sujeitos legitimados, mostrando a importância de tal encargo, a saber, *in verbis*:

"Art. 52. São obrigados a fazer a declaração de nascimento:

1.º) o pai;

2.º) em falta ou impedimento do pai, a mãe, sendo neste caso o prazo para declaração prorrogado por 45 (quarenta e cinco) dias;

3.º) no impedimento de ambos, o parente mais próximo, sendo maior e achando-se presente;

4.º) em falta ou impedimento do parente referido no número anterior, os administradores de hospitais ou médicos e parteiras, que tiverem assistido o parto;

5.º) pessoa idônea da casa em que ocorrer, sendo fora da residência da mãe;

6.º) finalmente, as pessoas (*Vetado*) encarregadas da guarda do menor.

§ 1.º Quando o oficial tiver motivo para duvidar da declaração, poderá ir à casa do recém-nascido verificar a sua existência, ou exigir atestação de médico ou parteira que tiver assistido o parto, ou o testemunho de duas pessoas que não forem os pais e tiverem visto o recém-nascido.

§ 2.º Tratando-se de registro fora do prazo legal, o oficial, em caso de dúvida, poderá requerer ao juiz as providências que forem cabíveis para esclarecimento do fato".

"O registrador civil", pontifica WALTER CENEVIVA, "é sujeito, para o lançamento dos assentos a seu cargo, às normas estaduais definidoras da circunscrição geográfica atribuída à serventia de que é titular, mas, a contar de abril de 1997, passou a atentar para os efeitos que, eventualmente, repercutam em seu serviço, embora estranhos a este, relativos à instituição do Cadastro Nacional de Registro de Identificação Civil, destinado a conter o número único de registro civil, acompanhado dos dados de identificação de cada cidadão"[89].

---

[88] Lei n. 6.015/73: "Art. 46. As declarações de nascimento feitas após o decurso do prazo legal serão registradas no lugar de residência do interessado. (*Redação dada pela Lei n. 11.790, de 2008.*)

§ 1.º O requerimento de registro será assinado por 2 (duas) testemunhas, sob as penas da lei. (*Redação dada pela Lei n. 11.790, de 2008.*)

§ 2.º (*Revogado pela Lei n. 10.215, de 6-4-2001.*)

§ 3.º O oficial do Registro Civil, se suspeitar da falsidade da declaração, poderá exigir prova suficiente. (*Redação dada pela Lei n. 11.790, de 2008.*)

§ 4.º Persistindo a suspeita, o oficial encaminhará os autos ao juízo competente. (*Redação dada pela Lei n. 11.790, de 2008.*)

§ 5.º Se o juiz não fixar prazo menor, o oficial deverá lavrar o assento dentro em 5 (cinco) dias, sob pena de pagar multa correspondente a 1 (um) salário mínimo da região.

§ 6.º Os órgãos do Poder Executivo e do Poder Judiciário detentores de bases biométricas poderão franquear ao oficial de registro civil de pessoas naturais acesso às bases para fins de conferência por ocasião do registro tardio de nascimento."

[89] Walter Ceneviva, ob. cit., p. 78.

O Código Civil de 2002, seguindo a diretriz do art. 12 do Código de 1916, elenca, em seus arts. 9.º e 10, os atos que deverão ser *registrados e averbados em registro público*, referentes à existência da pessoa natural:

"Art. 9.º Serão registrados em registro público:

I – os nascimentos, casamentos e óbitos;

II – a emancipação por outorga dos pais ou por sentença do juiz;

III – a interdição por incapacidade absoluta ou relativa;

IV – a sentença declaratória de ausência ou de morte presumida.

Art. 10. Far-se-á averbação em registro público:

I – das sentenças que decretarem a nulidade ou anulação do casamento, o divórcio, a separação judicial e o restabelecimento da sociedade conjugal;

II – dos atos judiciais ou extrajudiciais que declararem ou reconhecerem a filiação".

A palavra *inscrição*, assim como a expressão *transcrição* (tantas vezes referida no CC/1916), podem ser entendidas com o sentido de *registro*, não se confundindo, outrossim, com a expressão *averbação*. Esta última traduz uma modificação ou alteração no estado civil da pessoa (a sentença de separação judicial, por exemplo, deverá ser averbada, na forma do art. 100 da Lei de Registros Públicos, à margem do registro civil do casamento).

7. EXTINÇÃO DA PESSOA NATURAL

Termina a existência da pessoa natural com a morte (art. 6.º do CC/2002).

Em geral, a parada do sistema cardiorrespiratório com a cessação das funções vitais indica o falecimento do indivíduo. Tal aferição, permeada de dificuldades técnicas, deverá ser feita por médico, com base em seus conhecimentos clínicos e de tanatologia[90], sendo mais utilizada, nos dias de hoje, dado o seu caráter irreversível, como critério científico para a constatação do perecimento, a morte encefálica.

A morte deverá ser atestada por profissional da Medicina, ressalvada a possibilidade de duas testemunhas o fazerem se faltar o especialista, sendo o fato levado a registro, nos termos dos arts. 77 a 88 da Lei de Registros Públicos.

Dentre os seus efeitos, apontam-se: a extinção do poder familiar, a dissolução do vínculo conjugal, a abertura da sucessão, a extinção de contrato personalíssimo etc.[91].

Vale notar, ainda, que existem direitos da personalidade cujo raio de atuação e eficácia projeta-se *post mortem*[92].

---

[90] Maria Helena Diniz observa que "a noção comum de morte tem sido a ocorrência de parada cardíaca prolongada e a ausência de respiração, ou seja, a cessação total e permanente das funções vitais, mas, para efeito de transplante, tem a lei considerado a morte encefálica, mesmo que os demais órgãos estejam em pleno funcionamento, ainda que ativados por drogas" (*O Estado Atual do Biodireito*, São Paulo: Saraiva, 2001, p. 266-7).

[91] Carlos Alberto Bittar, *Curso de Direito Civil*, Rio de Janeiro: Forense Universitária, 1994, v. 1, p. 82.

[92] Nesse sentido, Elimar Szaniawski: "A personalidade termina com a morte da pessoa natural, segundo expressão do pensamento universal, *mors omnia solvit*. Consequentemente, deixaria de existir sobre o cadáver qualquer direito como emanação da personalidade humana. Mas o Direito tem se

Cuida-se aqui da morte real, como extinção do sopro de vida no ser humano, e não da morte civil (o desterro, por exemplo), que foi proscrita do nosso ordenamento.

Vejamos, porém, as acepções que a expressão *morte*, do ponto de vista jurídico, também pode possuir.

7.1. Morte civil

A concepção de *morte civil* era admitida, em tempos idos, como fator extintivo da personalidade em condenados a penas perpétuas ou religiosos.

Todavia, a ideia de que um indivíduo, reconhecidamente vivo, pudesse ser tratado como se morto fosse repugna o mais comezinho sentimento de dignidade da pessoa humana, o que deve ser profundamente repudiado.

Contudo, conforme noticia MARIA HELENA DINIZ:

> "Há alguns resquícios de morte civil na nossa ordenação jurídica, p. ex., no já revogado art. 157 do Código Comercial, como causa de extinção do mandato mercantil, que nunca vigorou no Brasil, e no art. 1.816 do Código Civil, segundo o qual são pessoais os efeitos da exclusão da herança por indignidade. Os descendentes do herdeiro excluído sucedem, como se ele morto fosse; no Decreto-lei n. 3.038/41, art. 7.º, e Lei n. 6.880/80, art. 130, que dispõem que uma vez declarado indigno do oficialato, ou com ele incompatível, perderá o militar o seu posto e patente, ressalvado à sua família o direito à percepção de suas pensões"[93].

7.2. Morte presumida

O Código Civil admite a *morte presumida, quanto aos ausentes, nos casos em que a lei autoriza a abertura da sucessão definitiva (art. 6.º do CC/2002).*

Note-se que a mesma lei, em seu art. 9.º, IV, determina a inscrição da *sentença declaratória de ausência e de morte presumida.*

Enquanto não houver o reconhecimento judicial de sua morte presumida, *nos casos em que se admite a sucessão definitiva,* os bens do ausente não serão definitivamente transferidos para os seus sucessores.

Mas a *declaração de morte presumida* não ocorre apenas em caso de ausência. A lei enumera outras hipóteses, em seu art. 7.º, I e II:

> "Art. 7.º Pode ser declarada a morte presumida, sem decretação de ausência:
>
> I – se for extremamente provável a morte de quem estava em perigo de vida;

---

ocupado em proteger o corpo humano após a morte no sentido de lhe dar um destino onde se mantenha sua dignidade" (*Direitos de Personalidade e sua Tutela*, São Paulo: RT, 1993, p. 303). Também Carlos Alberto Bittar: "Não obstante as várias posições doutrinárias, nem sempre convergentes, entendemos tranquila a inserção da matéria dentro da teoria em análise, como prolongamento do direito ao corpo vivo. Daí a possibilidade de disposição pelo interessado, em declaração que produzirá efeitos *post mortem*, conforme se tem assentado na doutrina" (*Os Direitos da Personalidade*, 3. ed., Rio de Janeiro: Forense, 1999, p. 87).

[93] Maria Helena Diniz, *Curso de Direito Civil Brasileiro*, 36. ed., São Paulo: Saraiva, 2019, v. 1, p. 266. ob. cit., p. 136.

II – se alguém, desaparecido em campanha ou feito prisioneiro, não for encontrado até dois anos após o término da guerra.

Parágrafo único. A declaração de morte presumida, nesses casos, somente poderá ser requerida depois de esgotadas as buscas e averiguações, devendo a sentença fixar a data provável do falecimento".

Tais hipóteses também deverão ser formuladas em procedimento específico de justificação, nos termos da Lei de Registros Públicos.

Vejamos, separadamente, essas hipóteses de morte presumida.

7.2.1. Ausência

A ausência é, antes de tudo, um estado de fato, em que uma pessoa desaparece de seu domicílio, sem deixar qualquer notícia.

O CC/1916 elencava os ausentes, *declarados tais por ato do juiz*, como absolutamente incapazes de exercer pessoalmente os atos da vida civil, conforme dispunha o seu art. 5.º, IV.

Tratava-se, sem sombra de dúvida, de terrível equívoco conceitual, pois, na verdade, o que se buscava tutelar era o patrimônio do desaparecido, disciplinando, gradativamente, sua sucessão, sempre com a cautela da possibilidade de retorno. Não havia, portanto, incapacidade por ausência, mas sim uma premência em proteger os interesses do ausente, devido à sua impossibilidade material de cuidar de seus bens e interesses e à incompatibilidade jurídica de conciliar o abandono do domicílio com a conservação de direitos.

Para isso, traçou o Código anterior todo o procedimento nos seus arts. 463/484, tendo havido, inclusive, modificação dos lapsos temporais inicialmente previstos, com a superveniente legislação processual (arts. 1.159/1.169 do Código de Processo Civil de 1973).

Tais dispositivos, por sua vez, foram substituídos, no Código Civil de 2002, pelos vigentes arts. 22 a 39, estando a matéria prevista também nos arts. 744/745 do novo diploma processual brasileiro.

O CC/2002 reconhece a ausência como uma morte presumida, em seu art. 6.º, a partir do momento em que a lei autorizar a abertura de sucessão definitiva.

Para chegar a esse momento, porém, um longo caminho deve ser cumprido, como a seguir veremos.

a) Curadoria dos bens do ausente

Desaparecendo uma pessoa do seu domicílio, sem deixar qualquer notícia, nem representante ou procurador, o fato é que teremos uma massa patrimonial com titular, mas sem quem a administre.

Assim, a requerimento de qualquer interessado direto ou mesmo do Ministério Público, o Poder Judiciário reconhecerá tal circunstância, com a declaração fática da ausência, nomeando curador, que passará a gerir os negócios do ausente até seu eventual retorno, providenciando-se a arrecadação de seus bens para o devido controle[94].

---

[94] Neste sentido, estabelece o art. 744 do Código de Processo Civil de 2015:
"Art. 744. Declarada a ausência nos casos previstos em lei, o juiz mandará arrecadar os bens do ausente e nomear-lhes-á curador na forma estabelecida na Seção VI, observando-se o disposto em lei".

Na mesma situação se enquadrará aquele que, tendo deixado mandatário, este último se encontre impossibilitado, física ou juridicamente (quando seus poderes outorgados forem insuficientes), ou simplesmente não tenha interesse em exercer o múnus.

Na nomeação do curador, o juiz deve, necessariamente, fixar-lhe os poderes e obrigações, estando aquele equiparado aos tutores e curadores de incapazes.

Observe-se que essa nomeação não é discricionária, estabelecendo a lei uma ordem legal estrita e sucessiva, no caso de impossibilidade do anterior, a saber:

1) o cônjuge do ausente, se não estiver separado judicialmente, ou de fato por mais de dois anos antes da declaração da ausência;

2) pais do ausente (destaque-se que a referência é somente aos genitores, e não aos ascendentes em geral);

3) descendentes do ausente, preferindo os mais próximos aos mais remotos;

4) qualquer pessoa à escolha do magistrado.

b) Sucessão provisória

Decorrido um ano da arrecadação dos bens do ausente, ou, se ele deixou representante ou procurador, em se passando três anos[95], poderão os interessados requerer que se declare, efetiva e formalmente, a ausência e se abra provisoriamente a sucessão.

Observe-se que este prazo de um ano, previsto na legislação de direito material, serve para a publicação bimestral de editais, com o objetivo de anunciar, da forma mais ampla possível, a arrecadação dos bens, chamando o ausente a entrar em sua posse[96].

É somente após esse prazo que os interessados poderão requerer a abertura da sucessão provisória[97].

A ideia de provisoriedade da sucessão é uma cautela que se exige, ainda que se anteveja o provável falecimento real do ausente, uma vez que não se tem, realmente, ainda, certeza de tal fato.

Por isso mesmo, cerca-se o legislador da exigência de garantia da restituição dos bens, em cuja posse os herdeiros se imitirem provisoriamente, mediante a apresentação de penhores ou hipotecas equivalentes aos quinhões respectivos, valendo-se destacar, inclusive, que o § 1.º do art. 30 estabelece que aquele "que tiver direito à posse provisória, mas não puder prestar a garantia exigida neste artigo, será excluído, mantendo-se os bens que lhe

---

[95] Esta segunda hipótese se limita à previsão do art. 23 do CC/2002: "Também se declarará a ausência, e se nomeará curador, quando o ausente deixar mandatário que não queira ou não possa exercer ou continuar o mandato, ou se os seus poderes forem insuficientes".

[96] Nesse sentido, estabelece o *caput* do art. 745 do Código de Processo Civil de 2015:

"Art. 745. Feita a arrecadação, o juiz mandará publicar editais na rede mundial de computadores, no sítio do tribunal a que estiver vinculado e na plataforma de editais do Conselho Nacional de Justiça, onde permanecerá por 1 (um) ano, ou, não havendo sítio, no órgão oficial e na imprensa da comarca, durante 1 (um) ano, reproduzida de 2 (dois) em 2 (dois) meses, anunciando a arrecadação e chamando o ausente a entrar na posse de seus bens".

[97] Nesse sentido, estabelece o § 1.º do art. 745 do CPC/2015: "§ 1.º Findo o prazo previsto no edital, poderão os interessados requerer a abertura da sucessão provisória, observando-se o disposto em lei".

deviam caber sob a administração do curador, ou de outro herdeiro designado pelo juiz, e que preste essa garantia"[98].

Essa razoável cautela de exigência de garantia é excepcionada, porém, em relação aos ascendentes, descendentes e ao cônjuge, uma vez provada a sua condição de herdeiros (§ 2.º do art. 30), o que pode ser explicado pela particularidade de seu direito, em função dos outros sujeitos legitimados para requerer a abertura da sucessão provisória[99], ao qual se acrescenta o Ministério Público, por força do § 1.º do art. 28 do CC/2002.

Vale destacar que, na forma do § 2.º do art. 745 do CPC/2015, o "interessado, ao requerer a abertura da sucessão provisória, pedirá a citação pessoal dos herdeiros presentes e do curador e, por editais, a dos ausentes para requererem habilitação, na forma dos arts. 689 a 692"[100].

Em todo caso, a provisoriedade da sucessão é evidente na tutela legal, haja vista que é expressamente determinado, por exemplo, que os "imóveis do ausente só se poderão alienar, não sendo por desapropriação, ou hipotecar, quando o ordene o juiz, para lhes evitar a ruína" (art. 31), bem como que, "antes da partilha, o juiz, quando julgar conveniente, ordenará a conversão dos bens móveis, sujeitos a deterioração ou a extravio, em imóveis ou em títulos garantidos pela União" (art. 29).

Um aspecto de natureza processual da mais alta significação na ideia de preservação, ao máximo, do patrimônio do ausente é a estipulação, pelo art. 28, do prazo de 180 dias para produção de efeitos da sentença que determinar a abertura da sucessão provisória, após o que se procederá à abertura do testamento, caso existente, ou ao inventário e partilha dos bens, como se o ausente tivesse falecido.

---

[98] Ressalve-se, todavia, que o art. 34 do CC/2002 admite que o "excluído, segundo o art. 30, da posse provisória poderá, justificando falta de meios, requerer lhe seja entregue metade dos rendimentos do quinhão que lhe tocaria". Na nossa opinião, a norma pode ser interpretada ampliativamente para que sejam entregues, também, os frutos em geral e não somente os rendimentos (frutos civis).

[99] "Art. 27. Para o efeito previsto no artigo anterior, somente se consideram interessados:
I – o cônjuge não separado judicialmente;
II – os herdeiros presumidos, legítimos ou testamentários;
III – os que tiverem sobre os bens do ausente direito dependente de sua morte;
IV – os credores de obrigações vencidas e não pagas."

[100] Código de Processo Civil de 2015:
"Art. 689. Proceder-se-á à habilitação nos autos do processo principal, na instância em que estiver, suspendendo-se, a partir de então, o processo.
Art. 690. Recebida a petição, o juiz ordenará a citação dos requeridos para se pronunciarem no prazo de 5 (cinco) dias.
Parágrafo único. A citação será pessoal, se a parte não tiver procurador constituído nos autos.
Art. 691. O juiz decidirá o pedido de habilitação imediatamente, salvo se este for impugnado e houver necessidade de dilação probatória diversa da documental, caso em que determinará que o pedido seja autuado em apartado e disporá sobre a instrução.
Art. 692. Transitada em julgado a sentença de habilitação, o processo principal retomará o seu curso, e cópia da sentença será juntada aos autos respectivos".

Com a posse nos bens do ausente, passam os sucessores provisórios a representar ativa e passivamente o ausente, o que lhes faz dirigir contra si todas as ações pendentes e as que de futuro àquele forem movidas.

Na forma do art. 33, os herdeiros empossados, se descendentes, ascendentes ou cônjuges, terão direito subjetivo a todos os frutos e rendimentos dos bens que lhes couberem, o que não acontecerá com os demais sucessores, que deverão, necessariamente, capitalizar metade desses bens acessórios, com prestação anual de contas ao juiz competente.

Se, durante essa posse provisória, porém, se provar o efetivo falecimento do ausente, converter-se-á a sucessão em definitiva, considerando-se aberta, na data comprovada, em favor dos herdeiros que o eram àquele tempo. Isso, inclusive, pode gerar algumas modificações na situação dos herdeiros provisórios, uma vez que não se pode descartar a hipótese de haver herdeiros sobreviventes na época efetiva do falecimento do desaparecido, mas que não mais estejam vivos quando do processo de sucessão provisória.

c) Sucessão definitiva

Por mais que se queira preservar o patrimônio do ausente, o certo é que a existência de um longo lapso temporal, sem qualquer sinal de vida, reforça as fundadas suspeitas de seu falecimento.

Por isso, presumindo efetivamente o seu falecimento, estabelece a lei o momento próprio e os efeitos da sucessão definitiva.

De fato, dez anos após o trânsito em julgado da sentença de abertura de sucessão provisória, converter-se-á em definitiva – o que, obviamente, dependerá de provocação da manifestação judicial para a retirada dos gravames impostos –, podendo os interessados requerer o levantamento das cauções prestadas.

Essa plausibilidade maior do falecimento presumido é reforçada em função da expectativa média de vida do homem, admitindo o art. 38 a possibilidade de requerimento da sucessão definitiva, "provando-se que o ausente conta oitenta anos de idade, e que de cinco datam as últimas notícias dele".

Se um herdeiro, imitido na posse durante a sucessão provisória, não requerer a sucessão definitiva, mesmo passado lapso temporal superior ao previsto em lei, teremos mera irregularidade, uma vez que, aberta a sucessão provisória, a definitiva é apenas transmudação da natureza da propriedade já transferida provisoriamente.

d) Retorno do ausente

Se é certo que a ausência é uma morte presumida, o fato é que não se pode descartar a possibilidade de eventual retorno do ausente.

Se este aparece na fase de arrecadação de bens, não há qualquer prejuízo ao seu patrimônio, continuando ele a gozar plenamente de todos os seus bens.

Se já tiver sido aberta a sucessão provisória, a prova de que a ausência foi voluntária e injustificada faz com que o ausente perca, em favor do sucessor provisório, sua parte nos frutos e rendimento (art. 33, parágrafo único). Em função, porém, da provisoriedade da sucessão, o seu reaparecimento faz cessar imediatamente todas as vantagens dos sucessores imitidos na posse, que ficam obrigados a tomar medidas assecuratórias precisas até a entrega dos bens a seu titular (art. 36).

Se a sucessão, todavia, já for definitiva, terá o ausente direito aos seus bens, se ainda incólumes, não respondendo os sucessores havidos pela sua integridade, conforme se verifica no art. 39, nos seguintes termos:

> "Art. 39. Regressando o ausente nos dez anos seguintes à abertura da sucessão definitiva, ou algum de seus descendentes ou ascendentes, aquele ou estes haverão só os bens existentes no estado em que se acharem, os sub-rogados em seu lugar, ou o preço que os herdeiros e demais interessados houverem recebido pelos bens alienados depois daquele tempo.
>
> Parágrafo único. Se, nos dez anos a que se refere este artigo, o ausente não regressar, e nenhum interessado promover a sucessão definitiva, os bens arrecadados passarão ao domínio do Município ou do Distrito Federal, se localizados nas respectivas circunscrições, incorporando-se ao domínio da União, quando situados em território federal".

Saliente-se que o § 4.º do art. 745, do CPC/2015, estabelece que "regressando "o ausente ou algum de seus descendentes ou ascendentes para requerer ao juiz a entrega de bens, serão citados para contestar o pedido os sucessores provisórios ou definitivos, o Ministério Público e o representante da Fazenda Pública, seguindo-se o procedimento comum", o que é medida das mais razoáveis, na salvaguarda dos interesses envolvidos.

e) Ausência e dissolução do casamento

Situação interessante diz respeito ao efeito dissolutório do casamento, decorrente da ausência, admitido pelo novo Código Civil, em seu art. 1.571, § 1.º:

> "§ 1.º O casamento válido só se dissolve pela morte de um dos cônjuges ou pelo divórcio, aplicando-se a presunção estabelecida neste Código quanto ao ausente".

Esta forma de extinção não existia na codificação anterior, e restou bem observada pelo inteligente professor e amigo CRISTIANO FARIAS: "A grande novidade da Codificação quanto à disciplina jurídica do ausente é o reconhecimento de efeitos pessoais decorrentes da ausência, ao lado da tradicional proteção patrimonial"[101].

Em nosso sentir, o reconhecimento da dissolução do vínculo por essa forma somente se dará após a *abertura da sucessão definitiva do ausente*, por força da última parte do supratranscrito § 1.º, que faz referência à "presunção estabelecida por este Código para o ausente" (*vide* art. 6.º). Assim, tendo em vista o lapso temporal para o reconhecimento da sucessão definitiva, poderá ser mais conveniente, para o cônjuge presente, a utilização do divórcio, com a citação do ausente por edital[102].

7.2.2. Justificação de óbito

O art. 88 da LRP consagra um *procedimento de justificação*, com a necessária intervenção do Ministério Público, que tem por finalidade proceder ao *assento do óbito* em hipóteses de campanha militar, desastre ou calamidade, em que não foi possível proceder a exame médico no cadáver:

---

[101] Cristiano Chaves de Farias, *Direito Civil – Teoria Geral*, 2. ed., Rio de Janeiro: Lumen Juris, 2005.
[102] Outras considerações a respeito da matéria podem ser encontradas no volume VI desta coleção, dedicado inteiramente ao "Direito de Família".

> "Art. 88. Poderão os Juízes togados admitir justificação para o assento de óbito de pessoas desaparecidas em naufrágio, inundação, incêndio, terremoto ou qualquer outra catástrofe, quando estiver provada a sua presença no local do desastre e não for possível encontrar-se o cadáver para exame.
>
> Parágrafo único. Será também admitida a justificação no caso de desaparecimento em campanha, provados a impossibilidade de ter sido feito o registro nos termos do art. 85 e os fatos que convençam da ocorrência do óbito".

O CC/2002, em verdade, em seu art. 7.º, I e II, apenas amplia, generalizando tais hipóteses de morte presumida, que, de forma bastante coerente, somente pode ser requerida "depois de esgotadas as buscas e averiguações, devendo a sentença fixar a data provável do falecimento".

O procedimento judicial para essa declaração de morte presumida se dá da mesma forma que a produção antecipada da prova, conforme estabelecido pelo § 5.º do art. 381, do CPC/2015, aplicável a todas as situações, em que se pretender *justificar a existência de algum fato ou relação jurídica, seja para simples documento e sem caráter contencioso, seja para servir de prova em processo regular*[103].

Registre-se que, na forma propugnada pelo Enunciado 614 da VIII Jornada de Direito Civil da Justiça Federal, "os efeitos patrimoniais da presunção de morte posterior à declaração da ausência são aplicáveis aos casos do art. 7.º, **de modo que, se o presumivelmente morto reaparecer nos dez anos seguintes à abertura da sucessão, receberá igualmente os bens existentes no estado em que se acharem**".

Por fim, acrescente-se especial situação de morte presumida sem declaração de ausência[104], referente a pessoas desaparecidas em razão de participação, ou acusação de participação, em atividades políticas, no período de 2 de setembro de 1961 a 15 de agosto de 1979:

> "Art. 1.º São reconhecidos como mortas, para todos os efeitos legais, as pessoas que tenham participado, ou tenham sido acusadas de participação, em atividades políticas, no período de 2 de setembro de 1961 a 5 de outubro de 1988, e que, por este motivo, tenham sido detidas por agentes públicos, achando-se, deste então, desaparecidas, sem que delas haja notícias".

7.3. Morte simultânea (comoriência)

A situação jurídica da *comoriência* vem prevista no art. 8.º do CC/2002, nos seguintes termos:

> "Art. 8.º Se dois ou mais indivíduos falecerem na mesma ocasião, não se podendo averiguar se algum dos comorientes precedeu aos outros, presumir-se-ão simultaneamente mortos".

O Código Civil francês, originalmente, buscou seguir em seus arts. 721 e 722 a tendência do Direito Romano, estabelecendo regras e presunções para fixar o momento da morte dos comorientes: *se os falecidos eram menores de quinze anos, presume-se que o mais velho*

---

[103] A título de complementação, vale destacar a Súmula 331 do Supremo Tribunal Federal, que preceitua que "É legítima a incidência do imposto de transmissão 'causa mortis' no inventário por morte presumida".

[104] Flávio Tartuce, *Direito Civil – Lei de Introdução e Parte Geral*, 17. ed., Rio de Janeiro: Forense, 2021, p. 239.

sobreviveu; se tinham todos mais de sessenta anos, a presunção é de sobrevida do mais novo; se uns têm menos de quinze, e outros mais de sessenta, a presunção de sobrevivência é em favor dos primeiros; entre os quinze e os sessenta anos, a presunção, entre pessoas do mesmo sexo, é a sobrevivência do mais novo, e, se forem de sexos opostos, do homem, quando tiverem a mesma idade ou a diferença não exceder de um ano[105].

Tais critérios, desprovidos de fundamentação científica, não convencem.

É melhor a solução do Código Civil brasileiro.

No caso de *não se poder precisar a ordem cronológica das mortes dos comorientes*, a lei firmará a presunção de *haverem falecido no mesmo instante*, o que acarreta importantes consequências práticas.

Tome-se o exemplo de João e Maria, casados entre si, sem descendentes ou ascendentes vivos. Falecem por ocasião do mesmo acidente. Pedro, primo de João, e Marcos, primo de Maria, concorrem à herança dos falecidos. Se a perícia atestar que João faleceu dez minutos antes de Maria, a herança daquele, à luz do *princípio da saisine e pela ordem de vocação legal,* seria transferida para a sua esposa e, posteriormente, após se agregar ao patrimônio dela, arrecadada por Marcos. A solução inversa ocorreria se Maria falecesse antes de João. Ora, em caso de falecimento *sem possibilidade de fixação do instante das mortes*, firma a lei presunção de óbito simultâneo, o que determinará a *abertura de cadeias sucessórias distintas*. Assim, nessa hipótese, não sendo os comorientes considerados sucessores entre si, não haverá transferência de bens entre eles, de maneira que Pedro e Marcos arrecadarão a meação pertencente a cada sucedido.

Indiscutivelmente, é a solução mais justa[106].

Nesse sentido, a respeito da comoriência, consultem-se os seguintes julgados:

"Inventário. Habilitação. *Comoriência*. Não havendo prova da precedência das mortes, a presunção legal é a da *comoriência*, ou seja, da simultaneidade dos falecimentos, não havendo transmissão de direitos entre os comorientes. Agravo de instrumento desprovido" (TJRS, 8.ª Câm. Cív., AI 70005129416, Rel. Des. José Ataídes Siqueira Trindade, j. 28-11-2002).

"Inventário. *Comoriência*. Indenização decorrente de seguro de vida. Tendo o casal e os filhos falecido simultaneamente, vítimas de acidente automobilístico, não se operou sucessão entre aqueles, nem entre aqueles e estes. Assim, a indenização decorrente de apólice de seguro de

---

[105] Cf. Caio Mário da Silva Pereira, ob. cit., p. 149.
[106] Nesse sentido, o próprio sistema francês foi modificado pela Lei n. 1.135/2001, de 3/12/2001, aproximando-se do sistema brasileiro, ao inserir o novel art. 725-1, com a seguinte redação:

"Article 725-1

(inséré par Loi n. 2001-1135 du 3 décembre 2001, art. 19, Journal Officiel du 4 décembre 2001 en vigueur le 1er juillet 2002)

Lorsque deux personnes, dont l'une avait vocation à succéder à l'autre, périssent dans un même événement, l'ordre des décès est établi par tous moyens.

Si cet ordre ne peut être déterminé, la succession de chacune d'elles est dévolue sans que l'autre y soit appelée.

Toutefois, si l'un des codécédés laisse des descendants, ceux-ci peuvent représenter leur auteur dans la succession de l'autre lorsque la représentation est admise".

vida em grupo, em que os consortes constavam reciprocamente como beneficiários, é de ser paga de forma rateada aos herdeiros de ambos. Agravo improvido" (TJRS, 7.ª Câm. Cív., AI 598569952, Rel. Des. Maria Berenice Dias, j. 17-3-1999).

"Apelação Cível. Execução de título extrajudicial. Contrato de seguro em grupo. Cláusula suplementar de inclusão do cônjuge. Título executivo. Art. 585, III e VII, do CPC, combinado com art. 27 do Decreto-Lei n. 7.366. Comoriência. Legitimidade. Planilha do débito. Atualização do débito. TR. Juros moratórios. Termo inicial. Recurso parcialmente provido. 1. Quer pelo disposto no art. 585, III, do CPC, quer aplicando-se o art. 585, VII, do CPC, cumulado com o art. 27 do Decreto-Lei n. 7.366, é plenamente possível a cobrança dos prêmios de seguro via processo de execução. 2. A obrigação de indenizar não decorre do prêmio devido pelo falecimento da principal segurada, mas da ausência da demonstração de ser ela premorta em relação ao seu cônjuge. 3. O que se deu foi solução diversa da pretendida pelo apelante e não desconsideração do que fora contratado. 4. A sentença atacada em momento algum se baseou no Código de Defesa do Consumidor ou dele tratou. Ademais, a matéria, por não ter sido objeto de discussão em Primeiro Grau, não pode ser revista neste Tribunal, sob pena de supressão de instância e desrespeito ao princípio do duplo grau de jurisdição. 5. 'd) finalmente, aquele que pretenda fundar um direito sobre a sobrevivência de um ou de outro terá de arcar com o ônus probatório. E a prova há de ser cabal e completa. Como decidiu o TJRJ, 'somente a prova absoluta de premoriência tem o mérito de afastar a presunção *juris tantum* de comoriência estabelecida por expressa disposição de lei' (*Arquivo Judiciário*, 120134)' (Monteiro, Washington de Barros, *Revista Jurídica* n. 149, março de 1990, pág. 78). 6. Ocorrendo o fenômeno da comoriência, inexiste a transmissão de direitos hereditários entre os comorientes, mas não há impedimento de que tal ocorra em relação aos herdeiros. 7. Eventuais imperfeições no demonstrativo do débito não são razões para extinguir a execução, pois foi suficiente para possibilitar a defesa, além de que o eventual sucesso nos embargos importa na correção de equívoco, se existente. 8. A TR, como se sabe, tem natureza de taxa de juros e não de atualização monetária, não podendo, por este motivo, ser utilizada como tal. 9. Os juros de mora são devidos desde o momento da recusa do pagamento" (TAPR, 8.ª Câm. Cív., Ac. 16.882, Proc. 0235.799-5, Rel. Juiz Hélio Henrique Lopes Fernandes Lima, j. 14-10-2003).

Capítulo V
Direitos da Personalidade

Sumário: 1. Importância da matéria. 2. Conceito e denominação. 3. Natureza dos direitos da personalidade. 4. A construção da teoria dos direitos da personalidade e das liberdades públicas. 5. Titularidade. 6. Características dos direitos da personalidade. 6.1. Caráter absoluto. 6.2. Generalidade. 6.3. Extrapatrimonialidade. 6.4. Indisponibilidade. 6.5. Imprescritibilidade. 6.6. Impenhorabilidade. 6.7. Vitaliciedade. 7. Classificação dos direitos da personalidade. 7.1. Direito à vida. 7.2. Direito à integridade física. 7.2.1. Direito ao corpo humano: a) Direito ao corpo vivo; b) Direito ao corpo morto (cadáver). 7.2.2. Direito à voz. 7.3. Direito à integridade psíquica. 7.3.1. Direito à liberdade. 7.3.2. Direito à liberdade de pensamento. 7.3.3. Direito às criações intelectuais (autoria científica, artística e literária). 7.3.4. Direito à privacidade. 7.3.5. Direito ao segredo pessoal, profissional e doméstico. 7.4. Direito à integridade moral. 7.4.1. Direito à honra. 7.4.2. Direito à imagem. 7.4.3. Direito à identidade. 8. A proteção dos direitos da personalidade.

1. IMPORTÂNCIA DA MATÉRIA[1]

O homem não deve ser protegido somente em seu patrimônio, mas, principalmente, em sua essência.

Uma das principais inovações da Parte Geral do Código Civil de 2002 é, justamente, a existência de um capítulo próprio destinado aos direitos da personalidade.

Trata-se de um dos sintomas da modificação axiológica da codificação brasileira, que deixa de ter um perfil essencialmente patrimonial, característico do Código Civil de 1916, concebido para uma sociedade agrária, tradicionalista e conservadora, para se preocupar substancialmente com o indivíduo, em perfeita sintonia com o espírito da Constituição Cidadã de 1988.

Somente por tais circunstâncias já se pode vislumbrar a importância da matéria: a *previsão legal dos direitos da personalidade dignifica o homem*.

Mas, afinal de contas, que se entende por direitos da personalidade?

É o que veremos no próximo tópico.

2. CONCEITO E DENOMINAÇÃO

Conceituam-se os *direitos da personalidade* como *aqueles que têm por objeto os atributos físicos, psíquicos e morais da pessoa em si e em suas projeções sociais.*

A ideia a nortear a disciplina dos direitos da personalidade é a de uma esfera extrapatrimonial do indivíduo, em que o sujeito tem reconhecidamente tutelada pela ordem

---

[1] Sobre o tema, recomendamos ao nosso leitor duas importantes obras: Mônica Neves Aguiar da Silva Castro, *Honra, Imagem, Vida Privada e Intimidade em Colisão com Outros Direitos*, Renovar, 2002; e Roxana Borges, *Disponibilidade dos Direitos da Personalidade e Autonomia Privada*, Saraiva, 2005.

jurídica uma série indeterminada de valores não redutíveis pecuniariamente, como a vida, a integridade física, a intimidade, a honra, entre outros.

A matéria está, como já se disse, agora prevista expressamente pelo CC/2002, no Capítulo II do Livro I, Título I, da sua Parte Geral, havendo sido adotada a mencionada denominação, que é, inclusive, a preferida pela doutrina nacional[2].

Há, todavia, especialmente na doutrina estrangeira, a adoção de outras denominações. Confiram-se algumas: "direitos essenciais da pessoa" ou "direitos subjetivos essenciais" (por TOBEÑAS); "direitos à personalidade", "direitos essenciais" ou "direitos fundamentais da pessoa" (RAVÀ, GANGI); "direitos sobre a própria pessoa" (WINDSCHEID, CAMPOGRANDE); "direitos individuais" (KOHLER, GAREIS); "direitos pessoais" (WACHTER, BRUNS); "direitos personalíssimos" (PUGLIATTI, ROTONDI).

Por uma questão de uniformidade técnica, buscaremos utilizar a expressão consagrada pela legislação nacional, evitando, na medida do possível e do estilo redacional, valer-nos das expressões mencionadas.

3. NATUREZA DOS DIREITOS DA PERSONALIDADE

Muito já se discutiu, na doutrina especializada, sobre a natureza dos direitos da personalidade.

De fato, sua própria existência como direito subjetivo foi negada, em passado recente, através de trabalhos acadêmicos de juristas de escol[3], sob o argumento de que não poderia haver *direito do homem sobre a própria pessoa*, pois isso justificaria, em *ultima ratio*, o suicídio.

Tal assertiva não é mais aceitável, pelo seu indisfarçável extremismo, pois importa em desprezar a própria finalidade do direito.

Na precisa crítica de LIMONGI FRANÇA, "o direito existe para que a pessoa, em meio à vida social, seja aquinhoada segundo a justiça com os bens necessários à consecução dos seus fins naturais. Ora, o extermínio da vida pelo suicídio é a própria negação disso, é a coarctação da causa final pelo direito"[4].

Por outro lado, na atualidade, prevalece a tese do reconhecimento concreto de tais direitos, discutindo-se, todavia, a sua natureza.

A tese dominante é de que se trata de *poderes que o homem exerce sobre a sua própria pessoa*[5].

---

[2] Elencam-se, entre os brasileiros que têm predileção por tal expressão, Carlos Alberto Bittar, Orlando Gomes, Rubens Limongi França, José Carlos Moreira Alves, Josaphat Marinho, Antônio Chaves, Orozimbo Nonato e Anacleto de Oliveira Faria. Entre os estrangeiros, destacam-se Adriano De Cupis, Gierke e Ferrara.
[3] Entre os quais se destacam Thon, Unger, Jellinek, Ennecerus, Crome, Oertmann, Von Tuhr, Ravà, Simoncelli, Cabral de Moncada e Orgaz.
[4] R. Limongi França, *Instituições de Direito Civil*, 5. ed., São Paulo: Saraiva, 1999, p. 936.
[5] Ressalte-se, porém, que há quem entenda, como Ferrara e Vanni, que se trata de *direitos sem sujeito*, não se devendo buscá-los na pessoa, mas sim nos demais indivíduos que os devem respeitar.

Na melhor monografia brasileira sobre o tema, ensina CARLOS ALBERTO BITTAR que o

> "objeto desses direitos encontra-se nos bens constituídos, conforme Tobeñas, por determinados atributos ou qualidades físicas ou morais do homem, individualizados pelo ordenamento jurídico e que apresentam caráter dogmático. Assim é que têm sido considerados, em todos os países, pela doutrina, como na Itália: Ferrara, Venzi, Ruggiero, Pacifici-Mazzoni, Coviello, Gangi, Messineo, De Cupis, Rotondi e Degni; na França: Planiol, Ripert, Boulanger, Lindon; em Portugal: Pires de Lima e Antunes Varela; na Espanha: Martin Ballestero; no Brasil: Limongi França, Orlando Gomes, Milton Fernandes e outros tantos autores"[6].

Nessa mesma linha, ORLANDO GOMES afirma que tais direitos não têm por objeto a *própria personalidade,* não obstante *recaiam em* "manifestações especiais de suas projeções, consideradas dignas de tutela jurídica, principalmente no sentido de que devem ser resguardadas de qualquer ofensa"[7].

Portanto, os direitos da personalidade têm por objeto as projeções *físicas, psíquicas e morais do homem,* considerado em si mesmo, e em sociedade.

Acerca dos fundamentos jurídicos desses direitos, dois grupos bem distintos se digladiam:

a) a corrente positivista;

b) a corrente jusnaturalista.

A primeira corrente toma por base a ideia de que os direitos da personalidade devem ser somente aqueles reconhecidos pelo Estado, que lhes daria força jurídica. Não aceitam, portanto, a existência de direitos inatos à condição humana.

GUSTAVO TEPEDINO, citando PERLINGIERI, defende este posicionamento:

> "os direitos do homem, para ter uma efetiva tutela jurídica, devem encontrar o seu fundamento na norma positiva. O direito positivo é o único fundamento jurídico da tutela da personalidade; a ética, a religião, a história, a política, a ideologia, são apenas aspectos de uma idêntica realidade (...) a norma é, também ela, noção histórica"[8].

Já a segunda linha de pensamento destaca que os direitos da personalidade correspondem às faculdades exercitadas naturalmente pelo homem, verdadeiros atributos inerentes à condição humana. Tal visão, fortemente influenciada pelo *jusnaturalismo,* tem encontrado respaldo na doutrina, propugnando os seus defensores que, por se tratar de direitos inatos, caberia "ao Estado apenas reconhecê-los e sancioná-los em um ou outro plano do direito positivo – em nível constitucional ou em nível de legislação ordinária –, dotando-os de proteção própria, conforme o tipo de relacionamento a que se volte, a saber: contra o arbítrio do poder público ou as incursões de particulares"[9].

Independentemente da linha adotada, o importante é compreender que a dimensão cultural do Direito, como criação do homem para o homem, deve sempre conservar um

---

[6] Carlos Alberto Bittar, *Os Direitos da Personalidade*, 3. ed., Rio de Janeiro: Forense, 1999, p. 5.

[7] Orlando Gomes, *Introdução ao Direito Civil*, 10. ed., Rio de Janeiro: Forense, 1993, p. 156.

[8] Gustavo Tepedino, *Temas de Direito Civil*, 2. ed., Rio de Janeiro: Renovar, 2001, p. 39.

[9] Carlos Alberto Bittar, ob. cit., p. 7.

conteúdo mínimo de atributos que preservem essa própria condição humana como um valor a ser tutelado.

Interessante, por isso, é o posicionamento de PIETRO PERLINGIERI, fundamentado originalmente no Direito italiano. Embora adote a corrente juspositivista, defende expressamente a atipicidade dos direitos da personalidade (o que se mostra importantíssimo pelo fato de o ordenamento italiano ter optado pela enumeração dos direitos da personalidade, em vez de ter estabelecido uma cláusula geral). Assim, a personalidade é vista como um *valor* a ser protegido juridicamente, mesmo estando em constante evolução. Haveria, assim, um *direito geral da personalidade*, atípico, semelhante ao previsto no art. 28 do Código Civil suíço, pelo que se vislumbra uma concepção aberta dos direitos da personalidade, notadamente na seguinte passagem:

> "Onde o objeto da tutela é a pessoa, a perspectiva deve mudar; torna-se necessidade lógica reconhecer, pela especial natureza do interesse protegido, que é justamente a pessoa a constituir ao mesmo tempo o sujeito titular do direito e o ponto de referência objetivo de relação. A tutela da pessoa não pode ser fracionada em isoladas *fattispecie* concretas, em autônomas hipóteses não comunicáveis entre si, mas deve ser apresentada como problema unitário, dado o seu fundamento representado pela unidade do valor da pessoa. Este não pode ser dividido em tantos interesses, em tantos bens, em isoladas ocasiões, como nas teorias atomísticas.
>
> (...)
>
> Nenhuma previsão especial pode ser exaustiva e deixaria de fora algumas manifestações e exigências da pessoa que, mesmo com o progredir da sociedade, exigem uma consideração positiva. (...) O juiz não poderá negar tutela a quem peça garantias sobre um aspecto da sua existência que não tem previsão específica, porque aquele interesse já tem uma relevância ao nível de ordenamento e, portanto, uma tutela também em via judicial"[10].

Em artigo inédito a que tivemos a honra de ter acesso, *"O embrião não implantado 'in utero' como sujeito de direito"*, aponta FREDIE DIDIER JR.:

> "É necessário visualizar a utilidade da discussão, para que se não torne bizantina. Identificamo-la em dois aspectos:
>
> a) a questão da tipicidade dos direitos da personalidade;
>
> b) a questão da possibilidade de o Estado-legislador poder dizer o que é e o que não é direito da personalidade: se os direitos da personalidade são universais ou relativos.
>
> Primeiramente, indaga-se se o rol dos direitos da personalidade é exaustivo. Induvidosamente, a opção pela corrente jusnaturalista confere uma elasticidade maior na investigação da natureza de certas situações que, não imaginadas pela mente humana, ao tempo da 'declaração de direitos', surgem como manifestação da evolução científica e tecnológica por que passa a sociedade e causam perplexidades, como o caso de que ora tratamos. A não exaustividade dos direitos da personalidade, portanto, é ponto de partida ineliminável. Como os jusnaturalistas partem da premissa de proteção ao homem enquanto ser natural, fica 'mais fácil' enquadrar juridicamente aquelas 'situações inusitadas' em algum molde de proteção jurídica da pessoa, tendo em vista a alta carga axiológica que marca o Direito Natural. Talvez não seja outro o motivo pelo qual os positivistas defendem a atipicidade dos direitos da pessoa humana.

---

[10] *Perfis do Direito Civil*, 2. ed., Rio de Janeiro: Renovar, 2002, p. 155-6.

Sobre a universalidade dos direitos da personalidade, parece-nos que atualmente há certo consenso. Há um mínimo de direitos, ligados à pessoa humana, que não podem ficar sem a proteção do Estado. Assim, a despeito da existência de previsão legislativa, ou mesmo que haja em lei sentido contrário, é possível afirmar que há determinados direitos que são universais, devem viger em todos os povos, sob todos os céus, sobre todas as terras. Daí a importância das 'declarações de direitos', com pretensões universalizantes. Eis por que as questões das meninas mutiladas africanas e das meninas muçulmanas francesas geram polêmica em todo o planeta, porque em ambos os casos o direito positivo local permite, ao que parece, violação a direitos básicos da pessoa humana (integridade física e dignidade da pessoa humana, respectivamente) que se reputam universais. O direito natural, que também se pretende universal, responde melhor a essa questão. Se adotássemos a concepção juspositivista, certamente teríamos mais dificuldade de combater os horrores nazistas, a mutilação africana ou a 'burqa' afegã"[11].

4. A CONSTRUÇÃO DA TEORIA DOS DIREITOS DA PERSONALIDADE E DAS LIBERDADES PÚBLICAS

O reconhecimento jurídico formal dos direitos da personalidade é relativamente recente, sendo, inclusive, sintomático que somente agora venham a ser consagrados no Código Civil brasileiro[12].

Alguns dos direitos da personalidade, porém, se examinados em relação ao Estado (e não em relação aos outros indivíduos), ingressam no campo das *liberdades públicas*, consagradas pelo Direito Constitucional.

Distinguem-se as duas noções, normalmente, quanto ao plano e ao conteúdo.

No primeiro caso, tem-se que os direitos da personalidade situam-se acima do direito positivo, sendo considerados, em nosso entendimento, inerentes ao homem. Deve o Estado, através das normas positivas, apenas reconhecê-los e protegê-los.

Todavia, mesmo que tal reconhecimento não ocorra, esses direitos continuariam existindo, em função de seu caráter transcendente da natureza humana, ao contrário das

---

[11] Convém, porém, trazer à lembrança a reflexão do jornalista Otávio Frias Filho sobre a questão do véu islâmico: "O véu islâmico é mais ou menos inofensivo, mas o nó da contradição fica mais claro quando do pensamento no hábito de extirpar o clitóris das recém-nascidas, costume ancestral em certas regiões da África subsaariana. Deve ser respeitado como manifestação autêntica de uma cultura milenar? Ou deve ser combatido de todas as formas, porque o direito à integridade do corpo é um valor universal? A maioria de nós se inclina pela segunda opção. Mas qual o limite da interferência? Combater a mutilação feminina é tão diferente assim de outorgar ao Iraque, digamos, uma democracia como a nossa? Nossa cultura confia na ciência para distinguir o que é relativo do que não é. Mas, sempre que pensamos a respeito, novas contradições surgem, e mesmo a confiança na ciência é uma questão de crença" ("Por um véu". *Folha de S. Paulo*, 15-1-2004, p. A2).

[12] A imprecisão doutrinária a respeito da teoria dos direitos da personalidade, cujo reconhecimento pleno só se deu recentemente, é apontado pelo saudoso jurista Walter Moraes: "A doutrina dos direitos da personalidade, cheia ainda de imprecisões, contradições e perplexidades, continua a não dispensar o arrimo retórico para suprir o seu déficit de clareza e coerência" (Concepção Tomista de Pessoa. Um Contributo para a Teoria do Direito da Personalidade, *Revista de Direito Privado*, n. 3, São Paulo: Revista dos Tribunais, jul./set. 2000, p. 188).

chamadas *liberdades públicas,* que dependem necessariamente da positivação para assim serem consideradas.

No que diz respeito ao conteúdo, a diferença é consequência do parâmetro anterior, pois o surgimento de novas liberdades públicas, pertencentes a categorias transindividuais (econômicas e sociais, por exemplo), não se coaduna com o caráter individual dos direitos da personalidade.

Na construção histórica de tais direitos subjetivos, no âmbito privado, é possível vislumbrar algumas iniciativas isoladas de proteção da personalidade.

Na Antiga Grécia, onde a ideia de pessoa começou a ser construída, a tutela da personalidade principia da concepção de *hybris* (excesso, injustiça), que justificava a sanção penal punitiva. A filosofia grega, no desenvolvimento da teoria do *direito natural,* expressão ideal dos valores morais como ordem superior ao *direito positivo,* contribuiu sobremaneira para a compreensão da existência de direitos inatos à personalidade humana.

No Direito Romano, um dos instrumentos de tutela da personalidade consistia na *actio iniuriarum,* criada pelo pretor e concedida à vítima de um delito de *iniuria,* que consistia, *lato sensu,* em todo ato contrário ao direito e, *stricto sensu,* em qualquer agressão física, bem como na difamação, no ultraje e na violação de domicílio[13].

Já na Idade Média, talvez a primeira manifestação da teoria dos direitos da personalidade, ainda que sob a forma de *liberdades públicas,* situe-se na Carta Magna da Inglaterra de 1215, em que se consagrou o reconhecimento de direitos primários do ser humano em face dos detentores do Poder, como, por exemplo, a liberdade.

Debruçando-nos sobre a história, e em apertada síntese, *três elementos históricos* contribuíram de forma decisiva para o desenvolvimento dessa teoria:

a) O *advento do cristianismo,* em que se ressalta a ideia de dignidade do homem como filho de Deus, reconhecendo a existência de um vínculo interior e superior, acima das circunstâncias políticas que determinavam em Roma os requisitos para o conceito de pessoa (*status libertatis, status civitatis* e *status familiae*).

b) A *Escola do Direito Natural,* que assentou a concepção de direitos inatos ao ser humano, correspondentes à sua própria natureza, e a ela unidos de forma absoluta e preexistente ao reconhecimento estatal.

c) A *filosofia iluminista,* que realçou a valorização do indivíduo em face do Estado.

5. TITULARIDADE

Não há a menor dúvida de que o ser humano é o titular por excelência da tutela dos direitos da personalidade.

Todavia, vale destacar que o instituto alcança também os nascituros, que, embora não tenham personalidade jurídica, têm seus direitos ressalvados, pela lei, desde a concepção, o que inclui, obviamente, os direitos da personalidade.

---

[13] "Além da *actio iniuriarium,* dispositivos da *Lex Aquilia* e da *Lex Cornelia* reforçavam a tutela jurídica da personalidade no direito romano, principalmente no que diz respeito à agressão física e à violação de domicílio. Reconhece-se assim que, no direito antigo, a *hybris* grega e *iniuria* romana constituíram o embrião do direito geral da personalidade" (Francisco Amaral, ob. cit., 2018, p. 360).

Outro aspecto cuja polêmica outrora existente por certo se diluirá com o novo Código Civil é em relação à pessoa jurídica.

De fato, WILSON MELO DA SILVA, pioneiro no estudo da reparabilidade do dano moral no Brasil, defendia expressamente, em sua época, a exclusão das pessoas jurídicas desse campo, como se infere do seguinte trecho:

> "Outro corolário do princípio é que as pessoas jurídicas, em si, jamais teriam direito à reparação dos danos morais. E a razão é óbvia.
>
> Que as pessoas jurídicas sejam, passivamente, responsáveis por danos morais, compreende-se. Que, porém, ativamente, possam reclamar indenizações, consequentes deles é absurdo"[14].

Contudo, não podemos, definitivamente, concordar com tal posicionamento.

Nossa insurgência se dá porque a legislação jamais excluiu expressamente as pessoas jurídicas da proteção aos interesses extrapatrimoniais, entre os quais se incluem os direitos da personalidade.

Se é certo que uma pessoa jurídica jamais terá uma vida privada, mais evidente ainda é que ela pode e deve zelar pelo seu *nome e imagem* perante o público-alvo, sob pena de perder largos espaços na acirrada concorrência de mercado. Se é óbvio que o dano moral, como dor íntima e sentimental, não poderá jamais atingir a pessoa jurídica, não podemos deixar de colocar que o dano *à honra ou à imagem*, por exemplo, afetará valores societários e não sentimentais, pelo que não se justifica a restrição, sob pena de violação do princípio maior do *neminem laedere*.

A publicidade negativa de determinado produto, por exemplo, pode destruir toda a reputação de uma empresa, da mesma forma que informações falsas sobre eventual instabilidade financeira da pessoa jurídica podem acabar levando-a a uma indesejável perda de credibilidade, com fortes reflexos patrimoniais.

Nesse ponto, cumpre-nos transcrever o lúcido ensinamento do Professor JOSAPHAT MARINHO:

> "Questão a considerar, também, é a da extensibilidade dos direitos personalíssimos à pessoa jurídica. Não é dado no caso generalizar, para que tais direitos não se confundam com os de índole patrimonial. É por isso que Santoro Passarelli doutrina que a tutela dos direitos da personalidade se refere 'não só às pessoas físicas, senão também às jurídicas, com as limitações derivadas da especial natureza destas últimas'"[15].

A Constituição Federal de 1988, por sua vez, ao preceituar, em seu art. 5.º, X, que "são invioláveis a intimidade, a vida privada, a honra e a imagem das pessoas, assegurado o direito a indenização pelo dano material ou moral decorrente de sua violação", não fez qualquer acepção de pessoas, não podendo ser o dispositivo constitucional interpretado de forma restritiva, notadamente quando se trata de direitos e garantias fundamentais (Título II, onde se encontra o dispositivo mencionado).

---

[14] Wilson Melo da Silva, *O Dano Moral e sua Reparação*, 3. ed., Rio de Janeiro: Forense, 1983, p. 650.
[15] Josaphat Marinho, Os Direitos da Personalidade no Projeto de Novo Código Civil Brasileiro, Boletim da Faculdade de Direito da Universidade de Coimbra – STVDIA IVRIDICA, 40, Colloquia – 2. Separata de Portugal-Brasil, Coimbra Ed., 2000, p. 257.

Da mesma forma, ao assegurar "*o direito de resposta, proporcional ao agravo, além da indenização por dano material, moral ou à imagem*" (art. 5.º, V), o texto constitucional não apresentou qualquer restrição, devendo o direito abranger a todos, indistintamente.

Comentando tal dispositivo, LUIZ ALBERTO DAVID ARAUJO ensina que "tanto podem utilizar-se do direito de resposta as pessoas físicas quanto as jurídicas, entendidas as públicas e as privadas. É remédio de uso geral contra o poder indevido da imprensa"[16].

Sem demérito de reconhecer que a teoria dos direitos da personalidade tenha sido construída a partir de uma concepção antropocêntrica do direito, consideramos inadmissível a posição que limita a possibilidade de sua aplicação à pessoa natural.

Nosso posicionamento, inclusive, tem o respaldo de grande parte dos autores nacionais que se debruçaram sobre a matéria, tais como CARLOS ALBERTO BITTAR[17], JOSÉ DE AGUIAR DIAS[18], RUBENS LIMONGI FRANÇA[19], SÉRGIO SEVERO[20], entre outros.

Essa tese, inclusive, já havia sido consagrada jurisprudencialmente por súmula do Superior Tribunal de Justiça[21], e, agora, o novo Código Civil põe fim à polêmica, estabelecendo expressamente:

"Art. 52. Aplica-se às pessoas jurídicas, no que couber, a proteção dos direitos da personalidade".

6. CARACTERÍSTICAS DOS DIREITOS DA PERSONALIDADE

Sendo direitos ínsitos à pessoa, em suas projeções física, mental e moral, os direitos da personalidade são dotados de certas características particulares, que lhes conferem posição singular no cenário dos direitos privados.

Assim, os direitos da personalidade são:

a) *absolutos*;

b) *gerais*;

c) *extrapatrimoniais*;

d) *indisponíveis*;

---

[16] Luiz Alberto David Araujo, *A Proteção Constitucional da Própria Imagem*, Belo Horizonte: Del Rey, 1996, p. 113.

[17] "De fato, dotadas também de personalidade, respeitam-se para as pessoas jurídicas os direitos desse nível correspondentes a atributos que lhes são reconhecidos: assim, por exemplo, os direitos a identificação, através de nome e de outros sinais distintivos; ao segredo; a criações intelectuais e outros" (Carlos Alberto Bittar, *Reparação Civil por Danos Morais*, São Paulo: Revista dos Tribunais, 1993, p. 46).

[18] "A pessoa jurídica pública ou privada, os sindicatos, as autarquias, podem propor ação de responsabilidade, tanto fundada no dano material como no prejuízo moral" (José de Aguiar Dias, *Da Responsabilidade Civil*, 9. ed., Rio de Janeiro: Forense, 1994, v. 2, p. 937).

[19] "Evidentemente, sustentamos que a pessoa jurídica também pode ser sujeito passivo de dano moral" (Rubens Limongi França, Reparação do Dano Moral, *RT*, n. 631, São Paulo, Revista dos Tribunais, maio 1988, p. 31).

[20] "Vê-se, portanto, que, não sendo de caráter meramente subjetivo, o dano extrapatrimonial pode atingir uma pessoa jurídica" (Sérgio Severo, *Os Danos Extrapatrimoniais*, São Paulo: Saraiva, 1996, p. 21).

[21] STJ: Súmula 227 ("A pessoa jurídica pode sofrer dano moral").

e) *imprescritíveis*;

f) *impenhoráveis*;

g) *vitalícios*[22].

Analisemos cada um desses caracteres separadamente.

6.1. Caráter absoluto

O caráter absoluto dos direitos da personalidade se materializa na sua oponibilidade *erga omnes*, irradiando efeitos em todos os campos e impondo à coletividade o dever de respeitá-los.

Tal característica guarda íntima correlação com a *indisponibilidade,* característica estudada abaixo, uma vez que não se permite ao titular do direito renunciar a ele ou cedê-lo em benefício de terceiro ou da coletividade.

Assim, mesmo reconhecendo que o suicídio não é considerado crime, ninguém tem o direito de dispor da própria vida, sendo indicativo de tal condição, inclusive, o fato de o *induzimento,* a *instigação* ou *auxílio ao suicídio* ser previsto como conduta tipificada criminalmente[23]. Por força dessa indisponibilidade necessária, impõe-se, pois, a sua observância *erga omnes.*

Admite a doutrina especializada, porém, a existência de "direitos da personalidade relativos, como os direitos subjetivos públicos, que permitem exigir do Estado uma determinada prestação, como ocorre, exemplificadamente, com o direito à saúde, ao trabalho, à educação e à cultura, à segurança e ao ambiente"[24].

---

[22] Em classificação semelhante, com pequenas diferenças de visão metodológica, confira-se Gustavo Tepedino, ob. cit., p. 33. Nesse diapasão, também se afinou Carlos Alberto Bittar: "São dotados de constituição especial, para uma proteção eficaz da pessoa, em função de possuir, como objeto, os bens mais elevados do homem. Assim, o ordenamento jurídico não pode consentir que o homem deles se despoje, conferindo-lhes caráter de essencialidade: são, pois, direitos intransmissíveis e indispensáveis, extrapatrimoniais, imprescritíveis, vitalícios, necessários e oponíveis *erga omnes*, sob raros e explícitos temperamentos, ditados por interesses públicos" (Carlos Alberto Bittar, *O Direito Civil na Constituição de 1988,* 2. ed., São Paulo: Revista dos Tribunais, 1991, p. 48).

Ainda sobre as características dos direitos da personalidade, o Projeto de Lei n. 6.960, de 2002 (atual n. 276/2007), pretende enumerá-las expressamente, com critério próprio, estabelecendo na nova redação proposta do art. 11 do Código Civil, *caput,* que o "direito à vida, à integridade físico-psíquica, à identidade, à honra, à imagem, à liberdade, à privacidade, à opção sexual e outros reconhecidos à pessoa são natos, absolutos, intransmissíveis, indisponíveis, irrenunciáveis, ilimitados, imprescritíveis, impenhoráveis e inexpropriáveis", inserindo um parágrafo único para ressalvar que, "com exceção dos casos previstos em lei, não pode o exercício dos direitos da personalidade sofrer limitação voluntária". De todo esse rol, chama a atenção a referência ao "direito de opção sexual", que, embora compreendido no direito à liberdade, mereceu tratamento em destaque do legislador, talvez com o objetivo de imprimir um pouco mais de segurança jurídica nessa matéria ainda tão controvertida.

[23] CP: "Art. 122. Induzir ou instigar alguém a suicidar-se ou prestar-lhe auxílio para que o faça:

Pena – reclusão, de 2 (dois) a 6 (seis) anos, se o suicídio se consuma; ou reclusão, de 1 (um) a 3 (três) anos, se da tentativa de suicídio resulta lesão corporal de natureza grave.

Parágrafo único. A pena é duplicada:

I – se o crime é praticado por motivo egoístico;

II – se a vítima é menor ou tem diminuída, por qualquer causa, a capacidade de resistência".

[24] Francisco Amaral, *Direito Civil – Introdução*, 10. ed., São Paulo: Saraiva, 2018, p. 355.

Tal classificação, em nosso entender, toma uma premissa equivocada, ao considerar os mencionados direitos como da personalidade, o que nos parece um exagero, por se tratar, em verdade, de *liberdades públicas* que transcendem ao âmbito individual.

6.2. Generalidade

A noção de generalidade significa que os direitos da personalidade são outorgados a todas as pessoas, simplesmente pelo fato de existirem.

Há quem prefira a utilização da expressão *caráter necessário* dos direitos da personalidade[25], mas entendemos que tal adjetivação, em verdade, deflui da natureza geral aqui exposta.

6.3. Extrapatrimonialidade

Uma das características mais evidentes dos direitos puros da personalidade é a ausência de um conteúdo patrimonial direto, aferível objetivamente, ainda que sua lesão gere efeitos econômicos.

Isso não impede que as manifestações pecuniárias de algumas espécies de direitos possam ingressar no comércio jurídico.

O exemplo mais evidente dessa possibilidade é em relação aos direitos autorais, que se dividem em direitos morais (estes sim direitos próprios da personalidade)[26] e patrimoniais (direito de utilizar, fruir e dispor da obra literária, artística ou científica, perfeitamente avaliável em dinheiro) do autor.

Assim, é correto dizer que, em princípio, os direitos da personalidade são considerados extrapatrimoniais, não obstante, sob alguns aspectos, principalmente em caso de violação, possam ser economicamente mensurados.

6.4. Indisponibilidade

Preferimos utilizar a expressão genérica "*indisponibilidade*" dos direitos da personalidade, pelo fato de que ela abarca tanto a *intransmissibilidade* (impossibilidade de modificação subjetiva, gratuita ou onerosa – inalienabilidade) quanto a *irrenunciabilidade* (impossibilidade de reconhecimento jurídico da manifestação volitiva de abandono do direito).

A indisponibilidade significa que nem por vontade própria do indivíduo o direito pode mudar de titular, o que faz com que os direitos da personalidade sejam alçados a um patamar diferenciado dentro dos direitos privados.

O CC/2002, de forma expressa, consagrou tal característica, em seu art. 11:

> "Art. 11. Com exceção dos casos previstos em lei, os direitos da personalidade são intransmissíveis e irrenunciáveis, não podendo o seu exercício sofrer limitação voluntária".

---

[25] "A vitaliciedade e a necessidade são caracteres que denotam seus traços distintivos. São necessários no sentido de que não podem faltar, o que não ocorre com qualquer dos outros direitos. Em consequência, jamais se perdem, enquanto viver o titular, sobrevivendo-lhe, em algumas espécies, a proteção legal" (Orlando Gomes, *Introdução ao Direito Civil*, 18. ed., Rio de Janeiro: Forense, 2001, p. 152).

[26] Lei n. 9.610/98: "Art. 27. Os direitos morais do autor são inalienáveis e irrenunciáveis".

A *irrenunciabilidade* traduz a ideia de que os direitos personalíssimos não podem ser abdicados. Ninguém deve dispor de sua vida, da sua intimidade, da sua imagem. Razões de ordem pública impõem o reconhecimento dessa característica.

A *intransmissibilidade*, por sua vez, deve ser entendida como limitação excepcional da regra de possibilidade de alteração do sujeito nas relações genéricas de direito privado. Vale dizer, é intransmissível, na medida em que não se admite a cessão do direito de um sujeito para outro.

Como observa LUIZ ALBERTO DAVID ARAUJO,

> "o fundamento dessa intransmissibilidade reside no fato de que não se pode separar a honra, a intimidade de seu titular. A natureza do objeto é que torna intransmissível o bem. É da essência da vida, da honra, da imagem, da intimidade. Não se pode conceber a vida de um indivíduo sem essas características. Têm caráter de essencialidade, portanto. Poderia um indivíduo desfazer-se de sua imagem, enquanto ser humano? A resposta só poderia ser negativa. Ao mesmo tempo, a imagem-atributo não pode ser separada de determinado indivíduo. Poderá ele, se pretender, modificar sua imagem. Deixar de ser visto socialmente por tal ou qual característico. Mas desfazer-se dela não será possível"[27].

Apenas excepcionalmente é que se pode admitir a transmissibilidade de alguns poderes ínsitos a certos direitos da personalidade[28].

Nesse sentido é o ensinamento de JOSAPHAT MARINHO:

> "Verifica-se que certos direitos, como os autorais e o relativo à imagem, 'por interesse negocial e da expansão tecnológica', entram na 'circulação jurídica' e experimentam 'temperamentos', sem perder seus caracteres intrínsecos. É o que se apura na adaptação de obra para novela ou no uso da imagem para a promoção de empresas. Também é semelhante o fenômeno, sem interesse pecuniário, na cessão de órgãos do corpo para fins científicos ou humanitários. Daí, Henri, Leon et Jean Mazeaud poderem fixar, já em 1955, que 'se a intransferibilidade aparece como o caráter essencial dos direitos da personalidade, também se submete a certos abrandamentos' (*atténuations*)"[29].

Tome-se o exemplo do direito à imagem. Em essência, esse direito é intransmissível, uma vez que ninguém pode pretender transferir juridicamente a sua *forma plástica a terceiro*. Ocorre que a natureza do próprio direito admite a *cessão de uso dos direitos à imagem*. Não se trata da transferência do direito em si, mas apenas da sua faculdade de uso. Essa cessão, realizada contratualmente, deverá respeitar a vontade do seu titular, e só poderá ser interpretada restritivamente. Assim, se uma atriz famosa autorizou a publicação de sua imagem em informe publicitário (cessão de uso), não se admitirá outra utilização (veiculação

---

[27] Luiz Alberto David Araujo, *A Proteção Constitucional da Própria Imagem – Pessoa Física, Pessoa Jurídica e Produto*, Belo Horizonte: Del Rey, 1996, p. 45.
[28] Sobre o tema, o Enunciado 4, da I Jornada de Direito Civil da Justiça Federal, de setembro/2002, estabeleceu: "Art. 11: O exercício dos direitos da personalidade pode sofrer limitação voluntária, desde que não seja permanente, nem geral". Já na recente III Jornada de Direito Civil, realizada em novembro/2004 no Superior Tribunal de Justiça, foi aprovado o Enunciado 139, proposto pelo Juiz Federal GUILHERME CALMON NOGUEIRA DA GAMA, salientando: "Art. 11: Os direitos da personalidade podem sofrer limitações, ainda que não especificamente previstas em lei, não podendo ser exercidos com abuso de direito de seu titular, contrariamente à boa-fé objetiva e aos bons costumes".
[29] Josaphat Marinho, ob. cit., p. 253.

em *outdoors*, por exemplo) sem a sua expressa aquiescência, sob pena de se responsabilizar civilmente o infrator.

Pertinente, neste ponto, a observação de ADRIANO DE CUPIS:

> "Os direitos da personalidade são, assim, direitos que devem necessariamente permanecer na esfera do próprio titular, e o vínculo que a ele os liga atinge o máximo de intensidade. Na sua maior parte, respeitam ao sujeito pelo simples e único fato de sua qualidade de pessoa, adquirida com o nascimento, continuando todos a ser-lhe inerentes durante toda a vida, mesmo contra a sua vontade, que não tem eficácia jurídica"[30].

6.5. Imprescritibilidade

A imprescritibilidade dos direitos da personalidade deve ser entendida no sentido de que inexiste um prazo para seu exercício, não se extinguindo pelo não uso[31]. Ademais, não se deve condicionar a sua aquisição ao decurso do tempo, uma vez que, segundo a melhor doutrina, são inatos, ou seja, nascem com o próprio homem.

Faça-se uma ressalva: quando se fala em imprescritibilidade do direito da personalidade, está-se referindo aos efeitos do tempo para a aquisição ou extinção de direitos.

Não há como se confundir, porém, com a prescritibilidade da pretensão de reparação por eventual violação a um direito da personalidade. Se há uma violação, consistente em ato único, nasce nesse momento, obviamente, para o titular do direito, a pretensão correspondente, que se extinguirá pela prescrição, genericamente, no prazo de 3 (três) anos (art. 206, § 3.º, V, do CC/2002).

6.6. Impenhorabilidade

Embora consequência lógica da indisponibilidade dos direitos da personalidade, a ideia de impenhorabilidade merece destaque especial.

Isso porque, como já se disse, há determinados direitos que se manifestam patrimonialmente, como os direitos autorais.

Os direitos morais de autor jamais poderão ser penhorados, não havendo, porém, qualquer impedimento legal na penhora do crédito dos direitos patrimoniais correspondentes. Sob o mesmo argumento, há que se admitir a penhora dos créditos da cessão de uso do direito à imagem.

6.7. Vitaliciedade

Os direitos da personalidade são inatos e permanentes, acompanhando a pessoa desde a primeira manifestação de vida até seu passamento.

Sendo inerentes à pessoa, extinguem-se, em regra, com o seu desaparecimento.

Destaque-se, porém, que há direitos da personalidade que se projetam além da morte do indivíduo, como veremos no caso do direito ao corpo morto (cadáver).

---

[30] Adriano De Cupis, *Os direitos da personalidade*, Lisboa: Livr. Moraes, 1961, p. 30.
[31] Nesse sentido, cf. Francisco Amaral, *Direito Civil – Introdução*, 3. ed., Rio de Janeiro: Renovar, 2000, p. 248.

Além disso, se a lesão, por exemplo, à honra do indivíduo ocorrer após o seu falecimento (atentado à sua memória), ainda assim poder-se-á exigir judicialmente que cesse a lesão (ou sua ameaça), tendo legitimidade para requerer a medida, na forma do parágrafo único do art. 12 do CC/2002, *"o cônjuge sobrevivente, ou qualquer parente em linha reta, ou colateral até o quarto grau"*[32].

Por fim, registre-se, a título de complementação, que os direitos da personalidade não são suscetíveis, também, de execução forçada, uma vez que independem de pronunciamento judicial para seu exercício.

O que há é previsão legal expressa de atuação do Estado-Juiz para a sua proteção ou reintegração, em caso de ameaça ou concretização de lesão, respectivamente.

7. CLASSIFICAÇÃO DOS DIREITOS DA PERSONALIDADE

Toda classificação varia necessariamente em função dos critérios metodológicos adotados por cada autor.

Isso não é diferente em relação aos direitos da personalidade.

Para sua análise, consideramos conveniente classificá-los com base na tricotomia *corpo/mente/espírito*.

Assim, sem pretender esgotá-los, classificamos os direitos da personalidade de acordo com a proteção à:

a) vida e integridade física (corpo vivo, cadáver, voz);

b) integridade psíquica e criações intelectuais (liberdade, criações intelectuais, privacidade, segredo);

c) integridade moral (honra, imagem, identidade pessoal).

Ressalve-se, porém, que a relação aqui feita não deve ser considerada taxativa, mas apenas fruto de uma reflexão sobre os principais direitos personalíssimos, até mesmo porque qualquer enumeração jamais esgotaria o rol dos direitos da personalidade, em função da constante evolução da proteção aos valores fundamentais do ser humano.

7.1. Direito à vida

O Pacto Internacional sobre Direitos Civis e Políticos de 1966, em seu art. 6.º, parte III, referindo-se ao direito à vida, dispõe que:

"1. O direito à vida é inerente à pessoa humana. Este direito deverá ser protegido pela lei, e ninguém poderá ser arbitrariamente privado de sua vida".

A vida é o direito mais precioso do ser humano.

Sem ela, nada existe, sendo o advento de seu termo final a única certeza absoluta de toda a humanidade.

---

[32] Em redação bem mais consentânea com a realidade, por admitir a legitimação do companheiro, bem como a aplicabilidade para o caso de ausência, prevê o parágrafo único do art. 12, na redação proposta pelo Projeto de Lei n. 6.960, de 2002 (atual n. 276/2007): "Em se tratando de morto ou ausente, terá legitimação para requerer as medidas previstas neste artigo o cônjuge ou companheiro, ou, ainda, qualquer parente em linha reta, ou colateral até o quarto grau".

Por isso mesmo, na precisa síntese de BITTAR, é o direito

> "que se reveste, em sua plenitude, de todas as características gerais dos direitos da personalidade, devendo-se enfatizar o aspecto da indisponibilidade, uma vez que se caracteriza, nesse campo, um direito à vida e não um direito sobre a vida. Constitui-se direito de caráter negativo, impondo-se pelo respeito que a todos os componentes da coletividade se exige. Com isso, tem-se presente a ineficácia de qualquer declaração de vontade do titular que importe em cerceamento a esse direito, eis que se não pode ceifar a vida humana, por si, ou por outrem, mesmo sob consentimento, porque se entende, universalmente, que o homem não vive apenas para si, mas para cumprir missão própria da sociedade. Cabe-lhe, assim, perseguir o seu aperfeiçoamento pessoal, mas também contribuir para o progresso geral da coletividade, objetivos esses alcançáveis ante o pressuposto da vida"[33].

A ordem jurídica assegura o direito à vida de todo e qualquer ser humano, antes mesmo do nascimento, punindo o aborto e protegendo os direitos do nascituro[34].

Isso não impede, porém, o reconhecimento da importância do planejamento familiar, como forma de incentivar uma vida com qualidade para todo aquele que nasça, o que foi alçado, inclusive, em nível constitucional[35].

A concepção de um direito à vida (e não – repita-se! – sobre a vida) implica o reconhecimento estatal da legitimidade do combate individual e coletivo a todas as ameaças à sadia qualidade de vida.

Assim, por exemplo, a questão dos alimentos transgênicos é matéria da ordem do dia, intimamente relacionada com o tema. De fato, na busca do aperfeiçoamento genético de alimentos pode-se acabar, mesmo indiretamente, violando o direito à vida (e, consequentemente, à saúde).

Neste tópico, ainda, devemos tecer breves considerações a respeito do aborto e da eutanásia.

Com amparo na doutrina tradicional, o aborto pode ser definido *como a ação destrutiva do produto da concepção humana*. Em outras palavras, *é a interrupção criminosa da vida em formação*[36]. No direito positivo brasileiro, o aborto é considerado crime, na forma dos arts. 124 a 127 do Código Penal.

---

[33] Carlos Alberto Bittar, *Os Direitos da Personalidade*, 3. ed., Rio de Janeiro: Forense, 1999, p. 67.
[34] *Vide* tópico 1.3 ("O Nascituro") do Capítulo IV ("Pessoa Natural").
[35] CF/88: "Art. 226, § 7.º Fundado nos princípios da dignidade da pessoa humana e da paternidade responsável, o planejamento familiar é livre decisão do casal, competindo ao Estado propiciar recursos educacionais e científicos para o exercício desse direito, vedada qualquer forma coercitiva por parte de instituições oficiais ou privadas".
Em nível infraconstitucional, a Lei n. 9.263, de 12 de janeiro de 1996, regula o dispositivo constitucional supramencionado, dispondo, em seu art. 9.º, que: "Para o exercício do direito ao planejamento familiar, serão oferecidos todos os métodos e técnicas de concepção e contracepção cientificamente aceitos e que não coloquem em risco a vida e a saúde das pessoas, garantida a liberdade de opção. Parágrafo único. A prescrição a que se refere o *caput* só poderá ocorrer mediante avaliação e acompanhamento clínico e com informação sobre seus riscos, vantagens, desvantagens e eficácia".
[36] "Tecnicamente, o aborto é somente o *produto* do *abortamento* de embrião ou feto não vital, embora a legislação e jurisprudência consagrem a expressão como sinônimo do procedimento mencionado.

Admite-se, todavia, a exclusão do crime nas hipóteses de aborto necessário, previstas no art. 128, I e II, da Lei Penal:

a) o aborto terapêutico – realizado sob estado de necessidade, quando não houver outro meio de salvar a vida da gestante;

b) o aborto sentimental (ético ou humanitário) – consentido pela gestante ou seu representante legal, quando a gravidez resultar de estupro. Neste caso, embora a lei seja omissa, admite-se a *analogia "in bonam partem"*, para se estender o permissivo para a hipótese de a gravidez resultar de atentado violento ao pudor (coito interfemural, por exemplo)[37].

Problema palpitante diz respeito à manipulação de embriões *in vitro*, com a consequente eliminação de alguns. Haveria, neste caso, crime de aborto?

HELOÍSA HELENA BARBOSA, citada por YONE FREDIANI, entende que:

> "considerando que a lei penal pune, mas não conceitua o aborto (etimologicamente: *ab* = privação + *ortus* = nascimento), e que esse é definido como a interrupção da gravidez com a morte do produto da concepção, *afirma-se inexistir crime de aborto na fertilização 'in vitro'*, visto que a gravidez só existe em organismo vivo, não sendo reconhecida fora dele"[38].

A questão foi objeto de manifestação do Supremo Tribunal Federal, no julgamento da Ação Direta de Inconstitucionalidade (ADIn 3.510), proposta pelo Procurador-Geral da República, em face do art. 5.º da Lei de Biossegurança (Lei n. 11.105, de 24 de março de 2005), que permite, para fins de pesquisa e terapia, a utilização de células-tronco embrionárias obtidas de embriões humanos produzidos por fertilização *in vitro* e não utilizados no respectivo procedimento[39].

Do ponto de vista etimológico, quer dizer a privação do nascimento, pois advém de *ab*, significando privação, e *ortus*, nascimento. Assim sendo, o aborto ou abortamento consiste na técnica interruptiva da gestação antes de seu termo, provocando ou não a expulsão do feto morto ou vivo, sem condições de viabilidade. A referência à expulsão ou não do feto se justifica pelo fato de que a consumação do procedimento se dá com a morte do feto, decorrente da interrupção da gravidez, independentemente da retirada imediata do produto da concepção" (José Augusto Rodrigues Pinto e Rodolfo Pamplona Filho, *Repertório de Conceitos Trabalhistas*, São Paulo: LTr, 2000, p. 35-6).

[37] Grande repercussão foi gerada em todo o País com a tormentosa questão, submetida ao STF, da possibilidade de inclusão, como hipótese de aborto não criminoso, da gravidez de um embrião anencéfalo. O Supremo Tribunal Federal, no julgamento da ADPF 54, realizado em 12-4-2012, entendeu, por maioria, que se tratava efetivamente de uma hipótese de aborto não criminoso, sendo lavrado acórdão com a seguinte ementa: "ESTADO – LAICIDADE. O Brasil é uma república laica, surgindo absolutamente neutro quanto às religiões. Considerações. FETO ANENCÉFALO – INTERRUPÇÃO DA GRAVIDEZ – MULHER – LIBERDADE SEXUAL E REPRODUTIVA – SAÚDE – DIGNIDADE – AUTODETERMINAÇÃO – DIREITOS FUNDAMENTAIS – CRIME – INEXISTÊNCIA. Mostra-se inconstitucional interpretação de a interrupção da gravidez de feto anencéfalo ser conduta tipificada nos artigos 124, 126 e 128, incisos I e II, do Código Penal" (Rel. Min. Marco Aurélio).

[38] Apud Yone Frediani, Patrimônio Genético, *Revista de Direito Privado*, 2, São Paulo: Revista dos Tribunais, abr./jun. 2000, p. 136.

[39] "Art. 5.º É permitida, para fins de pesquisa e terapia, a utilização de células-tronco embrionárias obtidas de embriões humanos produzidos por fertilização *in vitro* e não utilizados no respectivo procedimento, atendidas as seguintes condições:

I – sejam embriões inviáveis; ou

Decidiu-se que as pesquisas com células-tronco embrionárias não violam o direito à vida, tampouco a dignidade da pessoa humana[40].

Sobre o tema, preleciona MARIA HELENA DINIZ:

"Em defesa do morrer com dignidade, há quem sustente a necessidade de admitir-se legalmente, em certos casos específicos, a *eutanásia ativa,* também designada *benemortásia* ou *sanicídio,* que, no nosso entender, não passa de um homicídio, em que, por piedade, há deliberação de antecipar a morte de doente irreversível ou terminal, a pedido seu ou de seus familiares, ante o fato da incurabilidade de sua moléstia, da insuportabilidade de seu sofrimento e da inutilidade de seu tratamento, empregando-se, em regra, recursos farmacológicos, por ser a prática indolor de supressão da vida"*[41].

Consiste, assim, a *eutanásia ativa no emprego de recursos químicos ou mecânicos que culminem na supressão da vida do enfermo incurável.*

É bom que se advirta que o Código Penal brasileiro, ainda que sob a forma de *homicídio privilegiado (cominado com causa especial de diminuição de pena de 1/6 a 1/3),* pune a destruição da vida alheia, ainda que cometido por relevante valor moral ou social.

Outra forma de eutanásia é a *passiva,* também denominada *ortotanásia ou paraeutanásia.*

Consiste na *atuação omissiva do médico que deixa de empregar os recursos clínicos disponíveis, objetivando apressar o falecimento do doente incurável.*

II – sejam embriões congelados há 3 (três) anos ou mais, na data da publicação desta Lei, ou que, já congelados na data da publicação desta Lei, depois de completarem 3 (três) anos, contados a partir da data de congelamento.

§ 1.º Em qualquer caso, é necessário o consentimento dos genitores.

§ 2.º Instituições de pesquisa e serviços de saúde que realizem pesquisa ou terapia com células-tronco embrionárias humanas deverão submeter seus projetos à apreciação e aprovação dos respectivos comitês de ética em pesquisa.

§ 3.º É vedada a comercialização do material biológico a que se refere este artigo e sua prática implica o crime tipificado no art. 15 da Lei n. 9.434, de 4 de fevereiro de 1997."

[40] O julgamento, porém, foi um dos mais polêmicos do ano de 2008.

Com efeito, para seis ministros, – portanto a maioria da Corte naquele momento histórico – o art. 5.º da Lei de Biossegurança não merecia reparo. Votaram nesse sentido os ministros Carlos Ayres Britto, relator da matéria, Ellen Gracie, Cármen Lúcia Antunes Rocha, Joaquim Barbosa, Marco Aurélio e Celso de Mello.

Já os ministros Cezar Peluso e Gilmar Mendes também afirmaram a constitucionalidade da lei, mas pretendiam que o Tribunal declarasse, em sua decisão, a necessidade de que as pesquisas fossem rigorosamente fiscalizadas do ponto de vista ético por um órgão central, no caso, a Comissão Nacional de Ética em Pesquisa (Conep). Essa questão foi alvo de um caloroso debate ao final do julgamento, mas não foi acolhida pela Corte.

Outros três ministros confirmaram a possibilidade jurídica das pesquisas, mas somente se os embriões ainda viáveis não fossem destruídos para a retirada das células-tronco. Esse foi o entendimento dos ministros Carlos Alberto Menezes Direito, Ricardo Lewandowski e Eros Grau. Esses três ministros registraram, ainda, em seus votos, várias outras ressalvas para a liberação das pesquisas com células-tronco embrionárias no país.

[41] Maria Helena Diniz, *O Estado Atual do Biodireito.* São Paulo: Saraiva, 2001, p. 304.

O Projeto de Código Penal brasileiro, em seu art. 121, § 4.º, não considera crime

"deixar de manter a vida de alguém por meio artificial, se previamente atestada por dois médicos a morte como iminente e inevitável, e desde que haja consentimento do paciente ou, em sua impossibilidade, do cônjuge, companheiro, ascendente, descendente ou irmão".

Parte-se do pressuposto de que a supressão dos mecanismos artificiais que retardam o falecimento do enfermo, além de pôr fim ao seu martírio, possibilitará a conclusão natural do processo patológico iniciado. Não se caracteriza *omissão de socorro*, tipificada no art. 135 do CP, uma vez que, no caso, deixa-se de utilizar aparelho que prolonga a vida de um paciente sem possibilidade de reversão ou cura.

Interessante notar a adoção, nos Estados Unidos da América, de um cartão que indica que o portador não deseja ser reanimado ou submetido a manobras para prolongar a vida (DNR – *do not resuscitate*), conforme dados divulgados por uma revista de variedades de circulação nacional[42].

Importa mencionar, ainda, a existência da *eutanásia social ou mistanásia*. Frequente em países subdesenvolvidos, nada tem de boa ou indolor. Exemplo mais comum é a morte dos doentes e deficientes que, pela falta de recursos aliada à má vontade política, não conseguem pronto atendimento médico[43].

Por fim, como consequência natural da preservação do ato de viver, não temos a menor dúvida de que o direito à vida importa no reconhecimento do direito a alimentos, inclusive ao nascituro, o que, se já defendíamos desde a primeira edição da obra, quando inexistia previsão legal expressa[44], tornou-se direito positivo com o advento da Lei n. 11.804, de 5 de novembro de 2008, que disciplinou o direito aos chamados "Alimentos Gravídicos", que compreendem todos os gastos necessários à proteção do feto[45].

7.2. Direito à integridade física

Correlato ao direito à vida, reconhece-se, também, o direito à integridade física.

De fato, o direito tutelado é, no final das contas, a higidez do ser humano no sentido mais amplo da expressão, mantendo-se, portanto, a incolumidade corpórea e intelectual, repelindo-se as lesões causadas ao funcionamento normal do corpo humano.

---

[42] Dado encontrado na Revista *Cláudia*, reportagem "Eutanásia – Quando Amar Significa Ajudar a Partir", de Patrícia Zaidan, jun. 2001, p. 19-24.

[43] Maria Helena Diniz, ob. cit., p. 315. Essa autora adverte, ainda, quanto à existência da *mistanásia ativa*: "com o extermínio de pessoas defeituosas ou indesejáveis que ocorreu, durante a Segunda Guerra Mundial, em campos nazistas de concentração, o uso de injeção letal em execuções nos Estados Unidos, principalmente se a aplicação se der por médico".

[44] Nesse sentido, julgado do TJRS, Agravo de Instrumento n. 596067629, Rel. Des. Tupinambá do Nascimento; contra: STJ, Agravo Regimental n. 256812-RJ, Rel. Min. Carlos Alberto Menezes Direito.

[45] Confira-se, a propósito, o subtópico 1.3 ("O Nascituro") deste Capítulo, bem como o tópico 8 ("Alimentos Gravídicos") do Capítulo XXVIII ("Alimentos") do volume 6 ("Direito de Família") desta coleção.

Um dos temas mais difíceis, neste ponto, diz respeito justamente aos limites do poder da vontade individual em confronto com a necessidade de intervenções médicas ou cirúrgicas.

Sobre o tema, dispõe, inclusive, o art. 15 do CC/2002:

"Art. 15. Ninguém pode ser constrangido a submeter-se, com risco de vida, a tratamento médico ou a intervenção cirúrgica".

Comentando essa regra, JOSAPHAT MARINHO reconhece a

"impossibilidade de ser constrangida a pessoa a submeter-se, com risco de vida, a tratamento médico ou intervenção cirúrgica. O Projeto primitivo referia apenas o tratamento cirúrgico. A ampliação é correta, pois hoje há múltiplos tratamentos especializados geradores de risco à vida, inclusive pelo uso de aparelhos de rigorosa precisão ou de medicamentos de dosagem inalterável"[46].

Assim, qualquer pessoa que se submete a tratamento médico, em especial intervenção cirúrgica, deve ter plena consciência de seus riscos, cabendo ao profissional que a acompanhar expressamente informá-la, recomendando-se, inclusive, o registro por escrito de tal fato, para prevenir responsabilidades.

O doente tem, portanto, a prerrogativa de se recusar ao tratamento, em função do seu direito à integridade física, valendo registrar que, no caso da impossibilidade de sua manifestação volitiva, deve esta caber ao seu responsável legal.

Não havendo, entretanto, tempo hábil para a oitiva do paciente – como, por exemplo, em uma emergência de parada cardíaca –, o médico tem o dever de realizar o tratamento, independentemente de autorização, eximindo-se de responsabilidade.

Aliás, vale lembrar que o Código Penal brasileiro *não considera crime de constrangimento ilegal* "a intervenção médica ou cirúrgica, sem o consentimento do paciente ou de seu representante legal, se justificada por iminente perigo de vida" (art. 146, § 3.º, I).

Todavia, a questão é ainda mais profunda se a recusa se der por convicções filosóficas ou religiosas.

Como compatibilizar o direito indisponível à vida e à integridade física com a convicção de fé, que sustenta a espiritualidade do ser humano? Como aceitar passivamente ver a vida se esvaindo rapidamente, como grãos de areia na ampulheta do tempo, se o médico tem o dever (e o juramento) de lutar sempre pela vida?[47].

Nenhum posicionamento que se adotar agradará a todos, mas parece-nos que, em tais casos, a cautela recomenda que as entidades hospitalares, por intermédio de seus

---

[46] Josaphat Marinho, ob. cit., p. 256.

[47] Caio Mário, por exemplo, indaga se uma pessoa pode recusar-se "a receber sangue alheio, por motivo de convicção filosófica e religiosa. A questão tem sido levada à Justiça, a quem cabe decidir, resguardando a responsabilidade do médico, que opinará se a transfusão é indispensável à sobrevivência do paciente. Casos já houve, dramáticos, em que um indivíduo recusa receber sangue alheio, para si ou para pessoa de sua família. A matéria, pela disparidade de posições, permanece ainda no campo opinativo, aguardando novos elementos, científicos ou jurídicos, como um problema do Direito no segundo milênio" (Caio Mário da Silva Pereira, *Direito Civil – Alguns Aspectos de sua Evolução*, Rio de Janeiro: Forense, 2001, p. 33).

representantes legais, obtenham o suprimento da autorização pela via judicial, cabendo ao magistrado analisar, no caso concreto, qual o valor jurídico a preservar.

Ainda no campo da integridade física, mostra-se relevante o estudo da autolesão.

Como já se inferiu, ninguém está autorizado a atentar contra a sua própria vida, o que compreende a proibição de se automutilar.

Todavia, existem determinadas práticas esportivas (ex.: boxe, automobilismo, *rapel* etc.) em que o risco é assumido pelo praticante, ao aderir ao estatuto regulamentador (nas práticas profissionais), ou simplesmente pelo conhecimento prévio do perigo do exercício daquela atividade lícita. O próprio Direito Penal autoriza a prática dessas atividades, à luz do *princípio da adequação social*[48], reservando o seu aparato sancionatório apenas para aquelas situações em que houver excesso ou atuação dolosa grave.

Também no âmbito de determinadas profissões (mineradores, mergulhadores etc.), o risco de lesões à saúde é inerente à atividade desenvolvida. Nesses casos, embora a prática seja lícita e autorizada, compete ao responsável pela atividade tomar todas as providências tendentes a evitar ou minimizar as possibilidades de dano, com a adoção de todos os mecanismos de segurança previstos na legislação, respondendo, porém, independentemente de culpa, pelas lesões causadas[49].

7.2.1. Direito ao corpo humano

O direito à integridade física, por sua amplitude, compreende *o direito ao corpo vivo e às suas partes integrantes*.

Por sugestão didática, neste mesmo subtópico, estudamos, ainda, o *direito ao corpo morto ou ao cadáver*.

a) Direito ao corpo vivo

O corpo, como projeção física da individualidade humana, também é inalienável, embora se admita a disposição de suas partes, seja em vida, seja para depois da morte, desde que, justificado o interesse público, isso não implique mutilação, e não haja intuito lucrativo.

Nesse sentido, em relação ao próprio corpo, foi consagrada regra expressa no art. 13 do CC/2002, nos seguintes termos:

---

[48] "Segundo Welzel, o Direito Penal tipifica somente condutas que tenham uma certa relevância social; caso contrário, não poderiam ser delitos. Deduz-se, consequentemente, que há condutas que por sua 'adequação social' não podem ser consideradas criminosas. Em outros termos, segundo esta teoria, as condutas que se consideram 'socialmente adequadas' não podem constituir delitos e, por isso, não se revestem de tipicidade" (Cezar Roberto Bitencourt, *Manual de Direito Penal – Parte Geral*, 4. ed., São Paulo: Revista dos Tribunais, 1997, p. 43). Essa é a posição de Luiz Régis Prado, *Curso de Direito Penal Brasileiro – Parte Geral*, 2. ed., São Paulo: Revista dos Tribunais, 2000, p. 86.

[49] Nesse sentido, dispõe o parágrafo único do art. 927 do CC/2002 que "Haverá obrigação de reparar o dano, independentemente de culpa, nos casos especificados em lei, ou quando a atividade normalmente desenvolvida pelo autor do dano implicar, por sua natureza, risco para os direitos de outrem". Mais detalhes no tomo III ("Responsabilidade Civil") desta obra.

"Art. 13. Salvo por exigência médica, é defeso o ato de disposição do próprio corpo, quando importar diminuição permanente da integridade física, ou contrariar os bons costumes.

Parágrafo único. O ato previsto neste artigo será admitido para fins de transplante, na forma estabelecida em lei especial".

A Carta da República, em seu art. 199, § 4.º, prevê que "a lei disporá sobre as condições e os requisitos que facilitem a remoção de órgãos, tecidos e substâncias humanas para fins de transplante, pesquisa e tratamento, bem como a coleta, processamento e transfusão de sangue e seus derivados, sendo vedado todo tipo de comercialização".

A regulamentação desse dispositivo ocorreu com a edição da Lei n. 9.434, de 4 de fevereiro de 1997, posteriormente alterada pela Lei n. 10.211, de 23 de março de 2001, estabelecendo-se os seguintes requisitos para o transplante de órgãos *entre pessoas vivas*:

"Art. 9.º É permitida à pessoa juridicamente capaz dispor gratuitamente de tecidos, órgãos e partes do próprio corpo vivo, para fins terapêuticos ou para transplantes em cônjuge ou parentes consanguíneos até o quarto grau, inclusive, na forma do § 4.º deste artigo, ou em qualquer outra pessoa, mediante autorização judicial, dispensada esta em relação à medula óssea".

Sendo ato de extrema responsabilidade, a autorização para o transplante, revogável até a intervenção cirúrgica, deverá ser dada pelo doador, preferencialmente por escrito e diante de testemunhas, especificando o tecido, o órgão ou parte do corpo a ser retirada.

A lei, entretanto, condiciona a doação *inter vivos*, limitando-a a:

a) órgãos duplos;

b) partes de órgãos, tecidos ou partes do corpo cuja retirada não impeça o organismo do doador de continuar vivendo sem risco para a sua integridade e não represente grave comprometimento de suas aptidões vitais e saúde mental e não cause mutilação ou deformação inaceitável, além de corresponder a uma necessidade terapêutica comprovadamente indispensável à pessoa receptora.

Vale lembrar, ainda, que também o consentimento do receptor é indispensável para que se consume a intervenção cirúrgica.

Em nenhuma hipótese será admitida a *disposição onerosa de órgãos, partes ou tecidos do corpo humano*, sendo a sua prática, inclusive, penalmente reprimida, *ex vi* do disposto nos arts. 14, 15 e 16 da Lei n. 9.434/97. Quer-se, com isso, evitar o indesejável mercado de órgãos e tecidos, que movimenta todo ano, espuriamente, milhões de dólares em todo o mundo.

Ainda abordando o intrigante tema da disposição de partes do corpo vivo, não podemos deixar de considerar a questão referente à retirada de órgãos genitais em virtude da transexualidade.

"Transexualidade", anota MARIA HELENA DINIZ, "é a condição sexual da pessoa que rejeita sua identidade genética e a própria anatomia de seu gênero, identificando-se psicologicamente com o sexo oposto"[50].

Nesses casos, discute-se se o direito ao próprio corpo assegura, por consequência, um *direito ao estado sexual*, possibilitando a sua alteração.

---

[50] Maria Helena Diniz, ob. cit., p. 223.

Sobre tal questão (possibilidade de mudança de sexo), embora ainda não admitida expressamente pela legislação brasileira positivada, talvez seja a hora, realmente, de mudar a concepção a respeito do assunto, pondo preconceitos de lado.

O princípio constitucional da *dignidade da pessoa humana* não autoriza ao juiz e à sociedade em geral desprezarem o enfrentamento de situações como a transexualidade (não identificação psicológica com a anatomia) ou a intersexualidade (anatomia reprodutiva ou sexual não enquadrada na definição tradicional binária de sexo feminino ou masculino).

Manifestando-se sobre o tema, MARIA BERENICE DIAS observa:

> "Psicanalistas norte-americanos consideram a cirurgia corretiva do sexo como a forma de buscar a felicidade a um invertido condenado pela anatomia. Segundo Edvaldo Souza Couto, o que define e caracteriza a transexualidade é a rejeição do sexo original e o consequente estado de insatisfação. A cirurgia apenas corrige esse 'defeito' de alguém ter nascido homem num corpo de mulher ou ter nascido mulher num corpo de homem"[51].

Por tudo isso, posicionamo-nos ao lado daqueles que defendem a possibilidade de intervenção cirúrgica para a adequação anatômica sexual, desde que especialistas comprovem a sua necessidade e não haja risco para o transexual. Afinal, não é justo que se imponha a um semelhante o suplício de ser aquilo que ele não é, sob pena de se lhe negar o superior direito à felicidade.

Considerando ainda o quanto decidido no julgamento da ADI 4.275[52], passamos a nos posicionar no sentido de que é dispensável a autorização judicial para tal intervenção cirúrgica[53].

Ressalte-se que é fundamental, porém, a demonstração, por especialistas na matéria, da efetiva necessidade da readequação do corpo, o que impõe, por certo, um conhecimento pericial transdisciplinar (médico, psicológico etc.), além, naturalmente, da efetiva cientificação dos potenciais riscos da cirurgia.

Ademais, não se justifica a alegação de que a cirurgia realizada no transexual violaria os bons costumes, *ex vi* do disposto no art. 13 do CC/2002, uma vez que a intervenção médica é ditada por superiores razões, inclusive de ordem psicológica.

Nesse sentido, já decidiu o Tribunal de Justiça do Rio Grande do Sul:

> "Jurisdição voluntária. Autorização para operação. A pretensão da postulante de obter autorização para submeter-se a intervenção cirúrgica com o propósito de alteração de sexo com extirpação de glândulas sexuais e modificações genitais é de ser conhecida, pelos evidentes inte-

---

[51] Maria Berenice Dias, *União Homossexual – O Preconceito e a Justiça*, 2. ed., Porto Alegre: Livr. do Advogado, 2001, p. 123.

[52] Registramos que essa mudança de posicionamento também decorreu dos profícuos debates com o talentoso colega Leandro Cunha, Professor Titular de Direito Civil da Universidade Federal da Bahia, autor de obra de referência sobre a matéria (CUNHA, Leandro Reinaldo da. *Identidade e redesignação de gênero*: aspectos da personalidade, da família e da responsabilidade civil. Rio de Janeiro: Lumen Juris, 2015).

[53] Julgando a ADI 4.275, "O Supremo Tribunal Federal (STF) entendeu ser possível a alteração de nome e gênero no assento de registro civil mesmo sem a realização de procedimento cirúrgico de redesignação de sexo" (*Notícias STF*. Disponível em: <http://www.stf.jus.br/portal/cms/verNoticiaDetalhe.asp?idConteudo=371085,mudan>. Acesso em: 8 ago. 2018).

resses jurídicos em jogo, dados os reflexos, não só na sua vida privada, como na vida da sociedade, não podendo tal fato ficar a critério exclusivamente das normas ético-científicas da medicina"[54].

Nesse sentido parecem ter concordado os juristas da I Jornada de Direito Civil da Justiça Federal, pois, interpretando o já transcrito art. 13 do CC/2002, editaram o Enunciado 6, afirmando que "a expressão 'exigência médica', contida no art. 13, refere-se tanto ao bem-estar físico quanto ao bem-estar psíquico do disponente".

Nessa linha, registramos e aplaudimos a mudança de diretriz da Organização Mundial da Saúde, que removeu da sua classificação oficial de doenças o "transtorno de identidade de gênero", conceito este que impunha a identificação da transexualidade como uma patologia mental. A atualização, conhecida como CID-11 (que substitui a CID-10), traz inédita diretriz para a transexualidade, que passa a integrar um novo capítulo, denominado "condições relativas à saúde sexual", sendo classificada como "incongruência de gênero"[55].

b) Direito ao corpo morto (cadáver)

O novo Código Civil também se preocupou com o tema, consoante se depreende da análise do seu art. 14:

> "Art. 14. É válida, com objetivo científico, ou altruístico, a disposição gratuita do próprio corpo, no todo ou em parte, para depois da morte.
> Parágrafo único. O ato de disposição pode ser livremente revogado a qualquer tempo".

Se a personalidade jurídica termina com a morte da pessoa natural (*mors omnia solvit*), poder-se-ia defender, com bastante razoabilidade, que deixaria de existir também sobre o cadáver qualquer direito como emanação da personalidade jurídica.

Todavia, com fundamento na ideia de que é preciso proteger a dignidade do ser humano – e seus restos mortais lhe representam *post mortem* –, tem-se admitido a preservação, como direito da personalidade, do cadáver.

Como observa ELIMAR SZANIAWSKI, esse direito diz respeito

> "aos parentes do morto, tratando-se de um direito familiar, diferente do tratamento que se dá às partes separadas do próprio corpo, e possui conotações e natureza de um direito de propriedade. O direito ao cadáver diz respeito ao próprio defunto, à sua memória, pois em certas ocasiões podem ocorrer atentados à memória do morto. Vamos encontrar situações em que são praticados atos contra o corpo do morto mesmo que o indivíduo nada tenha consentido em vida ou como ato de última vontade, e que não vêm a se constituir em violação ao respeito à memória do morto, nem injúria contra seus parentes que lhe sobreviveram. Enquadram-se, nesta espécie, as hipóteses em que necessário é o estudo e o exame de certos órgãos atingidos por doenças, buscando o legislador as causas que provocaram a degeneração e a morte do indivíduo"[56].

---

[54] *Revista do TJRS*, n. 87, p. 360-4, cit. por M. Berenice Dias.
[55] Sobre o tema, confira-se o seguinte *link*: <https://www.huffpostbrasil.com/2018/06/18/apos-28-anos-transexualidade-deixa-de-ser-classificada-como-doenca-pela-oms_a_23462157/>. Acesso em: 15 jul. 2019.
[56] Elimar Szaniawski, *Direitos de Personalidade e sua Tutela*, São Paulo: Revista dos Tribunais, 1993, p. 303.

Com amparo nesta doutrina, a violação do cadáver deve ser admitida em duas hipóteses:

a) Direito à prova: em caso de morte violenta, ou havendo suspeita da prática de crime, é indispensável a realização do exame necroscópico, na forma da legislação processual penal em vigor (art. 162 do CPP).

b) Necessidade: admite-se a retirada de partes do cadáver para fins de transplante e em benefício da ciência, na estrita forma da legislação em vigor, e sem caráter lucrativo.

Quanto ao *direito à prova*, lembra o mesmo ELIMAR SZANIAWSKI que ele justifica até "a realização da exumação do cadáver de alguém, desde que haja prévia autorização por autoridade competente, não vindo a se constituir em atentado ao direito ao cadáver, pois aquela, como os demais exames que têm por objetivo a realização de laudo cadavérico, são legitimados pelo direito à prova"[57].

Já sobre o transplante de órgãos e tecidos de pessoas falecidas, no caso de não ter havido manifestação expressa por parte do *de cujus*, o ordenamento jurídico brasileiro experimentou uma lamentável reviravolta.

De fato, previa, originalmente, o art. 4.º da Lei n. 9.434/97:

> "Art. 4.º Salvo manifestação de vontade em contrário, nos termos desta lei, presume-se autorizada a doação de tecidos, órgãos ou partes do corpo humano, para finalidade de transplantes ou terapêutica *post mortem*".

Consagrou-se, portanto, o *sistema do consentimento presumido* no Direito brasileiro.

Dessa forma, a doação *post mortem* seria presumidamente autorizada pelo falecido, ressalvada a hipótese de haver manifestado a sua vontade em sentido contrário, em sua carteira de identidade civil ou na carteira nacional de habilitação, por meio da gravação dos termos "não doador de órgãos ou tecidos".

Entretanto, a quase insuperável dificuldade de precisar o instante da morte humana, e o receio de um irreparável erro médico, motivaram a insurgência de expressiva parcela da sociedade contra essa regra legal. Célebre é o caso de Jason Arthur Rae, que, "dado como morto ao sofrer, em 14 de julho de 1973, uma grave lesão cerebral numa piscina, nos Estados Unidos, tendo sua mãe anuído no transplante de rins e fígado, respondeu aos estímulos de dor quando os médicos se preparavam para a operação, recobrando a respiração 45 minutos depois"[58].

De fato, a polêmica sobre essa regra foi de tal monta que se chegou a denunciar nos veículos de imprensa a formação de quadrilhas de contrabando de órgãos humanos.

Por isso, através de uma medida provisória (MP n. 1.959), posteriormente convertida na Lei n. 10.211, de 23 de março de 2001, passou a ter o referido artigo a seguinte redação:

> "Art. 4.º A retirada de tecidos, órgãos e partes do corpo de pessoas falecidas para transplantes ou outra finalidade terapêutica, *dependerá da autorização* do cônjuge ou parente, maior de idade, obedecida a linha sucessória, reta ou colateral, até o segundo grau inclusive, firmada em documento subscrito por duas testemunhas presentes à verificação da morte" (grifos nossos).

---

[57] Elimar Szaniawski, *Direitos de Personalidade e sua Tutela*, São Paulo: Revista dos Tribunais, 1993, p. 305.
[58] Antônio Chaves, apud Maria Helena Diniz, ob. cit., p. 268.

Assim, abandonando-se o sistema da autorização presumida e passando-se a exigir manifestação expressa do cônjuge ou parente do falecido, deu-se uma guinada de cento e oitenta graus na disciplina do instituto.

Em verdade, lamentamos que a falta de confiança no Sistema Nacional de Transplantes acabe por justificar, ao menos em parte, a modificação legislativa supra-apontada.

Em conclusão, transcrevemos a admoestação de JOÃO CARLOS SIMÕES GONÇALVES LOUREIRO, sempre oportuna na abordagem do tema ora desenvolvido:

> "A minha responsabilidade perante o outro exige a minha disponibilidade para que a minha morte possa manter acesa a centelha de outras vidas. Implica assumir no espaço público, na ética civil da comunidade, a dádiva de órgãos como responsabilidade cívica, respeitando, no entanto, aqueles que, em virtude de suas crenças, perfilham outra opinião"[59].

7.2.2. Direito à voz

A tutela da voz traduz a proteção jurídica de um importante componente físico de identificação do ser humano.

A voz do ser humano, entendida como a *emanação natural de som da pessoa*, é também protegida como direito da personalidade.

De fato, dispõe o inciso XXVIII, *a*, do art. 5.º da Constituição Federal de 1988:

> "XXVIII – são assegurados, nos termos da lei:
>
> *a*) a proteção às participações individuais em obras coletivas e à reprodução da imagem e voz humanas, inclusive nas atividades desportivas".

Embora se trate de um componente físico, que se agrega à noção de imagem[60], ganha individualidade, identificando pessoas e estilos. Imagine-se, por exemplo, a antiga figura de Lombardi, companheiro inseparável, durante longos anos, do apresentador Silvio Santos, cuja imagem poucos conheciam, mas a voz era inconfundível. Da mesma forma, certas vozes de desenhos animados, feitas muitas vezes por um mesmo dublador, parecem trazer sempre à lembrança a memória de tempos idos...

Por tudo isso, a voz é componente físico dos mais relevantes, digno da mais ampla proteção legal.

O uso da voz de artistas profissionais na interpretação de personagens ou canções está sujeito à legislação de direitos autorais, na parte relacionada a direitos conexos (Lei n. 9.610, de 19-2-1998, arts. 89 e s.). Registre-se, também, que a Lei n. 6.615, de 16 de dezembro de 1978 (expressamente mantida em vigor pelo art. 115 da Lei de Direitos Autorais), regula a profissão e os direitos autorais dos radialistas, entre os quais se incluem todas as categorias de titulares de direitos, inclusive os dubladores.

7.3. Direito à integridade psíquica

Em um segundo plano de análise metodológica, toma-se a pessoa como ser psíquico atuante, que interage socialmente, incluindo-se nessa classificação o direito à liberdade,

---

[59] João Carlos Simões Gonçalves Loureiro, *Transplantações: Um Olhar Constitucional*, Coimbra: Coimbra Ed., 1995, p. 79.
[60] *Vide* tópico 7.4.2 ("Direito à Imagem") deste capítulo.

inclusive de pensamento, à intimidade, à privacidade, ao segredo, além do direito referente à criação intelectual, consectário da própria liberdade humana.

Nessa classificação, levam-se em conta os elementos intrínsecos do indivíduo, como atributos de sua inteligência ou sentimento, componentes do psiquismo humano.

A premissa da qual se deve partir para a adequada análise de todos os direitos psíquicos (liberdade, intimidade, segredo etc.) é a imperiosa necessidade jurídica de proteger a *incolumidade da mente humana*. Vale dizer, o *direito à integridade mental é o direito-base*, de onde surgem todos os demais. Por isso, a legislação pune, com rigor, a tortura psicológica[61], além de não admitir o emprego de substâncias químicas ou do *lie detector* nos procedimentos de investigação policial.

Posto isso, passaremos a analisar os demais direitos psíquicos.

7.3.1. Direito à liberdade

O art. 5.º da Constituição Federal de 1988 é um verdadeiro monumento à liberdade, em todas as suas formas, seja na concepção mais individualizada até a consagração de liberdades coletivas.

Vários têm sido os enfoques com que se encara a liberdade (civil, política, religiosa, sexual etc.), com a enunciação de componentes próprios e distintos como a liberdade de locomoção, de trabalho, de exercício de atividade, de estipulação contratual, de comércio, de culto, de organização sindical, de imprensa, dentre outras.

Na concepção gramatical da palavra, verificamos os seguintes significados, segundo AURÉLIO BUARQUE DE HOLANDA FERREIRA:

"liberdade. [Do lat. *libertate*] S. f. 1. Faculdade de cada um se decidir ou agir segundo a própria determinação: *Sua liberdade, ninguém a tolhia*. 2. Poder de agir, no seio de uma sociedade organizada, segundo a própria determinação, dentro dos limites impostos por normas definidas: *liberdade civil*; *liberdade de imprensa*; *liberdade de ensino*. 3. Faculdade de praticar tudo quanto não é proibido por lei. 4. Supressão ou ausência de toda a opressão considerada anormal, ilegítima, imoral: *Liberdade não é libertinagem*; *Liberdade de pensamento é um direito fundamental do homem*. 5. Estado ou condição de homem livre: *dar liberdade a um prisioneiro, a um escravo*. 6. Independência, autonomia: *O Brasil conquistou a liberdade política em 1822*. 7. Facilidade, desembaraço: *liberdade de movimentos*. 8. Permissão, licença: *Tem liberdade de deixar o país*. 9. Confiança, familiaridade, intimidade (às vezes abusiva): *Desculpe-me, tomei a liberdade de vir aqui sem telefonar-lhe*; *Muito comunicativo, toma às vezes certas liberdades que me aborrecem*. 10. Bras. V. risca (4): '*Trazia os cabelos caprichosamente penteados, com uma abertura ao meio, formando liberdade.*' (De Araújo Costa, *O Menino e o Tempo*, p. 29.) 11. *Filos*. Caráter ou condição de um ser que não está impedido de expressar, ou que efetivamente expressa, algum aspecto de sua essência ou natureza. [Quanto à liberdade humana, o problema consiste quer na determinação dos limites que sejam garantia de desenvolvimento das potencialidades dos homens no seu conjunto – as leis, a organização política, social e econômica, a moral, etc. –, quer na definição das potencialidades que caracterizam a humanidade na sua essência, concebendo-se a liberdade como o efetivo exercício dessas potencialidades, as quais, concretamente, se manifestam pela capacidade que tenham os homens de reconhecer, com amplitude sempre crescente, os condicionamentos, impli-

---

[61] A Lei n. 9.455, de 7 de abril de 1997, define os crimes de tortura.

cações e consequências das situações concretas em que se encontram, aumentando com esse reconhecimento o poder de conservá-las ou transformá-las em seu próprio benefício.]"[62].

Como podemos constatar, a palavra "liberdade" apresenta diversos conteúdos, o que pode dificultar a nossa compreensão.

Buscando, porém, um conceito estritamente jurídico, encontramos, no *Dicionário da Academia Brasileira de Letras Jurídicas*, a seguinte definição:

> "LIBERDADE. S. f. (Lat. *libertas*) Faculdade que tem cada um de agir em obediência apenas a sua vontade. OBS. Esse conceito lato sofre restrições no estágio do homem coletivizado, sendo peculiar tão somente ao estágio da *horda*"[63].

Ora, a imprecisão e generalidade do conceito jurídico de liberdade é, por certo, uma caixa de pandora da qual podemos retirar as mais amplas interpretações.

Ilustrando tal afirmação, o conceito mencionado, que o próprio dicionarista declara ser peculiar ao estágio de *horda*, nos permitiria concluir que o ato de matar alguém, por exemplo, nada mais é do que o exercício pleno da *liberdade absoluta* do indivíduo de optar entre o certo e o errado, o bem e o mal ou a vida e a morte.

Talvez essa ponderação seja realmente bastante razoável se levarmos em consideração que a conduta humana no convívio social nada mais é do que o exercício diuturno de escolha entre o lícito e o ilícito, uma vez que, conforme ensinava MACHADO NETO, ao comentar a Teoria Egológica do Direito, a

> "liberdade é, nessa perspectiva, um *prius* donde há que partir. Originariamente toda conduta é permitida. Todo direito é assim um contínuo de licitudes e um descontínuo de ilicitudes. Daí que o princípio ontológico não seja conversível como o é o juízo analítico 'tudo que não é ilícito é lícito' (...) Sobre esse *prius* da liberdade humana, esse contínuo de licitudes, a determinação normativa vai estabelecendo as ilicitudes"[64].

A liberdade de agir, porém, não pode ser interpretada de forma extrema.

A análise das relações entre os direitos fundamentais demonstra que o exercício do direito à liberdade encontra a sua justa medida de contenção na esfera jurídica do outro.

Desde a mais tenra idade, fomos condicionados com frases do tipo "minha liberdade (meu direito) termina onde começa a(o) do outro", a partir das quais, instintivamente, já começamos a inferir a existência de limites ao exercício da liberdade humana.

Logo, se é certo que a liberdade é algo inerente à condição humana, muito mais evidente é que haverá certos tipos de atos que serão proibidos pela ordem jurídica, por superiores razões de interesse público e convivência social.

---

[62] Aurélio Buarque de Holanda Ferreira, *Novo Dicionário Aurélio da Língua Portuguesa*, 2. ed., Rio de Janeiro: Nova Fronteira, 1986, p. 1028.

[63] Academia Brasileira de Letras Jurídicas, *Dicionário Jurídico*, 3. ed., Rio de Janeiro: Forense, 1995, p. 465.

[64] A. L. Machado Neto, *Compêndio de Introdução à Ciência do Direito*, 3. ed., São Paulo: Saraiva, 1975, p. 53. Nas palavras de Carlos Cossio: "El problema jurídico de la libertad irrumpe dogmaticamente en la Dogmática con el axioma ontológico de que todo lo que no está prohibido está jurídicamente permitido, axioma que es conceptualmente aprehendido con la noción de la plenitud hermética del ordenamiento jurídico" (Carlos Cossio, *La Teoría Egológica del Derecho y el Concepto Jurídico de Libertad*, 2. ed., Buenos Aires: Abeledo-Perrot, 1964, p. 656).

Tais limites, do ponto de vista da teoria geral do direito, consistem no estabelecimento de sanções a determinados tipos de conduta que podem ser praticadas pelos indivíduos, no exercício de sua liberdade.

Que limites são esses?

"*Libertas est naturalis facultas ejus quod cuique facere libet nisi si quid vi aut jure prohibetur.*" O brocardo latino, que significa que a "liberdade é a faculdade natural de fazer o que se deseja, desde que não haja proibição da força ou direito", já nos traz um indício de onde encontraremos as limitações ao exercício absoluto da liberdade.

De fato, onde mais estariam os limites ao exercício absoluto da liberdade senão no próprio direito que garante a liberdade?

Afastado o exercício puro do arbítrio, justificador da referência à "força" na expressão lembrada, somente a própria ordem jurídica, *com o fito de garantir seus bens mais preciosos*, é que possui a legitimidade necessária para estabelecer limitações à liberdade individual das pessoas.

A análise do inciso XI do art. 5.º do texto constitucional pode nos ajudar, agora sob um método indutivo, a compreender esse raciocínio.

Com efeito, dispõe o referido preceito que "a casa é asilo inviolável do indivíduo, ninguém nela podendo penetrar sem consentimento do morador, salvo em caso de flagrante delito ou desastre, ou para prestar socorro, ou, durante o dia, por determinação judicial".

Analisando essa regra constitucional, podemos verificar que o *direito amplo de ir e vir*, albergado no inciso XV do art. 5.º da CF, é limitado pelo próprio direito de propriedade, uma vez que a ninguém é dado o direito de penetrar em casa alheia sem o consentimento do morador. Percebam-se as inter-relações entre os *direitos fundamentais,* na medida em que um impõe limites ao outro.

Sobre a matéria, observa JOSÉ AFONSO DA SILVA que

"o legislador ordinário, quando expressamente autorizado pela Constituição, intervém para regular o direito de liberdade conferido. Algumas normas constitucionais, conferidoras de liberdades e garantias individuais, mencionam uma lei limitadora (art. 5.º, VI, VII, XIII, XV, XVIII). Outras limitações podem provir da incidência de normas constitucionais (p. ex. art. 5.º, XVI: reunir-se pacificamente, sem armas; XVII: fins lícitos e vedação de caráter paramilitar, para as associações, são conceitos limitadores; restrições decorrentes de estado de defesa e estado de sítio: arts. 136, § 1.º, e 139).

Tudo isso constitui modos de restrições das liberdades, que, no entanto, esbarram no princípio de que é a liberdade, o direito, que deve prevalecer, não podendo ser extirpado por via de atuação do Poder Legislativo nem do poder de polícia. Este é, sem dúvida, um sistema importante de limitação de direitos individuais, mas só tem cabimento na extensão requerida pelo bem-estar social. Fora daí é arbítrio"[65].

Importa acrescentar que a proteção do direito à liberdade de ir e vir é efetivada por meio da ação constitucional de *habeas corpus,* prevista no art. 5.º, LXVIII, da Carta Política.

---

[65] José Afonso da Silva, *Curso de Direito Constitucional Positivo*, 8. ed., São Paulo: Malheiros, 1992, p. 243.

Por fim, concluamos com a advertência de CARLOS FERNANDEZ SESSAREGO no sentido de que: *"la libertad es como un ave que para volar necesita de la resistencia del aire. La libertad tiene necesidad ontológica de otras existencias libres y de cosas. La libertad es coexistencia, compresencia. Necesita de sus potencias psíquicas, de su cuerpo, que son las evolturas próximas; del mundo interno en contraposición con el mundo externo que son los 'otros' seres. El mundo interno es lo 'mio', lo que pertenece en forma inmediata al centro espiritual del hombre como libertad"*[66].

7.3.2. Direito à liberdade de pensamento

Tomado em acepção mais abrangente, o direito de liberdade compreende a liberdade de pensamento.

Todavia, dada a sua peculiaridade de ser a forma de expressão da individualidade do ser humano, merece destaque como direito autônomo.

A esse respeito, o inciso IV do art. 5.º da CF/88 estabelece expressamente que *"é livre a manifestação do pensamento, sendo vedado o anonimato"*.

Como consequência da regra primeira, a *"manifestação do pensamento, a criação, a expressão e a informação, sob qualquer forma, processo ou veículo não sofrerão qualquer restrição"*, observado o disposto, obviamente, na própria Constituição, como preceitua o seu art. 220.

Seguindo a doutrina de MANOEL GONÇALVES FERREIRA FILHO, a liberdade de pensamento decompõe-se em:

a) liberdade do foro íntimo – por meio desse direito, ninguém pode ser constrangido a pensar deste ou daquele modo;

b) liberdade de consciência e crença – consagra-se a liberdade de opção quanto às convicções políticas, filosóficas e religiosas, devendo a lei resguardar também os locais de culto e das liturgias[67].

7.3.3. Direito às criações intelectuais (autoria científica, artística e literária)

Em nosso entendimento, o direito às criações intelectuais é manifestação direta da liberdade de pensamento, razão por que o catalogamos no rol de direitos psíquicos[68].

A Constituição Federal, em seu art. 5.º, também alberga tais direitos, que podem ser conceituados como *o resultado cultural do gênio humano nas diversas áreas do conhecimento*:

"XXVII – aos autores pertence o direito exclusivo de utilização, publicação ou reprodução de suas obras, transmissível aos herdeiros pelo tempo que a lei fixar;

XXVIII – são assegurados, nos termos da lei:

---

[66] Carlos Fernandez Sessarego, *El Derecho como Libertad*, Lima: Ed. Libreria Studium, 1987, p. 102.

[67] Manoel Gonçalves Ferreira Filho, *Curso de Direito Constitucional*, 21. ed., São Paulo: Saraiva, 1994, p. 256.

[68] Bittar prefere elencá-lo entre os direitos de cunho moral, posição com a qual, *data venia*, não concordamos (ob. cit., p. 65), uma vez que a criação é típica manifestação da liberdade humana.

a) a proteção às participações individuais em obras coletivas e à reprodução da imagem e voz humanas, inclusive nas atividades desportivas;

b) o direito de fiscalização do aproveitamento econômico das obras que criarem ou de que participarem aos criadores, aos intérpretes e às respectivas representações sindicais e associativas;

XXIX – a lei assegurará aos autores de inventos industriais privilégio temporário para sua utilização, bem como proteção às criações industriais, à propriedade das marcas, aos nomes de empresas e a outros signos distintivos, tendo em vista o interesse social e o desenvolvimento tecnológico e econômico do País".

No depoimento de CARLOS ALBERTO BITTAR:

"Destinadas à sensibilização ou à transmissão de conhecimentos (obras estéticas) e, de outro lado, à aplicação industrial (obras utilitárias), as criações resultantes expressam-se sob formas plásticas próprias (literárias, artísticas ou científicas, de um lado, e formas práticas, de outro: símbolos, emblemas e sinais identificadores da empresa, bem como invenções, modelos, desenhos, aparatos de uso na vida diária). Subordinadas as primeiras ao regime dos direitos autorais, encontram disciplinação na lei especial já citada (Lei n. 9.610/98), em que se reconhecem direitos de cunho moral e direitos de caráter patrimonial ao autor (em particular, arts. 22, 24, 28 e 29). As demais são reguladas no chamado Código de Propriedade Industrial (Lei n. 9.279, de 14.5.96), sob visão mais patrimonial, consistente na outorga de direito exclusivo de exploração econômica ao titular, pelos prazos definidos em seu contexto"[69].

É preciso distinguir, portanto, duas classes de interesses nos direitos autorais: *os morais e os patrimoniais*. Os primeiros é que, em nossa opinião, são os efetivos direitos da personalidade, enquanto os últimos nada mais são do que manifestações econômicas de um direito de propriedade[70].

Nesse sentido, parece ser a disciplina feita pela Lei n. 9.610/98:

"Art. 49. Os direitos de autor poderão ser total ou parcialmente transferidos a terceiros, por ele ou por seus sucessores, a título universal ou singular, pessoalmente ou por meio de representantes com poderes especiais, por meio de licenciamento, concessão, cessão ou por outros meios admitidos em Direito, obedecidas as seguintes limitações:

I – a transmissão total compreende todos os direitos de autor, salvo os de natureza moral e os expressamente excluídos por lei".

7.3.4. *Direito à privacidade*

Também considerada inviolável pelo inciso X do art. 5.º da CF, a vida privada é entendida como a *vida particular* da pessoa natural (*right of privacy*), compreendendo como uma de suas manifestações o direito à intimidade.

---

[69] Carlos Alberto Bittar, ob. cit., p. 138-9.

[70] Nesse ponto, discordamos do multimencionado Carlos Alberto Bittar, que entende que "esses aspectos não são isolados, se considerados em um plano científico: ao reverso, esses direitos integram-se, unem-se, completam-se. Na integração desses direitos é que se acha a unidade da categoria: assim, como facetas de uma mesma realidade são, por natureza, incindíveis, pois se combinam em um sistema binário de correlação e de interferência recíproca, imprimindo caráter especial aos direitos intelectuais" (ob. cit., p. 140).

Trata-se de um direito da personalidade, cuja tutela jurídica veio a ser consagrada, também, no art. 21 do CC/2002, a saber:

> "Art. 21. A vida privada da pessoa natural é inviolável, e o juiz, a requerimento do interessado, adotará as providências necessárias para impedir ou fazer cessar ato contrário a esta norma".

Manifesta-se, principalmente, por meio do direito à intimidade, não obstante a proteção legal da honra e da imagem lhe seja correlata.

O elemento fundamental do direito à intimidade, manifestação primordial do direito à vida privada, é a exigibilidade de respeito ao isolamento de cada ser humano, que não pretende que certos aspectos de sua vida cheguem ao conhecimento de terceiros[71]. Em outras palavras, é o *direito de estar só*.

Há vários elementos que se encontram ínsitos à ideia de intimidade: o lar, a família e a correspondência são os mais comuns e visíveis.

Com o avanço tecnológico, os atentados à intimidade e à vida privada, inclusive por meio da rede mundial de computadores (Internet), tornaram-se muito comuns. Não raro, determinadas empresas obtêm dados pessoais do usuário (profissão, renda mensal, *hobbies*), com o propósito de ofertar os seus produtos, veiculando a sua publicidade por meio dos indesejáveis *spams*, técnica, em nosso entendimento, ofensiva à intimidade e à vida privada. Nesse sentido, vale transcrever o posicionamento de GUILHERME MAGALHÃES MARTINS:

> "A correspondência comercial ou mala direta é prática usual nos dias de hoje, consistindo no envio de folhetos publicitários, que podem inclusive se revestir das características de oferta, caso suficientemente detalhados e precisos (...), por intermédio do *e-mail*, acarreta *ofensa à privacidade*, na medida em que o endereço eletrônico, ao contrário do endereço postal, que é em princípio público, pode ser mantido oculto ou não, de acordo com a vontade do titular"[72].

Ainda neste ponto é bom que se diga que as pessoas públicas têm todo o direito de ter a sua intimidade preservada. Não é pelo fato de adquirirem relevância social que tais pessoas não mereçam gozar da proteção legal para excluir terceiros, inclusive a imprensa, do seu âmbito de intimidade.

Importante lei que *dialoga* com diversos direitos da personalidade, especialmente a privacidade, é a Lei Geral de Proteção de Dados (Lei n. 13.709, de 14 de agosto de 2018 – LGPD), na medida em que visa, dentre outras finalidades, a resguardar os dados pessoais da pessoa natural:

> "Art. 1.º Esta Lei dispõe sobre o tratamento de dados pessoais, inclusive nos meios digitais, por pessoa natural ou por pessoa jurídica de direito público ou privado, com o objetivo de proteger

---

[71] Cf. Bittar, ob. cit., p. 107.

[72] Guilherme Magalhães Martins, Boa-Fé e Contratos Eletrônicos via Internet, in *Problemas de Direito Civil Constitucional*, Rio de Janeiro: Renovar, 2000, p. 157. Mas há entendimento em sentido contrário. Segundo informação veiculada pela *Gazeta Mercantil* (8 jan. 2002 – Legislação e Tributos, p. 5), o 6.º Juizado Especial Cível de Mato Grosso do Sul julgou improcedente pedido de indenização proposta por usuário da rede mundial de computadores, em virtude do recebimento de *e-mails* publicitários indesejados (*spams*), sob o argumento de que o envio da publicidade eletrônica é uma prática de *marketing* saudável, equiparada à mala-direta. Pelos fundamentos acima expostos, não concordamos, *data venia*, com esse entendimento.

os direitos fundamentais de liberdade e de privacidade e o livre desenvolvimento da personalidade da pessoa natural.

Parágrafo único. As normas gerais contidas nesta Lei são de interesse nacional e devem ser observadas pela União, Estados, Distrito Federal e Municípios. (Incluído pela Lei n. 13.853, de 2019)

Art. 2.º A disciplina da proteção de dados pessoais tem como fundamentos:

I – o respeito à privacidade;

II – a autodeterminação informativa;

III – a liberdade de expressão, de informação, de comunicação e de opinião;

IV – a inviolabilidade da intimidade, da honra e da imagem;

V – o desenvolvimento econômico e tecnológico e a inovação;

VI – a livre-iniciativa, a livre concorrência e a defesa do consumidor; e

VII – os direitos humanos, o livre desenvolvimento da personalidade, a dignidade e o exercício da cidadania pelas pessoas naturais".

Trata-se de um importante avanço no direito positivo brasileiro.

7.3.5. Direito ao segredo pessoal, profissional e doméstico

Segredo, na clássica definição de PAULO JOSÉ DA COSTA JÚNIOR, é o "círculo concêntrico de menor raio em que se desdobra a intimidade; é o que reclama proteção mais veemente contra a indiscrição"[73].

A ideia de segredo abrange três esferas bem visíveis, a saber:

a) *Segredo das comunicações*: trata-se do direito à manutenção sigilosa das comunicações em geral, abrangendo o segredo epistolar (correspondência), telefônico e telegráfico[74]. A tutela penal dá-se por meio da Lei n. 9.296, de 24 de julho de 1996.

b) *Segredo doméstico*: é aquele reservado aos recônditos do lar e da vida privada. O direito ao segredo doméstico está firmemente relacionado à inviolabilidade do domicílio[75]. Cumpre-nos lembrar que o direito ao segredo doméstico impõe-se, inclusive, entre parentes. A um irmão, por exemplo, não é dado invadir o quarto da irmã para subtrair o seu diário, violando o seu direito à intimidade e ao segredo. Os pais, todavia, no exercício regular do poder familiar, podem tomar ciência de assuntos pessoais dos filhos, sem que se caracterize violação aos direitos da personalidade.

c) *Segredo profissional*: aqui não se protege, como se poderia pensar, a vida privada ou o segredo de algum profissional, mas sim o direito da pessoa que teve de revelar algum

---

[73] Paulo José da Costa Júnior, *O Direito de Estar Só: Tutela Penal da Intimidade*, São Paulo: Revista dos Tribunais, 1970, p. 73.

[74] CF/88, art. 5.º: "XII – é inviolável o sigilo da correspondência e das comunicações telegráficas, de dados e das comunicações telefônicas, salvo, no último caso, por ordem judicial, nas hipóteses e na forma que a lei estabelecer para fins de investigação criminal ou instrução processual penal".

[75] CF/88, art. 5.º: "XI – a casa é asilo inviolável do indivíduo, ninguém nela podendo penetrar sem consentimento do morador, salvo em caso de flagrante delito ou desastre, ou para prestar socorro, ou, durante o dia, por determinação judicial".

segredo da sua esfera íntima a terceiro, por circunstância da atividade profissional deste (ex.: médicos, padres, advogados etc.).

A *divulgação de segredo, seja particular ou profissional, é conduta típica prevista nos arts. 153 e 154* do vigente Código Penal brasileiro.

7.4. Direito à integridade moral

Os direitos da personalidade também objetivam tutelar a esfera moral da pessoa.

7.4.1. Direito à honra[76]

Umbilicalmente associada à natureza humana, a honra é um dos mais significativos direitos da personalidade, acompanhando o indivíduo desde seu nascimento, até depois de sua morte.

Poderá manifestar-se sob duas formas:

a) *objetiva*: correspondente à reputação da pessoa, compreendendo o seu bom nome e a fama de que desfruta no seio da sociedade;

b) *subjetiva*: correspondente ao sentimento pessoal de estima ou à consciência da própria dignidade.

Trata-se, também, de um direito da personalidade alçado à condição de liberdade pública, com previsão expressa no inciso X do art. 5.º da CF/88, *in verbis*:

> "X – são invioláveis a intimidade, a vida privada, a honra e a imagem das pessoas, assegurado o direito a indenização pelo dano material ou moral decorrente de sua violação".

Como se sabe, a tutela penal da honra dá-se, fundamentalmente, por meio da tipificação dos delitos de *calúnia, difamação e injúria*, previstos nos arts. 138, 139 e 140 do CPB, além dos próprios crimes de imprensa, delineados na Lei n. 5.250, de 9 de fevereiro de 1967.

7.4.2. Direito à imagem

Segundo a metodologia de classificação que reputamos mais adequada, o direito à imagem deve ser elencado entre os direitos de cunho moral, e não ao lado dos direitos físicos[77]. Isso porque, a par de traduzir a *forma plástica da pessoa natural*, os seus reflexos, principalmente em caso de violação, são muito mais sentidos no âmbito moral do que propriamente no físico.

A garantia de proteção à imagem, como se verifica do último dispositivo constitucional transcrito, é considerada, também, um direito fundamental.

Mas como se conceitua a *imagem*?

A imagem, em definição simples, constitui a *expressão exterior sensível da individualidade humana*, digna de proteção jurídica.

---

[76] Sobre o tema, confira-se o livro de Mônica Neves Aguiar da Silva Castro (*Honra, Imagem, Vida Privada e Intimidade em Colisão com Outros Direitos*, Rio de Janeiro: Renovar, 2002).

[77] Bittar, em sentido contrário, prefere enumerá-lo ao lado dos direitos físicos (ob. cit., p. 65).

Para efeitos didáticos, dois tipos de imagem podem ser concebidos:

a) *imagem-retrato* – que é literalmente o aspecto físico da pessoa;

b) *imagem-atributo* – que corresponde à exteriorização da personalidade do indivíduo, ou seja, à forma como ele é visto socialmente.

No conceito de *imagem-retrato*, há quem diferencie, como ANTÔNIO CHAVES, o conceito de reprodução gráfica da imagem e a fisionomia, entendida esta última como "o conjunto das feições do rosto: aspecto, ar, cara, rosto, conjunto de caracteres especiais"[78].

Entendendo despicienda, para efeitos práticos, tal diferenciação, ensina LUIZ ALBERTO DAVID ARAUJO que a "distinção entre as duas imagens parece desnecessária, pois o direito se desdobra, focalizando-as apenas em momentos diferentes: o indivíduo com direito à sua imagem (fisionomia) e o indivíduo protegendo-se contra a divulgação indevida de sua imagem (retrato da imagem).

As duas faces do mesmo direito devem ser entendidas como vindas da proteção de um mesmo bem: a imagem"[79].

O CC/2002, de forma expressa, consagra o direito à imagem, em seu art. 20:

> "Art. 20. Salvo se autorizadas, ou se necessárias à administração da justiça ou à manutenção da ordem pública, a divulgação de escritos, a transmissão da palavra, ou a publicação, *a exposição ou a utilização da imagem de uma pessoa* poderão ser proibidas, a seu requerimento e sem prejuízo da indenização que couber, se lhe atingirem a honra, a boa fama ou a respeitabilidade, ou se se destinarem a fins comerciais.
>
> Parágrafo único. Em se tratando de morto ou de ausente, são partes legítimas para requerer essa proteção o cônjuge, os ascendentes ou os descendentes".

Portanto, considerando que a imagem traduz a *essência da individualidade humana,* a sua violação merece firme resposta judicial.

"Qualquer publicação truncada ou retrabalhada de uma imagem", observa NILZA REIS em excelente dissertação de mestrado, "ou mesmo o seu uso em um contexto diverso daquele em que se originou, pode atingir uma pessoa no mais profundo de sua dignidade, e o direito há de proteger o indivíduo que constata uma discordância entre a sua imagem real e a maneira como foi apresentada ou exibida ao público"[80].

Por isso, não só a utilização indevida da imagem (não autorizada) mas também o desvio de finalidade do uso autorizado (ex. permite-se a veiculação da imagem em *outdoor,* e o anunciante a utiliza em informes publicitários) caracterizam violação ao direito à imagem, devendo o infrator ser civilmente responsabilizado.

A despeito, portanto, de a natureza do próprio direito admitir a *sua cessão de uso,* a autorização do titular há de ser expressa, não se admitindo interpretação ampliativa das cláusulas contratuais para se estender a autorização a situações não previstas.

---

[78] Antônio Chaves, Direito à Própria Imagem, *RT*, n. 451, p. 8.

[79] Luiz Alberto David Araujo, *A Proteção Constitucional da Própria Imagem – Pessoa Física, Pessoa Jurídica e Produto*, Belo Horizonte: Del Rey, 1996, p. 30.

[80] Nilza Maria Costa dos Reis, *O Direito à Própria Imagem,* dissertação final de mestrado apresentada à Faculdade de Direito da Universidade Federal da Bahia, julho de 1994 (inédita).

A esse respeito, leia-se interessante trecho do acórdão do Tribunal de Justiça do Rio de Janeiro (Ap. Cív. 2.940/97), da lavra do Des. *Marlan de Moraes Marinho*, cujo objeto de julgamento fora a utilização indevida da imagem da Seleção Brasileira de Futebol:

> "Conforme asseverou o eminente prolator da sentença, há, no caso, que se distinguir o direito à imagem, inserido que está no âmbito dos direitos da personalidade, – portanto, inalienável e irrenunciável – do direito ao uso da imagem, que pode ser objeto de cessão. Assim considerados, o titular do direito de imagem sempre poderá reclamar contra o seu uso indevido ou desautorizado por quem quer que seja, não obstante possa ter cedido o seu direito de uso a terceiros, como ocorreu na espécie em exame".

7.4.3. Direito à identidade

O direito à identidade traduz a ideia de proteção jurídica aos elementos distintivos da pessoa, natural ou jurídica, no seio da sociedade.

Em tópico anterior[81], já desenvolvemos longas considerações sobre o nome civil, valendo, porém, lembrar os dispositivos pertinentes do CC/2002, no capítulo relativo aos direitos da personalidade:

> "Art. 16. Toda pessoa tem direito ao nome, nele compreendidos o prenome e o sobrenome.
>
> Art. 17. O nome da pessoa não pode ser empregado por outrem em publicações ou representações que a exponham ao desprezo público, ainda quando não haja intenção difamatória.
>
> Art. 18. Sem autorização, não se pode usar o nome alheio em propaganda comercial.
>
> Art. 19. O pseudônimo adotado para atividades lícitas goza da proteção que se dá ao nome".

Em momento oportuno, ao tratarmos do Direito Empresarial e Societário, teceremos as devidas considerações acerca do nome comercial, lembrando, desde já, que o direito à identidade também é atributo da pessoa jurídica.

8. A PROTEÇÃO DOS DIREITOS DA PERSONALIDADE

A proteção dos direitos da personalidade dá-se em vários campos do ordenamento jurídico, desfrutando, assim, de estatutos disciplinadores diversos, variáveis em função do enfoque adotado.

Na abalizada manifestação de CARLOS ALBERTO BITTAR, a

> "tutela geral dos direitos da personalidade compreende modos vários de reação, que permitem ao lesado a obtenção de respostas distintas, em função dos interesses visados, estruturáveis, basicamente, em consonância com os seguintes objetivos: a) cessação de práticas lesivas; b) apreensão de materiais oriundos dessas práticas; c) submissão do agente à cominação de pena; d) reparação de danos materiais e morais; e e) perseguição criminal do agente"[82].

---

[81] Confira-se o tópico 4 ("Nome Civil") e seus subtópicos no Capítulo IV ("Pessoa Natural").
[82] Carlos Alberto Bittar, *Os Direitos da Personalidade*, 3. ed., Rio de Janeiro: Forense, 1999, p. 49.

Em linhas gerais, a proteção dos direitos da personalidade poderá ser:

a) *preventiva* – principalmente por meio do ajuizamento de ação com postulação de tutela inibitória (p. ex.: multa cominatória)[83], objetivando evitar a concretização da ameaça de lesão ao direito da personalidade;

b) *repressiva* – por meio da imposição de sanção civil (pagamento de indenização) ou penal (persecução criminal) em caso de a lesão já haver se efetivado.

---

[83] CPC/1973: "Art. 461. Na ação que tenha por objeto o cumprimento de obrigação de fazer ou não fazer, o juiz concederá a tutela específica da obrigação ou, se procedente o pedido, determinará providências que assegurem o resultado prático equivalente ao do adimplemento. (*Redação dada pela Lei n. 8.952, de 13-12-1994.*)

§ 1.º A obrigação somente se converterá em perdas e danos se o autor o requerer ou se impossível a tutela específica ou a obtenção do resultado prático correspondente.

§ 2.º A indenização por perdas e danos dar-se-á sem prejuízo da multa (art. 287).

§ 3.º Sendo relevante o fundamento da demanda e havendo justificado receio de ineficácia do provimento final, é lícito ao juiz conceder a tutela liminarmente ou mediante justificação prévia, citado o réu. A medida liminar poderá ser revogada ou modificada, a qualquer tempo, em decisão fundamentada.

§ 4.º O juiz poderá, na hipótese do parágrafo anterior ou na sentença, impor multa diária ao réu, independentemente de pedido do autor, se for suficiente ou compatível com a obrigação, fixando-lhe prazo razoável para o cumprimento do preceito. (*Parágrafos acrescentados pela Lei n. 8.952, de 13-12-1994.*)

§ 5.º Para a efetivação da tutela específica ou a obtenção do resultado prático equivalente, poderá o juiz, de ofício ou a requerimento, determinar as medidas necessárias, tais como a imposição de multa por tempo de atraso, busca e apreensão, remoção de pessoas e coisas, desfazimento de obras e impedimento de atividade nociva, se necessário com requisição de força policial. (*Redação dada pela Lei n. 10.444, de 7-5-2002.*)

§ 6.º O juiz poderá, de ofício, modificar o valor ou a periodicidade da multa, caso verifique que se tornou insuficiente ou excessiva. (*Parágrafo acrescentado pela Lei n. 10.444, de 7-5-2002.*)"

CPC/2015: "Art. 497. Na ação que tenha por objeto a prestação de fazer ou de não fazer, o juiz, se procedente o pedido, concederá a tutela específica ou determinará providências que assegurem a obtenção de tutela pelo resultado prático equivalente.

Parágrafo único. Para a concessão da tutela específica destinada a inibir a prática, a reiteração ou a continuação de um ilícito, ou a sua remoção, é irrelevante a demonstração da ocorrência de dano ou da existência de culpa ou dolo.

Art. 498. Na ação que tenha por objeto a entrega de coisa, o juiz, ao conceder a tutela específica, fixará o prazo para o cumprimento da obrigação.

Parágrafo único. Tratando-se de entrega de coisa determinada pelo gênero e pela quantidade, o autor individualizá-la-á na petição inicial, se lhe couber a escolha, ou, se a escolha couber ao réu, este a entregará individualizada, no prazo fixado pelo juiz.

Art. 499. A obrigação somente será convertida em perdas e danos se o autor o requerer ou se impossível a tutela específica ou a obtenção de tutela pelo resultado prático equivalente.

Art. 500. A indenização por perdas e danos dar-se-á sem prejuízo da multa fixada periodicamente para compelir o réu ao cumprimento específico da obrigação.

Art. 501. Na ação que tenha por objeto a emissão de declaração de vontade, a sentença que julgar procedente o pedido, uma vez transitada em julgado, produzirá todos os efeitos da declaração não emitida".

Nessa linha, na III Jornada de Direito Civil, realizada em novembro/2004 no Superior Tribunal de Justiça, foi aprovado o Enunciado 140, proposto pelo Juiz Federal Erik Frederico Gramstrup, registrando: "Art. 12: A primeira parte do art. 12 do Código Civil refere-se às técnicas de tutela específica, aplicáveis de ofício, enunciadas no art. 461 do Código de Processo Civil, devendo ser interpretada com resultado extensivo".

O novo Código Civil, consagrando as duas formas de proteção jurídica, em seu art. 12, prevê que:

"Art. 12. Pode-se exigir que cesse a ameaça, ou a lesão, a direito da personalidade, e reclamar perdas e danos, sem prejuízo de outras sanções previstas em lei.

Parágrafo único. Em se tratando de morto, terá legitimação para requerer a medida prevista neste artigo o cônjuge sobrevivente, ou qualquer parente em linha reta, ou colateral até o quarto grau"[84].

Tal norma é a regra geral do novo Código Civil, quanto à tutela dos direitos da personalidade, sendo aplicável subsidiariamente inclusive às hipóteses disciplinadas pelo já transcrito art. 20, que se refere especificamente ao direito de imagem[85].

No campo do Direito Constitucional, inúmeros direitos da personalidade, como vimos no decorrer de todo este capítulo, são elencados na Constituição Federal como liberdades públicas, dotados de garantias específicas.

Dentre tais garantias, destacam-se, no art. 5.º da CF/88:

"LXVIII – conceder-se-á *habeas corpus* sempre que alguém sofrer ou se achar ameaçado de sofrer violência ou coação em sua liberdade de locomoção, por ilegalidade ou abuso de poder;

LXIX – conceder-se-á mandado de segurança para proteger direito líquido e certo, não amparado por *habeas corpus* ou *habeas data*, quando o responsável pela ilegalidade ou abuso de poder for autoridade pública ou agente de pessoa jurídica no exercício de atribuições do Poder Público;

LXX – o mandado de segurança coletivo pode ser impetrado por:

a) partido político com representação no Congresso Nacional;

---

[84] Em melhor técnica, prevê o mesmo dispositivo, na redação proposta pelo Projeto de Lei n. 6.960, de 2002 (atual n. 276/2007):

"Art. 12. O ofendido pode exigir que cesse a ameaça, ou a lesão, a direito da personalidade, e reclamar indenização, em ressarcimento de dano patrimonial e moral, sem prejuízo de outras sanções previstas em lei.

Parágrafo único. Em se tratando de morto ou ausente, terá legitimação para requerer as medidas previstas neste artigo o cônjuge ou companheiro, ou, ainda, qualquer parente em linha reta, ou colateral até o quarto grau".

Além da legitimação reconhecida ao companheiro, é digno de encômios o Projeto, nesse particular, ao fazer menção ao dano moral, afinando-se, por consequência, aos termos da Constituição da República, que admite as duas espécies de dano (material e moral). Sobre o dano moral, que será minuciosamente desenvolvido ao tratarmos da Responsabilidade Civil (v. III), confira o Capítulo XXIII ("Perdas e Danos") do nosso tomo de "Obrigações", v. II, em que já traçamos um panorama constitucional do assunto.

[85] Foi este o posicionamento, também, a que chegaram os ilustres juristas da I Jornada de Direito Civil da Justiça Federal, de setembro/2002, editando o Enunciado 5, com o seguinte conteúdo: "Arts. 12 e 20. 1) As disposições do art. 12 têm caráter geral e aplicam-se inclusive às situações previstas no art. 20, excepcionados os casos expressos de legitimidade para requerer as medidas nele estabelecidas; 2) As disposições do art. 20 do novo Código Civil têm a finalidade específica de regrar a projeção dos bens personalíssimos nas situações nele enumeradas. Com exceção dos casos expressos de legitimação que se conformem com a tipificação preconizada nessa norma, a ela podem ser aplicadas subsidiariamente as regras instituídas no art. 12".

b) organização sindical, entidade de classe ou associação legalmente constituída e em funcionamento há pelo menos um ano, em defesa dos interesses de seus membros ou associados;

LXXI – conceder-se-á mandado de injunção sempre que a falta de norma regulamentadora torne inviável o exercício dos direitos e liberdades constitucionais e das prerrogativas inerentes à nacionalidade, à soberania e à cidadania;

LXXII – conceder-se-á *habeas data*:

a) para assegurar o conhecimento de informações relativas à pessoa do impetrante, constantes de registros ou bancos de dados de entidades governamentais ou de caráter público;

b) para a retificação de dados, quando não se prefira fazê-lo por processo sigiloso, judicial ou administrativo;

LXXIII – qualquer cidadão é parte legítima para propor ação popular que vise a anular ato lesivo ao patrimônio público ou de entidade de que o Estado participe, à moralidade administrativa, ao meio ambiente e ao patrimônio histórico e cultural, ficando o autor, salvo comprovada má-fé, isento de custas judiciais e do ônus da sucumbência".

Por fim, vale registrar que a Convenção Interamericana de Direitos Humanos (Pacto de São José da Costa Rica), inserida em nosso ordenamento jurídico positivo pelo Decreto n. 678, de 6 de novembro de 1992, determina, no plano internacional, que os Estados se comprometam a *respeitar e garantir os direitos da personalidade*.

Além disso, não podemos deixar de mencionar o polêmico tema do "direito ao esquecimento", que consiste no reconhecimento, em certas situações, do direito de uma pessoa à não divulgação de determinado acontecimento de sua vida, ainda que real, caso isso possa lhe ser prejudicial.

Sobre o tema, citando importantes julgados, ensina o Ministro do Superior Tribunal de Justiça LUIS FELIPE SALOMÃO:

"O REsp 1.334.097/RJ foi de um cidadão indiciado na chacina da candelária e, posteriormente, absolvido pelo júri. O próprio Ministério Público pediu a absolvição dele, por entender que não tinha conexão com aquele caso rumoroso, de muita repercussão, dramático, quando foram assassinados vários garotos em frente à candelária no Rio de Janeiro. Nesse caso, o indivíduo, para recomeçar a vida, precisou mudar de nome e entrar no programa do Poder Executivo para buscar residência em outra cidade e candidatar-se a novo emprego, além de ter sido perseguido em sua comunidade. Quando ele se estabilizou, o programa de uma emissora de televisão, que fazia reconstituições de crimes, procurou-o e pediu para entrevistá-lo. Ele se negou a participar e disse que já havia sido absolvido. Mesmo assim, o programa foi exibido, o que ensejou a ação indenizatória, invocando-se como um dos fundamentos, mas não o único, o direito de ser esquecido, já que houve absolvição. Nesse caso, foi concedida a indenização.

O outro recurso julgado na mesma data, o REsp 1.335.153/RJ, foi o caso Aida Curi, também no Rio de Janeiro. Na década de 50, uma moça atirou-se ou foi empurrada de um apartamento na praia de Copacabana, o que causou grande rumor na época, a envolver toda a sociedade carioca, por participarem ou terem participado do caso pessoas da alta sociedade levadas a júri. Esse caso é considerado como referência e é retratado em vários livros de Direito Penal como um dos casos criminais célebres, assim como o do tenente Bandeira.

Houve também outro programa, da mesma emissora, que se propôs a reconstituir esse crime, mas, ao procurar a família, esta suscitou o direito de preservar a memória, não consentindo com a notícia do crime. No entanto, a veiculação também aconteceu, sendo então ajuizada posteriormente a ação indenizatória. Nesse caso, foi negada a indenização, por ser impossível retratar o caso ou do crime Aida Curi sem falar da memória e do passado de Aida Curi, sem falar da vítima"[86].

É no sopesamento entre o direito à informação e a proteção dos direitos da personalidade que residiria a justa medida para tal modalidade de proteção da pessoa[87].

Sobre o assunto, é importante destacar que o Supremo Tribunal Federal, por seu turno, julgando o RE 1.010.606/RJ (Tema 0786), consolidou entendimento diferente e fixou tese no seguinte sentido:

> "É incompatível com a Constituição a ideia de um direito ao esquecimento, assim entendido como o poder de obstar, em razão da passagem do tempo, a divulgação de fatos ou dados verídicos e licitamente obtidos e publicados em meios de comunicação social analógicos ou digitais. Eventuais excessos ou abusos no exercício da liberdade de expressão e de informação devem ser analisados caso a caso, a partir dos parâmetros constitucionais – especialmente os relativos à proteção da honra, da imagem, da privacidade e da personalidade em geral – e as expressas e específicas previsões legais nos âmbitos penal e cível".

Prestigiou-se, com isso, a liberdade de expressão e de informação, sem prejuízo de eventual controle judicial em caso de excesso ou abuso.

---

[86] SALOMÃO, Luis Felipe. *Novas tecnologias e direitos fundamentais*. Disponível em: <https://www.conjur.com.br/dl/leia-palestra-salomao-novas-tecnologias.pdf>. Acesso em: 8 ago. 2018.

[87] Registre-se que o Enunciado 613 da VIII Jornada de Direito Civil da Justiça Federal estabelece: "ENUNCIADO 613 – Art. 12: A liberdade de expressão não goza de posição preferencial em relação aos direitos da personalidade no ordenamento jurídico brasileiro".

Capítulo VI
Pessoa Jurídica

Sumário: 1. Introdução e conceito. 2. Denominações. 3. Natureza jurídica da pessoa jurídica (teorias explicativas). 3.1. Teorias negativistas. 3.2. Teorias afirmativistas. 4. Pressupostos existenciais da pessoa jurídica. 5. Surgimento da pessoa jurídica. 5.1. Sociedades irregulares ou de fato. 5.2. Grupos despersonalizados. 6. Capacidade e representação da pessoa jurídica. 7. Classificação das pessoas jurídicas. 7.1. Pessoas jurídicas de direito público. 7.2. Pessoas jurídicas de direito privado. 7.2.1. As associações. 7.2.2. As sociedades: a) Constituição das sociedades; b) Classificação das sociedades. 7.2.3. As fundações: a) Afetação de bens livres por meio do ato de dotação patrimonial; b) Instituição por escritura pública ou testamento; c) Elaboração dos estatutos; d) Aprovação dos estatutos; e) Realização do registro civil. 7.2.4. As organizações religiosas. 7.2.5. Os partidos políticos. 7.2.6. As empresas individuais de responsabilidade limitada. 8. Responsabilidade civil e penal das pessoas jurídicas. 9. Desconsideração da personalidade jurídica (*disregard doctrine*). 9.1. Esclarecimentos terminológicos. 9.2. Hipóteses de aplicação. 9.3. Disciplina processual da desconsideração da personalidade. 9.3.1. Reflexões sobre iniciativas legislativas. 9.3.2. Incidente de desconsideração da personalidade jurídica: a) Iniciativa; b) Fundamentos para a desconsideração; c) Momento da desconsideração; d) Contraditório e instrução; e) Natureza da decisão; f) Recurso; g) Efeitos da desconsideração. 10. Extinção da pessoa jurídica. 11. Pessoas jurídicas de direito privado e a pandemia da Covid-19.

1. INTRODUÇÃO E CONCEITO

O homem é um ser gregário por excelência.

Por diversas razões, inclusive de natureza social e antropológica, tende a agrupar-se, para garantir a sua subsistência e realizar os seus propósitos.

Nem sempre para o bem, é verdade, uma vez que os núcleos intersubjetivos que forma, por vezes, buscam realizar fins ilícitos[1].

"Em todos os povos", observa CAIO MÁRIO, citando ENNECCERUS, KIPP e WOLFF, "a necessidade sugeriu uniões e instituições permanentes, para a obtenção de fins comuns, desde as de raio de ação mais amplo, como o Estado, o Município, a Igreja, até as mais restritas como as associações particulares"[2].

Também o desenvolvimento econômico dos povos demonstrou a necessidade de o homem formar grupos para atingir as suas metas.

---

[1] Veja que o próprio Código Penal não ignora o fenômeno, dispondo, em título próprio da Parte Geral, sobre o *concurso de pessoas* (art. 29), e, em outros artigos situados na Parte Especial, prevê a reunião criminosa de agentes como delito autônomo de *quadrilha ou bando* (art. 288), ou como causa especial de aumento de pena (art. 157, § 2.º, II – *roubo qualificado*; art. 158, § 1.º, primeira parte – *extorsão qualificada*; art. 159, § 1.º, última parte – *extorsão mediante sequestro qualificada* etc.).

[2] Caio Mário da Silva Pereira, *Instituições de Direito Civil*, Rio de Janeiro: Forense, 2001, v. 1, p. 186.

No início, simples núcleos primitivos de produção, que se confundiam com a própria família, e, posteriormente, com o florescer do desenvolvimento tecnológico, grandes e complexos conglomerados empresariais, impondo, inclusive, a necessidade de o Estado intervir na economia para coibir abusos.

A respeito da interferência do desenvolvimento econômico no direito, pontifica ANTÔNIO LUIS MACHADO NETO: "realmente, temos aí um processo de raiz e procedência dominantemente econômicos, embora de largas repercussões socioculturais sobre o inteiro elenco da vida coletiva". E mais adiante: "como uma rápida alteração da vida coletiva, o desenvolvimento tenderá, normalmente, a criar fenômenos de inadaptação, entrechoques de sistemas entre uma vida econômico-industrial emergente e uma organização social estática e tradicionalista"[3].

Nesse contexto, a *pessoa jurídica*, figura moldada a partir de um fato social, ganha singular importância.

E o direito não poderia ignorar o fenômeno.

"Surge, assim", pontifica ORLANDO GOMES, "a necessidade de personalizar o grupo, para que possa proceder a uma unidade, participando do comércio jurídico, com individualidade"[4].

Assim, nascendo como *contingência do fato associativo*, o direito confere personalidade jurídica a esse grupo, viabilizando a sua atuação autônoma e funcional, com personalidade própria, com vistas à realização de seus objetivos.

Nessa linha de raciocínio, como decorrência desse fato associativo, podemos conceituar a *pessoa jurídica* como *o grupo humano, criado na forma da lei, e dotado de personalidade jurídica própria, para a realização de fins comuns*. Complementaremos esse conceito básico, entretanto, em momento oportuno, ao demonstrarmos a existência de peculiares espécies de pessoa jurídica, a exemplo da fundação (que deriva da personificação de um patrimônio) e da empresa individual de responsabilidade limitada (que consiste em uma pessoa jurídica unipessoal).

Enquanto *sujeito de direito*, poderá a pessoa jurídica, por seus órgãos e representantes legais, atuar no comércio e sociedade, praticando atos e negócios jurídicos em geral.

2. DENOMINAÇÕES

Não existe uniformidade quanto à expressão a ser adotada para caracterizar essa figura jurídica.

Entes de existência ideal, como queria o grande TEIXEIRA DE FREITAS, expressão, inclusive, adotada pela legislação argentina, *pessoas civis ou morais* (preferida entre franceses e belgas), *pessoas coletivas, sociais, místicas, fictícias, abstratas, intelectuais, universais, compostas, corpos morais, universidade de pessoas ou bens*[5].

---

[3] Antônio Luis Machado Neto, *Compêndio de Introdução ao Direito Civil*, 6. ed., São Paulo: Saraiva, 1988, p. 110.
[4] Orlando Gomes, ob. cit., p. 191.
[5] Clóvis Beviláqua, ob. cit., p. 139.

Por ser mais *expressiva e exata*, segundo BEVILÁQUA, a maioria da doutrina e dos códigos civis do mundo optou pela denominação *pessoa jurídica*, adotada, também, entre nós.

3. NATUREZA JURÍDICA DA PESSOA JURÍDICA (TEORIAS EXPLICATIVAS)

Indagado a respeito da *natureza jurídica* de determinada figura, deve o estudioso do direito cuidar de apontar em que categoria se enquadra, ressaltando as teorias explicativas de sua existência.

Assim, fica claro concluir que *a natureza jurídica do contrato*, por exemplo, *é a de negócio jurídico*, uma vez que nesta última categoria subsome-se a referida figura, encontrando, também aí, a sua explicação teórica existencial (a teoria do negócio jurídico explica a natureza do contrato).

Afirmar a *natureza jurídica* de algo é, em linguagem simples, responder à pergunta: "que é isso para o direito?".

Nesse diapasão, indaga-se: *qual seria a natureza da pessoa jurídica? Em que categoria do direito enquadra-se esse ente? Quais as suas teorias explicativas?*

Antes de responder à indagação, deve-se referir à advertência feita por SÍLVIO VENOSA, citando FRANCISCO FERRARA:

> "é por demais polêmica a conceituação da natureza da pessoa jurídica, dela tendo-se ocupado juristas de todas as épocas e de todos os campos do direito. Como diz Francisco Ferrara, com frequência o problema dessa conceituação vê-se banhado por posições e paixões políticas e religiosas e, de qualquer modo, sobre a matéria formou-se uma literatura vastíssima e complexa, cujas teorias se interpenetram e se mesclam, num emaranhado de posições sociológicas e filosóficas"[6].

3.1. Teorias negativistas

Respeitável plêiade de juristas negava existência à pessoa jurídica[7].

BRINZ e BEKKER afirmavam tratar-se de mero patrimônio destinado a um fim, sem conferir-lhe personalidade jurídica. Essa noção, que talvez mais interessasse a indagações econômicas do fenômeno empresarial, não foi acatada pela doutrina.

Outra vertente de pensamento imaginava a pessoa jurídica como uma forma de condomínio ou propriedade coletiva. Não seria sujeito de direito, mas simples massa de bens objeto de propriedade comum. Assim sustentavam PLANIOL, WIELAND e BARTHÉLEMY.

Finalmente, BOLZE e IHERING defenderam tese no sentido de que a associação formada por um grupo de indivíduos não possuiria personalidade jurídica própria, pois os próprios associados (pessoas físicas) seriam considerados em conjunto. Trata-se da *teoria da mera aparência*. Sobre essa corrente, ensina BEVILÁQUA: "afirma ser este gênero de pessoas mera aparência, excogitada para a facilidade das relações, sendo o verdadeiro sujeito

---

[6] Sílvio de Salvo Venosa, *Direito Civil*, São Paulo: Atlas, 2001, v. 1, p. 209.
[7] Conferir, a respeito deste tópico, a excelente obra do imortal Orlando Gomes, *Introdução ao Direito Civil*, 18. ed., Rio de Janeiro: Forense, 2001, p. 187.

dos direitos que se lhes atribuem, os indivíduos que a compõem ou em benefício dos quais elas foram criadas"[8].

Negando autonomia existencial à pessoa jurídica, o grande IHERING argumentava que os verdadeiros sujeitos de direito seriam os indivíduos que compõem a pessoa jurídica, de maneira que esta serviria como simples *forma especial de manifestação exterior da vontade dos seus membros*.

DUGUIT, o mais radical de todos, apresentou *teoria negadora de toda personalidade jurídica*. Não aceitando a categoria dos direitos subjetivos, e substituindo-a pelo conceito de "situações jurídicas subjetivas", conclui pela negação de toda personalidade jurídica, individual ou coletiva[9].

3.2. Teorias afirmativistas

As teorias negativistas, a despeito do quilate intelectual de seus idealizadores, não germinaram.

As necessidades sociais e o progresso material e espiritual dos povos fizeram florescer correntes de pensamento em sentido contrário, sustentadas também por cultos doutrinadores, que reconheciam personalidade própria às pessoas jurídicas.

Nessa linha de intelecção, podem ser apontadas as seguintes vertentes[10]:

a) teoria da ficção;
b) teoria da realidade objetiva (organicista);
c) teoria da realidade técnica.

A *teoria da ficção* desenvolveu-se a partir da tese de WINDSCHEID sobre o direito subjetivo, e teve SAVIGNY como seu principal defensor. Não reconhecia existência real à pessoa jurídica, imaginando-a como abstração, mera criação da lei. Seriam pessoas por ficção legal, uma vez que somente os sujeitos dotados de vontade poderiam, por si mesmos, titularizar direitos subjetivos.

Nesse sentido, sintetiza RUGGIERO:

> "partindo do conceito de que só o homem pode ser sujeito de direitos, visto que fora da pessoa física não existem, na realidade, entes capazes, concebe a pessoa jurídica como uma pura criação intelectual, uma associação de homens ou um complexo de bens, finge-se que existe uma pessoa e atribui-se a essa unidade fictícia capacidade, elevando-a à categoria de sujeito de direito"[11].

Mas essa teoria, que se desenvolveu na Alemanha e na França no século XVIII, não é isenta de críticas. Como reconhecer à ficção, mero artifício, a natureza de um ente que

---

[8] Clóvis Beviláqua, ob. cit., p. 142.
[9] Antônio Luis Machado Neto, ob. cit., p. 174.
[10] Passaremos em revista as principais teorias, registrando a existência de outras, menos expressivas para o Direito Civil, tais como: *a) a teoria da vontade de Zittelman – que via na vontade complexiva da corporação, distinta da vontade de seus membros, o elemento criador da pessoa jurídica; b) a teoria lógico-formal de Kelsen – para quem a pessoa não significaria senão um feixe de obrigações, de responsabilidades e de direitos subjetivos, um simples conjunto de normas.*
[11] Roberto de Ruggiero, *Instituições de Direito Civil*, Campinas: Bookseller, 1999, v. 1, p. 551.

tem indiscutível existência real? Se a pessoa jurídica é uma criação da lei, mera abstração, quem haveria criado o Estado, pessoa jurídica de direito público por excelência?

Forçoso convir que essa sociedade política organizada já teria existência legal antes mesmo que surgisse uma lei que a reconhecesse. E BEVILÁQUA arremata: "a verdade é que o reconhecimento das pessoas jurídicas por parte do Estado não é ato de criação, mas sim de confirmação; nem no fato de conferi-lo trata o Estado a pessoa jurídica de um modo, e de modo diverso as pessoas naturais, porquanto essas só gozam dos direitos que a lei lhes garante"[12].

A *teoria da realidade objetiva*, por sua vez, aponta em sentido contrário. Para os seus adeptos, a pessoa jurídica não seria mera abstração ou criação da lei. Teria existência própria, real, social, como os indivíduos. Partindo do organicismo sociológico, SCHÄFFLE, LILIENFELD, BLUNTSCHLI, GIERKE, GIORGI, FADDA e BENSA imaginavam a pessoa jurídica como grupos sociais, análogos à pessoa natural. Entre nós, LACERDA DE ALMEIDA perfilhava-se junto aos organicistas, sufragando o entendimento de que a pessoa jurídica resultaria da conjunção de dois elementos: *o corpus (a coletividade ou o conjunto de bens) e o animus (a vontade do instituidor)*. Na mesma linha, defendendo os postulados da teoria realista, alinhavam-se, ainda, CUNHA GONÇALVES e o próprio CLÓVIS BEVILÁQUA.

Vertente mais moderada desse pensamento, situada a meio caminho entre a doutrina da ficção e a da realidade objetiva, é a *teoria da realidade técnica*. A pessoa jurídica teria existência real, não obstante a sua personalidade ser conferida pelo direito. O Estado, as associações, as sociedades, existem como grupos constituídos para a realização de determinados fins. A personificação desses grupos, todavia, é construção da técnica jurídica, admitindo que tenham capacidade jurídica própria[13]. Nesse sentido: SALEILLES, GENY, MICHOUD, FERRARA.

Parece-nos que a *teoria da realidade técnica* é a que melhor explica o tratamento dispensado à pessoa jurídica por nosso Direito Positivo.

O Código Civil de 1916, em seu art. 18, determinava:

> "Art. 18. Começa a existência legal das pessoas jurídicas de direito privado com a inscrição dos seus contratos, atos constitutivos, estatutos ou compromissos no seu registro peculiar, regulado por lei especial, ou com a autorização ou aprovação do Governo, quando precisa.
>
> Parágrafo único. Serão averbadas no registro as alterações que esses atos sofrerem".

O art. 45 do CC/2002 prevê, expressamente, que:

> "Art. 45. Começa a existência legal das pessoas jurídicas de direito privado com a inscrição do ato constitutivo no respectivo registro, precedida, quando necessário, de autorização ou aprovação do Poder Executivo, averbando-se no registro todas as alterações por que passar o ato constitutivo.
>
> Parágrafo único. Decai em três anos o direito de anular a constituição das pessoas jurídicas de direito privado, por defeito do ato respectivo, contado o prazo da publicação e sua inscrição no registro".

---

[12] Clóvis Beviláqua, ob. cit., p. 143.
[13] Vale conferir, nesse ponto, os pensamentos de Silvio Rodrigues e Orlando Gomes.

Ora, da análise desses dois dispositivos, nota-se que a personificação da pessoa jurídica é, de fato, construção da técnica jurídica, podendo, inclusive, operar-se a suspensão legal de seus efeitos, por meio da *desconsideração*, em situações excepcionais admitidas por lei.

O que é importante destacar, porém, é que a outorga de personalidade jurídica a entidades de existência ideal tem por finalidade, em verdade, o livre estabelecimento de relações jurídicas lícitas, facilitando o comércio e outras atividades negociais.

Daí o postulado básico do art. 20 do CC/1916 ("As pessoas jurídicas têm existência distinta da dos seus membros"), cujo equivalente é o art. 49-A do CC/2002, inserido pela Lei n. 13.874/2019 ("Lei da Liberdade Econômica"), que estabelece:

> "Art. 49-A. A pessoa jurídica não se confunde com os seus sócios, associados, instituidores ou administradores.
>
> Parágrafo único. A autonomia patrimonial das pessoas jurídicas é um instrumento lícito de alocação e segregação de riscos, estabelecido pela lei com a finalidade de estimular empreendimentos, para a geração de empregos, tributo, renda e inovação em benefício de todos".

A teor do art. 49-A, reafirma-se uma premissa básica do nosso sistema: a autonomia jurídico-existencial da pessoa jurídica em face das pessoas físicas que a integram.

Vai mais além, aliás, ao estabelecer, em seu parágrafo único, o próprio elemento teleológico da autonomia patrimonial, qual seja, o de "estimular empreendimentos, para a geração de empregos, tributo, renda e inovação em benefício de todos", dialogando, inclusive, com o princípio da função social da empresa.

Por via oblíqua, portanto, é realçado o caráter *excepcional* da desconsideração da personalidade jurídica.

Nessa linha, aliás, a doutrina do jurista FLÁVIO TARTUCE:

> "A regra é de que a responsabilidade dos sócios em relação às dívidas sociais seja sempre subsidiária, ou seja, primeiro exaure-se o patrimônio da pessoa jurídica para depois, e desde que o tipo societário adotado permita, os bens particulares dos sócios ou componentes da pessoa jurídica serem executados"[14].

Partindo dessa premissa, deve o intérprete guiar a bússola do instituto da desconsideração[15], calcada, em geral, na ideia do desvio de sua finalidade social ou na confusão patrimonial[16].

4. PRESSUPOSTOS EXISTENCIAIS DA PESSOA JURÍDICA

Como um antecedente lógico ao surgimento da pessoa jurídica, faz-se mister a conjugação de três pressupostos básicos:

a) a vontade humana criadora;

---

[14] Flávio Tartuce, *Manual de Direito Civil*, 7. ed., São Paulo: Gen, 2017, p. 179.
[15] Pablo Stolze, A Lei n. 13.874/2019 (Liberdade Econômica): a desconsideração da personalidade jurídica e a vigência do novo diploma, *Revista Jus Navigandi*, Teresina, ano 24, n. 5.927, 23 set. 2019. Disponível em: <https://jus.com.br/artigos/76698>. Acesso em: 23 set. 2019.
[16] *Vide* tópico 9 ("Desconsideração da Personalidade Jurídica (*Disregard Doctrine*)") deste mesmo capítulo.

b) a observância das condições legais para a sua instituição;

c) a licitude de seu objetivo.

A vontade humana traduz o elemento anímico para a formação de uma pessoa jurídica. Quer se trate de uma associação ou sociedade, resultante da reunião de pessoas, quer se trate de uma fundação, fruto da dotação patrimonial afetada a uma finalidade, a manifestação de vontade é imprescindível. Não se pode conceber, no campo do direito privado, a formação de uma pessoa jurídica por simples imposição estatal, em prejuízo da autonomia negocial e da livre iniciativa. A unidade orgânica do ente coletivo decorre exatamente desse elemento imaterial.

Também se deve considerar que a existência legal da pessoa jurídica exige a observância das condições estabelecidas em lei. Assim, consoante será desenvolvido abaixo, a aquisição da personalidade jurídica exige, na forma da legislação em vigor, a inscrição dos seus atos constitutivos (contrato social ou estatuto) no registro peculiar. Algumas sociedades, outrossim, em virtude das peculiaridades de seu objeto ou do risco que a sua atividade representa à economia ou ao sistema financeiro nacional, demandam, além do registro, autorização governamental para o seu funcionamento (é o caso das companhias de seguro).

Vale observar que o Direito brasileiro adotou, no que tange à atribuição de personalidade à pessoa jurídica, o *sistema das disposições normativas*.

Para se formar validamente, não basta a simples manifestação de vontade dos interessados, que se concretiza ao firmarem os estatutos ou o contrato social (*sistema da livre formação*), nem, muito menos, é indispensável o reconhecimento do Estado para que se possa imprimir existência jurídica a toda sociedade, associação ou fundação (*sistema do reconhecimento*). Pela teoria adotada, de natureza eclética, é reconhecido poder criador à vontade humana, independentemente da chancela estatal, desde que respeitadas as condições legais de existência e validade.

Finalmente, deve concorrer a *licitude de seu objetivo ou finalidade*. Não há que se reconhecer existência legal e validade à pessoa jurídica que tenha objeto social ilícito ou proibido por lei, pois a autonomia da vontade não chega a esse ponto. Com bastante lucidez, a esse respeito, pontifica FÁBIO ULHOA COELHO: "o princípio da autonomia da vontade significa que as pessoas podem dispor sobre os seus interesses, através de transações com as outras pessoas envolvidas. Estas transações, contudo, geram efeitos jurídicos vinculantes, se a ordem positiva assim o estabelecer. A autonomia da vontade, assim, é limitada pela lei"[17].

5. SURGIMENTO DA PESSOA JURÍDICA

A pessoa natural surge no momento do nascimento com vida.

Da mesma forma, a pessoa jurídica possui um ciclo de existência.

A sua existência legal, no *sistema das disposições normativas*, exige a observância da legislação em vigor, que considera indispensável o *registro* para a aquisição de sua personalidade jurídica.

---

[17] Fábio Ulhoa Coelho, *Curso de Direito Comercial*, São Paulo: Saraiva, 1998, v. 1, p. 11.

Nesse sentido, a análise do art. 45 do CC/2002, já transcrito, permite a conclusão de que *a inscrição do ato constitutivo ou do contrato social no registro competente* – junta comercial, para as sociedades empresárias em geral; e cartório de registro civil de pessoas jurídicas, para as fundações, associações e sociedades simples – é condição indispensável para a atribuição de personalidade à pessoa jurídica[18]. Lembre-se, todavia, de que, em algumas hipóteses, exige-se, ainda, autorização do Poder Executivo para o seu funcionamento.

E, se assim é, observa-se que o *registro da pessoa jurídica tem natureza constitutiva*, por ser atributivo de sua personalidade, diferentemente do *registro civil de nascimento da pessoa natural*, eminentemente declaratório da condição de pessoa, já adquirida no instante do nascimento com vida.

Seguindo a diretriz normativa do Código Civil de 2002, o registro declarará (art. 46):

a) a denominação, os fins, a sede, o tempo de duração e o fundo social, quando houver;

b) o nome e a individualização dos fundadores ou instituidores e dos diretores;

c) o modo por que se administra e representa, ativa e passivamente, judicial e extrajudicialmente;

d) se o ato constitutivo é reformável no tocante à administração, e de que modo;

e) se os membros respondem, ou não, subsidiariamente, pelas obrigações sociais;

f) as condições de extinção da pessoa jurídica e o destino de seu patrimônio, nesse caso.

Para o registro, dispõe o art. 121 da Lei de Registros Públicos:

"Art. 121. O registro será feito com base em uma via do estatuto, compromisso ou contrato, apresentada em papel ou em meio eletrônico, a requerimento do representante legal da pessoa jurídica. (Redação dada pela Lei n. 14.382, de 2022)

§ 1.º É dispensado o requerimento de que trata o *caput* deste artigo caso o representante legal da pessoa jurídica tenha subscrito o estatuto, compromisso ou contrato. (Incluído pela Lei n. 14.382, de 2022)

§ 2.º Os documentos apresentados em papel poderão ser retirados pelo apresentante nos 180 (cento e oitenta) dias após a data da certificação do registro ou da expedição de nota devolutiva. (Incluído pela Lei n. 14.382, de 2022)

§ 3.º Decorrido o prazo de que trata o § 2.º deste artigo, os documentos serão descartados. (Incluído pela Lei n. 14.382, de 2022)"

Para alguns tipos de pessoas jurídicas, independentemente do registro civil, a lei, por vezes, impõe o registro em algum outro órgão, com finalidade cadastral e de reconhecimento de validade de atuação, como é o caso dos partidos políticos, que, na forma do § 2.º do art. 17 da Constituição Federal e dos parágrafos do art. 7.º da Lei n. 9.096, de 19 de setembro de 1995, devem ser inscritos no Tribunal Superior Eleitoral.

Da mesma forma, as entidades sindicais obtêm personalidade jurídica com o simples registro civil, mas devem comunicar sua criação ao Ministério do Trabalho, não

---

[18] Vale lembrar que a Lei n. 9.790, de 21 de março de 1999, regulamentada pelo Decreto n. 3.100, de 30 de junho de 1999, dispõe sobre a qualificação de pessoas jurídicas sem fins lucrativos, devidamente constituídas, como *organizações da sociedade civil de interesse público*, podendo firmar parcerias com o Estado e receber incentivos para o exercício de sua atividade (W. de Barros Monteiro, *Curso de Direito Civil – Parte Geral*, 37. ed., São Paulo: Saraiva, 2000, v. 1, p. 129).

para efeito de reconhecimento, mas sim, simplesmente, para controle do sistema da unicidade sindical, ainda vigente em nosso país, conforme o art. 8.º, I e II, da Constituição Federal de 1988[19].

5.1. Sociedades irregulares ou de fato

Antes do registro, não há falar em *pessoa jurídica enquanto sujeito de direito*.

A lei é extremamente clara ao referir que a sua *existência legal começa a partir do registro*, de maneira que a preterição dessa solenidade implica o reconhecimento somente da chamada *sociedade irregular ou de fato*, desprovida de personalidade, mas com capacidade para se obrigar perante terceiros[20].

Nas palavras de CAIO MÁRIO, a "compreensão do tratamento que a lei dispensa à sociedade irregular somente pode decorrer daquele princípio, segundo o qual a aquisição

---

[19] "Art. 8.º É livre a associação profissional ou sindical, observado o seguinte:

I – a lei não poderá exigir autorização do Estado para a fundação de sindicato, ressalvado o registro no órgão competente, vedadas ao Poder Público a interferência e a intervenção na organização sindical;

II – é vedada a criação de mais de uma organização sindical, em qualquer grau, representativa de categoria profissional ou econômica, na mesma base territorial, que será definida pelos trabalhadores ou empregadores interessados, não podendo ser inferior à área de um Município."

Nesse sentido, o Supremo Tribunal Federal, ao interpretar o art. 8.º, I, firmou entendimento de que "o registro sindical no Ministério do Trabalho constitui ato vinculado, subordinado apenas à verificação de pressupostos legais, e não de autorização ou de reconhecimento discricionários" (MI-144/SP, Tribunal Pleno; ADIMC-1121/RS, Tribunal Pleno), sendo ato meramente cadastral, com o fito de tornar pública a existência da entidade e servir como fonte unificada de dados a que os interessados poderão recorrer como elemento documental para dirimir suas controvérsias, por si mesmas ou junto ao Poder Judiciário (RE 35875-2/SP; MS 1045/DF).

Considerando, ainda, que a reiterada jurisprudência do STJ orienta-se no sentido de que "o princípio da unicidade não significa exigir apenas um sindicato representativo de categoria profissional, com base territorial delimitada, mas de impedir que mais de um sindicato represente o mesmo grupo profissional", sendo "vedado ao Estado intervir sobre a conveniência ou oportunidade do desmembramento ou desfiliação" (RE-74986/SP; RE-40267/SP; RE-38726/RJ; MS-1703/DF), o Ministério do Trabalho edita diplomas administrativos regulamentadores do registro sindical. Neste sentido, confira-se a Portaria n. 326/2015 (http://www.trtsp.jus.br/geral/tribunal2/ORGAOS/MTE/Portaria/P326_13.html), além da Súmula 677 do Supremo Tribunal Federal ("Até que lei venha a dispor a respeito, incumbe ao Ministério do Trabalho proceder ao registro das entidades sindicais e zelar pela observância do princípio da unicidade"). Para aprofundamento específico da matéria, inclusive sobre o tema da unicidade sindical no Brasil, confiram-se José Augusto Rodrigues Pinto, Reflexões em Torno do Registro Sindical, in Georgenor de Sousa Franco Filho (coord.), *Curso de Direito Coletivo do Trabalho – Estudos em Homenagem ao Ministro Orlando Teixeira da Costa*, São Paulo: LTr, 1998, e Rodolfo Pamplona Filho, *Pluralidade Sindical e Democracia*, São Paulo: LTr, 1997.

[20] Vale destacar ser bastante difundida, na doutrina do Direito Comercial, a lição de Waldemar Ferreira no sentido de que "sociedade de fato seria aquela que funciona sem que houvesse sido reduzido a termo o seu estatuto ou contrato social; a sociedade irregular, por sua vez, seria aquela organizada por escrito, mas sem a necessária inscrição dos atos constitutivos no registro peculiar". A despeito de admitirmos a importância teórica da distinção conceitual, urge reconhecer que tal classificação não tem importantes reflexos práticos.

de direitos é consequência da observância da norma, enquanto que a imposição de deveres (princípio da responsabilidade) existe sempre"[21].

Nesse sentido, o CC/1916 dispunha, no § 2.º do seu art. 20, que:

> "As sociedades enumeradas no art. 16[22], que, por falta de autorização ou de registro, se não reputarem pessoas jurídicas, não poderão acionar a seus membros, nem a terceiros; mas estes poderão responsabilizá-las por todos os seus atos".

Assim, teríamos o seguinte esquema:

SOCIEDADE IRREGULAR REGISTRO ⇧ SOCIEDADE COM PERSONALIDADE JURÍDICA

A disciplina das *sociedades de fato ou irregulares* é prevista no Livro do Direito de Empresa do novo Código Civil, no tópico *"Da Sociedade em Comum"*, que se encontra, por sua vez, inserido no subtítulo *"Da Sociedade não Personificada"*[23].

Nesse sentido, dispõe o art. 986 do CC/2002:

> "Art. 986. Enquanto não inscritos os atos constitutivos, reger-se-á a sociedade, exceto por ações em organização, pelo disposto neste Capítulo, observadas, subsidiariamente e no que com ele forem compatíveis, as normas da sociedade simples".

Nas sociedades irregulares ou de fato, a responsabilidade dos sócios é ilimitada (art. 990 do CC/2002), devendo-se observar que os credores particulares dos sócios só podem executar a participação que o devedor possuir na sociedade, se não tiver outros bens desembargados, ou, se depois de executados, os bens que ainda tiver não forem suficientes para o pagamento.

Da mesma forma, os credores da sociedade devem, primeiramente, executar o patrimônio social (art. 989 do CC/2002), para, na falta de bens, exigir a responsabilidade ilimitada do sócio, que, por isso, é subsidiária[24], tendo em vista o benefício de ordem estabelecido no art. 1.024 do CC/2002[25].

---

[21] Caio Mário da Silva Pereira, *Instituições de Direito Civil*, 19. ed., Rio de Janeiro: Forense, 2001, v. 1, p. 219.

[22] CC/1916: "São pessoas jurídicas de direito privado:

I – as sociedades civis, religiosas, pias, morais, científicas ou literárias, as associações de utilidade pública e as fundações;

II – as sociedades mercantis;

III – os partidos políticos".

[23] Vale lembrar que a *sociedade em conta de participação*, espécie de *sociedade não personificada (arts. 991 a 996 do CC/2002)*, não deve ser confundida com as *sociedades comuns*, que atuam sem inscrição *dos seus atos constitutivos*. Segundo Fran Martins, "existe sociedade em conta de participação quando duas ou mais pessoas, sendo ao menos uma comerciante, se reúnem para a realização de uma ou mais operações comerciais, sendo essas operações feitas em nome e sob a responsabilidade de um ou algum dos sócios comerciantes" (*Curso de Direito Comercial,* 24. ed., Rio de Janeiro: Forense, 1999, p. 177).

[24] Rubens Requião, *Curso de Direito Comercial*, 23. ed., São Paulo: Saraiva, 1998, v. 1, p. 353. Nada impede, porém, em nossa opinião – ao contrário, recomendamos a conduta –, que se ajuíze a ação também contra o sócio, em litisconsórcio facultativo sucessivo.

[25] CC/2002: "Art. 1.024. Os bens particulares dos sócios não podem ser executados por dívidas da sociedade, senão depois de executados os bens sociais" (norma sem equivalente no CC/1916).

Havia polêmica se, nas sociedades irregulares ou de fato, existiria essa subsidiariedade ou não, ou seja, o benefício de primeiro executar os bens da sociedade e só depois os dos sócios. No entanto, no novo sistema, parece-nos que a parte final do mencionado art. 990 do CC/2002 (norma sem equivalente no CC/1916) clarifica a questão, ao expressamente estabelecer que fica "excluído do benefício de ordem, previsto no art. 1.024, aquele que contratou pela sociedade".

Assim, o benefício de ordem existe, mesmo nas sociedades irregulares ou de fato, salvo quanto ao que contratou pela sociedade (sócio "representante"). Nesse sentido, é também o entendimento de FÁBIO ULHOA COELHO, ao afirmar que os "sócios que se apresentaram como representantes da sociedade terão responsabilidade direta e os demais, subsidiária, mas todos assumem responsabilidade sem limite pelas obrigações contraídas em nome da sociedade"[26].

Um aspecto que deve ser mencionado é que o instituto ora em análise, embora disciplinado normativamente – inclusive pelo CC/2002 – em relação à espécie "sociedade" na classificação das pessoas jurídicas[27], tem seus fundamentos perfeitamente aplicáveis, *mutatis mutandis*, às associações, entendidas estas como o agrupamento de pessoas para o exercício de atividades sem finalidade lucrativa *stricto sensu*.

Cumpre advertir ainda que o registro de uma sociedade que haja atuado durante determinado período de tempo irregularmente não tem efeito retro-operante para legitimar os atos praticados nesse interstício. Durante esse período, pois, a responsabilidade dos sócios é pessoal e ilimitada.

Nesse sentido, o decano dos civilistas brasileiros, CAIO MÁRIO DA SILVA PEREIRA, preleciona:

> "Merece atenção especial a situação especial de ausência de personalidade: lavrado o ato constitutivo, cria a pessoa jurídica, mas se se retarda a sua inscrição no Registro, haverá um período intermédio, em que vive como sociedade de fato. Nesta fase, evidentemente, aplicam-se-lhe os princípios disciplinares da sociedade irregular. Mas, procedendo-se ao registro, que efeito produz este? Não pode retroagir à data da constituição da sociedade, porque peremptoriamente a lei estatui que a personalidade jurídica começa pelo registro"[28].

Quanto à competência territorial para conhecimento das demandas envolvendo uma sociedade irregular ou de fato, o Código de Processo Civil de 1973, em seu art. 100, IV, *c*, dispunha que:

> "Art. 100. É competente o foro:
>
> (...)
>
> IV – do lugar:
>
> (...)
>
> c) onde exerce a sua atividade principal, para a ação em que for ré a sociedade, que carece de personalidade jurídica".

---

[26] Fábio Ulhoa Coelho, *Manual de Direito Comercial*, 16. ed., São Paulo: Saraiva, 2005, p. 125.

[27] *Vide* o tópico 7.2 deste capítulo ("Pessoas Jurídicas de Direito Privado").

[28] Caio Mário da Silva Pereira, ob. cit., p. 218.

Comentando esse dispositivo, observa ATHOS GUSMÃO CARNEIRO: "quando for ré uma sociedade ou comunidade de pessoas, sem personalidade jurídica (CPC, art. 100, IV, *c*), a ação será movida no local onde atua a demandada, onde exerce sua principal atividade, devendo ser citada na pessoa que de fato estiver dirigindo a entidade (CPC, art. 12, VII)"[29].

A diretriz não foi modificada, em essência, pelo Código de Processo Civil de 2015, mas apenas aperfeiçoada, passando o dispositivo equivalente (a saber, o art. 53, III, *c*) a se referir ao foro do lugar "onde exerce suas atividades, para a ação em que for ré sociedade ou associação sem personalidade jurídica".

Quanto à prova da existência da sociedade, *os sócios, nas relações entre si ou com terceiros, somente por escrito podem provar a existência da sociedade, embora os terceiros possam prová-la de qualquer modo* (art. 987 do CC/2002)[30].

É bom que se diga, ainda, que a responsabilidade ilimitada dos sócios, corolário da falta de personificação jurídica, não autoriza o entendimento de que terceiro que porventura haja mantido relação negocial com a sociedade possa utilizar a justificativa da irregularidade de sua constituição para enriquecer ilicitamente.

É indiscutível o fato de que a sociedade irregular ou de fato não pode pleitear direito próprio, por lhe faltar capacidade jurídica para tanto. Nenhum juiz admitirá a postulação de um ente social, em juízo, sem que se faça prova de sua constituição social, inclusive para se poder aferir a capacidade processual de seu representante.

Da mesma forma, não se imagina uma sociedade irregular participando da fase de habilitação em uma licitação pública. A irregularidade de sua constituição organizacional prejudica o reconhecimento de direitos e prerrogativas, conforme dito.

Por outro lado, imagine-se que essa mesma sociedade houvesse vendido produtos a um terceiro. Cumpriu a sua parte no contrato de fornecimento devidamente firmado. Ora, o fato de a sua constituição ser irregular não deve ser justificativa para que o adquirente se negue a pagar o valor devido. Agindo assim, violaria o princípio universal que *veda o enriquecimento sem causa*.

Claro está, todavia, que, nessa hipótese, se houver a necessidade de se proceder à cobrança judicial, deverão os *"sócios de fato"* postular em seus próprios nomes, por conta da falta de personalidade jurídica da referida sociedade.

5.2. Grupos despersonalizados

Além da irregularidade do registro (que possibilita a construção de teorias sobre as sociedades de fato), o campo das relações sociojurídicas é amplo demais para que o instituto da pessoa jurídica abarque todas as formas possíveis de manifestações coletivas destinadas a um fim.

Nesse sentido, observa MARIA HELENA DINIZ que "há entidades que não podem ser subsumidas ao regime legal das pessoas jurídicas do Código Civil, por lhes faltarem requisitos imprescindíveis à subjetivação, embora possam agir, sem maiores dificuldades,

---

[29] Athos Gusmão Carneiro, *Jurisdição e Competência*, 14. ed., São Paulo: Saraiva, 2005, p. 137.
[30] Temos sinceras e severas críticas a essa limitação probatória imposta pela legislação de Direito Material; remetemos o leitor ao Capítulo XVI ("Prova do Fato Jurídico").

ativa ou passivamente. São entes que se formam independentemente da vontade dos seus membros ou em virtude de um ato jurídico que vincula as pessoas físicas em torno de bens que lhes suscitam interesses, sem lhes traduzir *affectio societatis*. Donde se infere que os grupos despersonalizados ou com personificação anômala constituem um conjunto de direitos e obrigações, de pessoas e de bens sem personalidade jurídica e com capacidade processual, mediante representação"[31].

Sobre a matéria, dispõe o art. 75 do Código de Processo Civil de 2015:

"Art. 75. Serão representados em juízo, ativa e passivamente:

I – a União, pela Advocacia-Geral da União, diretamente ou mediante órgão vinculado;

II – o Estado e o Distrito Federal, por seus procuradores;

III – o Município, por seu prefeito ou procurador;

IV – a autarquia e a fundação de direito público, por quem a lei do ente federado designar;

V – *a massa falida*, pelo *administrador judicial*;

VI – a *herança jacente* ou *vacante*, por seu *curador*;

VII – o *espólio*, pelo *inventariante*;

VIII – a pessoa jurídica, por quem os respectivos atos constitutivos designarem ou, não havendo essa designação, por seus diretores;

IX – *a sociedade e a associação irregulares e outros entes organizados sem personalidade jurídica, pela pessoa a quem couber a administração de seus bens*;

X – a pessoa jurídica estrangeira, pelo gerente, representante ou administrador de sua filial, agência ou sucursal aberta ou instalada no Brasil;

XI – o *condomínio*, pelo *administrador* ou *síndico*." (grifos nossos).

Sendo tais grupos despersonalizados apenas um conjunto de direitos e obrigações, pessoas e bens, sem personalidade jurídica, qualquer enumeração feita será sempre exemplificativa, e jamais taxativa, até mesmo porque o inciso IX do art. 75 admite interpretação extensiva.

Explicando, ainda que *à vol d'oiseau*, os exemplos trazidos pela norma processual, a *massa falida* é um conjunto patrimonial, criado pela lei, para exercer os direitos do falido, podendo agir, inclusive, contra ele. Surge com a prolação da sentença declaratória de falência, que importa na perda do direito à administração e à disposição dos bens pelo devedor.

As heranças jacente e vacante são institutos de Direito das Sucessões, tratados nos arts. 1.819 a 1.823 do CC/2002[32], sendo a primeira considerada o acervo patrimonial deixado pelo *de cujus*, sem testamento ou herdeiro legítimo notoriamente conhecido, que deverá ser arrecadado, ficando sob a guarda e administração de um curador, até a sua entrega ao sucessor devidamente habilitado ou à declaração de sua vacância. Esta se declara quando, praticadas todas as diligências de arrecadação e ultimado o inventário, com expedição de

---

[31] Maria Helena Diniz, *Curso de Direito Civil Brasileiro – Teoria Geral do Direito Civil*, 37. ed., São Paulo: Saraiva, 2020, v. 1, p. 352-353.

[32] No Código de 1916: arts. 1.591 a 1.594; no CPC/1973: arts. 1.142 a 1.158; no CPC/2015: arts. 738 a 743.

editais na forma da lei processual[33], bem como decorrido um ano de sua primeira publicação, não haja herdeiro habilitado ou penda habilitação.

Já o espólio é o simples conjunto de direitos e obrigações do falecido, ou seja, apenas uma massa patrimonial deixada pelo autor da herança, que se constitui *ipso facto* com o advento de seu desaparecimento.

A sua administração e representação cabe, como já visto, ao inventariante, mas, antes da sua nomeação judicial, o espólio – que, repita-se, deve ser entendido como constituído desde o evento morte – continuará na posse do administrador provisório, na forma do art. 613 do CPC/2015.

O CC/2002, em seu art. 1.797, estabelece a seguinte ordem para a administração provisória:

> "Art. 1.797. Até o compromisso do inventariante, a administração da herança caberá, sucessivamente:
>
> I – ao cônjuge ou companheiro, se com o outro convivia ao tempo da abertura da sucessão;
>
> II – ao herdeiro que estiver na posse e administração dos bens, e, se houver mais de um nessas condições, ao mais velho;
>
> III – ao testamenteiro;
>
> IV – a pessoa de confiança do juiz, na falta ou escusa das indicadas nos incisos antecedentes, ou quando tiverem de ser afastadas por motivo grave levado ao conhecimento do juiz".

Finalmente, o condomínio possibilita a titularidade coletiva de determinado bem, cabendo a qualquer dos coproprietários igual direito sobre o todo e cada uma das partes. O CC/2002 inovou, inclusive, a matéria, trazendo para o texto geral codificado disciplina tanto para o condomínio em geral (arts. 1.314 a 1.330) quanto para o condomínio edilício ou

---

[33] CPC/2015: "Art. 741. Ultimada a arrecadação, o juiz mandará expedir edital, que será publicado na rede mundial de computadores, no sítio do tribunal a que estiver vinculado o juízo e na plataforma de editais do Conselho Nacional de Justiça, onde permanecerá por 3 (três) meses, ou, não havendo sítio, no órgão oficial e na imprensa da comarca, por 3 (três) vezes com intervalos de 1 (um) mês, para que os sucessores do falecido venham a habilitar-se no prazo de 6 (seis) meses contado da primeira publicação.

§ 1.º Verificada a existência de sucessor ou de testamenteiro em lugar certo, far-se-á a sua citação, sem prejuízo do edital.

§ 2.º Quando o falecido for estrangeiro, será também comunicado o fato à autoridade consular.

§ 3.º Julgada a habilitação do herdeiro, reconhecida a qualidade do testamenteiro ou provada a identidade do cônjuge ou companheiro, a arrecadação converter-se-á em inventário.

§ 4.º Os credores da herança poderão habilitar-se como nos inventários ou propor a ação de cobrança.

(...)

Art. 743. Passado 1 (um) ano da primeira publicação do edital e não havendo herdeiro habilitado nem habilitação pendente, será a herança declarada vacante.

§ 1.º Pendendo habilitação, a vacância será declarada pela mesma sentença que a julgar improcedente, aguardando-se, no caso de serem diversas as habilitações, o julgamento da última.

§ 2.º Transitada em julgado a sentença que declarou a vacância, o cônjuge, o companheiro, os herdeiros e os credores só poderão reclamar o seu direito por ação direta".

horizontal (arts. 1.331 a 1.358). Em termos de administração, a regra da primeira forma de condomínio é a deliberação da maioria, admitida, porém, uma outorga tácita de poderes[34], enquanto, nas edificações, conforme regra imperativa do art. 1.347, a "assembleia escolherá um síndico, que poderá não ser condômino, para administrar o condomínio, por prazo não superior a dois anos, o qual poderá renovar-se".

6. CAPACIDADE E REPRESENTAÇÃO DA PESSOA JURÍDICA

A pessoa jurídica, conforme já se anotou, adquire personalidade a partir do seu registro civil.

"Como pessoa", ensina SÍLVIO VENOSA, "o ente ora tratado pode gozar de direitos patrimoniais (ser proprietário, usufrutuário etc.), de direitos obrigacionais (contratar) e de direitos sucessórios, já que pode adquirir *causa mortis*"[35].

O novo Código Civil vai mais longe ainda, ao determinar, em seu art. 52, a aplicação, no que couber, às pessoas jurídicas, da disciplina protetiva dos direitos da personalidade.

Tal dispositivo legal decorreu de crítica do Professor COUTO E SILVA ao anteprojeto de Parte Geral elaborado pelo Ministro MOREIRA ALVES, consoante demonstra a observação deste último: "acolho, também, o novo art. 23 das Observações do Prof. Couto e Silva, o qual manda aplicar às empresas, no que couber, a proteção do direito da personalidade. Sou de opinião, porém, de que o artigo ficará mais bem situado nas disposições gerais sobre a pessoa jurídica (e não como sugere o Prof. Couto e Silva, em capítulo exclusivo de pessoa física), onde virá imediatamente antes do art. 49 do Anteprojeto (que trata da dissolução da pessoa jurídica). Entendo, também, que, ao invés de empresa, se deveria dizer pessoa jurídica"[36].

Portanto, enquanto sujeito de direito, a pessoa jurídica, assim como a pessoa física ou natural, tem preservados os seus direitos à integridade moral (sob o aspecto objetivo), à imagem, ao segredo etc.

Mas note-se que a capacidade da pessoa jurídica é, por sua própria natureza, especial. Considerando a sua estrutura organizacional, moldada a partir da técnica jurídica, esse ente social não poderá, por óbvio, praticar todos os atos jurídicos admitidos para a pessoa natural. Não exerce faculdades decorrentes dos direitos puros de família (ninguém imagina uma sociedade casando-se ou reconhecendo filho...), nem pode ser objeto de institutos protetivos como a tutela, a curatela ou a ausência.

Além dessas limitações decorrentes de sua própria natureza, o exercício de algumas atividades também poderia ser restringido a algumas pessoas jurídicas, por força de norma expressa proibitiva, como se verificava, por exemplo, em relação às pessoas jurídicas

---

[34] CC/2002: "Art. 1.323. Deliberando a maioria sobre a administração da coisa comum, escolherá o administrador, que poderá ser estranho ao condomínio; resolvendo alugá-la, preferir-se-á, em condições iguais, o condômino ao que não o é.
Art. 1.324. O condômino que administrar sem oposição dos outros presume-se representante comum".
[35] Sílvio de Salvo Venosa, *Direito Civil – Parte Geral*, São Paulo: Atlas, 2001, p. 215.
[36] José Carlos Moreira Alves, *A Parte Geral do Projeto do Código Civil Brasileiro* (ed. esgotada), São Paulo: Saraiva, 1986, p. 38.

estrangeiras, em regras previstas originalmente na Constituição Federal, antes das Emendas Constitucionais n. 6, de 1995, e 36, de 2002[37].

---

[37] CF/88: "Art. 176. As jazidas, em lavra ou não, e demais recursos minerais e os potenciais de energia hidráulica constituem propriedade distinta da do solo, para efeito de exploração ou aproveitamento, e pertencem à União, garantida ao concessionário a propriedade do produto da lavra.

§ 1.º A pesquisa e a lavra de recursos minerais e o aproveitamento dos potenciais a que se refere o *caput* deste artigo somente poderão ser efetuados mediante autorização ou concessão da União, no interesse nacional, por brasileiros ou empresa brasileira de capital nacional, na forma da lei, que estabelecerá as condições específicas quando essas atividades se desenvolverem em faixa de fronteira ou terras indígenas. *(Redação original.)*

§ 1.º A pesquisa e a lavra de recursos minerais e o aproveitamento dos potenciais a que se refere o *caput* deste artigo somente poderão ser efetuados mediante autorização ou concessão da União, no interesse nacional, por brasileiros ou empresa constituída sob as leis brasileiras e que tenha sua sede e administração no País, na forma da lei, que estabelecerá as condições específicas quando essas atividades se desenvolverem em faixa de fronteira ou terras indígenas. *(Redação dada pela Emenda Constitucional n. 6, de 1995.)*

(...)

Art. 190. A lei regulará e limitará a aquisição ou o arrendamento de propriedade rural por pessoa física ou jurídica estrangeira e estabelecerá os casos que dependerão de autorização do Congresso Nacional.

(...)

Art. 222. A propriedade de empresa jornalística e de radiodifusão sonora e de sons e imagens é privativa de brasileiros natos ou naturalizados há mais de dez anos, aos quais caberá a responsabilidade por sua administração e orientação intelectual. *(Redação original.)*

§ 1.º É vedada a participação de pessoa jurídica no capital social de empresa jornalística ou de radiodifusão, exceto a de partido político e de sociedades cujo capital pertença exclusiva e nominalmente a brasileiros. *(Redação original.)*

§ 2.º A participação referida no parágrafo anterior só se efetuará através de capital sem direito a voto e não poderá exceder a trinta por cento do capital social". *(Redação original.)*

Art. 222. A propriedade de empresa jornalística e de radiodifusão sonora e de sons e imagens é privativa de brasileiros natos ou naturalizados há mais de dez anos, ou de pessoas jurídicas constituídas sob as leis brasileiras e que tenham sede no País. *(Redação dada pela Emenda Constitucional n. 36, de 2002.)*

§ 1.º Em qualquer caso, pelo menos setenta por cento do capital total e do capital votante das empresas jornalísticas e de radiodifusão sonora e de sons e imagens deverá pertencer, direta ou indiretamente, a brasileiros natos ou naturalizados há mais de dez anos, que exercerão obrigatoriamente a gestão das atividades e estabelecerão o conteúdo da programação. *(Redação dada pela Emenda Constitucional n. 36, de 2002.)*

§ 2.º A responsabilidade editorial e as atividades de seleção e direção da programação veiculada são privativas de brasileiros natos ou naturalizados há mais de dez anos, em qualquer meio de comunicação social. *(Redação dada pela Emenda Constitucional n. 36, de 2002.)*

§ 3.º Os meios de comunicação social eletrônica, independentemente da tecnologia utilizada para a prestação do serviço, deverão observar os princípios enunciados no art. 221, na forma de lei específica, que também garantirá a prioridade de profissionais brasileiros na execução de produções nacionais. *(Incluído pela Emenda Constitucional n. 36, de 2002.)*

§ 4.º Lei disciplinará a participação de capital estrangeiro nas empresas de que trata o § 1.º. *(Incluído pela Emenda Constitucional n. 36, de 2002.)*

§ 5.º As alterações de controle societário das empresas de que trata o § 1.º serão comunicadas ao Congresso Nacional. *(Incluído pela Emenda Constitucional n. 36, de 2002.)*

Por isso se diz que a pessoa jurídica detém *capacidade jurídica especial*. O seu campo de atuação jurídica encontra-se delimitado no contrato social, nos estatutos ou na própria lei. Não deve, portanto, praticar atos ou celebrar negócios que extrapolem da sua finalidade social, sob pena de ineficácia[38].

Ora, por se tratar de um ente cuja personificação é decorrência da técnica legal, sem existência biológica ou orgânica, a pessoa jurídica, dada a sua estrutura, exige *órgãos de representação* para poder atuar na órbita social.

Em verdade, mais técnico seria falar em *presentação da pessoa jurídica*.

Isto é, por não poder atuar por si mesma, a sociedade ou a associação age, faz-se *presente*, por meio das pessoas que compõem os seus órgãos sociais e conselhos deliberativos. Essas pessoas praticam atos como se fossem o próprio ente social.

"O órgão da pessoa jurídica não é representante legal. A pessoa jurídica não é incapaz. O poder de presentação, que ele tem, provém da capacidade mesma da pessoa jurídica", ensina o genial alagoano PONTES DE MIRANDA. E arremata: "se as pessoas jurídicas fossem incapazes, os atos dos seus órgãos não seriam seus. Ora, o que a vida nos apresenta é exatamente a atividade das pessoas jurídicas através dos seus órgãos: os atos são seus, praticados por pessoas físicas"[39].

O novo Código Civil, evitando a expressão "representação da pessoa jurídica", de uso comum em nosso direito, dispõe, com mais propriedade, em seu art. 47, que:

"Art. 47. Obrigam a pessoa jurídica os atos dos administradores, exercidos nos limites de seus poderes definidos no ato constitutivo"[40].

E se essa administração for exercida, não por um só administrador, mas sim por várias pessoas, em uma administração coletiva?

A resposta é dada pelo *caput* do art. 48 do CC/2002 (sem correspondente no CC/1916):

"Art. 48. Se a pessoa jurídica tiver administração coletiva, as decisões se tomarão pela maioria de votos dos presentes, salvo se o ato constitutivo dispuser de modo diverso".

O parágrafo único do referido dispositivo, porém, ao estabelecer: "Decai em três anos o direito de anular as decisões a que se refere este artigo, quando violarem a lei ou estatuto, ou forem eivadas de erro, dolo, simulação ou fraude", acaba gerando uma terrível contradição dentro do sistema codificado.

De fato, parece-nos que a intenção do legislador foi igualar o prazo para anulação de decisões da administração coletiva com o prazo para anulação da constituição das pessoas jurídicas de direito privado, por defeito do ato respectivo (art. 45 do CC/2002).

Todavia, a forma como procedeu foi visivelmente equivocada.

---

[38] Nosso estimado amigo Sílvio Venosa sugere que, para os atos praticados em violação aos limites de atuação consignados no ato social, deve o aplicador da lei examinar o caso concreto para avaliar se deve preservar ou não a sua eficácia jurídica (ob. cit., p. 216).
[39] Francisco Pontes de Miranda, *Tratado de Direito Privado*, atualizado por Vilson Rodrigues Alves, Campinas: Bookseller, 1999, t. 1, § 97, p. 482-3.
[40] Na III Jornada de Direito Civil da Justiça Federal, de novembro/2004, foi proposto o seguinte Enunciado: "145 – Art. 47: O art. 47 não afasta a aplicação da teoria da aparência".

De fato, em primeiro lugar, uma decisão tomada nessas condições pode adquirir a forma de negócio jurídico e, nessa situação, o dispositivo estaria em discordância com o art. 178 do CC/2002, que estabelece o prazo decadencial de quatro anos para pleitear a anulação de negócios jurídicos viciados.

Ademais, incluiu, como causa de *anulação* da decisão, a simulação, quando tal vício social passou a ser, na novel codificação, causa de nulidade, conforme art. 167 do CC/2002[41].

Trata-se, portanto, de um dispositivo que exige, com urgência, modificação legislativa para melhor adaptá-lo ao sistema codificado.

Enquanto isso não ocorre, parece-nos que a melhor forma de interpretá-lo, posto não seja perfeita sob o prisma da teoria geral, é entender que se trata de um **prazo especial**, a ser observado, por opção do legislador, mesmo em caso de simulação.

Com efeito, a anulação da decisão viciada, violadora da lei ou estatuto, tanto diz respeito ao seu processo de formação, como ato complexo que é, quanto ao seu conteúdo ou "mérito".

Por ser um ato complexo, a decisão tomada com inobservância de qualquer ato do procedimento formal dos órgãos coletivos da pessoa jurídica, bem como a decisão que diga respeito ao seu próprio conteúdo ou "mérito", violadoras da lei ou estatuto, são consideradas viciadas e passíveis de anulação no prazo decadencial de 3 anos.

Por fim, registre-se que a pessoa jurídica não pode ser considerada genericamente incapaz para a prática de atos jurídicos, mesmo que lhe falte, de maneira momentânea ou com *animus* de definitividade, quem a possa presentar.

E, justamente pelo fato de que a pessoa jurídica não pode ficar "acéfala", estabelece o art. 49 do CC/2002 (sem correspondente no CC/1916) que, se "a administração da pessoa jurídica vier a faltar, o juiz, a requerimento de qualquer interessado, nomear-lhe-á administrador provisório", medida das mais lídimas, para a garantia das relações jurídicas.

7. CLASSIFICAÇÃO DAS PESSOAS JURÍDICAS

Em primeiro plano, a doutrina aponta a existência de pessoas jurídicas *de direito público, interno ou externo, e de direito privado* (art. 40 do CC/2002).

Em que pese a menção expressa a tal distinção no Código Civil brasileiro, o campo de investigação desta obra não comporta uma análise muito detalhada das pessoas jurídicas de direito público, devendo se concentrar nas pessoas jurídicas de direito privado.

Todavia, façamos algumas rápidas considerações sobre as primeiras, sem fugir, porém, da proposta original da obra.

7.1. Pessoas jurídicas de direito público

Os Estados soberanos do mundo, as organizações internacionais (ONU, OIT etc.), a Santa Sé[42] e outras entidades congêneres são pessoas jurídicas de direito público externo.

---

[41] Confira-se o tópico 2.6 ("Simulação") do Capítulo XIII ("Defeitos do Negócio Jurídico") deste volume.

[42] A respeito da Santa Sé, observa Francisco Rezek: "A Santa Sé é a cúpula governativa da Igreja Católica, instalada na cidade de Roma", e mais adiante conclui: "De todo modo, é amplo o reconhecimento de que a Santa Sé, apesar de não se identificar com os Estados comuns, possui, por legado histórico,

Nesse sentido, o art. 42 do CC/2002 é expresso ao dispor que:

"Art. 42. São pessoas jurídicas de direito público externo os Estados estrangeiros e todas as pessoas que forem regidas pelo direito internacional público".

O surgimento dos Estados soberanos ou dessas entidades supraestatais vai decorrer do advento de fatos históricos, como revoluções ou criações constitucionais, ou mesmo pela edição de tratados internacionais.

As *pessoas jurídicas de direito público interno*[43], por sua vez, nos termos do art. 41 do CC/2002, com a redação dada pela Lei n. 11.107, de 2005, são:

a) *a União;*

b) *os Estados, o Distrito Federal e os Territórios;*

c) *os Municípios;*

d) *as autarquias, inclusive as associações públicas;*

e) *as demais entidades de caráter público criadas por lei.*

A respeito da referência às pessoas jurídicas de direito público, pondera o Min. MOREIRA ALVES, culto autor da Parte Geral do Anteprojeto do Código Civil, que: "embora se trate de Código Civil, pareceu-me que não haveria inconveniente em se manter essa alusão às pessoas jurídicas de direito público – do que, aliás, se encontra exemplo em Códigos Civis de outros países, como, por exemplo, o Código Civil italiano de 1942 (art. 11) –, pois persistem em nosso direito as razões que impeliram o legislador de 1916 a incluir no Código atual esse dispositivo"[44].

Dentro da tríplice concepção política delineada pela Carta Constitucional de 1988, a União, os Estados e os Municípios, entidades políticas da Administração Pública Direta, compõem a estrutura federativa do Estado brasileiro.

O Decreto-lei n. 200, de 25 de fevereiro de 1967[45], definiu a autarquia como sendo "o serviço autônomo, criado por lei, com personalidade jurídica, patrimônio e receita próprios, para executar atividades típicas da Administração Pública, que requeiram, para seu melhor funcionamento, gestão administrativa e financeira descentralizada".

---

personalidade jurídica de direito internacional" (*Direito Internacional Público – Curso Elementar*, 17. ed., São Paulo: Saraiva, 2018, p. 287).

[43] O CC/1916, em seu art. 14, apresentava enumeração incompleta e pouco afinada com o moderno Direito Administrativo brasileiro: "Art. 14. São pessoas jurídicas de direito público interno: I – a União; II – cada um dos seus Estados e o Distrito Federal; III – cada um dos Municípios legalmente constituídos".

[44] José Carlos Moreira Alves, ob. cit., p. 73.

[45] Decreto-lei n. 200, de 1967: "Art. 4.º A Administração Federal compreende:

I – A Administração Direta, que se constitui dos serviços integrados na estrutura administrativa da Presidência da República e dos Ministérios.

II – A Administração Indireta, que compreende as seguintes categorias de entidades, dotadas de personalidade jurídica própria:

a) Autarquias;

b) Emprêsas Públicas;

c) Sociedades de Economia Mista;

d) Fundações Públicas" (incluída pela Lei n. 7.596, de 1987).

Tal definição, todavia, não satisfaz. Além de incompleta, acaba por confundir a noção de *serviço público* com a de *autarquia*, o que, metodologicamente, é inadequado. Nesse ponto, justa é a crítica de CELSO ANTÔNIO BANDEIRA DE MELLO: "como definição o enunciado normativo não vale nada. Sequer permite ao intérprete identificar quando a figura legalmente instaurada tem ou não natureza autárquica, pois deixou de fazer menção ao único traço que interessa referir: a personalidade de Direito Público". Por isso, o ilustrado administrativista, afastando-se da dicção legal, conceitua as autarquias como "pessoas jurídicas de Direito Público de capacidade exclusivamente administrativa"[46].

A lei, todavia, em especial o CC/2002, vai mais além.

Atenta à realidade atual de nossa complexa estrutura administrativa e política, considera pessoas jurídicas de direito público interno *"as demais entidades de caráter público criadas por lei"* (art. 41, V, do CC/2002). Enquadram-se nesse conceito as *fundações públicas*[47] e as *agências reguladoras, estas últimas com natureza de autarquias especiais.*

"As fundações públicas", pontifica ODETE MEDAUAR, "devem ter sua instituição autorizada por lei específica, segundo determina o inc. XIX do art. 37 da Constituição Federal"[48].

Tais entidades de direito público, e, bem assim, as entidades dotadas de personalidade jurídica de direito privado, mas que prestem serviço público (empresas públicas e sociedades de economia mista, por exemplo), têm a sua disciplina normativa e controle funcional previstos por normas de Direito Administrativo, que escapam do objeto do presente tomo[49].

Feitas, portanto, dentro da objetividade sugerida pelo tema, as pertinentes observações acerca das entidades de direito público, aprofundaremos o estudo das *pessoas jurídicas de direito privado*, que mais de perto nos interessam.

7.2. Pessoas jurídicas de direito privado

O Código Civil de 1916, em seu art. 16, considerava *pessoas jurídicas de direito privado*:

a) *as sociedades civis, religiosas, pias, morais, científicas ou literárias, as associações de utilidade pública e as fundações (art. 16, I);*

b) *as sociedades mercantis (art. 16, II);*

---

[46] Celso Antônio Bandeira de Mello, *Curso de Direito Administrativo*, 11. ed., São Paulo: Malheiros, 1999, p. 102.

[47] Vale observar que as autarquias e fundações podem constituir as denominadas *agências executivas, nos termos do art. 51 da Lei n. 9.649, de 27 de maio de 1998*: "Art. 51. O Poder Executivo poderá qualificar como Agência Executiva a autarquia ou fundação que tenha cumprido os seguintes requisitos: I – ter um plano estratégico de reestruturação e de desenvolvimento institucional em andamento; II – ter celebrado Contrato de Gestão com o respectivo Ministério supervisor. § 1.º A qualificação como Agência Executiva será feita em ato do Presidente da República. § 2.º O Poder Executivo editará medidas de organização administrativa específicas para as Agências Executivas, visando assegurar a sua autonomia de gestão, bem como a disponibilidade de recursos orçamentários e financeiros para o cumprimento dos objetivos e metas definidos nos Contratos de Gestão".

[48] Odete Medauar, *Direito Administrativo Moderno*, 3. ed., São Paulo: Revista dos Tribunais, 1999, p. 89.

[49] Sobre o tema, na III Jornada de Direito Civil da Justiça Federal, de novembro/2004, foi proposto o seguinte Enunciado: "141 – Art. 41. A remissão do art. 41, parágrafo único, do CC, às 'pessoas jurídicas de direito público, a que se tenha dado estrutura de direito privado', diz respeito às fundações públicas e aos entes de fiscalização do exercício profissional".

c) *os partidos políticos (art. 16, III)*.

O vigente Código Civil brasileiro, simplificando a matéria, de maneira mais afinada com a doutrina moderna, em seu art. 44, classificou, originalmente, as *pessoas jurídicas de direito privado* em:

a) *associações (art. 44, I)*;

b) *sociedades (art. 44, II)*;

c) *fundações (art. 44, III)*.

Louvável, aliás, a postura adotada pelo legislador no novo Código Civil, por haver expressamente delineado os caracteres distintivos das *sociedades e associações*, disciplinando-as em capítulos próprios.

Superou-se, portanto, a confusão conceitual existente no Código de 1916, que identificava inadvertidamente os conceitos[50], causando perplexidade na doutrina, e sérios inconvenientes para o adequado entendimento da matéria.

Nesse sentido, observa o culto Min. MOREIRA ALVES, em sua *Exposição de Motivos à Parte Geral do Anteprojeto de Código Civil*: "ainda nesse Capítulo I, há que destacar – o que, aliás, já ocorre no Projeto revisto – a distinção nítida entre as associações e as sociedades, estas disciplinadas na Parte Especial do Código, aplicando-se-lhes, porém, quando cabíveis, as disposições desse capítulo"[51].

Na mesma linha, MIGUEL REALE, coordenador-geral da comissão elaboradora do Projeto do Código Civil, anota que:

> "tratamento novo foi dado ao tema das pessoas jurídicas, um dos pontos em que o Código Civil atual se revela lacunoso e vacilante. Fundamental, por sua repercussão em todo o sistema, é uma precisa distinção entre as pessoas jurídicas de fins não econômicos (associações e fundações) e as de escopo econômico (sociedade simples e sociedade empresária) aplicando-se a estas, no que couber, as disposições concernentes às associações"[52].

Em seu Relatório Final, o Deputado RICARDO FIUZA, citando o Desembargador JOSÉ ANTÔNIO MACEDO MALTA, do Tribunal de Justiça de Pernambuco, registrou que

> "o código assim merece encômios e elogios maiores quando distingue de forma definitiva as sociedades das associações, reservando às sociedades o termo daquelas restritas exclusivamente à atividade empresarial, comercial e industrial. No campo das meras associações, estão aquelas empresas de natureza civil, piedosa, científica, cultural e esportiva. Não se trata de uma questão meramente de denominação; não é nenhuma rotulação ou qualquer coisa dessa ordem. É um *juris*, com todos os seus conceitos e definições, e com embasamento em vocação doutrinária para distinguir as sociedades das associações"[53].

---

[50] Nesse ponto, adverte Caio Mário da Silva Pereira: "O Código Civil, porém, deixou de se ater à distinção, e, se mais adequado é utilizar-se a designação associações para as pessoas jurídicas de fins não econômicos, nenhuma obrigatoriedade existe nesse sentido, admitidas as expressões como sinônimas no Código de 1916" (*Introdução ao Direito Civil, Parte Geral*, 19. ed., Rio de Janeiro: Forense, 2001, v. 1, p. 215).

[51] Moreira Alves, ob. cit., p. 73.

[52] Miguel Reale, *O Projeto do Novo Código Civil*, 2. ed., São Paulo: Saraiva, 1999, p. 65.

[53] Ricardo Fiuza, *Relatório Final do Projeto de Código Civil*.

As *sociedades, civis ou empresárias,* e *as associações,* estruturalmente consideradas *corporações,* resultam da união de indivíduos *(universitas personarum);* as *fundações,* por sua vez, simples patrimônio vinculado a uma finalidade, decorrem da afetação patrimonial determinada por seu instituidor *(universitas bonorum),* subsumindo-se, com mais propriedade, na categoria das *instituições.*

Posteriormente, a Lei n. 10.825, de 22 de dezembro de 2003, deu nova redação ao já transcrito art. 44, inserindo dois novos incisos, a saber, o IV, referente às organizações religiosas, e o V, sobre os partidos políticos.

Trata-se, no nosso entender, de um erro conceitual, pois tanto as organizações religiosas quanto os partidos políticos se enquadram perfeitamente, como veremos, no conceito jurídico de associação, bem como as cinco alíneas não elencam todas as modalidades de pessoas jurídicas de direito privado, tornando-se tal rol meramente exemplificativo[54].

A modificação teve por finalidade expressa, conforme consta no art. 1.º da supramencionada lei modificadora[55], *evitar a aplicação, a tais entidades, da necessidade, prevista no art. 2.031, de adaptar suas disposições às novas regras codificadas*[56], notadamente à força conferida às assembleias gerais e as regras próprias de exclusão de membros, o que alvoroçou, em especial, as organizações religiosas.

---

[54] A propósito, na III Jornada de Direito Civil da Justiça Federal, de novembro/2004, foi proposto o seguinte Enunciado: "144 – Art. 44: A relação das pessoas jurídicas de direito privado, constante do art. 44, incisos I a V, do Código Civil, não é exaustiva".

[55] "Art. 1.º Esta Lei define as organizações religiosas e os partidos políticos como pessoas jurídicas de direito privado, desobrigando-os de alterar seus estatutos no prazo previsto pelo art. 2.031 da Lei n. 10.406, de 10 de janeiro de 2002 – Código Civil." Infere-se tal afirmação, ainda, do fato de que, além da estranha criação de "novas espécies" de agrupamentos humanos, foi inserido um parágrafo único no art. 2.031, justamente para garantir que as regras de adaptação não seriam invocadas, com a seguinte redação: "Parágrafo único. O disposto neste artigo não se aplica às organizações religiosas nem aos partidos políticos".

[56] Sobre esta regra transitória de obrigatoriedade de adaptação das associações, sociedades e fundações, constituídas nas formas das leis anteriores, às novas disposições do Código, sem prejuízo de sua duvidosa constitucionalidade (por força dos institutos do direito adquirido e ato jurídico perfeito), o fato é que, cada vez mais, a mesma tem sido desprestigiada.

Com efeito, primeiramente, a Lei n. 10.838, de 30-1-2004, modificou, *após vencido o prazo original*, a redação do art. 2.031, que passou a ser a seguinte: "Art. 2.031. As associações, sociedades e fundações, constituídas na forma das leis anteriores, terão o prazo de 2 (dois) anos para se adaptar às disposições deste Código, a partir de sua vigência igual prazo é concedido aos empresários".

Depois, nos estertores da "nova" *vacatio legis*, foi editada a Medida Provisória n. 234, de 10-1-2005, modificando, novamente, o dispositivo, que passou a ter o seguinte conteúdo: "Art. 2.031. As associações, sociedades e fundações, constituídas na forma das leis anteriores, bem assim os empresários, deverão se adaptar às disposições deste Código até 11 de janeiro de 2006".

Em mais um capítulo desta "novela" (quase uma "tragicomédia"...), a Lei n. 11.127, de 28 de junho de 2005, trouxe, mais uma vez, uma nova redação ao dispositivo, prorrogando o prazo até 11 de janeiro de 2007 ("Art. 2.031. As associações, sociedades e fundações, constituídas nas formas das leis anteriores, bem como os empresários, deverão se adaptar às disposições deste Código até 11 de janeiro de 2007").

Assim, com "novo fôlego para respirar", tiveram as mencionadas pessoas jurídicas de Direito Privado novo prazo para adaptação. Melhor seria, na nossa opinião, que o dispositivo fosse, de logo, revogado, pois caiu em descrédito perante a comunidade jurídica, bem como seriam evitadas diversas batalhas judiciais pela discussão da sua constitucionalidade.

Observe-se que, além da inclusão em incisos, como se tratasse de novas espécies do gênero "pessoa jurídica de direito privado", a mencionada lei transformou o parágrafo único original em § 2.º, com a mesma redação ("As disposições concernentes às associações aplicam-se subsidiariamente às sociedades que são objeto do Livro II da Parte Especial deste Código"), destacando dois novos parágrafos com as seguintes redações:

> "§ 1.º São livres a criação, a organização, a estruturação interna e o funcionamento das organizações religiosas, sendo vedado ao poder público negar-lhes reconhecimento ou registro dos atos constitutivos e necessários ao seu funcionamento".
>
> (...)
>
> § 3.º Os partidos políticos serão organizados e funcionarão conforme o disposto em lei específica".

Por fim, a Lei n. 12.441, de 11 de julho de 2011, alterou o Código Civil brasileiro, com o acréscimo de alguns dispositivos que permitiram a constituição de uma nova modalidade de pessoa jurídica, a saber, a "empresa individual de responsabilidade limitada" (EIRELI), figura que sofreria transformação após a edição da Lei n. 14.195/2021, conforme veremos oportunamente.

Trata-se de uma importante inovação do direito positivo brasileiro, reconhecendo a possibilidade de criação de "pessoas jurídicas unipessoais", ou seja, aquelas que não exigem a presença de mais de uma pessoa para sua constituição, tema estudado no âmbito do Direito Empresarial.

Verifiquemos, portanto, nos próximos subtópicos, cada uma dessas espécies de pessoas jurídicas de direito privado.[57]

7.2.1. As associações

As associações são entidades de direito privado, formadas pela união de indivíduos com o propósito de realizarem fins não econômicos.

O novo Código Civil, em seu art. 53, expressamente dispõe que:

> "Art. 53. Constituem-se as associações pela união de pessoas que se organizem para fins não econômicos".

O traço peculiar às associações civis, portanto, é justamente a sua finalidade não econômica – podendo ser educacional, lúdica, profissional[58] religiosa etc.[59]. Resulta, conforme

---

[57] A Lei n. 15.068, de 23 de dezembro de 2024, alterou o Código Civil, para acrescentar ao art. 44 os "empreendimentos de economia solidária", aplicando-lhes subsidiariamente os dispositivos referentes às associações.

[58] Temos a convicção de que as normas do Código Civil são perfeitamente aplicáveis aos sindicatos, bem como para as Centrais Sindicais (apenas incorporadas ao sistema formal de representação profissional por meio da Lei n. 11.648/2008), devendo, por isso, adaptar, também, os seus estatutos, na forma do art. 2.031 do CC/2002.

Nesse diapasão, na III Jornada de Direito Civil, realizada em novembro/2004 no Superior Tribunal de Justiça, foi aprovado o Enunciado 142, proposto pelo Juiz Federal Erik Frederico Gramstrup, concluindo: "Art. 44. Os partidos políticos, os sindicatos e as associações religiosas possuem natureza associativa, aplicando-se-lhes o Código Civil".

[59] Foi a já mencionada Lei n. 10.825, de 22-12-2003, que estabeleceu um tratamento diferenciado, como pessoas jurídicas de Direito Privado, às organizações religiosas e aos partidos políticos, pois,

se anotou, da união de pessoas, geralmente em grande número (os associados), e na forma estabelecida em seu ato constitutivo, denominado estatuto.

Note-se que, pelo fato de não perseguir escopo lucrativo, a associação não está impedida de gerar renda que sirva para a manutenção de suas atividades e pagamento do seu quadro funcional, bem como de expandir ou ser reduzida[60]. Pelo contrário, o que se deve observar é que, em uma associação, os seus membros não pretendem partilhar lucros ou dividendos, como ocorre entre os sócios nas sociedades simples e empresárias. A receita gerada deve ser revertida em benefício da própria associação visando à melhoria de sua atividade. Por isso, o ato constitutivo da associação (estatuto) não deve impor, entre os próprios associados, *direitos e obrigações recíprocos*, como aconteceria se se tratasse de um contrato social, firmado entre sócios (art. 53, parágrafo único, do CC/2002).

Nesse sentido, preleciona a Professora MARIA HELENA DINIZ:

> "Tem-se a associação quando não há fim lucrativo ou intenção de dividir o resultado, embora tenha patrimônio, formado por contribuição de seus membros para a obtenção de fins culturais, educacionais, esportivos, religiosos, recreativos, morais etc."[61]

De acordo com o vigente Código Civil, na redação alterada pela Lei n. 11.127/2005, o estatuto das associações conterá, *sob pena de nulidade (art. 54)*:

a) *a denominação, os fins e a sede da associação;*

b) *os requisitos para a admissão, demissão e exclusão dos associados;*

c) *os direitos e deveres dos associados;*

d) *as fontes de recursos para sua manutenção;*

e) *o modo de constituição e funcionamento dos órgãos deliberativos;*

f) *as condições para a alteração das disposições estatutárias e para sua dissolução.*

g) *a forma de gestão administrativa e de aprovação das respectivas contas.*

Preocupa-se a lei, portanto, em estabelecer o conteúdo mínimo necessário do estatuto de uma associação, visando, sobremaneira, a coibir abusos por parte de pessoas inescrupulosas,

---

na essência conceitual, em verdade, não há como deixar de reconhecê-las como verdadeiras associações, ainda que com características especiais.

Resultou ela do Projeto de Lei n. 634/2003, de autoria original do Deputado Paulo Gouvêa (PL-RS), que foi submetido a uma emenda substitutiva global assinada por vários partidos, a qual definiu as organizações religiosas e os partidos políticos como pessoas jurídicas de direito privado, desobrigando-os de alterar seus estatutos.

Segundo noticiado pela própria Agência Câmara, o fato de que os estatutos das associações em geral devem obedecer a diversas normas, sob pena de nulidade de seus atos, bem como a regra de presença, para alterações nos estatutos, de um terço dos associados para deliberação nas convocações, encontrou grande resistência nas organizações religiosas. No abalizado depoimento do relator da matéria, Deputado João Alfredo (PT-CE), essa exigência "embaraçaria o funcionamento das entidades religiosas, afrontando a Constituição Federal".

[60] Registre-se que o Enunciado 615 da VIII Jornada de Direito Civil da Justiça Federal estabelece: "ENUNCIADO 615 – Art. 53: As associações civis podem sofrer transformação, fusão, incorporação ou cisão".

[61] Maria Helena Diniz, *Curso de Direito Civil Brasileiro – Teoria Geral do Direito Civil*, 37. ed., São Paulo: Saraiva, 2020, v. 1, p. 293.

que constituem associações fraudulentas apenas para causar danos à Fazenda Pública ou a terceiros de boa-fé.

Elogiando, nesse ponto, o conteúdo da Parte Geral do Novo Código, pontifica MIGUEL REALE:

> "daí as regras disciplinadoras da vida associativa em geral, com disposições especiais sobre as causas e a forma de exclusão de associados, bem como quanto à repressão do uso indevido da personalidade jurídica, quando esta for desviada de seus objetivos socioeconômicos para a prática de atos ilícitos e abusivos"[62].

Além da Assembleia Geral, órgão máximo da associação, é muito comum que o seu estatuto autorize a composição de um Conselho Administrativo ou Diretoria e de um Conselho Fiscal. A estrutura organizacional da entidade, portanto, respeitados preceitos legais de ordem pública, depende do conteúdo normativo de seu estatuto.

O novo Código Civil, todavia, cuidou de disciplinar um campo de atuação privativa da Assembleia Geral, ressaltando a sua característica de órgão deliberativo superior.

Compete, pois, privativamente à Assembleia Geral, *ex vi* do disposto no art. 59 do CC/2002, na redação alterada pela Lei n. 11.127/2005:

I – destituir os administradores;

II – alterar o estatuto.

Ressalva-se, todavia, que as deliberações a que se referem os incisos I e II demandam *"deliberação da assembleia especialmente convocada para esse fim, cujo quorum será o estabelecido no estatuto, bem como os critérios de eleição dos administradores"* (art. 59, parágrafo único, na redação dada pela Lei n. 11.127, de 2005).

Garante-se, outrossim, o *direito de convocação da Assembleia Geral a 1/5 (um quinto) dos associados (art. 60)*, não podendo o estatuto, segundo a lei, alijar a minoria desse direito.

Interessante, aqui, mencionar que, como consequência do avanço tecnológico, na linha da Lei n. 14.195/2021, a Lei do SERP (Lei n. 14.382/2022) inseriu o art. 48-A ao Código Civil, admitindo, expressamente, a possibilidade de serem realizadas, pelas pessoas jurídicas de direito privado, assembleias gerais virtuais:

> "Art. 48-A. As pessoas jurídicas de direito privado, sem prejuízo do previsto em legislação especial e em seus atos constitutivos, poderão realizar suas assembleias gerais por meio eletrônico, inclusive para os fins do disposto no art. 59 deste Código, respeitados os direitos previstos de participação e de manifestação".

Relevante notar que a lei cuidou de considerar *intransmissível a qualidade de associado (art. 56 do CC/2002)*[63]. Todavia, havendo autorização estatutária, o titular de quota ou fração ideal do patrimônio da associação poderá transmitir, por ato *inter vivos* ou *mortis causa*, os seus direitos a um terceiro (adquirente ou herdeiro), que passará à condição de associado.

Por óbvio, o associado não está preso à associação.

---

[62] Miguel Reale, ob. cit., p. 65.
[63] Tal norma resultou da aprovação de emenda apresentada no Senado (assim também os arts. 54, 55, 57, 58, 59, 60 e 61 do Capítulo II).

Por isso, embora a lei não faça referência expressa, poderá, a qualquer tempo, observados os termos do estatuto, desligar-se da corporação. Claro está, todavia, que esse direito de retirada – semelhante ao direito de recesso do sócio nas sociedades – não permite ao associado que se exima das obrigações porventura assumidas.

O Código Civil brasileiro, com a redação dada pela Lei n. 11.127, de 2005, prevê, ainda, a *exclusão do associado*, desde que haja justa causa, e na estrita forma do estatuto social, que deve regular a existência de um procedimento que assegure direito de defesa e de recurso, conforme se verifica do seguinte dispositivo:

> "Art. 57. A exclusão do associado só é admissível havendo justa causa, assim reconhecida em procedimento que assegure direito de defesa e de recurso, nos termos previstos no estatuto".

Malversação de receitas sociais, prática de crimes, violação grave de preceitos éticos e da lei são exemplos de situações que podem ser consideradas justas causas, justificando-se a imposição da pena de exclusão, partindo-se sempre do pressuposto de garantia, por óbvio, ao infrator, do direito ao contraditório e à ampla defesa.

Na redação original do dispositivo, admitia-se que, mesmo não cuidando o estatuto de elencar as condutas que entende passíveis de exclusão do associado, a Assembleia Geral, especialmente convocada, poderia apreciar a existência de *motivos graves*, e, em deliberação fundamentada e por maioria absoluta dos presentes, decidir pela aplicação da sanção.

Na atualidade, mesmo sem tal previsão, parece-nos lógico que tal poder da Assembleia Geral ainda é invocável, o que está limitado, porém, pela própria previsão do estatuto e pela superior garantia, de base constitucional, do direito de defesa e recurso.

"Sendo extinta uma associação, ante a omissão de seu estatuto e dos seus sócios", pontifica a Professora MARIA HELENA DINIZ, "a lei procura dispor sobre o destino de seu patrimônio". E arremata: "apurar-se-ão, então, os seus haveres, procedendo-se à liquidação, solvendo-se os débitos sociais, recebendo-se o *quantum* que lhe era devido"[64].

Os bens remanescentes, por sua vez, na sistemática do Código de 1916 (art. 22), não havendo destinação especial prevista no estatuto, nem deliberação social a respeito, *deviam ser devolvidos a um estabelecimento municipal, estadual ou federal, de fins idênticos, ou semelhantes*. Se não houvesse, todavia, no Município, no Estado, no Distrito Federal ou no Território, estabelecimento nas condições indicadas, o patrimônio seria devolvido à Fazenda do Estado, do Distrito Federal ou da União.

O novo Código Civil, em seu art. 61, dispõe que, em caso de dissolução, o patrimônio líquido – deduzidas as quotas ou frações ideais de propriedade do associado (parágrafo único do art. 56), bem como os débitos sociais –, será destinado à entidade de fins não econômicos designada no estatuto, ou, omisso este, por deliberação dos associados, a instituição municipal, estadual ou federal, de fins idênticos ou semelhantes. Na falta dessas, os bens remanescentes serão devolvidos à Fazenda do Estado, do Distrito Federal ou da União (art. 61, § 2.º).

Por cláusula do estatuto ou, no silêncio deste, por deliberação dos associados, prevê o § 1.º do art. 61, é permitido aos respectivos membros, antes da destinação do remanescente

---

[64] Maria Helena Diniz, *Código Civil Anotado*, 5. ed., São Paulo: Saraiva, 1999, p. 47.

a entidades congêneres, *receber em restituição, em valor atualizado, as contribuições que houverem prestado ao patrimônio da entidade.*

7.2.2. As sociedades

O novo Código Civil, no Livro II, Título II, Capítulo Único, referente ao *direito de empresa*, trata das sociedades, sob as suas diversas formas e aspectos.

Uma das grandes inovações da nova Lei Codificada, portanto, deveu-se à consagração de normas referentes ao Direito Societário no corpo do próprio Código Civil, o que determinou, por consequência, a revogação de boa parte da legislação comercial até então em vigor[65].

Nesse sentido, o Dep. RICARDO FIUZA, relator do Projeto na Câmara dos Deputados, com propriedade, observa que:

> "pela primeira vez numa codificação civil brasileira, passa-se a disciplinar as regras básicas da atividade negocial, do conceito de empresário ao de sociedade. Observa o Prof. Benjamim Garcia de Matos, do curso de Direito da UNIMEP, Piracicaba-SP, que 'a revogação da primeira parte do Código Comercial de 1.º de junho de 1850, com a introdução do Direito de Empresa no novo Código Civil, é um avanço, que merece destaque especial, até porque torna o comerciante um empresário voltado para a atividade econômica, que é a nova leitura que se deve fazer nos tempos modernos'"[66].

Respeitáveis juristas, todavia, criticaram duramente o tratamento dispensado pelo Novo Código ao Direito de Empresa, especialmente no campo societário, a exemplo do Professor HAROLDO VERÇOSA, da Universidade de São Paulo: "o Código Civil devia tratar apenas de temas gerais e deixar para legislações societárias, do consumidor, de defesa da concorrência, por exemplo, as normas específicas, que podem ser alteradas mais facilmente com as exigências promovidas pelas mudanças econômicas"[67].

Finalmente, a despeito da colocação da matéria no livro do *Direito de Empresa*, cuidaremos de apresentar, neste tópico, as diretrizes gerais do *direito societário* no novo Código Civil, sem nos esquecermos dos pertinentes dispositivos do Código de 1916.

a) Constituição das sociedades

A sociedade é *espécie de corporação, dotada de personalidade jurídica própria, e instituída por meio de um contrato social, com o precípuo escopo de exercer atividade econômica e partilhar lucros.*

A esse respeito, pontifica, com acuidade, ORLANDO GOMES que "se duas ou mais pessoas põem em comum sua atividade ou seus recursos com o objetivo de partilhar o proveito resultante do empreendimento, constituem uma sociedade"[68].

---

[65] Essa revogação, inclusive, foi expressa, como se verifica do art. 2.045 do CC/2002: "Art. 2.045. Revogam-se a Lei n. 3.071, de 1.º de janeiro de 1916 – Código Civil e a Parte Primeira do Código Comercial – Lei n. 556, de 25 de junho de 1850".
[66] Relatório Final apresentado à Câmara de Deputados – Parte Especial, Livro II, Direito de Empresa.
[67] Haroldo Verçosa, Código Civil pode trazer incertezas a empresas, matéria veiculada na *Gazeta Mercantil*, em 17 de agosto de 2001.
[68] Orlando Gomes, ob. cit., p. 197.

O contrato social, nesse contexto, desde que devidamente registrado, é o *ato constitutivo da sociedade*.

Nesse sentido, já dispunha o art. 1.832 (1.ª parte) do Código Civil francês:

"Art. 1.832. A sociedade é instituída por duas ou várias pessoas que convêm por um contrato afetar a uma empresa comum bens ou sua indústria tendo em vista repartir o lucro ou aproveitar a economia que dela poderá resultar".

O novo Código Civil brasileiro, na mesma linha, reza que:

"Art. 981. Celebram contrato de sociedade as pessoas que reciprocamente se obrigam a contribuir, com bens ou serviços, para o exercício de atividade econômica e a partilha, entre si, dos resultados.

Parágrafo único. A atividade pode restringir-se à realização de um ou mais negócios determinados".

b) Classificação das sociedades

Dependendo do tipo de atividade realizada, a doutrina tradicional sustenta que a sociedade poderá ser *civil ou mercantil*.

A diferença está em que apenas a sociedade mercantil *pratica atos de comércio* para produzir lucros[69]. As sociedades civis, por sua vez, a despeito de perseguirem proveito econômico, não empreendem atividade mercantil, ou seja, não atuam na qualidade de comerciantes (é o caso das sociedades formadas por certos profissionais – médicos, advogados, dentistas etc.).

O novo Código Civil, aproveitando os ensinamentos do moderno Direito Empresarial, atualizou-os terminologicamente, ao classificar, quanto ao objeto social, as sociedades em:

a) sociedades empresárias;

b) sociedades simples.

A "empresa", encarada como pedra de toque da atividade econômica, erige-se como um conceito-chave de redobrada importância na nova Lei Codificada. "Objetivamente considerada", observa GIUSEPPE FERRI, citado por RUBENS REQUIÃO, "apresenta-se como uma combinação de elementos pessoais e reais, colocados em função de um resultado econômico, e realizada em vista de um intento especulativo de uma pessoa, que se chama empresário"[70].

No mesmo sentido, ensina MIGUEL REALE que foi "empregada a palavra empresa no sentido de atividade desenvolvida pelos indivíduos ou pelas sociedades a fim de promover a produção e a circulação de riquezas"[71].

Nos termos do art. 982 do CC/2002, *considera-se empresária a sociedade que tem por objeto o exercício de atividade própria de empresário sujeito a registro*.

---

[69] "Como elementos específicos caracterizadores das sociedades comerciais", ensina o culto Professor cearense Fran Martins, "requer-se a cooperação efetiva entre os sócios, a que se denominou como *affectio societatis*, ou seja, o desejo de estarem os sócios juntos para a realização do objeto social; a contribuição dos sócios para o capital social e a participação dos mesmos nos lucros e nas perdas" (*Curso de Direito Comercial*, 24. ed., Rio de Janeiro: Forense, 1999, p. 139).

[70] Rubens Requião, *Curso de Direito Comercial*, 23. ed., São Paulo: Saraiva, 1998, v. 1, p. 50.

[71] Relatório Final do Deputado Ricardo Fiuza (Parte Especial – Livro II – Direito de Empresa).

E que se entende por *empresário*?

Responde-nos o art. 966 do CC/2002:

"Art. 966. Considera-se empresário quem exerce profissionalmente atividade econômica organizada para a produção ou a circulação de bens ou de serviços".

Abandonou-se, portanto, a superada definição de *comerciante*, substituindo-a pela moderna noção de *empresário*.

"Empresário", na palavra autorizada de FÁBIO ULHOA COELHO, "é a pessoa que toma a iniciativa de organizar uma atividade econômica de produção ou circulação de bens ou serviços. Essa pessoa pode ser tanto física, que emprega seu dinheiro e organiza a empresa individualmente, como a jurídica, nascida da união de esforços de seus integrantes"[72].

Nesse diapasão, conclui-se que a *sociedade empresária vem a ser a pessoa jurídica que exerça atividade econômica organizada para a produção ou a circulação de bens ou de serviços, com registro na Junta Comercial e sujeita à legislação falimentar*.

Em linhas gerais, podemos afirmar que uma sociedade empresária é marcada pela *impessoalidade*, porquanto os seus sócios atuam como meros articuladores de fatores de produção (capital, trabalho, matéria-prima e tecnologia), não importando a atuação pessoal de cada um no exercício da atividade empresarial desenvolvida. É o caso de uma concessionária de veículos ou de um banco. Muitas vezes, nem se sabe quem são os detentores da empresa.

No tocante ainda às sociedades empresárias, para o seu efetivo controle, expressa o art. 967 do CC/2002 ser "obrigatória a inscrição do empresário no Registro Público de Empresas Mercantis da respectiva sede, antes do início de sua atividade"[73].

Essas sociedades, por sua vez, podem assumir as seguintes formas (arts. 983 e 1.039 a 1.092 do CC/2002):

---

[72] Fábio Ulhoa Coelho, ob. cit., p. 61.

[73] CC/2002: "Art. 968. A inscrição do empresário far-se-á mediante requerimento que contenha:

I – o seu nome, nacionalidade, domicílio, estado civil e, se casado, o regime de bens;

II – a firma, com a respectiva assinatura autógrafa;

III – o capital;

IV – o objeto e a sede da empresa.

§ 1.º Com as indicações estabelecidas neste artigo, a inscrição será tomada por termo no livro próprio do Registro Público de Empresas Mercantis, e obedecerá a número de ordem contínuo para todos os empresários inscritos.

§ 2.º À margem da inscrição, e com as mesmas formalidades, serão averbadas quaisquer modificações nela ocorrentes.

§ 3.º Caso venha a admitir sócios, o empresário individual poderá solicitar ao Registro Público de Empresas Mercantis a transformação de seu registro de empresário para registro de sociedade empresária, observado, no que couber, o disposto nos arts. 1.113 a 1.115 deste Código. (*Incluído pela Lei Complementar n. 128, de 2008.*)

Art. 969. O empresário que instituir sucursal, filial ou agência, em lugar sujeito à jurisdição de outro Registro Público de Empresas Mercantis, neste deverá também inscrevê-la, com a prova da inscrição originária.

Parágrafo único. Em qualquer caso, a constituição do estabelecimento secundário deverá ser averbada no Registro Público de Empresas Mercantis da respectiva sede".

a) sociedade em nome coletivo;

b) sociedade em comandita simples;

c) sociedade limitada;

d) sociedade anônima;

e) sociedade em comandita por ações.

Cumpre-nos referir que a *sociedade que tenha por objeto o exercício de atividade empresarial rural e seja constituída, ou transformada, de acordo com um dos tipos de sociedade empresária, pode, observadas as exigências legais, requerer a sua inscrição no Registro Público de Empresas Mercantis da sua sede, ficando equiparada, para todos os efeitos, à sociedade empresária* (art. 984 do CC/2002). Trata-se de sociedade empresária *por equiparação*.

Registre-se que a disciplina das sociedades anônimas foi remetida para legislação especial, considerando a mutabilidade da matéria. Nesse sentido, o pensamento do culto professor JOSAPHAT MARINHO: "Ao Senado chegou o Projeto com exclusão do contrato bancário, julgado demasiado mutável, e das *sociedades por ações*, por sua vinculação com o mercado de capitais. Desde que leis especiais poderão estabelecer regulação adequada, não se reputou indispensável mudar o procedimento"[74].

Até aqui se cuidou das *sociedades empresárias*.

A outra categoria, que completa a classificação apresentada, é a das *sociedades simples*.

Trata-se de *pessoas jurídicas que, embora persigam proveito econômico, não empreendem atividade empresarial*. Equiparam-se às tradicionalmente conhecidas *sociedades civis*, não tendo obrigação legal de inscrever os seus atos constitutivos no Registro Público de Empresas Mercantis, mas somente no Cartório de Registro Civil de Pessoas Jurídicas[75].

Com efeito, os arts. 998, *caput*, e 1.000 do CC/2002, que tratam das sociedades simples, apenas se referem ao Registro Civil das Pessoas Jurídicas, em redação que permite perfeita correspondência aos já mencionados arts. 967 e 969, que remetem ao Registro Público de Empresas Mercantis[76].

---

[74] Josaphat Marinho, *Revista de Informação Legislativa – O Projeto de Novo Código Civil*, Brasília: Secretaria Especial de Editoração e Publicações, abr./jun. 2000, separata, p. 9.

[75] Discorrendo sobre o tema, pontifica Miguel Reale que a *sociedade simples* tem por escopo a "realização de operações econômicas de natureza não empresarial". E arremata: "como tal, não se vincula ao Registro das Empresas, mas sim ao Registro Civil das Pessoas Jurídicas" (Miguel Reale, ob. cit., p. 77).

[76] Se não, vejamos:

"Art. 998. Nos trinta dias subsequentes à sua constituição, a sociedade deve requerer a inscrição do contrato social no Registro Civil das Pessoas Jurídicas do local de sua sede.

(...)

Art. 1.000. A sociedade simples que instituir sucursal, filial ou agência na circunscrição de outro Registro Civil das Pessoas Jurídicas, neste deverá também inscrevê-la, com a prova da inscrição originária.

Parágrafo único. Em qualquer caso, a constituição da sucursal, filial ou agência deverá ser averbada no Registro Civil da respectiva sede".

SYLVIO MARCONDES, por sua vez, em sua Exposição de Motivos do Anteprojeto de Código Civil, salienta que "com a instituição da sociedade simples, cria-se um modelo jurídico capaz de dar abrigo ao amplo espectro das atividades de fins econômicos não empresariais, com disposições de valor supletivo para todos os tipos de sociedade"[77].

No vastíssimo campo de atuação das sociedades simples, verifica-se a aplicação do instituto em sociedades de profissionais liberais, instituições de ensino, entidades de assistência médica ou social, entre outras. Embora possa adotar uma das formas societárias previstas para as *sociedades empresárias* – ressalvada a *sociedade por ações*, por absoluta incompatibilidade e imposição legal[78] –, não se subordina às normas relativas ao "empresário".

Em outras palavras, na sociedade simples, cujo registro deve ser feito no CRPJ (Cartório de Registro de Pessoas Jurídicas), acentua-se a marca da *pessoalidade*, na medida em que a atuação pessoal de cada sócio importa para o exercício da própria atividade desenvolvida, como se dá em uma sociedade de médicos ou de advogados. Por isso, em geral, as sociedades simples são prestadoras de serviços.

Acrescente-se, apenas, que, quanto à sociedade de advogados, por disposição de norma especial (art. 15, § 1.º, da Lei n. 8.906, de 1994 – Estatuto da Advocacia), o seu registro deve ser feito na Ordem dos Advogados do Brasil (OAB).

Caso não adote um dos tipos societários regulados nos arts. 1.039 a 1.092 do CC/2002 (excepcionadas, como dito, as S/As, dos arts. 1.088 e 1.089), subordina-se às normas que lhes são próprias, previstas nos arts. 997 a 1.038 do referido diploma legal[79].

As sociedades anônimas e as sociedades cooperativas[80], por sua vez, embora integradas ao novo Código Civil, tiveram a sua disciplina remetida para legislação especial (*vide* os mencionados arts. 1.088 e 1.089, bem como os arts. 1.093 a 1.096 do CC/2002, respectivamente), em virtude de suas peculiaridades.

---

[77] Sylvio Marcondes, citado por Miguel Reale, ob. cit., p. 79.

[78] Com efeito, prevê o § 1.º do art. 2.º da Lei n. 6.404, de 15 de dezembro de 1976 (*Lei das Sociedades por Ações*), que "Qualquer que seja o objeto, a companhia é mercantil e se rege pelas leis e usos do comércio".

[79] Este Capítulo (Da Sociedade Simples) é dividido da seguinte forma: "Seção I – Do contrato social; Seção II – Dos direitos e obrigações dos sócios; Seção III – Da administração; Seção IV – Das relações com terceiros; Seção V – Da resolução da sociedade em relação a um sócio; Seção VI – Da dissolução".

[80] A respeito das cooperativas, cumpre-nos transcrever a nota ao art. 114 da Lei de Registros Públicos, de autoria do ilustrado Theotonio Negrão: "o registro das sociedades cooperativas, que são sociedades civis (v. Lei 5.764, de 16.12.71, art. 4.º, no tít. Sociedades Civis), faz-se, por exceção, na Junta Comercial (art. 32-II-'a' da Lei 8.934, de 18.11.94, em *Lex* 1994/1.471, Just. 168/175)" (*Código Civil e Legislação Civil em vigor*, 16. ed., atualizada até 5 de janeiro de 1997, São Paulo: Saraiva, 1997, p. 770). Por expressa disposição do novo Código Civil, outrossim, as cooperativas são consideradas sociedades simples (art. 982, parágrafo único), razão por que entendemos (a despeito de existirem controvérsias como a mencionada) que o registro do seu ato constitutivo deve ser feito, atualmente, no Cartório de Registro Civil de Pessoas Jurídicas (CRPJ), tendo-se operado a revogação tácita do art. 32, II, *a*, da Lei n. 8.934/94, na parte referente à cooperativa. Aprofundando o tema das cooperativas, em especial as de trabalho, confira-se o artigo Cooperativismo e Direito do Trabalho, in Pamplona Filho, *Questões Controvertidas de Direito do Trabalho*, Belo Horizonte: Nova Alvorada, 1999.

7.2.3. As fundações

Diferentemente das associações e das sociedades, *as fundações resultam não da união de indivíduos, mas da afetação de um patrimônio, por testamento ou escritura pública, que faz o seu instituidor, especificando o fim para o qual se destina*[81].

Segundo CAIO MÁRIO, "o que se encontra, aqui, é a atribuição de personalidade jurídica a um patrimônio, que a vontade humana destina a uma finalidade social"[82].

O art. 62 do vigente Código Civil dispõe que:

> "Art. 62. Para criar uma fundação, o seu instituidor fará, por escritura pública ou testamento, dotação especial de bens livres, especificando o fim a que se destina, e declarando, se quiser, a maneira de administrá-la".

Cumpre-nos observar que o legislador cuidou de inserir originalmente um parágrafo único no referido art. 62 do CC/2002, consagrando o elemento finalístico da fundação, que somente poderia constituir-se *"para fins religiosos, morais, culturais ou de assistência"*.

Saliente-se que o referido parágrafo único teve sua redação modificada pela Lei n. 13.151, de 28 de julho de 2015, para detalhadamente especificar as finalidades de uma fundação, que somente poderá ser constituída para fins de:

I – assistência social;

II – cultura, defesa e conservação do patrimônio histórico e artístico;

III – educação;

IV – saúde;

V – segurança alimentar e nutricional;

VI – defesa, preservação e conservação do meio ambiente e promoção do desenvolvimento sustentável;

VII – pesquisa científica, desenvolvimento de tecnologias alternativas, modernização de sistemas de gestão, produção e divulgação de informações e conhecimentos técnicos e científicos;

VIII – promoção da ética, da cidadania, da democracia e dos direitos humanos; e

IX – atividades religiosas;

Escapa, pois, do permissivo legal, mesmo com a mencionada ampliação de finalidades, a entidade supostamente fundacional que empreenda atividade econômica com escopo lucrativo[83].

Não se admite, por outro lado, sobretudo por sua precípua finalidade social, que a diretoria ou o conselho deliberativo da fundação, desvirtuando inclusive a vontade

---

[81] A fundação pública, instituída pela União, Estado ou Município, na forma da lei, rege-se por preceitos próprios de Direito Administrativo, escapando, portanto, da perspectiva desta obra.

[82] Caio Mário da Silva Pereira, ob. cit., p. 223.

[83] Nosso posicionamento coincide com a visão defendida na I Jornada de Direito Civil do Conselho da Justiça Federal, que editou dois enunciados sobre a matéria, a saber, os Enunciados 8 ("A constituição de fundação para fins científicos, educacionais ou de promoção do meio ambiente está compreendida no CC, art. 62, parágrafo único") e 9 ("O art. 62, parágrafo único, deve ser interpretado de modo a excluir apenas as fundações de fins lucrativos").

do instituidor, aliene injustificadamente bens componentes de seu acervo patrimonial. Sustentamos que toda alienação demanda alvará judicial, devendo ser devidamente motivada, em procedimento de jurisdição graciosa, com a indispensável intervenção do Ministério Público.

Neste sentido, observa LINCOLN ANTÔNIO DE CASTRO:

"Dependem de prévia autorização do Ministério Público, entre outros atos que, envolvendo o patrimônio e os recursos financeiros, exorbitem da administração ordinária, a alienação de bens do ativo permanente, a constituição de ônus reais, a prestação de garantia a obrigações de terceiros, a aceitação de doações com encargos, a celebração de operações financeiras. O mesmo tratamento aplica-se aos negócios jurídicos celebrados com os participantes ou administradores da fundação, ou com empresas ou entidades em relação às quais os mesmos detêm interesses, direta ou indiretamente, como sócios, acionistas ou administradores"[84].

Para a criação de uma fundação, há uma série ordenada de etapas que devem ser observadas, a saber:

a) Afetação de bens livres por meio do ato de dotação patrimonial

Para a criação de uma fundação, deve o instituidor necessariamente destacar determinada parcela de seu patrimônio pessoal, composta por bens móveis ou imóveis, especificando-os e atribuindo-lhes determinada finalidade não econômica, bem como a maneira de administrá-los.

Segundo RUGGIERO, "o patrimônio pode ser constituído por qualquer conjunto de bens (propriedades, créditos, dinheiro), que o fundador destine a um fim, de modo perpétuo e com a intenção de criar um ente autônomo e permanente"[85].

Neste ponto, importante observação é feita por OERTMANN, citado por CAIO MÁRIO, no sentido de que a *dotação* "não se confunde com a doação, porque esta envolve a transferência de bens de uma pessoa a outra, enquanto na fundação a dotação patrimonial é o elemento genético de uma pessoa jurídica"[86].

b) Instituição por escritura pública ou testamento

Apenas por essas duas formas se concretiza o ato de dotação patrimonial: escritura pública ou testamento.

Em caso de instituição por escritura pública (negócio *inter vivos*), o instituidor é obrigado a transferir à fundação a propriedade, ou outro direito real que tenha sobre os bens dotados, sob pena de a transcrição ou inscrição se efetivar por meio de ordem judicial (art. 64 do CC/2002).

---

[84] Lincoln Antônio de Castro, *O Ministério Público e as Fundações de Direito Privado*, Rio de Janeiro: Freitas Bastos, 1995, p. 26.
[85] Roberto de Ruggiero, *Instituições de Direito Civil*, Campinas: Bookseller, 1999, v. 1, p. 563.
[86] Caio Mário da Silva Pereira, ob. cit., p. 224.

Registre-se, por fim, que a instituição por testamento poderá se dar por qualquer modalidade testamentária, uma vez que o legislador não fora expresso quanto à exigência do testamento público.

c) Elaboração dos estatutos

Em linhas gerais, há duas formas de instituição da fundação: a *direta*, quando o próprio instituidor o faz, pessoalmente, inclusive cuidando da elaboração dos estatutos; ou a *fiduciária*, quando confia a terceiro a organização da entidade.

Neste último caso, dispõe o art. 65 do CC/2002:

> "Art. 65. Aqueles a quem o instituidor cometer a aplicação do patrimônio, em tendo ciência do encargo, formularão logo, de acordo com as suas bases (art. 62), o estatuto da fundação projetada, submetendo-o, em seguida, à aprovação da autoridade competente, com recurso ao juiz.
>
> Parágrafo único. Se o estatuto não for elaborado no prazo assinado pelo instituidor, ou, não havendo prazo, em cento e oitenta dias, a incumbência caberá ao Ministério Público"[87].

Note-se que a nova Lei Codificada foi mais precisa do que o Código de 1916, uma vez que cuidou de estabelecer o prazo máximo de cento e oitenta dias para a elaboração dos estatutos, sob pena de a incumbência ser transferida ao *Parquet*. Em geral, o Ministério Público tem uma ou mais Promotorias de Justiça com atribuição específica de fiscalizar a criação e funcionamento das fundações.

Ainda sobre a elaboração dos estatutos, observe-se que a Lei n. 13.151, de 28 de julho de 2015, admitiu expressamente a possibilidade de estabelecimento de remuneração aos dirigentes de fundações[88].

---

[87] No CC/1916, cf. art. 27.

[88] Posteriormente a Lei n. 13.204, de 14 de dezembro de 2015, alterou a alínea *a* do § 2.º do art. 12 da Lei n. 9.532, de 10 de dezembro de 1997, para incluir também neste rol as organizações da sociedade civil sem fins lucrativos, passando tal dispositivo a vigorar com a seguinte redação:

"Art. 12 (...)

§ 2.º (...)

a) não remunerar, por qualquer forma, seus dirigentes pelos serviços prestados, exceto no caso de associações, fundações ou organizações da sociedade civil, sem fins lucrativos, cujos dirigentes poderão ser remunerados, desde que atuem efetivamente na gestão executiva e desde que cumpridos os requisitos previstos nos arts. 3.º e 16 da Lei n. 9.790, de 23 de março de 1999, respeitados como limites máximos os valores praticados pelo mercado na região correspondente à sua área de atuação, devendo seu valor ser fixado pelo órgão de deliberação superior da entidade, registrado em ata, com comunicação ao Ministério Público, no caso das fundações;".

A Lei n. 91/1935 foi revogada pela Lei n. 13.204/2015. A Lei n. 13.151, de 28 de julho de 2015, dispõe em seu art. 6.º: "O inciso I do art. 29 da Lei n. 12.101, de 27 de novembro de 2009, passa a vigorar com a seguinte redação:

'Art. 29. (...)

I – não percebam seus diretores, conselheiros, sócios, instituidores ou benfeitores remuneração, vantagens ou benefícios, direta ou indiretamente, por qualquer forma ou título, em razão das competências, funções ou atividades que lhes sejam atribuídas pelos respectivos atos constitutivos, exceto no caso de associações assistenciais ou fundações, sem fins lucrativos, cujos dirigentes poderão ser remunerados, desde que atuem efetivamente na gestão executiva, respeitados como limites máximos os

d) Aprovação dos estatutos

Como consectário de sua atribuição legal para fiscalizar as fundações, é o órgão do Ministério Público que deverá aprovar os estatutos da fundação, com recurso ao juiz competente, em caso de divergência.

O interessado submeterá o estatuto ao Ministério Público, que verificará se foram observadas as bases da fundação e se os bens dotados são suficientes ao fim a que ela se destina. Não havendo óbice, o *Parquet* aprovará o estatuto[89].

Quanto à relevante função fiscalizadora do órgão ministerial, já previa o art. 26 do Código de 1916:

"Art. 26. Velará pelas fundações, o Ministério Público do Estado, onde situadas.

§ 1.º Se estenderem a atividade a mais de um Estado, caberá em cada um deles ao Ministério Público esse encargo.

§ 2.º Aplica-se ao Distrito Federal e aos Territórios não constituídos em Estados o aqui disposto quanto a estes".

Nesse sentido, com pequenas modificações, estabelece o art. 66 do Código Civil de 2002, com a nova redação firmada pela Lei n. 13.151, de 28 de julho de 2015:

"Art. 66. Velará pelas fundações o Ministério Público do Estado onde situadas.

§ 1.º Se funcionarem no Distrito Federal ou em Território, caberá o encargo ao Ministério Público do Distrito Federal e Territórios[90].

---

valores praticados pelo mercado na região correspondente à sua área de atuação, devendo seu valor ser fixado pelo órgão de deliberação superior da entidade, registrado em ata, com comunicação ao Ministério Público, no caso das fundações;'";

[89] Com a aprovação do CPC/2015, não há mais a esdrúxula possibilidade de o Juiz "aprovar" o Estatuto elaborado pelo MP (art. 1.202, CPC/1973). O regulamento atual é mais técnico e preciso:
"Art. 764. O juiz decidirá sobre a aprovação do estatuto das fundações e de suas alterações sempre que o requeira o interessado, quando:
I – ela for negada previamente pelo Ministério Público ou por este forem exigidas modificações com as quais o interessado não concorde;
II – o interessado discordar do estatuto elaborado pelo Ministério Público.
§ 1.º O estatuto das fundações deve observar o disposto na Lei n. 10.406, de 10 de janeiro de 2002 (Código Civil).
§ 2.º Antes de suprir a aprovação, o juiz poderá mandar fazer no estatuto modificações a fim de adaptá-lo ao objetivo do instituidor.

[90] Sobre o tema, já estabelecia o Enunciado 10 da I Jornada de Direito Civil do Conselho da Justiça Federal: "Art. 66, § 1.º: Em face do princípio da especialidade, o art. 66, § 1.º, deve ser interpretado em sintonia com os arts. 70 e 178 da LC n. 75/93". Os mencionados dispositivos da Lei Orgânica do Ministério Público da União estabelecem:
"Art. 70. Os Procuradores da República serão designados para oficiar junto aos Juízes Federais e junto aos Tribunais Regionais Eleitorais, onde não tiver sede a Procuradoria Regional da República.
Parágrafo único. A designação de Procurador da República para oficiar em órgãos jurisdicionais diferentes dos previstos para a categoria dependerá de autorização do Conselho Superior.
(...)

§ 2.º Se estenderem a atividade por mais de um Estado, caberá o encargo, em cada um deles, ao respectivo Ministério Público"[91].

Vale ressaltar que esta atual redação é evidentemente inspirada na decisão do Supremo Tribunal Federal, no julgamento da ADIn 2.794, proposta pela CONAMP (entidade de representação nacional do Ministério Público), que reconheceu a inconstitucionalidade do dispositivo original do Código Civil de 2002, que conferia ao Ministério Público Federal poderes para fiscalizar fundação localizada no Distrito Federal, por conta da inequívoca usurpação de atribuição legal e constitucional do Ministério Público do próprio Distrito Federal.

Nada impede, todavia, que haja atuação fiscalizatória conjunta do Ministério Público do Estado ou do Distrito Federal e Territórios com o Ministério Público Federal, caso haja interesse que justifique a intervenção deste último[92].

e) Realização do registro civil

Como toda pessoa jurídica de direito privado, o ciclo constitutivo da fundação só se aperfeiçoa com a inscrição de seus atos constitutivos no Cartório de Registro Civil das Pessoas Jurídicas.

Nesse sentido, reza o art. 114 da Lei n. 6.015, de 31 de dezembro de 1973 (Lei de Registros Públicos): "Art. 114. No Registro Civil de Pessoas Jurídicas serão inscritos: I – os contratos, os atos constitutivos, o estatuto ou compromissos das sociedades civis, religiosas, pias, morais, científicas ou literárias, bem como o das *fundações* e das associações de utilidade pública" (grifo nosso).

Art. 178. Os Promotores de Justiça serão designados para oficiar junto às Varas da Justiça do Distrito Federal e Territórios.

Parágrafo único. Os Promotores de Justiça serão lotados nos ofícios previstos para as Promotorias de Justiça".

Nessa linha, foi aprovado o Enunciado 147, proposto pelo Desembargador Federal Marcelo Navarro Ribeiro Dantas, na III Jornada de Direito Civil da Justiça Federal, de novembro/2004, com o seguinte conteúdo: "Art. 66: A expressão 'por mais de um Estado', contida no § 2.º do art. 66, não exclui o Distrito Federal e os Territórios. A atribuição de velar pelas fundações, prevista no art. 66 e seus parágrafos, para o MP local – isto é, dos Estados, DF e Territórios onde situadas –, não exclui a necessidade de fiscalização de tais pessoas jurídicas pelo MPF, quando se tratar de fundações instituídas ou mantidas pela União, autarquia ou empresa pública federal, ou que destas recebam verbas, nos termos da Constituição, da LC n. 75/93 e da Lei de Improbidade".

[91] A diretriz do Projeto de Lei n. 6.960, de 2002 (atual n. 276/2007), é, porém, diferenciada, alterando os parágrafos do mencionado art. 66 para limitar o encargo do Ministério Público Federal, que passará a velar pelas fundações apenas nos territórios, remetendo as atribuições referentes à fiscalização de fundações que estendam sua atividade a mais de um Estado ou em funcionamento no Distrito Federal a seus respectivos Ministérios Públicos.

[92] Enunciado 147, III Jornada de Direito Civil: "Art. 66: A expressão 'por mais de um Estado', contida no § 2.º do art. 66, não exclui o Distrito Federal e os Territórios. A atribuição de velar pelas fundações, prevista no art. 66 e seus parágrafos, ao MP local – isto é, dos Estados, DF e Territórios onde situadas – não exclui a necessidade de fiscalização de tais pessoas jurídicas pelo MPF, quando se tratar de fundações instituídas ou mantidas pela União, autarquia ou empresa pública federal, ou que destas recebam verbas, nos termos da Constituição, da LC n. 75/93 e da Lei de Improbidade".

Alterando a inútil regra do art. 25 do CC/1916, que mandava converter em títulos da dívida pública os bens insuficientes da fundação, até que atingissem o capital necessário para o seu funcionamento, o novo Código Civil, consagrando norma adequada e precisa, dispõe, em seu art. 63, que:

> "Art. 63. Quando insuficientes para constituir a fundação, os bens a ela destinados serão, se de outro modo não dispuser o instituidor, incorporados em outra fundação que se proponha a fim igual ou semelhante".

A lei também cuidou da possibilidade de *alteração do estatuto da fundação*.

Para que se possa alterar o estatuto, determina o art. 67 do CC/2002 a observância dos seguintes pressupostos:

a) *deliberação de dois terços dos competentes para gerir e representar a fundação*;

b) *respeito à finalidade da fundação*;

c) *aprovação pelo órgão do Ministério Público* no prazo máximo de 45 dias (esgotado o lapso temporal ou no caso de o Ministério Público denegar a aprovação, poderá o juiz supri-la, a requerimento do interessado)[93].

Não havendo unanimidade na alteração estatutária, persistia dúvida na doutrina quanto ao prazo concedido à minoria vencida para impugnar judicialmente o ato. Enquanto o art. 29 do CC/1916 estabelecia o lapso de um ano, o Código de Processo Civil de 1973, por sua vez, em seu art. 1.203, parágrafo único, consagrava prazo menor, de apenas dez dias.

Ora, considerando que a norma processual era posterior à regra de direito material, conclui-se, por princípio de direito intertemporal, que devia prevalecer o curto prazo de dez dias.

Nesse diapasão, preleciona SÍLVIO VENOSA: "nesse aspecto, entendemos que está derrogado o art. 29 do Código Civil, que atribuirá prazo de um ano para a minoria vencida promover a nulidade da modificação dos estatutos, porque o estatuto processual disciplinou diferentemente a matéria"[94].

O Código Civil de 2002, escoimando qualquer dúvida a respeito, em seu art. 68, uniformizou o tratamento legal, consagrando o prazo previsto na legislação processual civil originária:

> "Art. 68. Quando a alteração não houver sido aprovada por votação unânime, os administradores da fundação, ao submeterem o estatuto ao órgão do Ministério Público, requererão que se dê ciência à minoria vencida para impugná-la, se quiser, em *dez dias*" (grifo nosso).

A título de curiosidade, a regra processual mencionada (do CPC/1973) foi revogada pelo Código de Processo Civil de 2015, que não introduziu qualquer novo dispositivo regente da matéria, de maneira que persiste a norma do Código Civil.

---

[93] Compare a presente regra com a norma do art. 28 do CC/1916: "Art. 28. Para se poderem alterar os estatutos da fundação, é mister: I – que a reforma seja deliberada pela maioria absoluta dos competentes para gerir e representar a fundação; II – que não contrarie o fim desta; III – que seja aprovada pela autoridade competente".

Registre-se que o estabelecimento de prazo ao Ministério Público, para apreciação da alteração estatutária, foi inserido na legislação de Direito Material pela Lei n. 13.151, de 28 de julho de 2015.

[94] Sílvio de Salvo Venosa, *Direito Civil – Parte Geral*, São Paulo: Atlas, 2001, p. 240.

Finalmente, o art. 69 regula o destino dos bens componentes do acervo patrimonial, em caso de desvirtuamento da finalidade da fundação, ou expiração do prazo de sua existência:

"Art. 69. Tornando-se ilícita, impossível ou inútil a finalidade a que visa a fundação, ou vencido o prazo de sua existência, o órgão do Ministério Público, ou qualquer interessado, lhe promoverá a extinção, incorporando-se o seu patrimônio, salvo disposição em contrário no ato constitutivo, ou no estatuto, em outra fundação, designada pelo juiz, que se proponha a fim igual ou semelhante".

Vale destacar que a extinção da fundação privada também faz cessar a personalidade jurídica, devendo ser liquidado o passivo com o ativo existente, após o que o resultado patrimonial positivo é que será destinado à fundação com fim igual ou semelhante.

Assim, como observa GUSTAVO SAAD DINIZ,

"constata-se que a extinção de uma fundação possui a natureza de incorporação exclusivamente do patrimônio obtido a partir da quitação do passivo, sem que se transfiram para a fundação incorporadora os débitos e relações jurídicas, fiscais e trabalhistas da fundação incorporada. (...)

É razoável supor que a fundação incorporadora do patrimônio assuma bens livres de onerações. Primeiro, porque a fundação extinta deverá responder pelos seus débitos de acordo com a força de seu patrimônio. Por segundo argumento, o Ministério Público não pode permitir que se dê a transferência de patrimônio com ônus ou que implique em prejuízo a eventuais credores da fundação extinta. Finalmente, a entidade que incorpora o patrimônio não pode assumir obrigações que possam comprometer a sua própria continuidade e a viabilidade de seus objetivos"[95].

E quem pode promover a extinção de uma fundação?

A resposta é trazida pela legislação processual.

Com efeito, preceitua o art. 765, do CPC/2015 (correspondente ao art. 1.204 do CPC/1973):

"Art. 765. Qualquer interessado ou o Ministério Público promoverá em juízo a extinção da fundação quando:

I – se tornar ilícito o seu objeto;

II – for impossível a sua manutenção;

III – vencer o prazo de sua existência".

Observe-se que a previsão é bastante ampla, abrangendo a superveniência da ilicitude do objeto, a impossibilidade de sua manutenção e até mesmo o advento de termo fixado na sua instituição, eis que pode haver "fundações temporárias".

7.2.4. *As organizações religiosas*

Juridicamente, podem ser considerados organizações religiosas todas as entidades de direito privado, formadas pela união de indivíduos com o propósito de culto a determinada

---

[95] Gustavo Saad Diniz, *Direito das Fundações Privadas – Teoria Geral e Exercício de Atividades Econômicas*, Porto Alegre: Síntese, 2000, p. 345-6.

força ou forças sobrenaturais, por meio de doutrina e ritual próprios, envolvendo, em geral, preceitos éticos.

Nesse conceito enquadram-se, portanto, desde igrejas e seitas até comunidades leigas, como confrarias ou irmandades.

Dessa forma, tem-se uma enorme gama de manifestações da espiritualidade humana, como, por exemplo, comunidades católicas, evangélicas, associações espiritualistas, tendas de umbanda, entidades budistas ou relativas à prática de outras filosofias orientais etc.

Abstraída a questão do raciocínio cerebrino de distinguir as organizações religiosas, tecnicamente, das associações (e não vê-las, o que pareceria mais óbvio, como associações com peculiaridades decorrentes de suas próprias crenças), soa-nos, também, *a priori*, despiciendo o § 1.º inserido no art. 44 do CC/2002 ("São livres a criação, a organização, a estruturação interna e o funcionamento das organizações religiosas, sendo vedado ao poder público negar-lhes reconhecimento ou registro dos atos constitutivos e necessários ao seu funcionamento").

Isso porque o art. 19, I, da Constituição Federal de 1988 já veda à União, aos Estados, ao Distrito Federal e aos Municípios "estabelecer cultos religiosos ou igrejas, subvencioná--los, embaraçar-lhes o funcionamento ou manter com eles ou seus representantes relações de dependência ou aliança, ressalvada, na forma da lei, a colaboração de interesse público".

Trata-se, portanto, do que se convencionou chamar justamente de liberdade de organização religiosa, uma das formas de expressão da liberdade religiosa, coexistindo com a liberdade de crença e de culto.

Obviamente, a liberdade de organização e funcionamento das entidades religiosas não as exime da apreciação judicial de seus atos, uma vez que não seria constitucional abrir uma exceção ao princípio da indeclinabilidade do Poder Judiciário (art. 5.º, XXXV, da CF de 1988).

Nessa esteira, observe-se que, na III Jornada de Direito Civil, realizada em novembro/2004 no Superior Tribunal de Justiça, foi aprovado o Enunciado 143, proposto pelos ilustres Professores GUSTAVO TEPEDINO e BRUNO LEWICKI, no sentido de que a "liberdade de funcionamento das organizações religiosas não afasta o controle de legalidade e legitimidade constitucional de seu registro, nem a possibilidade de reexame pelo Judiciário da compatibilidade de seus atos com a lei e com seus estatutos".

7.2.5. Os partidos políticos

A mesma crítica, feita no tópico anterior, de criação "forçada" de uma nova espécie de pessoa jurídica de direito privado, distinta das associações, para enquadrar as organizações religiosas, pode ser feita ao inciso seguinte, que trata dos partidos políticos.

De fato, como ensina Maria Helena Diniz, os partidos políticos são "entidades integradas por pessoas com ideias comuns, tendo por finalidade conquistar o poder para a consecução de um programa. São *associações civis*, que visam assegurar, no interesse do regime democrático, a autenticidade do sistema representativo e defender os direitos fundamentais definidos na Constituição Federal. Adquirem personalidade jurídica com o registro de seus estatutos mediante requerimento ao cartório competente do Registro Civil das pessoas jurídicas da capital federal e ao Tribunal Superior Eleitoral. Os partidos políticos poderão ser livremente criados, tendo autonomia para definir sua estrutura interna, organização e funcionamento, devendo seus estatutos estabelecer normas de fidelidade e disciplina partidária. Ser-lhes-á proibido receber recursos financeiros de entidade ou governo estrangeiro, devendo prestar contas de seus atos à Justiça Eleitoral (CF/88, arts. 17, I a IV, §§ 1.º a 4.º, 22, XXVII, 37, XVII, XIX, XX, 71, II a IV, 150, § 2.º, 169, parágrafo único, II, e 163, II; Lei n. 9.096/95, arts. 7.º, §§ 1.º a 3.º, e 8.º a 11; Lei n. 6.015/73, arts. 114, II, e 120, parágrafo único, com a redação da Lei n. 9.096/95)"[96].

O § 3.º, inserido no art. 44, estabelece apenas que os "partidos políticos serão organizados e funcionarão conforme o disposto em lei específica". Na falta de norma posterior, esta lei específica continua sendo a Lei n. 9.096/95 que, dispondo sobre os partidos políticos, regulamentou os arts. 17 e 14, § 3.º, V, da Constituição Federal de 1988, tendo, ainda, quando de sua edição, alterado o art. 16 do CC/1916, acrescentando-lhe o inciso III e o § 3.º.

7.2.6. *As empresas individuais de responsabilidade limitada*

A Lei n. 12.441, de 11 de julho de 2011, consagrou, no ordenamento jurídico brasileiro, a possibilidade, antes não autorizada, de criação de pessoa jurídica constituída por apenas uma pessoa natural, sem a necessidade de conjunção de vontades.

Trata-se de uma antiga reivindicação dos especialistas da área, que constantemente criticavam a construção artificial de pessoas jurídicas, fenômeno que ocorria pela circunstância de não se admitir – ressalvadas situações anômalas e especiais – a pessoa jurídica constituída por uma única pessoa.

Assim, "empresas" eram constituídas normalmente apenas "no papel", pois, pela exigência de participação de mais de uma pessoa, criavam-se pessoas jurídicas sem qualquer tipo de *"affectio societatis"*, o que era facilmente constatável quando se verificava que um dos "sócios" detinha a esmagadora maioria das cotas de uma sociedade, enquanto o outro sócio – normalmente um parente ou um amigo – era titular de insignificante participação no capital social, sem qualquer interesse concreto no negócio.

O advento da EIRELI – Empresa Individual de Responsabilidade Limitada – permite que uma única pessoa natural possa, sem precisar formar sociedade com absolutamente ninguém, constituir uma pessoa jurídica com responsabilidade limitada ao capital integralizado.

E note a grande vantagem da EIRELI: diferentemente do empresário individual, cuja responsabilidade pelas dívidas contraídas recai no seu próprio patrimônio pessoal (pessoa física), no caso da EIRELI, a sua responsabilidade é limitada ao capital constituído e integralizado.

Se a iniciativa foi louvável, vindo em boa hora, a forma da disciplina, todavia, talvez mereça alguma ponderação crítica.

Com efeito, preceitua o *caput* do novo art. 980-A:

> "Art. 980-A. A empresa individual de responsabilidade limitada será constituída por uma única pessoa titular da totalidade do capital social, devidamente integralizado, que não será inferior a 100 (cem) vezes o maior salário mínimo vigente no País".

---

[96] Maria Helena Diniz, *Curso de Direito Civil Brasileiro*, 37. ed., São Paulo: Saraiva, 2020, v. 1, p. 307.

A estipulação de um capital mínimo para a constituição da empresa individual de responsabilidade limitada, se, por um lado, visa à proteção de quem negocia com tal pessoa jurídica, por outro prisma, pode acabar inviabilizando sua disseminação.

Se não houvesse tal limitação, não hesitaríamos em afirmar, peremptoriamente, que a instituição da EIRELI decretaria o fim do empresário individual, pois não haveria qualquer sentido em se permanecer nesta condição, se fosse possível constituir livremente uma pessoa jurídica com responsabilidade patrimonial limitada.

Ademais, dever-se-ia ter evitado a expressão "capital social", pois, como dito acima, a EIRELI não é uma sociedade empresária, mas, sim, uma pessoa jurídica unipessoal.

Observe-se, no particular, que o legislador teve, inclusive, a preocupação de inseri-la, topologicamente, em um título próprio (Título I-A: "Da Empresa Individual de Responsabilidade Limitada"), justamente localizado entre os Títulos I e II, que tratam, respectivamente, do empresário individual e das sociedades empresárias[97].

Sobre o "nome empresarial", vale lembrar, este "deverá ser formado pela inclusão da expressão 'EIRELI' após a firma ou a denominação social da empresa individual de responsabilidade limitada" (art. 980-A, § 1.º).

Outra observação importante é que a "pessoa natural que constituir empresa individual de responsabilidade limitada somente poderá figurar em uma única empresa dessa modalidade" (art. 980-A, § 2.º).

A instituição da EIRELI pode ser *originária* (quando decorrente de ato de vontade de criação específica desta modalidade de pessoa jurídica) ou *superveniente* (quando, na forma do § 3.º do art. 980-A, "resultar da concentração das quotas de outra modalidade societária num único sócio, independentemente das razões que motivaram tal concentração"). Esta instituição superveniente pode se dar, por exemplo, pela morte dos demais sócios ou pela aquisição da totalidade do capital social por um único sócio.

Nesse sentido, vale destacar que foi inserido um parágrafo único no art. 1.033 do CC/2002, que trata de hipóteses de dissolução de sociedades, que, de certa forma, estimula a conversão de sociedades empresárias em EIRELI, quando finda a pluralidade societária.

Com efeito, se, por força do inciso IV do art. 1.033, a "falta de pluralidade de sócios, não reconstituída no prazo de cento e oitenta dias" importava, em regra, na dissolução da sociedade, o novo dispositivo mencionado (parágrafo único do art. 1.033) estabelece que isso não ocorrerá "caso o sócio remanescente, inclusive na hipótese de concentração de todas as cotas da sociedade sob sua titularidade, requeira, no Registro Público de Empresas Mercantis, a transformação do registro da sociedade para empresário individual ou para

---

[97] Nesse sentido, observa o talentoso professor Frederico Garcia Pinheiro: "A EIRELI não tem natureza jurídica de sociedade empresária, ao contrário do que muitos podem imaginar, mas trata-se de uma nova categoria de pessoa jurídica de direito privado, que também se destina ao exercício da empresa. Tanto que a Lei 12.441/2011 incluiu 'as empresas individuais de responsabilidade limitada' no rol de pessoas jurídicas de direito privado do art. 44 do Código Civil (inc. VI)" (Frederico Garcia Pinheiro, "Empresa Individual de Responsabilidade Limitada". Disponível em: <http://pablostolze.ning.com/page/artigos-2>. Acesso em: 10 ago. 2011, p. 7).

empresa individual de responsabilidade limitada", observando-se, no que couber, o disposto nos arts. 1.113 a 1.115 do CC/2002[98].

Outro aspecto a destacar diz respeito à previsão do § 5.º do art. 980-A, que estabelece:

"§ 5.º Poderá ser atribuída à empresa individual de responsabilidade limitada constituída para a prestação de serviços de qualquer natureza a remuneração decorrente da cessão de direitos patrimoniais de autor ou de imagem, nome, marca ou voz de que seja detentor o titular da pessoa jurídica, vinculados à atividade profissional".

Trata-se de um interessante mecanismo pelo qual prestadores de serviços, inclusive os profissionais liberais, mesmo não exercendo uma atividade empresarial típica, poderão se valer desta nova forma de pessoa jurídica, evitando, assim, a constituição de sociedades forçadas, sem deixar de gozar do benefício de limitação da sua responsabilidade.

Registre-se, porém, que o dispositivo deve ser compatibilizado com o parágrafo único do art. 966, que estabelece que "Não se considera empresário quem exerce profissão intelectual, de natureza científica, literária ou artística, ainda com o concurso de auxiliares ou colaboradores, *salvo se o exercício da profissão constituir elemento de empresa*" (grifos nossos).

Deve-se salientar que a disciplina jurídica das sociedades limitadas é aplicável, subsidiariamente, no que couber, às EIRELI, na forma do § 6.º do art. 980-A.

Por fim, registre-se que, na forma do § 7.º do art. 980 do Código Civil, inserido pela Lei n. 13.874/2019 (Lei da Declaração de Direitos de Liberdade Econômica), "somente o patrimônio social da empresa responderá pelas dívidas da empresa individual de responsabilidade limitada, hipótese em que não se confundirá, em qualquer situação, com o patrimônio do titular que a constitui, ressalvados os casos de fraude".

Ainda a título de conclusão, um **importante registro** deve ser feito.

A Lei n. 14.195, de 26 de agosto de 2021, em seu polêmico art. 41, estabeleceu que:

"Art. 41. As empresas individuais de responsabilidade limitada existentes na data da entrada em vigor desta Lei serão transformadas em sociedades limitadas unipessoais independentemente de qualquer alteração em seu ato constitutivo.

Parágrafo único. Ato do Drei disciplinará a transformação referida neste artigo".

Aparentemente, consagrou-se, na prática, o "fim" da EIRELI...

Sugerimos ao nosso estimado(a) leitor(a) que acompanhe o desdobramento jurídico dessa polêmica temática.

---

[98] CC/2002: "Art. 1.113. O ato de transformação independe de dissolução ou liquidação da sociedade, e obedecerá aos preceitos reguladores da constituição e inscrição próprios do tipo em que vai converter-se.

Art. 1.114. A transformação depende do consentimento de todos os sócios, salvo se prevista no ato constitutivo, caso em que o dissidente poderá retirar-se da sociedade, aplicando-se, no silêncio do estatuto ou do contrato social, o disposto no art. 1.031.

Art. 1.115. A transformação não modificará nem prejudicará, em qualquer caso, os direitos dos credores".

8. RESPONSABILIDADE CIVIL E PENAL DAS PESSOAS JURÍDICAS

Mesmo não tendo a existência ontológica das pessoas naturais, as pessoas jurídicas respondem, com seu patrimônio, por todos os atos ilícitos que praticarem, por meio de seus representantes.

Do ponto de vista da responsabilidade civil, inexiste distinção efetiva entre os entes de existência física para os de existência ideal.

Assim, independentemente da natureza da pessoa jurídica (direito público ou privado), estabelecido um negócio jurídico com a observância dos limites determinados pela lei ou estatuto, com deliberação do órgão competente e/ou realização pelo legítimo representante, deve ela cumprir o quanto pactuado, respondendo, com seu patrimônio, pelo eventual inadimplemento contratual, na forma do art. 389 do CC/2002[99].

No campo da responsabilidade civil aquiliana ou extracontratual, a regra geral do *neminem laedere* (a ninguém se deve lesar) é perfeitamente aplicável às pessoas jurídicas, estando consagrada nos arts. 186, 187 e 927 do CC/2002, que não fazem acepção de quais pessoas são as destinatárias da norma.

Sobre a responsabilidade civil das pessoas jurídicas de direito público, farta doutrina já foi produzida[100], havendo, historicamente, posicionamentos que vão desde a irresponsabilidade absoluta até a teoria do risco integral. Por ser matéria, todavia, que extrapola os limites da proposta deste livro, vale registrar, apenas, que o CC/2002, em seu art. 43, seguindo diretriz do art. 37, § 6.º, da CF/88, adotou a tese da responsabilidade objetiva do Estado, registrando que as "pessoas jurídicas de direito público interno são civilmente responsáveis por atos dos seus agentes que nessa qualidade causem danos a terceiros, ressalvado direito regressivo contra os causadores do dano, se houver, por parte destes, culpa ou dolo"[101].

Apenas a título de curiosidade, vale destacar que, de forma inovadora em nosso sistema jurídico, seguindo tendência do moderno direito penal, o art. 3.º da Lei n. 9.605/98 prevê imputabilidade criminal também para as pessoas jurídicas, no caso em que a atividade lesiva ao meio ambiente seja cometida por decisão de seus representantes legais, ou contratuais, ou de seu órgão colegiado, no interesse ou em benefício da entidade, não excluindo a responsabilidade das pessoas físicas, autoras, coautoras ou partícipes do fato delituoso.

---

[99] Vale destacar, inclusive, que o Código de Defesa do Consumidor, em seus arts. 12 a 25, impõe a responsabilização patrimonial objetiva das pessoas jurídicas pelo fato e por vício do produto e do serviço.

[100] Para aprofundamento da matéria, sugerimos a leitura de *Responsabilidade Civil do Estado*, de autoria do magistrado baiano Saulo José Casali Bahia (Rio de Janeiro: Forense, 1995).

[101] Confira-se a semelhança com o mencionado dispositivo constitucional, ao preceituar que as "pessoas jurídicas de direito público e as de direito privado prestadoras de serviços públicos responderão pelos danos que seus agentes, nessa qualidade, causarem a terceiros, assegurado o direito de regresso contra o responsável nos casos de dolo ou culpa". O Projeto de Lei n. 6.960, de 2002 (atual n. 276/2007), por sua vez, praticamente reproduz o texto constitucional, apenas explicitando que entre os danos reparáveis incluem-se "aqueles decorrentes da intervenção estatal no domínio econômico".

Essa tendência moderna, por sua vez, já era defendida há muito por AFFONSO ARINOS DE MELLO FRANCO, com sua precisão peculiar:

"... em uma época determinada, o maior ou menor desenvolvimento da figura de direito a que damos o nome de pessoa jurídica, a sua maior ou menor participação na comunhão social, seu contato mais ou menos aparente com a vida de relação, civil ou penal, provém sempre da tendência social predominante na época em que se estuda, tendência coletivista ou tendência individualista.

E, seguindo essa ordem de ideias, verificaremos que, quando as civilizações atingem períodos em que predominam as tendências coletivistas, as diversas modalidades de pessoas jurídicas, públicas ou privadas, adquirindo importância e capacidade de ação, tornam-se, em razão dessa mesma força, ameaçadoras e lesivas aos interesses alheios aos seus. Como consequência inevitável disso aparece logo a reação dos Estados, procurando limitar-lhes as atividades, e surge, como resultado igualmente natural, a inclinação da doutrina científica, no sentido de considerar, nas pessoas jurídicas, possíveis agentes de infrações penais"[102].

Na também precisa afirmação de WALTER CLAUDIUS ROTHENBURG, a

"aura que envolveu a concepção da pessoa jurídica como um ente 'neutro', desprovido de cunho ético, ao abrigo do qual poderiam ser cometidos quaisquer negócios que aos indivíduos eram vedados por imorais (a pessoa jurídica resguardava os indivíduos, pois eram o patrimônio e a reputação da empresa que se comprometiam – e até hoje financiadoras podem emprestar capital a juros considerados extorsivos (crime) se praticados por particular); pois bem, essa mística da 'isenção' moral da pessoa jurídica envolveu também o Direito Criminal. Adotou-se o princípio (preconceito) da inimputabilidade criminal dos entes coletivos (paradoxalmente designados, por vezes, de 'entes morais') e se hesitou em censurá-los, reprová-los moral, depois juridicamente. Mas é chegado um momento de reflexão crítica: se já se desconsidera a pessoa jurídica no campo civil, se preciso for, para evitar iniquidades, pode-se muito bem, sob a mesma inspiração, reclamar sua consideração criminal"[103].

Por óbvio, até mesmo pela sua inexistência biológica, não há falar em pena de privação de liberdade, mas sim, em verdade, na imposição de multas, penas restritivas de direitos ou de prestação de serviços à comunidade (art. 21 da Lei n. 9.605/98).

9. DESCONSIDERAÇÃO DA PERSONALIDADE JURÍDICA (*DISREGARD DOCTRINE*)

A doutrina da *desconsideração da personalidade da pessoa jurídica (disregard of legal entity)* ganhou força na década de 50, com a publicação do trabalho de ROLF SERICK, professor da Faculdade de Direito de Heidelberg.

---

[102] Affonso Arinos de Mello Franco, *Responsabilidade Criminal das Pessoas Jurídicas*, Rio de Janeiro: Gráfica Ypiranga, 1930, p. 10-11.

[103] Walter Claudius Rothenburg, *A Pessoa Jurídica Criminosa*, Curitiba: Ed. Juruá, 1997, p. 222.

Com fulcro em sua teoria, pretendeu-se justificar a superação da personalidade jurídica da sociedade em caso de abuso, permitindo-se o reconhecimento da responsabilidade ilimitada dos sócios. O seu pensamento causou forte influência na Itália[104] e na Espanha[105].

Segundo a doutrina clássica, o precedente jurisprudencial que permitiu o desenvolvimento da teoria ocorreu na Inglaterra, em 1897.

Trata-se do famoso caso *Salomon v. Salomon & Co.*

Aaron Salomon, objetivando constituir uma sociedade, reuniu seis membros da sua própria família, cedendo para cada um apenas uma ação representativa, ao passo que, para si, reservou vinte mil.

Pela desproporção na distribuição do controle acionário já se verificava a dificuldade em reconhecer a separação dos patrimônios de *Salomon* e de sua própria companhia.

Em determinado momento, talvez antevendo a quebra da empresa, *Salomon* cuidou de emitir títulos privilegiados (obrigações garantidas) no valor de dez mil libras esterlinas, que ele mesmo cuidou de adquirir.

Ora, revelando-se insolvável a sociedade, o próprio *Salomon*, que passou a ser credor privilegiado da sociedade, preferiu a todos os demais credores quirografários (sem garantia), liquidando o patrimônio líquido da empresa.

Apesar de *Salomon* haver utilizado a companhia como escudo para lesar os demais credores, a Câmara dos Lordes, reformando as decisões de instâncias inferiores, acatou a sua defesa, no sentido de que, tendo sido validamente constituída, e não se identificando a responsabilidade civil da sociedade com a do próprio *Salomon*, este não poderia, pessoalmente, responder pelas dívidas sociais.

"Mas a tese das decisões reformadas das instâncias inferiores repercutiu", assevera RUBENS REQUIÃO, pioneiro no Brasil no estudo da matéria[106], "dando origem à doutrina do *disregard of legal entity*, sobretudo nos Estados Unidos, onde se formou larga jurisprudência, expandindo-se mais recentemente na Alemanha e em outros países europeus"[107].

Em linhas gerais, a *doutrina da desconsideração* pretende *o superamento episódico da personalidade jurídica da sociedade, em caso de fraude, abuso, ou simples desvio de função, objetivando a satisfação do terceiro lesado junto ao patrimônio dos próprios sócios, que passam a ter responsabilidade pessoal pelo ilícito causado.*

Nesse sentido, pontificou, seguindo a doutrina clássica, FÁBIO ULHOA COELHO: "o juiz pode decretar a suspensão episódica da eficácia do ato constitutivo da pessoa jurídica,

---

[104] Na Itália, cita-se a grande contribuição de Piero Verrucoli, Professor da Universidade de Pisa, no seu estudo *Il Superamento della Personalità Giuridica della Società di Capitali nella "Common Law" e nella "Civil Law"*.

[105] Rubens Requião, *Curso de Direito Comercial*, 23. ed., São Paulo: Saraiva, 1998, v. 1, p. 349.

[106] O Professor paranaense Rubens Requião foi o primeiro jurista nacional a tratar da matéria de forma sistematizada entre nós (cf. Abuso de direito e fraude através da personalidade jurídica, in *Aspectos Modernos de Direito Comercial*, v. 1), e, bem assim, assumiu uma linha de vanguarda, ao propugnar a compatibilização entre a teoria de desconsideração e o direito brasileiro, sem que houvesse, em nossa ordem jurídica, dispositivo legal expresso a respeito (Fábio Ulhoa Coelho, *Desconsideração da Personalidade Jurídica*, São Paulo: Revista dos Tribunais, 1989, p. 33).

[107] Idem, p. 350.

se verificar que ela foi utilizada como instrumento para a realização de fraude ou abuso de direito"[108].

Seguindo uma linha objetivista, FÁBIO KONDER COMPARATO afirma que a "desconsideração da personalidade jurídica é operada como consequência de um desvio de função, ou disfunção, resultando, sem dúvida, as mais das vezes, de abuso ou fraude, mas que nem sempre constitui um ato ilícito". Aliás, assevera o mesmo autor: "... uma larga corrente teórica e jurisprudencial tem procurado justificar esse efeito de afastamento de personalidade com as noções de abuso de direito e de fraude à lei. A explicação não nos parece inteiramente aceitável. Ela deixa de lado os casos em que a ineficácia da separação patrimonial ocorre em benefício do controlador, sem qualquer abuso ou fraude, como, por exemplo, na interpretação ampliativa, feita pela jurisprudência brasileira, da norma constante do art. 8.º, alínea *e*, do Decreto n. 24.150, de 1934, de modo a permitir a retomada do imóvel, na locação de prédio de fundo de comércio, pela sociedade cujo controlador é o proprietário do prédio"[109].

9.1. Esclarecimentos terminológicos

Claro está que a desconsideração da personalidade jurídica da sociedade que serviu como escudo para a prática de atos fraudulentos, abusivos, ou em desvio de função não pode significar, ressalvadas hipóteses excepcionais, a sua aniquilação.

A empresa é um polo de produção e de empregos.

O afastamento do manto protetivo da personalidade jurídica deve ser temporário e tópico, perdurando, apenas no caso concreto, até que os credores se satisfaçam no patrimônio pessoal dos sócios infratores, verdadeiros responsáveis pelos ilícitos praticados. Ressarcidos os prejuízos, sem prejuízo de simultânea responsabilização administrativa e criminal dos envolvidos, a empresa, por força do próprio *princípio da continuidade,* poderá, desde que apresente condições jurídicas e estruturais, voltar a funcionar.

Entretanto, reconhecemos que, em situações de excepcional gravidade, poderá justificar-se a *despersonalização,* em caráter definitivo, da pessoa jurídica, entendido tal fenômeno como a extinção compulsória, pela via judicial, da personalidade jurídica. Apontam-se os casos de algumas torcidas organizadas que, pela violência de seus integrantes, justificariam o desaparecimento da própria entidade de existência ideal.

Assim sendo, o rigor terminológico impõe diferenciar as expressões: *despersonalização,* que traduz a própria extinção da personalidade jurídica, e o termo *desconsideração,* que se refere apenas ao seu superamento episódico, em função de fraude, abuso ou desvio de finalidade.

---

[108] Fábio Ulhoa Coelho, ob. cit., p. 54. Parece-nos, porém, que o ilustrado e reconhecido Professor, posteriormente à edição de sua excelente monografia, passou a sustentar um pensamento mais moderado, situado entre as linhas *subjetivista e objetivista,* consoante se depreende da seguinte lição: "em suma, entendo que a formulação subjetiva da teoria da desconsideração deve ser adotada como critério para circunscrever a moldura de situações em que cabe aplicá-la, ou seja, ela é mais ajustada à teoria da desconsideração. A formulação objetiva, por sua vez, deve auxiliar na facilitação da prova pelo demandante" (*Curso de Direito Comercial,* São Paulo: Saraiva, 1999, v. 2, p. 44).

[109] Fábio Konder Comparato, *O Poder de Controle na Sociedade Anônima,* 3. ed., Rio de Janeiro: Forense, 1983, p. 284-6.

Ambas, porém, não se confundem com a *responsabilidade patrimonial direta dos sócios*, tanto por ato próprio quanto nas hipóteses de corresponsabilidade e solidariedade[110].

Por isso, vale registrar que, tecnicamente, pelo fato de a desconsideração ser uma sanção que se aplica a um comportamento abusivo, ela é *decretada*, e não declarada, como muitas vezes se utiliza a expressão.

Nessa mesma linha, também se *decreta* a despersonalização (extinção) da pessoa jurídica, pondo fim a ela, ao contrário da responsabilidade patrimonial direta, em que há um reconhecimento de uma situação fática ensejadora, declarando-se a ocorrência do fato e as suas consequências jurídicas.

A doutrina da *desconsideração*, por sua vez, além de admitir larga aplicação no Direito Tributário e nas relações de consumo, encontra ampla guarida no próprio Direito do Trabalho:

> "O Direito do Trabalho, que tem como princípio básico o *pro* operário, tutelando primordialmente o trabalhador, a fim de compensar, com superioridade jurídica, a sua inferioridade econômica, não poderia consagrar a autonomia das empresas integrantes de grupos, coibindo, através da aplicação da *Disregard Doctrine*, a utilização indevida do 'véu' da personalidade jurídica pelas empresas agrupadas para lesarem os empregados em seus direitos"[111].

Além disso, vale destacar que a teoria da desconsideração da personalidade jurídica também pode ser aplicada de forma "inversa", o que significa dizer ir ao patrimônio da pessoa jurídica, quando a pessoa física que a compõe esvazia fraudulentamente o seu patrimônio pessoal.

Trata-se de uma visão desenvolvida notadamente nas relações de família, de forma original, em que se visualiza, muitas vezes, a lamentável prática de algum dos cônjuges que, antecipando-se ao divórcio, retira do patrimônio do casal bens que deveriam ser objeto de partilha, incorporando-os na pessoa jurídica da qual é sócio, diminuindo o quinhão do outro consorte.

Nesta hipótese, pode-se vislumbrar a possibilidade de o magistrado desconsiderar a autonomia patrimonial da pessoa jurídica, buscando bens que estão em seu próprio nome,

---

[110] Destaque-se, a propósito, que o Deputado Ricardo Fiuza, autor do histórico Projeto de Lei n. 2.426 (que visava a disciplinar o reconhecimento da desconsideração da personalidade jurídica, comentado no tópico 9.3.1. deste capítulo), após afirmar o seu caráter excepcional, chegou a declarar expressamente, na justificativa do projeto:

"Esses casos, entretanto, vêm sendo ampliados desmesuradamente no Brasil, especialmente pela Justiça do Trabalho, que vem de certa maneira e inadvertidamente usurpando as funções do Poder Legislativo, visto que enxergam em disposições legais que regulam outros institutos jurídicos fundamento para decretar a desconsideração da personalidade jurídica, sem que a lei apontada cogite sequer dessa hipótese, sendo grande a confusão que fazem entre os institutos da corresponsabilidade e solidariedade, previstos, respectivamente, no Código Tributário e na legislação societária, ocorrendo a primeira (corresponsabilidade) nos casos de tributos deixados de ser recolhidos em decorrência de atos ilícitos ou praticados com excesso de poderes por administradores de sociedades, e a segunda (solidariedade) nos casos em que genericamente os administradores de sociedades ajam com excesso de poderes ou pratiquem atos ilícitos, daí por que, não obstante a semelhança de seus efeitos, a matéria está a exigir diploma processual próprio, em que se firmem as hipóteses em que a desconsideração da personalidade jurídica possa e deva ser decretada".

[111] Suzy Elizabeth Cavalcante Koury, A Desconsideração da Personalidade Jurídica ("disregard doctrine") e os Grupos de Empresas, 2. ed., Rio de Janeiro: Forense, 1997, p. 166.

para responder por dívidas que não são suas e sim de seus sócios, o que tem sido aceito pela força criativa da jurisprudência[112].

O Código de Processo Civil de 2015 expressamente contemplou a possibilidade jurídica desta modalidade de desconsideração, conforme se verifica do § 2.º do seu art. 133[113].

Passemos a compreender, então, como se dá a disciplina efetiva da desconsideração da personalidade jurídica no direito positivo brasileiro.

9.2. Hipóteses de aplicação

O Código Civil de 1916[114], todavia, por haver sido elaborado no final do século XIX, época em que os tribunais da Europa se deparavam com os primeiros casos de aplicação da teoria, não dispensou tratamento legal à teoria da desconsideração.

Coube à jurisprudência, acompanhada eventualmente por leis setoriais[115], o desenvolvimento da teoria no Direito Civil brasileiro.

---

[112] "PROCESSUAL CIVIL E CIVIL. RECURSO ESPECIAL. EXECUÇÃO DE TÍTULO JUDICIAL. ART. 50 DO CC/02. DESCONSIDERAÇÃO DA PERSONALIDADE JURÍDICA INVERSA. POSSIBILIDADE. I – A ausência de decisão acerca dos dispositivos legais indicados como violados impede o conhecimento do recurso especial. Súmula 211/STJ. II – Os embargos declaratórios têm como objetivo sanear eventual obscuridade, contradição ou omissão existentes na decisão recorrida. Inexiste ofensa ao art. 535 do CPC, quando o Tribunal *a quo* pronuncia-se de forma clara e precisa sobre a questão posta nos autos, assentando-se em fundamentos suficientes para embasar a decisão, como ocorrido na espécie. III – A desconsideração inversa da personalidade jurídica caracteriza-se pelo afastamento da autonomia patrimonial da sociedade, para, contrariamente do que ocorre na desconsideração da personalidade propriamente dita, atingir o ente coletivo e seu patrimônio social, de modo a responsabilizar a pessoa jurídica por obrigações do sócio controlador. IV – Considerando-se que a finalidade da *disregard doctrine* é combater a utilização indevida do ente societário por seus sócios, o que pode ocorrer também nos casos em que o sócio controlador esvazia o seu patrimônio pessoal e o integraliza na pessoa jurídica, conclui-se, de uma interpretação teleológica do art. 50 do CC/02, ser possível a desconsideração inversa da personalidade jurídica, de modo a atingir bens da sociedade em razão de dívidas contraídas pelo sócio controlador, conquanto preenchidos os requisitos previstos na norma. V – A desconsideração da personalidade jurídica configura-se como medida excepcional. Sua adoção somente é recomendada quando forem atendidos os pressupostos específicos relacionados com a fraude ou abuso de direito estabelecidos no art. 50 do CC/02. Somente se forem verificados os requisitos de sua incidência, poderá o juiz, no próprio processo de execução, "levantar o véu" da personalidade jurídica para que o ato de expropriação atinja os bens da empresa. VI – À luz das provas produzidas, a decisão proferida no primeiro grau de jurisdição, entendeu, mediante minuciosa fundamentação, pela ocorrência de confusão patrimonial e abuso de direito por parte do recorrente, ao se utilizar indevidamente de sua empresa para adquirir bens de uso particular. VII – Em conclusão, a r. decisão atacada, ao manter a decisão proferida no primeiro grau de jurisdição, afigurou-se escorreita, merecendo assim ser mantida por seus próprios fundamentos. Recurso especial não provido." (STJ, Rel. Min. Nancy Andrighi, j. 22-6-2010, Terceira Turma)

[113] CPC/2015: "§ 2.º Aplica-se o disposto neste Capítulo à hipótese de desconsideração inversa da personalidade jurídica".

[114] O CC/1916, a par de não consagrar a teoria da desconsideração, prevê, em artigo específico, como já visto, a responsabilidade civil autônoma da pessoa jurídica em seu art. 20, ao dispor que as "pessoas jurídicas têm existência distinta da de seus membros".

[115] Além do Código de Defesa do Consumidor (Lei n. 8.078/90), citem-se, como curiosidade histórica, as Leis n. 8.884/94 (Antitruste), revogada pela Lei n. 12.529, de 30 de novembro de 2011 (Sistema Brasileiro de Defesa da Concorrência), e 9.605/98 (Meio Ambiente).

Nesse contexto, deve ser lembrada a importante contribuição dada pelo Código de Defesa do Consumidor (Lei n. 8.078/90), que incorporou em seu sistema normativo norma expressa a respeito da teoria da desconsideração:

> "Art. 28. O juiz poderá desconsiderar a personalidade jurídica da sociedade quando, em detrimento do consumidor, houver abuso de direito, excesso de poder, infração da lei, fato ou ato ilícito ou violação dos estatutos ou contrato social. A desconsideração também será efetivada quando houver falência, estado de insolvência, encerramento ou inatividade da pessoa jurídica provocados por má administração".

Observando os pressupostos indicados pela norma, chega-se à conclusão de que o legislador se deixou influenciar pela concepção objetivista do Prof. FÁBIO KONDER COMPARATO, notadamente se formos analisar a previsão ainda mais genérica do § 5.º do mesmo dispositivo, que preceitua:

> "§ 5.º Também poderá ser desconsiderada a pessoa jurídica sempre que sua personalidade for, de alguma forma, obstáculo ao ressarcimento de prejuízos causados aos consumidores".

Confira-se, a esse respeito, o pensamento de ZELMO DENARI, um dos autores do Anteprojeto do Código de Defesa do Consumidor: "o texto introduz uma novidade, pois é a primeira vez que o direito legislado acolhe a teoria da desconsideração sem levar em conta a configuração da fraude ou o abuso de direito. De fato, o dispositivo pode ser aplicado pelo juiz se o fornecedor (em razão de má administração, pura e simplesmente) encerrar suas atividades como pessoa jurídica"[116].

O tema tem sido conhecido, pela doutrina e jurisprudência especializadas, como a dicotomia de teorias da Desconsideração da Personalidade Jurídica: a primeira, denominada Teoria Maior, exige a comprovação de desvio de finalidade da pessoa jurídica ou a confusão patrimonial; a segunda, por sua vez chamada de Teoria Menor, apenas decorre da insolvência do devedor, e é aplicada especialmente no Direito Ambiental e do Consumidor[117], bem como na Justiça do Trabalho.[118]

---

[116] Ada Pellegrini Grinover e outros, *Código Brasileiro de Defesa do Consumidor*, 5. ed., Rio de Janeiro: Forense, 1998, p. 195.

[117] "DESCONSIDERAÇÃO. PERSONALIDADE JURÍDICA. PRESSUPOSTOS. Houve a desconsideração da personalidade jurídica (*disregard doctrine*) da empresa devedora, ao imputar ao grupo controlador a responsabilidade pela dívida, sem sequer as instâncias ordinárias declinarem presentes os pressupostos do art. 50 do CC/2002. Houve apenas menção ao fato de que a cobrança é feita por um órgão público e que a empresa controlada seria simples *longa manus* da controladora. Daí a violação do art. 131 do CPC, visto que não há fundamentação nas decisões das instâncias ordinárias, o que leva a afastar a extensão do arresto às recorrentes em razão da exclusão da desconsideração da personalidade jurídica da devedora, ressalvado o direito de a recorrida obter nova medida para a defesa de seu crédito acaso comprovadas as condições previstas no retrocitado artigo. Anotou-se não se cuidar da chamada teoria menor: desconsideração pela simples prova da insolvência diante de tema referente ao Direito Ambiental (art. 4.º da Lei n. 9.605/1998) ou do Consumidor (art. 28, § 5.º, da Lei n. 8.078/1990), mas sim da teoria maior que, em regra, exige a demonstração do desvio de finalidade da pessoa jurídica ou a confusão patrimonial. Precedente citado: REsp 279.273-SP, *DJ* 29/3/2004" (STJ, REsp 744.107-SP, Rel. Min. Fernando Gonçalves, j. 20-5-2008).

[118] "DESCONSIDERAÇÃO DA PERSONALIDADE JURÍDICA. – TEORIA MENOR –. É amplamente aceita no Processo do Trabalho a chamada – Teoria Menor da Desconsideração da Pessoa Jurídica –, segundo a qual se podem incluir incidentalmente na relação processual executiva os sócios do devedor estampado no título exequendo, desde que frustrados os meios executórios em relação a ele, sem

O Código Civil de 2002, por sua vez, colocando-se ao lado das legislações modernas, consagrou, em norma expressa, a *teoria da desconsideração da personalidade jurídica*, nos seguintes termos da sua redação original:

"Art. 50. Em caso de abuso da personalidade jurídica, caracterizado pelo desvio de finalidade, ou pela confusão patrimonial, pode o juiz decidir, a requerimento da parte, ou do Ministério Público quando lhe couber intervir no processo, que os efeitos de certas e determinadas relações de obrigações sejam estendidos aos bens particulares dos administradores ou sócios da pessoa jurídica".

Segundo a regra legal, a desconsideração será possível, a requerimento da parte ou do Ministério Público, quando lhe couber intervir, se o abuso consistir em:

a) desvio de finalidade;
b) confusão patrimonial.

---

necessidade de processo de conhecimento, nisso não se vislumbrando qualquer afronta à garantia do devido processo legal (Constituição, art. 5.º, inc. LIV)." (TRT-1 – AGVPET: 10297820105010003 RJ, Rel. Dalva Amelia de Oliveira, j. 4-6-2012, Terceira Turma, *DJ*, 19-6-2012)

"FRAUDE À EXECUÇÃO – MARCO INICIAL – DISTRIBUIÇÃO DA RECLAMAÇÃO TRABALHISTA – BENS DOS SÓCIOS. O direito do trabalho adota a teoria menor da desconsideração da personalidade jurídica da empresa, sendo certo que a mera demonstração de inaptidão financeira é suficiente para atingir o patrimônio do sócio. Inteligência do artigo 28, do Código de Defesa do Consumidor (Lei n. 8.078, de 11 de setembro de 1990). Nessa esteira, o marco para consideração da fraude, na alienação patrimonial tanto de bens da empresa quanto dos sócios, é a distribuição da reclamação trabalhista. A venda de patrimônio dos sócios nesse interregno constitui indício quase inafastável de fraude à execução e autoriza a declaração incidental de nulidade do negócio, com o imediato alcance desses bens no processo executivo. Aplicam-se os princípios da celeridade, instrumentalidade e efetividade da execução, visando ao máximo de resultado possível em prol da satisfação do crédito alimentar. Agravo de petição não provido." (TRT-2 – AP: 00454001120065020078 SP 00454001120065020078 A20, Rel. Rovirso Boldo, j. 29-1-2014, Oitava Turma, *DJ* 4-2-2014).

"AGRAVO DE PETIÇÃO. DA DESCONSIDERAÇÃO INVERSA DA PERSONALIDADE JURÍDICA. A desconsideração inversa da personalidade jurídica consiste no afastamento da autonomia patrimonial da sociedade, para, ao revés do que ocorre na desconsideração da personalidade propriamente dita, atacar o patrimônio da pessoa jurídica por obrigações do sócio. Uma vez que o escopo da *disregard doctrine* é combater a utilização indevida do ente societário por seus sócios, o que pode ocorrer também nos casos em que o sócio controlador esvazia o seu patrimônio pessoal e o integraliza na pessoa jurídica, conclui-se, de uma interpretação teleológica do artigo 50 do CC, artigo 4.º da Lei n. 9.605/1998 e do artigo 28 do CDC, ser possível a desconsideração inversa da personalidade jurídica, alcançando-se bens da sociedade em razão de dívidas contraídas pelo sócio controlador. Ademais, o Enunciado n. 283 da IV Jornada de Direito Civil considera ser cabível a desconsideração da personalidade jurídica denominada 'inversa' para alcançar bens de sócio que se valeu da pessoa jurídica para ocultar ou desviar bens pessoais, com prejuízo a terceiros. Quanto ao preenchimento dos requisitos do artigo 50 do CC, tem-se por afastados, pois, pela teoria menor da desconsideração da pessoa jurídica, que deve ser adotada no direito trabalhista, o mero inadimplemento autoriza o ataque ao patrimônio do sócio ou, no caso, do ente social. Agravo de petição interposto pela empresa Engesa Engenharia e Saneamento Ambiental Ltda. a que se nega provimento." (TRT-4 – AP: 00554009520025040291 RS 0055400-95.2002.5.04.0291, Rel. João Alfredo Borges Antunes de Miranda, j. 27-9-2013, 1.ª Vara do Trabalho de Sapucaia do Sul)

"SÓCIOS. RESPONSABILIDADE SUBSIDIÁRIA. Os sócios respondem subsidiariamente pelos débitos trabalhistas da empresa, com base na teoria menor da desconsideração da personalidade jurídica." (TRT-5 – RecOrd: 00007759620135050421 BA 0000775-96.2013.5.05.0421, Rel. Maria Adna Aguiar, Quinta Turma, *DJ*, 26-8-2014).

No primeiro caso, desvirtuou-se o objetivo social, para se perseguirem fins não previstos contratualmente ou proibidos por lei. No segundo, a atuação do sócio ou administrador confundiu-se com o funcionamento da própria sociedade, utilizada como verdadeiro escudo, não se podendo identificar a separação patrimonial entre ambos.

Nas duas situações, faz-se imprescindível a ocorrência de prejuízo – individual ou social –, justificador da suspensão temporária da personalidade jurídica da sociedade.

A respeito da redação legal, o culto Prof. JOSAPHAT MARINHO, em seu Relatório Geral, observa que:

> "por emenda do Relator ao art. 50, admitiu-se a 'desconsideração da personalidade jurídica', em caso de abuso 'caracterizado pelo desvio de finalidade, ou pela confusão patrimonial', mediante fórmula provinda do conhecimento e da experiência do professor Fábio Konder Comparato. A importância dessa medida, justificada na emenda, encontra reforço, ainda, na recente monografia de Suzy Elizabeth Cavalcante Koury, em que salienta a propriedade de corrigir 'simulações e fraudes' e outras situações 'em que o respeito à forma societária levaria a soluções contrárias à sua função e aos princípios consagrados pelo ordenamento jurídico'"[119].

Adotou-se, pois, a linha objetivista de COMPARATO, que prescinde da existência de elementos anímicos ou intencionais (propósito de fraudar a lei ou de cometer um ilícito), embora não se tenha adotado a chamada "Teoria Menor" da Desconsideração da Personalidade Jurídica.

Acreditamos, sinceramente, que a corrente de pensamento escolhida, para as relações civis em geral, atende melhor aos anseios de nossa complexa economia.

Um dado dos mais relevantes, porém, que parece passar despercebido é o fato de que a nova norma genérica não limita a desconsideração aos sócios, mas também a estende aos administradores da pessoa jurídica.

Esse dispositivo pode se constituir em um valiosíssimo instrumento para a efetividade da prestação jurisdicional, pois possibilita, inclusive, a responsabilização dos efetivos "senhores" da empresa, no caso – cada vez mais comum – da interposição de "testas de ferro" (vulgarmente conhecidos como "laranjas") nos registros de contratos sociais, quando os titulares reais da pessoa jurídica posam como meros administradores, para efeitos formais, no intuito de fraudar o interesse dos credores.

Ademais, põe-se fim a qualquer discussão acerca da possibilidade de alcançar o patrimônio de administradores não sócios, cuja conduta deve ser o mais idônea possível, tendo em vista tal possibilidade expressa de sua responsabilização[120].

---

[119] Josaphat Marinho, *Parecer Final do Relator – Comissão Especial do Código Civil*.

[120] Nesse sentido também é o posicionamento do ilustre amigo Mário Luiz Delgado:
"O artigo transcrito, portanto, permite a desconsideração, necessariamente por decisão judicial, sempre que houver abuso da personalidade jurídica. A fórmula sugerida – extensão dos efeitos obrigacionais aos bens particulares dos administradores ou sócios da pessoa jurídica – visa a superar a discussão sobre se esta responde ou não, conjuntamente com os sócios ou administradores, além de esclarecer que também o administrador não sócio poderá ser chamado a responder pessoalmente" (Mário Luiz Delgado, A responsabilidade civil do administrador não sócio. In: *Questões Controvertidas no Novo Código Civil*, Série Grandes temas de direito privado, Coord. Mário Luiz Delgado e Jones Figueirêdo Alves. São Paulo: Método, 2004, v. 2, p. 315).

A grande virtude, sem sombra de qualquer dúvida, da desconsideração da personalidade jurídica prevista no texto original do art. 50 – e todos reconhecem ser esta uma das grandes inovações do CC/2002 – é o estabelecimento de uma regra geral de conduta para todas as relações jurídicas travadas na sociedade, o que evita que os operadores do Direito tenham de fazer – como faziam – *malabarismos dogmáticos* para aplicar a norma – outrora limitada a certos microssistemas jurídicos – em seus correspondentes campos de atuação (civil, trabalhista, comercial etc.).

Uma importante mudança no regramento até então vigente ocorreu em 2019.

A partir da Lei da Declaração de Direitos de Liberdade Econômica (Lei n. 13.874/2019)[121], que teve como embrião a Medida Provisória n. 881/2019, o art. 50 do Código Civil passou a ter a seguinte redação:

> "Art. 50. Em caso de abuso da personalidade jurídica, caracterizado pelo desvio de finalidade ou pela confusão patrimonial, pode o juiz, a requerimento da parte, ou do Ministério Público quando lhe couber intervir no processo, desconsiderá-la para que os efeitos de certas e determinadas relações de obrigações sejam estendidos aos bens particulares de administradores ou de sócios da pessoa jurídica beneficiados direta ou indiretamente pelo abuso.
>
> § 1.º Para os fins do disposto neste artigo, desvio de finalidade é a utilização da pessoa jurídica com o propósito de lesar credores e para a prática de atos ilícitos de qualquer natureza.
>
> § 2.º Entende-se por confusão patrimonial a ausência de separação de fato entre os patrimônios, caracterizada por:
>
> I – cumprimento repetitivo pela sociedade de obrigações do sócio ou do administrador ou vice-versa;
>
> II – transferência de ativos ou de passivos sem efetivas contraprestações, exceto os de valor proporcionalmente insignificante; e
>
> III – outros atos de descumprimento da autonomia patrimonial.
>
> § 3.º O disposto no *caput* e nos §§ 1.º e 2.º deste artigo também se aplica à extensão das obrigações de sócios ou de administradores à pessoa jurídica.
>
> § 4.º A mera existência de grupo econômico sem a presença dos requisitos de que trata o *caput* deste artigo não autoriza a desconsideração da personalidade da pessoa jurídica.
>
> § 5.º Não constitui desvio de finalidade a mera expansão ou a alteração da finalidade original da atividade econômica específica da pessoa jurídica." (NR)

Elogiável, no final do atual texto do *caput* do art. 50, a expressão "beneficiados direta ou indiretamente pelo abuso", porquanto a desconsideração é instrumento de imputação de responsabilidade, não podendo, por certo, sob pena de se ignorar a exigência do próprio nexo causal, atingir sócio que não experimentou nenhum benefício (direto ou indireto) em decorrência do ato abusivo perpetrado por outrem[122].

Passemos, então, à análise de seus parágrafos.

---

[121] Pablo Stolze Gagliano, A Lei n. 13.874/2019 (Liberdade Econômica): a desconsideração da personalidade jurídica e a vigência do novo diploma, *Revista Jus Navigandi*, Teresina, ano 24, n. 5.927, 23 set. 2019. Disponível em: <https://jus.com.br/artigos/76698>. Acesso em: 23 set. 2019.

[122] Logicamente, para se alcançar o sócio, pressupõe-se que a pessoa jurídica devedora não tenha patrimônio suficiente para cumprir a obrigação que lhe é imputada. Recomendamos, pois, nesse ponto, que o nosso estimado leitor(a) acompanhe, no Superior Tribunal de Justiça, o julgamento do Tema Repetitivo 1210, que analisará a seguinte questão: "Cabimento ou não da desconsideração da

O § 1.º do art. 50 do Código Civil experimentou uma pequena, posto significativa, mudança, em virtude da conversão da medida provisória no novo diploma legal.

Para sua melhor compreensão, colocaremos lado a lado ambos os dispositivos:

MP 881/2019, art. 50, § 1.º, do CC. Para fins do disposto neste artigo, desvio de finalidade é a utilização **dolosa** da pessoa jurídica com o propósito de lesar credores e para a prática de atos ilícitos de qualquer natureza (grifamos).

Lei n. 13.874/19, art. 50, § 1.º, do CC. Para os fins do disposto neste artigo, desvio de finalidade é a utilização da pessoa jurídica com o propósito de lesar credores e para a prática de atos ilícitos de qualquer natureza.

Esse parágrafo, como se pode notar, conceitua o desvio de finalidade.

A versão atual, consagrada pela Lei n. 13.874/2019, com razoabilidade, *retirou a exigência do dolo para a caracterização do desvio*.

A desnecessidade de comprovar o dolo específico – a intenção, o propósito, o desiderato – daquele que, por meio da pessoa jurídica, perpetrou o ato abusivo moldou a teoria objetiva, mais afinada à nossa realidade socioeconômica e sensível à condição *a priori* mais vulnerável daquele que, tendo seu direito violado, invoca o instituto da desconsideração.

O Professor FÁBIO KONDER COMPARATO afirmava que a "desconsideração da personalidade jurídica é operada como consequência de um desvio de função, ou disfunção, resultando, sem dúvida, as mais das vezes, de abuso ou fraude, mas que nem sempre constitui um ato ilícito"[123].

Ora, a exigência do elemento subjetivo intencional (dolo) para caracterizar o desvio, como constava na redação anterior (da MP 881/2019), colocaria por terra o reconhecimento objetivo da tese da disfunção.

Com efeito, andou bem o legislador, nesta supressão!

Os demais parágrafos, outrossim, não sofreram mudanças, se cotejarmos a redação final da Lei com a da MP 881/2019:

"§ 2.º Entende-se por confusão patrimonial a ausência de separação de fato entre os patrimônios, caracterizada por:

I – cumprimento repetitivo pela sociedade de obrigações do sócio ou do administrador ou vice-versa;

II – transferência de ativos ou de passivos sem efetivas contraprestações, exceto os de valor proporcionalmente insignificante; e

III – outros atos de descumprimento da autonomia patrimonial".

O inciso III desse § 2.º, ao mencionar, genericamente, que caracterizam a confusão patrimonial "outros atos de descumprimento da autonomia patrimonial", resultou por tornar meramente exemplificativos os incisos anteriores.

Podem traduzir confusão patrimonial, por exemplo, a movimentação bancária em conta individual do sócio para as operações habituais da sociedade, o lançamento direto como despesa da pessoa jurídica de gastos pessoais do sócio ou administrador etc.

---

personalidade jurídica no caso de mera inexistência de bens penhoráveis e/ou eventual encerramento irregular das atividades da empresa" (REsp 1.873.187/SP – data da afetação: 29-8-2023).

[123] Fábio Konder Comparato, *O Poder de Controle na Sociedade Anônima*, 3. ed., Rio de Janeiro: Forense, 1983, p. 284-286.

"§ 3.º O disposto no *caput* e nos §§ 1.º e 2.º deste artigo também se aplica à extensão das obrigações de sócios ou de administradores à pessoa jurídica".

Em nossa visão, acolheu-se, aqui, a desconsideração inversa ou invertida, o que significa ir ao patrimônio da pessoa jurídica, quando a pessoa física que a compõe esvazia fraudulentamente o seu patrimônio pessoal.

Trata-se de uma visão desenvolvida notadamente nas relações de família, de forma original, em que se visualiza, com frequência, a lamentável prática de algum dos cônjuges ou companheiros que, antecipando-se ao divórcio ou à dissolução da união estável, retira do patrimônio do casal bens que deveriam ser objeto de partilha, incorporando-os à pessoa jurídica da qual é sócio, diminuindo, com isso, o quinhão do outro consorte.

Nessa hipótese, pode-se vislumbrar a possibilidade de o magistrado desconsiderar a autonomia patrimonial da pessoa jurídica, buscando bens que estão em seu próprio nome, para responder por dívidas que não são suas e sim de seus sócios, o que tem sido aceito pela força criativa da jurisprudência:

"CIVIL E PROCESSUAL CIVIL. RECURSO ESPECIAL. AÇÃO MONITÓRIA. CONVERSÃO. CUMPRIMENTO DE SENTENÇA. COBRANÇA. HONORÁRIOS ADVOCATÍCIOS CONTRATUAIS. TERCEIROS. COMPROVAÇÃO DA EXISTÊNCIA DA SOCIEDADE. MEIO DE PROVA. DESCONSIDERAÇÃO INVERSA DA PERSONALIDADE JURÍDICA. OCULTAÇÃO DO PATRIMÔNIO DO SÓCIO. INDÍCIOS DO ABUSO DA PERSONALIDADE JURÍDICA. EXISTÊNCIA. INCIDENTE PROCESSUAL. PROCESSAMENTO. PROVIMENTO.

1. O propósito recursal é determinar se: a) há provas suficientes da sociedade de fato supostamente existente entre os recorridos; e b) existem elementos aptos a ensejar a instauração de incidente de desconsideração inversa da personalidade jurídica.

2. A existência da sociedade pode ser demonstrada por terceiros por qualquer meio de prova, inclusive indícios e presunções, nos termos do art. 987 do CC/02.

3. A personalidade jurídica e a separação patrimonial dela decorrente são véus que devem proteger o patrimônio dos sócios ou da sociedade, reciprocamente, na justa medida da finalidade para a qual a sociedade se propõe a existir.

4. Com a desconsideração inversa da personalidade jurídica, busca-se impedir a prática de transferência de bens pelo sócio para a pessoa jurídica sobre a qual detém controle, afastando-se momentaneamente o manto fictício que separa o sócio da sociedade para buscar o patrimônio que, embora conste no nome da sociedade, na realidade, pertence ao sócio fraudador.

5. No atual CPC, o exame do juiz a respeito da presença dos pressupostos que autorizariam a medida de desconsideração, demonstrados no requerimento inicial, permite a instauração de incidente e a suspensão do processo em que formulado, devendo a decisão de desconsideração ser precedida do efetivo contraditório.

6. Na hipótese em exame, a recorrente conseguiu demonstrar indícios de que o recorrido seria sócio e de que teria transferido seu patrimônio para a sociedade de modo a ocultar seus bens do alcance de seus credores, o que possibilita o recebimento do incidente de desconsideração inversa da personalidade jurídica, que, pelo princípio do *tempus regit actum*, deve seguir o rito estabelecido no CPC/15.

7. Recurso especial conhecido e provido" (STJ, REsp 1.647.362/SP, Rel. Min. Nancy Andrighi, Terceira Turma, julgado em 3-8-2017, *Dje*, 10-8-2017).

O Código de Processo Civil de 2015 expressamente contemplou a possibilidade jurídica dessa modalidade de desconsideração, conforme se verifica do § 2.º do seu art. 133.

"§ 4.º A mera existência de grupo econômico sem a presença dos requisitos de que trata o *caput* deste artigo não autoriza a desconsideração da personalidade da pessoa jurídica".

Nada demais é dito aqui.

Nenhuma desconsideração poderá ser decretada se os requisitos legais não forem obedecidos.

Um detalhe, todavia, deve ser salientado.

Se, por um lado, a mera existência de grupo econômico sem a presença dos requisitos legais não autoriza a desconsideração da personalidade da pessoa jurídica, por outro, nada impede que, uma vez observados tais pressupostos, o juiz decida, dentro de um mesmo grupo, pelo afastamento de um ente controlado, para alcançar o patrimônio da pessoa jurídica controladora que, por meio da primeira, cometeu um ato abusivo.

Trata-se da denominada desconsideração indireta, segundo MÁRCIO SOUZA:

"A desconsideração da personalidade jurídica para alcançar quem está por trás dela não se afigura suficiente, pois haverá outra ou outras integrantes das constelações societárias que também têm por objetivo encobrir algum fraudador. (…)"[124].

"§ 5.º Não constitui desvio de finalidade a mera expansão ou a alteração da finalidade original da atividade econômica específica da pessoa jurídica. (NR)"

Lamentavelmente, aqui, o legislador perdeu a oportunidade de aperfeiçoar o texto normativo.

Ao dispor que não constitui desvio de finalidade a "alteração da finalidade original da atividade econômica específica da pessoa jurídica", o legislador dificultou sobremaneira o seu reconhecimento: aquele que "expande" a finalidade da atividade exercida – como pretende a primeira parte da norma – pode não desviar, mas aquele que "altera" a própria finalidade original da atividade econômica da pessoa jurídica, muito provavelmente, desvia-se de seu propósito.

Vale destacar, por fim, que a desconsideração da personalidade jurídica é perfeitamente aplicável também para as empresas individuais de responsabilidade limitada, tendo sido este, inclusive, um dos fundamentos do veto ao § 4.º do art. 980-A[125].

---

[124] Márcio Souza Guimarães, Aspectos modernos da teoria da desconsideração da personalidade jurídica, *Revista Jus Navigandi*, Teresina, ano 8, n. 64, 1.º abr. 2003. Disponível em: <https://jus.com.br/artigos/3996>. Acesso em: 22 set. 2019.

[125] A referida regra vetada dispunha que "Somente o patrimônio social da empresa responderá pelas dívidas da empresa individual de responsabilidade limitada, não se confundindo em qualquer situação com o patrimônio da pessoa natural que a constitui, conforme descrito em sua declaração anual de bens entregue ao órgão competente". Nesse diapasão, comenta Frederico Garcia Pinheiro: "Logo, verificados os pressupostos do art. 50 do Código Civil ou de outros permissivos legais, a desconsideração da personalidade jurídica pode ser aplicada à EIRELI e, eventualmente, responsabilizar e atingir o patrimônio pessoal de seu administrador ou criador, mormente porque 'Aplicam-se à empresa individual de responsabilidade limitada, no que couber, as regras previstas para as sociedades limitadas' (§ 6.º do art. 980-A do Código Civil)" (Frederico Garcia Pinheiro, "Empresa Individual de Responsabilidade Limitada". Disponível em: <http://pablostolze.ning.com/page/artigos-2>. Acesso em: 10 ago. 2011, p. 11).

Em conclusão, merece referência interessante julgado do STJ em que fora enfrentada a desconsideração em face de pessoa jurídica em recuperação judicial:

> "Recurso especial. Direito do consumidor. Personalidade jurídica. Desconsideração. Incidente. Relação de consumo. Art. 28, § 5º, do CDC. Teoria menor. Sociedade anônima. Acionista controlador. Possibilidade. Executada originária. Recuperação judicial. Execuções. Suspensão. Art. 6º, II, da LREF. Inaplicabilidade. Patrimônio preservado.
>
> 1. A controvérsia dos autos resume-se em saber se, pela aplicação da Teoria Menor da desconsideração da personalidade jurídica, é possível responsabilizar acionistas de sociedade anônima e se o deferimento do processamento de recuperação judicial da empresa que teve a sua personalidade jurídica desconsiderada implica a suspensão de execução (cumprimento de sentença) redirecionada contra os sócios.
>
> 2. Para fins de aplicação da Teoria Menor da desconsideração da personalidade jurídica (art. 28, § 5º, do CDC), basta que o consumidor demonstre o estado de insolvência do fornecedor e o fato de a personalidade jurídica representar um obstáculo ao ressarcimento dos prejuízos causados, independentemente do tipo societário adotado.
>
> 3. Em se tratando de sociedades anônimas, é admitida a desconsideração da personalidade jurídica efetuada com fundamento na Teoria Menor, em que não se exige a prova de fraude, abuso de direito ou confusão patrimonial, mas os seus efeitos estão restritos às pessoas (sócios/acionistas) que detêm efetivo poder de controle sobre a gestão da companhia.
>
> 4. O veto ao § 1º do art. 28 do Código de Defesa do Consumidor não teve o condão de impossibilitar a responsabilização pessoal do acionista controlador e das demais figuras nele elencadas (sócio majoritário, sócios-gerentes, administradores societários e sociedades integrantes de grupo societário), mas apenas eliminar possível redundância no texto legal.
>
> 5. A inovação de que trata o art. 6º-C da LREF, introduzida pela Lei n. 14.112/2020, não afasta a aplicação da norma contida no art. 28, § 5º, do CDC, ao menos para efeito de aplicação da Teoria Menor pelo juízo em que se processam as ações e execuções contra a recuperanda, ficando a vedação legal de atribuir responsabilidade a terceiros em decorrência do mero inadimplemento de obrigações do devedor em recuperação judicial restrita ao âmbito do próprio juízo da recuperação.
>
> **6. O processamento de pedido de recuperação judicial da empresa que tem a sua personalidade jurídica desconsiderada não impede o prosseguimento da execução redirecionada contra os sócios, visto que eventual constrição dos bens destes não afetará o patrimônio da empresa recuperanda, tampouco a sua capacidade de soerguimento.**
>
> 7. Recurso especial não provido" (REsp 2.034.442/DF, Rel. Min. Ricardo Villas Bôas Cueva, Terceira Turma, julgado em 12-9-2023, *DJe* 15-9-2023) (grifamos).

9.3. Disciplina processual da desconsideração da personalidade

Talvez pela sua característica peculiar no ordenamento jurídico brasileiro, sempre houve grandes dúvidas na disciplina da desconsideração da personalidade jurídica em processos judiciais.

De fato, havendo a previsão legal correspondente para as relações jurídicas de direito material, seja na disciplina genérica do art. 50 do Código Civil brasileiro, sejam as previsões específicas – aqui já mencionadas, como a do Código de Defesa do Consumidor – referentes a microssistemas jurídicos, não há por que o instituto não ser aplicado processualmente.

Todavia, como aplicá-lo?

Na prática, por ausência de uma disciplina processual regulamentadora, a aplicação ficava muito a critério da forma como se pleiteava a medida e como o magistrado atuava, gerando grande insegurança jurídica.

Por isso, houve tentativas de regulamentação processual da matéria, conforme veremos no próximo subtópico.

9.3.1. Reflexões sobre iniciativas legislativas

Uma das iniciativas legislativas de tentativa de uma melhor regência de tais situações foi o Projeto de Lei n. 2.426, de 2003, de autoria do Deputado Ricardo FiUza, destinado a aplicar-se a todos os órgãos do Poder Judiciário, em qualquer grau de jurisdição, seja cível (inclusive ambiental e do consumidor), seja fiscal ou trabalhista.

A referida proposta de normatização buscava estabelecer os preceitos tanto para a desconsideração da personalidade jurídica quanto para as hipóteses de responsabilização direta, em caráter solidário ou subsidiário, de membro, instituidor, sócio ou administrador pelos débitos da pessoa jurídica (art. 1.º), o que, por si só, já merecia aplausos.

No que diz respeito à legitimidade para postular o instituto jurídico, não somente reconhecia o direito da parte e o dever do Ministério Público (art. 2.º), mas também admitia a possibilidade de sua verificação de ofício pelo magistrado (arts. 2.º, parágrafo único, e 3.º, § 1.º).

O imprescindível, porém, era que fosse garantido o contraditório, com o pleno exercício da ampla defesa (art. 3.º, *caput*), instaurando-se incidente, em autos apartados, com a possibilidade do acesso ao segundo grau de jurisdição.

Tal garantia do contraditório, todavia, em nosso sentir, *não poderia impedir a concessão de medida liminar*, quando verificados os pressupostos da tutela de urgência, pois tal entendimento, a par de absurdo, vulneraria o *princípio da inafastabilidade* do controle judicial, prejudicando a efetividade do processo.

Ademais, explicitou-se, no parágrafo único do art. 5.º do referido projeto, que a "mera inexistência ou insuficiência de patrimônio para o pagamento dos débitos contraídos pela pessoa jurídica não autoriza a desconsideração da personalidade jurídica quando ausentes os pressupostos legais".

Tal norma viria de muito bom grado, em nosso sentir, pois a falta de critérios para a concessão da medida supressória da personalidade – em nível episódico, como vimos – não poderia decorrer apenas de uma *situação de insolvência*, pelo menos na aplicação do art. 50 do Código Civil, mas sim do atendimento dos seus pressupostos legais específicos.

A desconsideração tem uma evidente natureza punitiva, e, como toda sanção, deve ser aplicada com cautela e responsabilidade.

Assim, não se poderia presumir fraude, abuso ou desvio de finalidade, devendo a matéria ser deduzida expressamente, com a indicação necessária e objetiva de "quais os atos praticados e as pessoas deles beneficiadas" (art. 2.º, *caput*), explicitando que o "juiz somente poderá declarar a desconsideração da personalidade jurídica ouvido o Ministério Público e nos casos expressamente previstos em lei, sendo vedada a sua aplicação por analogia ou interpretação extensiva" (art. 5.º, *caput*).

Correto estaria o legislador, em nosso sentir, se exigisse, para a desconsideração, que fossem indicados, *em requerimento específico, o agente causador do dano e o ato abusivo que praticou*.

Assim, nada mais se faria do que admitir o óbvio: *o nexo de causalidade* como elemento fundamental da responsabilidade civil.

Isso evitaria a imputação de responsabilidade a um sócio que já se houvesse retirado da sociedade, ou nunca tivesse exercido cargo de gerência. Claro estaria, todavia, que, existindo prova do benefício experimentado por um dos sócios, ainda que não houvesse diretamente praticado o ato abusivo, poderia ele, nesse caso, e por razão de justiça, submeter-se à medida de desconsideração.

Nesse diapasão, observe-se que o art. 6.º daquele projeto preceituava que os "efeitos da declaração de desconsideração da personalidade jurídica não atingirão os bens particulares de membro, instituidor, sócio ou administrador que não tenha praticado ato abusivo da personalidade em detrimento dos credores da pessoa jurídica ou em proveito próprio"[126].

Ressalve-se, obviamente, que todas essas considerações dizem respeito à chamada "Teoria Maior da Desconsideração da Personalidade Jurídica", adotada pelo Código Civil brasileiro de 2002, não sendo aplicáveis se a hipótese for de invocação da já explicada "Teoria Menor da Desconsideração da Personalidade Jurídica".

No que tange, todavia, à participação do Ministério Público, sustentamos, na época, não ser razoável que se impusesse ao *Parquet* a manifestação em todo e qualquer processo como *conditio sine qua* para o deferimento da medida.

Isso porque poderia não concorrer o necessário *interesse público* para tal intervenção.

Imaginemos, por exemplo, um litígio entre duas sociedades empresárias, em que disputam o pagamento de determinado crédito, e em cujo processo fora requerida a desconsideração de uma das litigantes.

Onde, pois, estaria o interesse público a justificar a atuação do Ministério Público?

Caberia, nessa linha, ao próprio órgão manifestar-se a respeito, devendo o juiz ter a necessária sensibilidade para acatar a participação ministerial.

Em seguida, o projeto cuidava de registrar que, sempre "que constatar a existência de simulação ou de fraude à execução, o juiz, depois de declarar a ineficácia dos atos de alienação e constringir os bens alienados em fraude ou simulação, poderá determinar a responsabilização pessoal dos membros, instituidores, sócios ou administradores que hajam concorrido para fraude, observado o disposto no artigo anterior, sendo vedado o chamamento

---

[126] Vale destacar que, *de lege lata*, ao interpretar o art. 50 do CC/2002, na I Jornada de Direito Civil da Justiça Federal, já foi propugnada a concepção, em seu Enunciado 7, que "só se aplica a desconsideração da personalidade jurídica quando houver a prática de ato irregular, e limitadamente, aos administradores ou sócios que nela hajam incorrido". Registre-se que, sem prejuízo do mencionado Enunciado, na III Jornada de Direito Civil da Justiça Federal, de novembro/2004, foi proposto outro sobre o tema, com o seguinte conteúdo: "146 – Art. 50: Nas relações civis, interpretam-se restritivamente os parâmetros de desconsideração da personalidade jurídica previstos no art. 50 (desvio de finalidade social ou confusão patrimonial)".

de outras pessoas antes de esgotados todos os meios de satisfação do crédito por parte dos fraudadores" (art. 4.º, *caput*).

Deixou, entretanto, lamentavelmente, de fazer referência à denominada "desconsideração inversa", que se dá, como vimos, quando o indivíduo coloca em nome da *empresa* seus próprios bens, visando a prejudicar terceiro. Exemplo: com receio de eventual partilha detrimentosa de bens, o sujeito casado coloca seu patrimônio em nome da empresa da família. Em tal caso, deverá o juiz *desconsiderar inversamente* a personalidade da sociedade empresária para atingir o próprio patrimônio social, que pertence, em verdade, à pessoa física fraudadora[127].

Em que pesem todas essas interessantes observações para o aperfeiçoamento da disciplina normativa da desconsideração da personalidade jurídica, o fato é que o referido projeto, aqui comentado, foi arquivado pela Mesa Diretora da Câmara dos Deputados, nos termos do art. 105 do seu Regimento Interno.

Finalmente, em passado recente, os esforços de regulamentação da matéria parecem ter sensibilizado o legislador, quando da elaboração do Código de Processo Civil de 2015.

Com efeito, de forma efetivamente inovadora no direito positivo, o CPC/2015 trouxe disciplina processual específica para a desconsideração da personalidade jurídica, estabelecendo expressamente um procedimento para sua aplicação, bem como admitindo, inclusive, como já visto, a desconsideração inversa[128].

Isso vem atender aos reclamos da sociedade, propugnando pela garantia de uma maior segurança ao jurisdicionado, não tendo, de forma alguma, o objetivo de inviabilizar a utilização do instituto, que já tem contribuído sobremaneira para a satisfação de créditos reconhecidos judicialmente, dando efetividade à prestação jurisdicional.

9.3.2. Incidente de desconsideração da personalidade jurídica

Sob o nome de "Incidente de desconsideração da personalidade jurídica", o Código de Processo Civil de 2015 traçou um procedimento para a aplicação do instituto.

O procedimento foi inserido como um Capítulo específico ("Capítulo IV") do Título III, referente à "Intervenção de Terceiros", do Livro III do Código de Processo Civil, destinado aos "Sujeitos do Processo".

Tal opção legislativa é sintomática, uma vez que a "Desconsideração da personalidade jurídica" não deixa de ser uma hipótese em que terceiro (a pessoa física), que não assumiu a relação jurídica de direito material, vem a responder por determinados débitos de outrem (a pessoa jurídica), ou vice-versa (no caso da "Desconsideração inversa").

---

[127] Cf. Rolf Madaleno, *A Disregard e a sua Efetivação no Juízo de Família*. Porto Alegre: Livr. do Advogado, 1999, p. 66-7.
[128] É a mencionada previsão do § 2.º do art. 133, do CPC/2015: "Aplica-se o disposto neste Capítulo à hipótese de desconsideração inversa da personalidade jurídica".

a) Iniciativa

Estabelece o *caput* do art. 133 do Código de Processo Civil de 2015:

"Art. 133. O incidente de desconsideração da personalidade jurídica será instaurado a pedido da parte ou do Ministério Público, quando lhe couber intervir no processo."

Como se vê, optou o legislador por limitar a legitimidade para a iniciativa da desconsideração às partes e, excepcionalmente, ao Ministério Público, quando tenha o múnus de intervir no processo.

Trata-se de uma opção legislativa decorrente do reconhecimento da situação excepcional que é a desconsideração da personalidade jurídica.

Todavia, parece-nos que essa previsão deve ser compreendida como imperativa apenas para as hipóteses de aplicação da "Teoria Maior da Desconsideração da Personalidade Jurídica", que, como visto, é adotada pela legislação civil brasileira.

Esta ressalva tem por finalidade registrar que, em situações de vulnerabilidade respaldadas pelo denominada "Teoria Menor da Desconsideração da Personalidade Jurídica" – como, por exemplo, as relações consumeristas, trabalhistas e as referentes a questões ambientais – talvez seja razoável admitir uma flexibilização do rigor dessa previsão, o que se justifica pelo alto teor de inquisitoriedade que a atuação judicial em tais campos tem ensejado.

b) Fundamentos para a desconsideração

Os primeiros debates de que participamos sobre o novo Código de Processo Civil, principalmente na área trabalhista, têm sido marcados por uma bipolaridade entre aceitação entusiasmada e profunda resistência ao incidente de desconsideração da personalidade jurídica, principalmente sob a argumentação de que a sua aplicação inviabilizaria efetivamente a satisfação célere dos créditos trabalhistas, por uma excessiva burocratização.

Sinceramente, não acreditamos nisto.

E o próprio texto legal respalda a nossa visão.

Com efeito, estabelece o § 1.º do art. 133 do Código de Processo Civil de 2015 que o "pedido de desconsideração da personalidade jurídica observará os pressupostos previstos em lei".

Ora, o Direito Material não mudou.

Se havia respaldo antes do novo Código de Processo Civil para efetivar a desconsideração, essa autorização continua existindo.

A questão efetiva é verificar qual é a teoria aplicável para a desconsideração pretendida.

Se for com base no art. 50 do Código Civil brasileiro, deverá o requerente demonstrar os já explicados requisitos da "confusão patrimonial" ou "desvio de finalidade", ainda que não seja necessário demonstrar *animus*.

O juiz não poderá atuar de ofício.

Nessa linha, estabelece o § 4.º do art. 134, do CPC/2015, que o "requerimento deve demonstrar o preenchimento dos pressupostos legais específicos para desconsideração da personalidade jurídica".

Todavia, se a fundamentação for a "Teoria Menor da Desconsideração da Personalidade Jurídica", o que somente se justifica nas hipóteses de previsão legal específica (art. 28, § 5.º, do Código de Defesa do Consumidor, por exemplo) ou de afinidade principiológica pela vulnerabilidade (relações trabalhistas, *v.g.*), o que deve ser demonstrado é justamente que há o crédito específico e que a personalidade jurídica o está impedindo de ser satisfeito.

E nada mais.

O CPC de 2015, portanto, não alterou esse panorama de Direito Material.

Não há, em nosso sentir, razão para desespero.

Mas quando pode ser feita a desconsideração?

Eis outra dúvida tradicional que o Código de Processo Civil de 2015 pretendeu sanar.

c) Momento da desconsideração

Desde a primeira edição deste livro, buscamos debater se a desconsideração da personalidade jurídica poderia ser invocada originariamente no processo de execução ou se os sócios e administradores teriam de participar da relação jurídica processual de conhecimento, ainda que como litisconsortes passivos unitários sucessivos eventuais.

Isso porque, em função do art. 472 do Código de Processo Civil de 1973 (cuja diretriz foi mantida no art. 506 do CPC/2015), a *sentença faz coisa julgada às partes entre as quais é dada, não beneficiando, nem prejudicando terceiros*.

Assim, nas primeiras reflexões sobre o tema, defendia-se, com frequência, que, se o sócio ou administrador não tivesse participado da lide, não poderia, em tese, ser responsabilizado posteriormente na execução da sentença.

O tema foi bastante debatido nos tribunais brasileiros, com posicionamentos os mais diversos possíveis.

Tratando especificamente de ações consumeristas, pontificou FLÁVIA LEFÈVRE GUIMARÃES que "o consumidor deverá ser cauteloso no momento de ajuizar a ação, e buscar, nos órgãos públicos competentes, os documentos societários da pessoa jurídica contra a qual vá litigar e procure, desde o início, vincular todos os possíveis responsáveis, previstos nos parágrafos do art. 28, ao resultado da sentença, fazendo uso dos institutos processuais que regulam o litisconsórcio, a fim de garantir um grau de aproveitamento e otimização do processo"[129].

Todavia, se a pessoa jurídica, no momento do processo de conhecimento, estava "saudável financeiramente", mas os fatos autorizativos da desconsideração da personalidade jurídica – que, repita-se, prescindem do elemento subjetivo – surgem posteriormente, sempre nos pareceu extremamente razoável admitir-se um procedimento incidental na própria execução – que permitisse o contraditório e ampla defesa assegurados constitucionalmente – para *levantar o véu corporativo* neste momento processual, sob pena de se fazer tábula rasa da própria coisa julgada e pouco caso da atividade jurisdicional.

---

[129] Flávia Lefèvre Guimarães, *Desconsideração da Personalidade Jurídica no Código do Consumidor – Aspectos Processuais*, São Paulo: Max Limonad, 1998, p. 149.

Aliás, quanto à possibilidade de se invocar a teoria da desconsideração na própria execução, evitando, inclusive, a falência, manifestou-se, com propriedade, CALIXTO SALOMÃO FILHO:

> "Finalmente, a desconsideração é instrumento para a efetividade do processo executivo. Essa característica, aliada ao supracitado caráter substitutivo da desconsideração em relação à falência, tem uma consequência importantíssima. A desconsideração não precisa ser declarada e obtida em processo autônomo. No próprio processo de execução, não nomeando o devedor bens à penhora ou nomeando bens em quantidade insuficiente, ao invés de pedir a declaração de falência da sociedade (art. 2.º, I, do Decreto-Lei n. 7.661, de 21.6.45), o credor pode e deve, em presença dos pressupostos que autorizam a aplicação do método de desconsideração, definidos acima, pedir diretamente a penhora em bens do sócio (ou da sociedade, em caso de desconsideração inversa)"[130].

A questão pacifica-se com o Código de Processo Civil de 2015.

Com efeito, não há obrigatoriedade de inclusão dos sócios, no polo passivo da lide, desde a cognição, para se proceder a desconsideração da personalidade jurídica.

Pode ela, portanto, ser *originária* ou *ulterior*.

E isso por norma processual expressa.

De fato, preceitua o *caput* do art. 134 que o "incidente de desconsideração é cabível em todas as fases do processo de conhecimento, no cumprimento de sentença e na execução fundada em título executivo extrajudicial.", dispensando-se a sua instauração "se a desconsideração da personalidade jurídica for requerida na petição inicial, hipótese em que será citado o sócio ou a pessoa jurídica", na forma do § 2.º do mencionado dispositivo.

Sendo originário o requerimento de desconsideração, os seus fundamentos deverão ser deduzidos na própria petição inicial.

Sendo ulterior, instaurar-se-á o incidente, com a imediata comunicação ao distribuidor para os registros devidos, como estabelecido no § 1.º do art. 134, o que é medida das mais relevantes para a preservação de interesse de terceiros.

Registre-se, por fim, que, nessa hipótese de instauração do incidente, haverá a suspensão do processo, como preceituado pelo § 3.º do mesmo art. 134, o que, obviamente, não ocorrerá se a desconsideração for requerida desde a petição inicial.

Tratando-se de desconsideração ulterior, haveria um limite de prazo para a sua instauração?

Embora não haja, ainda, direito positivo específico sobre o tema, é possível encontrar julgados, anteriores ao Código de Processo Civil de 2015, limitando temporalmente tal possibilidade, notadamente no campo da execução fiscal[131], o que, na nossa opinião, é um

---

[130] Calixto Salomão Filho, *O Novo Direito Societário*, São Paulo: Malheiros, 1998, p. 109.
[131] "Processo Civil – Execução fiscal – Prescrição – Sócio-gerente – Citação – Pessoa jurídica – 1. A jurisprudência das 1.ª e 2.ª Turmas desta Corte vem proclamando o entendimento no sentido de que o redirecionamento da execução contra o sócio deve dar-se no prazo de cinco anos da citação da pessoa jurídica, sendo inaplicável o disposto no art. 40 da Lei n. 6.830/80 que, além de referir-se ao devedor, e não ao responsável tributário, deve harmonizar-se com as hipóteses de suspensão previstas no art. 174 do CTN, de modo a não tornar imprescritível a dívida fiscal. Precedentes. 2. No caso dos autos, para a determinação da data da efetiva citação do sócio e, portanto, a verificação da prescrição

tema que dependerá bastante da situação concreta, justamente para se verificar a cientificação prévia dos sócios acerca da demanda, bem como o seu amplo direito de defesa e produção de prova.

E é justamente sobre defesa e prova que trataremos no próximo subtópico.

d) Contraditório e instrução

Uma das mais louváveis inovações do Código de Processo Civil de 2015, com o estabelecimento da previsão do incidente de desconsideração da personalidade jurídica, é a "procedimentalização" da defesa.

Com efeito, estabelece o art. 135:

> "Art. 135. Instaurado o incidente, o sócio ou a pessoa jurídica será citado para manifestar-se e requerer as provas cabíveis no prazo de 15 (quinze) dias."

Ou seja, assentado que se deve assegurar o direito constitucional ao contraditório, o prazo para manifestação do sócio ou pessoa jurídica é de 15 (quinze) dias.

Não por acaso é o mesmo prazo para a defesa na cognição, o que uniformiza a questão, tanto para a desconsideração originária quanto para a ulterior, pelo menos nos termos do sistema processual civil.

Claro que a norma deve ser devidamente adequada a procedimentos especiais (ou com previsões diferenciadas de oportunidade para a resposta do réu), como, por exemplo, no processo do trabalho, em que a defesa é apresentada em mesa de audiência, na cognição.

---

intercorrente, seria necessário o reexame do quadro fático-probatório, inviável no âmbito do Recurso Especial. 3. Recurso Especial não conhecido" (STJ, 2.ª T., REsp 73511-PR, Rel. Min. Castro Meira, *DJU*, 6-9-2004, p. 186).

"Processual Civil – Agravo Regimental – Execução fiscal – Redirecionamento – Prescrição intercorrente – Incidência das Súmulas 7 e 83 do STJ – 1. A análise da prescrição intercorrente após o transcurso de um quinquênio, marcado pela contumácia fazendária, demanda o revolvimento do conjunto fático-probatório dos autos, o que é inviável em Recurso Especial ante o óbice contido na Súmula n. 7/STJ. 2. Ademais, incide na espécie o enunciado contido na Súmula n. 83/STJ, pois a questão dos autos pacificou-se no mesmo sentido da decisão recorrida. 3. 'A prescrição, quando interrompida em desfavor da pessoa jurídica, também atinge os responsáveis solidários, não se podendo falar que só quando citado o sócio é que se conta a prescrição'. REsp 279342/SP, Rel. Min. Eliana Calmon, DJU de 16.12.02. 4. Agravo regimental improvido" (STJ, 2.ª T., AGA 555659-SP, Rel. Min. Castro Meira, *DJU*, 28-6-2004, p. 264).

"Processual Civil e Tributário – Agravo Regimental no Recurso Especial – Execução fiscal – Redirecionamento – Sócio – Prescrição – I – O redirecionamento da execução fiscal contra o sócio coobrigado, após decorridos 5 (cinco) anos desde a citação da pessoa jurídica autoriza a declaração da ocorrência da prescrição. Precedentes desta Corte. II – Agravo regimental improvido" (STJ, 1.ª T., AGRESP 236594-SP, Rel. Min. Francisco Falcão, *DJU*, 24-5-2004, p. 153).

"Tributário – Embargos à execução fiscal – Redirecionamento – Citação do sócio – Prescrição – 1. A citação da empresa executada serve de marco interruptivo da prescrição também em relação aos sócios, ou seja, citada a executada, e sendo necessário o redirecionamento do feito, conta o Fisco com o prazo de cinco anos para a citação do sócio tido como responsável tributário pelos débitos da sociedade. 2. Não ocorrendo a citação dentro do prazo quinquenal, deve ser decretada a prescrição do crédito tributário. 3. Apelação e remessa oficial, tida por interposta, improvidas" (TRF, 4.ª R., 1.ª T., AC 2000.04.01.076388-0-SC, Rel. Juiz Ricardo Teixeira do Valle Pereira, *DOU*, 30-6-2004, p. 584).

O contraditório é garantido de forma substancial, ou seja, não é somente dar prazo para resposta, mas também permitir a produção de prova sobre a matéria discutida nos autos, o que deve ser observado pelo magistrado, procedendo-se com a devida instrução, antes de julgar o incidente.

e) Natureza da decisão

Na forma do art. 136, do CPC/2015, "concluída a instrução, se necessária, o incidente será resolvido por decisão interlocutória".

O dispositivo deve ser interpretado *modus in rebus*.

Sendo hipótese de desconsideração ulterior, a natureza da decisão como interlocutória parece lógica.

Todavia, o mesmo não ocorre se a desconsideração for originária, ou seja, suscitada junto com a petição inicial.

Isso porque o juízo pode se manifestar sobre ela apenas no momento da prolação da sentença, assim, mesmo não mudando a essência do pronunciamento judicial, a forma de impugnação do seu conteúdo pode se modificar.

É o que veremos no próximo tópico.

f) Recurso

Sendo uma decisão interlocutória, a desconsideração enseja apenas o agravo.

Todavia, se proferida juntamente com a sentença, temos que ela pode ser impugnada por meio de apelação.

Mais interessante ainda é a situação, prevista no parágrafo único do art. 136 do Código de Processo Civil de 2015, no sentido de a decisão ser proferida pelo relator na fase recursal. Neste caso, caberá agravo interno.

Mais polêmica ainda, porém, é a situação do processo trabalhista, em que há uma irrecorribilidade imediata das decisões interlocutórias. Neste caso, a melhor solução, sem dúvida, será uma normatização legislativa específica.

Enquanto ela não vem, parece-nos que a solução deve ser uma adaptação ao próprio procedimento trabalhista, o que importa dizer que, tratando-se de desconsideração originária – e, portanto, decidida junto com a sentença de cognição – caberá recurso ordinário no prazo de 8 (oito) dias.

Se a hipótese for, porém, propriamente de incidente de desconsideração da personalidade jurídica, trata-se de uma decisão interlocutória que somente poderá ser atacada pela via dos embargos à penhora e, sucessivamente, por agravo de petição no prazo de 8 (oito) dias.

g) Efeitos da desconsideração

Por fim, estabelece o art. 137 do Código de Processo Civil de 2015:

> "Art. 137. Acolhido o pedido de desconsideração, a alienação ou a oneração de bens, havida em fraude de execução, será ineficaz em relação ao requerente."

Trata-se de uma consequência natural do reconhecimento da responsabilidade patrimonial dos sócios ou administradores da pessoa jurídica.

Por fim, vale acompanhar a tramitação do PL n. 3.401/2008, que pretende disciplinar o procedimento da desconsideração da personalidade jurídica, contendo, inclusive, dentre outras disposições, expressa proibição para a decretação de ofício da desconsideração.

10. EXTINÇÃO DA PESSOA JURÍDICA

Assim como a pessoa natural, a pessoa jurídica completa o seu ciclo existencial, extinguindo-se.

A dissolução, segundo classificação consagrada na doutrina, poderá ser[132]:

a) convencional – é aquela deliberada entre os próprios integrantes da pessoa jurídica, respeitado o estatuto ou o contrato social;

b) administrativa – resulta da cassação da autorização de funcionamento, exigida para determinadas sociedades se constituírem e funcionarem. Nesse sentido, pondera CAIO MÁRIO: "se praticam atos opostos a seus fins, ou nocivos ao bem coletivo, a administração pública, que lhes dera autorização para funcionamento, pode cassá-la, daí resultando a terminação da entidade, uma vez que a sua existência decorrera daquele pressuposto"[133];

c) judicial – nesse caso, observada uma das hipóteses de dissolução previstas em lei ou no estatuto, o juiz, por iniciativa de qualquer dos sócios, poderá, por sentença, determinar a sua extinção[134].

O novo Código Civil, em seu art. 51, dispõe que nos casos de dissolução da pessoa jurídica ou cassada a autorização para seu funcionamento, "ela subsistirá para fins de liquidação, até que esta se conclua". Finda a liquidação, inclusive com a satisfação das obrigações tributárias, *promover-se-á o cancelamento da inscrição da pessoa jurídica*, o que será averbado no mesmo registro onde originalmente foi inscrita.

Já tendo sido analisado o destino do patrimônio remanescente em caso de extinção da associação (art. 61), cumpre-nos referir que, em caso de dissolução da sociedade, os bens que sobejarem deverão ser partilhados entre os respectivos sócios, observada a participação social de cada um[135], o que deve ser sempre lembrado, uma vez que, como consta do § 2.º do art. 51, as "disposições para a liquidação das sociedades aplicam-se, no que couber, às demais pessoas jurídicas de direito privado".

11. PESSOAS JURÍDICAS DE DIREITO PRIVADO E A PANDEMIA DA COVID-19

Destacamos, neste tópico final, os dispositivos da Lei n. 14.010 de 2020 – que instituiu o Regime Jurídico Emergencial e Transitório de Direito Privado, também conhecida como "Lei da Pandemia" – que tratavam das pessoas jurídicas de Direito Privado:

---

[132] No CC/1916, cf. o art. 21.
[133] Caio Mário da Silva Pereira, ob. cit., p. 220-1.
[134] Sobre o tema, estabelece o § 3.º do art. 1.046 do Código de Processo Civil de 2015 que os "processos mencionados no art. 1.218 da Lei n. 5.869, de 11 de janeiro de 1973, cujo procedimento ainda não tenha sido incorporado por lei submetem-se ao procedimento comum previsto neste Código".
[135] No CC/1916, art. 23.

"Art. 4.º As pessoas jurídicas de direito privado referidas nos incisos I a III do art. 44 do Código Civil deverão observar as restrições à realização de reuniões e assembleias presenciais até 30 de outubro de 2020, durante a vigência desta Lei, observadas as determinações sanitárias das autoridades locais.

Art. 5.º A assembleia geral, inclusive para os fins do art. 59 do Código Civil, até 30 de outubro de 2020, poderá ser realizada por meios eletrônicos, independentemente de previsão nos atos constitutivos da pessoa jurídica.

Parágrafo único. A manifestação dos participantes poderá ocorrer por qualquer meio eletrônico indicado pelo administrador, que assegure a identificação do participante e a segurança do voto, e produzirá todos os efeitos legais de uma assinatura presencial".

Comentando essas normas, escreveram STOLZE e ELIAS DE OLIVEIRA[136]:

"Apesar da sua natureza declaratória, o art. 4.º da Lei da Pandemia criou um ponto de 'estresse hermenêutico' ao deixar de abranger as organizações religiosas e os partidos políticos.

Com efeito, o preceito apenas alude a três tipos de pessoas jurídicas (associações, sociedades e fundações – art. 44, I a III do CC), o que poderia dar ensejo à interpretação de que outros tipos de pessoas jurídicas (partidos políticos e organização religiosa) e entes despersonalizados (ex.: fundos de investimento) estariam autorizados a aglomerar seus membros em reuniões ou em assembleias mesmo se houver norma local proibitiva.

Nada mais enganoso!

A proibição de aglomeração, de acordo com a diretriz da norma local, tem de ser observada por todas as pessoas jurídicas.

Diante disso, indaga-se: por que o legislador não listou todas as pessoas jurídicas no art. 4.º da Lei da Pandemia?

A ausência da EIRELI (art. 44, VI, CC) é compreensível, por se tratar de ente unipessoal. Mas e as demais pessoas?

A explicação aparentemente centra-se na confusão que a redação dúbia do dispositivo causou entre os Deputados e os Senadores durante a fase do processo legislativo.

Muitos parlamentares estavam a entender que o dispositivo se endereçava não apenas aos conclaves dos membros da pessoa jurídica, mas também a eventuais encontros de não membros, tudo porque o preceito aludia não apenas a 'assembleias', mas também a 'reuniões'.

Isso levou os parlamentares a excluírem as organizações religiosas e os partidos políticos do texto inicialmente proposto.

O motivo da exclusão é o de que o dispositivo poderia dar a entender que os templos religiosos (igrejas, mesquitas, terreiros etc.) não poderiam realizar 'reuniões' com seus fiéis e que os par-

---

[136] Cf.: GAGLIANO, Pablo Stolze; OLIVEIRA, Carlos Eduardo Elias de. Comentários à Lei da Pandemia (Lei n. 14.010, de 10 de junho de 2020 – RJET). Análise detalhada das questões de Direito Civil e Direito Processual Civil. *Revista Jus Navigandi*, ISSN 1518-4862, Teresina, ano 25, n. 6.190, 12 jun. 2020. Disponível em: <https://jus.com.br/artigos/46412>; e, dos mesmos autores: GAGLIANO, Pablo Stolze; OLIVEIRA, Carlos Eduardo Elias de. Continuando os comentários à Lei da Pandemia (Lei n. 14.010, de 10 de junho de 2020 – RJET). Análise dos novos artigos. *Revista Jus Navigandi*, ISSN 1518-4862, Teresina, ano 25, n. 6.279, 9 set. 2020. Disponível em: <https://jus.com.br/artigos/85303>. Acesso em: 20 nov. 2020.

tidos políticos não poderiam realizar protestos eventualmente necessários[137]. Os parlamentares temiam que o preceito ferisse o exercício da liberdade religiosa e política.

Sob essa ótica, vemo-nos compelidos a concordar que o dispositivo em pauta merecia ser vetado, pois, além de desnecessário (por conta de sua natureza declaratória), consagrou uma redação capaz de criar confusão.

Seja como for, esclareça-se que, quando o dispositivo menciona o verbete 'reuniões', na verdade, ele se refere a conclaves de membros da própria pessoa jurídica para a deliberação de questões estritamente relacionadas ao seu funcionamento, tudo com respeito ao quorum de votação previsto na lei ou no ato constitutivo (ex.: deliberar sobre venda de imóveis), e não aos 'serviços' prestados ao público (ex.: cerimônias religiosas feitas com os fiéis)".

De qualquer forma, independentemente da existência ou não do dispositivo, todas as pessoas jurídicas, inclusive partidos e organizações religiosas, devem, por certo, observar, em respeito ao resguardo da saúde pública, as normas locais restritivas referentes a aglomerações no exercício da sua atividade perante terceiros.

(...)".

Nos casos de cooperativas, sociedades anônimas e sociedades limitadas, a autorização de assembleias virtuais não foi submetida a nenhum prazo final e ocorrerá na forma de ato infralegal a ser editado, tudo conforme os seguintes dispositivos acrescidos pela Lei n. 14.030/2020:

a) o novo art. 43-A da Lei do Cooperativismo (Lei n. 5.764/71);

b) o novel parágrafo único do art. 121 e os §§ 2.º e 2.º-A do art. 124 da Lei de Sociedade Anônima (Lei n. 6.404/76); e

c) o novo art. 1.080-A do Código Civil.

"(...) nos termos do art. 5.º do novo diploma, toda assembleia geral, inclusive para os fins do art. 59, poderá ser realizada pelos meios eletrônicos, caso em que a manifestação dos participantes poderá ocorrer por qualquer meio virtual indicado pelo administrador e produzirá todos os efeitos legais de uma assinatura presencial.

Trata-se de uma previsão importante, que respeita as diretrizes sanitárias, e afasta eventual nulidade pela ausência de observância de requisito formal consistente no pregão e encontro presenciais".

Em nosso sentir, a despeito da falta de previsão no ato constitutivo da pessoa jurídica, mesmo após o fim da janela eficacial da norma (30-10-2020), a realização de uma assembleia virtual, mormente em um ambiente social ainda com forte impacto pandêmico, não implica o reconhecimento necessário de nulidade.

Até porque, para haver nulidade, deve haver prejuízo.

---

[137] A propósito, a professora Karina Fritz, na sua rica coluna "German Report", noticiou que, na Alemanha, o Tribunal Constitucional garantiu o direito de manifestação mesmo em tempo de pandemia (FRITZ, Karina. Tribunal Constitucional alemão garante direito de manifestação mesmo em tempos de coronavírus. Publicado em: 22 de abril de 2020. Disponível em: <https://www.migalhas.com.br/coluna/german-report/325145/tribunal-constitucional-alemao-garante-direito-de-manifestacao-mesmo-em-tempos-de-coronavirus>. Acesso em: 20 nov. 2020).

Capítulo VII
Domicílio Civil

Sumário: 1. Importância da matéria. 2. Conceito. 3. Morada, residência e domicílio: distinções necessárias. 4. Tratamento legal e mudança de domicílio. 5. Domicílio aparente ou ocasional. 6. Domicílio da pessoa jurídica. 7. Espécies de domicílio.

1. IMPORTÂNCIA DA MATÉRIA

O Código Civil procura distribuir as suas normas de maneira metodologicamente coerente.

Após cuidar das pessoas naturais e jurídicas, trata de fixar o seu *domicílio civil*, instituto jurídico que serve tanto ao Direito Material quanto ao Direito Processual.

O Direito Romano delineou uma definição clara e precisa de domicílio (*domus* = *casa*).

O domicílio era, simplesmente, *o lugar onde a pessoa se estabelecia permanentemente.*

A respeito da importância do lar no Direito Antigo, ÁLVARO VILLAÇA AZEVEDO, com muita acuidade, observa que: "primitivamente, a casa era, além de abrigo da família, verdadeiro santuário, onde se adoravam os antepassados como deuses, verdadeiras propriedades de família"[1].

Foram os franceses que complicaram a noção de domicílio, *imaginando haver uma relação jurídica entre a pessoa e o lugar que habitava.*

Por imperativo de segurança jurídica, toda pessoa deve ter um *lugar que seja considerado a sede central de seus negócios.* Neste local, salvo disposição especial em contrário, a parte com quem contratamos poderá ser demandada, *uma vez que o foro de domicílio do réu fixa a regra geral de competência territorial* (art. 46 do CPC/2015; art. 94 do CPC/1973).

Vale lembrar, ainda, que a noção de domicílio não pertence ao Direito Público, como pretendia DOMAT[2]. A despeito de interessar ao Direito Processual, é no Direito Material que se encontra a sua disciplina e sistematização.

Também no Direito Internacional a relevância da matéria é indiscutível. A Lei de Introdução às Normas do Direito Brasileiro (Dec.-Lei n. 4.657, de 4 de setembro de 1942), constituída por *normas superiores* aplicáveis a todos os ramos do direito, contém, em diversos dispositivos, regras de Direito Internacional Privado, que considera indispensável a noção de domicílio para o deslinde de questões atinentes à aplicação da *lei no espaço.*

Adotado o sistema da *territorialidade moderada*, a LINDB dispõe que: "Art. 7.º A lei do país em que for *domiciliada* a pessoa determina as regras sobre o começo e o fim da personalidade, o nome, a capacidade e os direitos de família". Também quanto ao regime de bens, será aplicada a "lei do país em que tiverem os nubentes *domicílio*, e, se este for

---

[1] Álvaro Villaça Azevedo, *Bem de Família*, 4. ed., São Paulo: Revista dos Tribunais, 1999, p. 21.
[2] Citado por Clóvis Beviláqua, *Teoria Geral do Direito Civil*, Campinas: RED Livros, 1999, p. 202.

diverso, à do primeiro *domicílio conjugal*" (art. 7.º, § 4.º). Também no Direito das Sucessões, prevê a LINDB que "Art. 10. A sucessão por morte ou por ausência obedece à lei do país em que era *domiciliado* o defunto ou o desaparecido, qualquer que seja a natureza e a situação dos bens". Firma-se, ainda, *regra de competência* da autoridade judiciária brasileira, "quando for o réu *domiciliado* no Brasil, ou aqui tiver que ser cumprida a obrigação" (art. 12) (grifos nossos).

No Direito das Obrigações, a noção de domicílio também se reveste de grande importância. O art. 327 do CC/2002 firma a regra geral de que o pagamento deve ser efetuado no *domicílio do devedor* (dívida quesível), se o contrário não resultar do contrato, das circunstâncias ou da natureza da obrigação, bem como da própria lei.

Quanto ao *domicílio político*, as suas regras, indispensáveis para que se fixe o local onde se exercem os direitos decorrentes do *status de cidadão,* interessam ao Direito Constitucional e ao Direito Eleitoral.

No Direito Processual Penal, *não sendo conhecido o local em que se consumou o crime, a competência para julgar o réu poderá ser determinada por seu domicílio ou residência* (art. 72 do CPP).

No Direito do Trabalho, o conceito também é importante, pois vigendo a regra da inalterabilidade das condições contratuais, dispõe o art. 469 da CLT que "ao empregador é vedado transferir o empregado, sem a sua anuência, para localidade diversa da que resultar do contrato, *não se considerando transferência a que não acarretar necessariamente a mudança de domicílio*" (grifos nossos).

Além disso, para efeito de retribuição do labor, o art. 6.º determina que "não se distingue entre o trabalho realizado no estabelecimento do empregador e o executado no domicílio do empregado, desde que esteja caracterizada a relação de emprego", bem como a expressão *"mesma localidade"* do art. 461, *caput*, ao determinar os requisitos para a equiparação salarial, tem sido interpretada como "mesmo domicílio".

No Direito Processual do Trabalho, da mesma forma, o conceito civil é utilizado, pois, embora a competência territorial das Varas Trabalhistas seja determinada pela localidade onde o empregado, reclamante ou reclamado, preste serviços ao empregador (ainda que tenha sido contratado noutro local ou no estrangeiro), o § 1.º do art. 651 consolidado estabelece que "quando for parte no dissídio agente ou viajante comercial, a competência será da Junta da localidade em que a empresa tenha agência ou filial e a esta o empregado esteja subordinado e, na falta, será competente a Junta da localização *em que o empregado tenha domicílio ou a localidade mais próxima*".

E que conceito é esse?

É o que veremos no próximo tópico.

2. CONCEITO

Fixadas tais premissas, cumpre apresentarmos um conceito de *domicílio,* formulado à luz das regras de nosso direito positivo.

Domicílio civil da pessoa natural *é o lugar onde estabelece residência com ânimo definitivo, convertendo-o, em regra, em centro principal de seus negócios jurídicos ou de sua atividade profissional.*

Note-se a amplitude da definição.

Compõem-na duas situações, que geralmente se confundem, mas possuem caracteres distintos.

A primeira é a noção de domicílio ligada à vida privada da pessoa, às suas relações internas, sugerindo *o local onde reside permanentemente, sozinho ou com os seus familiares*.

A segunda, que interessa à atividade externa da pessoa, à sua vida social e profissional, refere-se ao *lugar onde fixa o centro de seus negócios jurídicos ou de suas ocupações habituais*.

Tanto em uma hipótese quanto em outra, estamos diante da noção de domicílio.

O novo Código Civil, aperfeiçoando a disciplina legal do instituto, abarcou expressamente as duas hipóteses, admitindo a sua cumulação, como se verifica da análise dos seus arts. 70 e 72[3]:

"Art. 70. O domicílio da pessoa natural é o lugar onde ela estabelece a sua residência com ânimo definitivo.

(...)

Art. 72. É também domicílio da pessoa natural, quanto às relações concernentes à profissão, o lugar onde esta é exercida.

Parágrafo único. Se a pessoa exercitar profissão em lugares diversos, cada um deles constituirá domicílio para as relações que lhe corresponderem".

3. MORADA, RESIDÊNCIA E DOMICÍLIO: DISTINÇÕES NECESSÁRIAS

Para uma efetiva compreensão da matéria, faz-se mister fixar e distinguir as noções de *morada*, *residência* e *domicílio*.

Morada é o lugar onde a pessoa natural se estabelece provisoriamente. Confunde-se com a noção de *estadia*, apresentada por ROBERTO DE RUGGIERO como sendo "a mais tênue relação de fato entre uma pessoa e um lugar tomada em consideração pela lei", advertindo que "a sua importância é porém mínima e subalterna, não produzindo em regra qualquer efeito, senão quando se ignora a existência de uma sede mais estável para a pessoa"[4]. Assim, o estudante laureado que é premiado com uma bolsa de estudos na Alemanha, e lá permanece por seis meses, tem, aí, a sua *morada ou estadia*[5]. Fala-se também, para caracterizar esta relação transitória de fato, em *habitação*.

---

[3] No CC/1916: *"Art. 31. O domicílio civil da pessoa natural é o lugar onde ela estabelece a sua residência com ânimo definitivo.*

Art. 32. Se, porém, a pessoa natural tiver diversas residências onde alternadamente viva, ou vários centros de ocupações habituais, considerar-se-á domicílio seu qualquer destes ou daquelas".

[4] Roberto de Ruggiero, *Instituições de Direito Civil*, Campinas: Bookseller, 1999, v. 1, p. 501.

[5] Na língua portuguesa, é recomendável, porém, a utilização da expressão "estada", em vez do termo "estadia", tendo em vista o seu conteúdo plurissignificativo. Nesse sentido, define o dicionarista: "*estadia*. [Do lat. *stativa*.] S. f. 1. *Mar. Merc*. Prazo concedido para carga e descarga do navio surto em um porto; estalia. 2. Estada, permanência. [Muitos condenam o uso, frequentíssimo, da palavra nesta última acepção. Cf. *estádia*.]" (Aurélio Buarque de Holanda Ferreira, *Novo Dicionário Aurélio da Língua Portuguesa*, 2. ed., Rio de Janeiro: Nova Fronteira, 1986, p. 713).

Diferentemente da *morada*, a *residência pressupõe maior estabilidade. É o lugar onde a pessoa natural se estabelece habitualmente*. RUGGIERO, com propriedade, fala em *sede estável da pessoa*. Assim, o sujeito que mora e permanece habitualmente em uma cidade, local onde costumeiramente é encontrado, tem, aí, a sua *residência*.

Mais complexa é a noção de *domicílio*, porque abrange a de *residência*, e, por consequência, a de *morada*.

O *domicílio*, segundo vimos acima, *é o lugar onde a pessoa estabelece residência com ânimo definitivo, convertendo-o, em regra, em centro principal de seus negócios jurídicos ou de sua atividade profissional*. Não basta, pois, para a sua configuração, o *simples ato material de residir*, porém, mais ainda, *o propósito de permanecer (animus manendi)*, convertendo aquele local em *centro de suas atividades*. Necessidade e fixidez são as suas características.

Compõe-se o domicílio, pois, de dois elementos:

a) objetivo – o ato de fixação em determinado local;

b) subjetivo – o ânimo definitivo de permanência.

Assim, se o sujeito fixa-se em determinado local, com o propósito de ali permanecer, transformando-o em centro de seus negócios, constituiu, ali, o seu *domicílio civil*.

Por outro lado, nada impede que uma pessoa resida em mais de um local (com habitualidade), tomando apenas um como *centro principal de seus negócios*, ou seja, como seu domicílio.

Situação diferente é o caso de a pessoa ter uma pluralidade de residências, vivendo alternadamente em cada uma delas, sem que se possa considerar uma somente como seu centro principal. Neste caso, considerar-se-á seu domicílio, na forma do art. 71 do novo Código Civil, qualquer delas.

Finalmente, é importante frisar, em conclusão, que a *fixação do domicílio* tem natureza jurídica de *ato jurídico não negocial (ato jurídico em sentido estrito)*, segundo lição da Escola Alemã. Nesse sentido, ENNECCERUS-NIPPERDEY: "A constituição e a supressão do domicílio não são negócios jurídicos, pois não requerem a vontade de constituir ou suprimir um domicílio no sentido jurídico, senão, apenas a vontade de se estabelecer permanentemente num lugar determinado ou de abandoná-lo. São, pois, unicamente, atos jurídicos, que exigem, entretanto, a capacidade de agir"[6].

4. TRATAMENTO LEGAL E MUDANÇA DE DOMICÍLIO

O Código Civil de 1916 considerou *domicílio civil* da pessoa natural "o lugar onde ela estabelece sua residência com ânimo definitivo" (art. 31).

Entretanto, se a pessoa natural "tiver diversas residências onde alternadamente viva, ou vários centros de ocupações habituais, considerar-se-á domicílio seu qualquer destes ou daquelas" (art. 32).

Seguindo, portanto, a orientação do *direito alemão*, admitiu, em nosso sistema, a *pluralidade de domicílios*, afastando-se, nesse particular, a diretriz do *direito francês*, que só admitia um domicílio.

---

[6] Citado por Orlando Gomes, *Introdução ao Direito Civil*, 10. ed., Rio de Janeiro: Forense, p. 184-5.

Assim, à luz do *princípio da pluralidade domiciliar*, se o indivíduo mora em um lugar com sua família, e em outro exerce a sua atividade profissional ou realiza seus principais negócios jurídicos, será considerado seu domicílio qualquer desses locais.

O próprio Código de Processo Civil de 2015 admite o *princípio da pluralidade domiciliar*, ao dispor, em seu art. 46, § 1.º (também existente no art. 94, § 1.º, do CPC/1973), que: "tendo mais de um domicílio, o réu será demandado no foro de qualquer deles".

O novo Código Civil, por sua vez, também filiando-se ao sistema de orientação germânica, admitiu a *pluralidade de domicílios*.

"O domicílio da pessoa natural", dispõe o art. 70, "é o lugar onde ela estabelece a sua *residência com ânimo definitivo*". Ocorre que "se, porém, a pessoa natural tiver diversas residências, onde, alternadamente, viva, considerar-se-á domicílio seu qualquer delas" (art. 71).

Inovou, outrossim, o legislador, ao substituir a expressão *"centro de ocupações habituais"*, por outra mais abrangente, ao disciplinar, no art. 72, que: "é também domicílio da pessoa natural, *quanto às relações concernentes à profissão, o lugar onde esta é exercida*", e, ainda, "se a pessoa *exercitar profissão em lugares diversos, cada um deles constituirá domicílio para as relações que lhe corresponderem*".

A respeito dessa modificação, escreveu o culto Min. MOREIRA ALVES:

"É certo, porém, que o Anteprojeto – seguindo, no particular, o novo Código Civil português (art. 83) – não afasta totalmente o centro de ocupação habitual do conceito de domicílio, pois consagra, no art. 68, o domicílio profissional". E conclui: "No mais, as alterações são de pequena monta, conservando-se, em linhas gerais, os princípios que se encontram no Código vigente, inclusive com relação ao domicílio das pessoas jurídicas"[7].

Em nosso entendimento, a consagração do critério referente à *relação profissional* é mais adequada e precisa. A preferência pelo local onde se travam *relações profissionais* servirá não apenas para definir o domicílio do comerciante, mas também, e com mais clareza, o domicílio do empregado – importante para aplicação das regras dos arts. 469 e 651, § 1.º, da CLT – e dos profissionais autônomos em geral.

A *mudança de domicílio* opera-se com a *transferência da residência aliada à intenção manifesta de o alterar*. A prova da intenção resulta do que declarar a pessoa às municipalidades do lugar que deixa, e para onde vai, ou, se tais declarações não fizer, da própria mudança, com as circunstâncias que a determinaram. Tais regras encontram assento no art. 74 do CC/2002. Trata-se de norma jurídica imperfeita, uma vez que a falta de declaração não acarreta sanção alguma ao omitente. Aliás, atento a isso, o legislador cuidou de admitir a prova da mudança do domicílio por meio da análise objetiva das circunstâncias fáticas de alteração da residência (ex.: comunicação de transferência ao empregado, posse e exercício de cargo público, comprovação de despesas de mudança etc.).

Excelente, nesse ponto, a observação feita por WASHINGTON DE BARROS MONTEIRO, que merece ser aqui transcrita:

---

[7] José Carlos Moreira Alves, *A Parte Geral do Projeto de Código Civil Brasileiro*, São Paulo: Saraiva, 1986, p. 75.

"a mudança de domicílio, depois de ajuizada a ação, nenhuma influência tem sobre a competência de foro. O art. 87 do Código de Processo Civil dispõe: 'Determina-se a competência no momento em que a ação é proposta. São irrelevantes as modificações do estado de fato ou de direito ocorridas posteriormente, salvo quando suprimirem o órgão judiciário ou alterarem a competência em razão da matéria ou da hierarquia'"[8].

Registre-se, apenas a título de atualização, que a diretriz, adotada no Código de Processo Civil de 1973, foi mantida no art. 43 do Código de Processo Civil de 2015[9].

5. DOMICÍLIO APARENTE OU OCASIONAL

Consoante já anotamos, a necessidade de fixação do domicílio decorre de imperativo de segurança jurídica.

Assim, para as pessoas que não tenham residência certa ou vivam constantemente em viagens, elaborou-se a *teoria do domicílio aparente ou ocasional,* fruto do gênio de HENRI DE PAGE, segundo a qual "aquele que cria as aparências de um domicílio em um lugar pode ser considerado pelo terceiro como tendo aí seu domicílio"[10].

Aplicação legal desta teoria encontra-se no art. 73 do CC/2002: "ter-se-á por domicílio da pessoa natural, que não tenha residência habitual, o lugar onde for encontrada". Neste local, pois, por criar uma *aparência de domicílio,* poderá ser demandada judicialmente (é o caso, v. g., dos andarilhos, ciganos, profissionais de circo etc.).

O CPC/2015 aplica também tal regra, estabelecendo o § 2.º do seu art. 46 que, "sendo incerto ou desconhecido o domicílio do réu, ele poderá ser demandado onde for encontrado ou no foro de domicílio do autor".

6. DOMICÍLIO DA PESSOA JURÍDICA

Em regra, *o domicílio civil da pessoa jurídica de direito privado é a sua sede, indicada em seu estatuto, contrato social ou ato constitutivo equivalente.* É o seu *domicílio especial.*

Se não houver essa fixação, a lei atua supletivamente, ao considerar como seu domicílio "o lugar onde funcionarem as respectivas diretorias e administrações", ou, então, se possuir filiais em diversos lugares, "cada um deles será considerado domicílio para os atos nele praticados" (art. 75, IV e § 1.º, do CC/2002). Aliás, o Supremo Tribunal Federal já assentou entendimento no sentido de que "a pessoa jurídica de direito privado pode ser demandada no domicílio da agência ou do estabelecimento em que se praticou o ato" (Súmula 363).

Se a administração ou diretoria da pessoa jurídica de direito privado tiver sede no estrangeiro, será considerado seu domicílio, no tocante às obrigações contraídas por qualquer

---

[8] Washington de Barros Monteiro, *Curso de Direito Civil – Parte Geral,* 37. ed., São Paulo: Saraiva, 2000, v. 1, p. 138.
[9] "Art. 43. Determina-se a competência no momento do registro ou da distribuição da petição inicial, sendo irrelevantes as modificações do estado de fato ou de direito ocorridas posteriormente, salvo quando suprimirem órgão judiciário ou alterarem a competência absoluta."
[10] Cf. Orlando Gomes, ob. cit., p. 187.

de suas agências, "o lugar do estabelecimento, sito no Brasil, a que ela corresponder" (art. 75, § 2.º, do CC/2002).

As pessoas jurídicas de direito público, por sua vez, têm domicílio previsto em lei, da seguinte forma (art. 75 do CC/2002):

a) a União – tem por domicílio o *Distrito Federal*;

b) os Estados e Territórios – têm por domicílio as *capitais*;

c) os Municípios – têm por domicílio o lugar onde funcione a administração municipal;

d) as demais pessoas jurídicas de direito público – têm por domicílio o lugar onde funcionarem as respectivas diretorias e administrações, ou onde elegerem domicílio especial nos seus estatutos ou atos constitutivos.

Cumpre-nos observar que o critério legal para a fixação do domicílio das pessoas jurídicas de direito público nem sempre se identifica com a regra adotada para determinar a *competência de foro ou territorial*.

Assim, o Código de Processo Civil de 2015 prevê, em seus arts. 51 e 52:

"Art. 51. É competente o foro de domicílio do réu para as causas em que seja autora a União.

Parágrafo único. Se a União for a demandada, a ação poderá ser proposta no foro de domicílio do autor, no de ocorrência do ato ou fato que originou a demanda, no de situação da coisa ou no Distrito Federal.

Art. 52. É competente o foro de domicílio do réu para as causas em que seja autor Estado ou o Distrito Federal.

Parágrafo único. Se Estado ou o Distrito Federal for o demandado, a ação poderá ser proposta no foro de domicílio do autor, no de ocorrência do ato ou fato que originou a demanda, no de situação da coisa ou na capital do respectivo ente federado."

Observe-se que a nova legislação processual flexibiliza a diretriz do inciso I do art. 99 do Código de Processo Civil de 1973, que direcionava a competência para o *foro da capital do Estado ou do Território para as ações em que a União ou o Território for autor, ré ou interveniente*.

A intenção do novo dispositivo é evidentemente facilitar a atuação judicial do jurisdicionado.

7. ESPÉCIES DE DOMICÍLIO

O domicílio poderá ser:

a) voluntário;

b) legal ou necessário;

c) de eleição.

O *domicílio voluntário* é o mais comum. Decorre do ato de livre vontade do sujeito, que fixa residência em um determinado local, com ânimo definitivo (*animus manendi*). Não sofre interferência legal este tipo de domicílio.

Já o *domicílio legal ou necessário* decorre de mandamento da lei, em atenção à condição especial de determinadas pessoas[11]. Assim, têm *domicílio necessário o incapaz, o servidor público, o militar, o marítimo e o preso* (art. 76 do CC/2002).

Seguindo a diretriz do novo Código Civil (art. 76) temos o seguinte quadro:

a) o *domicílio do incapaz* – é o do seu representante ou assistente (afastada qualquer restrição ao direito da mulher casada, reminiscência do direito codificado anterior – art. 36 do CC/1916, superado –, muito antes da revogação formal pelos arts. 5.º e 226 da Constituição Federal de 1988);

b) o *domicílio do servidor público* – o lugar em que exerce permanentemente as suas funções (mantém-se, portanto, a regra de que a assunção em *cargos comissionados ou funções de simples confiança,* de caráter transitório e demissíveis *ad nutum*, não implica alteração do domicílio anterior – art. 37 do CC/1916);

c) o *domicílio do militar* – o lugar onde serve, e, sendo da Marinha ou da Aeronáutica, a sede do comando a que se encontra imediatamente subordinado (atualizou-se a vetusta redação do art. 38 do CC/1916, que ainda fazia referência à *"praça na Armada"*);

d) o *domicílio do marítimo* – o lugar onde o navio estiver matriculado;

e) o *domicílio do preso* – o lugar em que cumpre a sentença (atualizou-se a superada redação do art. 40 do CC/1916, que ainda cuidava da pena de *"banimento ou desterro"*).

O *agente diplomático,* por sua vez, que, "citado no estrangeiro, alegar extraterritorialidade sem designar onde tem, no país, o seu domicílio, poderá ser demandado no Distrito Federal ou no último ponto do território brasileiro onde o teve" (art. 77 do CC/2002)[12].

O *domicílio de eleição ou especial*, por fim, *decorre do ajuste entre as partes de um contrato.*

Nesse sentido, o Código Civil de 2002 dispõe:

"Art. 78. Nos contratos escritos, poderão os contratantes especificar domicílio onde se exercitem e cumpram os direitos e obrigações deles resultantes".

Tal disposição harmoniza-se com o estabelecido nos arts. 62 e 63 do Código de Processo Civil de 2015:

"Art. 62. A competência determinada em razão da matéria, da pessoa ou da função é inderrogável por convenção das partes.

Art. 63. As partes podem modificar a competência em razão do valor e do território, elegendo foro onde será proposta ação oriunda de direitos e obrigações."

---

[11] Orlando Gomes, ao tratar da matéria, prefere classificar o domicílio necessário em *legal e de origem*, observando que os menores e interditos têm a última espécie de domicílio. Mas o próprio Mestre adverte que a distinção é destituída de maior importância prática: "A distinção carece, aliás, de valor, porque o domicílio de origem também é legal, mas, em todo caso, não é desinteressante, porque, no de origem, a pessoa não tem domicílio próprio, mas sim, o do representante legal" (ob. cit., p. 190).

[12] Sobre extraterritorialidade, confira-se o Capítulo III, sobre a "Lei de Introdução às Normas do Direito Brasileiro", nos tópicos 3.5 ("Aplicação Espacial de Normas") e 3.6 ("Conflito de Normas no Espaço").

Vale destacar, porém, que este dispositivo somente pode ser invocado em relações jurídicas em que prevaleça o princípio da igualdade dos contratantes e de sua correspondente autonomia de vontade.

Isto porque, na seara do Direito do Consumidor – e não seria exagero afirmar que a maioria esmagadora dos contratos celebrados no país são *negócios de consumo* –, consideramos ilegal a cláusula contratual que estabelece o *foro de eleição em benefício do fornecedor do produto ou serviço*, em prejuízo do consumidor, por violar o disposto no art. 51, IV, do CDC *(considera-se nula de pleno direito a cláusula de obrigação iníqua, abusiva, que coloque o consumidor em desvantagem exagerada, ou seja incompatível com a boa-fé e a equidade)*.

Mesmo que seja dada prévia ciência da cláusula ao consumidor, o sistema protetivo inaugurado pelo Código, moldado por superior interesse público, proíbe que o fornecedor se beneficie de tal prerrogativa.

Não se pode negar a desigualdade econômica entre as partes contratantes, somente mitigada pelos mecanismos legais de freios e contrapesos decorrentes do *dirigismo contratual* do Código de Defesa do Consumidor. Compensa-se a desigualdade econômica por meio de uma igualdade jurídica. A título de ilustração, imagine a aquisição de um produto fabricado no sul do país, por um indivíduo morador da bela cidade de Maceió, tendo o contrato estabelecido que o *foro de Porto Alegre seria o competente para as demandas porventura existentes entre as partes do negócio*[13].

Nesse ponto, vale transcrever a lição de ROBERTO SENISE LISBOA, ministrada por ocasião do 5.º Congresso Brasileiro de Direito do Consumidor:

> "O princípio da igualdade contratual, nitidamente formal, ofereceu uma série de distorções, pelo desequilíbrio real das partes. O racionalismo jurídico se preocupou muito mais com um equilíbrio abstrato dos contraentes, do que com a prevenção de questões que certamente se levantariam a partir de então". E conclui: "a igualdade metafísica da teoria clássica não se mostrou hábil para contornar uma realidade: a da disparidade de condições econômicas das contraentes, nos âmbitos externos e internos do negócio realizado"[14].

O mesmo raciocínio é aplicável para as relações de trabalho subordinado, em que o art. 9.º da CLT ("Serão nulos de pleno direito os atos praticados com o objetivo de desvirtuar, impedir ou fraudar a aplicação dos preceitos contidos na presente Consolidação") tem sido invocado para fulminar de morte qualquer tentativa de utilização do instituto do foro de eleição no Direito do Trabalho.

Neste sentido, doutrina AMAURI MASCARO NASCIMENTO:

> "O foro de eleição, isto é, o escolhido pelas partes num contrato escrito, comum no direito civil, não é admitido nos contratos de trabalho. A sua admissibilidade redundaria em problemas de

---

[13] Em sentido contrário, afirma Sílvio Venosa: "Se o consumidor tem prévia ciência do foro de eleição no contrato que se lhe apresenta, não podemos concluir que a cláusula seja abusiva" (ob. cit., p. 197). Vale destacar, porém, que a legislação processual civil foi, inclusive, alterada posteriormente para permitir ao magistrado declarar, de ofício, a incompetência do juízo, nos termos do seu art. 112, parágrafo único, do Código de Processo Civil.

[14] Roberto Senise Lisboa, O Contrato como Instrumento de Tutela Ambiental, artigo publicado na *Revista de Direito do Consumidor*, n. 35, jul.-set. 2000, p. 177.

difícil solução, dada a hipossuficiência do trabalhador. Se, num contrato escrito em São Paulo, ficasse constando que a questão dele resultante, por acordo entre as partes, devesse ser movida, por exemplo, em Belém do Pará, o empregado não teria meios de se locomover até lá para promover a ação. Vale dizer, estaria praticamente invalidado o direito de ação, em prejuízo do mais fraco economicamente. Daí a repulsa ao foro de eleição no processo trabalhista. Entende--se, portanto, não escrita cláusula de contrato individual de trabalho estabelecendo foro de eleição"[15].

---

[15] Amauri Mascaro Nascimento, *Curso de Direito Processual do Trabalho,* 17. ed., São Paulo: Saraiva, 1997, p. 214.

Capítulo VIII
Bens Jurídicos

Sumário: 1. Os bens como objeto de relações jurídicas. 2. Bem × coisa. 3. Patrimônio jurídico (com reflexões sobre o "patrimônio digital"). 4. Classificação dos bens jurídicos. 4.1. Dos bens considerados em si mesmos (arts. 79 a 91 do CC/2002). 4.1.1. Bens corpóreos e incorpóreos. 4.1.2. Bens imóveis e móveis: a) Classificação dos bens imóveis; a.1) Imóveis por sua própria natureza; a.2) Imóveis por acessão física, industrial ou artificial; a.3) Imóveis por acessão intelectual; a.4) Imóveis por determinação legal; a.5) Considerações sobre a natureza imobiliária do direito à sucessão aberta; b) Classificação dos bens móveis; b.1) Móveis por sua própria natureza; b.2) Móveis por antecipação; b.3) Móveis por determinação legal; c) Semoventes. 4.1.3. Bens fungíveis e infungíveis. 4.1.4. Bens consumíveis e inconsumíveis. 4.1.5. Bens divisíveis e indivisíveis. 4.1.6. Bens singulares e coletivos. 4.2. Dos bens reciprocamente considerados (arts. 92 a 97 do CC/2002). 4.2.1. Classificação dos bens acessórios: a) Os frutos; b) Os produtos; c) Os rendimentos; d) As pertenças; e) As benfeitorias; f) As partes integrantes. 4.3. Dos bens públicos e particulares. 5. Bem de família. 6. Coisas fora do comércio.

1. OS BENS COMO OBJETO DE RELAÇÕES JURÍDICAS

Interpretando o pensamento de ULPIANO (*bona ex eo dicuntur quod beant, hoc est beatos faciunt*), BEVILÁQUA afirma que, sob o prisma filosófico, "bem é tudo quanto corresponde à solicitação de nossos desejos"[1].

Movemo-nos em busca da realização dos nossos sonhos, e, por isso, perseguimos a conquistas de bens, patrimoniais ou não, durante toda a nossa existência.

Para o Direito, a noção de bem possui uma funcionalidade própria.

Embora mais extensa do que a acepção meramente econômica – que se limita à suscetibilidade de apreciação pecuniária –, os bens jurídicos podem ser definidos como *toda a utilidade física ou ideal, que seja objeto de um direito subjetivo*[2]. Neste enfoque, podemos afirmar, sem dúvida, que todo bem econômico é bem jurídico, mas a recíproca, definitivamente, não é verdadeira, tendo em vista que há bens jurídicos que não podem ser avaliáveis pecuniariamente.

Nessa linha de raciocínio, é correto dizer que o *bem jurídico*, material ou imaterial, economicamente apreciável ou não, é *objeto de direitos subjetivos* (p. ex.: um terreno é objeto do meu *direito de propriedade*, a honra é objeto de meu *direito da personalidade*).

---

[1] Clóvis Beviláqua, *Teoria Geral do Direito Civil*, Campinas: RED Livros, 1999, p. 213.

[2] Desta definição não se afasta muito o pensamento do culto Agostinho Alvim, segundo o qual "os bens são coisas materiais ou imateriais que têm valor econômico e que podem servir de objeto a uma relação jurídica" (cit. por Maria Helena Diniz, in *Curso de Direito Civil Brasileiro*, v. 1, Teoria Geral do Direito Civil, 37. ed., São Paulo: Saraiva, 2020, p. 381). Na mesma trilha é a definição de Orlando Gomes, para quem bem é "toda utilidade, material ou ideal, que possa incidir na faculdade de agir do sujeito" (*Introdução ao Direito Civil*, 18. ed., Rio de Janeiro: Forense, 2001, p. 199).

Quer dizer, a todo *direito subjetivo*[3] (faculdade de agir do sujeito) deverá corresponder um determinado *bem jurídico*.

Todavia, também as *prestações* podem ser objeto de direitos.

Isto porque, nos *direitos subjetivos de crédito (obrigacionais)*, espécies de direitos pessoais, não interessa ao titular do direito a coisa ou o bem em jogo. Interessa, sim, *a atividade do devedor voltada à satisfação do crédito*, ou seja, a sua prestação. Figure-se um exemplo. Por força de um determinado contrato, Tício tem um crédito de dez perante Caio. O *direito de crédito* de Tício tem por objeto imediato não o dinheiro em si (coisa fungível), mas, sim, a atividade, a atuação do devedor, a sua prestação positiva de dar.

A aparente confusão na conceituação de *bem* decorre, em verdade, do fato de que se trata de uma expressão plurissignificativa, o que muitas vezes não é suficientemente esclarecido pela doutrina especializada.

Em geral, bem significa toda utilidade em favor do ser humano, conceito que não interessa diretamente ao Direito.

Já em sentido jurídico, *lato sensu*, bem jurídico *é a utilidade, física ou imaterial, objeto de uma relação jurídica, seja pessoal ou real*.

Ainda em uma perspectiva jurídica, porém em sentido estrito, bem jurídico costuma ser utilizado, por parte da doutrina, como sinônimo de coisa, bem materializado (objeto corpóreo), o que esclarecemos com mais detalhes no próximo tópico, valendo lembrar a existência de bens jurídicos imateriais, como, v. g., os direitos da personalidade.

Já as prestações, consoante já se anotou, são objeto de direitos subjetivos, mas não se confundem com os bens jurídicos em sentido estrito.

Assim sendo, podemos esquematizar esta classificação da seguinte forma:

Objeto de direitos	Prestação Jurídica	
	Bem Jurídico *Lato Sensu*	Bens jurídicos imateriais
		Coisas (bem jurídico materializado)

O estudo minucioso da prestação é feito pelo Direito das Obrigações, de maneira que, neste capítulo, cuidaremos apenas dos *bens jurídicos* propriamente ditos (*lato sensu*).

Aprofundemos, porém, no próximo tópico, as diferenças entre bem e coisa.

---

[3] Von Tuhr adverte que direito subjetivo é faculdade de agir – *facultas agendi*; direito objetivo é a norma de ação (*norma agendi*). Assim, ao dizer que "o direito garante a paz e o sossego entre proprietários vizinhos", utiliza-se a expressão "direito" em sentido objetivo. Por outro lado, se o sujeito mora e planta em seu terreno, está exercendo o seu *direito subjetivo de propriedade*, manifestado, no caso, pela faculdade de usar (*jus utendi*). Um conceito não pode existir sem o outro, adverte Orlando Gomes, porque, se é inconcebível a existência de direitos subjetivos sem uma ordem jurídica, não se pode imaginar ordem jurídica sem direitos subjetivos (*Introdução ao Direito Civil*, 10. ed., Rio de Janeiro: Forense, 1993, p. 111).

2. BEM × COISA

Não existe consenso doutrinário quanto à distinção entre *bem* e *coisa*[4].

ORLANDO GOMES sustenta que *bem é gênero e coisa é espécie*. A noção de bem envolve o que pode ser objeto de direito sem valor econômico, ao passo que a coisa restringe-se às utilidades patrimoniais. Acrescenta, ainda, invocando o Direito Civil alemão, que a coisa é sempre *objeto corpóreo*, isto é, perceptível pelos sentidos[5-6].

Em sentido diametralmente oposto, MARIA HELENA DINIZ, com fundamento na doutrina de SCUTO, assevera que os bens seriam espécies de coisas[7]. E, seguindo a mesma linha doutrinária, SÍLVIO VENOSA adverte que "a palavra coisa tem sentido mais extenso, compreendendo tanto os bens que podem ser apropriados, como aqueles objetos que não podem"[8]. Por isso se diz que a noção de coisa é mais vasta, por compreender tudo o que existe no universo, e que não pode ser objeto de direito (o ar atmosférico, o espaço, a água do mar).

WASHINGTON DE BARROS MONTEIRO, com propriedade, reconhecendo a falta de harmonia na doutrina, afirma que "o conceito de coisas corresponde ao de bens, mas nem sempre há perfeita sincronização entre as duas expressões. Às vezes, coisas são o gênero, e bens, a espécie; outras, estes são o gênero e aquelas a espécie; outras, finalmente, são os dois termos usados como sinônimos, havendo então entre eles coincidência de significação"[9].

Longe de se pretender esboçar critério científico que ponha fim à controvérsia, talvez possamos apontar a causa de tão acentuado desencontro doutrinário.

Conforme argута preleção de FRANCISCO AMARAL, *o conceito de bem é histórico e relativo*, variando de acordo com as diversas épocas da cultura humana. "Com a evolução da espécie humana e o desenvolvimento da vida espiritual", pontifica o culto Professor da UFRJ, "expresso na arte, na ciência, na religião, na cultura, enfim, surgiram novas exigências e novas utilidades, passando a noção de bem a ter sentido diverso do que tinha primitivamente"[10]. Talvez por isso a doutrina não haja assentado, de maneira uniforme, a real extensão do conceito de *bem*, confundindo-o, diversas vezes, com a definição de *coisa*.

---

[4] De referência ao Código de 1916: "O vocábulo 'bem', utilizado pelo legislador como rubrica do Livro II da Parte Geral do Código Civil, tem significado amplo e é utilizado pela doutrina, e pelo próprio legislador, em diferentes acepções. Na Parte Especial, quando trata da propriedade e seus desdobramentos, fala em coisa, deixando de utilizar-se do termo 'bem', como feito na Parte Geral. Conceituar o vocábulo 'bem' não é tarefa fácil. A doutrina nem sempre está acorde sobre se o conceito de bem corresponde ao de coisa, se é mais ou menos amplo do que esse" (Rui Geraldo de Camargo Viana e Rosa Maria de Andrade Nery, in *Temas Atuais de Direito Civil na Constituição Federal,* São Paulo: Revista dos Tribunais, 2000, p. 63).

[5] Orlando Gomes, ob. cit., p. 206.

[6] Segundo Teixeira de Freitas, "coisa é tudo aquilo que tem existência material e que é suscetível de medida de valor" (apud Francisco Amaral, *Direito Civil – Introdução,* 10. ed., São Paulo: Saraiva, 2018, p. 424).

[7] Maria Helena Diniz, ob. cit., p. 381.

[8] Sílvio de Salvo Venosa, *Direito Civil – Parte Geral,* São Paulo: Atlas, 2000, v. 1, p. 258.

[9] Washington de Barros Monteiro, *Curso de Direito Civil,* 37. ed., São Paulo: Saraiva, 2000, v. 1, p. 144.

[10] Francisco Amaral, ob. cit., 2018, p. 425.

Preferimos, na linha do Direito alemão, identificar a *coisa* sob o aspecto de sua *materialidade*, reservando o vocábulo aos objetos corpóreos. Os *bens*, por sua vez, compreenderiam os objetos corpóreos ou materiais (coisas) e os ideais (bens imateriais). Dessa forma, há bens jurídicos que não são coisas: a liberdade, a honra, a integridade moral, a imagem, a vida.

Note-se que o novo Código Civil, apesar de não diferenciar os conceitos, consagra a expressão *bem jurídico* compreendendo as coisas e os bens imateriais.

3. PATRIMÔNIO JURÍDICO (COM REFLEXÕES SOBRE O "PATRIMÔNIO DIGITAL")

Antes de abordar a classificação legal dos bens jurídicos, faz-se mister tecer algumas considerações acerca da noção de patrimônio.

Tais considerações se fazem importantes, pois tal noção técnica é amplamente utilizada como o conjunto de direitos e obrigações pecuniariamente apreciáveis.

Em expressão clássica, o patrimônio é "a representação econômica da pessoa", vinculando-o à personalidade do indivíduo, em uma concepção abstrata que se conserva durante toda a vida da pessoa, independentemente da substituição, aumento ou decréscimo de bens.

Modernamente, a coesão patrimonial vem sendo explicada apenas pelo elemento objetivo de uma universalidade de direitos, com a destinação/afetação que lhe der seu titular.

Nesta ideia, está englobado o complexo de direitos reais e obrigacionais de uma pessoa, ficando de lado todos os outros que não têm valor pecuniário, nem podem ser cedidos, como os direitos de família e os direitos puros de personalidade (por isso mesmo chamados "direitos extrapatrimoniais").

Vale salientar que a ideia de patrimônio não se confunde com o conjunto de bens corpóreos, mas sim com toda a gama de relações jurídicas (direitos e obrigações de crédito e débito) valoráveis economicamente de uma pessoa, natural ou ideal. O conceito é de vital importância, por exemplo, para o Direito Penal, sendo todo o Título II (arts. 155 a 183) da Parte Especial do Código Penal brasileiro dedicado aos "crimes contra o patrimônio"[11].

A título de informação terminológica, saliente-se que o patrimônio pode ser tanto *líquido* (conjunto de bens e créditos, deduzidos os débitos), quanto *bruto* (conjunto de relações jurídicas sem esta dedução), compreendendo-se neste o ativo (conjunto de direitos) e o passivo (conjunto de obrigações), não se descaracterizando a noção se os débitos forem superiores aos créditos, pois o patrimônio exprimirá sempre um valor pecuniário, seja positivo ou negativo.

Esta é a visão hoje assentada do instituto, reduzindo-o a uma avaliação pecuniária. Vislumbramos, porém, talvez em uma evolução semântica da expressão, que a noção de *patrimônio jurídico* poderá, em breve tempo, ser ampliada, para abranger toda a gama de

---

[11] Destaque-se, a propósito, que o art. 155, § 3.º, equipara "à coisa móvel a energia elétrica ou qualquer outra que tenha valor econômico" para efeito da tipificação do chamado "gato" (subtração de energia elétrica) como furto.

direitos da pessoa, tendo em vista a crescente e visível evolução da tutela jurídica dos direitos da personalidade[12].

Finalmente, devemos analisar a questão referente à unidade e pluralidade de patrimônios.

A doutrina tradicional, desde CLÓVIS BEVILÁQUA, não admite a pluralidade de patrimônios, sob o argumento de que, por ser decorrência da personalidade, um homem não poderia ter mais de um. "Um homem, um patrimônio" foi a ideia que sempre se difundiu.

Corrente de pensamento em sentido contrário, sustentada pelos gênios de FADDA e BENSA, além do magistral DE PAGE, admitia a tese da divisibilidade do patrimônio. E exemplificava: na comunhão parcial de bens, por exemplo, além do patrimônio separado de cada cônjuge, haveria o patrimônio comum.

Entendemos, todavia, que mesmo nas hipóteses em que se individualiza um conjunto de bens dentro do próprio patrimônio, não se vulnera a unidade deste.

Nesse sentido, citando BEVILÁQUA, conclui, com propriedade, CAIO MÁRIO: "não há, porém, nesses casos, pluralidade ou divisibilidade de patrimônio. O que há é a distinção de bens de procedência diversa no mesmo patrimônio"[13].

A noção de patrimônio evoluiu e, em um mundo cada vez mais tecnológico, em que as relações sociais, mais e mais, se "virtualizam", já se reconhece, hoje, a importante categoria do *patrimônio digital*.

Acompanhando essa evolução, o Anteprojeto de Reforma do Código Civil contém um importante novo Livro de "Direito Digital", o qual contempla importantes perspectivas das relações jurídico-sociais do século XXI, não reguladas pelo Código Civil em vigor, a exemplo da inteligência artificial, dos neurodireitos, dos contratos eletrônicos, dos *smart contracts*, dentre vários outros institutos.

Nesse contexto, mereceu atenção, também, no Anteprojeto, o *patrimônio digital*, que pode assim ser definido:

"CAPÍTULO V

PATRIMÔNIO DIGITAL

Art. . Considera-se patrimônio digital o conjunto de ativos intangíveis e imateriais, com conteúdo de valor econômico, pessoal ou cultural, pertencente a pessoa ou entidade, existentes em formato digital.

---

[12] Vários doutrinadores já admitem, ainda que indiretamente, a expressão "patrimônio moral", embora muitos não a usem expressamente. A título exemplificativo, confira-se Carlos Alberto Bittar (*Reparação Civil por Danos Morais*, São Paulo: Revista dos Tribunais, 1993), Wilson Melo da Silva (*O Dano Moral e sua Reparação*, 3. ed., Rio de Janeiro: Forense, 1983), Maria Helena Diniz (*Curso de Direito Civil*, 34. ed., São Paulo: Saraiva, 2020, v. 7), Sérgio Severo (*Os Danos Extrapatrimoniais*, São Paulo: Saraiva, 1996), Augusto Zenun (*Dano Moral e sua Reparação*, 4. ed., Rio de Janeiro: Forense, 1996), Clayton Reis (*Dano Moral*, 4. ed., Rio de Janeiro: Forense, 1995), Fabrício Zamprogna Matielo (*Dano Moral, Dano Material e Reparação*, 2. ed., Porto Alegre: Sagra-Luzzatto, 1995), Christino Almeida do Valle (*Dano Moral*, 1. ed., 2. tir., Rio de Janeiro: Aide, 1994), Rodolfo Pamplona Filho (*O Dano Moral na Relação de Emprego*, 3. ed., São Paulo: LTr, 2002), entre outros.

[13] Caio Mário da Silva Pereira, *Instituições de Direito Civil*, 19. ed., Rio de Janeiro: Forense, 2001, v. 1, p. 248. Ver também Clóvis Beviláqua, *Teoria Geral do Direito Civil*, Campinas: RED Livros, 1999, p. 218.

Parágrafo único. A previsão deste artigo inclui, mas não se limita a dados financeiros, senhas, contas de mídia social, ativos de criptomoedas, *tokens* não fungíveis ou similares, milhagens aéreas, contas de games ou jogos cibernéticos, conteúdos digitais como fotos, vídeos, textos, ou quaisquer outros ativos digitais, armazenados em ambiente virtual".

Sobre o tema, escreve, com precisão, LAURA PORTO:

"E mesmo que haja divergência entre doutrinadores, optamos, ainda que não de forma expressa, por dividir o patrimônio digital por naturezas. Essas categorias são: essenciais e personalíssimas, patrimoniais e híbridas.

As essenciais e personalíssimas englobam informações e dados que possuem apenas valor pessoal, como mensagens privadas. São elementos intrinsecamente ligados à identidade e privacidade do indivíduo, e sua gestão após a morte exige uma abordagem cuidadosa que respeite a intimidade do falecido e de terceiros envolvidos.

As patrimoniais, por outro lado, incluem ativos que possuem valor econômico agregado. Exemplos disso são criptomoedas, contas de investimentos digitais, milhagens aéreas e outros bens digitais que podem ser quantificados em termos financeiros. A transmissão desses bens é crucial para garantir a continuidade do patrimônio do falecido e a segurança financeira dos herdeiros.

As híbridas, como o próprio nome sugere, possuem características de ambas as naturezas mencionadas. São ativos que, além de terem um valor pessoal significativo, também possuem um valor econômico agregado. Um exemplo típico seria uma conta de mídia social monetizada"[14].

Logicamente, com o falecimento do seu titular, o patrimônio digital passa a ser tratado como "herança digital".

Trata-se, sem dúvida, de uma importantíssima categoria, sem dúvida já existente, que merece assento em nosso Código Civil.

4. CLASSIFICAÇÃO DOS BENS JURÍDICOS

Os jurisconsultos romanos, especialmente GAIO, preocuparam-se com a classificação das coisas, devendo-se ressaltar a importante distinção que faziam os antigos entre *res mancipi* e *res nec mancipi*.

Seguindo a linha de pensamento do culto JOSÉ CRETELLA JÚNIOR, *res mancipi* seriam as coisas cuja transferência de propriedade exigia um modo ou processo solene (mancipação), como, por exemplo, *as porções de terras itálicas, as servidões que gravam as terras, as casas, os escravos, os animais de carga e de tração*. Diferentemente, as *res nec mancipi* não exigiam formalismo algum para a sua transferência, demandando apenas a entrega ou tradição (dinheiro, móveis, joias, gado de pequeno porte, aves domésticas)[15].

Os sistemas jurídicos modernos não adotaram tal sistematização.

---

[14] Laura Porto, A herança digital na proposta de atualização do Código Civil: protegendo seu patrimônio digital. *Migalhas*, 28 maio 2024. Disponível em: <https://www.migalhas.com.br/coluna/reforma-do-codigo-civil/408156/a-heranca-digital-na-proposta-de-atualizacao-do-codigo-civil>. Acesso em: 22 out. 2024.

[15] José Cretella Júnior, *Curso de Direito Romano*, 20. ed., Rio de Janeiro: Forense, 1997, p. 156.

O Código Civil de 1916 elenca os bens da seguinte forma (arts. 43 a 73):

1) Bens considerados em si mesmos
   1.1. bens imóveis e móveis
   1.2. coisas fungíveis e consumíveis
   1.3. coisas divisíveis e indivisíveis
   1.4. coisas singulares e coletivas
2) Bens reciprocamente considerados
3) Bens públicos e particulares
4) Coisas que estão fora do comércio
5) Bem de família

Com base no novo Código Civil (arts. 79 a 103), podemos apresentar, de forma mais técnica e abrangente, a seguinte classificação da matéria:

1) Bens considerados em si mesmos
   1.1. bens imóveis e móveis
   1.2. bens fungíveis e infungíveis
   1.3. bens consumíveis e inconsumíveis
   1.4. bens divisíveis e indivisíveis
   1.5. bens singulares e coletivos
2) Bens reciprocamente considerados
   2.1. bem principal e bens acessórios
      2.1.1. bens acessórios:
         a) frutos;
         b) produtos;
         c) rendimentos;
         d) benfeitorias (necessárias, úteis e voluptuárias)
3) Bens públicos e particulares

Embora o Novo Código desloque a disciplina do *bem de família* para o Livro de Direito de Família (arts. 1.711 a 1.722), será o tema analisado detidamente ao final deste capítulo, em tópico separado.

Da mesma forma, na classificação dos bens considerados em si mesmos, parece-nos relevante mencionar, embora a matéria não seja tratada na legislação codificada, a distinção entre bens corpóreos e incorpóreos.

4.1. Dos bens considerados em si mesmos (arts. 79 a 91 do CC/2002)

4.1.1. Bens corpóreos e incorpóreos

Embora a classificação formal em epígrafe não esteja prevista, enquanto norma legal positivada, tanto no Código Civil de 1916 quanto no recentemente aprovado, o fato é que tem grande utilidade.

O Código Penal brasileiro, por exemplo, traz tipos próprios para os ilícitos praticados contra a propriedade imaterial (bens incorpóreos), como a violação de direito autoral (art. 184), além de haver expressa disciplina de outros crimes contra a propriedade intelectual (patentes, desenhos industriais, marcas etc.) na Lei n. 9.279, de 14-5-1996, que regula direitos e obrigações relativos à propriedade industrial.

Como o próprio nome já infere, bens corpóreos são aqueles que têm existência material, perceptível pelos nossos sentidos, como os bens móveis (livros, joias etc.) e imóveis (terrenos etc.) em geral.

Em contraposição aos mesmos, encontram-se os bens incorpóreos, que são aqueles abstratos, de visualização ideal (não tangível). Tendo existência apenas jurídica, por força da atuação do Direito, encontram-se, por exemplo, os direitos sobre o produto do intelecto, com valor econômico.

Embora as relações jurídicas possam ter como objeto tanto bens corpóreos quanto incorpóreos, há algumas diferenças na sua disciplina jurídica, como, v. g., o fato de que somente os primeiros podem ser objeto de contrato de compra e venda, enquanto os bens imateriais somente se transferem pelo contrato de cessão, bem como não podem, em teoria tradicional, ser adquiridos por usucapião, nem ser objeto de tradição (uma vez que esta implica a entrega da coisa)[16].

4.1.2. Bens imóveis e móveis

Este critério de classificação cuida do bem em sua concepção naturalística.

Bens imóveis são aqueles que não podem ser transportados de um lugar para outro sem alteração de sua substância (um lote urbano, v. g.). *Bens móveis*, por sua vez, são os passíveis de deslocamento, sem quebra ou fratura (um computador, v. g.). Os bens suscetíveis de movimento próprio, enquadráveis na noção de *móveis*, são chamados de *semoventes* (um animal de tração, v. g.).

A distinção legal tem especial importância prática, pois a alienação de bens imóveis reveste-se de formalidades não exigidas para os móveis. Diferentemente da sistemática legal francesa, só se pode operar a aquisição da propriedade imobiliária, no Direito brasileiro, se ao título aquisitivo (em geral o contrato) se seguir a solenidade do registro. Para os bens móveis, dispensa-se o registro, exigindo-se, apenas, a tradição da coisa. Mas as cautelas com as quais a lei civil cerca a alienação de imóveis não terminam aqui. Seguindo a diretriz do Código Civil de 1916, o marido ou a mulher, independentemente do regime de bens adotado, só poderá alienar ou gravar de ônus real os bens imóveis com a autorização do outro (arts. 235, I, e 242, I). O novo Código Civil, por sua vez, mantém a mesma

---

[16] Em relação à usucapião, já se admitiu, porém, a posse de "linhas telefônicas" (em verdade, o objeto da posse seria o direito de uso – incorpóreo –, e não a linha em si) e, consequentemente, o uso dos interditos possessórios na sua defesa. Sobre o tema, o STJ, por sua 3.ª Turma, no REsp 41.611-6/RS, j. 25-4-1994, já admitiu usucapião para aquisição de direitos sobre linha telefônica (*RSTJ*, 67:437) e, no REsp 7.196-RJ, a respeito de propriedade industrial, decidiu que, independentemente de se tratar de bem imaterial, a tutela pode ser exercida através de ações possessórias (*DJU*, 5-8-1991, p. 9997).

restrição, ressalvando que tal limitação não se aplica aos cônjuges casados sob regime de separação absoluta (art. 1.647).

a) Classificação dos bens imóveis

Os *bens imóveis* são classificados pela doutrina da seguinte forma:

a.1) Imóveis por sua própria natureza

Seguindo a diretriz do Código Civil de 1916, pertencem a esta categoria "o solo com a sua superfície, os seus acessórios e adjacências naturais, compreendendo as árvores e frutos pendentes, o espaço aéreo e o subsolo" (art. 43, I, do CC/1916). A natureza imobiliária do solo compreende tudo aquilo a si incorporado pela própria natureza (ex.: jazidas minerais, quedas-d'água), atingindo ainda a sua extensão vertical (o espaço aéreo e o subsolo). As árvores destinadas ao corte, utilizadas pela indústria madeireira, são consideradas *bens móveis por antecipação*[17].

O Código Civil de 2002, em disposição mais sintética, considera imóveis "o solo e tudo quanto se lhe incorporar natural ou artificialmente" (art. 79 do CC/2002).

a.2) Imóveis por acessão física, industrial ou artificial

É tudo quanto o homem incorporar permanentemente ao solo, como a semente lançada à terra, os edifícios e construções, de modo que se não o possa retirar sem destruição ou dano (art. 79 do CC/2002).

Acessão significa incorporação, união física com aumento de volume da coisa principal. Nesse caso, os bens móveis incorporados intencionalmente ao solo adquirem a sua natureza imobiliária. Por exemplo: o forro de gesso utilizado na construção da casa.

Vale advertir não perderem a natureza de *imóveis* os materiais provisoriamente separados de um prédio para nele mesmo se reempregarem (ex.: retirada de telhas, enquanto se reformam as vigas de sustentação da casa, para nesta voltarem a ser reempregadas, ao final da obra) e, bem assim, as edificações que, separadas do solo, mas conservando a sua unidade, forem removidas para outro local (art. 81, I e II, do CC/2002).

a.3) Imóveis por acessão intelectual[18]

São os bens que o proprietário intencionalmente destina e mantém no imóvel para exploração industrial, aformoseamento ou comodidade (art. 43, III, do CC/1916). Exemplos

---

[17] Carlos Roberto Gonçalves, *Direito Civil – Parte Geral*, 5. ed. São Paulo: Saraiva, 1999, Sinopses Jurídicas, v. 1, p. 71.

[18] Há polêmica sobre a permanência, no Direito Positivo, da utilidade desta categoria. Durante a Jornada de Direito Civil, realizada pelo Superior Tribunal de Justiça e Conselho da Justiça Federal, em Brasília, no período de 11 a 13 de setembro de 2002, foi defendido tal entendimento perante a Comissão da Parte Geral, tendo sido aprovado o seguinte enunciado: "Não persiste no novo sistema legislativo a categoria dos bens imóveis por acessão intelectual, não obstante a expressão 'tudo quanto se lhe incorporar natural ou artificialmente' constante da parte final do art. 79 do Código Civil de 2002". Sobre o tema, confira-se o texto do magistrado e professor Rogério de Meneses Fialho Moreira, autor da proposição, na edição de janeiro da *Revista Eletrônica do Curso de Direito da UNIFACS – Universidade Salvador*, acessível no endereço: http://www.unifacs.br/revistajuridica.

típicos são os aparelhos de ar condicionado, escadas de emergência e os maquinários agrícolas. Tais bens podem ser, a qualquer tempo, mobilizados.

São as chamadas pertenças, bens acessórios de que voltaremos a tratar em tópico próprio, ainda neste capítulo[19].

a.4) Imóveis por determinação legal

Nessa categoria não prevalece o aspecto naturalístico do bem, senão a vontade do legislador.

Principalmente por imperativo de segurança jurídica, a lei civil optou por considerar tais bens de natureza imobiliária.

Seguindo a linha normativa do Código Civil de 1916, seriam: *os direitos reais sobre imóveis e as ações que os asseguram, as apólices da dívida pública gravadas com cláusula de inalienabilidade e o direito à sucessão aberta* (art. 44).

O Novo Código, corretamente, excluiu desse rol, por seu evidente aspecto anacrônico, as *apólices de dívida pública clausuladas*.

É bom que se diga que, com a nova Lei Codificada, tal classificação, apesar de não haver sido desprezada, ganhou contornos mais simples. A disciplina adotada pelo legislador é menos digressiva, limitando-se a considerar *imóveis* apenas "o solo e tudo quanto se lhe incorporar natural ou artificialmente" (art. 79). Em sequência, consoante se anotou linhas acima, consideraram-se *imóveis por força de lei* "os direitos reais sobre imóveis e as ações que os asseguram", bem como "o direito à sucessão aberta" (art. 80, I e II).

a.5) Considerações sobre a natureza imobiliária do direito à sucessão aberta

Quanto à natureza imobiliária do *direito à sucessão aberta*, algumas observações devem ser feitas.

Seguindo a diretriz assentada nos sistemas jurídicos modernos, segundo a qual um patrimônio não pode remanescer sem titular, o novo Código, bem como o Código de 1916, consagrou a regra de que *a abertura da sucessão (a morte do sucedido) opera, de imediato, a transferência dos bens da herança aos herdeiros legítimos e testamentários* (art. 1.784 do CC/2002).

Adotou-se, pois, o *princípio da saisine*, originário do direito feudal francês intermédio.

Ora, considerando que, durante o curso do inventário, o herdeiro poderá ceder a sua quota hereditária (seu *direito à sucessão aberta*) a outro sucessor ou a terceiro (renúncia translativa), controverte-se a doutrina a respeito dos requisitos de validade deste ato de transferência.

Respeitável corrente de pensamento argumenta que, além da capacidade jurídica, exige-se, para a validade do ato, a *autorização do cônjuge do cedente*, sob o argumento de que se trata de uma espécie de alienação de direito imobiliário, para a qual a lei exige outorga uxória ou autorização marital, independentemente do regime de bens (art. 1.647 c/c art. 80, II, ambos do CC/2002).

---

[19] Vide tópico 4.2 – "Dos Bens Reciprocamente Considerados (arts. 92 a 97 do CC/2002)", alínea *d*.

Nesse sentido, FRANCISCO CAHALI e GISELDA HIRONAKA prelecionam que "tratando a sucessão aberta como imóvel [CC/1916, art. 44, III] a renúncia à herança depende do consentimento do cônjuge, independentemente do regime de bens adotado [CC/1916, arts. 235 e 242, I e II]. Considera-se que a ausência do consentimento torna o ato anulável, uma vez passível de ratificação (RT, 675/102)"[20].

Embora se possa imaginar que essa autorização do cônjuge seja necessária para todo tipo de renúncia – *inclusive a abdicativa, em que o herdeiro despoja-se de seu quinhão em benefício de todo o monte partível, indistintamente* –, entendemos que tal formalidade só é necessária em se tratando de *renúncia translativa*, hipótese em que o herdeiro "renuncia em favor de determinada pessoa", praticando, com o seu comportamento, verdadeiro *ato de cessão de direitos*. E tanto é assim que, nessa última hipótese, incidirão dois tributos distintos: o imposto de transmissão *mortis causa* (em face da transferência dos direitos do falecido para o herdeiro/cedente) e o imposto de transmissão *inter vivos* (em face da transferência dos direitos do herdeiro/cedente para outro herdeiro ou terceiro/cessionário).

Cumpre registrar ainda haver entendimento no sentido de não ser exigível a autorização do outro cônjuge para a renúncia de direitos hereditários. É a posição de MARIA HELENA DINIZ, para quem "a pessoa casada pode aceitar ou renunciar à herança ou legado independentemente de prévio consentimento do cônjuge, apesar do direito à sucessão aberta ser considerado imóvel para efeitos legais, ante a redação dada ao art. 242 do Código Civil pela Lei n. 4.121/62 (*RT, 605:38, 538:92, 524:207*)".

b) Classificação dos bens móveis

Embora a proteção dada aos bens imobiliários seja tradicionalmente mais rígida, modernamente os bens móveis têm gozado de maior importância econômica e dimensão social, sendo também de grande importância o seu estudo.

Tais *bens* podem ser assim classificados:

b.1) Móveis por sua própria natureza

São aqueles bens que, sem deterioração de sua substância, podem ser transportados de um local para outro, mediante o emprego de força alheia. É o caso dos objetos pessoais em geral (livros, carteiras, bolsas etc.).

b.2) Móveis por antecipação

São os bens que, embora incorporados ao solo, são destinados a serem destacados e convertidos em móveis, como é o caso, por exemplo, das árvores destinadas ao corte.

b.3) Móveis por determinação legal

São bens considerados de natureza mobiliária por expressa dicção legal.

Para o Código de 1916 seriam: *os direitos reais sobre objetos móveis e as ações correspondentes, os direitos de obrigação e as ações respectivas, os direitos do autor* (art. 48). O

---

[20] Francisco José Cahali e Giselda Maria Fernandes Novaes Hironaka, *Curso Avançado de Direito Civil*, São Paulo: Revista dos Tribunais, 2000, v. 6, p. 102.

novo Código Civil atualiza a disciplina normativa, considerando móveis: "as energias que tenham valor econômico, os direitos reais sobre objetos móveis e as ações correspondentes, os direitos pessoais de caráter patrimonial e respectivas ações" (art. 83).

Segundo CARLOS ROBERTO GONÇALVES, "são bens imateriais, que adquirem essa qualidade jurídica por disposição legal. Podem ser cedidos, independentemente de outorga uxória ou autorização marital. Incluem-se, nesse rol, o fundo de comércio, as quotas e ações de sociedades empresárias, os direitos de autor, os créditos em geral"[21].

c) Semoventes

Os semoventes são os bens que se movem de um lugar para outro, por movimento próprio, como é o caso, seguindo entendimento tradicional, dos animais.

Sua disciplina jurídica é a mesma dos bens móveis por sua própria natureza, sendo-lhes aplicáveis todas as suas regras correspondentes (art. 82 do CC/2002).

Vale destacar, porém, que há forte tendência a dar aos animais um *status* diferenciado, não mais os identificando como "coisas", embora não se lhes seja firmemente reconhecida ainda a condição de sujeitos de direitos.

Com efeito, no julgamento do REsp 1713167/SP, decidiu a 4.ª Turma do Superior Tribunal de Justiça, por maioria, seguindo o voto do Ministro Relator Luis Felipe Salomão, garantir o direito de um homem a visitar sua cadela, que ficou com a ex-companheira na separação.

Trata-se de uma demanda que não deve ser mais interpretada como uma futilidade, mas sim como reflexo de uma nova sociedade, que cada vez mais valoriza o convívio com os animais[22].

---

[21] Carlos Roberto Gonçalves, *Direito Civil Brasileiro – Parte Geral*, 18. ed., São Paulo: Saraiva, 2020, v. 1, p. 319.

[22] "Longe de, aqui, se querer humanizar o animal", ressaltou. "Também não há se efetivar alguma equiparação da posse de animais com a guarda de filhos. Os animais, mesmo com todo afeto merecido, continuarão sendo não humanos e, por conseguinte, portadores de demandas diferentes das nossas."
O relator afirmou, em julgamento iniciado em 23 de maio, que o bicho de estimação não é nem coisa inanimada nem sujeito de direito. "Reconhece-se, assim, um terceiro gênero, em que sempre deverá ser analisada a situação contida nos autos, voltado para a proteção do ser humano, e seu vínculo afetivo com o animal." O fundamento foi acompanhado pelo Ministro Antonio Carlos Ferreira.
O ministro Marco Buzzi seguiu a maioria, apesar de apresentar fundamentação distinta, baseada na noção de copropriedade do animal entre os ex-conviventes. Segundo ele, como a união estável analisada no caso foi firmada sob o regime de comunhão universal e como os dois adquiriram a cadela durante a relação, deveria ser assegurado ao ex-companheiro o direito de acesso a Kim.
A ministra Isabel Gallotti divergiu, considerando ideal esperar uma lei mostrando dias e horas certas de visita. O Judiciário, segundo ela, precisa decidir com base em algo concreto. "Se não pensarmos assim, haverá problemas como sequestro de cachorro, vendas de animal", afirmou.
Último a votar, o desembargador convocado Lázaro Guimarães entendeu que a discussão não poderia adotar analogicamente temas relativos à relação entre pais e filhos. De acordo com o desembargador, no momento em que se desfez a relação e foi firmada escritura pública em que constou não haver bens a partilhar, o animal passou a ser de propriedade exclusiva da mulher.

Registre-se, ainda, o Projeto de Lei do Senado n. 3.670/2015, dispondo expressamente que os animais não são coisas, o que vai ao encontro de anseios também manifestados em outros países[23].

O Anteprojeto de Reforma do Código Civil[24], sobre o tema, traz um inegável avanço.

Primeiramente, trata, com precisão e justiça, do afeto que temos pelos animais que compõem o entorno do núcleo familiar, como uma projeção do nosso direito da personalidade:

> "Art. 19. A afetividade humana também se manifesta por expressões de cuidado e de proteção aos animais que compõem o entorno sociofamiliar da pessoa".

Bela norma sugerida, com grande significado social!

Ao lado disso, há um claro aperfeiçoamento na disciplina atualmente existente, abrindo-se uma seção própria para os animais:

> "Seção VI
>
> Dos Animais
>
> Art. 91-A. Os animais são seres vivos sencientes e passíveis de proteção jurídica própria, em virtude da sua natureza especial.
>
> § 1º A proteção jurídica prevista no *caput* será regulada por lei especial, a qual disporá sobre o tratamento físico e ético adequado aos animais.
>
> § 2º Até que sobrevenha lei especial, são aplicáveis, subsidiariamente, aos animais as disposições relativas aos bens, desde que não sejam incompatíveis com a sua natureza, considerando a sua sensibilidade".

Consagra-se, assim, a percepção de que os animais são seres sensíveis, não se justificando a sua subsunção fria ao conceito tradicional de "coisas", como se dá com uma mesa ou uma cadeira.

Com a tese definida pela maioria, o colegiado manteve acórdão do Tribunal de Justiça de São Paulo que fixou as visitas em períodos como finais de semana alternados, feriados prolongados e festas de final de ano.

Anteriormente, o juízo de primeiro grau havia considerado que nenhum bicho poderia integrar relações familiares equivalentes àquelas existentes entre pais e filhos, "sob pena de subversão dos princípios jurídicos inerentes à hipótese".

Disponível em: <https://www.conjur.com.br/2018-jun-19/stj-garante-direito-visita-animal-estimacao-separacao>. Acesso em: 4 ago. 2018.

[23] "**Em Portugal**, entrou em vigou em maio deste ano a lei que tirou dos animais o status de coisa e passou a considerá-los 'seres vivos dotados de sensibilidade'. A lei aprovada por unanimidade pelo parlamento português foi feita para aumentar a proteção dos bichos contra maus-tratos.

A **lei alemã** estabelece a categoria '**animais**', intermediária entre coisas e pessoas. A **Suíça e a Áustria** também colocaram na lei que os animais não são coisas.

Também na **Argentina** uma orangotango foi reconhecida como 'pessoa não humana' e, com isso, conseguiu *habeas corpus* – impetrado por advogados da causa animal – para deixar o zoológico em que viveu confinada por mais de 20 anos e vir para um santuário de animais no Brasil."

Disponível em: <https://www.em.com.br/app/noticia/politica/2017/08/08/interna_politica,890367/projeto-que-faz-que-animais-deixem-de-ser-coisa-e-aprovado-na-camara.shtml>. Acesso em: 4 ago. 2018.

[24] Comissão de Juristas do Senado Federal.

Sobre o tema, escreve VICENTE DE PAULA ATAÍDE JR.:

"Parece um pouco mais do que evidente que o *caput* do art. 91-A é um avanço em termos de natureza jurídica dos animais: não são qualificados como coisas, nem como bens, mas pelo que efetivamente são, ou seja, seres vivos sencientes, tal qual se extrai na interpretação do inciso VII, parágrafo primeiro, do art. 225 da Constituição.

A precisa e exata qualificação jurídica dos animais foi delegada à lei especial (§ 1º), a qual, no entanto, precisará respeitar dois vetores fundamentais: (1) deverá dispor sobre um tratamento físico e ético adequado aos animais; (2) deverá respeitar a natureza especial dos animais, enquanto seres vivos sencientes, por isso passíveis de proteção jurídica especial.

(...)

O anteprojeto é um primeiro passo na escadaria que levará à atualização do Código Civil, tornando-o mais adequado para responder, eficazmente, às exigências de uma sociedade que já perpassa mais de duas décadas do novo século, com múltiplas alterações em seu tecido constitutivo"[25].

Esperamos, sinceramente, que o Parlamento acompanhe essa importante evolução.

4.1.3. Bens fungíveis e infungíveis

Esta classificação encontra-se no art. 85 do CC/2002.

Bens fungíveis são aqueles que podem ser substituídos por outros da mesma espécie, qualidade e quantidade. É uma classificação típica dos bens móveis. Exemplos: café, soja, minério de carvão. O dinheiro é um bem fungível por excelência.

Bens infungíveis, por sua vez, são aqueles de natureza insubstituível (ex.: uma obra de arte).

Note-se que o atributo da *fungibilidade*, em geral, decorre da natureza do bem. Mas nem sempre é assim. A vontade das partes poderá, por exemplo, tornar um bem essencialmente fungível em bem infungível. É o caso do empréstimo gratuito de uma cesta de frutas apenas para a ornamentação de uma mesa. Tal bem deverá ser devolvido ao final da celebração, não se admitindo seja substituído por outro. Trata-se do chamado *comodato "ad pompam"*.

A fungibilização também pode decorrer do valor histórico de um determinado bem. Por exemplo, um vaso da dinastia Ming é, hoje, sem dúvida, um bem infungível enquanto registro de uma época remota, mas, em seu próprio tempo, nada mais era do que um utensílio doméstico perfeitamente substituível.

A distinção é de grande importância prática, valendo lembrar, v. g., que os contratos de mútuo e comodato têm como elemento diferenciador justamente a natureza fungível ou infungível, respectivamente, do bem emprestado[26].

4.1.4. Bens consumíveis e inconsumíveis

Bens consumíveis são os bens móveis cujo uso importa destruição imediata da própria substância, bem como aqueles destinados à alienação. É o caso do alimento.

---

[25] Vicente de Paula Ataíde Jr., Os animais no anteprojeto de reforma do Código Civil: nem coisas, nem pessoas. *Migalhas*, 30 jul. 2024. Disponível em: <https://www.migalhas.com.br/coluna/reforma-do-codigo-civil/412220/os-animais-no-anteprojeto-de-reforma-do-codigo-civil>. Acesso em: 22 out. 2024.

[26] Outras diferenças práticas – reveladoras da importância da classificação – podem ser encontradas nos arts. 1.280, 1.010, 933, parágrafo único, 1.681, 1.378, 301, 863 e 1.188 do CC/1916.

Bens inconsumíveis são aqueles que suportam uso continuado, sem prejuízo do seu perecimento progressivo e natural (ex.: o automóvel).

Neste ponto, cumpre transcrever a lúcida observação feita por TORRENTE, citado pelo Prof. BARROS MONTEIRO: "os termos consumível e inconsumível devem ser entendidos, não no sentido vulgar, mas no econômico. Com efeito, do ponto de vista físico, nada existe no mundo que não se altere, não se deteriore, ou não se consuma com o uso. A utilização mais ou menos prolongada acaba por consumir tudo quanto existe na terra. Entretanto, na linguagem jurídica, consumível é apenas a que se destrói com o primeiro uso; não é, porém, juridicamente consumível a roupa, que lentamente se desgasta com o uso ordinário"[27].

Bens destinados à alienação, como um aparelho celular vendido em uma loja especializada, adquirem, por força de lei, a natureza de *consumíveis*. Por outro lado, nada impede seja considerado *inconsumível*, pela vontade das partes, um determinado bem naturalmente *consumível*: uma garrafa rara de licor, apenas exposta à apreciação pública.

Costuma a doutrina lembrar que certos direitos não podem recair sobre *bens consumíveis*, como o direito real de usufruto. Se tal ocorrer, surge a figura do chamado *usufruto impróprio* ou *quase usufruto*.

Impende notar que o Código Civil de 1916, bem como o novo Código Civil, diferentemente do Código de Defesa do Consumidor, consagraram tal classificação (art. 86 do CC/2002), sem fazer referência às espécies de *bens duráveis e não duráveis*.

Na Lei de Proteção ao Consumidor (Lei n. 8.078/90), a característica da *durabilidade* é indispensável para que se possa definir o prazo decadencial para o ajuizamento de ações referentes a vícios no produto ou serviço (Responsabilidade pelo Vício no Produto ou Serviço).

Nesse sentido, o art. 26 do CDC dispõe: "O direito de reclamar pelos vícios aparentes ou de fácil constatação caduca em: I – trinta dias, tratando-se de fornecimento de serviço e de produto *não duráveis*; II – noventa dias, tratando-se de fornecimento de serviço e de produto *duráveis*" (grifei).

Comentando esse dispositivo, ZELMO DENARI, um dos autores do anteprojeto, pontifica que: "a qualificação dos produtos ou serviços como de consumo duráveis ou não duráveis envolve a sua maior ou menor durabilidade, mensurada em termos de tempo de consumo. Assim, os produtos alimentares, de vestuário e os serviços de dedetização, por exemplo, não são duráveis, ao passo que os eletrodomésticos, veículos automotores e os serviços de construção civil são duráveis"[28].

4.1.5. Bens divisíveis e indivisíveis

Bens divisíveis são os que podem ser repartidos em porções reais e distintas, formando cada uma delas um todo perfeito. Caso contrário, são *bens indivisíveis*.

---

[27] Washington de Barros Monteiro, *Curso de Direito Civil – Parte Geral*, 37. ed., São Paulo: Saraiva, 2000, v. 1, p. 154.
[28] Ada Pellegrini Grinover e outros, *Código Brasileiro de Defesa do Consumidor*, 5. ed., Rio de Janeiro: Forense, 1998, p. 186.

O Código Civil de 2002 consagrou definição semelhante, acentuando uma preocupação econômica: "bens divisíveis são os que se podem fracionar sem alteração na sua substância, diminuição considerável de valor, ou prejuízo do uso a que se destinam" (art. 87).

Observe-se que os bens poderão ser indivisíveis:

a) por determinação legal (o módulo rural, a servidão);

b) por convenção (em uma obrigação de dinheiro que deva ser satisfeita por vários devedores, estipulou-se a indivisibilidade do pagamento[29]);

c) por sua própria natureza (um animal).

Finalmente, cumpre referir a importante observação feita por ORLANDO GOMES a respeito do tema: "a distinção entre bens divisíveis e indivisíveis aplica-se às obrigações e aos direitos. A regra dominante para as obrigações é que, mesmo quando a prestação é divisível, o credor não pode ser compelido a receber por partes, se assim não convencionou. Se a prestação for indivisível e houver pluralidade de devedores, cada qual será obrigado pela dívida toda"[30].

4.1.6. Bens singulares e coletivos

Bens singulares são coisas consideradas em sua individualidade, representadas por uma unidade autônoma e, por isso, distinta de quaisquer outras.

Podem ser *simples*, quando as suas partes componentes encontram-se ligadas naturalmente (uma árvore, um cavalo), ou *compostas*, quando a coesão de seus componentes decorre do engenho humano (um avião, um relógio).

Bens coletivos são os que, sendo compostos de várias coisas singulares, são considerados em conjunto, formando um todo homogêneo (uma floresta, uma biblioteca).

O Código de 1916 previa que, nas coisas coletivas, em desaparecendo todos os indivíduos, menos um, se tinha por extinta a coletividade (art. 55), e permitia, ainda, a sub-rogação da coisa por seu respectivo valor (art. 56).

As *coisas coletivas* formam *universalidades de fato ou de direito*.

A *universalidade de fato* é o "conjunto de coisas singulares simples ou compostas, agrupadas pela vontade da pessoa, tendo destinação comum, como um rebanho, ou uma biblioteca. A unidade baseia-se na realidade natural"[31]. Note-se que a universalidade de fato permite sua desconstituição pela vontade do seu titular.

O novo Código Civil cuida da matéria em seu art. 90: "constitui universalidade de fato a pluralidade de bens singulares que, pertinentes à mesma pessoa, tenham destinação unitária".

A *universalidade de direito* consiste em um "complexo de direitos e obrigações a que a ordem jurídica atribui caráter unitário, como o dote ou a herança. A unidade é resultante da lei"[32]. O Novo Código dispensa-lhe tratamento inovador, em seu art. 91, ao dispor que:

---

[29] Roberto de Ruggiero, *Instituições de Direito Civil*, Campinas: Bookseller, 1999, p. 412.
[30] Orlando Gomes, ob. cit., p. 234.
[31] Orlando Gomes, ob. cit., p. 235.
[32] Orlando Gomes, ob. cit., p. 235.

"constitui universalidade de direito de uma pessoa o complexo de relações jurídicas dotadas de valor econômico". É o caso do patrimônio, do espólio e da massa falida.

4.2. Dos bens reciprocamente considerados (arts. 92 a 97 do CC/2002)

Este critério de classificação leva em conta o liame jurídico existente entre o *bem jurídico principal* e o *acessório*.

Principal é o bem que possui autonomia estrutural, ou seja, *que existe sobre si, abstrata ou concretamente,* ao passo que *acessório é aquele cuja existência supõe a do principal* (art. 92 do CC/2002).

A regra geral é que o acessório segue sempre a sorte do principal, inclusive no campo do Direito das Obrigações (o contrato de fiança, por exemplo, é acessório em face do contrato principal de compra e venda). Cuida-se da aplicação da máxima *accessorium sequitur suum principale (princípio da gravitação jurídica).* Por isso também o acessório adquire a natureza da coisa principal.

São bens acessórios:

a) os frutos;

b) os produtos;

c) os rendimentos (frutos civis);

d) as pertenças;

e) as benfeitorias;

f) as partes integrantes.

Preferimos tratar das *acessões* – modo originário de aquisição de domínio pelo aumento do volume ou do valor da coisa – quando cuidarmos dos *modos de aquisição da propriedade imóvel,* embora não se desconheça a sua natureza acessória em face da coisa principal.

4.2.1. Classificação dos bens acessórios

a) Os frutos

Espécies de bens acessórios, os frutos podem ser definidos como *utilidades que a coisa principal periodicamente produz, cuja percepção não diminui a sua substância* (ex.: a soja, a maçã, o bezerro, os juros, o aluguel).

Se a percepção da utilidade causar a destruição total ou parcial da coisa principal, não há que se falar, tecnicamente, em frutos.

A matéria é da mais alta significação, uma vez que, no campo dos direitos reais, por exemplo, o possuidor de boa-fé tem direito aos frutos colhidos e percebidos, devendo restituir os pendentes, ao tempo em que cessar a boa-fé. Vale dizer: o estudo deste tópico de *teoria geral* é indispensável para a correta aplicação das normas da parte especial do Código Civil (cf. arts. 1.214 e s. do CC/2002).

Nesse contexto, a doutrina classifica os frutos da seguinte forma:

Quanto à sua natureza:

a) *naturais* – são gerados pelo bem principal sem necessidade da intervenção humana direta. Decorrem do desenvolvimento orgânico vegetal (laranja, soja) ou animal (crias de um rebanho);

b) *industriais* – são decorrentes da atividade industrial humana (bens manufaturados);

c) *civis* – são utilidades que a coisa frugífera periodicamente produz, viabilizando a percepção de uma renda (juros, aluguel).

Como a doutrina, talvez por amor à sistematização, reserva tratamento autônomo, em categoria própria, para os *rendimentos*, deixaremos para explicitá-los a seguir, mas sem deixar de registrar que não há diferença técnica entre eles e os frutos civis.

Quanto à ligação com a coisa principal:

a) *colhidos ou percebidos* – são os frutos já destacados da coisa principal, mas ainda existentes;

b) *pendentes* – são aqueles que ainda se encontram ligados à coisa principal, não tendo sido, portanto, destacados;

c) *percipiendos* – são aqueles que deveriam ter sido colhidos mas não o foram;

d) *estantes* – são os frutos já destacados, que se encontram estocados e armazenados para a venda;

e) *consumidos* – são os que não mais existem.

b) Os produtos

Também espécies de bens acessórios, os produtos *são utilidades que a coisa principal produz, cuja percepção ou extração diminui a sua substância* (ex.: pedras e metais que se extraem das minas e das pedreiras).

A *alterabilidade da substância principal* é o ponto distintivo entre os frutos e os produtos.

Neste ponto, uma importante observação deve ser feita.

Foi dito linhas acima que a importância prática da matéria pode ser sentida ao se estudarem os *efeitos da posse*, na seara dos direitos reais.

Ocorre que, diferentemente dos efeitos em relação aos frutos (arts. 1.214 e s. do CC/2002), o Código Civil brasileiro, inclusive a *nova Lei*, não cuidou de disciplinar satisfatoriamente os *efeitos da posse em relação aos produtos*.

Consagrou-se, apenas, a regra geral de que o *proprietário do solo (principal) é, salvo preceito jurídico especial de terceiro, senhor dos produtos (acessórios) gerados pela coisa* (art. 1.232 do CC/2002).

Tal omissão normativa poderia causar o seguinte inconveniente: imagine-se que um sujeito, de boa-fé, haja recebido de seu avô, por testamento, um imóvel em que se encontrava uma pedreira. Cinco anos depois, já tendo sido registrado o formal de partilha, o possuidor é surpreendido por uma ação proposta por terceiro que reivindica, e prova, o seu domínio sobre aquele imóvel. Durante todo esse tempo, o possuidor extraiu e vendeu pedras (produtos). Pergunta-se: considerando que a lei civil apenas garante ao possuidor de boa-fé *direito aos frutos colhidos e percebidos*, tratando-se de *produtos*, que solução será adotada, diante da regra do art. 1.232 do CC/2002? Por força do silêncio da lei, dever-se-á compelir o possuidor a indenizar o proprietário da coisa?

Entendemos que não.

Obrigar-se o possuidor de boa-fé a indenizar o proprietário simplesmente porque a lei reconhece a este último direito sobre os acessórios do solo, como regra geral, não dando solução para a hipótese de um possuidor inocente perceber os *produtos*, é interpretação excessivamente legalista.

Melhor razão assiste a CLÓVIS BEVILÁQUA, que sugere, nesse caso, *sejam os produtos considerados frutos, seguindo o mesmo regramento legal destes últimos, porque consistiriam em verdadeiras utilidades provenientes de uma riqueza posta em atividade econômica.*

Vale transcrever a sua lição: "na expressão frutos, compreendem-se, no caso agora examinado, os produtos, que são utilidades retiradas da coisa, em diminuição da sua quantidade, porque não se reproduzem, periodicamente, como os frutos"[33].

Mas a diferenciação entre frutos e produtos não é despicienda, consoante conclui o mesmo autor: "a distinção, todavia, tem interesse jurídico, porque somente na relação que acaba de ser considerada, o produto se submete aos preceitos estabelecidos para o fruto"[34].

Em conclusão, vale referir que o novo Código Civil, dando ênfase à permutabilidade e economicidade dos frutos e produtos, admite sejam os mesmos objeto de negócio jurídico, mesmo que ainda não destacados da coisa principal (art. 95).

c) Os rendimentos

Em verdade, como já se disse acima, os *rendimentos consistem em frutos civis*, a exemplo do aluguel, dos juros e dos dividendos.

Reforçando esse entendimento, vale mencionar, inclusive, que, ao definir o que se entende por *frutos civis,* o culto Prof. SILVIO RODRIGUES identifica-os com a noção de rendimentos: "Frutos são as utilidades que a coisa periodicamente produz. Distinguem-se em três categorias: (...) c) civis, os *rendimentos* tirados da utilização da coisa frugífera por outrem que não o proprietário, como as rendas, aluguéis, foros e juros"[35].

d) As pertenças

Na trilha de pensamento de ORLANDO GOMES, *as pertenças são* "coisas acessórias destinadas a conservar ou facilitar o uso das coisas principais, sem que destas sejam parte integrante" (ex.: as máquinas utilizadas em uma fábrica, os implementos agrícolas, as provisões de combustível, os aparelhos de ar condicionado)[36].

Tal categoria foi consagrada expressamente no novo Código Civil, art. 93: "São pertenças os bens que, não constituindo partes integrantes, se destinam, de modo duradouro, ao uso, ao serviço ou ao aformoseamento de outro".

Vale acrescentar que as pertenças não se submetem à regra geral da "gravitação jurídica" (no sentido de que o acessório segue a sorte do principal), nos termos do art. 94 do CC.

São caracteres da pertença: *um vínculo, material ou ideal, mas sempre intencional, estabelecido por quem faz uso da coisa e o fim em virtude do qual a põe a serviço da coisa*

---

[33] Clóvis Beviláqua, *Direito das Coisas*, 4. ed., Rio de Janeiro: Forense, 1956, p. 82-3.
[34] Clóvis Beviláqua, *Teoria Geral do Direito Civil*, Campinas: RED Livros, 1999, p. 250.
[35] Silvio Rodrigues, *Direito Civil*, 28. ed., São Paulo: Saraiva, 1998, v. 1, Parte Geral, p. 134 – grifos nossos.
[36] Orlando Gomes, ob. cit., p. 243.

principal; um destino não transitório da coisa principal; uma destinação de fato e concreta da pertença colocada a serviço do bem principal[37].

e) As benfeitorias

Pode-se definir a benfeitoria como sendo *a obra realizada pelo homem, na estrutura da coisa principal, com o propósito de conservá-la, melhorá-la ou embelezá-la.*

Consideram-se *necessárias* as benfeitorias realizadas para evitar um estrago iminente ou a deterioração da coisa principal (ex.: reparos realizados em uma viga). *Úteis,* aquelas empreendidas com o escopo de facilitar a utilização da coisa (ex.: a abertura de uma nova entrada que servirá de garagem para a casa). E, finalmente, *voluptuárias,* quando empreendidas para mero deleite ou prazer, sem aumento da utilidade da coisa (a decoração de um jardim) (art. 96 do CC/2002).

Note-se que *toda benfeitoria é artificial,* decorrendo de uma atividade humana, razão por que não se confunde com os acessórios naturais do solo (art. 97 do CC/2002).

A identificação da natureza da benfeitoria não é fácil, em função da circunstância de que os bens não têm uma única utilidade intrínseca e absoluta. Uma piscina, por exemplo, pode ser uma benfeitoria voluptuária (em uma mansão), útil (em uma escola) ou necessária (em uma escola de hidroginástica).

Não se identificam ainda com as *acessões industriais ou artificiais (construções e plantações),* que têm disciplina própria (arts. 1.253 a 1.259 do CC/2002), e constituem *modos de aquisição da propriedade imóvel.* A acessão traduz *união física com aumento de volume* e, diferentemente das benfeitorias, pode também ser natural (aluvião, avulsão, formação de ilhas, álveo abandonado). Apontando a diagnose diferencial entre ambos os institutos, precisa é a preleção de CARLOS ROBERTO GONÇALVES: "benfeitorias não se confundem com acessões industriais, previstas nos arts. 545 a 549 do Código Civil e que se constituem em construções e plantações. Benfeitorias são obras ou despesas feitas em coisa já existente. As acessões industriais são obras que criam coisas novas e têm regime jurídico diverso, sendo um dos modos de aquisição da propriedade imóvel"[38].

Se a estrutura da casa é aproveitada para abrir uma garagem, realiza-se uma *benfeitoria.* Todavia, se um galpão contíguo é construído para servir de garagem, realiza-se uma acessão artificial. Nesse último caso, houve considerável *aumento de volume da coisa principal*[39].

Não se consideram benfeitorias, pelo seu valor econômico, a *pintura em relação à tela, a escultura em relação à matéria-prima, a escritura e qualquer outro escrito gráfico em relação à matéria-prima que os recebe* (art. 62 do CC/1916). Embora não exista norma semelhante no Código Civil de 2002, entendemos deva a regra ser jurisprudencialmente mantida, pois, em verdade, estar-se-á diante do fenômeno da especificação, que é uma das formas de aquisição de propriedade móvel, disciplinada nos arts. 1.269 a 1.271 do CC/2002.

Em conclusão, interessa sublinhar a importância da matéria, não só no campo dos Direitos Reais, mas também no Direito das Obrigações.

---

[37] Orlando Gomes, ob. cit., p. 243.
[38] Carlos Roberto Gonçalves, *Direito Civil Brasileiro – Parte Geral*, 18. ed., São Paulo: Saraiva, 2020, p. 338.
[39] Conforme já se disse, voltaremos ao tema "acessão" quando tratarmos dos modos de aquisição da propriedade imobiliária.

O possuidor de boa-fé tem direito de ser indenizado pelas benfeitorias necessárias e úteis, valendo-se inclusive do direito de retenção, facultando-se-lhe ainda levantar as voluptuárias, se puder fazê-lo sem prejuízo da coisa principal. Estando de má-fé, assiste-lhe apenas direito de ser indenizado pelas benfeitorias necessárias (arts. 1.219 e 1.220 do CC/2002). O locatário, por sua vez, salvo disposição expressa em sentido contrário, terá direito de ser indenizado, inclusive exercendo direito de retenção, pelas benfeitorias necessárias, posto não autorizadas pelo locador, e pelo valor das úteis, devidamente permitidas. Quanto às voluptuárias, não serão indenizadas, podendo ser levantadas pelo locatário, finda a locação, desde que sua retirada não afete a estrutura e a substância do imóvel (arts. 35 e 36 da Lei n. 8.245, de 18-10-1991).

No Direito Administrativo, em havendo desapropriação, nos termos do art. 26 do Decreto-lei n. 3.365 de 21-6-1941, assevera CELSO ANTÔNIO BANDEIRA DE MELLO, "as benfeitorias necessárias são sempre indenizáveis, as benfeitorias voluptuárias não o serão nunca e as benfeitorias úteis serão indenizadas desde que hajam sido autorizadas pelo poder competente"[40].

f) As partes integrantes

Por fim, como última espécie de bens acessórios, devem ser lembradas as *partes integrantes*.

Embora não disciplinadas expressamente pela legislação civil[41], entendem-se por partes integrantes os bens que, unidos a um principal, formam com ele um todo, sendo desprovidos de existência material própria, embora mantenham sua identidade.

É o caso, por exemplo, de uma lâmpada em relação a um lustre, pois, mesmo admitindo-se a sua identidade autônoma, carece a lâmpada de qualquer utilidade individual.

4.3. Dos bens públicos e particulares

Quanto ao titular do domínio, os bens poderão ser públicos ou particulares.

Os bens particulares se definem por exclusão, ou seja, são aqueles não pertencentes ao domínio público, mas sim à iniciativa privada, cuja disciplina interessa, em especial, ao Direito Civil.

Já os *bens públicos* são aqueles pertencentes à União, aos Estados ou aos Municípios (art. 98 do CC/2002). Esta classe, objeto de domínio público, em função de sua grande importância, subdivide-se, por sua vez, em:

a) *bens de uso comum do povo* – são bens públicos cuja utilização não se submete a qualquer tipo de discriminação ou ordem especial de fruição. É o caso das praias, estradas, ruas e praças (art. 99, I, do CC/2002). São inalienáveis;

b) *bens de uso especial* – são bens públicos cuja fruição, por título especial, e na forma da lei, é atribuída a determinada pessoa, bem como aqueles utilizados pelo próprio Poder

---

[40] Celso Antônio Bandeira de Mello, *Curso de Direito Administrativo*, 11. ed., São Paulo: Malheiros, 1999, p. 588.

[41] As referências às partes integrantes são sempre indiretas, como no já mencionado art. 93 do Código Civil de 2002: "São pertenças os bens que, não constituindo partes integrantes, se destinam, de modo duradouro, ao uso, ao serviço ou ao aformoseamento de outro".

Público para a realização dos seus serviços públicos (art. 99, II, do CC/2002). É o caso dos prédios onde funcionam as escolas públicas. São também inalienáveis;

c) *bens dominicais ou dominiais* – são bens públicos não afetados à utilização direta e imediata do povo, nem aos usuários de serviços, mas que pertencem ao patrimônio estatal (art. 99, III, do CC/2002). É o caso dos títulos pertencentes ao Poder Público, dos terrenos de marinha e das terras devolutas. São alienáveis, observadas as exigências da lei.

A Profa. ODETE MEDAUAR adverte que "o ordenamento brasileiro inclina-se à publicização do regime dos bens pertencentes a empresas públicas, sociedades de economia mista e entidades controladas pelo Poder Público"[42]. Cumpre mencionar, nesse particular, que o novo Código Civil dispõe, em seu art. 99, parágrafo único, que "não dispondo a lei em contrário, consideram-se dominicais os bens pertencentes às pessoas jurídicas de direito público a que se tenha dado estrutura de direito privado".

A Carta Magna elenca, em seu art. 20, os *bens pertencentes à União*[43]. Os *bens de domínio do Estado* vêm previstos em seu art. 26[44]. Por exclusão, o que não pertencer ao domínio federal ou estadual ingressa no patrimônio público municipal.

---

[42] Odete Medauar, *Direito Administrativo Moderno*, 3. ed., São Paulo: Revista dos Tribunais, 1999, p. 266
[43] "Art. 20. São bens da União:
I – os que atualmente lhe pertencem e os que lhe vierem a ser atribuídos;
II – as terras devolutas indispensáveis à defesa das fronteiras, das fortificações e construções militares, das vias federais de comunicação e à preservação ambiental, definidas em lei;
III – os lagos, rios e quaisquer correntes de água em terrenos de seu domínio, ou que banhem mais de um Estado, sirvam de limites com outros países, ou se estendam a território estrangeiro ou dele provenham, bem como os terrenos marginais e as praias fluviais;
IV – as ilhas fluviais e lacustres nas zonas limítrofes com outros países; as praias marítimas; as ilhas oceânicas e as costeiras, excluídas, destas, as que contenham a sede de Municípios, exceto aquelas áreas afetadas ao serviço público e a unidade ambiental federal, e as referidas no art. 26, II; (*Redação dada pela Emenda Constitucional n. 46, de 2005.*)
V – os recursos naturais da plataforma continental e da zona econômica exclusiva;
VI – o mar territorial;
VII – os terrenos de marinha e seus acrescidos;
VIII – os potenciais de energia hidráulica;
IX – os recursos minerais, inclusive os do subsolo;
X – as cavidades naturais subterrâneas e os sítios arqueológicos e pré-históricos;
XI – as terras tradicionalmente ocupadas pelos índios.
§ 1.º É assegurada, nos termos da lei, aos Estados, ao Distrito Federal e aos Municípios, bem como a órgãos da administração direta da União, participação no resultado da exploração de petróleo ou gás natural, de recursos hídricos para fins de geração de energia elétrica e de outros recursos minerais no respectivo território, plataforma continental, mar territorial ou zona econômica exclusiva, ou compensação financeira por essa exploração.
§ 2.º A faixa de até cento e cinquenta quilômetros de largura, ao longo das fronteiras terrestres, designada como faixa de fronteira, é considerada fundamental para defesa do território nacional, e sua ocupação e utilização serão reguladas em lei."
[44] "Art. 26. Incluem-se entre os bens dos Estados:
I – as águas superficiais ou subterrâneas, fluentes, emergentes e em depósito, ressalvadas, neste caso, na forma da lei, as decorrentes de obras da União;

Finalmente, cumpre lembrar que o novo Código Civil, seguindo diretriz consagrada em nosso direito, proíbe o usucapião de bens públicos (art. 102).

5. BEM DE FAMÍLIA

O Direito Romano, dentro de uma rígida visão androcrático-patriarcal, considerava a família um núcleo político, econômico e religioso, que dispensava solene respeito aos seus antepassados.

Dentro desse contexto, em determinada fase da história de Roma, considerava-se uma verdadeira desonra a alienação de bens familiares herdados de antepassados.

Assim, no período da República, consagrou-se o princípio da *inalienabilidade dos bens componentes do patrimônio familiar*, que se reputavam sagrados.

A referência ao Direito Romano – importante fonte histórica para o nosso Direito – é sempre necessária.

Todavia, há que se reconhecer, debruçando-nos no Direito Comparado, que o antecedente histórico mais significativo para o nosso bem de família encontra-se no Direito norte-americano, mais especificamente em uma lei texana – anterior à própria incorporação aos EUA (1845) –, datada de 26 de janeiro de 1839 (*Homestead Exemption Act*).

Nascida em meio a uma grave crise econômica – entre 1837 e 1839, 959 bancos fecharam e ocorreram mais de 33.000 falências –, a Lei Texana de 1839, ao consagrar a impenhorabilidade da pequena propriedade familiar (incluídos os instrumentos de trabalho) – a porção de terra rural de 50 ha ou de terreno urbano não superior a US$ 500.00 –, terminaria por incentivar o reaquecimento da economia, e, bem assim, facilitaria a colonização do Estado do Texas, fixando o homem à terra[45].

Após a edição desta lei, o instituto espraiou-se pelos outros Estados norte-americanos, bem como influenciou legislações de outros países, havendo, inclusive, na doutrina, a defesa da instituição de um bem de família internacional[46].

O nosso Código Civil, entretanto, em sua redação original, não cuidou de disciplinar o bem de família.

Apenas em 1912, ainda em debate o Projeto no Congresso Nacional, a Comissão Especial do Senado presidida pelo Senador Feliciano Penna tratou de inserir a disciplina do bem de família, que culminou por encontrar assento legal nos arts. 70 a 73 do Código Civil de 1916.

Diante de tudo isso, como se poderia definir o *bem de família* no Direito brasileiro?

II – as áreas, nas ilhas oceânicas e costeiras, que estiverem no seu domínio, excluídas aquelas sob domínio da União, Municípios ou terceiros;
III – as ilhas fluviais e lacustres não pertencentes à União;
IV – as terras devolutas não compreendidas entre as da União."
[45] Cf. a brilhante e indispensável obra *Bem de Família* do ilustrado Prof. Álvaro Villaça Azevedo (4. ed., São Paulo: Revista dos Tribunais, 1999, cap. 2). Nesse livro, que serviu como importante referencial para elaboração deste tópico, encontramos profundo estudo da matéria.
[46] Sobre o tema, confira-se Álvaro Villaça Azevedo, "Bem de Família Internacional", disponível no endereço: http://jus2.uol.com.br/doutrina/texto.asp?id=2257.

Nos termos do art. 70 do Código Civil de 1916, *bem de família é o prédio destinado pelos chefes de família ao exclusivo domicílio desta, mediante especialização no Registro Imobiliário, consagrando-lhe uma impenhorabilidade limitada e uma inalienabilidade relativa.*

Trata-se do *bem de família voluntário*, uma vez que a sua instituição decorre de ato de vontade dos chefes de família, observando-se o procedimento previsto nos arts. 260 a 265 da Lei n. 6.015/73 (Lei de Registros Públicos).

Nesse ponto, há que se mencionar a arguta observação do Prof. CAIO MÁRIO DA SILVA PEREIRA:

"A expressão família é aqui tomada em sentido estrito, de sorte a considerar-se apto a promover a criação do nosso *homestead* aquele que esteja na chefia da sociedade conjugal (o marido, e, em sua falta, a mulher), excluindo-se, portanto, a instituição em benefício de pessoas que não sejam o cônjuge e os filhos, ainda que parentes sob a dependência econômica do pretendente à instituição"[47].

Cumpre salientar que somente poderá instituir o bem de família voluntário aquele que tenha patrimônio suficiente para a garantia de débitos anteriores (solvente), sob pena de invalidade. Aliás, poderá caracterizar *fraude contra credores* a situação em que o devedor, para livrar de futura execução ou arresto bem imóvel de seu patrimônio, destina-o à função de domicílio familiar (bem de família).

Devidamente instituído, o bem de família voluntário teria por efeito determinar a:

a) impenhorabilidade (limitada) do imóvel residencial – isentando-o de dívidas futuras, salvo as que provierem de impostos relativos ao mesmo prédio (IPTU, ITR, v. g.) (arts. 70 e 71 do CC/1916);

b) inalienabilidade (relativa) do imóvel residencial – uma vez que, após instituído, não poderá ter outro destino ou ser alienado, senão com o expresso consentimento dos interessados e seus representantes legais (mediante alvará judicial, ouvido o Ministério Público, havendo participação de incapazes) (art. 72 do CC/1916).

Essa isenção durará enquanto viverem os cônjuges e até que os filhos atinjam a maioridade (art. 70, parágrafo único, do CC/1916).

O Código Civil de 2002, por sua vez, mantendo as diretrizes teóricas do instituto, consagra algumas modificações que merecem detida consideração (arts. 1.711 a 1.722 do CC/2002).

Atualizando a matéria, o legislador autoriza a instituição do bem de família não apenas pelo *casal*, mas também pela *entidade familiar* (união estável, família monoparental) e por terceiro (este, por testamento ou doação, poderá instituir o bem de família, dependendo a eficácia da cláusula da aceitação expressa de ambos os cônjuges ou da entidade familiar beneficiada).

Note-se que o Novo Código cria uma limitação objetiva ao proibir que a instituição do bem de família voluntário – *consistente em prédio urbano ou rural, com suas pertenças e acessórios, destinando-se a domicílio familiar, podendo abranger valores mobiliários, cuja renda*

---

[47] Caio Mário da Silva Pereira, *Instituições de Direito Civil*, Rio de Janeiro: Forense, 2001, v. I, 19. ed., p. 286.

deve ser aplicada na conservação do imóvel e sustento da família (art. 1.712)[48] – ultrapasse um terço do patrimônio líquido do casal ou da entidade instituidora.

Quanto aos seus efeitos, também se consagrou uma *impenhorabilidade limitada e uma inalienabilidade relativa*.

O bem de família é *impenhorável*, sendo excluído da execução por dívidas posteriores à sua instituição, ressalvadas as que provierem de *tributos ou despesas condominiais relativas ao mesmo prédio*. Em caso de execução por tais dívidas (tributárias ou condominiais), o saldo existente será aplicado em outro prédio, como bem de família, ou em títulos da dívida pública, para sustento familiar, salvo se motivos relevantes aconselharem outra solução, a critério do juiz (art. 1.715 do CC/2002). Tal isenção durará enquanto viverem os cônjuges ou, na falta destes, até que os filhos completem a maioridade (art. 1.716 do CC/2002).

É *inalienável*, destinando-se exclusivamente ao domicílio e sustento familiar, só podendo, em caráter excepcional, judicialmente comprovada a necessidade, ser alienado com o consentimento dos interessados e de seus representantes legais, ouvido o Ministério Público (art. 1.717 do CC/2002).

Vale referir, ainda, que o art. 1.719 do CC/2002, muito mais atento à dignidade da pessoa humana do que amarrado a regras formalísticas, autoriza a *extinção ou sub-rogação* do bem instituído por outro, se, a requerimento do interessado, o juiz concluir que tal medida é necessária à mantença da família.

A administração do bem de família competirá a ambos os cônjuges (casamento), aos companheiros (união estável) ou ao pai ou mãe, cabeça da prole (família monoparental)[49].

---

[48] Em situação análoga, decidiu recentemente o Superior Tribunal de Justiça que a proteção do bem de família se estende ao imóvel locado, gerador da renda da família, conforme se verifica na seguinte ementa:

"BEM DE FAMÍLIA – IMÓVEL LOCADO – IMPENHORABILIDADE – INTERPRETAÇÃO TELEOLÓGICA DA LEI N. 8.009/90. O fato de o único imóvel residencial vir a ser alugado não o desnatura como bem de família, quando comprovado que a renda auferida destina-se à subsistência da família. Recurso especial provido" (STJ, 3.ª T., REsp 439.920/SP (2002/0061555-0), rel. Min. Castro Filho).

No recurso para o STJ, a defesa dos devedores alegou que houve violação aos artigos 1.º da Lei 8.009/90 e 70 do Código Civil, além de divergência jurisprudencial. Afirmaram que a impenhorabilidade pode alcançar o imóvel alugado, pois é o único bem residencial de propriedade da entidade familiar.

Segundo a decisão da Justiça paulista, o produto da locação é destinado ao sustento da família, que mora de favor, por liberalidade, em casa de parentes. 'Destarte, dou provimento ao recurso especial para afastar a constrição sobre o imóvel em discussão', decidiu o ministro Castro Filho, relator do recurso no STJ.

O relator concordou que faz jus aos benefícios da Lei 8.009/90 o devedor que, mesmo não residindo no único imóvel que lhe pertence, utiliza o valor obtido com a locação desse como complemento da renda familiar. 'O objetivo da norma foi observado, a saber, o de garantir a moradia familiar ou a subsistência da família', concluiu Castro Filho" – REsp 439.920, disponível no endereço: http://www.stj.gov.br/webstj/noticias/detalhes_ noticias.asp?seq_noticia=9474.

[49] Embora a lei não seja expressa a esse respeito, entendemos que, ao autorizar a instituição do bem de família à *entidade familiar*, estendeu o benefício não apenas à união estável, mas também à família monoparental, cuja definição é traçada no art. 226, § 4.º, da Magna Carta: "Entende-se, também, como entidade familiar a comunidade formada por qualquer dos pais e seus descendentes".

Seguindo a ordem legal, na falta de quaisquer destes, a administração tocará ao filho mais velho, se for maior, e, se não for, ao tutor (art. 1.720 do CC/2002).

A dissolução da sociedade conjugal – por separação judicial ou divórcio, por exemplo – não extingue o bem de família, ressalvada a hipótese de morte de um dos cônjuges, eis que, nesse caso, poderá o sobrevivente requerer a extinção do bem de família, se for o único bem do casal (art. 1.721 do CC/2002).

Finalmente, extingue-se, em caráter definitivo, se sobrevier a morte de ambos os cônjuges, dos companheiros ou do cabeça da família monoparental, e os filhos atingirem a maioridade, desde que não estejam sob curatela (art. 1.722 do CC/2002).

Por tudo que se disse, pesa reconhecer que essa forma voluntária de instituição do bem de família, bem pondera SILVIO RODRIGUES, "não alcançou maior sucesso entre nós"[50], talvez pelo fato, afirma ÁLVARO VILLAÇA AZEVEDO, de o Estado, por força do Código Civil, haver "transferido para o particular encargo de tamanho realce"[51], qual seja, a proteção do imóvel residencial onde a família reside.

Essas as razões pelas quais, ao lado da *instituição voluntária do bem de família*, convive, amparado pela Lei n. 8.009, de 29 de março de 1990 (resultado da conversão da Medida Provisória n. 143/90), o denominado *bem de família legal*.

Essa espécie legal traduz a *impenhorabilidade do imóvel residencial próprio do casal, ou da entidade familiar, isentando-o de dívidas civil, comercial, fiscal, previdenciária ou de qualquer natureza, contraída pelos cônjuges ou pelos pais ou filhos que sejam seus proprietários e nele residam, ressalvadas as hipóteses previstas em lei.* Tal isenção "compreende o imóvel sobre o qual se assentam a construção, as plantações, as benfeitorias de qualquer natureza e todos os equipamentos, inclusive os de uso profissional, ou móveis que guarnecem a casa, desde que quitados" (art. 1.º, parágrafo único, da Lei n. 8.009/90).

Adotando a mesma diretriz do novo Código Civil, a Lei n. 8.009/90 protege não só a família casamentária, mas também as entidades familiares.

Essa impenhorabilidade – note que a lei não trata da inalienabilidade do bem – compreende, além do imóvel em si, *as construções, plantações, benfeitorias de qualquer natureza e todos os equipamentos, inclusive os de uso profissional, ou móveis que guarnecem a casa, ressalvados, nesse último caso, os veículos de transporte, obras de arte e adornos suntuosos* (arts. 1.º e 2.º).

Não ficam fora do amparo legal *o locatário, que terá impenhoráveis não o imóvel, que não lhe pertence, mas os seus bens móveis que guarnecem a residência, desde que quitados* (art. 2.º). Aliás, interpretando extensivamente a norma, a doutrina estende a proteção legal ao *comodatário, usufrutuário e promitente-comprador* que estejam em situação semelhante à do inquilino[52].

Amplo debate jurisprudencial gira em torno da extensão da norma protetiva aos bens móveis.

---

[50] Silvio Rodrigues, ob. cit., p. 154.
[51] Álvaro Villaça Azevedo, ob. cit., p. 95.
[52] Álvaro Villaça Azevedo, ob. cit., p. 174.

Que bens estariam ao amparo da lei? Quais estariam fora? A geladeira, o computador, o forno de micro-ondas estariam protegidos de uma penhora determinada no curso da execução judicial?

Têm sido considerados *impenhoráveis*, por força da Lei n. 8.009/90, os seguintes bens[53]: o *"freezer"*, *as máquinas de lavar e secar roupas*[54], *o teclado musical*[55], *o computador*[56], *o televisor*, *o videocassete*[57], *o ar-condicionado*[58], *e, até mesmo, a antena parabólica*[59].

O norte para a interpretação sobre a qualificação como bem de família não deve se limitar apenas ao indispensável para a subsistência, mas sim ao necessário para uma vida familiar digna, sem luxo, o que tem encontrado amparo na jurisprudência pátria.

Nesse diapasão, tem-se admitido a extensão da impenhorabilidade do bem de família até mesmo ao jazigo familiar, numa ideia de que tal proteção reside, fundamentalmente, em uma concepção de tutela da dignidade humana e o respeito à memória dos mortos[60].

---

[53] Já se admite, atualmente, a penhora da *garagem de imóvel residencial*, nos termos da Súmula 449 do Superior Tribunal de Justiça: "A vaga de garagem que possui matrícula própria no registro de imóveis não constitui bem de família para efeito de penhora".

[54] STJ: "Execução fiscal – Penhora – Televisão – Máquina de lavar roupa – Ventilador – Aparelho de ar-condicionado. Sendo bens necessários à vida familiar, os móveis que guarnecem a residência são impenhoráveis. Recurso improvido" (1.ª T., REsp 118205/SP, Min. Garcia Vieira, *DJU*, 27-4-1998, p. 77).

[55] Aqui, em belíssimo voto, o Min. Sálvio de Figueiredo pontifica: *"parece-me mais razoável que, em uma sociedade marcadamente violenta como a atual, seja valorizada a conduta dos que se dedicam aos instrumentos musicais, sobretudo sem o objetivo de lucro, por tudo que a música representa, notadamente em um lar e na formação dos filhos, a dispensar maiores considerações. Ademais, não seria um mero teclado musical que iria contribuir para o equilíbrio das finanças de um banco"* (STJ, REsp 218.882-SP).

[56] STJ, REsp 150.021-MG.

[57] TRF 4.ª Região: "Execução fiscal. Penhora de antena parabólica e videocassete (Agravo de Instrumento n. 2004.04.01.045671-0/RS, Relator: Des. Federal João Surreaux Chagas)".

[58] TRF 4.ª Região: "Processual Civil. Lei 8.009/90. Nulidade de penhora. 1. O aparelho de ar-condicionado é bem que guarnece o imóvel residencial pelo que se extrai da simples leitura do parágrafo único do art. 1.º da Lei 8.009/90. 2. Improvido o agravo" (3.ª T., AI 95.04.02742-3/RS, Rel. Juíza Marga Inge Barth Tessler, *DJU*, 14-1-1998, p. 425).

[59] STJ, REsp 126.479-MS.

[60] 19-11-2004: "TAMG equipara jazigos a bem de família e impede sua penhora. A 1.ª Câmara Cível do Tribunal de Alçada de Minas Gerais impediu a penhora de dois jazigos, em processo de execução de dívida. Segundo a decisão, assim como o bem de família não pode ser penhorado por ser a moradia permanente do casal ou entidade familiar, o jazigo, em equiparação, é impenhorável ao ser a moradia permanente de parentes falecidos. Os jazigos, localizados no Cemitério Parque da Colina, em Belo Horizonte, pertencem aos irmãos Geraldo José da Silva e Paulo Gabriel da Silva. Como representantes legais da empresa Summa Pneus e Acessórios Ltda., eles assumiram uma dívida junto ao Bemge em outubro de 1995. Após pagarem apenas duas das 15 prestações a que se comprometeram, o Bemge ajuizou uma ação de execução contra eles, em julho de 1996, quando a dívida, segundo o banco, já somava R$ 29.460,19. Em junho de 2000, o Bemge cedeu o crédito à empresa MGI – Minas Gerais Participações Ltda., que passou, então, a executar a dívida. A MGI conseguiu penhorar dois lotes de terreno em Mateus Leme, de propriedade de Geraldo José da Silva, mas seu valor não foi suficiente para satisfazer o crédito. Em 2002, a empresa pediu, então, a penhora dos jazigos. Geraldo e Paulo entraram com embargos à execução, alegando que os jazigos não podem ser penhorados, por se tratar de túmulo onde se encontram sepultados seus parentes, entre eles, seu pai. Os irmãos alegaram que o túmulo seria a moradia permanente de seus parentes falecidos, sustentando-se na Lei 8.009/90. Segundo eles, a

penhora seria 'violação' e 'profanação' ao túmulo. O juiz da 10.ª Vara Cível da Capital acolheu os embargos, impedindo a penhora, motivo pelo qual a MGI recorreu ao Tribunal de Alçada, através da Apelação Cível n. 449295-5. O relator, juiz Tarcísio Martins Costa, confirmando a decisão de 1.ª instância, sustentou que, se a lei protege a entidade familiar que utiliza o imóvel como residência da família, impedindo sua penhora, 'com muito mais razão tal proteção há de se estender sobre a última morada dos membros já falecidos, para que possam repousar em paz'. O voto do relator foi acompanhado pelos juízes Antônio de Pádua e Fernando Caldeira Brant".

22-11-2004: "TST nega penhora de sepultura em execução trabalhista. Uma sepultura não pode ser considerada um bem jurídico suscetível à penhora para garantir a execução do débito trabalhista. A possibilidade de alienação de um jazigo contendo restos mortais foi afastada pela Segunda Turma do Tribunal Superior do Trabalho, conforme voto do juiz convocado Horácio de Senna Pires (relator). O órgão do TST não conheceu um recurso de revista interposto por um trabalhador mineiro.

Após dois anos e meio no emprego, um assistente de pessoal ingressou em juízo contra a empresa A. R. Indústria e Comércio Ltda. solicitando o pagamento de parcelas salariais e férias. Durante audiência na 29.ª Vara do Trabalho de Belo Horizonte, em janeiro de 1996, as partes fecharam um acordo que garantiu o pagamento de R$ 4.370,00 ao trabalhador em duas parcelas de R$ 2.185,00 – a serem pagas em 8 de abril e 6 de maio daquele ano. Em caso de inadimplência previu-se multa de 100% sobre o valor fixado.

Como não houve a quitação do débito, foi determinada a citação da empresa para o pagamento de R$ 8.844,51 – resultantes da quantia acordada, somada à multa e atualização monetária. O mandado não pôde ser cumprido, pois na sede do estabelecimento havia informação sobre o encerramento de suas atividades. Posteriormente, a Vara do Trabalho foi informada da falência da empresa em 18 de maio de 1996.

A massa falida recorreu da execução, mas seus embargos foram rejeitados, uma vez que a falência ocorreu após o acordo trabalhista. Com a indisponibilidade dos bens da empresa, a penhora voltou-se contra o antigo sócio-diretor, Paulo Roberto Brandão. A primeira tentativa foi dirigida à conta corrente do Banco Bandeirantes, que comunicou o saldo zerado do empresário.

Outras tentativas foram infrutíferas, mas com a juntada aos autos das mais recentes declarações de renda do empresário, a defesa do trabalhador listou os bens que deveriam ser penhorados, dentre eles um jazigo no cemitério Parque da Colina. Em 14 de agosto de 1997, foi assinado auto de penhora e avaliação para a constrição de uma cota do Clube Atlético Mineiro (valor de R$ 570,00); 1/12 de um apartamento de três quartos na Rua dos Inconfidentes, onde residia a mãe do devedor (R$ 5.833,33); e o jazigo (R$ 7.800,00) – num total de R$ 14.203,33.

O empresário falido recorreu e obteve a exclusão do jazigo, sob o argumento de que ali se encontravam os restos mortais de sua mulher, sepultada em junho de 1994. Também se informou a interdição da primeira gaveta para sepultamento diante da legislação municipal que estabelece o prazo mínimo de cinco anos para exumação.

A desconstituição da penhora foi confirmada pelo Tribunal Regional do Trabalho da 3.ª Região (com jurisdição em Minas Gerais) por entender que o interesse público não permite a remoção dos restos mortais, sob pena de ofensa ao princípio de respeito aos mortos. O TRT mineiro registrou a inviabilidade da penhora e da venda futura do jazigo.

O trabalhador recorreu ao TST alegando a inexistência de lei prevendo a impenhorabilidade de jazigos, o que levaria à conclusão de ausência de obstáculos cíveis para a constrição ou venda de bem que não se encontra fora do comércio. Quanto ao fato do jazigo estar ocupado, alegou-se que o Decreto municipal (n. 1.890/70), prevendo o prazo mínimo de cinco anos para exumação, não impediria a transferência da propriedade, apenas restrição temporária a seu uso, que teria desaparecido em junho de 1999.

Após observar o não preenchimento das condições obrigatórias ao exame do recurso, Horácio Pires ressaltou o acerto do posicionamento adotado pelo Tribunal Regional. 'Releva salientar, por fim, a reforçar o entendimento do TRT, que se trata de jazigo ocupado', justificou o juiz" (RR 589266/1999.5).

A *impenhorabilidade*, como dispõe o art. 3.º da Lei n. 8.009/90, é oponível *em qualquer processo de execução civil, fiscal, previdenciária, trabalhista*[61], *ou de outra natureza, salvo se movido (exceções à impenhorabilidade legal)*:

a) pelo titular do crédito decorrente do financiamento destinado à construção ou à aquisição do imóvel, no limite dos créditos e acréscimos constituídos em função do respectivo contrato;

b) pelo credor de pensão alimentícia, resguardados os direitos, sobre o bem, do seu coproprietário que, com o devedor, integre união estável ou conjugal, observadas as hipóteses em que ambos responderão pela dívida (ressalva inserida pela Lei n. 13.144, de 6 de julho de 2015);

c) para a cobrança de impostos, predial ou territorial, taxas e contribuições devidas em função do imóvel familiar[62];

d) para a execução de hipoteca sobre o imóvel oferecido como garantia real pelo casal ou pela entidade familiar;

---

[61] Registre-se que a Lei Complementar n. 150, de 1.º de junho de 2015, que deu nova regulamentação ao contrato de trabalho doméstico, revogou expressamente, em seu art. 46, o inciso I do art. 3.º da Lei 8.009/90, que admitia a penhora de bem de família "em razão de créditos de trabalhadores da própria residência e das respectivas contribuições previdenciárias".

[62] Comentando essa norma, transcrevemos trecho da palestra proferida pelo Prof. Pablo Stolze, no "II Fórum Brasil de Direito", realizado no Centro de Convenções de Salvador-BA, nos dias 30-5 a 1-6-2001: "Primeiramente, é bom que se diga que os impostos cujos fatos geradores nada tenham que ver com o imóvel – como o IR e o ISS – não autorizam a Fazenda Pública a solicitar a penhora do bem de família. A exceção diz respeito a tributos como o ITR e o IPTU, bem como a taxas e contribuições de melhoria relativas ao imóvel residencial. Respeitável plêiade de juristas, todavia, entende que a cobrança de taxa de condomínio, enquadrável na categoria de 'obrigação *propter rem*', alinha-se junto às hipóteses de exceção à proteção legal do bem de família, de maneira que o condômino inadimplente poderá ter a sua unidade habitacional penhorada para efeito de pagamento de despesa condominial. Apesar disso, tenho as minhas dúvidas a respeito do alcance da norma. Da forma como vem redigida a norma legal (permitindo a penhora para a cobrança de *impostos, taxas e contribuições devidas em razão do imóvel*), quase que transcrevendo os termos do Código Tributário Nacional, parece-me que a 'taxa' referida na regra legal é espécie de tributo, de natureza estatal, donde se conclui não se tratar de taxa de condomínio.

Tenho absoluta certeza de que o legislador quis se referir à *cobrança de tributos*, para elencar esta exceção à regra da impenhorabilidade legal do bem de família. Aliás, por se tratar de exceção, inadmissível a interpretação extensiva para se aplicar a norma a situação não prevista em lei. Mas a situação não é pacífica, uma vez que, no próprio Superior Tribunal de Justiça, as duas correntes de pensamento suprarreferidas se digladiam: 'o inc. IV do art. 3.º, da Lei n. 8.009/90 não compreende as despesas ordinárias de condomínio' – por sua 4.ª Turma, Rel. Min. Fontes de Alencar (1994 – RSTJ 67/488); 'é passível de penhora o imóvel residencial da família quando a execução se referir a contribuições condominiais sobre ele incidentes' – também por sua 4.ª Turma, Rel. Min. Barros Monteiro (1997 – REsp 150.379-MG). Se o sujeito está à beira da insolvência, sem outros bens que garantam a sua dívida, a penhora do seu único imóvel – onde residem ele e seus sete filhos, mulher e sogra – entraria em rota de colisão com a finalidade social e habitacional da lei. A prevalecer entendimento contrário, não se estaria desrespeitando, ainda que por via oblíqua, o sagrado e constitucional *direito à moradia*, recentemente inserido no art. 6.º da Carta Constitucional, por força da EC n. 26, de 14.02.2001? Quem sabe, por caridade, o síndico, após desalojar o devedor, tenha a bondade de contratá-lo como zelador, se é que ele não tentou suicídio...".

e) por ter sido adquirido com produto de crime ou para a execução de sentença penal condenatória a ressarcimento, indenização ou perdimento de bens;

f) por obrigação decorrente de fiança concedida em contrato de locação.

A Lei n. 8.245/91 (Lei do Inquilinato) acrescentou o inciso VII ao art. 3.º da Lei n. 8.009/90, estabelecendo mais uma exceção à impenhorabilidade legal do bem de família: a obrigação decorrente de fiança em contrato de locação.

Em outras palavras: *se o fiador for demandado pelo locador, visando à cobrança dos aluguéis atrasados, poderá o seu único imóvel residencial ser executado, para a satisfação do débito do inquilino.*

Não ignorando que o fiador possa se obrigar solidariamente, o fato é que, na sua essência, *a fiança é um contrato meramente acessório* pelo qual um terceiro (fiador) assume a obrigação de pagar a dívida, se o devedor principal não o fizer.

Mas seria razoável garantir o cumprimento desta obrigação (essencialmente acessória) do fiador com o seu único bem de família? Seria tal norma constitucional?

Partindo da premissa de que as obrigações do locatário e do fiador têm a mesma base jurídica – o contrato de locação –, *não é justo que o garantidor responda com o seu bem de família, quando a mesma exigência não é feita para o locatário*. Isto é, se o inquilino, fugindo de suas obrigações, viajar para o interior da Bahia, e *comprar um único imóvel residencial*, este seu bem será *impenhorável*, ao passo que o fiador continuará respondendo com o seu próprio *bem de família* perante o locador que não foi pago.

À luz do Direito Civil Constitucional – pois não há outra forma de pensar modernamente o Direito Civil –, parece-me forçoso concluir que este dispositivo de lei *viola o princípio da isonomia* insculpido no art. 5.º da CF, uma vez que *trata de forma desigual locatário e fiador*, ainda que as obrigações de ambos tenham a mesma causa jurídica: o contrato de locação, embora a jurisprudência, inclusive da nossa Suprema Corte, tenha se firmado em sentido contrário[63].

Registre-se que, na nossa opinião, respaldada por Súmula do Superior Tribunal de Justiça, a proteção legal ao bem de família, reforçada pelo direito constitucional à habitação e pelo princípio da dignidade da pessoa humana, aplica-se ao único imóvel da entidade familiar[64], ainda que nele não se resida. Isso porque os valores decorrentes da sua locação podem estar sendo a base do orçamento familiar, garantindo-lhe a sua subsistência[65].

---

[63] Todavia, lamentavelmente, STF e STJ adotaram posicionamento no sentido da penhorabilidade do imóvel do fiador na locação (RE 407.688/SP e Súmula 549 do STJ). Ainda no STF, cf. o Tema 1127 (repercussão geral): "É constitucional a penhora de bem de família pertencente a fiador de contrato de locação, seja residencial, seja comercial".

[64] "Bem de família. Impenhorabilidade. Locação. Terceiro. A seção reafirmou entendimento jurisprudencial no sentido de que se estende a proteção prevista na Lei n. 8.009/1990, de impenhorabilidade do único imóvel bem de família, ao imóvel em que a recorrente nele não resida em virtude de havê-lo locado a terceiro. Observa-se que o valor obtido com a locação desse bem cumpre os objetivos da citada norma, uma vez que compõe o orçamento familiar. Precedente citado: REsp 315.979-RJ, DJ 15/3/2004" (STJ, 2.ª T., EREsp 339.766-SP, Rel. Min. Aldir Passarinho Junior, j. 26-5-2004).

[65] Nesse sentido, a Súmula 486 do Superior Tribunal de Justiça preceitua: "Único imóvel residencial alugado a terceiros é impenhorável, desde que a renda obtida com o aluguel seja para subsistência do proprietário".

Outra importante ponderação, merecedora de nossa análise, diz respeito à *impenhorabilidade do imóvel do devedor solteiro*.

Recentemente, o STJ, por sua 4.ª Turma, em apertada votação (3 × 2), decidiu que a Lei n. 8.009/90 destina-se a proteger não o devedor, mas sua família. E, na forma prevista em lei, a *proteção atinge o devedor que forme um casal ou uma entidade familiar, estando de fora o devedor solteiro que resida com seus pais*.

O relator do acórdão, Min. BARROS MONTEIRO, entendeu que, *se a lei quisesse proteger o devedor que mora sozinho, diria simplesmente que o prédio de moradia do devedor não é penhorável*[66].

Não pensamos assim, com a devida licença.

O conceito legal de entidade familiar não poderia ser tão duro, sob pena de se coroarem injustiças.

Registre-se, nesse particular, o culto pensamento do Min. FONTES DE ALENCAR: "quanto ao fundamento do acórdão de que ela é solteira e, em consequência, não atingida pela benesse da Lei n. 8.009/90, afasto-o, porque senão chegaríamos à suprema injustiça. Se o cidadão fosse casado, ainda que mal casado, faria jus ao benefício; se fosse viúvo, sofrendo a dor da viuvez, não teria direito ao benefício".

Esse entendimento tem justificado decisões em sentido contrário, nas quais se invoca a proteção da lei em situações nas quais não existe propriamente um casal ou uma entidade familiar (é o caso de irmãos solteiros[67]).

Aliás, à luz da regra de ouro do art. 5.º da Lei de Introdução às Normas do Direito Brasileiro ("na aplicação da lei, o juiz atenderá aos fins sociais a que ela se dirige e às exigências do bem comum"), não se pode aceitar que uma interpretação restritiva negue o benefício da lei aos componentes remanescentes de uma família, que, por infelicidade ou por força do próprio destino, acabou se desfazendo ao longo dos anos.

Dentro desse raciocínio, como negar o amparo ao devedor solteiro, que resida com sua tia, viúva, e que nunca se casou ou teve filhos? Não haveria uma comunidade de existência entre tia e sobrinho digna de proteção?

Como negar o benefício – e nesse ponto já há algum avanço na jurisprudência – à viúva cujos filhos já foram levados pela vida, e que mora sozinha em sua casa, único bem que lhe restou?

Deverá ser posta para fora do seu último abrigo, para que a sociedade a ampare?

Nesse sentido, inatacáveis são as palavras do culto Min. LUIZ VICENTE CERNICCHIARO: "... a Lei n. 8.009/90 não está dirigida a número de pessoas. Mas à pessoa. Solteira, casada, viúva, desquitada, divorciada, pouco importa. O sentido social da norma busca garantir um teto para cada pessoa. Só essa finalidade, 'data venia', põe sobre a mesa a exata extensão da lei. Caso contrário, sacrificar-se-á a interpretação teleológica para prevalecer a insuficiente interpretação literal"[68].

---

[66] STJ, REsp 169.239-SP.
[67] STJ, REsp 159.851-SP.
[68] Encontramos outra brilhante decisão, calcada neste precedente: "Impenhorabilidade. Devedor. Solteiro. Solitário. A interpretação teleológica do art. 1.º da Lei n. 8.009/1990 revela que a norma não se

Tratando do bem de família voluntário, o novo Código Civil resolve, em parte, a questão, pelo menos em relação à viuvez, uma vez que autoriza o cônjuge sobrevivente a pedir a extinção do bem de família[69], o que importa reconhecer que, *a contrario sensu*, a viuvez não importa em extinção automática do instituto.

A questão, porém, é muito mais complexa, no caso dos filhos maiores solteiros sobreviventes[70], sendo de duvidosa constitucionalidade – pelos fundamentos já aqui expostos – a previsão do art. 1.722 do CC/2002.[71]

---

limita ao resguardo da família. Seu escopo definitivo é a proteção de um direito fundamental da pessoa humana: o direito à moradia. Se assim ocorre, não faz sentido proteger quem vive em grupo e abandonar o indivíduo que sofre o mais doloroso dos sentimentos: a solidão. É impenhorável, por efeito do preceituado no art. 1.º da Lei n. 8.009/1990, o imóvel em que reside, sozinho, o devedor celibatário. Precedente citado: EREsp 182.223-SP, DJ 7/4/2003" (STJ, REsp 450.989-RJ, Rel. Min. Humberto Gomes de Barros, j. 13-4-2004). Cf. também Súmula 364 do STJ.

[69] "Art. 1.721. A dissolução da sociedade conjugal não extingue o bem de família. Parágrafo único. Dissolvida a sociedade conjugal pela morte de um dos cônjuges, o sobrevivente poderá pedir a extinção do bem de família, se for o único bem do casal."

[70] STJ: "Imóvel considerado bem de família é impenhorável mesmo que executado não resida nele. Ainda que, no único imóvel do executado, residam suas irmãs, ele é considerado bem de família, sendo, portanto, impenhorável. Com esse entendimento, a Segunda Turma do Superior Tribunal de Justiça (STJ) proveu recurso interposto por Clemente César Silva e anulou a penhora que havia recaído sobre seu imóvel no curso de uma execução movida pela Caixa Econômica Federal (CEF). Silva havia tentado anular a penhora por meio de uma ação (embargos do devedor), mas seu pedido foi negado pela Justiça de primeira instância e, posteriormente, pelo Tribunal Regional Federal (TRF) da 1.ª Região.

As informações constantes no processo mostram que Silva não mora no imóvel. O bem é fruto de herança e pertence ao mutuário e a suas duas irmãs, que atualmente residem no local. Tanto o juiz que proferiu a sentença no primeiro grau quanto o colegiado do TRF da 1.ª Região, que examinou o caso no segundo grau, entenderam que o imóvel de Silva pode ser penhorado por não se tratar de bem de família.O artigo 1.º da Lei n. 8.009/90 explicita o tipo de imóvel que não pode ser penhorado para pagamento de dívida. Mas, ao interpretar esse dispositivo, as instâncias ordinárias concluíram que o imóvel só poderia ser considerado bem de família, portanto impenhorável, se o executado (no caso, Silva) morasse nele.

Ao examinar a questão no STJ, o ministro Peçanha Martins, que relatou o caso, adotou posição contrária à das instâncias ordinárias. Citando decisões anteriores do Tribunal, o ministro ampliou a interpretação da Lei n. 8.009/90, entendendo não haver necessidade de que o executado resida no imóvel para este ser considerado impenhorável. Segundo o ministro, essa interpretação tem o objetivo de proteger o inadimplente da perda total de seus bens, assegurando, no mínimo, a manutenção do imóvel destinado à residência, ainda que ele não more ali.

No relatório que fundamentou seu voto, o ministro cita precedente do STJ (RESP 182223/SP), no qual o ministro aposentado Luiz Vicente Cernicchiaro defende uma interpretação da Lei n. 8.009/90 que leve em consideração o sentido social do texto. Para ele, essa lei não está dirigida a um número de pessoas, mas à pessoa. 'Solteira, casada, viúva, pouco importa. O sentido social da norma busca garantir um teto para cada pessoa. Só essa finalidade põe sobre a mesa a exata extensão da lei. Caso contrário, sacrificar-se-á a interpretação teleológica para prevalecer a insuficiente interpretação literal', escreve o ministro".

[71] "Art. 1.722. Extingue-se, igualmente, o bem de família com a morte de ambos os cônjuges e a maioridade dos filhos, desde que não sujeitos a curatela."

É bom que se diga, finalmente, já haver entendimento sumulado no sentido de que: "A Lei n. 8.009, de 29 de março de 1990, aplica-se à penhora realizada antes de sua vigência". Vale dizer: *o devedor poderá invocar a proteção legal, mesmo se a penhora de seu imóvel residencial houver sido ordenada antes de 1990*. Não há, pois, nesse caso, direito adquirido do credor para levar o bem à hasta pública (Súmula 205 do STJ).

Por fim, como já deixamos claro, a proteção do bem de família legal se refere somente à impenhorabilidade do imóvel residencial, não limitando a lei a sua alienabilidade.

Tal afirmação, porém, não importa dizer que há possibilidade jurídica de renúncia ao benefício legal, dada a importância social da norma, como vem decidindo o Superior Tribunal de Justiça[72]. Ressalte-se, nessa linha de raciocínio, que a indicação à penhora de um bem de família, em que pese não significar renúncia, pode caracterizar um ato atentatório à dignidade da Justiça, sancionável processualmente.

6. COISAS FORA DO COMÉRCIO

Embora o novo Código Civil, diferentemente da Lei de 1916 (art. 69), não haja feito expressa referência às coisas fora do comércio, o tema interessa ainda em nível doutrinário.

De modo geral, todos os bens podem ser apropriados e alienados, tanto a título oneroso quanto gratuito. Há, todavia, exceções a essa regra, constituindo-se o que se convencionou chamar de *bens fora do comércio ou inalienáveis*, consistentes nos bens que não podem ser negociados.

A expressão "comércio" é utilizada no sentido da possibilidade de circulação e transferência de bens de um patrimônio para outro (susceptibilidade de apropriação), mediante compra e venda, doação etc.

---

[72] "Impenhorabilidade. Bem de família. Embargos. O devedor ofereceu à penhora um aparelho de som e um refrigerador, objetos que guarneciam sua residência. Porém, após, ele mesmo ofereceu embargos, alegando impenhorabilidade. Isso posto, prosseguindo o julgamento, a Seção, por maioria, reafirmou que esses bens são absolutamente impenhoráveis em razão do disposto na Lei n. 8.009/1990, não podendo alegar-se renúncia do devedor a essa proteção legal, mesmo em se tratando de bens móveis. Note-se que a referida lei visa resguardar a própria família e não o devedor" (STJ, REsp 526.460-RS, Rel. Min. Nancy Andrighi, j. 8-10-2003).
"PROCESSUAL CIVIL E TRIBUTÁRIO. EXECUÇÃO FISCAL. BEM DE FAMÍLIA OFERECIDO À PENHORA. RENÚNCIA AO BENEFÍCIO ASSEGURADO PELA LEI 8.009/90. IMPOSSIBILIDADE. 1. A indicação do bem de família à penhora não implica em renúncia ao benefício conferido pela Lei 8.009/90, máxime por tratar-se de norma cogente que contém princípio de ordem pública, consoante a jurisprudência assente neste STJ. 2. Dessarte, a indicação do bem à penhora não produz efeito capaz de elidir o benefício assegurado pela Lei 8.009/90. Precedentes: REsp 684.587-TO, Relator Ministro Aldir Passarinho Junior, Quarta Turma, *DJ* de 13 de março de 2005; REsp 242.175-PR, Relator Ministro Ruy Rosado de Aguiar, Quarta Turma, *DJ* de 08 de maio de 2000; REsp 205.040-SP, Relator Ministro Eduardo Ribeiro, Terceira Turma, *DJ* de 15 de abril de 1999. 3. As exceções à impenhorabilidade devem decorrer de expressa previsão legal. 4. Agravo Regimental provido para dar provimento ao Recurso Especial" (AgRg no REsp 813.546/DF, Rel. Min. Francisco Falcão, Rel. p/ Acórdão Min. Luiz Fux, Primeira Turma, j. 10-4-2007, *DJ*, 4-6-2007, p. 314).

Tais bens se classificam em:

a) *inapropriáveis pela própria natureza*: bens de uso inexaurível, como o mar e a luz solar. São as conhecidas *res communes omnium* (coisas comuns a todos), que não podem ser chamadas propriamente de coisas, pois falta o requisito da ocupabilidade. Nesta classificação enquadram-se, também, os direitos personalíssimos, uma vez que são insusceptíveis de apropriação material, havendo também norma legal que embasa tal circunstância[73];

b) *legalmente inalienáveis*: bens que, embora sejam materialmente apropriáveis, têm sua livre comercialização vedada por lei para atender a interesses econômico-sociais, de defesa social ou proteção de pessoas. Só excepcionalmente podem ser alienados, o que exige lei específica ou decisão judicial. É o caso dos bens públicos de uso comum do povo, bens dotais, terras ocupadas pelos índios, o bem de família etc. São também chamados de bens com *inalienabilidade real ou objetiva*;

c) *inalienáveis pela vontade humana*: bens que, por ato de vontade, em negócios gratuitos, são excluídos do comércio jurídico, gravando-se a *cláusula de inalienabilidade/impenhorabilidade*. Admite-se a relativização de tais cláusulas, pela via judicial, em situações excepcionais, como moléstias graves do titular, para garantir a utilidade do bem, mas, nesse caso, o sentido da jurisprudência é na busca da prevalência do fim social da norma. Também são chamados de bens com *inalienabilidade pessoal ou subjetiva*.

Vale destacar, porém, que há coisas que até podem vir a integrar o patrimônio das pessoas – ou seja, são passíveis de apropriação –, mas que não estão no complexo de bens de qualquer pessoa, antes de apropriadas.

É o caso da *res nullius*, coisa que não pertence atualmente a ninguém (ou seja, não é de titularidade de qualquer pessoa), mas que pode vir a pertencer pela ocupação, como, por exemplo, os animais de caça e pesca.

Da mesma forma, a *res derelictae*, que é a coisa abandonada, como uma guimba de cigarro. Note-se que o abandono é necessariamente voluntário, sendo distinto da hipótese da coisa perdida (involuntariamente), que continua, abstratamente, a pertencer ao patrimônio do titular.

---

[73] Com efeito, dispõe o art. 11 do Código Civil de 2002 que, "com exceção dos casos previstos em lei, os direitos da personalidade são intransmissíveis e irrenunciáveis, não podendo o seu exercício sofrer limitação voluntária".

Capítulo IX
Fato Jurídico em Sentido Amplo

Sumário: 1. Noções introdutórias sobre a importância do estudo do fato jurídico. 2. Conceito de fato jurídico em sentido amplo. 3. Classificação dos fatos jurídicos em sentido amplo. 4. Efeitos aquisitivos, modificativos, conservativos e extintivos do fato jurídico. 4.1. Aquisição de direitos. 4.2. Modificação de direitos. 4.3. Conservação de direitos. 4.4. Extinção de direitos. 5. Fato jurídico em sentido estrito. 6. Ato-fato jurídico. 7. Ato jurídico em sentido estrito.

1. NOÇÕES INTRODUTÓRIAS SOBRE A IMPORTÂNCIA DO ESTUDO DO FATO JURÍDICO

A noção da qual iremos tratar é ponto de partida de todo raciocínio jurídico.

Todo acontecimento, natural ou humano, que determine a ocorrência de efeitos constitutivos, modificativos ou extintivos de direitos e obrigações, na órbita do direito, denomina-se *fato jurídico*.

CAIO MÁRIO DA SILVA PEREIRA, decano dos civilistas brasileiros, pontifica, à luz dos ensinamentos de SAVIGNY, que o fato jurídico seria *todo acontecimento em virtude do qual começam ou terminam as relações jurídicas*[1].

Tal definição, anota o ilustrado mestre de Minas Gerais, merece certa readequação doutrinária, em virtude de restringir o campo de abrangência do *fato*, haja vista que não salientou a sua aptidão *modificativa* e *conservativa* de relações jurídicas.

Parte, pois, da fixação do conceito de *fato jurídico* toda e qualquer análise a respeito das mais importantes formas de aquisição, modificação, conservação e extinção de direitos, a saber, como veremos nos próximos tópicos, os *negócios jurídicos e os atos jurídicos em sentido estrito*.

Indiscutivelmente, trata-se de conceito basilar, verdadeira *causa genética* das relações jurídicas, e, bem assim, dos direitos e obrigações aí compreendidos.

Fora da noção de *fato jurídico*, pouca coisa existe ou importa para o direito.

Neste ponto, precisas são as palavras de ROBERTO DE RUGGIERO:

> "Todos os fenômenos até aqui descritos não se produzem sem uma causa, causa essa que são os fatos jurídicos, que nós classificamos, na série infinita de eventualidades, como aqueles aos quais o ordenamento atribui a virtude de produzir efeitos de direito, ou seja: eventualidades capazes de provocar a aquisição, a perda e a modificação de um direito"[2].

---
[1] Caio Mário da Silva Pereira, *Instituições de Direito Civil*, 19. ed., Rio de Janeiro: Forense, 2001, v. 1, p. 291.
[2] Roberto de Ruggiero, *Instituições de Direito Civil*, Campinas: Bookseller, 1999, v. 1, p. 309.

2. CONCEITO DE FATO JURÍDICO EM SENTIDO AMPLO

Fixadas tais premissas, parece-nos que já é evidente o nosso conceito de fato jurídico. Assim, fato jurídico, em sentido amplo, seria *todo acontecimento natural ou humano capaz de criar, modificar, conservar ou extinguir relações jurídicas.*

Nesse diapasão, conclui-se facilmente que a noção de *fato jurídico*, entendido como o evento concretizador da hipótese contida na norma, comporta, em seu campo de abrangência, não apenas os acontecimentos naturais (*fatos jurídicos em sentido estrito*), mas também as ações humanas lícitas ou ilícitas (*ato jurídico em sentido amplo e ato ilícito, respectivamente*), bem como aqueles fatos em que, embora haja atuação humana, esta é desprovida de manifestação de vontade, mas mesmo assim produz efeitos jurídicos (*ato--fato jurídico*).

3. CLASSIFICAÇÃO DOS FATOS JURÍDICOS EM SENTIDO AMPLO

O tema da classificação dos fatos jurídicos em sentido amplo tem sido alvo de acesas controvérsias doutrinárias.

De fato, se nos permitirmos uma análise da maioria dos compêndios de Teoria Geral do Direito Civil, constataremos facilmente a completa discrepância nos critérios de classificação dos fatos jurídicos.

Essa circunstância, em nossa opinião, não decorre somente da visão metodológica dos doutrinadores civilistas no trato da matéria, mas sim, em verdade, da grande atecnia que o Código Civil de 1916 emprestou ao tema.

De fato, embora ainda não seja perfeita a disciplina empreendida pelo novo Código Civil – por omitir-se, por exemplo, em institutos como ato-fato jurídico ou a enunciação expressa dos elementos de existência do negócio jurídico –, o fato é que houve considerável inovação na recente legislação, substituindo-se a expressão genérica *ato jurídico* pela designação específica *negócio jurídico*, medida da mais louvável técnica jurídica, uma vez que é a este, e não àquele, que se aplicam todas as normas ali explicitadas.

Outra inovação salutar refere-se aos atos jurídicos em sentido estrito (atos lícitos não negociais), que, na esteira do art. 295 do Código Civil português de 1967, passaram a ser tratados em um título da Parte Geral, com um único dispositivo (art. 185), determinando que se lhes apliquem, no que couber, as disposições do negócio jurídico.

O CC/2002 omitiu-se da figura do ato-fato jurídico, tão bem trabalhada na doutrina nacional pelos gênios de PONTES DE MIRANDA e MARCOS BERNARDES DE MELLO, mas, como um dever dogmático, não podemos nos furtar a incluí-la em qualquer classificação dos fatos jurídicos em sentido *lato*.

Assim, a despeito das controvérsias existentes, podemos decompor o *fato jurídico*, visualizando-o esquematicamente da seguinte forma:

```
                                                         Ordinário
                      Fato Jurídico em Sentido Estrito <
                                                         Extraordinário

            Ato-Fato Jurídico                                          Jurídico em
                                    lícita (ato jurídico lícito        Sentido Estrito
Fato Jurídico                       em sentido amplo)                  (não negocial)
                                    ilícita
            Ação Humana
            (Ato Jurídico em                                           Negócio Jurídico
            Sentido Lato)
                                    Ato           ⟶           Ato Ilícito
```

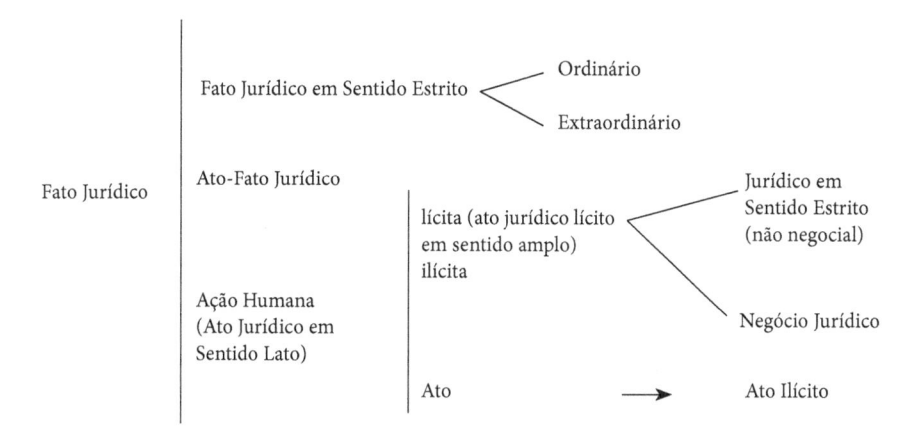

Essa nossa classificação dos fatos jurídicos toma por base o próprio ser humano enquanto sujeito destinatário da norma jurídica e agente de sua aplicação.

Assim, parte-se dos fatos – ordinários ou extraordinários – em que a intervenção humana é inexistente (fatos jurídicos *stricto sensu*), passando por aquelas situações em que, embora a atuação do homem seja da substância do fato jurídico, não importa para a norma se houve, ou não, manifestação de vontade em praticá-lo (ato-fato jurídico) até chegar, finalmente, nas situações em que se destaca juridicamente a ação da pessoa, seja com consequências jurídicas impostas pela lei e não escolhidas pelas partes (ato jurídico *stricto sensu* ou meramente lícito), seja pela regulamentação da autonomia privada (negócio jurídico).

Não esquecemos, obviamente, da atuação humana com efeitos não desejados pelo ordenamento jurídico (ato ilícito), que, por produzir efetivamente reflexos no mundo do Direito, não pode deixar de ser analisada quando do estudo dos fatos jurídicos.

Note-se, inclusive, que respeitável corrente doutrinária esposa entendimento no sentido de que deveriam subsumir-se na categoria dos *atos jurídicos em sentido amplo*[3]. Para tanto, argumenta-se que, mesmo atuando contrariamente à ordem jurídica, a conduta humana deflagraria efeitos relevantes para o direito, razão pela qual não se lhe poderia negar o qualificativo (de ato) *jurídico*.

Embora não ignoremos a ideia, preferível é, não apenas por força do específico tratamento legal dado à matéria (arts. 186 e 187 do CC/2002), mas também, e sobretudo, por imperativo metodológico, reconhecer posição própria para as ações desvaliosas (ilícitas), sem confundi-la com a definição de *ato jurídico lícito*.

Feitas essas considerações, analisaremos, em minúcias, cada uma das espécies de fato jurídico em sentido amplo. Apenas por uma sugestão de ordem didática, contudo, cuidaremos de proceder à análise dos *negócios jurídicos* e dos *atos ilícitos* em capítulos próprios, dadas as peculiaridades e importância doutrinária de cada tema.

---

[3] Vale conferir a excelente obra de Antônio Luis Machado Neto, *Compêndio de Introdução à Ciência do Direito*, 6. ed., São Paulo: Saraiva, 1988.

Antes disso, por uma questão metodológica, parece-nos uma premissa básica a compreensão do que seja aquisição, modificação, conservação e extinção de direitos.

É o que veremos no próximo tópico.

4. EFEITOS AQUISITIVOS, MODIFICATIVOS, CONSERVATIVOS E EXTINTIVOS DO FATO JURÍDICO

Como o objetivo deste capítulo é a análise do fato jurídico em sentido amplo (lato) – e este é entendido como *todo acontecimento natural ou humano capaz de criar, modificar, conservar ou extinguir relações jurídicas* –, a noção desses efeitos criadores, modificativos, conservativos e extintivos é conhecimento prévio que se impõe para todos os que se debruçam sobre o tema.

Vejamos cada um deles separadamente.

4.1. Aquisição de direitos

A aquisição de direitos ocorre, na expressão de Stolfi, quando se dá "sua conjunção com seu titular. Assim, surge a propriedade quando o bem se subordina a um *dominus*"[4].

O CC/2002 não traz normas genéricas sobre aquisição de direitos, ao contrário do CC/1916, que, em seu art. 74, dispunha:

> "Art. 74. Na aquisição dos direitos se observarão estas regras:
>
> I – adquirem-se os direitos mediante ato do adquirente ou por intermédio de outrem;
>
> II – pode uma pessoa adquiri-los para si, ou para terceiros;
>
> III – dizem-se atuais os direitos completamente adquiridos, e futuros os cuja aquisição não se acabou de operar.
>
> Parágrafo único. Chama-se deferido o direito futuro, quando sua aquisição pende somente do arbítrio do sujeito; não deferido, quando se subordina a fatos ou condições falíveis".

Embora não haja dispositivo equivalente na nova legislação civil genérica, os *conceitos* legais mencionados ainda podem ser utilizados, pois equivalem aos consagrados pela doutrina.

A título de complementação, porém, é importante distinguir os direitos futuros, referidos na transcrita norma legal, em relação à *expectativa de direito*, ao *direito eventual* e ao *direito condicional*.

A *expectativa de direito* é a mera possibilidade de sua aquisição, não estando amparada pela legislação em geral, uma vez que ainda não foi incorporada ao patrimônio jurídico da pessoa. Um exemplo é a fase de tratativas para celebração de um contrato, em que não há falar, ainda, de um direito adquirido, por si só, à realização da avença.

O *direito eventual*, por sua vez, refere-se a situações em que o interesse do titular ainda não se encontra completo, pelo fato de não se terem realizado todos os elementos básicos exigidos pela norma jurídica. Como exemplo, podemos lembrar o direito à sucessão legítima, que, embora protegido pelo ordenamento jurídico, só se consolida com a morte do autor da herança. Na forma do art. 130 do CC/2002, *ao titular do direito*

---

[4] Maria Helena Diniz, *Curso de Direito Civil Brasileiro*, 37. ed., São Paulo: Saraiva, 2020, v. 1, p. 436.

eventual, nos casos de condição suspensiva ou resolutiva, é permitido praticar os atos destinados a conservá-lo.

Por fim, o *direito condicional* é aquele que somente se perfaz se ocorrer determinado acontecimento futuro e incerto. Como exemplo, podemos lembrar uma promessa de cessão de direitos autorais, caso determinada obra alcance a 10.ª edição. Se o livro for um *best-seller*, realizar-se-á o direito; se ficar "encalhado", o direito ficará limitado ao advento da condição.

Sendo certo que toda classificação pode variar de acordo com os parâmetros adotados, a aquisição de direitos tem sido analisada das seguintes formas:

a) *originária* ou *derivada*: de acordo com a existência ou não de uma relação jurídica anterior com o direito ou bem objeto da relação, sem interposição ou transferência de outra pessoa;

b) *gratuita* ou *onerosa*: de acordo com a existência ou não de uma contraprestação para a aquisição do direito;

c) *a título universal* ou *singular*: se o adquirente substitui o sucedido na totalidade (ou em uma quota-parte) de seus direitos ou apenas de uma ou algumas coisas determinadas;

d) *simples* ou *complexa*: se o fato gerador da relação jurídica se constituir em um único ato ou numa necessária simultaneidade ou sucessividade de fatos.

4.2. Modificação de direitos

Ainda que não haja alteração da sua essência, é perfeitamente possível a prática de atos ou a ocorrência de fatos jurídicos que impliquem a modificação de direitos.

Essa modificação pode-se dar tanto no conteúdo ou objeto das relações jurídicas (*modificação objetiva*) quanto no que se refere a seus titulares (*modificação subjetiva*).

Em relação à primeira, a alteração pode ser tanto de quantidade – volume – ou qualidade – conteúdo – de objeto ou direitos.

Já a modificação subjetiva, que é alteração da titularidade do objeto ou direito, pode-se dar tanto pela substituição do sujeito ativo ou passivo quanto pela multiplicação ou concentração de sujeitos ou mesmo o desdobramento da relação jurídica.

Vale destacar que, doutrinariamente, entende-se que os direitos personalíssimos não comportam modificação subjetiva. Todavia, em relação à paternidade, há alguns julgados que têm admitido a possibilidade de uma investigação de ancestralidade ou, mais precisamente, de uma ação investigatória de relação avoenga para a hipótese de falecimento do indivíduo que não teve a paternidade reconhecida, mas que seus herdeiros pretendem vê-la declarada, seja para efeitos sociais, seja para petição de herança[5].

---

[5] Nesse sentido, Sílvio de Salvo Venosa: "Arnaldo Rizzardo recorda a problemática da investigação da relação avoenga. Relata julgado do Superior Tribunal de Justiça que admitiu válida a pretensão dos filhos, substituindo o pai, em investigar a filiação deste, junto ao avô, dirigindo a lide contra os referidos herdeiros (REsp n. 269-RS, 3-4-90, Rel. Min. Waldemar Zveiter). Trata-se, portanto, de alargamento da legitimidade ativa para a ação de investigação de paternidade, sempre tida como personalíssima, ditada pelos novos tempos" (*Direito Civil – Direito de Família,* São Paulo: Atlas, 2001, p. 248).

4.3. Conservação de direitos

Os atos jurídicos não são praticados somente para a aquisição, modificação e extinção de direitos, hipóteses em que há uma alteração substancial da relação jurídica.

Também eles podem ser destinados ao resguardo (defesa) de direitos, caso estes sejam ameaçados por quem quer que seja.

Essas medidas, de caráter muitas vezes acautelatório, podem ser sistematizadas da seguinte forma:

a) Atos de conservação: atos praticados pelo titular do direito para evitar o perecimento, turbação ou esbulho de seu direito. É o exemplo evidente das medidas e ações cautelares.

b) Atos de defesa do direito lesado: tendo ocorrido a violação ao direito, o ajuizamento de ações cognitivas ou executivas, no exercício do direito constitucional de ação (art. 5.º, XXXV, da CF/88) é a medida adequada para a conservação do direito.

c) Atos de defesa preventiva: antes mesmo da violação – mas diante da sua ameaça evidente – é possível o ajuizamento de procedimentos próprios para uma defesa preventiva, como é o caso do interdito proibitório, previsto expressamente no art. 501 do CC/1916 e implicitamente no art. 1.210 do CC/2002. Aqui se incluem, também, o estabelecimento de cláusulas contratuais, com evidente característica de defesa preventiva extrajudicial, como, por exemplo, a cláusula penal, as arras, a fiança etc.

d) Autotutela: ocorrida a violação, a ordem jurídica admite, sempre excepcionalmente, a prática de atos de autotutela, como, por exemplo, o desforço incontinenti (previsto no art. 1.210, § 1.º, do CC/2002), no Direito Civil, ou a greve, no Direito do Trabalho.

4.4. Extinção de direitos

Como tudo na vida, também os direitos podem extinguir-se.

Os fatos e atos jurídicos podem levar à extinção de direitos, trazendo a doutrina especializada toda uma série de exemplos, como é o caso do perecimento do objeto, a alienação, a renúncia, o abandono, o falecimento do titular, a decadência, a abolição de um instituto jurídico, a confusão, o implemento de condição resolutiva, o escoamento de prazo ou mesmo o aparecimento de direito incompatível com o direito atualmente existente e que o suplanta[6].

Essa relação, obviamente, é meramente exemplificativa, não havendo limites para a criatividade humana ou para as forças da natureza na estipulação de novas hipóteses.

5. FATO JURÍDICO EM SENTIDO ESTRITO

Considera-se *fato jurídico em sentido estrito* todo acontecimento natural, determinante de efeitos na órbita jurídica.

Mas nem todos os acontecimentos alheios à atuação humana merecem esse qualificativo.

Uma chuva em alto-mar, por exemplo, é fato da natureza estranho para o Direito.

---

[6] Neste último caso: o usucapião consolida uma situação de fato, albergada pelo direito, que suplanta o direito de propriedade do antigo dono, extinguindo-o.

Todavia, se a precipitação ocorre em zona urbana, causando graves prejuízos a determinada construção, objeto de um contrato de seguro, deixa de ser um simples *fato natural, e passa a ser um fato jurídico, qualificado pelo Direito*.

Isso porque determinará a ocorrência de importantes efeitos obrigacionais entre o proprietário e a companhia seguradora, que passou a ser devedora da indenização estipulada simplesmente pelo advento de um fato da natureza.

Os fatos jurídicos em sentido estrito, por sua vez, subdividem-se em:

a) ordinários;

b) extraordinários.

Os fatos jurídicos ordinários são fatos da natureza de ocorrência comum, costumeira, cotidiana: *o nascimento, a morte, o decurso do tempo*.

Os segundos, porém, ganham destaque pela nota da extraordinariedade, por serem inesperados, às vezes imprevisíveis: um terremoto, uma enchente, o caso fortuito e a força maior.

Discorrendo a respeito dessa categoria jurídica, WASHINGTON DE BARROS MONTEIRO pontifica, com propriedade, que:

> "dentre esses fatos, uns são de ordem natural, alheios à vontade humana, ou, para os quais, essa vontade apenas concorre de modo indireto, tais como o nascimento, a maioridade, a interdição e a morte, em relação à pessoa natural; o desabamento de um edifício, o abandono do álveo pelo rio, a aluvião e a avulsão em relação às coisas; o decurso do tempo, o caso fortuito e a força maior, em relação aos direitos em geral"[7].

A título de observação, vale registrar a profunda divergência na diferenciação entre o caso fortuito e a força maior. Isso porque o caso fortuito também pode ser decorrente de um ato humano (um acidente de veículo, por exemplo), o que o faz extrapolar os limites do fato jurídico *stricto sensu*.

Para que não pairem quaisquer dúvidas em relação ao nosso posicionamento sobre tais institutos, devemos entender que a característica básica da força maior – em que pese ser decorrente, em regra, de um fato natural – é a sua absoluta *inevitabilidade*, enquanto o caso fortuito tem como nota essencial a *imprevisibilidade*, para os parâmetros do homem médio, motivos pelos quais ambos, inclusive, são causas excludentes de responsabilidade[8].

Observe-se, por fim, que o tempo, cujo passar inexorável é simbolizado poeticamente pela queda dos grãos de areia na ampulheta da vida, qualifica-se juridicamente tanto para a aquisição (usucapião) quanto para a extinção (prescrição e decadência) de direitos e pretensões, o que analisaremos em tópico próprio[9].

---

[7] Washington de Barros Monteiro, *Curso de Direito Civil*, 37. ed., São Paulo: Saraiva, 2000, v. 1, p. 174. Nesta citação, deve-se interpretar, em nosso sentir, a menção ao instituto da "interdição" como sendo uma referência à incapacidade superveniente que leva à interdição, uma vez que a interdição propriamente dita é decorrente de uma ação judicial.

[8] Mais detalhes sobre o tema serão expostos no volume 3 ("Responsabilidade Civil") desta coleção.

[9] Confira-se o Capítulo XVIII ("Prescrição e Decadência") deste livro.

6. ATO-FATO JURÍDICO

Outra especial categoria, que guarda caracteres inconfundíveis, é a dos *atos-fatos jurídicos*.

A ausência de uma previsão legal específica sobre o *ato-fato jurídico* tem gerado um efeito comum em vários manuais de Teoria Geral de Direito Civil, que praticamente ignoram o instituto.

Todavia, não há como deixar de reconhecer a sua existência, principalmente se tomarmos como base as obras fundamentais dos Mestres PONTES DE MIRANDA e MARCOS BERNARDES DE MELLO.

Com efeito, o ato-fato jurídico nada mais é do que um FATO JURÍDICO qualificado pela atuação humana.

Não seria uma contradição dizer que se trata de um fato, mas, mesmo assim, se exige a intervenção do indivíduo?

Não, dizemos nós!

No ato-fato jurídico, *o ato humano é realmente da substância desse fato jurídico, mas não importa para a norma se houve, ou não, intenção de praticá-lo*.

O que se ressalta, na verdade, é a consequência do ato, ou seja, o fato resultante, sem se dar maior significância se houve vontade ou não de realizá-lo.

A ideia que deve presidir a compreensão dos atos-fatos jurídicos é a de que, para a sua caracterização, a vontade humana é irrelevante, pois é o fato humano, por si só, que goza de importância jurídica e eficácia social.

Excelente exemplo de ato-fato jurídico encontramos na *compra e venda feita por crianças*. Ninguém discute que a criança, ao comprar o doce no boteco da esquina, não tem a *vontade direcionada* à celebração do contrato de consumo. Melhor do que considerar, ainda que apenas formalmente, esse ato como *negócio jurídico*, portador de intrínseca nulidade por força da incapacidade absoluta do agente, é enquadrá-lo na noção de ato-fato jurídico, dotado de ampla aceitação social[10].

Doutrinariamente, podemos classificá-los em três espécies distintas[11]:

a) Atos reais: nessa categoria enquadram-se os atos humanos de que resultam circunstâncias fáticas, geralmente irremovíveis.

Pouco importa, para o Direito, se houve vontade na procura do tesouro ou na pintura de uma tela, pois o que interessa é o resultado que se obtém, indiferentemente de ter havido ou não vontade em obtê-lo.

Assim, alguém que padeça de uma grave patologia mental, que pinta quadros, adquire sua propriedade (especificação), o mesmo ocorrendo com uma criança que descobre tesouro enterrado no quintal (invenção). Independentemente de terem querido ou não, ou mesmo se poderiam manifestar vontade, adquirem a propriedade.

---

[10] Nesse sentido: Jorge Cesa Ferreira da Silva, *A Boa-Fé e a Violação Positiva do Contrato*, Rio de Janeiro: Renovar, 2002, p. 53.

[11] Classificação apresentada com base nos ensinamentos de Marcos Bernardes de Mello (*Teoria do Fato Jurídico – Plano da Existência*, 10. ed., São Paulo: Saraiva, 2000).

Tal aquisição será decorrente de um ato-fato jurídico.

b) Atos-fatos jurídicos indenizativos: nessa espécie estão as situações em que de um ato humano lícito (ou seja, não contrário ao Direito) decorre prejuízo a terceiro, com dever de indenizar.

É o caso da deterioração ou destruição de coisa alheia, ou a lesão pessoal, a fim de remover perigo iminente, em que se aceita a licitude do ato, mas se determina a indenização, na forma do art. 188, II, c/c os arts. 929 e 930 do CC/2002.

Nesse caso, a indenização será resultado de um ato-fato jurídico.

c) Atos-fatos jurídicos caducificantes: nesta última forma estão as situações que, dependentes de atos humanos, constituem fatos jurídicos, cujos efeitos consistem na extinção de determinado direito e, por consequência, da pretensão, da ação e da exceção dele decorrentes, como ocorre na decadência ou na prescrição, independentemente de ato ilícito do titular.

O exemplo mais evidente é do antigo art. 178, § 1.º, do CC/1916, que tratava da *decadência* da ação anulatória do casamento, no caso do anterior defloramento da esposa.

Em alguns momentos, torna-se bastante difícil diferenciar o *ato-fato jurídico* do *ato jurídico em sentido estrito*, categoria abaixo analisada. Isso porque, nesta última, *a despeito de atuar a vontade humana*, os efeitos jurídicos produzidos pelo ato encontram-se previamente determinados pela lei, não havendo espaço para a autonomia da vontade.

Ainda assim, devemos lembrar que somente no *ato-fato* a vontade humana, o *elemento psíquico*, é completamente irrelevante para a sua configuração – veja a hipótese de alguém que padeça de uma grave patologia mental pintar e adquirir a obra por especificação, ou de uma criança achar um tesouro, tomando para si a propriedade móvel.

Não se pode emprestar relevância jurídica à vontade do demente ou do menor, embora seja indiscutível a deflagração de efeitos a partir dos *atos-fatos* praticados por ambos.

7. ATO JURÍDICO EM SENTIDO ESTRITO

Aqui está uma categoria de *ato jurídico lícito* que, por não gozar da mesma importância atribuída ao *negócio jurídico*, carece de adequado tratamento legal e desenvolvimento teórico.

O *ato jurídico em sentido estrito*, reconhecido por inúmeros doutrinadores de escol[12], constitui *simples manifestação de vontade, sem conteúdo negocial, que determina a produção de efeitos legalmente previstos*.

Neste tipo de ato, não existe propriamente uma *declaração de vontade manifestada com o propósito de atingir, dentro do campo da autonomia privada, os efeitos jurídicos pretendidos pelo agente* (como no *negócio jurídico*), mas sim um *simples comportamento humano deflagrador de efeitos previamente estabelecidos por lei*.

Sinteticamente, pode-se dizer que essa espécie de ato jurídico lícito apenas concretiza o *pressuposto fático contido na norma jurídica*.

É o que ocorre, por exemplo, no ato de fixação do domicílio.

---

[12] Citem-se, dentre outros: Trabucchi, Stolfi, Windscheid, Scognamilio, Santoro Passarelli, Serpa Lopes, Caio Mário, Orlando Gomes, Silvio Rodrigues, Vicente Ráo, Torquato Castro etc.

Quando uma pessoa estabelece *residência* em determinado local, com ânimo de ficar, *transformando-o em centro de suas ocupações habituais*, fixa, ali, o seu *domicílio civil*, a despeito de não haver emitido *declaração de vontade* nesse sentido.

O surgimento do *domicílio* naquela localidade, mesmo não intencionado pelo indivíduo, resulta diretamente da norma legal, de maneira que o *ato de fixação*, sem conteúdo negocial, enquadra-se perfeitamente na categoria de *ato jurídico "stricto sensu"*.

É o que também ocorre, lembra-nos o excelente MARCOS BERNARDES DE MELLO, "no reconhecimento da filiação (paternidade ou maternidade) não resultante do casamento, no perdão, na quitação, na interpelação para constituir o devedor em mora, na escolha das prestações alternativas, na confissão, na interrupção da prescrição, e em todas as espécies de negócio jurídico em que a vontade é manifestada, apenas, para tornar concreto o suporte fático respectivo"[13].

Note-se que o elemento caracterizador dessa categoria reside na circunstância de que o agente não goza de ampla liberdade de escolha na determinação dos efeitos resultantes de seu comportamento, como se dá no negócio jurídico (um contrato, por exemplo).

O elemento básico, porém, *é a manifestação de vontade.*

Manifestando-se a respeito da diferença entre os negócios jurídicos e os atos jurídicos em sentido estrito, MOREIRA ALVES, com a erudição que lhe é peculiar, exemplifica:

"num contrato de compra e venda, vendedor e comprador, ao celebrá-lo, formam o seu conteúdo, determinando a coisa a ser vendida e o preço a ser pago, e estabelecendo, muitas vezes, cláusulas que afastam princípios, dispositivos da lei, ou que encerram condição ou termo. A vontade das partes tem papel preponderante na produção dos efeitos jurídicos desse contrato, cujo conteúdo foi fixado por ela. O mesmo não ocorre quando alguém, numa pescaria, fisga um peixe, dele se tornando proprietário graças ao instituto da ocupação. O ato material dessa captura não demanda a vontade qualificada que se exige para a formação de um contrato"[14].

Com fundamento nessa lição, pode-se visualizar, com clareza, a diferença entre o negócio jurídico (contrato) e o ato jurídico em sentido estrito (pesca, ocupação de coisa móvel etc.).

Vale lembrar ainda que o processo formativo do ato jurídico em sentido estrito é mais simplificado, prescindindo de um complexo ciclo cognitivo-deliberativo.

Isso porque, em sua grande maioria, consoante já anotamos, os atos jurídicos *stricto sensu* traduzem simples *comportamentos humanos* (a percepção de uma fruta, v. g.), diferentemente do que ocorre nas manifestações declarativas de vontade, formadoras dos *negócios jurídicos* (um contrato de locação, v. g.).

Nesta linha de raciocínio, podemos subtipificar os atos jurídicos em sentido estrito em:

a) *atos materiais (reais);*

b) *participações.*

---

[13] Marcos Bernardes de Mello, *Teoria do Fato Jurídico – Plano da Existência,* 10. ed., São Paulo: Saraiva, 2000, p. 139.

[14] José Carlos Moreira Alves, *A Parte Geral do Projeto de Código Civil Brasileiro,* São Paulo: Saraiva, 1986, p. 98.

Os *atos materiais ou reais* consistem na *simples atuação humana, baseada em uma vontade consciente, tendente a produzir efeitos jurídicos previstos em lei*. Observe-se que essa "vontade consciente" não é requisito do *ato-fato jurídico*.

Embora haja *vontade consciente* na *atuação* do sujeito (na origem), esta não é orientada à consecução dos efeitos, que se produzem independentemente do seu *querer*[15].

Apontem-se os seguintes exemplos de *atos materiais*: *a ocupação, a percepção de frutos, a fixação de domicílio, a despedida sem justa causa de empregado não estável, a denúncia (resilição unilateral) de um contrato por tempo indeterminado etc.*

Assim, o *ato de percepção do fruto de uma árvore*, em local permitido, e para consumo imediato (uma maçã, p. ex.), subsume-se ao conceito *supra*, uma vez que se efetivará a aquisição da propriedade móvel (fruto destacado da coisa principal), pelo simples comportamento do agente. O que é imprescindível, porém, é que haja algum tipo de manifestação de vontade, mesmo que esta não esteja destinada ao efeito jurídico emprestado pela norma.

Daí por que, neste âmbito, *em princípio*, não importa a indagação de certos pressupostos de validade do ato jurídico – a exemplo da *capacidade do agente* (não seria lógico considerar *nulo* o *ato de percepção do fruto* realizado por um menor púbere) e da forma –, diferentemente do que ocorre nas *declarações de vontade em geral*, sobretudo na categoria dos *negócios jurídicos*, em que a doutrina sistematiza rígidos pressupostos para a validade do ato praticado (capacidade e legitimidade do agente, licitude e possibilidade do objeto, adequação da forma).

Obviamente, embora nem todos os pressupostos de validade se apliquem ao ato jurídico em sentido estrito, a idoneidade da manifestação da vontade é imprescindível para reconhecer a validade do ato jurídico *stricto sensu*. O exemplo mais claro disso está na confissão. Se confesso nos autos de um processo ou se confesso uma dívida para constituir título, é claro que isso pode ser invalidado, caso eu tenha sido coagido ou induzido a erro[16]. Isso não se confunde, porém, com os efeitos jurídicos dessa confissão, que serão reconhecidos pelo ordenamento, independentemente de ter sido esta ou não a vontade do confitente. Trata-se de uma situação excepcional, justificada pelo superior interesse de preservação da justiça.

Um outro ponto relevante que diferencia o ato jurídico não negocial e o negócio jurídico está no plano da eficácia, pois não há como se falar de termo, condição ou encargo em ato jurídico *stricto sensu*, uma vez que não há conjunção de vontades, nem possibilidade de escolha ou limitação dos efeitos legalmente previstos.

Mais uma vez, vale notar que há uma relativa confusão, pela diferença bastante tênue, entre o ato material, como espécie de ato jurídico em sentido estrito, e o ato-fato jurídico.

A aparente confusão, porém, consoante já se anotou, dissipa-se com a clara enunciação da existência ou não de uma atuação consciente, que é essencial para o ato jurídico, mas irrelevante para o ato-fato. O elemento psíquico, pois, pouco importa para este último.

As *participações*, por sua vez, também espécie de *ato jurídico não negocial ou "stricto sensu"*, são atos *de mera comunicação*, dirigidos a determinado destinatário, e sem conteúdo negocial.

---

[15] Recomendamos, nesse ponto, o estudo da obra de Orlando Gomes, *Introdução ao Direito Civil* (10. ed., Rio de Janeiro: Forense, 1993, cap. XIX, p. 265-6).

[16] CC/2002: "Art. 214. A confissão é irrevogável, mas pode ser anulada se decorreu de erro de fato ou de coação".

Dentro dessa perspectiva, podem ser mencionados os seguintes exemplos: *a intimação, a notificação, a oposição, o aviso, a confissão.*

Traçando a diagnose diferencial entre os *atos materiais* e as *participações,* JOSÉ ABREU FILHO assim se manifesta:

> "Não há, assim, como confundir uma e outra figura. Os atos materiais não prescindem daquele ato idôneo, de uma manifestação comportamental do ser humano, mesmo que ele assim aja sem a intenção de determinado efeito ou ressonância no ordenamento jurídico. No que respeita às participações, ao contrário, o elemento subjetivo se traduz sempre num ato intencional, que se consuma por meio de uma declaração, com repercussões pretendidas pelo seu autor, consistente no seu desejo de levar a terceiros a ciência de um determinado intuito, ou da ocorrência de determinados fatos"[17].

Mas, em qualquer hipótese, inexiste o *conteúdo negocial próprio dos negócios jurídicos,* cuidando-se, portanto, de simples atos de comunicação.

A doutrina contemporânea reconhece, ainda, a existência de uma categoria próxima aos *atos materiais e às participações,* mas com caracteres inconfundíveis: *os negócios de atuação.*

Segundo ORLANDO GOMES, mestre que melhor tratou da matéria entre nós,

> "os negócios de atuação não se confundem com os atos reais, porque o efeito jurídico da atuação corresponde ao intuito do agente. Não se confundem, também, com o negócio jurídico, porque não consistem numa declaração de vontade e é diferente o modo pelo qual se obtém o resultado jurídico, faltando-lhes, ademais, o propósito notificatório. Há, no entanto, quem os considere negócio jurídico porque são atos praticados para a consecução de um efeito jurídico"[18].

São exemplos de *negócios de atuação* a confirmação de negócio jurídico anulável, a aceitação tácita de herança, a revogação de testamento.

Posto isso, cumpre analisarmos a matéria à luz de nosso Direito Positivo.

O Código de 1916 não diferenciou, com clareza, os *negócios jurídicos* e os *atos jurídicos em sentido estrito.* Quanto a estes últimos, aliás, não cuidou de tratá-los em norma genérica de sua Parte Geral, dispensando-lhes algumas isoladas regras da Parte Especial (ex.: *ocupação, caça, pesca* – no Livro de Direito das Coisas).

O novo Código Civil, por sua vez, mais técnico e preciso, a par de consagrar ampla e exaustiva disciplina do negócio jurídico, previu, ainda, em dispositivo específico, a categoria dos *atos jurídicos em sentido estrito,* mandando-lhes aplicar, no que couber, as normas relativas aos negócios jurídicos em geral:

> "Título II
>
> DOS ATOS JURÍDICOS LÍCITOS
>
> Art. 185. Aos atos jurídicos lícitos, que não sejam negócios jurídicos, aplicam-se, no que couber, as disposições do Título anterior".

---

[17] José Abreu Filho, *O Negócio Jurídico e sua Teoria Geral,* 3. ed., São Paulo: Saraiva, 1995, p. 13.
[18] Orlando Gomes, ob. cit., p. 272.

Com isso, "deu-se tratamento legal ao que já se fazia, anteriormente, com base na distinção doutrinária que corresponde à natureza das coisas"[19].

Em conclusão, é bom que se advirta que esse tratamento legal ancora-se na doutrina de PONTES DE MIRANDA, consoante lembra-nos LUIZ EDSON FACHIN:

> "Promovendo tal distinção, PONTES se antecipou à proposta do novo Projeto de Código Civil, o qual, agora, em notória mora, acata (em parte) essa dualidade sob a rubrica 'dos atos jurídicos lícitos', que está no art. 184 (leia-se: 185) da versão atual do Projeto após a relatoria de Josaphat Marinho no Senado Federal.
>
> O Projeto procura retirar o Brasil da posição unitarista e ingressar na posição dualista, inovação recebida com aplausos. O Ministro Moreira Alves chegou a afirmar que aí, nesse terreno, se apresentam as maiores alterações do projeto em face do Código vigente.
>
> *Vê-se, de qualquer sorte, a dissociação dos atos negociais (os negócios jurídicos propriamente ditos) dos atos não negociais (os que não são negócios jurídicos, os atos jurídicos em sentido estrito)*"[20] (grifamos).

---

[19] José Carlos Moreira Alves, ob. cit., p. 99.
[20] Luiz Edson Fachin, Dos Atos Não Negociais à Superação do Trânsito Jurídico Tradicional a partir de Pontes de Miranda. *Revista Trimestral de Direito Civil – RTDC*, ano 1, v. 1, Rio de Janeiro: Padma, jan./mar. 2000, p. 61.

Capítulo X
Negócio Jurídico
(Noções Gerais)

Sumário: 1. Introdução. 2. A transformação da teoria do negócio jurídico. 3. Conceito e teorias explicativas do negócio jurídico. 4. Concepção do negócio jurídico no direito positivo e pelos planos de existência, validade e eficácia. 5. Classificação dos negócios jurídicos. 6. Interpretação do negócio jurídico.

1. INTRODUÇÃO

A categoria dos *negócios jurídicos* desenvolveu-se, graças ao labor da doutrina germânica, em período relativamente recente.

Por isso, CLÓVIS BEVILÁQUA, ao elaborar o Código Civil em 1899, não cuidou de dispensar a devida atenção, deixando de consagrá-la em seu projeto.

Aliás, analisando a suas normas, verificamos que em nenhum momento utilizou-se a expressão *negócio jurídico*, não obstante o tratamento legal dado ao "*ato jurídico*" fosse a ele perfeitamente aplicável.

Tal inconveniente foi contornado pelo novo Código Civil, cuja Parte Geral, da lavra do Min. MOREIRA ALVES, merecedora de justos elogios, disciplina exaustivamente a categoria dos *negócios jurídicos,* sem desconsiderar os *atos jurídicos em sentido estrito*.

2. A TRANSFORMAÇÃO DA TEORIA DO NEGÓCIO JURÍDICO

Antes de analisar as teorias explicativas do *negócio jurídico*, é preciso salientar que toda a sua teoria passa, atualmente, por um processo de transformação.

O Direito Civil, no início do século XX, na Europa, e após a década de 30, no Brasil, deslocou o seu eixo centralizador do Código para leis especiais e estatutos jurídicos autônomos, caracterizando o fenômeno da *descentralização ou desconcentração normativa*[1].

Nesse sentido, ressaltando os matizes fundamentais da *descentralização do Direito Civil*, brilhante é a preleção do civilista GUSTAVO TEPEDINO:

"esse longo percurso histórico, cujo itinerário não se poderia aqui palmilhar, caracteriza o que se convencionou chamar de processo de descodificação do Direito Civil, com o deslocamento do centro de gravidade do direito privado, do Código Civil, antes um corpo legislativo monolítico, por isso mesmo chamado de monossistema, para uma realidade fragmentada pela plu-

---

[1] Sobre a crise da codificação e a importância das leis especiais no Direito Civil, formadoras de verdadeiros *microssistemas jurídicos*, consulte-se Gustavo Tepedino, *Problemas de Direito Civil Constitucional. Introdução: Código Civil, os Chamados Microssistemas e a Constituição: Premissas para uma Reforma Legislativa*, Rio de Janeiro: Renovar, 2000.

ralidade de estatutos autônomos. Em relação a estes o Código Civil perdeu qualquer capacidade de influência normativa, configurando-se um polissistema, caracterizado por um conjunto de leis tidas como centros de gravidade autônomos, e chamados, por conhecida corrente doutrinária, de microssistemas"[2].

Muito tempo antes, aliás, da preleção do culto Prof. TEPEDINO, o profeta dos civilistas, ORLANDO GOMES, em conferência pronunciada por ocasião do *Encontro Nacional de Mestres de Direito Civil,* intitulada *"A Agonia do Código Civil",* já advertia:

> "essas e tantas outras leis especiais distinguem-se do Código Civil e o enfrentam, constituindo microssistemas que introduzem novos princípios de disciplina das relações jurídicas a que se dirigem. Sua proliferação ocasionou a emersão de novas lógicas setoriais. Caracterizam-se, com efeito, pela especialidade e pela diferenciação ou concretude. Promulgados para a regência peculiar de determinadas classes de relações jurídicas ou para a proteção particular de uma categoria de pessoas, alguns desses diplomas legais apanham institutos antes integrantes do Código Civil, enquanto outros atendem a novas necessidades, sem regulamentação anterior".

E conclui:

> "A multiplicação das leis especiais está causando a agonia do Código Civil. Quebrada a unidade do sistema, deixou este de condensar e exprimir os princípios gerais do ordenamento"[3].

Ora, nesse sentido, é forçoso concluir que a *clássica teoria do negócio jurídico* sofrera transformações de fundo e forma.

A vontade, dentro da concepção racionalista que nos legou o individualismo francês, a par de continuar sendo a *pedra de toque* de todo *negócio jurídico,* perdeu a sua conotação *absoluta,* moldada, sobretudo, pelo surgimento do pensamento iluminista, na medida em que passou a ser condicionada, paulatinamente, por normas de ordem pública.

Isso porque o Direito contemporâneo reconheceu que os *agentes emissores da vontade* não podiam ser considerados sempre *partes iguais em uma dada relação jurídica,* sob pena de se coroarem situações de inegável injustiça.

A *igualdade formal,* rótulo hipócrita justificador de violências sociais, cedeu lugar aos *princípios da igualdade material e da dignidade da pessoa humana,* o que representou a modificação do próprio *eixo interpretativo do negócio jurídico (e da sua principal espécie: o contrato).*

Nesse contexto, desponta o contrato de adesão – nomenclatura consagrada em 1901 por RAYMOND SALEILLES[4] – como a figura negocial mais comum da modernidade, e que sofreria a interferência do Direito Civil Constitucional, com o propósito de evitar a *exploração econômica do declarante hipossuficiente.*

Diante de tudo isso, como estudar a *clássica* teoria do negócio jurídico, desenvolvida brilhantemente pelos juristas do passado, sem a necessária advertência de que muitas dessas fontes doutrinárias emergiram em época de economia rudimentar e conservadora, em

---

[2] Gustavo Tepedino, ob. cit., p. 5.
[3] Orlando Gomes, *Sans Adieu – 50 Anos de Cátedra.* Conferência pronunciada no Encontro Nacional de Mestres de Direito Civil, realizado em homenagem ao Professor Orlando Gomes, Ed. Ciência Jurídica, p. 74 e 76.
[4] Raymond Saleilles, *De la Déclaration de Volonté.* Paris: LGDJ.

que as partes da avença eram *consideradas absolutamente iguais*, e a vontade manifestada era *rigidamente imutável*?

Seria suficiente passar em revista as *teorias da vontade e da declaração*, dando ênfase, após, aos requisitos de validade do *negócio jurídico* ou aos seus vícios de consentimento, pondo-se de lado as considerações de Direito Civil Constitucional?

Como falar, por exemplo, na *forma do ato jurídico*, sem fazer necessária menção ao *princípio da dignidade da pessoa humana (art. 1.º, III, da CF)*, que consagra, como verdadeira *cláusula geral implícita, a boa-fé* nos negócios jurídicos bilaterais?

Aliás, o Grande Mestre ORLANDO GOMES, ressaltando a necessidade de *constitucionalizar o estudo do Direito Civil*, libertando-nos de formalismos legais inúteis, profetizava:

> "essa condensação dos valores essenciais do direito privado passou a ser cristalizada no direito público. Ocorreu nos últimos tempos o fenômeno da emigração desses princípios para o Direito Constitucional. A propriedade, a família, o contrato ingressaram nas Constituições. É nas Constituições que se encontram hoje definidas as proposições diretoras dos mais importantes institutos do direito privado"[5].

Nesse diapasão, urge reconhecer que a declaração de vontade, *sopro vivificador do negócio jurídico*, para ser válida e legítima – e por que não falar em legitimidade no Direito Civil? –, deve, atualmente, não apenas corresponder ao arcabouço de preceitos validantes do Código, mas, principalmente, respeitar os ditames constitucionais e os superiores princípios de respeito à ordem pública e de solidarismo social.

Aliás, o Prof. ÁLVARO VILLAÇA AZEVEDO, um dos maiores civilistas brasileiros da atualidade, anteviu que

> "de futuro, certamente, no plano internacional, deverá existir um sistema jurídico de ordem pública, para que se coíbam abusos nas contratações, preservando-se, assim, principalmente, a própria dignidade dos povos em desenvolvimento"[6].

Em outras palavras, a limitação normativa da vontade, desde que respeitados direitos fundamentais, significa *humanização nas manifestações da autonomia privada* e *respeito à individualidade e condição social* de cada contratante.

Com tudo que se disse, não se defendeu – é bom que se frise – a *aniquilação da vontade individual*[7], mas apenas, e tão somente, a *socialização das relações negociais* em prol do bem comum.

A respeito do tema, rebatendo os defensores da supressão da vontade individual em nome do Estado, emocionantes são as palavras do magistral civilista belga HENRI DE PAGE:

> "semelhante sistema seria pura utopia. Só se conceberia isto num sistema autoritário integral, onde o intervencionismo estatal seria tudo, e o indivíduo, nada. Vê-se, facilmente, que aqueles que a pretexto de evitar a exploração dos fracos pelos fortes, sonham com tal sistema, se cons-

---

[5] Orlando Gomes, *Sans Adieu – 50 Anos de Cátedra*. Conferência pronunciada no Encontro Nacional de Mestres de Direito Civil, realizado em homenagem ao Professor Orlando Gomes, Ed. Ciência Jurídica, p. 76.

[6] Álvaro Villaça Azevedo, *Princípios Gerais de Direito Contratual*, 1997, p. 100, apud Luiz Edson Fachin, *Teoria Crítica do Direito Civil*, Rio de Janeiro: Renovar, 2000.

[7] Nesse sentido o pensamento de Morin, Duguit, Savatier, Josserand, Ripert, dentre outros.

tituiriam, em definitivo, em coveiros da liberdade. Observe-se, outrossim, que a partir do momento em que toda a atividade contratual seja irremediavelmente submetida a um tipo único e rígido de justiça legal, toda vida econômica, todo prêmio ao esforço, à capacidade, à habilidade, correm o risco de desaparecer"[8].

O que se pretende demonstrar, simplesmente, é que a moderna *teoria geral do direito civil*, erigida em sólida base constitucional, deve firmar os seus alicerces na autonomia da vontade e na livre iniciativa, *sem que se deixem de observar os princípios de direito e de moral que devem pautar o solidarismo social.*

Dentro dessa perspectiva crítica, inicia-se a análise das *teorias explicativas do negócio jurídico.*

3. CONCEITO E TEORIAS EXPLICATIVAS DO NEGÓCIO JURÍDICO

As definições voluntaristas, adverte ANTÔNIO JUNQUEIRA DE AZEVEDO, são as mais antigas na história, e também as mais comuns[9].

Dentro dessa concepção, calcada, como sugere a sua própria denominação, na noção de "vontade", costuma-se definir o *negócio jurídico* como sendo "a manifestação de vontade destinada a produzir efeitos jurídicos", "o ato de vontade dirigido a fins práticos tutelados pelo ordenamento jurídico", ou "uma declaração de vontade, pela qual o agente pretende atingir determinados efeitos admitidos por lei".

Nesse sentido, ainda, pontifica ORLANDO GOMES que "o negócio jurídico é, para os voluntaristas, a mencionada declaração de vontade dirigida à provocação de determinados efeitos jurídicos, ou, na definição do Código da Saxônia, a ação da vontade, que se dirige, de acordo com a lei, a constituir, modificar ou extinguir uma relação jurídica"[10].

A corrente voluntarista, como se sabe, é dominante no Direito brasileiro, consoante se depreende da leitura do art. 85 do CC/1916, refletindo-se no art. 112 do CC/2002, com pequena modificação terminológica decorrente da doutrina de EDUARDO ESPÍNOLA.

Comparem-se as normas:

CC/1916: "Art. 85. Nas declarações de vontade se atenderá mais à sua intenção que ao sentido literal da linguagem".

CC/2002: "Art. 112. Nas declarações de vontade se atenderá mais à intenção nelas consubstanciada do que ao sentido literal da linguagem".

É bom que diga, todavia, que críticas contundentes são dirigidas à corrente voluntarista.

Afirma-se não ser verdadeira a premissa de que o declarante sempre *manifesta a sua vontade dirigida a um determinado fim querido e previamente conhecido.*

Na hipótese de conversão substancial – medida sanatória do ato nulo que será ulteriormente analisada –, por exemplo, as partes celebram um determinado negócio jurídico *inválido*, mas que, por força do *princípio da conservação*, poderá ser convertido em outra

---

[8] Apud Humberto Theodoro Júnior, *O Contrato e Seus Princípios*. Rio de Janeiro: Aide, 1993.
[9] Antônio Junqueira de Azevedo, *Negócio Jurídico. Existência, Validade e Eficácia*, 3. ed., São Paulo: Saraiva, 2000, p. 4.
[10] Orlando Gomes, *Introdução ao Direito Civil*, 10. ed., Rio de Janeiro: Forense, 1993, p. 280.

categoria de negócio, *se contiver os pressupostos de validade deste último* (um contrato de compra e venda de imóvel, nulo por inobservância da forma pública, por exemplo, pode se *converter* em uma promessa de compra e venda, que admite instrumento particular). Note-se que, nesse caso, não se pode afirmar que o negócio resultante da conversão foi desejado e pretendido, e, ainda assim, não se nega a sua natureza negocial (JUNQUEIRA DE AZEVEDO).

BRINZ e THON foram os primeiros a tentar explicar a natureza do *negócio jurídico* sob o prisma *objetivista*, contrapondo-se aos voluntaristas.

Nessa perspectiva, o *negócio jurídico* "seria antes um meio concedido pelo ordenamento jurídico para a produção de efeitos jurídicos, que propriamente um ato de vontade"[11]. Em outras palavras: para os *objetivistas*, o *negócio jurídico*, expressão máxima da autonomia da vontade[12], teria conteúdo normativo, consistindo em "um poder privado de autocriar um ordenamento jurídico próprio".

Nesse contexto, o duelo doutrinário agravou-se entre os partidários da *teoria da vontade (Willenstheorie) e da teoria da declaração (Erklärungstheorie)*. Para os primeiros, o elemento produtor dos efeitos jurídicos é a *vontade real*, de forma que a sua *declaração* seria simplesmente a causa imediata do efeito perseguido (se não houver correspondência entre a vontade real e a declaração emitida, prevalece a intenção) (SAVIGNY, WINDSCHEID, DERNBURG, UNGER, OERTMANN, ENNECCERUS). Os adeptos da segunda teoria – que, em essência, não se afasta tanto da corrente voluntarista tradicional – negam à intenção "o caráter de vontade propriamente dita, sustentando que o elemento produtor dos efeitos jurídicos é a declaração" (ZITTELMAN).

Em verdade, a divergência doutrinária não é de raiz profunda.

Carece de significado prático a incessante tarefa de responder se prevalece a *vontade interna* ou a *vontade declarada*.

Se o negócio jurídico, enquanto manifestação humana destinada a produzir fins tutelados por lei, é fruto de um processo cognitivo que se inicia com a *solicitação do mundo exterior, passando pela fase de deliberação e formação da vontade*, culminando, ao final, com a *declaração de vontade*, parece que não há negar-se o fato de que a *vontade interna e a vontade declarada são faces da mesma moeda*.

Aliás, adverte ROBERTO DE RUGGIERO que

> "... a vontade deve ser manifestada, não tendo valor para o direito objetivo a que, posto que legitimamente formada, se não exteriorizou. Somente com a sua manifestação o agente pode provocar a desejada reação jurídica e esta exteriorização, que torna visível a vontade e lhe dá existência objetiva, é o que nós chamamos declaração ou manifestação, sendo indiferente que se faça com palavras, gestos ou até com o simples silêncio"[13].

---

[11] Antônio Junqueira de Azevedo, ob. cit.

[12] "Entendemos que a autonomia da vontade é a face subjetiva da autonomia privada. É o querer utilizar-se do poder que é concedido à pessoa humana na sua autodeterminação e na realização de sua personalidade. É o âmbito da liberdade de querer ou não atuar, de quando e como fazê-lo" (HUPSEL, Francisco. *Autonomia privada na dimensão civil-constitucional: o negócio jurídico, a pessoa concreta e suas escolhas existenciais*. Salvador: JusPodivm, 2016, p. 78).

[13] Roberto de Ruggiero, *Instituições de Direito Civil*, Campinas: Bookseller, 1999, p. 316.

Feitas essas observações, pode-se conceituar, finalmente, agora sob o *critério estrutural*, à luz da lição do Prof. JUNQUEIRA DE AZEVEDO, o negócio jurídico como sendo "todo fato jurídico consistente em declaração de vontade, a que o ordenamento jurídico atribui os efeitos designados como queridos, respeitados os pressupostos de existência, validade e eficácia, impostos pela norma jurídica que sobre ele incide"[14].

Em linguagem mais simples, posto não menos jurídica, seria a *declaração de vontade, emitida em obediência aos seus pressupostos de existência, validade e eficácia, com o propósito de produzir efeitos admitidos pelo ordenamento jurídico pretendidos pelo agente.*

4. CONCEPÇÃO DO NEGÓCIO JURÍDICO NO DIREITO POSITIVO E PELOS PLANOS DE EXISTÊNCIA, VALIDADE E EFICÁCIA

Como se sabe, o Código de 1916, por haver sido elaborado por BEVILÁQUA em 1899, não cuidou de consagrar expressamente a figura do negócio jurídico, doutrina desenvolvida um pouco mais tarde, e, muito menos, de traçar a diagnose diferencial entre o ato negocial (negócio jurídico) e os atos jurídicos em sentido estrito (sem conteúdo negocial).

"Atento a essa circunstância", pontifica o autor da Parte Geral do Anteprojeto, o culto Min. MOREIRA ALVES, "o Projeto de Código Civil Brasileiro, no Livro III da sua Parte Geral, substitui a expressão genérica ato jurídico, que se encontra no Código em vigor, pela designação específica de negócio jurídico, pois é a este, e não necessariamente àquele, que se aplicam todos os preceitos ali constantes"[15].

Nesse ponto, cumpre-nos transcrever a lição do Prof. MIGUEL REALE, coordenador-geral da comissão de juristas formada para elaborar o novo Código Civil, que, passando em revista os pontos relevantes da reforma, observa a "atualização das normas referentes aos fatos jurídicos, dando-se preferência à disciplina dos negócios jurídicos, com mais rigorosa determinação de sua constituição, de seus defeitos e de sua invalidade, fixadas, desse modo, as bases sobre que se assenta toda a parte relativa ao Direito das Obrigações".

Em síntese, traçando-se uma linha de cotejo entre a ordem legal de 1916 e o sistema normativo do Novo Código, produto do labor do Min. MOREIRA ALVES, temos o seguinte quadro esquemático:

CÓDIGO CIVIL DE 1916

PARTE GERAL

(...)

LIVRO III – DOS FATOS JURÍDICOS

(...)

Título I – DOS ATOS JURÍDICOS

Cap. I – Disposições gerais

Cap. II – Dos defeitos dos atos jurídicos

Cap. III – Das modalidades dos atos jurídicos

---

[14] Antônio Junqueira de Azevedo, ob. cit., p. 16.
[15] José Carlos Moreira Alves, *A Parte Geral do Projeto de Código Civil Brasileiro*, São Paulo: Saraiva, 1986, p. 98.

Cap. IV – Da forma dos atos jurídicos e da sua prova
Cap. V – Das nulidades
Título II – DOS ATOS ILÍCITOS
Título III – DA PRESCRIÇÃO

NOVO CÓDIGO CIVIL
PARTE GERAL
(...)
LIVRO III – DOS FATOS JURÍDICOS
Título I – DO NEGÓCIO JURÍDICO
Cap. I – Disposições gerais
Cap. II – Da representação
Cap. III – Da condição, do termo e do encargo
Cap. IV – Dos defeitos do negócio jurídico
Cap. V – Da invalidade do negócio jurídico
Título II – DOS ATOS JURÍDICOS LÍCITOS
Título III – DOS ATOS ILÍCITOS
Título IV – DA PRESCRIÇÃO E DA DECADÊNCIA
Título V – DA PROVA

Conforme se verifica facilmente de uma simples leitura dos títulos transcritos, embora a nova sistematização ainda não seja perfeita, do ponto de vista doutrinário houve sensível evolução se a compararmos com o direito positivo anterior.

Todavia, para uma efetiva compreensão da matéria, não nos parece suficiente a simples interpretação articulada dos dispositivos legais atinentes à disciplina do negócio jurídico.

Com efeito, para apreender sistematicamente o tema – e não simplesmente reproduzir regras positivadas – faz-se mister analisá-lo sob os três planos[16] em que pode ser visualizado:

a) *Existência* – um negócio jurídico não surge do nada, exigindo-se, para que seja considerado como tal, o atendimento a certos requisitos mínimos;

b) *Validade* – o fato de um negócio jurídico ser considerado existente não quer dizer que ele seja considerado perfeito, ou seja, com aptidão legal para produzir efeitos;

c) *Eficácia* – ainda que um negócio jurídico existente seja considerado válido, ou seja, perfeito para o sistema que o concebeu, isto não importa em produção imediata de efeitos, pois estes podem estar limitados por elementos acidentais da declaração.

Todavia, antes de iniciarmos o estudo dos planos em que se assentam os pressupostos de existência, validade e eficácia do negócio jurídico, é bom que se teçam breves considerações acerca das classificações doutrinárias dos negócios jurídicos, bem como as regras positivadas sobre sua interpretação.

---

[16] Deve-se a Pontes de Miranda o desenvolvimento deste esquema teórico.

5. CLASSIFICAÇÃO DOS NEGÓCIOS JURÍDICOS

Nesse tópico, cuidaremos de apresentar uma classificação geral dos negócios jurídicos, tecendo objetivas considerações a respeito de cada espécie apresentada.

Quanto ao número de declarantes, os negócios jurídicos poderão ser:

a) *unilaterais* – quando concorre apenas uma manifestação de vontade (o testamento, a renúncia, p. ex.);

b) *bilaterais* – quando concorrem as manifestações de vontades de duas partes, formadoras do *consenso* (os contratos de compra e venda, locação, prestação de serviços, p. ex.);

c) *plurilaterais* – quando se conjugam, no mínimo, duas vontades *paralelas*, admitindo-se número superior, todas direcionadas para a mesma finalidade (o contrato de sociedade, p. ex.).

Quanto ao exercício de direitos poderão ser:

a) *negócios de disposição* – quando autorizam o exercício de amplos direitos, inclusive de alienação, sobre o objeto transferido. Em regra, são negócios jurídicos translativos, a exemplo da doação;

b) *negócios de administração* – admitem apenas a simples administração e uso do objeto cedido. É o que ocorre no comodato e no mútuo[17].

Quanto às vantagens patrimoniais, poderão ser:

a) *gratuitos* – são aqueles em que somente uma das partes é beneficiada (a doação pura, p. ex.);

b) *onerosos* – consistem em negócios em que ao benefício auferido experimenta-se um sacrifício correspondente (os contratos de empreitada, de compra e venda, de mútuo a juros[18] etc.). Subtipificam-se em: *comutativos* e *aleatórios*. Nos primeiros, existe um *equilíbrio subjetivo* entre as prestações pactuadas, de forma que as vantagens auferidas pelos declarantes equivalem-se entre si (na locação, por exemplo, existe equilíbrio subjetivo entre as prestações do locador – cessão do uso do bem –, e do locatário – pagamento do aluguel). Já nos segundos, a prestação de uma das partes fica condicionada a um acontecimento exterior, não havendo o equilíbrio subjetivo próprio da comutatividade. Assim, no contrato de compra de coisas futuras (de uma safra, p. ex.), o comprador pode assumir o risco de, naquele ano, a plantação não prosperar, não vindo a produzir absolutamente nada ou produzindo em quantidade inferior ao esperado. Nessas hipóteses, o preço previamente convencionado será devido, já que assumiu tal risco, ao pactuar um negócio jurídico de natureza aleatória;

c) *neutros* – são destituídos de atribuição patrimonial específica, não se incluindo em nenhuma das duas categorias supra-apresentadas[19]. É o caso da instituição voluntária do bem de família, que não tem natureza gratuita nem onerosa;

d) *bifrontes* – são negócios que tanto podem ser gratuitos como onerosos. Tudo depende da intenção perseguida pelas partes. O contrato de depósito, por exemplo, é, em

---

[17] A respeito dessa classificação, cf. Maria Helena Diniz, *Curso de Direito Civil Brasileiro*, 37. ed., São Paulo: Saraiva, 2020, v. 1, p. 434.
[18] Também chamado de *mútuo feneratício*.
[19] Orlando Gomes, ob. cit., p. 361.

princípio, gratuito, embora nada impeça seja convencionada a remuneração do depositário, convertendo-o em negócio oneroso.

Quanto à forma, poderão ser:

a) *formais* ou *solenes* – são aqueles que exigem, para a sua validade, a observância da forma prevista em lei (venda de imóvel de valor superior ao limite legal, o casamento etc.);

b) *não formais* ou *de forma livre* – são aqueles cujo revestimento exterior é livremente pactuado, sem interferência legal (doação de bem móvel etc.), sendo a regra geral dos negócios jurídicos no ordenamento brasileiro (CC/2002, art. 107).

Quanto ao momento da produção de efeitos, poderão ser:

a) *inter vivos* – produzem os seus efeitos estando as partes ainda em vida;

b) *mortis causa* – pactuados para produzir efeitos após a morte do declarante (testamento, p. ex.).

Quanto à existência, poderão ser:

a) *principais* – existentes por si mesmos (compra e venda, mútuo, *leasing* etc.);

b) *acessórios* – cuja existência pressupõe a do principal (penhor, fiança etc.).

Quanto ao conteúdo, os negócios jurídicos poderão ser:

a) *patrimoniais* – relacionados com bens ou direitos aferíveis pecuniariamente (negócios reais, obrigacionais etc.);

b) *extrapatrimoniais* – referentes a direitos sem conteúdo econômico (direitos puros de família, direitos de personalidade etc.).

Por fim, quanto à eficácia do negócio jurídico, classificam-se em:

a) *constitutivos* – cuja eficácia opera-se *ex nunc*, ou seja, a partir do momento da celebração;

b) *declaratórios* ou *declarativos* – negócios em que os efeitos retroagem ao momento da ocorrência fática a que se vincula a declaração de vontade, ou seja, *ex tunc*.

Nesse esforço classificatório, vale destacar, ainda, a figura do *"negócio jurídico processual"*, inovação formalmente inserida pelo Código de Processo Civil de 2015, que passou a admitir, expressamente, que as partes celebrassem negócio jurídico para estipular mudanças no procedimento[20], inclusive com a possibilidade de criação de um calendário para a prática de atos processuais[21].

---

[20] "Art. 190. Versando o processo sobre direitos que admitam autocomposição, é lícito às partes plenamente capazes estipular mudanças no procedimento para ajustá-lo às especificidades da causa e convencionar sobre os seus ônus, poderes, faculdades e deveres processuais, antes ou durante o processo.
Parágrafo único. De ofício ou a requerimento, o juiz controlará a validade das convenções previstas neste artigo, recusando-lhes aplicação somente nos casos de nulidade ou de inserção abusiva em contrato de adesão ou em que alguma parte se encontre em manifesta situação de vulnerabilidade."
[21] "Art. 191. De comum acordo, o juiz e as partes podem fixar calendário para a prática dos atos processuais, quando for o caso.
§ 1.º O calendário vincula as partes e o juiz, e os prazos nele previstos somente serão modificados em casos excepcionais, devidamente justificados.
§ 2.º Dispensa-se a intimação das partes para a prática de ato processual ou a realização de audiência cujas datas tiverem sido designadas no calendário."

Esse esquema classificatório não é exaustivo, uma vez que a doutrina cuida de apresentar outros subtipos, de acordo com os mais variados critérios.

6. INTERPRETAÇÃO DO NEGÓCIO JURÍDICO

A regra geral positivada de interpretação dos negócios jurídicos é, sem sombra de dúvida, o já transcrito art. 112 do CC/2002, em que se vislumbra, claramente, a ideia de que a manifestação de vontade é seu elemento mais importante, muito mais, inclusive, do que a forma com que se materializou.

Isso porque se a palavra é, sem sombra de dúvida, o instrumento de trabalho do jurista, o seu eventual manejo impreciso não deve lesionar mais do que os limites da boa-fé.

Essa boa-fé objetiva torna-se, indubitavelmente, o barema de interpretação de todo e qualquer negócio jurídico, o que é extremamente valorizado pelo CC/2002, tanto na regra geral do seu art. 113 ("Os negócios jurídicos devem ser interpretados conforme a boa-fé e os usos do lugar de sua celebração") quanto nas disposições genéricas sobre os contratos[22].

Saliente-se que a Lei que instituiu a Declaração de Direitos de Liberdade Econômica (Lei n. 13.874/2019) inseriu dois parágrafos no mencionado art. 113 do Código Civil:

"§ 1.º A interpretação do negócio jurídico deve lhe atribuir o sentido que:

I – for confirmado pelo comportamento das partes posterior à celebração do negócio;

II – corresponder aos usos, costumes e práticas do mercado relativas ao tipo de negócio;

III – corresponder à boa-fé;

IV – for mais benéfico à parte que não redigiu o dispositivo, se identificável; e

V – corresponder a qual seria a razoável negociação das partes sobre a questão discutida, inferida das demais disposições do negócio e da racionalidade econômica das partes, consideradas as informações disponíveis no momento de sua celebração.

§ 2.º As partes poderão livremente pactuar regras de interpretação, de preenchimento de lacunas e de integração dos negócios jurídicos diversas daquelas previstas em lei." (NR)

Com precisão, CARLOS ELIAS DE OLIVEIRA discorre sobre o tema[23]:

"De outro lado, para o caso de as partes não terem pactuado regras diversamente, a LLE estabeleceu regras interpretativas dos negócios jurídicos para prestigiar, sempre, a vontade das partes (art. 113, § 1.º). Em suma, estas são as regras previstas nos incisos do § 1.º do art. 113 do CC a serem aplicadas cumulativamente:

a) Regra do *contra proferentem* (inciso IV): na dúvida, prevalece interpretação favorável a quem não redigiu a cláusula contratual, ou seja, prevalece a interpretação contrária a quem a redigiu, ou seja, contrária a quem a proferiu (daí o nome doutrinário 'regra do *contra proferentem*').

---

[22] CC/2002: "Art. 421. A liberdade de contratar será exercida em razão e nos limites da função social do contrato.

Art. 422. Os contratantes são obrigados a guardar, assim na conclusão do contrato, como em sua execução, os princípios da probidade e boa-fé".

[23] Carlos Eduardo Elias de Oliveira, *Lei da Liberdade Econômica*: Diretrizes interpretativas da Nova Lei e Análise Detalhada das Mudanças no Direito Civil e nos Registros Públicos, texto gentilmente cedido pelo autor, publicado no *site*: <http://www.flaviotartuce.adv.br>.

b) Regra da vontade presumível (inciso V): na dúvida, deve-se adotar a interpretação compatível com a vontade presumível das partes, levando em conta a racionalidade econômica, a coerência lógica com as demais cláusulas do negócio e o contexto da época ('informações disponíveis no momento' da celebração do contrato). Essa regra está conectada com o inciso II do art. 421-A do CC, que prevê o respeito à alocação de riscos definida pelas partes de um contrato.

c) Regra da confirmação posterior (inciso I): a conduta das partes posteriormente ao contrato deve ser levada em conta como compatível com a interpretação adequada do negócio.

d) Regra da boa-fé e dos costumes (incisos II e III): deve-se preferir a interpretação mais condizente com uma postura de boa-fé das partes e com os costumes relativos ao tipo de negócio".

De certa forma, a regra constante no inciso I dialoga com a regra proibitiva do comportamento contraditório (*venire contra factum proprium*), porquanto, se a conduta posterior das partes reafirma o correto sentido interpretativo do negócio, a conduta contraditória, salvo se justificada, não autorizaria ao intérprete extrair conclusão favorável ao comportamento antípoda ou paradoxal.

Na busca de prestigiar a autonomia da vontade, foi estabelecido, no § 2.º do mencionado art. 113, que as partes poderão livremente pactuar regras de interpretação, de preenchimento de lacunas e de integração dos negócios jurídicos diversas daquelas previstas em lei, o que se coaduna com a ideia propugnada de liberdade econômica, sem descurar do princípio da boa-fé.

Ao encontro da boa-fé objetiva, deve ainda ser lembrada a regra de interpretação estrita dos negócios jurídicos benéficos e da renúncia, constante do art. 114, pois essa própria noção interpretativa não é uma dimensão aritmética, rígida, mas sim submetida a cada caso concreto.

Vale destacar que, embora a questão da interpretação dos negócios jurídicos não venha explicitada em um capítulo próprio no CC/2002, nada impede que a doutrina e a jurisprudência continuem estabelecendo petições de princípios para esse tão importante tema.

É importante salientar, em especial no âmbito da interpretação dos negócios jurídicos, com destaque para os contratos, que a Lei n. 13.874, de 20 de setembro de 2019 (instituidora da Declaração dos Direitos de Liberdade Econômica), preceituou, no § 1.º de seu art. 1.º, que o disposto em suas normas será observado na aplicação e na interpretação do próprio Direito Civil.

Nessa linha, realçando a prevalência da liberdade econômica, esse diploma avançou e, em seguida, expressamente estabeleceu a primazia interpretativa em favor "da liberdade econômica, da boa-fé e do respeito aos contratos, aos investimentos e à propriedade todas as normas de ordenação pública sobre atividades econômicas privadas" (§ 2.º). Ou seja, temos, aqui, uma espécie de movimento inverso ao *dirigismo contratual*.

Acrescente-se a esse panorama que, segundo a mesma Lei, seus princípios norteadores são (art. 2.º):

a) a liberdade como uma garantia no exercício de atividades econômicas;

b) a boa-fé do particular perante o poder público

c) a intervenção subsidiária e excepcional do Estado sobre o exercício de atividades econômicas;

d) o reconhecimento da vulnerabilidade do particular perante o Estado.

Trata-se de uma diretriz que não pode ser olvidada pelo intérprete do negócio jurídico.

Capítulo XI
Plano de Existência do Negócio Jurídico

Sumário: 1. A concepção do plano de existência. 2. Elementos constitutivos do negócio jurídico. 2.1. Manifestação de vontade. 2.2. Agente emissor da vontade. 2.3. Objeto. 2.4. Forma. 2.5. Algumas palavras sobre a causa nos negócios jurídicos.

1. A CONCEPÇÃO DO PLANO DE EXISTÊNCIA

O Direito Romano, por não haver conhecido a categoria do *negócio jurídico*, não contribuiu significativamente para o desenvolvimento desta matéria.

Os alemães, por sua vez, impulsionaram consideravelmente o seu desenvolvimento teórico.

É nesse plano que se estudam os elementos constitutivos do *negócio jurídico*, sem os quais estar-se-ia diante de um "não ato", não havendo que se cogitar em validade ou eficácia.

MARCOS BERNARDES DE MELLO, ilustrado mestre alagoano, em sua conhecida obra *Teoria do Fato Jurídico – Plano da Existência*, preleciona, com clareza, que "no plano da existência não se cogita de invalidade ou eficácia do fato jurídico, importa, apenas, a realidade da existência. Tudo, aqui, fica circunscrito a se saber se o suporte fáctico suficiente se compôs, dando ensejo à incidência". E exemplifica: "o casamento realizado perante quem não tenha autoridade para casar, um delegado de polícia, por exemplo, não configura fato jurídico, e, simplesmente, não existe. Não há se discutir, assim, se é nulo ou ineficaz, nem se precisa de ser desconstituído judicialmente, como costumam fazer os franceses, porque a inexistência é o *não ser* que, portanto, não pode ser qualificado"[1].

O Prof. JUNQUEIRA DE AZEVEDO, por sua vez, adverte que *a declaração de vontade*, e não a vontade em si, é requisito ou elemento existencial do negócio jurídico. Certamente que a declaração é o resultado do processo volitivo interno, mas, ao ser proferida, ela o absorve, de forma que se pode afirmar que esse processo não é elemento do negócio. Aliás, como diz TARDE: "no momento em que se diz que a minha vontade me obriga, esta vontade já não existe; ela se tornou estranha a mim, de modo tal, que é exatamente como se eu recebesse uma ordem de outra pessoa"[2].

Vale referir, nesse contexto, que mesmo entre os que admitem a autonomia do *plano existencial*, a exemplo dos autores supracitados, persistem ainda sérias dúvidas doutrinárias.

---

[1] Marcos Bernardes de Mello, *Teoria do Fato Jurídico (Plano da Existência)*, 10. ed., São Paulo: Saraiva, 2000, p. 83.

[2] Antônio Junqueira de Azevedo, ob. cit., p. 83.

E a divergência começa na própria nomenclatura adotada para caracterizar os *elementos existenciais do negócio jurídico*: elementos essenciais e elementos particulares (WASHINGTON DE BARROS MONTEIRO), elementos constitutivos (SILVIO RODRIGUES), *elementos necessários para a configuração existencial do negócio* (JUNQUEIRA DE AZEVEDO), *elementos do negócio jurídico* (SÍLVIO VENOSA), *requisitos do ato jurídico* (CARNELUTTI) e *requisitos do negócio jurídico* (ORLANDO GOMES).

Preferimos a expressão *elementos constitutivos* para caracterizar os fatores existenciais do negócio jurídico, sem que haja erro técnico na adoção de outra corrente doutrinária.

Nessa trilha de pensamento, colocando-se de lado os desencontros terminológicos, e dentro ainda do PLANO EXISTENCIAL, indaga-se: *quais seriam os elementos constitutivos do negócio jurídico?*

É o que veremos nos próximos tópicos.

2. ELEMENTOS CONSTITUTIVOS DO NEGÓCIO JURÍDICO

Dentro da perspectiva deste trabalho, não serão analisados os *elementos categoriais ou os particulares*, mas sim, *os gerais, aqueles sem os quais nenhum negócio jurídico existe*.

São *elementos constitutivos* os seguintes[3]:

a) manifestação de vontade;

b) agente emissor da vontade;

c) objeto;

d) forma.

Vejamos cada um desses elementos em separado.

2.1. Manifestação de vontade

A *manifestação ou declaração de vontade*[4] poderá ser *expressa* – através da palavra escrita ou falada, gestos ou sinais – ou *tácita* – aquela que resulta de um comportamento do agente[5].

Há exteriorizações de vontade que, para surtirem efeitos, necessitam chegar à esfera de conhecimento da outra parte. Fala-se, pois, em *declarações receptícias de vontade*.

Note-se que o emprego de meios que neutralizem a manifestação volitiva, como a violência física (*vis absoluta*), estupefacientes ou, até mesmo, a hipnose, tornam inexistente o *negócio jurídico*.

---

[3] Na enumeração dos *elementos constitutivos e dos pressupostos de validade*, baseamo-nos na classificação de Junqueira de Azevedo, cuja excelente obra, já mencionada, é indispensável para o entendimento da matéria.

[4] Vale lembrar, com amparo na doutrina de Orlando Gomes, que: "*a declaração de vontade da pessoa é pressuposto de todo negócio jurídico. Nos contratos, toma o nome de consentimento ou consenso consciente*" (*Introdução ao Direito Civil*, cit., p. 381).

[5] Nesse sentido, vale lembrar que a Consolidação das Leis do Trabalho define o contrato individual de trabalho como o "acordo *tácito* ou expresso, correspondente à relação de emprego" (grifo nosso).

Aliás, "a exteriorização de vontade consciente constitui o elemento nuclear do suporte fáctico do ato jurídico 'lato sensu'" (MARCOS BERNARDES DE MELLO[6]).

Neste ponto, interessa fazer referência ao *silêncio*.

O Direito Romano, repleto de formalidades e fórmulas sacramentais, em diversos momentos atribuía ao silêncio sentido jurídico.

"Normalmente", adverte CAIO MÁRIO, "o silêncio é nada, e significa a abstenção de pronunciamento da pessoa em face de uma solicitação do ambiente. Via de regra, o silêncio é a ausência de manifestação de vontade, e, como tal, não produz efeitos"[7].

A par desse correto entendimento, há situações em que a *abstenção do agente* ganha juridicidade.

No caso do mandato, por exemplo, o silêncio implicará aceitação, quando o negócio é daqueles que diz respeito à profissão do mandatário, resultando do começo de execução (art. 659 do CC/2002). Também na doação pura, o silêncio no prazo fixado significa aceitação (art. 539 do CC/2002).

O Código Civil de 2002 empresta maior valor jurídico ao silêncio, quando, em seu art. 111, elaborado à luz de dispositivos semelhantes dos Projetos de Código de Obrigações de 1941 e 1965, dispõe que:

> "Art. 111. O silêncio importa anuência, quando as circunstâncias ou os usos o autorizarem, e não for necessária a declaração de vontade expressa".

Aproximando-se da intelecção desta regra, SERPA LOPES, citado por SÍLVIO DE SALVO VENOSA, já aconselhava, corretamente, que, em cada caso, deverá o juiz examinar as circunstâncias do silêncio: "é preciso tomar-se em conta a convicção inspirada na outra parte de que a ação negativa do silente foi no sentido de ter querido seriamente obrigar-se"[8].

Também no *plano da validade do negócio jurídico* o silêncio tem relevância, caracterizando omissão dolosa (causa de anulabilidade do negócio jurídico) quando, nos atos bilaterais, for intencionalmente empregado para prejudicar a outra parte, que, se soubesse da real intenção do agente, não haveria celebrado a avença (art. 147 do CC/2002).

Nesse sentido, transcrevemos o art. 147 do CC/2002, para melhor fixação do tema:

> "Art. 147. Nos negócios jurídicos bilaterais, o silêncio intencional de uma das partes a respeito de fato ou qualidade que a outra parte haja ignorado, constitui omissão dolosa, provando-se que sem ela o negócio não se teria celebrado".

2.2. Agente emissor da vontade

Seguindo na análise dos *elementos constitutivos* do negócio jurídico, tem-se a figura do *agente emissor da vontade*.

---

[6] Vale a pena conferir o Capítulo X, "Do Ato Jurídico *Lato Sensu*", da obra já citada do Prof. Marcos Bernardes de Mello.
[7] Caio Mário da Silva Pereira, *Instituições de Direito Civil*, 19. ed., Rio de Janeiro: Forense, 2001, p. 308.
[8] Miguel Maria de Serpa Lopes, apud Sílvio de Salvo Venosa, *Direito Civil – Parte Geral*, São Paulo: Atlas, 2000.

Ora, sem o sujeito, não poderá falar-se em ato, mas, tão somente, em *fato jurídico em sentido estrito*. A participação do sujeito de direito (pessoa natural ou jurídica) é indispensável para a configuração existencial do *negócio jurídico*.

Neste ponto, remetemos o leitor aos nossos capítulos sobre pessoa natural e pessoa jurídica.

2.3. Objeto

Da mesma maneira, todo negócio jurídico pressupõe a existência de um *objeto* – utilidade física ou ideal –, em razão do qual giram os interesses das partes.

Assim, se a intenção é celebrar um contrato de mútuo, a manifestação da vontade deverá recair sobre *coisa fungível*, sem a qual o negócio, simplesmente, não se concretizará. Da mesma forma, em um contrato de prestação de serviços, a atividade do devedor em benefício do tomador *(prestação)* é o objeto da avença.

2.4. Forma

Nessa linha de raciocínio, tem-se, ainda, como elemento constitutivo, a *forma*, entendida como *meio pelo qual a declaração se exterioriza*, ou, em outras palavras, *o tipo de manifestação através do qual a vontade chega ao mundo exterior (forma escrita, oral, silêncio, sinais[9] etc.)*.

Sem uma *forma pela qual se manifeste a vontade*, por óbvio, o negócio jurídico inexiste, uma vez que a simples intenção encerrada na mente do agente *(cogitatio) não interessa para o direito*.

Sustentando posicionamento semelhante, conclui o sábio VICENTE RÁO:

> "E é assim que a forma, conferindo existência à vontade, existência também confere ao ato jurídico, pois o ato jurídico se constitui e compõe pela exteriorização da vontade dos agentes, ou partes, observados os demais requisitos, isto é, os seus pressupostos e os outros elementos essenciais que a lei exige. Nesse sentido, é a forma um elemento essencial do ato jurídico, pois todo ato jurídico há de ter, necessariamente, uma forma"[10].

Mas não há que se confundir a *forma – elemento existencial do negócio*, com a *forma legalmente prescrita – pressuposto de validade do ato negocial*.

Imagine-se a hipótese de um simplório lavrador haver comprado dez tarefas de terras de um vizinho, pagando em dinheiro, mediante um simples recibo de quitação. Não cuidou de lavrar o ato em *instrumento público*, nem, muito menos, levá-lo ao registro, na forma da legislação em vigor (arts. 108 e 1.245 do CC/2002). Ora, a despeito de se poder reconhecer a invalidade do ato (nulo), por não haver adotado a forma prescrita em lei (art. 166, IV, do CC/2002), é forçoso convir que o *ato negocial de compra e venda entre os vizinhos existiu*.

---

[9] Não confunda, *posto guardem íntima conexão*, a "manifestação de vontade" (item 2.1.) com a "forma" (item 2.4), pois este último requisito deve ser entendido simplesmente como *o revestimento externo da manifestação volitiva*. Tal manifestação, por sua vez, inicia-se internamente, no plano psicológico, com a reflexão do agente, até se revelar como uma *declaração exterior*.

[10] Vicente Ráo, *Ato Jurídico*, 4. ed., São Paulo: Revista dos Tribunais, 1999, p. 153-4.

A inobservância da *forma legalmente prescrita* atinge o *plano de validade*, e não o de *existência*.

Aliás, ninguém discute ter havido a concorrência dos pressupostos existenciais do ato negocial: *manifestação de vontades (vender e comprar), agentes (sujeitos de direito), objeto (bem imóvel) e forma (escrita)*, embora esta última não houvesse respeitado a exigência legal para que o negócio pudesse ser reconhecido como válido (escritura pública registrada).

Em conclusão, seguindo a tradição de nosso direito positivo, é bom que se diga que o novo Código Civil não reservou capítulo expresso para o plano de existência.

Segundo o Min. MOREIRA ALVES, optou-se por não adotar a tricotomia *existência-validade-eficácia*, eis que, em seu entendimento, tal sistematização conduziria a discrepâncias[11].

A opção do legislador, todavia, não significa dizer que os pressupostos existenciais não devam concorrer para a formação do negócio jurídico, uma vez que o reconhecimento doutrinário e jurisprudencial desta teoria é verdadeiro imperativo lógico, prescindindo de reconhecimento legal expresso[12].

2.5. Algumas palavras sobre a causa nos negócios jurídicos

Posto isso, interessa indagar se a *causa é elemento constitutivo* (Plano de Existência) ou *pressuposto de validade* (Plano de Validade) do negócio jurídico.

As fontes da doutrina clássica da causa, lembra VICENTE RÁO, encontram-se em DOMAT e POTHIER[13].

Em linhas gerais, duas correntes de pensamento digladiam-se tentando explicar a natureza jurídica da causa:

a) a corrente subjetivista;

b) a corrente objetivista.

Na trilha de pensamento da *corrente subjetivista*, a causa seria a *razão determinante, a motivação típica do ato que se pratica*, ou, como quer RÁO[14], "é o fim imediato que determina a declaração de vontade".

Nessa perspectiva, não há confundir-se a *causa com o motivo (móvel subjetivo) da prática do ato*, uma vez que este último, relegado ao plano psíquico do agente, é irrelevante para o direito.

Assim, se o sujeito vende a sua casa de praia, a *causa*, dentro da *concepção subjetivista*, é a obtenção do numerário (*razão de ser da obrigação, causa final determinadora do consentimento*), pouco importando os motivos que o levaram a tomar tal atitude (pretender comprar uma fazenda, querer mudar de cidade etc.).

---

[11] José Carlos Moreira Alves, ob. cit., p. 101.
[12] Vale registrar que a *inexistência do ato* não demanda, necessariamente, ação judicial para o seu reconhecimento, podendo o juiz pronunciá-la de ofício, a qualquer tempo e grau de jurisdição.
[13] Cf. *Les Lois Civiles dans Leur Ordre Naturel*, t. I, e *Obligations*, n. 42 (Vicente Ráo, ob. cit.).
[14] Vicente Ráo, ob. cit., p. 92.

Da mesma forma, nos negócios benéficos, como na *doação pura*, a causa seria a própria liberalidade, *independentemente das razões íntimas do doador – altruísmo, exibicionismo hipócrita, ou mesmo compaixão, v. g.*

A *corrente objetivista*, por seu turno, não atrela a noção de causa ao aspecto interior, subjetivo ou finalístico.

Preocupa-se mais, lembra ORLANDO GOMES, com a "significação social do negócio e sua função, desprendendo a noção de causa de sua conotação psicológica, que dificultava distingui-la da concepção subjetivista"[15].

Para os adeptos de tal teoria, rica em tons e matizes doutrinários, *a causa seria a função econômico-jurídica do ato* (ASCARELLI) ou *a função prático-social do negócio jurídico reconhecida pelo Direito* (CARIOTA FERRARA), de forma que o ordenamento só poderia tutelar aqueles atos *socialmente úteis*[16].

Veja-se a seguinte hipótese, apresentada com base no pensamento de JUNQUEIRA DE AZEVEDO: o *contrato de seguro* é um negócio admitido pelo ordenamento jurídico para que todos possam eliminar as consequências patrimoniais de um sinistro, prevenindo-se do risco. A causa estaria na *transferência lícita do risco (função prático-social do negócio)*. Todavia, se o seguro encobre uma *aposta*, o contrato não vale, pois se desvirtuou a sua *função ou finalidade socioeconômica e jurídica*, ou seja, em outras palavras, distorceu-se a sua causa.

A despeito de tais argumentos, tal teoria não é isenta de críticas.

Nesse sentido, PAULO BARBOSA DE CAMPOS FILHO, em sua tese *O Problema da Causa no Código Civil Brasileiro*[17], pondera, invocando a doutrina de RENATO SCOGNAMIGLIO, que não teria muito sentido *confundir-se a função social do negócio jurídico com a sua causa*.

As correntes causalistas – *objetivista e subjetivista* – contaram com defensores de escol: DOMAT, POTHIER, AUBRY e RAU, DEMOLOMBE, COLIN e CAPITANT, VENZI, CARIOTA FERRARA, RUGGIERO, MIRABELLI, BONFANTE, STOLFI, MESSINEO, AMARO CAVALCANTI e TORQUATO CASTRO.

Em campo diametralmente oposto, autoridades no campo do Direito Civil criticavam a importância atribuída à causa, talvez pela dificuldade na fixação do conceito.

Argumentavam que tal categoria seria desnecessária, por se confundir com o próprio objeto ou conteúdo do negócio jurídico – ERNST, PLANIOL, LAURENT, HUC, BAUDRY-LACANTINERIE, BARDIE, CORNIL, GIORGIO GIORGI, ARTUR, TIMBAL, BEVILÁQUA, entre outros.

O Código Civil de 1916, elaborado pelo gênio de BEVILÁQUA, seguiu a *linha anticausalista*, havendo tímida menção à causa em seu art. 90[18].

---

[15] Orlando Gomes, ob. cit., p. 390.
[16] Vicente Ráo, ob. cit., p. 94.
[17] Paulo Barbosa de Campos Filho, *O Problema da Causa no Código Civil Brasileiro*, São Paulo: Max Limonad (cit. por Junqueira de Azevedo).
[18] CC/1916: "Art. 90. Só vicia o ato a falsa causa, quando expressa como razão determinante ou sob forma de condição".

JUNQUEIRA DE AZEVEDO, para quem a causa não seria *elemento constitutivo*, mas sim, *pressuposto de validade ou fator de eficácia do negócio jurídico*, com muita acuidade, analisando o tema no Direito brasileiro, concluiu que "no direito brasileiro, procura-se ignorar a noção de causa, que, entretanto, acaba surgindo, quando se distinguem os negócios causais dos abstratos, ou quando o próprio legislador se refere à 'justa causa', para a realização de determinados negócios, ou, ainda, quando a jurisprudência, em certos casos de falta de causa, nos quais é impossível o recurso à falta de objeto ou a alguma regra específica, 'lembra' da noção não acolhida a fim de obter soluções equânimes"[19].

Analisando os termos do novo Código Civil, percebe-se que, se por um lado o tratamento dispensado à causa ainda é tímido, por outro não se pode dizer que a nova lei codificada deixa de admiti-la.

Sem dúvida, reconhece a causa como *pressuposto de validade do negócio jurídico*.

Chega-se a tal conclusão analisando-se o seu art. 166, III, que transcrevemos, *in verbis*:

"Art. 166. É nulo o negócio jurídico quando:

(...)

III – o *motivo determinante*, comum a ambas as partes, for ilícito" (grifamos).

Ora, considerando-se que as razões interiores (motivos de ordem psicológica) pouco interessam ao direito, senão à moral, é correto afirmar-se que a expressão "motivo determinante" diz respeito à causa, segundo a noção subjetivista de "motivação típica do ato", consoante acima se mencionou.

Nessa mesma linha, o art. 140 do Código Civil de 2002, reformulando os termos do art. 90 do CC/1916, dispõe que:

"Art. 140. O falso motivo só vicia a declaração de vontade quando expresso como *razão determinante*" (grifamos).

Nota-se que, em nosso entendimento, também nesse artigo de lei optou o legislador pela corrente subjetivista. No caso, se as partes fizeram constar no negócio *falso motivo*, tal elemento converte-se em verdadeira *finalidade negocial típica*, de forma que o seu descumprimento poderá levar à anulabilidade da avença. Imagine-se a hipótese de uma falsa sociedade filantrópica propor a compra de um imóvel, convencendo o alienante a reduzir o valor da venda, sob o argumento de que *a finalidade precípua da aquisição é a instalação de um asilo*. As partes cuidaram, inclusive, de consignar, no contrato, a *finalidade típica da compra e venda* (a instalação do asilo). Posteriormente, verifica-se que a sociedade adquirente atuou *dolosamente*, fazendo constar a falsa causa apenas para obter a redução do preço, desvirtuando a *expressa razão determinante do negócio jurídico pactuado*.

---

[19] Antônio Junqueira de Azevedo, ob. cit., p. 152.

Capítulo XII
Plano de Validade do Negócio Jurídico

Sumário: 1. A concepção do plano de validade. 2. Pressupostos de validade do negócio jurídico. 2.1. Manifestação de vontade livre e de boa-fé. 2.2. Agente emissor da vontade capaz e legitimado para o negócio. 2.2.1. Da representação. 2.3. Objeto lícito, possível e determinado (ou determinável). 2.4. Forma adequada (livre ou legalmente prescrita).

1. A CONCEPÇÃO DO PLANO DE VALIDADE

Ultrapassada a análise do *plano existencial*, deve o estudioso debruçar-se no âmbito de validade, que é típico dos *negócios jurídicos*.

O culto Mestre SAN TIAGO DANTAS, em seu *Programa de Direito Civil*, taquigrafado por VICTOR BOURHIS JURGENS, com sabedoria, pontificou que

> "os atos jurídicos determinam a aquisição, modificação ou extinção de direitos. Para que, porém, produzam efeito, é indispensável que reúnam certo número de requisitos que costumamos apresentar como os de sua validade. Se o ato possui tais requisitos, é válido e dele decorre a aquisição, modificação e extinção de direitos prevista pelo agente. Se, porém, falta-lhe um desses requisitos, o ato é inválido, não produz o efeito jurídico em questão e é nulo"[1].

É digna de nota, ainda, a circunstância de que, quando se trata de definir os *pressupostos de validade dos negócios jurídicos*, costuma-se relacioná-los, apenas, às causas de *nulidade*, esquecendo-se que a *anulabilidade* é também uma forma de *invalidade* dos atos jurídicos em geral.

O novo Código Civil brasileiro enumera, em seu art. 104[2], os *pressupostos legais de validade do negócio jurídico*:

a) *agente capaz;*

b) *objeto lícito, possível, determinado ou determinável;*

c) *forma prescrita ou não defesa em lei.*

Tal elenco, amplamente divulgado pela doutrina sob a denominação de *pressupostos de validade do negócio jurídico*, não reflete, todavia, a magnitude científica e amplitude teórica do *plano de validade do negócio jurídico*.

---

[1] Francisco Clementino de San Tiago Dantas, *Programa de Direito Civil*, 3. ed., Rio de Janeiro: Forense, 2000, p. 225.

[2] No que diz respeito aos elementos de validade, foi mantida a diretriz do art. 82 do CC/1916, que dispunha: "A validade do ato jurídico requer agente capaz (art. 145, I), objeto lícito e forma prescrita ou não defesa em lei (arts. 129, 130 e 145)".

Entende-se que a lei não é posta para definir, classificar ou sistematizar institutos jurídicos, por ser este o labor da doutrina, mas não se pode deixar de reconhecer, por outro lado, que este rol legal é insuficiente, senão lacunoso e impreciso.

Nesse sentido, pertinente é a crítica de MARCOS BERNARDES DE MELLO:

> "Essa enumeração legal, como se vê, é insuficiente, incompleta, porque não menciona todas as causas de invalidade, deixando-se de referir-se, explicitamente, à possibilidade do objeto e sua compatibilidade com a moral (cuja falta implica nulidade – Código Civil, art. 145, II), como também à inexistência de deficiência de negócios jurídicos, dentre os quais se incluem os vícios que afetam a manifestação da vontade e outros que comprometem a perfeição e causam a invalidade, por anulabilidade, do ato jurídico (Código Civil, art. 147), além da anuência de outras pessoas, que, em certas situações, é exigida"[3].

Trata-se, em verdade, de um *plano de adjetivação ou qualificação jurídica*, em que se analisa a subsunção do negócio jurídico existente ao ordenamento jurídico em vigor.

E quais são, finalmente, esses pressupostos do plano de validade do negócio jurídico?

É o que veremos no próximo tópico.

2. PRESSUPOSTOS DE VALIDADE DO NEGÓCIO JURÍDICO

Assim, qualificando os elementos constitutivos (existenciais), pode-se apresentar o seguinte quadro esquemático dos *pressupostos gerais de validade* do negócio jurídico:

a) manifestação de vontade *livre e de boa-fé*;

b) agente emissor da vontade *capaz e legitimado* para o negócio;

c) objeto *lícito, possível e determinado (ou determinável)*;

d) forma *adequada (livre ou legalmente prescrita)*.

Perceba que, sem necessidade de se recorrer ao inútil esforço de se pretender decorar a matéria, sabendo-se os *elementos constitutivos* do negócio, chega-se, facilmente, aos seus pressupostos de validade, bastando, para tanto, *qualificar ou adjetivar os primeiros*.

Esses são os principais elementos, embora excelente doutrina acrescente outros como o *tempo útil e o lugar apropriado* também como requisitos de validade.

Analisaremos cada um desses pressupostos a seguir.

2.1. Manifestação de vontade livre e de boa-fé

A manifestação ou declaração de vontade há que ser *livre* e *não estar impregnada de malícia (má-fé)*.

Os vícios do negócio jurídico, previstos pela legislação em vigor, atacam a *liberdade de manifestação da vontade ou a boa-fé*, levando o ordenamento jurídico a reagir, cominando pena de nulidade ou anulabilidade para os negócios portadores destes defeitos.

O Código de 1916 previa, em seus arts. 86 a 113, o seguinte rol de vícios ou defeitos do negócio jurídico: *o erro, o dolo, a coação, a simulação e a fraude contra credores*.

---

[3] Marcos Bernardes de Mello, ob. cit., p. 17.

O novo Código Civil, por sua vez, alterando este rol, adiciona *a lesão e o estado de perigo* (arts. 138 a 165), deslocando a simulação para o capítulo referente à invalidade do negócio jurídico, considerando-a *causa de nulidade*, e não mais de *anulação*.

Trata-se dos *defeitos dos negócios jurídicos*, tema minuciosamente estudado no capítulo subsequente[4].

Dois princípios devem convergir para que se possa reconhecer como válida a manifestação de vontade:

a) o princípio da autonomia privada;

b) o princípio da boa-fé.

A autonomia privada, conceito umbilicalmente ligado à noção de liberdade negocial, é a pedra de toque de toda a *teoria do negócio jurídico*.

Traduz a liberdade de atuação do indivíduo no comércio jurídico, respeitados ditames mínimos de convivência social e moralidade média.

"Tanto no que respeita às declarações unilaterais como no que respeita às bilaterais", pontifica GISELDA HIRONAKA, "uma coisa é indiscutível: a declaração deve conter a livre manifestação da vontade humana"[5].

Entretanto, não se pode reconhecer à vontade humana o espaço de outrora, dos tempos do racionalismo francês, uma vez que a história nos mostra que a liberdade sem limites converte-se em tirania do mais forte.

"Como se sabe", adverte ANDRÉ PINTO DA ROCHA OSÓRIO GONDINHO, "a atuação da autonomia da vontade não pode mais ser considerada irrestrita, devendo respeitar o ordenamento e seus princípios tutelares, seja no âmbito das situações subjetivas reais, ou mesmo nas relações obrigacionais"[6].

Nesse sentido, aliás, já advertia, com acuidade, o profeta dos civilistas, ORLANDO GOMES:

> "o poder compreendido na autonomia privada vem sofrendo na própria economia de mercado graves limitações, sobretudo quando representa manifestação da liberdade de iniciativa econômica. As Constituições modernas ainda a reconhecem, mas instituem de logo princípios contensivos a que se deve subordinar"[7].

Por isso, toda a *autonomia de vontade deve sofrer limitações*.

No plano do Direito Constitucional, várias normas traduzem contenção ao exercício da autonomia privada e da livre iniciativa, em diversos setores da atividade produtiva: *consagra-se o direito de propriedade, vinculando-o à sua função social (arts. 5.º, XXII e XXIII, e 170, III, da CF); condiciona-se o exercício da atividade econômica a princípios superiores – soberania nacional, propriedade privada, função social da propriedade, livre concorrência, defesa*

---

[4] Confira-se o Capítulo XIII ("Defeitos do Negócio Jurídico").

[5] Giselda Maria F. Novaes Hironaka, *Estudos – Direito Civil*, Belo Horizonte: Del Rey, p. 85.

[6] Roberta Mauro, *Direitos Reais e Autonomia da Vontade (O Princípio da Tipicidade dos Direitos Reais)*, resenha do livro do referido autor, Rio de Janeiro: Renovar, *Revista Trimestral de Direito Civil – RTDC*, Rio de Janeiro: PADMA, jul./set. 2001, p. 242.

[7] Orlando Gomes, ob. cit., p. 274.

do consumidor, defesa do meio ambiente, redução das desigualdades regionais e sociais, busca do pleno emprego, tratamento favorecido para as empresas de pequeno porte constituídas sob as leis brasileiras e que tenham a sua sede e administração no país (art. 170, I a IX, da CF); reprime-se o abuso do poder econômico que vise à dominação dos mercados, à eliminação da concorrência e ao aumento arbitrário dos lucros (art. 170, § 4.º, da CF); impõe-se o respeito ao meio ambiente, considerado bem de uso comum do povo e essencial à sadia qualidade de vida (arts. 186, II, e 225 da CF) etc.

LUIS DÍEZ-PICAZO e ANTONIO GULLÓN afirmam, com propriedade, que a *autonomia privada* deve sofrer os seguintes condicionamentos[8]:

a) da Lei – a lei, manifestação maior do poder estatal, interfere no âmbito da autonomia privada, posto sem aniquilá-la, para salvaguardar o bem geral;

b) da Moral – trata-se de uma limitação de ordem subjetiva, com forte carga ético-valorativa;

c) da Ordem Pública – também este conceito, que mais se relaciona com a estabilidade ou segurança jurídica, atua na ausência de normas imperativas, impondo a observância de princípios superiores, ligados ao Direito, à Política e à Economia.

Todas essas limitações não significam, como se disse, aniquilação da autonomia privada, pois sem esta as relações de direito privado se estagnariam e a sociedade contemporânea entraria em colapso.

Apenas vive-se um momento histórico marcado por disputas geopolíticas e imprevisão econômica, no qual o *individualismo selvagem* cedeu lugar ao *solidarismo social*, característico de uma sociedade globalizada, que exige o reconhecimento de normas limitativas do avanço da autonomia privada, em respeito ao princípio maior da dignidade da pessoa humana.

"Tal passagem, contudo, não se deu sem dor e perda", pontifica EDUARDO TAKEMI KATAOKA, "muitos autores chegaram a proclamar a morte, o declínio e o fim do Direito. Efetivamente, aquele 'belo' Direito de segurança, conceitos fechados e igualdade formal morreu, declinou, acabou. Um novo Direito surge, como aparece todos os anos uma nova safra dos grandes vinhos do passado, cabendo a nós degustar ambos. É preciso encarar o novo com otimismo e não com a nostalgia do passado irremediavelmente perdido"[9].

Nesse contexto, também a *boa-fé*[10] erige-se em preceito ético informador da vontade negocial válida.

Se uma das partes obteve da outra o seu consentimento por dolo, por exemplo, *violou-se o princípio*, e o negócio resultante há que ser invalidado.

Em verdade, quando se fala em *boa-fé*, pensamos, de imediato, em um estado subjetivo, psicológico, fundado em um erro de fato. Trata-se da *boa-fé subjetiva*. No que se refere à posse, por exemplo, *o possuidor de boa-fé de um imóvel, não sabendo que o terreno pertence*

---

[8] Luis Díez-Picazo e Antonio Gullón, apud Joelma Ticianelli, "Limites Objetivos e Subjetivos do Negócio Jurídico na Constituição Federal de 1988", *Direito Civil Constitucional – Cadernos 1*, org. por Renan Lotufo, São Paulo: Max Limonad, 1999, p. 41.

[9] Eduardo Takemi Kataoka, Declínio do Individualismo e Propriedade, in Gustavo Tepedino, ob. cit., p. 459.

[10] Trataremos do tema com profundidade no volume 4 do *Novo Curso de Direito Civil*, quando abordarmos a *função social do contrato*.

a terceiro, tem direito a ser indenizado pelas benfeitorias que realizou. Da mesma forma, a lei protege *o pagamento feito pelo devedor de boa-fé a credor aparente (putativo), desde que o erro seja escusável.*

Entretanto, a *boa-fé subjetiva* não basta para se reconhecer a *plena validade da manifestação volitiva.*

De fato, quando uma das partes atua com *dolo ou aproveita-se da inexperiência (lesão) ou desespero (estado de perigo) da outra,* é correto afirmar que a *boa-fé subjetiva (crença interna) está prejudicada,* invalidando a manifestação de vontade, e, por consequência, o próprio negócio jurídico.

Entretanto, neste ponto, uma ponderação deve ser feita.

A par da lucidez do pensamento acima apresentado, entendemos que a análise da *boa-fé deve também ser objetivada,* para que se possa reputar a manifestação de vontade plenamente válida.

Ninguém consente, *se não nutrir a firme expectativa de que a outra parte, não apenas durante a conclusão do negócio, mas também durante toda a sua execução, atuará segundo o que se espera de um homem diligente e probo.*

Também incorrerá em *erro,* portanto, aquele que for induzido a celebrar um negócio em que as regras éticas mínimas de comportamento sejam violadas durante a sua execução.

É preciso que, além de um *estado de ânimo positivo,* as partes se comportem segundo um *padrão ético objetivo de confiança recíproca,* atuando segundo o que se espera de cada um, em respeito a deveres implícitos a todo negócio jurídico bilateral: *confidencialidade, respeito, lealdade recíproca, assistência etc.*

Trata-se da *boa-fé objetiva.*

"Para além da análise de uma possível má-fé subjetiva no agir", pondera BRUNO LEWICK, em excelente artigo, "investigação eivada de dificuldades e incertezas, faz-se necessária a consideração de um patamar geral de atuação, atribuível ao homem médio, que pode ser resumido no seguinte questionamento: de que maneira agiria o *bonus pater familiae,* ao deparar-se com a situação em apreço? Quais seriam as suas expectativas e as suas atitudes, tendo em vista a valoração jurídica, histórica e cultural do seu tempo e de sua comunidade?"[11].

Esta *boa-fé,* com raiz histórica no Direito Romano, seria uma verdadeira *regra implícita em todo negócio jurídico bilateral (o contrato, por excelência), em razão da qual as partes devem não apenas cumprir a sua obrigação principal (dar, fazer, ou não fazer), mas também observar deveres mínimos de lealdade e confiança recíproca.*

E em nosso entendimento, a violação da *boa-fé objetiva autoriza não apenas a condenação do infrator em perdas e danos,* mas, em algumas hipóteses, até mesmo a anulação do negócio, justificada pela incidência do *erro ou dolo (erro provocado),* sem prejuízo de a parte lesada exigir compensação pelo prejuízo sofrido.

Um exemplo irá ilustrar a hipótese.

Celebrado entre duas empresas um contrato de compra e venda de um maquinismo complexo e de alta tecnologia, a obrigação do vendedor é transferir a propriedade da coisa

---

[11] Bruno Lewick, Panorama da Boa-Fé Objetiva, in Gustavo Tepedino, ob. cit., p. 56.

(dar), em troca do valor recebido. Se o alienante cumpre a sua parte, mas não presta a necessária assistência operacional, indispensável para objetos daquele jaez, alegando que o contrato é silente a respeito desta circunstância, o prejudicado poderá pleitear a anulação da avença, por força da violação à *boa-fé objetiva*.

Afirmará, em juízo, a sua crença de que, *desde o momento da celebração do negócio*, a prestação da assistência operacional configurava-se como verdadeiro consectário lógico da aquisição de produto daquela natureza, tornando-se absolutamente desnecessária cláusula contratual neste sentido.

Se soubesse da negativa da indústria, jamais teria realizado o negócio, uma vez que o objeto se tornou imprestável...

Poderá, portanto, em tese, justificar a invalidade do negócio à luz da *teoria do erro ou dolo*, considerando haver sido levado a crer, antes mesmo da celebração do acordo, e na fase de *puntuação*[12], que o dever de assistência seria verdadeira *cláusula geral implícita,* de acentuado conteúdo ético.

Aliás, este caráter validante da *boa-fé objetiva* é anotado por JORGE CESA FERREIRA DA SILVA: "antes do nascimento dos deveres de prestação, *a boa-fé atua validando juridicamente relações* que, em rigor conceitual, não poderiam ser tidas como juridicamente perfeitas..."[13].

Não negamos, todavia, a possibilidade de o lesado apenas pugnar pela *condenação da parte adversa – para prestar a assistência necessária, sob pena de multa cominatória ou pagamento de perdas e danos –,* mantendo os termos do negócio, presumindo-se não *haver sido induzido a erro quando da perfectibilização do contrato*, e que a necessidade de assistência surgiu posteriormente, decorrendo a sua exigibilidade dos próprios termos do negócio celebrado.

O Código Civil de 1916 não cuidou de dispensar o devido tratamento à *boa-fé objetiva*, o que levou JUDITH MARTINS-COSTA a tecer as seguintes considerações:

> "Em razão da ausência, no Código Civil, de uma cláusula geral de boa-fé em matéria obrigacional, observa-se a assistematização do direito privado brasileiro, decorrente da assistematização das decisões judiciais no campo do direito das obrigações e dos diferentes cânones valorativos expressos nas leis especiais"[14].

Em campo diametralmente oposto, cumpre-nos mencionar que o novo Código Civil dispensa especial tratamento à boa-fé objetiva, como cláusula geral, quando, em seu art. 422, dispõe:

> "Art. 422. Os contratantes são obrigados a guardar, assim na conclusão do contrato, como em sua execução, os princípios de probidade e boa-fé".

A este tema voltaremos ao tratarmos da *teoria geral dos contratos*[15].

---

[12] Fase pré-contratual das tratativas preliminares.
[13] Jorge Cesa Ferreira da Silva, *A Boa-Fé e a Violação Positiva do Contrato,* Rio de Janeiro: Renovar, 2002, p. 53.
[14] Judith Martins-Costa, *A Boa-Fé no Direito Privado,* São Paulo: Revista dos Tribunais, 2000, p. 518.
[15] Esta matéria será tratada no volume 4 ("Contratos") desta obra.

2.2. Agente emissor da vontade capaz e legitimado para o negócio[16]

Ainda no plano de validade, diz-se que o ato negocial demanda, para ser válido, a concorrência de um agente emissor de vontade *capaz e legitimado*.

Desde que seja *plenamente capaz*, poderá a pessoa física ou jurídica – para esta última exigindo-se o necessário registro dos seus atos constitutivos – praticar atos e celebrar negócios em geral, na órbita jurídica.

O novo Código Civil prevê, em norma expressa, a *capacidade do agente como pressuposto de validade do negócio jurídico*[17]:

"Art. 104. A validade do negócio jurídico requer:

I – *agente capaz*;

II – objeto lícito, possível, determinado ou determinável;

III – forma prescrita ou não defesa em lei".

No que se refere à pessoa natural, se lhe faltar plena capacidade para a prática *pessoal* de atos jurídicos, deverá ser devidamente *representada* ou *assistida*, a fim de se imprimir perfeita validade ao ato praticado.

As hipóteses de incapacidade também se encontram enumeradas, como visto, no Código Civil brasileiro.

Mas não basta a *capacidade do agente* para se conferir validade ao negócio celebrado.

É preciso ainda que não esteja *circunstancialmente impedido de celebrar o ato*, não obstante goze de plena capacidade. Em outras palavras, é necessário, além da capacidade, haver *legitimidade*, segundo noção desenvolvida pelos processualistas, adotada pelos cultores do Direito Civil.

Denomina-se *impedimento* a falta de legitimidade para a prática de um ato específico.

Aliás, desde BEVILÁQUA esta doutrina é desenvolvida: "aqui é preciso acrescentar que, além da capacidade geral, exige-se a capacidade especial para o negócio de que se trata"[18].

Neste sentido também é o magistério do Prof. CAIO MÁRIO DA SILVA PEREIRA:

"Mas, além das incapacidades genéricas, a lei prevê ainda motivos específicos, que obstam a que o agente, sem quebra de sua capacidade civil, realize determinados negócios jurídicos. A fim de não colidirem tais restrições com a teoria das incapacidades, é preferível designá-las como impedimentos"[19].

São hipóteses de falta de legitimidade para a celebração de negócio jurídico as seguintes: *o tutor, plenamente capaz, não pode, mesmo em hasta pública, adquirir bens do tutelado; dois irmãos, maiores e capazes, não podem se casar; o excluído por indignidade, mesmo não sendo considerado incapaz, não poderá herdar da pessoa em relação à qual é considerado indigno.*

---

[16] Remetemos o leitor ao Capítulo IV ("Pessoa Natural"), onde tratamos genericamente da capacidade e da legitimação.

[17] No CC/1916, art. 82: "A validade do ato jurídico requer *agente capaz* (art. 145, I), objeto lícito e forma prescrita ou não defesa em lei (arts. 129, 130 e 145)".

[18] Clóvis Beviláqua, ob. cit., p. 280.

[19] Caio Mário da Silva Pereira, ob. cit., p. 310.

Note-se que, em todas estas situações, as partes gozam de plena capacidade, posto estejam impedidas circunstancialmente de praticar ato específico, por relevantes razões de ordem social e pública.

A consequência da violação de um desses impedimentos é a *nulidade do negócio que se realizou*, por violação a expressa disposição de lei.

2.2.1. Da representação

O novo Código Civil brasileiro, suprindo omissão da legislação civil de 1916, trouxe à tona um capítulo inteiramente dedicado ao instituto da representação, com preceitos genéricos aplicáveis tanto à representação legal, quanto à voluntária.

A representação, como forma de manifestação de vontade do representado através do representante deve produzir plenamente seus efeitos, na forma deduzida no art. 116 do CC/2002[20].

Seguindo a linha de orientação que foi trilhada pelo art. 261 do atual Código Civil português, que, assim, supriu a lacuna do anterior, de 1867, há restrição legal ao *autocontrato*, ou seja, ao *negócio jurídico consigo mesmo*, como se vê do art. 117 do CC/2002, *in verbis*:

> "Art. 117. Salvo se o permitir a lei ou o representado, é anulável o negócio jurídico que o representante, no seu interesse ou por conta de outrem, celebrar consigo mesmo.
>
> Parágrafo único. Para esse efeito, tem-se como celebrado pelo representante o negócio realizado por aquele em quem os poderes houverem sido subestabelecidos".

Na observação de MAIRAN GONÇALVES MAIA JÚNIOR, *"o legislador brasileiro buscou inspiração nos diplomas italiano e português, optando por admitir abstratamente situação jurídica já consolidada na prática. Todavia, melhor seguiria se, ao admitir a possibilidade da celebração do contrato consigo mesmo, condicionasse sua realização à ausência de conflitos de interesses, à semelhança dos Códigos português e italiano"*[21].

De fato, o *autocontrato* já vinha sendo admitido pela jurisprudência nacional[22], sendo possível vislumbrar, com MARIA CÂNDIDA DO AMARAL KROETZ,

---

[20] CC/2002: "Art. 116. A manifestação de vontade pelo representante, nos limites de seus poderes, produz efeitos em relação ao representado".

[21] Mairan Gonçalves Maia Júnior, *A Representação no Negócio Jurídico*, São Paulo: Revista dos Tribunais, 2001, p. 176.

[22] "O 'contrato consigo mesmo' não encontra vedação expressa em nosso direito positivo, nem objeção teórica de monta, pois, na representação, a vontade que se obriga é a do representado, cujo patrimônio é distinto do pertencente ao representante.

Como esclarece Carvalho de Mendonça, apoiado em Chironi e Windscheid, 'desde que um indivíduo pode agir ao mesmo tempo por si e como representante de outrem, desde que é possível conceber-se que alguém obre como representante de uma pessoa jurídica e de outra física, há, na realidade, dois patrimônios colocados um de fronte do outro e desde então é sempre possível entre estes um vínculo obrigacional, tanto e com tanta extensão como entre duas individualidades diferentes' (*Contratos no direito civil brasileiro*, v. I, p. 267).

Por isso, a validade do mandato, em tais circunstâncias, há de ser apreciada em razão das regras de moralidade, ficando, então, na dependência, sobretudo, da extensão dos poderes do mandatário" (STF, RE 104.307-5/RS, Rel. Min. Octavio Gallotti, j. 22-11-1985, *DJ*, 19-12-1985). O mesmo entendimento "duas situações distintas que são qualificadas como autocontrato. A primeira se dá quando o autor do negócio jurídico intervém com um duplo papel, sendo que uma das partes é ele mesmo, atuando em nome próprio, e outra é a pessoa por ele representada. A outra hipótese se verifica quando o contratante é representante das duas partes por força de relações representativas distintas. Nesta espécie peculiar de negócio jurídico não estão envolvidas duas pessoas, mas duas partes, nem duas vontades, mas uma declaração de vontade que, de um lado, vale como vontade do representante, e, de outro, como vontade do representado"[23].

O que é importante destacar, portanto, dentro dos limites da proposta deste capítulo, é que o *contrato consigo mesmo*, enquanto manifestação de uma representação, em uma interpretação *a contrario sensu* do dispositivo legal, é aceitável, desde que permitida legalmente para a modalidade contratual adotada ou, omissa a norma legal, se houver livre manifestação de vontade do representado, única acepção possível de se interpretar a menção a "permitir... o interessado".

Por fim, um ponto interessante a ser destacado é a completa omissão, neste capítulo, de referência aos defeitos do negócio jurídico (especificamente na representação).

Sobre o tema, testemunha o Min. JOSÉ CARLOS MOREIRA ALVES que

"é de notar-se que não se apresentou qualquer emenda no sentido de se incluir, nele, dispositivo concernente à falta ou aos vícios da vontade, bem como à boa ou à má-fé, nos negócios representativos (que são os realizados, em nome do representado, entre o representante e terceiro). Como já salientara Almeida Costa (Vontade e estados subjetivos da representação jurídica, Rio de Janeiro, 1976, p. 16), o Projeto original, ao invés de tomar posição nessa questão melindrosa – que, parcialmente, fora enfrentada no art. 38 do Anteprojeto de Código das Obrigações de 1941 – preferira, como sucedia com vários outros códigos, deixar a matéria à consideração da jurisprudência e da doutrina, à luz dos princípios gerais"[24].

Sobre as regras dos arts. 118 a 120 do CC/2002, remetemos o leitor às considerações expendidas nos tópicos 2.3 ("Suprimento da Incapacidade (Representação e Assistência)") e 2.4 ("Restituição e Anulação por Conflito de Interesses com o Representado") do Capítulo IV ("Pessoa Natural") deste livro.

2.3. Objeto lícito, possível e determinado (ou determinável)

Avançando no Plano da Validade, o objeto do negócio jurídico há que ser:

a) *lícito;*

b) *possível (física e juridicamente);*

c) *determinado ou determinável.*

A licitude traduz a ideia de estar o objeto dentro do campo de permissibilidade normativa, o que significa dizer não ser proibido pelo *direito* e pela *moral*.

---

se encontra em outros acórdãos do STF, como o prolatado no RE 106.128-6, 1.ª T., Rel. Min. Sydney Sanches, j. 18-8-1988, *DJ*, 2-9-1988.

[23] Maria Cândida do Amaral Kroetz, *A Representação Voluntária no Direito Privado*, São Paulo: Revista dos Tribunais, 1997, p. 91.

[24] José Carlos Moreira Alves, ob. cit., p. 139.

Tal característica, vale dizer, por uma identidade de princípios, confunde-se com a própria *possibilidade jurídica ou idoneidade* do objeto.

Nesse sentido é a doutrina de ORLANDO GOMES: "o objeto do negócio jurídico deve ser idôneo. Não vale se contrário a uma disposição de lei, à moral, ou aos bons costumes, numa palavra, aos preceitos fundamentais que, em determinada época e lugar, governam a vida social"[25].

Por isso, pondo-se de lado divagações teóricas infecundas, fixamos, de logo, a premissa de que há uma sinonímia entre a *licitude* e a *possibilidade jurídica do objeto*.

Um *contrato de prestação de serviços* que tenha por objeto o cometimento de crime ou *uma locação* em que se objetive o uso do imóvel para o estabelecimento de um lupanar são exemplos de negócios que têm *objetos ilícitos ou juridicamente impossíveis*.

Nessa esteira, também não se admitiria a celebração de um contrato de prestações de serviços sexuais – e, consequentemente, uma eventual cobrança judicial pelo inadimplemento da contraprestação pecuniária – pelo fundamento da imoralidade da avença.

Na mesma linha, dada a sua inequívoca impossibilidade jurídica, não se admite que um particular celebre uma *compra e venda* que tenha por objeto um bem de uso comum do povo (uma praça, p. ex.). Na sistemática do Código de 1916, dir-se-ia que, neste caso, o referido imóvel seria *coisa fora do comércio*, categoria não expressamente consagrada pelo novo Código Civil.

Em todas essas hipóteses, o negócio seria fulminado de nulidade pela *impossibilidade jurídica (ilicitude) de seu objeto*.

Além do campo da licitude, o objeto deve, ainda, respeitar as leis naturais.

Há que ser, portanto, *fisicamente possível*, uma vez que não se poderia reconhecer validade a um negócio que tivesse por objeto uma prestação naturalmente irrealizável, como, por exemplo, a alienação de um imóvel situado na lua.

Observe-se, todavia, que a referida *impossibilidade só invalida o negócio se for absoluta*, uma vez que, se *relativa*, permite, em tese, a realização por terceiro, às custas do devedor. Assim, na *prestação de um serviço de limpeza de tubulação*, contratado junto a uma empresa especializada, se o encanador que deveria comparecer à casa do cliente acidentar-se, não havendo sido a obrigação pactuada *intuitu personae*, a *impossibilidade será meramente relativa*, porquanto a prestação (objeto da relação negocial) poderá ser cumprida por outro profissional da referida empresa.

Por fim, deve ser o objeto determinado ou, ao menos, determinável, sob pena de se prejudicar não apenas a validade, mas, em último plano, a própria executoriedade da avença. Todo objeto deve, pois, conter elementos mínimos de individualização que permitam caracterizá-lo.

No caso da alienação de um imóvel, p. ex., as partes devem descrevê-lo minuciosamente, explicitando as suas dimensões e confrontações, na escritura pública de compra e venda. Cuida-se aqui de *objeto determinado*.

Todavia, pode o objeto ser apenas *determinável*.

---

[25] Orlando Gomes, ob. cit., p. 382.

Em uma venda de cereais, por exemplo, admite-se até não especificar, no instrumento negocial, a qualidade do café vendido (se do tipo A ou B), mas o seu gênero (café) e quantidade (em sacas) devem ser indicados, sob pena de se inviabilizar o negócio por força da indeterminabilidade do objeto.

2.4. Forma adequada (livre ou legalmente prescrita)

Por fim, para que o *negócio jurídico* seja perfeitamente válido, deve revestir a *forma adequada*, vale dizer, a forma *prescrita ou não defesa em lei*.

No direito positivo brasileiro, por expressa determinação legal, consagrou-se o princípio da *liberdade da forma*:

"Art. 107. A validade da declaração de vontade não dependerá de forma especial, senão quando a lei expressamente a exigir"[26].

Observa-se, com isso, que os negócios jurídicos, como regra geral, podem ser realizados de acordo com a conveniência da forma preferida pelas partes.

Tal orientação, aliás, é a nota característica das sociedades contemporâneas, segundo já anotava, brilhantemente, CLÓVIS BEVILÁQUA:

"é princípio aceito pelo direito moderno que as declarações de vontade não estão sujeitas a uma forma especial, senão quando a lei expressamente a estabelece. É até um dos resultados da evolução jurídica, assinalado pela história e pela filosofia, a decadência do formalismo, em correspondência com o revigoramento da energia jurídica imanente nos atos realizados pelos particulares, a expansão da autonomia da vontade e a consequente abstenção do Estado que se acantoa, de preferência, na sua função de superintendente, pronto a intervir, quando é necessário restabelecer coativamente o equilíbrio de interesses"[27].

Mas é bom que se não confunda a forma, *enquanto elemento existencial do negócio,* com a *adequabilidade da forma, pressuposto de validade*, de que ora se trata.

Conforme explanamos no item referente ao *plano de existência, a forma, entendida como o meio de exteriorização da vontade,* é elemento constitutivo ou pressuposto existencial do ato, uma vez que a sua supressão impede a formação ou surgimento do próprio negócio. Sem uma *forma de exteriorização,* o intento negocial fica encerrado na mente do agente, e não interessa ao Direito.

Diferente é a hipótese de a lei estabelecer *um determinado tipo de forma* para que o ato tenha validade.

Neste caso, desrespeitado o mandamento legal, o negócio jurídico existirá, mas será fulminado de nulidade, por ser reputado inválido.

Repita-se, para a boa fixação da matéria, o exemplo delineado linhas acima: *o humilde camponês, por meio de uma compra e venda, adquire algumas glebas de terra do seu vizinho, e, insciente de que a aquisição da propriedade imobiliária exige a lavratura da compra*

---

[26] No CC/1916, com praticamente a mesma redação, o art. 129: "A validade das declarações de vontade não dependerá de forma especial, senão quando a lei expressamente a exigir (art. 82)".

[27] Clóvis Beviláqua, ob. cit., p. 317.

e venda em escritura pública devidamente registrada (forma prescrita em lei), aceita, apenas, a documentação do ato em simples recibo firmado pela parte adversa.

Em tal hipótese, dúvida não há quanto à existência do negócio, não obstante, sob o prisma legal, seja inválido (nulo), por não haver respeitado a forma prescrita em lei (escritura pública registrada), *ex vi* do disposto no art. 108, c/c o art. 166 do novo Código Civil[28].

Note-se, ainda, que, por força do *princípio da liberdade da forma*, os negócios formais ou solenes não são a regra em nosso Direito.

Em tais casos, quando a norma legal impõe determinado revestimento para o ato, traduzido em uma forma especial ou em uma indispensável solenidade, diz-se que o negócio é *ad solemnitatem*. É o caso do *testamento* (negócio jurídico unilateral), para o qual a lei impõe determinada forma (pública, cerrada ou particular), não reconhecendo liberdade ao testador para elaborá-lo de acordo com a sua vontade. Também servem de exemplo *os contratos constitutivos ou translativos de direitos reais sobre imóveis acima do valor consignado em lei*, uma vez que a forma pública é indispensável para a validade do ato, consoante acima se demonstrou.

Ao lado dos negócios *ad solemnitatem*, figura outra importante categoria: a dos negócios *ad probationem*.

Nesses, apesar de a forma não preponderar sobre o fundo, por não ser essencial, deverá, outrossim, ser observada, para efeito de *prova do ato jurídico*, o que deve ser considerado sempre algo excepcional[29].

Lembremos sempre, portanto, da regra geral da *liberdade da forma do negócio jurídico*, que só deverá ser excepcionada quando a lei expressamente o determinar[30].

---

[28] CC/2002: "Art. 108. Não dispondo a lei em contrário, a escritura pública é essencial à validade dos negócios jurídicos que visem à constituição, transferência, modificação ou renúncia de direitos reais sobre imóveis de valor superior a trinta vezes o maior salário mínimo vigente no País" (no CC/1916: art. 134, II).

"Art. 166. É nulo o negócio jurídico quando: I – celebrado por pessoa absolutamente incapaz; II – for ilícito, impossível ou indeterminável o seu objeto; III – o motivo determinante, comum a ambas as partes, for ilícito; *IV – não revestir a forma prescrita em lei; V – for preterida alguma solenidade que a lei considere essencial para a sua validade; VI – tiver por objetivo fraudar lei imperativa; VII – a lei taxativamente o declarar nulo, ou proibir-lhe a prática, sem cominar sanção*" (no CC/1916: art. 145, III).

[29] É o caso do depósito voluntário, previsto no art. 646 do Código Civil, que só se prova por escrito.

[30] Sobre a *forma do negócio jurídico*, confira-se também o Capítulo XVI ("Prova do Negócio Jurídico").

Capítulo XIII
Defeitos do Negócio Jurídico

Sumário: 1. Introdução. 2. Vícios do negócio jurídico. 2.1. Erro ou ignorância. 2.2. Dolo. 2.3. Coação. 2.4. Lesão. 2.5. Estado de perigo. 2.6. Simulação. 2.7. Fraude contra credores.

1. INTRODUÇÃO

Neste capítulo, serão passados em revista os vícios que impedem seja a vontade declarada *livre e de boa-fé*, prejudicando, por conseguinte, a validade do negócio jurídico.

Trata-se dos *defeitos dos negócios jurídicos*, que se classificam em vícios de consentimento – aqueles em que a vontade não é expressada de maneira absolutamente livre – e vícios sociais – em que a vontade manifestada não tem, na realidade, a intenção pura e de boa-fé que enuncia.

Pelo fato de tais vícios se materializarem em diversas modalidades, para uma melhor compreensão da matéria, delineia-se o seguinte quadro esquemático:

I – Vícios de consentimento:
  a) erro;
  b) dolo;
  c) coação;
  d) lesão;
  e) estado de perigo.

II – Vícios sociais:
  a) simulação;
  b) fraude contra credores.

2. VÍCIOS DO NEGÓCIO JURÍDICO

Analisemos a seguir, então, cada um destes defeitos que maculam o negócio jurídico.

2.1. Erro ou ignorância

Segundo o sempre lembrado Prof. CAIO MÁRIO DA SILVA PEREIRA, "quando o agente, por desconhecimento ou falso conhecimento das circunstâncias, age de um modo que não seria a sua vontade, se conhecesse a verdadeira situação, diz-se que procede com erro"[1].

---
[1] Caio Mário da Silva Pereira, ob. cit., p. 326.

Embora a lei não estabeleça distinções, o erro é um *estado de espírito positivo*, qual seja, *a falsa percepção da realidade*, ao passo que a ignorância é *um estado de espírito negativo, o total desconhecimento do declarante* a respeito das circunstâncias do negócio.

O erro, entretanto, só é considerado como causa de anulabilidade do negócio jurídico se for:

a) essencial (substancial);

b) escusável (perdoável).

Nesse sentido, a nova Lei Codificada é expressa ao dispor que:

"Art. 138. São anuláveis os negócios jurídicos, quando as declarações de vontade emanarem de *erro substancial* que poderia ser percebido por pessoa de diligência normal, em face das circunstâncias do negócio".

Compare-se esta regra com a do art. 86 do Código de 1916:

"Art. 86. São anuláveis os atos jurídicos, quando as declarações de vontade emanarem de erro substancial".

Substancial é o erro que incide sobre a essência (substância) do ato que se pratica, sem o qual este não se teria realizado. É o caso do colecionador que, pretendendo adquirir uma estátua de marfim, compra, por engano, uma peça feita de material sintético.

O novo Código Civil enumerou as seguintes hipóteses de erro substancial, em seu art. 139[2]:

a) quando interessa à natureza do negócio, ao objeto principal da declaração, ou a alguma das qualidades a ele essenciais;

b) quando concerne à identidade ou à qualidade essencial da pessoa a quem se refira a declaração de vontade, desde que tenha influído nesta de modo relevante;

c) sendo de direito e não implicando recusa à aplicação da lei, for o motivo único ou principal do negócio jurídico.

Vê-se, portanto, que o erro poderá incidir no negócio, no objeto ou na pessoa.

Na esquematização abaixo, elaborada com base na obra do culto professor italiano ROBERTO DE RUGGIERO, cuidamos de relacionar a espécie de erro ao correspondente inciso do art. 139 do Código Civil de 2002[3]:

a) *error in negotio* (art. 139, I, do CC/2002) – é o erro que incide sobre a natureza do negócio que se leva a efeito, como ocorre quando se troca uma causa jurídica por outra (a *enfiteuse* com a locação, o comodato com a doação)[4];

---

[2] No CC/1916, arts. 86 a 88. Note-se que a Lei de 1916, ao disciplinar o erro substancial, não foi tão completa, deixando de fazer referência à escusabilidade (grau de diligência médio para se admitir o reconhecimento do erro). Nesse sentido, transcrevemos, mais uma vez, o art. 86, *in verbis*: "São anuláveis os atos jurídicos, quando as declarações de vontade emanarem de erro substancial".

[3] Roberto de Ruggiero, ob. cit., p. 341.

[4] Segundo a doutrina de ANA MAGALHÃES, em sua bela obra *O Erro no Negócio Jurídico* (São Paulo: Atlas, 2011, p. 38-39), a teoria do "erro impróprio", teoria derivada do pensamento de Savigny, refere-se àquele que incide, não na vontade interna, mas na vontade declarada do agente. Vale dizer, trata-se de um "erro obstáculo", incidente na vontade manifestada, quando o agente, por exemplo, ao

b) *error in corpore* (art. 139, I, do CC/2002) – aquele que versa sobre a identidade do objeto, é o que ocorre quando, por exemplo, declara-se querer comprar o animal que está diante de si, mas acaba-se levando outro, trocado;

c) *error in substantia* (art. 139, I, do CC/2002) – é o que versa sobre a essência da coisa ou as propriedades essenciais de determinado objeto. É o erro sobre a qualidade do objeto. É o caso do sujeito que compra um anel imaginando ser de ouro, não sabendo que se trata de cobre;

d) *error in persona* (art. 139, II, do CC/2002) – é o que versa sobre a identidade ou as qualidades de determinada pessoa. É o caso de o sujeito doar uma quantia a Caio, imaginando-o ser o salvador de seu filho, quando, em verdade, o herói foi Tício. A importância desta modalidade de erro avulta no campo do Direito de Família, uma vez que o erro essencial sobre a pessoa do outro cônjuge é causa de anulação do casamento (arts. 1.556 e 1.557 do CC/2002).

O erro invalidante há que ser, ainda, *escusável*, isto é, perdoável, dentro do que se espera do homem médio que atue com grau normal de diligência. Não se admite, outrossim, a alegação de erro por parte daquele que atuou com acentuado grau de displicência. O direito não deve amparar o negligente[5]. Ademais, a própria concepção de homem médio deve levar em consideração o contexto em que os sujeitos estão envolvidos. Afinal, a compra de uma joia falsa pode ser um erro escusável de um particular, mas muito dificilmente de um especialista em tal comércio.

Até aqui se cuidou do erro de fato, mas qual seria o tratamento dispensado pela doutrina ao *erro de direito*?

CLÓVIS BEVILÁQUA apenas reconhece o erro de fato como fundamento para a anulação do ato jurídico, razão por que o Código de 1916 não é explícito a seu respeito.

Em sentido contrário era o pensamento de ESPÍNOLA, lembrado por CARVALHO SANTOS:

> "Clóvis opina que o Código trata apenas do erro de fato, porque este é que pode influir sobre a eficácia da vontade (Cód. Civ. Com., vol. 1. obs. ao artigo 86). Espínola, ao contrário, entende que o erro de direito, especialmente a respeito da causa, pode determinar a nulidade do ato jurídico"[6].

CAIO MÁRIO admite o erro de direito, desde que não traduza oposição ou recusa à aplicação da lei, e tenha sido a razão determinante do ato[7].

---

celebrar o negócio, em vez de dizer "venda", diz "locação". O direito brasileiro não se ocupa com essa distinção. Pouco importa se o erro incide na vontade interna ou na vontade externa (declarada); é tratado da mesma maneira, como causa de anulabilidade do negócio jurídico.

[5] O tema da escusabilidade do erro como elemento indispensável para invalidação do negócio, por sua vez, comporta controvérsias, visto que, ao interpretar o art. 138 do CC/2002, na I Jornada de Direito Civil da Justiça Federal, foi defendida a ideia, no Enunciado 12, de que, "na sistemática do art. 138, é irrelevante ser ou não escusável o erro, porque o dispositivo adota o princípio da confiança".

[6] J. M. Carvalho Santos, *Código Civil Brasileiro Interpretado*, 6. ed., Rio de Janeiro: Freitas Bastos, 1955, v. II, p. 295.

[7] Caio Mário da Silva Pereira, ob. cit., p. 332.

Em regra, o *error juris* (que não se confunde com a *ignorância da lei*) não é causa de anulabilidade do negócio, porém, como visto acima, por vezes a doutrina flexibiliza esse entendimento.

Em nossa compreensão, deve-se admitir, sempre em caráter excepcional, o erro de direito, até mesmo por força da regra expressa no art. 3.º da Lei de Introdução às Normas do Direito Brasileiro, de que *ninguém pode se escusar de cumprir a lei, alegando que não a conhece*.

Desde que não se pretenda descumprir preceito de lei, se o agente, de boa-fé, pratica o ato incorrendo em erro substancial e escusável, há que reconhecer, por imperativo de equidade, a ocorrência do erro de direito.

É o caso, por exemplo, de alguém que eventualmente celebra um contrato de importação de uma determinada mercadoria, sem saber que, recentemente, foi expedido decreto proibindo a entrada de tal produto no território nacional. Não admitir a anulação do contrato simplesmente pela ficção legal da LINDB seria fazer com que o jurista fechasse os olhos para a realidade do que ordinariamente acontece, o que é inadmissível.

O novo Código Civil, consoante já se anotou *supra*, admitiu o *erro de direito substancial*, desde que não implique recusa à aplicação da lei (art. 139, III). Embora a regra legal não seja expressa a respeito, o requisito da *boa-fé* é obviamente indispensável para que se reconheça esta espécie de erro.

Compatibilizando a aceitação do erro de direito como causa de anulação do negócio jurídico, observa WASHINGTON DE BARROS MONTEIRO que o

> "apego à ficção – 'nemo jus ignorare licet' – só deve ser mantido quando indispensável à ordem pública e à utilidade social. A lei é humana e equitativa. Entendê-la de outro modo será, muitas vezes, condenar quem realmente estava enganado e foi vítima de equívoco perfeitamente desculpável. O legislador não pode ter o preconceito de Talleyrand: pior do que um crime, só um erro.
>
> O 'error juris' não consiste apenas na ignorância da norma, mas também no seu falso conhecimento e na sua interpretação errônea. De qualquer modo, para induzir anulação do ato, necessário que o erro tenha sido a razão única ou principal, ao determinar a vontade"[8].

Em conclusão, interessa a referência feita pelo novo Código Civil à hipótese de *erro que não invalida o negócio*, quando a pessoa a quem a declaração de vontade se dirige se oferece para executá-la de acordo com a vontade real do manifestante[9]:

> "Art. 144. O erro não prejudica a validade do negócio jurídico quando a pessoa, a quem a manifestação de vontade se dirige, se oferecer para executá-la na conformidade da vontade real do manifestante".

Neste artigo, bem como na regra do art. 142 *(que prevê a possibilidade de convalescimento do ato se o erro na indicação da pessoa ou da coisa for suprido pelas circunstâncias)*, constata-se a aplicação do *princípio da conservação*, regra de ouro do moderno Direito Civil, segundo o qual deve o intérprete, desde que não haja prejuízo, e respeitadas as prescrições legais, empreender todos os esforços para resguardar a eficácia jurídica do ato acoimado de invalidade.

---

[8] Washington de Barros Monteiro, *Curso de Direito Civil*, São Paulo: Saraiva, 2000, v. 1, p. 200.
[9] No CC/1916, art. 91.

Outro equívoco muito comum que deve ser afastado é a falsa ideia de que *erro e vício redibitório se confundem*.

O erro, consoante já se anotou, expressa uma *equivocada representação da realidade*, uma *opinião não verdadeira* a respeito do negócio, do seu objeto ou da pessoa com quem se trava a relação jurídica. Este defeito do negócio, portanto, vicia a própria *vontade do agente*, atuando no campo psíquico (subjetivo).

Diferente é a hipótese de vício redibitório[10], garantia legal prevista para os contratos comutativos em geral. Se o adquirente, por força de uma compra e venda, por exemplo, recebe a coisa com *defeito oculto que lhe diminui o valor ou prejudica a sua utilização (vícios redibitórios)*, poderá rejeitá-la, redibindo o contrato, ou, se preferir, exigir o abatimento no preço.

Note-se, pois, que o agente, ao adquirir a coisa, *não incorreu em erro*, uma vez que recebeu exatamente aquilo que pretendia comprar. Apenas a coisa transferida portava defeito oculto que lhe depreciava ou tornava imprópria a sua utilização.

O vício redibitório, pois, não toca o psiquismo do agente, incidindo, portanto, na própria coisa, objetivamente considerada. Exemplo: o indivíduo pretende comprar um relógio de ouro da marca "x". Um vizinho lhe faz uma oferta, e então ele compra o produto desejado, sem que haja erro em sua manifestação de vontade. Alguns dias depois, entretanto, observa que o relógio não funciona bem, em virtude de um defeito oculto em seu maquinismo. Trata-se, no caso, de vício redibitório, que desafia, em concurso de ações, duas vias judiciais (ações edilícias): *a ação redibitória (para desfazer o contrato e exigir o que se pagou, com perdas e danos se o alienante sabia do vício)* ou *a ação "quanti minoris" (para se exigir o abatimento no preço)*[11].

2.2. Dolo

Por imperativo de precedência lógica e da disciplina legal, estudamos o erro antes do dolo, uma vez que a doutrina do primeiro fundamenta teoricamente o segundo.

---

[10] Os arts. 441 a 446 do CC/2002, seguindo diretriz semelhante do CC/1916 (arts. 1.101 a 1.106), disciplinam o instituto. Voltaremos ao tema, ao tratarmos da Teoria Geral dos Contratos, fazendo-se, inclusive, a necessária referência ao sistema normativo do Código de Defesa do Consumidor. Confira-se, o Capítulo "Vícios Redibitórios" do volume 4, *Contratos*, desta Coleção.

[11] "DIREITO CIVIL. VÍCIO DE CONSENTIMENTO (ERRO). VÍCIO REDIBITÓRIO. DISTINÇÃO. VENDA CONJUNTA DE COISAS. ART. 1.138 DO CC/1916 (ART. 503 DO CC/2002). INTERPRETAÇÃO. TEMPERAMENTO DA REGRA. O equívoco inerente ao vício redibitório não se confunde com o erro substancial, vício de consentimento previsto na Parte Geral do Código Civil, tido como defeito dos atos negociais. O legislador tratou o vício redibitório de forma especial, projetando inclusive efeitos diferentes daqueles previstos para o erro substancial. O vício redibitório, da forma como sistematizado pelo CC/1916, cujas regras foram mantidas pelo CC/2002, atinge a própria coisa, objetivamente considerada, e não a psique do agente. O erro substancial, por sua vez, alcança a vontade do contratante, operando subjetivamente em sua esfera mental. O art. 1.138 do CC/1916, cuja redação foi integralmente mantida pelo art. 503 do CC/02, deve ser interpretado com temperamento, sempre tendo em vista a necessidade de se verificar o reflexo que o defeito verificado em uma ou mais coisas singulares tem no negócio envolvendo a venda de coisas compostas, coletivas ou de universalidades de fato. Recurso especial a que se nega provimento" (STJ, REsp 991.317/MG, Rel. Min. Nancy Andrighi, 3.ª T., j. 3-12-2009, *DJe*, 18-12-2009).

Nessa linha, costuma-se afirmar que o dolo é o *erro provocado por terceiro*, e não pelo próprio sujeito enganado.

Seria, portanto, *todo artifício malicioso empregado por uma das partes ou por terceiro com o propósito de prejudicar outrem, quando da celebração do negócio jurídico*.

Define-o, com propriedade, CLÓVIS BEVILÁQUA, como "o artifício ou expediente astucioso, empregado para induzir alguém à prática de um ato jurídico que o prejudica, aproveitando ao autor do dolo ou a terceiro"[12].

Assim, o sujeito que aliena a caneta de cobre, afirmando tratar-se de ouro, atua com dolo, e o negócio poderá ser anulado.

Não se deve confundir esta espécie de dolo com o chamado *dolus bonus*, expressão consagrada desde o Direito Romano. Quando o vendedor elogia exageradamente o seu produto, realçando em demasia suas qualidades, não atua maliciosamente. Para tanto, exige-se do adquirente grau mediano de diligência para que possa perceber as criativas técnicas de *marketing*. A despeito disso, fica claro que a indicação de qualidades inexistentes ou a afirmação de garantias inverídicas extrapolam o limite do razoável, podendo configurar publicidade enganosa, sujeitando o infrator a sanções administrativas, civis e criminais.

Também não se deve identificar o dolo com a fraude. Nesta, quase sempre, busca-se violar a lei ou prejudicar a um número indeterminado de pessoas; a atuação dolosa, por sua vez, dirige-se especificamente à outra parte do negócio.

O dolo não se presume das circunstâncias de fato, devendo ser provado por quem o alega.

Dispensa-se, outrossim, a *prova de efetivo prejuízo* para a sua caracterização, consoante antiga lição de CARVALHO SANTOS:

> "a melhor doutrina, parece-nos, afasta do conceito do dolo qualquer exigência do prejuízo que venha a sofrer o indivíduo enganado. Basta que o artifício tenha sido empregado para induzir a pessoa a efetuar um negócio jurídico, o que não seria conseguido, na convicção do agente do dolo, de outra maneira. O que se visa, afinal, não é um prejuízo, mas sim obter para si ou para outrem certa vantagem que, aliás, pode algumas vezes não redundar em prejuízo ou dano à pessoa iludida"[13].

Quanto à extensão dos seus efeitos no negócio jurídico, o dolo poderá ser:

a) principal (essencial, determinante ou causal);

b) acidental.

O dolo, para invalidar o ato, deve ser *principal* – atacando a causa do negócio em si –, uma vez que o *acidental*, aquele que não impediria a realização do negócio, só gera a obrigação de indenizar.

Para a boa fixação do tópico, vale transcrever os elementos que tornam o dolo principal vício de consentimento, na difundida lição de ESPÍNOLA[14]:

---

[12] Clóvis Beviláqua, ob. cit., p. 286.
[13] J. M. Carvalho Santos, ob. cit., p. 329.
[14] Eduardo Espínola, apud Washington de Barros Monteiro, *Curso de Direito Civil – Parte Geral*, 37. ed., São Paulo: Saraiva, 2000, v. 1, p. 206.

a) finalidade de levar o declarante a praticar um ato jurídico;

b) gravidade do artifício fraudulento utilizado;

c) o artifício como causa da declaração de vontade.

Nesse diapasão, o Código Civil de 2002, em seu art. 145, após referir que os *negócios jurídicos só são anuláveis quando o dolo for a sua causa (principal)*, ressalva, no artigo seguinte, que o *dolo acidental só obriga à satisfação das perdas e danos*. É *acidental*, prossegue o legislador, quando, a seu despeito, o negócio seria realizado, embora por outro modo.

Para a exata compreensão da matéria, figuremos um exemplo de dolo acidental: *o sujeito declara pretender adquirir um carro, escolhendo um automóvel com cor metálica, e, quando do recebimento da mercadoria, enganado pelo vendedor, verifica que a coloração é, em verdade, básica*. Neste caso, não pretendendo desistir do negócio, poderá exigir compensação por perdas e danos.

Diferente, seria, porém, a situação em que ao sujeito somente interessasse comprar o veículo se fosse da cor metálica – hipótese em que este elemento faria parte da causa do negócio jurídico. Nesse caso, tendo sido enganado pelo vendedor para adquirir o automóvel, poder-se-ia anular o negócio jurídico com base em dolo.

Quanto à atuação do agente, o dolo poderá ser:

a) positivo;

b) negativo (omissivo).

O primeiro decorre de uma atuação comissiva, a exemplo do expediente ardiloso do vendedor que engana o adquirente quanto à natureza do produto colocado no mercado. O segundo, fruto de uma omissão, traduz uma abstenção maliciosa juridicamente relevante. É o caso do silêncio intencional de uma das partes, levando a outra a celebrar negócio jurídico diverso do que pretendia realizar.

Segundo SÍLVIO VENOSA, são requisitos do *dolo negativo*[15]:

a) intenção de levar o outro contratante a se desviar de sua real vontade, induzindo--o a erro;

b) silêncio sobre circunstância desconhecida pela outra parte;

c) relação de essencialidade entre a omissão dolosa intencional e a declaração de vontade;

d) omissão do próprio contraente e não de terceiro.

O Código Civil de 2002, inclusive, traz previsão expressa sobre o dolo negativo no art. 147, ao preceituar que, nos "*negócios jurídicos bilaterais*, o silêncio intencional de uma das partes a respeito de fato ou qualidade que a outra parte haja ignorado constitui omissão dolosa, provando-se que sem ela o negócio não se teria celebrado" (grifamos).

Admite-se, ainda, que o negócio jurídico seja anulado por *dolo de terceiro*. Neste ponto, houve louvável avanço. O Código Civil de 2002 é mais preciso e justo do que o CC/1916[16], ao prever que o *dolo de terceiro* invalida o ato, não apenas quando a parte a quem aproveite

---

[15] Sílvio de Salvo Venosa, *Direito Civil – Parte Geral*, São Paulo: Atlas, 2001, p. 366.
[16] No CC/1916, art. 95: "Pode também ser anulado o ato por dolo de terceiro, se uma das partes o soube".

efetivamente soube do expediente astucioso, mas também se *dele devesse ter conhecimento*. Cria-se uma hipótese de *dolo eventual da parte a quem aproveita o ardil*:

> "Art. 148. Pode também ser anulado o negócio jurídico por dolo de terceiro, se a parte a quem aproveite dele *tivesse ou devesse ter conhecimento*; em caso contrário, ainda que subsista o negócio jurídico, o terceiro responderá por todas as perdas e danos da parte a quem ludibriou" (grifamos).

Se a parte a quem aproveita o dolo *não sabia, nem tinha como saber do expediente astucioso*, subsiste o negócio, embora o terceiro responda civilmente perante a parte ludibriada.

Figuremos o seguinte exemplo: *Caio, colecionador de vasos antigos, contrata os serviços de Tício, profissional especializado em intermediar a compra e venda de objetos raros. Após alguns meses de busca infrutífera, Tício, atuando dolosamente e objetivando não perder a sua remuneração, promoveu a negociação de um falso jarro da dinastia Ming (réplica de um original), entre Caio, tomador de seus serviços, e Orfeu, proprietário do referido artefato. Note-se que Caio fora induzido a erro pelo intermediário Tício, pessoa em quem depositava sincera confiança*.

Ora, com base nesta situação hipotética, as seguintes conclusões podem ser tiradas, à luz do Código Civil brasileiro:

a) se Orfeu tinha conhecimento da atuação maliciosa de Tício, caracterizando verdadeiro conluio entre ambos, o negócio pode ser anulado;

b) se Orfeu não tinha conhecimento direto do dolo de Tício, mas podia presumi-lo, em face das circunstâncias do fato, o negócio pode ser anulado;

c) se Orfeu não sabia, nem tinha como saber da atuação dolosa de Tício, em face da boa-fé de Orfeu o negócio subsiste, respondendo apenas Tício pelas perdas e danos devidos a Caio.

Entendemos que, nas duas primeiras hipóteses ("a" e "b"), Orfeu poderá ser civilmente responsabilizado (obrigação de pagar perdas e danos), juntamente com Tício, por não haver avisado a vítima (Caio) a respeito da manobra ardilosa. Nesse sentido, preleciona, com propriedade, MARIA HELENA DINIZ: "Se o dolo de terceiro apresentar-se por cumplicidade de um dos contratantes ou se este dele tiver conhecimento, o ato negocial anular-se-á, por vício de consentimento, e se terá indenização de perdas e danos a que serão obrigados os autores do dolo"[17].

Não há que se confundir, outrossim, o *dolo de terceiro* com a hipótese de *dolo do representante de uma das partes*.

Em se tratando de *representação legal* – tutela ou curatela, por exemplo –, o representado só responderá civilmente até a importância do proveito que obteve. Se a *representação for convencional* – efetivada por meio do contrato de mandato –, ambas as partes (representante e representado), além da obrigatoriedade de devolver aquilo que indevidamente receberam, responderão solidariamente por perdas e danos (art. 149 do CC/2002)[18]. Nesta última hipótese, se apenas o representante atuou com dolo, descumprindo instruções

---

[17] Maria Helena Diniz, *Código Civil Anotado*, 5. ed., São Paulo: Saraiva, 1999, p. 116.

[18] A matéria foi tratada de forma sintética no CC/1916, consoante se depreende da leitura de seu art. 96: "O dolo do representante de uma das partes só obriga o representado a responder civilmente até à importância do proveito que teve".

expressas do representado e extrapolando, portanto, os limites do mandato, entendemos que restará afastada a referida solidariedade.

Uma observação final ainda deve ser feita.

Se ambas as partes do negócio procederam com dolo, pelo princípio que veda a alegação da própria torpeza em juízo (*nemo propriam turpitudinem allegans*), a lei proíbe que se possa anular o negócio ou pleitear indenização (art. 150 do CC/2002).

Não se trata exatamente de *compensação de dolos*, consoante pondera GIORGI: "certamente se o dolo de uma parte não corresponde em intenção ou em efeitos ao dolo da outra parte, seria uma exorbitância admitir a compensação: o juiz tem o dever e o direito de pôr em confronto os artifícios das duas partes e decidir se é ou não caso de ação anulatória"[19].

Apenas impede a lei que o dolo bilateral possa ser oficialmente amparado.

2.3. Coação

Enquanto o dolo manifesta-se pelo ardil, a coação traduz violência.

Entende-se como coação capaz de viciar o consentimento toda *violência psicológica apta a influenciar a vítima a realizar negócio jurídico que a sua vontade interna não deseja efetuar*.

A respeito do tema, assim se manifesta o Prof. FRANCISCO AMARAL:

"a coação é a ameaça com que se constrange alguém à prática de um ato jurídico. É sinônimo de violência, tanto que o Código Civil usa indistintamente os dois termos (CC, arts. 171, II, 1.814, III). A coação não é, em si, um vício da vontade, mas sim o temor que ela inspira, tornando defeituosa a manifestação de querer do agente. Configurando-se todos os seus requisitos legais, é causa de anulabilidade do negócio jurídico (CC, art. 171, II)"[20].

São dois os tipos de coação:

a) *física* ("vis absoluta");

b) *moral* ("vis compulsiva").

A *coação física* ("vis absoluta") é aquela que age diretamente sobre o corpo da vítima. A doutrina entende que este tipo de coação neutraliza completamente a *manifestação de vontade*, tornando o negócio jurídico inexistente, e não simplesmente anulável. Imagine a hipótese de um lutador de sumô pegar a mão de uma velhinha analfabeta, à força, para apor a sua impressão digital em um instrumento de contrato que ela não quer assinar.

Também no Direito Penal, se o coator empregar energia corporal para forçar o indivíduo a cometer um fato delituoso contra terceiro, a conduta do coagido será considerada *atípica*, respondendo criminalmente apenas aquele que exerceu a coação física. Note-se que esta espécie de violência não permite ao coagido liberdade de escolha, pois passa a ser mero instrumento nas mãos do coator.

---

[19] Apud J. M. Carvalho Santos, ob. cit., p. 351.
[20] Francisco Amaral, *Direito Civil – Introdução*, 10. ed., São Paulo: Saraiva, 2018, p. 603.

Logicamente, tais exemplos parecem beirar à patologia, mas são situações-limite em que nem sequer se poderá discutir a invalidade do ato jurídico, pois ele não será considerado juridicamente existente[21].

A *coação moral ("vis compulsiva")*, por sua vez, é aquela que *incute na vítima um temor constante e capaz de perturbar seu espírito, fazendo com que ela manifeste seu consentimento de maneira viciada.*

Nesta hipótese, a vontade do coagido não está completamente neutralizada, mas, sim, *embaraçada, turbada, viciada* pela ameaça que lhe é dirigida pelo coator.

Por não tolher completamente a liberdade volitiva, é causa de invalidade (anulabilidade) do negócio jurídico, e não de inexistência. Figure-se o exemplo do sujeito que é ameaçado de sofrer um mal físico se não assinar determinado contrato. Embora se lhe reconheça a opção de celebrar ou não o negócio, se o fizer não se poderá dizer que externou livremente a sua vontade. Poderá, pois, anular o contrato.

Também no Direito Penal a coação moral determina importantes efeitos jurídicos. Segundo o art. 22 do CP brasileiro, *se o fato é cometido sob coação* (moral) *irresistível, só é punível o autor da coação.* Trata-se, segundo a *teoria finalista da ação*, de causa excludente de culpabilidade, por atacar o requisito da *exigibilidade de conduta diversa*.

Segundo dispõe o art. 151 do novo Código Civil, a coação vicia o ato nas seguintes circunstâncias:

> "Art. 151. A coação, para viciar a declaração da vontade, há de ser tal que incuta ao paciente fundado temor de dano iminente e considerável à sua pessoa, à sua família, ou aos seus bens"[22].

Interessante que a nova Lei Codificada cuidou de admitir o reconhecimento da coação quando a ameaça dirigir-se a pessoa não pertencente à família do paciente (um amigo, por exemplo), cabendo ao juiz avaliar as circunstâncias do caso, e decidir a respeito da invalidade do negócio (art. 151, parágrafo único, do CC/2002[23]).

Nessa ordem de ideias, podem-se apontar os seguintes requisitos para a caracterização da coação:

a) *violência psicológica*;

b) *declaração de vontade viciada*;

c) *receio sério e fundado de grave dano à pessoa, à família (ou pessoa próxima) ou aos bens do paciente.*

Afastando-se um pouco da regra geral que toma como referência a figura do homem médio na análise dos defeitos do negócio jurídico, no apreciar a coação deve o juiz atentar

---

[21] Para mais detalhes, verifique-se o tópico 2 ("Considerações Prévias sobre a Inexistência do Ato ou Negócio Jurídico") do Capítulo XIV ("Invalidade do Negócio Jurídico").

[22] Esta regra reproduz, com algumas modificações, o art. 98 do CC/1916: "A coação, para viciar a manifestação da vontade, há de ser tal, que incuta ao paciente fundado temor de dano à sua pessoa, à sua família, ou a seus bens, iminente e igual, pelo menos, ao receável do ato extorquido". O Projeto de Lei n. 6.960, de 2002 (atual n. 276/2007), por sua vez, modifica esse artigo para trocar a expressão "paciente", consagrada desde a legislação codificada anterior, por "vítima".

[23] "Se disser respeito a pessoa não pertencente à família do paciente, o juiz, com base nas circunstâncias, decidirá se houve coação."

para as circunstâncias do fato e condições pessoais da vítima. Ninguém imagina uma franzina senhora idosa ameaçando verbalmente um homem musculoso e saudável, para que aliene o seu imóvel para ela. Se a lei não determinasse a interpretação da norma à luz do caso concreto, abrir-se-ia oportunidade para falsas alegações de coação, instalando-se indesejável insegurança jurídica.

Para a boa fixação do tema, transcrevemos o art. 152 do CC/2002:

> "Art. 152. No apreciar a coação, ter-se-ão em conta o sexo, a idade, a condição, a saúde, o temperamento do paciente e todas as demais circunstâncias que possam influir na gravidade dela".

Não se considera coação, outrossim, *a ameaça do exercício normal de um direito, nem o simples temor reverencial.*

Se a ordem jurídica reconhece o legítimo e regular exercício de um direito, não se poderá considerar abusiva a ameaça de seu exercício. Exemplo: o locatário, tornando-se inadimplente, não poderá afirmar haver sido coagido pelo fato de o locador adverti-lo de que *"se não pagar os aluguéis, recorrerá à Justiça".*

Da mesma forma, não caracteriza violência psicológica apta a anular o negócio o simples temor reverencial. O respeito pela autoridade paterna ou eclesiástica não deve ser, em princípio, justificativa para se anular o ato praticado. Entretanto, se esta força moral se fizer acompanhar de ameaça ou intimidação, o vício poderá se configurar. Neste ponto, cumpre-nos transcrever a magistral lição de PONTES DE MIRANDA:

> "os exemplos esclarecem: se o pai usa da sua situação de pai, ameaçando o filho de lhe cortar as relações com a família, se ele não testar a favor do próprio pai ou dos irmãos, aquele 'cortar de relações' é um elemento positivo, um 'plus', que se soma ao temor reverencial, e se, por si só, este não anularia o ato jurídico, aquele, por si só, bastará. O temor reverencial é faca bigúmea: pode tornar-se agravante da ameaça. Sozinho, não constitui coação..."[24].

CLÓVIS BEVILÁQUA acrescenta que também não se considera coação[25]:

a) a ameaça de um mal impossível, remoto, evitável, ou menor do que o mal resultante do ato;

b) o temor vão, que procede da fraqueza de ânimo do agente.

Vale mencionar que não concordamos com a ideia sufragada por alguns doutrinadores no sentido de que o ato praticado sob sugestão hipnótica poderia ser anulado por coação. Em verdade, consoante já anotamos, a hipnose atua sobre a manifestação volitiva do paciente, neutralizando-a, de maneira que os reflexos jurídicos de sua atividade resolvem-se no plano existencial do negócio jurídico.

E o que dizer da coação exercida por terceiro?

Segundo a redação do art. 101 do CC/1916, *"a coação vicia o ato, ainda quando exercida por terceiro".*

O Código Civil de 2002, por sua vez, ampliando o campo de atuação normativa, cuidou de dispor que:

---

[24] F. Cavalcanti Pontes de Miranda, apud J. M. Carvalho Santos, ob. cit., p. 370-1.
[25] Clóvis Beviláqua, ob. cit., p. 293.

"Art. 154. Vicia o negócio jurídico a coação exercida por terceiro, *se dela tivesse ou devesse ter conhecimento a parte a que aproveite*, e esta responderá solidariamente com aquele por perdas e danos" (grifamos).

Adotou-se fórmula semelhante àquela prevista para o *dolo exercido por terceiro*, consoante se depreende da leitura do art. 148 do CC/2002, afastando-se, portanto, da sistemática do CC/1916, que autorizava a anulação do ato jurídico por coação exercida por terceiro, ainda que a parte beneficiada permanecesse insciente.

Com a nova lei, portanto, só se admite a anulação do negócio se o beneficiário *soube ou devesse saber da coação*, respondendo solidariamente com o terceiro pelas perdas e danos.

Se a parte não coagida de nada sabia, subsiste o negócio jurídico, respondendo o autor da coação *por todas as perdas e danos que houver causado ao coacto*, nos termos do art. 155 do CC/2002. A mantença do negócio é medida de justiça, uma vez que a parte adversa, de boa-fé, desconhecendo a coação proveniente de terceiro, empreende gastos e realiza investimentos, de maneira que a sua anulação acarretaria um injusto prejuízo. E não se diga estar o coagido desamparado, uma vez que poderá exigir indenização do coator, na exata medida do dano sofrido.

2.4. Lesão

Andou muito bem o codificador ao prever, no art. 157, o instituto jurídico da lesão.

Pode-se conceituar a lesão como sendo *o prejuízo resultante da desproporção existente entre as prestações de um determinado negócio jurídico, em face do abuso da inexperiência, necessidade econômica ou leviandade de um dos declarantes*.

CARLOS ALBERTO BITTAR, discorrendo sobre o assunto, afirma, com propriedade, que a lesão "representa, assim, vício consistente na deformação da declaração por fatores pessoais do contratante, diante de inexperiência ou necessidade, explorados indevidamente pelo locupletante"[26].

Traduz, muitas vezes, o abuso do poder econômico de uma das partes, em detrimento da outra, hipossuficiente na relação jurídica.

Trata-se de uma figura jurídica com raiz no Direito Romano[27], que fez história no Brasil, ontem e hoje.

Na época da imigração italiana, por exemplo, muitos coronéis induziam os lavradores a comprar mantimentos nos armazéns da própria fazenda, a preços e juros absurdos, exorbitantes. Além de atuarem com má-fé, o contrato não guardava equilíbrio econômico entre as prestações, caracterizando velada forma de extorsão.

---

[26] Carlos Alberto Bittar, *Curso de Direito Civil*, Rio de Janeiro: Forense, 1999, v. 1, p. 155.
[27] Destacava-se a importância da *lesão enorme* (*laesio enormis*) no Direito Romano. Para a caracterização do vício, bastava que, em um contrato de compra e venda, a desproporção entre as prestações fosse superior à metade do preço justo. A sua fonte histórica, segundo os romanistas, seria o Código de Justiniano.

Pensando em situações como essas, a legislação trabalhista consolidada já previu, nos §§ 2.º a 4.º do art. 462, a proibição de condutas limitadoras da disponibilidade do salário dos empregados, nos seguintes termos:

> "§ 2.º É vedado à empresa que mantiver armazém para venda de mercadorias aos empregados ou serviços destinados a proporcionar-lhes prestações 'in natura' exercer qualquer coação ou induzimento no sentido de que os empregados se utilizem do armazém ou dos serviços.
>
> § 3.º Sempre que não for possível o acesso dos empregados a armazéns ou serviços não mantidos pela empresa, é lícito à autoridade competente determinar a adoção de medidas adequadas, visando a que as mercadorias sejam vendidas e os serviços prestados a preços razoáveis, sem intuito de lucro e sempre em benefício dos empregados.
>
> § 4.º Observado o disposto neste Capítulo, é vedado às empresas limitar, por qualquer forma, a liberdade dos empregados de dispor do seu salário".

Esta execrável conduta é conhecida como *truck system*, entendida como "a prática do pagamento da remuneração 'in natura', representada pelas utilidades de que trata a legislação trabalhista, em armazéns mantidos pelo empregador e mediante 'vales' de circulação interna. (...) Tal procedimento reúne dois fatores de grave atentado contra o direito e a liberdade do empregado: perda da liberdade de escolha do que deseja comprar, pois lhe falta a moeda, padrão universal de troca propiciador dessa liberdade, e sujeição aos preços impostos pelo empregador para as mercadorias fornecidas. Mesmo que o 'truck system' não se apresente em toda a extensão de sua perversidade, que é a associação dos dois fatores, isto é, mesmo que o empregador apenas pague em 'moeda interna', obrigará o empregado a servir-se do seu armazém, ou mesmo que apenas pague em mercadorias, estará transformando o empregado em verdadeiro 'servo da empresa'"[28].

Os anos se passaram, mas algumas práticas abusivas persistiram, com novas tonalidades e matizes.

Hoje, não mais os coronéis de outrora, mas grandes indústrias, empresas e instituições financeiras, muitas delas formando cartéis, lançam no mercado produtos e serviços, alguns de primeira necessidade, os quais são adquiridos por consumidores de todas as idades, sem que possam discutir os termos do negócio que celebram, os juros que são estipulados e as garantias que se lhes exigem.

Vivemos a era da contratação em massa, em que o contrato de adesão é o maior veículo de circulação de riquezas, e, paradoxalmente, o mais eficaz instrumento de opressão econômica que o Direito Contratual já criou.

Todo este processo, agravado pela eclosão das duas grandes guerras mundiais, e, posteriormente, pela própria globalização, levou o Estado a intervir na economia, editando leis que combatessem a usura, a eliminação da concorrência e a própria lesão nos contratos.

O primeiro diploma brasileiro a tratar da lesão, ainda que sob o aspecto criminal, foi a Lei n. 1.521, de 26-12-1951 (Lei de Economia Popular), que, em seu art. 4.º, previa:

> "Art. 4.º Constitui crime da mesma natureza a usura pecuniária ou real, assim se considerando:
>
> (...)

---

[28] José Augusto Rodrigues Pinto e Rodolfo Pamplona Filho, *Repertório de Conceitos Trabalhistas*, São Paulo: LTr, 2000, p. 536-7.

b) obter, ou estipular, em qualquer contrato, abusando da premente necessidade, inexperiência ou leviandade de outra parte, lucro patrimonial que exceda o quinto do valor corrente ou justo da prestação feita ou prometida.

Pena – detenção, de 6 (seis) meses a 2 (dois) anos, e multa, de cinco mil a vinte mil cruzeiros".

A despeito de se tratar de norma penal, a doutrina firmou entendimento no sentido de que o comportamento ilícito do agente também repercutiria na seara cível, autorizando a invalidação do contrato.

Nesse sentido, argumenta ARNALDO RIZZARDO:

> "Evidentemente, se os contratos desta espécie constituem delitos, desprovidos de valor jurídico se encontram. Não se trata de mera analogia aos contratos de direito civil. Há uma incidência direta da lei, caracterizando de ilegais os negócios com lucros ou proveito econômico excedente a um quinto do valor patrimonial da coisa envolvida na transação"[29].

Quase quarenta anos mais tarde, a Lei n. 8.078, de 11-9-1990 (Código de Defesa do Consumidor), combatendo a lesão nos contratos de consumo, em seu art. 6.º, V, elencou como direito do consumidor: "a modificação das cláusulas contratuais que estabeleçam prestações desproporcionais", e, mais adiante, em seu art. 39, V, capitulou como prática abusiva "exigir do consumidor vantagem manifestamente excessiva". Além disso, no art. 51, IV, considerou nulas de pleno direito as cláusulas que "estabeleçam obrigações consideradas iníquas, abusivas, que coloquem o consumidor em desvantagem exagerada, ou sejam incompatíveis com a boa-fé ou a equidade", complementando, em seu § 1.º, III, que se presume exagerada a vantagem que "se mostra excessivamente onerosa para o consumidor, considerando-se a natureza e conteúdo do contrato, o interesse das partes e outras circunstâncias peculiares ao caso".

Note-se que, na sistemática do CDC, a recusa de modificação dos termos do contrato determinará não a simples anulação, mas a *nulidade absoluta e de pleno direito da cláusula contratual considerada abusiva*, por se reconhecer violação a superiores princípios de ordem pública.

Sobre o tema, pronuncia-se, com sabedoria, NELSON NERY JUNIOR:

> "Sendo matéria de ordem pública (art. 1.º, CDC), a nulidade de pleno direito das cláusulas abusivas nos contratos de consumo não é atingida pela preclusão, de modo que pode ser alegada no processo a qualquer tempo e grau de jurisdição, impondo-se ao juiz o dever de pronunciá-la de ofício"[30].

É bom que se diga, neste ponto, que a *lesão* prevista no Código de Defesa do Consumidor (*lesão consumerista*) exige, para a sua caracterização e reconhecimento, apenas a desvantagem obrigacional exagerada (desproporção entre as prestações), em detrimento do consumidor, prescindindo de qualquer elemento subjetivo, inclusive o *dolo de aproveitamento* por parte do fornecedor do produto ou serviço.

Nesse sentido, preleciona, com sabedoria, MARCELO GUERRA MARTINS:

---

[29] Arnaldo Rizzardo, apud Sílvio de Salvo Venosa, ob. cit., p. 422.
[30] Nelson Nery Junior e outros. *Código Brasileiro de Defesa do Consumidor*, 5. ed., São Paulo: Forense, p. 402.

"Aqui, na mesma linha da lesão enorme do Direito Romano, não se cogita dos elementos subjetivos da lesão, bastando a existência de prestação exagerada por parte do consumidor. Ao contrário da lesão enorme, contudo, não há tarifamento, devendo a prestação ser iníqua, abusiva, que coloque o consumidor em desvantagem exagerada, ou seja incompatível com a boa-fé. Ao juiz, então, caberá decidir observando as circunstâncias do caso concreto"[31].

E como se poderia, genericamente, caracterizar o instituto jurídico da lesão?

Tradicionalmente, tem-se entendido que a lesão se compõe de dois requisitos básicos, a saber:

a) objetivo ou material – desproporção das prestações avençadas;

b) subjetivo, imaterial ou anímico – a premente necessidade, a inexperiência ou a leviandade (da parte lesada) e o dolo de aproveitamento da parte beneficiada (característica ressaltada pela concepção tradicional do instituto, mas que, como veremos, não foi exigida na vigente codificação).

No apreciar a desproporção, entendemos não ser adequada a utilização do *sistema legal de tarifamento*, pelo qual a própria lei cuida de estabelecer parâmetros objetivos para identificação da quebra de equivalência entre as prestações (é o caso do Direito Romano, que reconhecia a lesão *quando a vantagem desproporcional correspondesse à "metade do preço justo"*). Não havendo solução ideal, mais conveniente é facultar ao julgador, à luz do caso concreto, reconhecer ou não a ocorrência do referido vício.

A premente necessidade, por sua vez, tem base econômica e reflexo contratual. Caracteriza uma situação extrema, que impõe ao necessitado a inevitável celebração do negócio prejudicial. *"Ainda que o lesado disponha de fortuna"*, pontifica CAIO MÁRIO DA SILVA PEREIRA, "a necessidade se configura na impossibilidade de evitar o contrato. Um indivíduo pode ser milionário. Mas, se num momento dado ele precisa de dinheiro contado urgente e insubstituível, e para isso dispõe de um imóvel a baixo preço, a necessidade que o leva a aliená-lo compõe a figura da lesão"[32].

Da mesma forma, *a inexperiência e a leviandade* podem compor subjetivamente o vício de que ora se trata. A primeira, traduzindo a *falta de habilidade para o trato nos negócios*, sem significar, necessariamente, falta de instrução ou de cultura geral. A *leviandade*, por sua vez, caracteriza uma atuação temerária, impensada, inconsequente. No dizer de MARCELO GUERRA MARTINS: "a leviandade tem sido vista como afoiteza na realização do negócio. É a ausência da necessária e indispensável reflexão em torno das consequências advindas da avença"[33].

De referência a estes dois últimos elementos (inexperiência e leviandade), antes que se diga que o *direito não deve tutelar os negligentes,* é bom se observar que a tônica da lesão é exatamente a presunção do fato de a parte adversa (beneficiada) abusar destes estados psicológicos, violando, inclusive, o superior princípio da boa-fé objetiva.

---

[31] Marcelo Guerra Martins, *Lesão Contratual no Direito Brasileiro,* Rio de Janeiro: Renovar, 2001, p. 114.

[32] Caio Mário da Silva Pereira, *Lesão nos Contratos,* 6. ed., Rio de Janeiro: Forense, 1999, p. 165.

[33] Marcelo Guerra Martins, ob. cit., p. 91.

E, em conclusão, pode-se admitir que o abuso por parte do beneficiário é, em regra, decorrência de seu *dolo de aproveitamento*, ou seja, do seu propósito de *obter vantagem exagerada da situação de hipossuficiência do contratante lesado*.

Discorrendo sobre as *características gerais* do instituto, SILVIO RODRIGUES, com a lucidez costumeira, preleciona:

a) A lesão só é admissível nos contratos comutativos, porquanto nestes há uma presunção de equivalência entre as prestações; por conseguinte, ela não se compreende nos ajustes aleatórios onde, por definição mesmo, as prestações podem apresentar considerável desequilíbrio.

b) A desproporção entre as prestações deve se verificar no momento do contrato e não posteriormente. Pois, se naquele instante não houver disparidade entre os valores, inocorreu lesão.

c) A desproporção deve ser considerável. Aliás, a Lei Segunda falava em diferença superior à metade do preço verdadeiro: *minus autem pretium esse videtur, si nec dimidia pars veri pretii soluta sit*[34].

Não se confunde a lesão, todavia, com a aplicação da *teoria da imprevisão*[35]. Esta última, decorrente do desenvolvimento teórico da *cláusula "rebus sic stantibus", é aplicável quando a ocorrência de acontecimentos novos, imprevisíveis pelas partes e a elas não imputáveis, refletindo sobre a economia ou na execução do contrato, autorizarem a sua resolução ou revisão, para ajustá-lo às circunstâncias supervenientes.*

A lesão é vício que surge concomitantemente com o negócio; já a teoria da imprevisão, por sua vez, pressupõe negócio válido (contrato comutativo de execução continuada ou diferida), que tem seu equilíbrio rompido pela superveniência de circunstância imprevista e imprevisível[36].

---

[34] Silvio Rodrigues, *Direito Civil – Parte Geral*, 28. ed., São Paulo: Saraiva, 1998, v. 1, p. 217.

[35] Confiram-se, no vigente Código Civil, os arts. 478 a 480, referentes à *resolução por onerosidade excessiva*. Claramente se verifica a consagração da teoria, com características próprias, consoante se depreende da análise dos arts. 478 e 479: "Nos contratos de execução continuada ou diferida, se a prestação de uma das partes se tornar excessivamente onerosa, com extrema vantagem para a outra, em virtude de acontecimentos extraordinários e imprevisíveis, poderá o devedor pedir a resolução do contrato. Os efeitos da sentença que decretar a resolução do contrato retroagirão à data da citação. Art. 479. A resolução poderá ser evitada, oferecendo-se o réu a modificar equitativamente as condições do contrato". Voltaremos ao assunto no Capítulo "Teoria da Imprevisão e Resolução por Onerosidade Excessiva" do volume 4, *Contratos*, desta Coleção.

[36] Confira-se o exemplo de aplicação da teoria apresentado por Pablo Stolze em artigo publicado na revista eletrônica *Jus Navigandi* (www.jus.com.br): "Há pouco tempo, noticiou-se uma grave crise financeira, marcada pela fuga expressiva de investimentos estrangeiros em nosso país, o que acarretou a alta explosiva da taxa do dólar. Muitos contratos para a aquisição de bens móveis duráveis (automóveis, por exemplo) utilizavam indexadores atrelados à variação do dólar, para a atualização das parcelas devidas pelo consumidor. Ora, em função da alta imprevisível do dólar, uma vez que a majoração operou-se de forma desarrazoada, muitos consumidores invocaram a teoria da imprevisão para obter a revisão judicial do contrato, com o escopo de se reequilibrar o eixo obrigacional da avença, evitando-se o indevido enriquecimento do credor" (STOLZE, Pablo. Algumas considerações sobre a Teoria da Imprevisão. *Revista Jus Navigandi*, Teresina, ano 6, n. 51, 1 out. 2001. Disponível em: <http://jus.com.br/artigos/2206>. Acesso em: 9 set. 2015).

O Código de 1916, a despeito da importância da matéria, não cuidou de indicar, entre os defeitos do negócio jurídico, a lesão[37].

O novo Código Civil, contornando a omissão, previu, em seu art. 157, que:

"Art. 157. Ocorre a lesão quando uma pessoa, sob premente necessidade, ou por inexperiência, se obriga a prestação manifestamente desproporcional ao valor da prestação oposta.

§ 1.º Aprecia-se a desproporção das prestações segundo os valores vigentes ao tempo em que foi celebrado o negócio jurídico.

§ 2.º Não se decretará a anulação do negócio, se for oferecido suplemento suficiente, ou se a parte favorecida concordar com a redução do proveito".

Observe-se que, na nova disciplina legal da lesão (agora aplicável para as relações contratuais em geral), além de não se exigir o *dolo de aproveitamento* para a sua configuração (isto é, a *intenção de auferir vantagem exagerada às expensas de outrem*)[38], a norma cuidou de estabelecer o momento para análise da desproporção das prestações, e bem assim admitiu a conservação do negócio em caso de revisão contratual[39].

É preciso que se diga que a constatação da *premente necessidade* ou da *inexperiência* deve levar em conta as condições pessoais do lesado, assim como se dá na apreciação da coação. Se a desvantagem contratual decorre exclusivamente da desídia de quem contratou, inserindo-se na própria álea contratual, não há falar-se em invalidação do negócio, em respeito ao princípio da segurança jurídica.

O Min. MOREIRA ALVES, autor da Parte Geral do Anteprojeto do Código Civil, ainda antes da aprovação do novo texto codificado, teceu as seguintes considerações a respeito da matéria:

"O Projeto... não se preocupa em punir a atitude maliciosa do favorecido... mas sim, em proteger o lesado, tanto que, ao contrário do que ocorre com o estado de perigo em que o beneficiário tem de conhecê-lo, na lesão o próprio conhecimento é indiferente para que ela se configu-

---

[37] "Civil. Compra e venda. Lesão. Desproporção entre o preço e o valor do bem. Ilicitude do objeto. 1. A legislação esporádica e extravagante, diversamente do Código Civil de 1916, deu abrigo ao instituto da lesão, de modo a permitir não só a recuperação do pagamento a maior, mas também o rompimento do contrato por via de nulidade pela ilicitude do objeto. Decidindo o Tribunal de origem dentro desta perspectiva, com a declaração de nulidade do negócio jurídico por ilicitude de seu objeto, em face do contexto probatório extraído do laudo pericial, a adoção de posicionamento diverso pelo Superior Tribunal de Justiça encontra obstáculo na súmula 7, bastando, portanto, a afirmativa daquela instância no sentido da desproporção entre o preço avençado e o vero valor do imóvel. 2. Recurso especial não conhecido" (STJ, 4.ª T., Recurso Especial 434.687-RJ (2002/0004734-6), Relator Ministro Fernando Gonçalves, j. 16-9-2004, *DJ*, 11-10-2004)."

[38] Partilhando dessa nossa visão, defendida desde a primeira edição do livro, foi aprovado, por unanimidade, na III Jornada de Direito Civil (novembro/2004), no Superior Tribunal de Justiça, o Enunciado 150: *"Art. 157: A lesão de que trata o art. 157 do Código Civil não exige dolo de aproveitamento"*.

[39] Nesse espírito de busca de aproveitamento de atos jurídicos em sentido amplo, na III Jornada de Direito Civil, realizada em novembro/2004, no Superior Tribunal de Justiça, foi aprovado o Enunciado 149, propugnando que: "Art. 157: Em atenção ao princípio da conservação dos contratos, a verificação da lesão deverá conduzir, sempre que possível, à revisão judicial do negócio jurídico e não à sua anulação, sendo dever do magistrado incitar os contratantes a seguir as regras do art. 157, § 2.º, do Código Civil de 2002".

re". E mais adiante: "A lesão ocorre quando há usura real... Ademais, na lesão não é preciso que a outra parte saiba da necessidade ou inexperiência; a lesão é objetiva"[40].

Analisando ainda o art. 157, pode-se concluir ter havido uma verdadeira mudança axiológica no novo Código Civil, prevendo este vício de consentimento como uma verdadeira limitação à autonomia individual da vontade, não mais admitindo o chamado "negócio da china", uma vez que não se aceitará mais passivamente a ocorrência de negócios jurídicos com prestações manifestamente desproporcionais.

Esta limitação não chega a ser uma novidade no Direito brasileiro, embora o seja no campo geral das relações civis. Isto porque, no Direito do Trabalho, em termos da relação de emprego, por exemplo, por mais que se aceite laborar sob determinadas condições contratuais, o próprio ordenamento jurídico repele tal pactuação, limitando o poder de disponibilidade das partes (ex.: contratação para trabalho mensal por retribuição inferior ao salário mínimo).

Finalmente, cumpre-nos tecer breves considerações a respeito dos efeitos decorrentes do reconhecimento da lesão.

Segundo parte da doutrina, *caracterizando usura real*, com reflexos inclusive no Direito Penal, a *consequência da lesão é a nulidade do ato, e não a simples anulabilidade ou rescindibilidade*[41].

Todavia, no vigente ordenamento normativo brasileiro, a consequência jurídica da lesão será diferente, uma vez que o novo Código Civil, expressamente, optou por considerá-la uma causa de *anulabilidade do negócio jurídico*, consoante se depreende da análise do seu art. 171:

"Art. 171. Além dos casos expressamente declarados na lei, é *anulável* o negócio jurídico:

I – por incapacidade relativa do agente;

II – por vício resultante de erro, dolo, coação, estado de perigo, *lesão* ou fraude contra credores" (grifamos).

2.5. Estado de perigo

O estado de perigo, também consagrado pelo novo Código Civil, é um defeito do negócio jurídico que guarda características comuns com o *estado de necessidade*, causa de exclusão de ilicitude no direito penal[42].

---

[40] J. C. Moreira Alves, ob. cit., p. 109-10 e 144.

[41] Caio Mário da Silva Pereira, ob. cit., p. 167, também partidários da tese da nulidade: Wilson de Andrade Brandão, Silvio Rodrigues, Roberto Senise Lisboa, citados por Guerra Martins (ob. cit., p. 116-7).

[42] CP: "Art. 23. Não há crime quando o agente pratica o fato: I – em estado de necessidade; II – em legítima defesa; III – em estrito cumprimento de dever legal ou no exercício regular de direito. Parágrafo único. O agente, em qualquer das hipóteses deste artigo, responderá pelo excesso doloso ou culposo.

Art. 24. Considera-se em estado de necessidade quem pratica o fato para salvar de perigo atual, que não provocou por sua vontade, nem podia de outro modo evitar, direito próprio ou alheio, cujo sacrifício, nas circunstâncias, não era razoável exigir-se. § 1.º Não pode alegar estado de necessidade quem tinha o dever legal de enfrentar o perigo. § 2.º Embora seja razoável exigir-se o sacrifício do direito ameaçado, a pena poderá ser reduzida de um a dois terços".

Configura-se *quando o agente, diante de situação de perigo conhecido pela outra parte, emite declaração de vontade para salvaguardar direito seu, ou de pessoa próxima, assumindo obrigação excessivamente onerosa.*

Identifica-se, no caso, uma especial hipótese de *inexigibilidade de conduta diversa*, ante a iminência de dano por que passa o agente, a quem não resta outra alternativa senão praticar o ato.

Nesse sentido, o art. 156 do novo Código Civil:

"Art. 156. Configura-se o estado de perigo quando alguém, premido da necessidade de salvar-se, ou a pessoa de sua família, de grave dano conhecido pela outra parte, assume obrigação excessivamente onerosa.

Parágrafo único. Tratando-se de pessoa não pertencente à família do declarante, o juiz decidirá segundo as circunstâncias".

A doutrina costuma apresentar os seguintes exemplos: o indivíduo, abordado por assaltantes, oferece uma recompensa ao seu libertador para salvar-se; o sujeito está se afogando e promete doar significativa quantia ao seu salvador; o dono da embarcação fazendo água se compromete a remunerar desarrazoadamente a quem o leve para o porto[43]. Até mesmo a expressão "meu reino por um cavalo", da obra de *Shakespeare*, pode ser um exemplo didático desse vício.

Outra hipótese, mais condizente com a realidade de nossos dias, pode ser apontada.

Não há como não se reconhecer a ocorrência deste vício no ato de garantia (prestação de fiança ou emissão de cambial) prestado pelo indivíduo que pretenda internar, *em caráter de urgência*, um parente seu ou amigo próximo em determinada Unidade de Terapia Intensiva, e se vê diante da condição imposta pela diretoria do hospital, no sentido de que o *atendimento emergencial* só é possível após a constituição imediata de garantia cambial ou fidejussória.

É perfeita a incidência da norma: *premido da necessidade de salvar pessoa próxima, de perigo de grave dano conhecido da outra parte, o declarante assume obrigação excessivamente onerosa*[44].

Não se pretende justificar o tratamento clínico em hospital particular de pessoa desprovida de recursos.

---

[43] Caio Mário da Silva Pereira, *Instituições de Direito Civil*, 19. ed., Rio de Janeiro: Forense, v. I, 2001, p. 338.

[44] Encontramos interessante acórdão que adota esse nosso posicionamento, a saber: *"Estado de perigo*: Cheque. Emissão em caução, para assegurar internação hospitalar de parente em grave estado de saúde. Ação anulatória, cumulada com pedido de indenização por danos morais. Improcedência decretada em primeiro grau. Decisão reformada em parte. Não é válida obrigação assumida em estado de perigo. Aplicação dos princípios que regem situação de coação. Inexigibilidade reconhecida. 2 – Dano moral resultante da apresentação e devolução do cheque. Não configuração. Ausência de reflexos extrapatrimoniais, pois o título não foi protestado, nem foi intentada ação de cobrança. 3 – Recurso da autora provido em parte" (1.ª TACSP, 12.ª Câm., Apelação n. 833.355-7, da Comarca de São Paulo, Rel. Campos Mello, j. 19-3-2004).

Entretanto, a prestação de *serviços médicos emergenciais* é obrigação, não apenas jurídica, mas principalmente moral, decorrente do sublime juramento de Hipócrates. Prestado o serviço emergencial, que se providencie a transferência do paciente para um hospital da rede pública. E para este tipo de atendimento de emergência qualquer exigência imposta como condição *sine qua* para a pronta atuação médica é descabida, podendo, inclusive, gerar a responsabilização criminal dos envolvidos.

Finalmente, não se devem confundir *o estado de perigo, a coação e a lesão*.

Embora haja certa semelhança com a coação moral, realçada pelo fato de o Código de 1916 não prever *o estado de perigo* – o que aconselhava o julgador, por imperativo de justiça, diante do caso concreto, a aplicar analogicamente as regras da *coação* –, é forçoso convir que, tecnicamente, cada um desses defeitos do negócio jurídico guarda características próprias.

No *estado de perigo*, diferentemente do que ocorre na *coação*, o beneficiário não empregou violência psicológica ou ameaça para que o declarante assumisse obrigação excessivamente onerosa. O perigo de não salvar-se, não causado pelo favorecido, embora de seu conhecimento, é que determinou a celebração do negócio prejudicial.

Nesse sentido, é a lição de EDUARDO ESPÍNOLA, invocada por MOREIRA ALVES:

"tratar-se-á, em casos tais, de coação no sentido da lei como vício de consentimento? Nem foi um dos contraentes o autor do constrangimento nem foi este praticado no intuito de se obter o consentimento para o contrato determinado. Não têm, portanto, aplicação direta os arts. 98 a 101 do Código Civil. No estado de perigo, alguém se obriga a dar ou fazer (prestação) por uma contraprestação sempre de fazer; daí não ser possível suplementação da contraprestação, para validar o negócio. Ademais, a simples oferta de quem está em estado de perigo já não o vincula por causa desse defeito"[45].

Também com a lesão, o vício de que ora cuidamos não se confunde.

O estado de perigo traduz uma situação em que o declarante, premido da necessidade de salvar-se, ou a pessoa próxima, realiza o negócio jurídico, assumindo prestações excessivamente onerosas. Busca evitar, pois, a concretização de um perigo de dano físico ou pessoal. Tal não ocorre na lesão, em que o contraente, por razões essencialmente econômicas ou por sua evidente inexperiência (ou leviandade), é levado, inevitavelmente, a contratar, prejudicando-se.

Registre-se que, na III Jornada de Direito Civil da Justiça Federal, de novembro/2004, foi proposto pelo nosso estimado amigo MÁRIO LUIZ DELGADO RÉGIS o Enunciado 148 com o seguinte conteúdo: "Art. 156: Ao 'estado de perigo' (art. 156) aplica-se, por analogia, o disposto no § 2.º do art. 157".

A sugestão parece-nos extremamente razoável e compatível com o espírito do novo Código, na busca pela conservação do negócio, em caso de revisão contratual.

---

[45] Eduardo Espínola, apud José Carlos Moreira Alves, ob. cit., p. 144.

2.6. Simulação

Embora o novo Código Civil deixe de tratar a *simulação* ao lado dos demais vícios de consentimento, deslocando-a para o capítulo referente à "Invalidade do Negócio Jurídico" (art. 167) – em que a considera como causa de nulidade e não mais de anulação do ato jurídico –, por questão metodológica e didática desenvolveremos o tema seguindo a sistemática tradicional, ou seja, antes da análise da *fraude contra credores*.

Segundo CLÓVIS BEVILÁQUA, a simulação "é uma declaração enganosa de vontade, visando produzir efeito diverso do ostensivamente indicado"[46].

Segundo noção amplamente aceita pela doutrina, *na simulação celebra-se um negócio jurídico que tem aparência normal, mas que, na verdade, não pretende atingir o efeito que juridicamente devia produzir.*

É um defeito que não vicia a vontade do declarante, uma vez que este mancomuna-se de *livre vontade* com o declaratário para atingir fins espúrios, em detrimento da lei ou da própria sociedade.

Trata-se, pois, de um *vício social*, que, mais do que qualquer outro defeito, revela frieza de ânimo e pouco respeito ao ordenamento jurídico.

No Direito Civil brasileiro, a simulação poderá ser:

a) *absoluta* – neste caso, o negócio forma-se a partir de uma declaração de vontade ou uma confissão de dívida emitida *para não gerar efeito jurídico algum.*

Cria-se uma situação jurídica irreal, lesiva do interesse de terceiro, por meio da prática de ato jurídico aparentemente perfeito, embora substancialmente ineficaz.

Um exemplo irá ilustrar a hipótese: para livrar bens da partilha imposta pelo regime de bens, ante a iminente separação judicial, o cônjuge simula negócio com amigo, contraindo falsamente uma dívida, com o escopo de transferir-lhe bens em pagamento, prejudicando sua esposa. Note-se que o *negócio simulado* fora pactuado *para não gerar efeito jurídico algum.* Como se sabe, a alienação *não pretende operar a transferência da propriedade dos bens* em pagamento de dívida, mas sim permitir que o terceiro (amigo) salvaguarde o patrimônio do alienante até que se ultime a ação de separação judicial. Trata-se de um verdadeiro *jogo de cena,* uma *simulação absoluta.*

b) *relativa (dissimulação)* – Neste caso, *emite-se uma declaração de vontade ou confissão falsa com o propósito de encobrir ato de natureza diversa,* cujos efeitos, queridos pelo agente, são proibidos por lei. Denominamos essa hipótese de *simulação relativa objetiva.*

Também ocorre quando a declaração de vontade é emitida *aparentando conferir direitos a uma pessoa, mas transferindo-os, em verdade, para terceiro,* não integrante da relação jurídica. Trata-se, aqui, de *simulação relativa subjetiva*[47].

---

[46] Clóvis Beviláqua, ob. cit., p. 294.

[47] "Anulação. Venda. Ascendente. Descendente. Interposta pessoa. A venda de bem de ascendente a descendente realizada por intermédio de interposta pessoa, sem o consentimento dos demais descendentes e ainda na vigência do CC/1916 é caso de negócio jurídico simulado que pode ser anulado no prazo quadrienal do art. 178, § 9.º, V, *b*, do referido Código, mostrando-se inaplicável à Súm. n. 494-STF. Contudo, anote-se que esse prazo deve ser contado da data da abertura da sucessão do

Observe-se que, *diferentemente do que ocorre na simulação absoluta,* na *relativa* as partes pretendem atingir *efeitos jurídicos concretos,* embora vedados por lei.

Um exemplo muito comum, e amplamente divulgado pela doutrina, irá auxiliar na fixação do tema: um homem casado pretende doar um bem a sua concubina (concubinato impuro). Ante a proibição legal, o alienante *simula uma compra e venda,* que, em seu bojo, encobre o ato que efetivamente se quer praticar: *a doação do bem com o efeito de transferência gratuita da propriedade.* Outra manobra simulatória pode ainda ser apontada: por força da proibição, o homem casado aliena o bem a um terceiro, em face de quem não há restrição legal, o qual, em seguida, doa o mesmo à concubina. Também há o vício quando as partes de um negócio antedatam ou pós-datam um documento, objetivando situar cronologicamente a realização do negócio em período de tempo não verossímil. Em todas as situações, estamos diante de uma *simulação relativa.*

Após enumerar as hipóteses de simulação em seu art. 102[48], o Código Civil de 1916 ressalva não reconhecer este defeito *quando não houver intenção de prejudicar terceiros ou de fraudar a lei*[49]. Trata-se da chamada *simulação inocente,* ilustrada na hipótese do homem solteiro, sem herdeiros necessários, que simula a venda de um bem a sua concubina, encobrindo uma doação. Não tendo havido *prejuízo a direito de terceiros ou à própria lei,* considera-se a simulação inocente e o negócio jurídico é considerado válido.

Em seguida, cuidou a Lei Codificada de *proibir às partes alegar a simulação em juízo, em litígio de um contra o outro e contra terceiros ("nemo propriam turpitudinem allegans")*[50]

---

alienante e não da data do ato ou contrato, isso com o intuito de evitar que os descendentes litiguem com o ascendente ainda em vida, o que certamente causa desajuste nas relações familiares. Seria, também, demasiado exigir que os descendentes fiscalizassem, além dos negócios realizados pelos ascendentes, as transações feitas por terceiros (a interposta pessoa). Outrossim, não convém reconhecer a decadência para a anulação parcial do negócio ao contar o prazo a partir do óbito do ascendente virago, relativamente à sua meação, pois isso levaria também ao litígio entre os descendentes e o ascendente supérstite, o que justifica a contagem do prazo a partir da abertura da sucessão dele, o último ascendente. Ressalte-se que esse entendimento não se aplica às alienações assim realizadas na vigência do CC/2002, pois o novo Código trouxe a nulidade do negócio jurídico simulado, não prevendo prazo para sua declaração (*vide* arts. 167 e 169 do mesmo *codex*). Precedentes citados do STF: RE 59.417-BA, *DJ* 15/4/1970; do STJ: REsp 151.935-RS, *DJ* 16/11/1998, e REsp 226.780-MG, *DJ* 2/9/2002" (REsp 999.921-PR, Rel. Min. Luis Felipe Salomão, j. 14-6-2011).

[48] "Art. 102. Haverá simulação nos atos jurídicos em geral: I – quando aparentarem conferir ou transmitir direitos a pessoas diversas das a quem realmente se conferem, ou transmitem; II – quando contiverem declaração, confissão, condição, ou cláusula não verdadeira; III – quando os instrumentos particulares forem antedatados, ou pós-datados."

[49] "Art. 103. A simulação não se considerará defeito em qualquer dos casos do artigo antecedente, quando não houver intenção de prejudicar a terceiros, ou de violar disposição de lei."

[50] Isso porque ninguém poderia alegar a sua própria torpeza em Juízo. Aliás, segundo o art. 129 do Código de Processo Civil de 1973, *o juiz deveria, por sentença, obstar os objetivos das partes que se serviram do processo para a prática de ato simulado ou conseguir fim proibido por lei.* Para que não pairem dúvidas, transcrevemos o art. 104 do CC/1916: "Tendo havido intuito de prejudicar a terceiros ou infringir preceito de lei, nada poderão alegar, ou requerer os contraentes em juízo quanto à simulação do ato, em litígio de um contra o outro, ou contra terceiros".

e, bem assim, conferiu legitimidade ativa aos *terceiros lesados ou aos representantes do Poder Público*, para "demandarem a nulidade dos atos simulados"[51].

Toda esta disciplina alterou-se profundamente no novo Código Civil brasileiro.

Em primeiro lugar, a simulação deixou de ser causa de anulabilidade e passou a figurar entre as hipóteses legais de nulidade do ato jurídico.

Em caso de *simulação absoluta*, fulmina-se de invalidade todo o ato; caso se trate de *simulação relativa*, declara-se a nulidade absoluta do negócio jurídico simulado, *subsistindo o que se dissimulou, se for válido na substância e na forma.*

Também não se reconheceu validade à simulação inocente, uma vez que não há ressalva nesse sentido, em artigo próprio, como fazia o Código de 1916[52].

Finalmente, configurando causa de nulidade, nada impede seja a simulação alegada pelos próprios simuladores em litígio de um contra o outro[53], ressalvados sempre os direitos de terceiros de boa-fé[54].

Neste ponto, cumpre-nos transcrever o art. 167 do novo Código Civil, referente à simulação:

"Art. 167. É **nulo o negócio jurídico** simulado, mas subsistirá o que se dissimulou, se válido for na substância e na forma[55].

§ 1.º Haverá simulação nos negócios jurídicos quando:

I – aparentarem conferir ou transmitir direitos a pessoas diversas daquelas às quais realmente se conferem, ou transmitem;

II – contiverem declaração, confissão, condição ou cláusula não verdadeira;

III – os instrumentos particulares forem antedatados, ou pós-datados.

§ 2.º Ressalvam-se os direitos de terceiros de boa-fé em face dos contraentes do negócio jurídico simulado".

Considerando-se as características da simulação, no Código de 1916 e no novo Código Civil, pode-se apresentar o seguinte quadro comparativo:

Código Civil de 1916

Simulação (arts. 102 a 105)

1. Causa de anulabilidade do negócio jurídico;

---

[51] "Art. 105. Poderão demandar a nulidade dos atos simulados os terceiros lesados pela simulação, ou os representantes do poder público, a bem da lei, ou da Fazenda."
[52] Sobre o tema, na III Jornada de Direito Civil da Justiça Federal, de novembro/2004, foi proposto o Enunciado 152: "Art. 167: Toda simulação, inclusive a inocente, é invalidante".
[53] Até porque as nulidades podem ser alegadas por qualquer interessado, pelo Ministério Público, quando lhe couber intervir, ou até mesmo pronunciadas de ofício pelo juiz.
[54] José Carlos Moreira Alves, ob. cit., p. 114.
[55] Sobre o tema, na III Jornada de Direito Civil da Justiça Federal, de novembro/2004, foi proposto o Enunciado 153: "Art. 167: Na simulação relativa, o negócio simulado (aparente) é nulo, mas o dissimulado será válido se não ofender a lei nem causar prejuízos a terceiros".

2. Em caso de simulação absoluta ou relativa anula-se todo o ato;

3. Resguardam-se os efeitos da simulação inocente;

4. Proíbe-se a alegação da simulação em juízo pelos simuladores.

Novo Código Civil
Simulação (art. 167)

1. Causa de nulidade do negócio jurídico;

2. Em caso de simulação relativa, resguardam-se os efeitos do ato dissimulado, se válido for na substância e na forma;

3. Não se resguardam os efeitos da simulação inocente, já que a lei não a distingue;

4. Admite-se a alegação da simulação em juízo, mesmo pelos próprios simuladores, resguardados os direitos do terceiro de boa-fé.

No estudo da simulação, faz-se necessária breve referência à *reserva mental* ou *reticência*.

A *reserva mental* se configura quando *o agente emite declaração de vontade, resguardando o íntimo propósito de não cumprir o avençado, ou atingir fim diverso do ostensivamente declarado*.

O Código de 1916 não cuidou da *reserva mental,* lacuna esta suprida pelo novo Código Civil:

> "Art. 110. A manifestação de vontade subsiste ainda que o seu autor haja feito a reserva mental de não querer o que manifestou, salvo se dela o destinatário tinha conhecimento".

Claro está que, situando-se na mente do agente, em sede de mera *cogitatio*, a reserva mental não tem relevância para o Direito, até que se exteriorize.

Nesse sentido, PONTES DE MIRANDA advertia:

> "a vontade, que se leva em consideração, é a vontade manifestada; não a interna. Se assim não fosse, poder-se-ia desconstituir o negócio jurídico com a alegação de reserva mental. A vontade nas relações inter-humanas é a que importa; não a que se conservou no íntimo"[56].

Um bom exemplo de reserva mental é quando o autor de uma obra declara que estará fazendo uma sessão de autógrafos e que doará os direitos autorais para uma instituição de caridade. Pouco importa se, no íntimo, o inescrupuloso doutrinador somente queria fazer *marketing* para sua produção intelectual, não pretendendo entregar o resultado pecuniário prometido. A manifestação de vontade foi emitida sem vício, e, não tendo o destinatário conhecimento da reserva mental, é plenamente válida.

Ocorre que, no momento em que a reserva mental é exteriorizada, trazida ao campo de conhecimento do outro contratante, aí, sim, poderá se converter em simulação, tornando, por consequência, passível de invalidade o negócio jurídico celebrado. Exemplo: um estrangeiro, em um país que admite a aquisição de nacionalidade pelo casamento, contrai matrimônio apenas para este fim, reservando mentalmente a intenção de não cumprir os deveres do casamento. Pretende apenas tornar-se nacional e evitar a sua expulsão. Se a outra parte sabia do desiderato espúrio, torna-se cúmplice do outro contratante, e o ato poderá ser invalidado

---

[56] Francisco Cavalcanti Pontes de Miranda, *Tratado de Direito Privado – Parte Geral,* Campinas: Bookseller, 1999, t. 1, p. 153-4.

por simulação⁵⁷. Essa é a lição de CARLOS ROBERTO GONÇALVES, ilustre Desembargador aposentado do Tribunal de Justiça de São Paulo:

> "na reserva mental o enganado é o outro contraente. Pode-se dizer que nesta a simulação é unilateral. Mas, quando a reserva é ilícita e se torna conhecida do outro contratante, é como se houvesse um acordo simulatório e a reserva se equipara, então, em seus efeitos, à simulação maliciosa ou fraudulenta"⁵⁸.

Neste ponto, uma importante observação deve ser feita.

Apesar de a doutrina tradicionalmente reconhecer que a *reserva mental*, havendo anuência do outro contraente, converte-se em *negócio simulado*, sujeito à declaração de nulidade, MOREIRA ALVES, autor da Parte Geral no Anteprojeto do Código Civil, sustenta que, neste caso, o negócio jurídico é *inexistente*: "Da reserva mental trata o art. 108⁵⁹, que a tem por irrelevante, salvo se conhecida do destinatário, caso em que se configura hipótese de ausência de vontade, e, consequentemente, inexistência do negócio jurídico"⁶⁰.

Com a devida vênia, este não é o nosso entendimento.

Exteriorizada a *reserva mental*, o destinatário, que anuiu com o desiderato do agente, passa a atuar ao lado do simulador, objetivando atingir fim não declarado e proibido por lei. Trata-se de típica hipótese de simulação. Até porque o negócio *existirá e surtirá efeitos frente a terceiros,* ainda que não sejam aqueles originariamente declarados e aparentemente queridos, até que se declare judicialmente a sua nulidade⁶¹.

2.7. Fraude contra credores

A fraude contra credores, também considerada vício social, *consiste no ato de alienação ou oneração de bens, assim como de remissão de dívida, praticado pelo devedor insolvente, ou à beira da insolvência, com o propósito de prejudicar credor preexistente, em virtude da diminuição experimentada pelo seu patrimônio.*

O progresso material e espiritual dos povos consagrou o reconhecimento do princípio segundo o qual não a pessoa do devedor, mas o seu patrimônio, é a garantia da satisfação dos créditos⁶². Portanto, a previsibilidade legal deste vício traduz um instrumento normativo de proteção conferido aos credores quirografários em geral.

---

⁵⁷ Claro está, todavia, que se a parte insciente da reserva mental não se mancomuna com o outro declarante, poderá anular o negócio jurídico, invocando o *dolo*.

⁵⁸ Carlos Roberto Gonçalves, *Direito Civil – Parte Geral – Sinopses Jurídicas*, 5. ed., São Paulo: Saraiva, 1999, v. 1, p. 121-2.

⁵⁹ Na redação final, art. 110.

⁶⁰ José Carlos Moreira Alves, ob. cit., p. 102.

⁶¹ É preciso lembrar, sempre, que, na vigência do CC/1916, a hipótese é de anulabilidade.

⁶² Em Roma o devedor respondia com a sua liberdade, seu corpo e a sua própria vida ante o descumprimento obrigacional. A Lei das XII Tábuas era severa, albergando, nesse particular, em suas normas, humilhação (castigo moral), privação da vida e da liberdade: "IV – Aquele que confessa dívida perante o magistrado ou é condenado, terá 30 dias para pagar; V – Esgotados os 30 dias e não tendo pago, que seja agarrado e levado à presença do magistrado; VI – Se não paga e ninguém se apresenta como fiador, que o devedor seja levado pelo seu credor e amarrado pelo pescoço e pés com cadeias com peso até o máximo de 15 libras; ou menos, se assim o quiser o credor; VII – O devedor preso viverá

Na *fraude contra credores,* não há um necessário disfarce, como na simulação.

O ato praticado, por si só, já é lesivo ao direito do credor, e deve ter a sua ineficácia judicialmente declarada.

Segundo o Prof. TAVARES PAES, da Universidade Federal de Santa Catarina, "a fraude é a manobra, a técnica para prejudicar e lesar terceiro". AGUIAR DIAS e LIMONGI FRANÇA, citados pelo mesmo autor, prelecionam, respectivamente, que: "consiste a fraude no ato deliberadamente realizado para o fim de prejudicar direitos ou interesses: fraude contra credores, fraude fiscal, fraude à lei, fraude criminal"[63].

Dois elementos compõem a fraude, o primeiro de natureza subjetiva e o segundo, objetiva:

a) *consilium fraudis* (o conluio fraudulento);

b) *eventus damni* (o prejuízo causado ao credor).

Parte respeitável da doutrina entende que o *consilium fraudis* não é elemento essencial deste vício social, de maneira que o estado de insolvência aliado ao prejuízo causado ao credor seriam suficientes para a caracterização da fraude. A despeito de não haver, nesse particular, unanimidade doutrinária, verdade é que, tratando-se de *atos gratuitos de alienação praticados em fraude contra credores (doação feita por devedor reduzido à insolvência v. g.)*, o requisito subjetivo representado pelo *consilium fraudis (má-fé)* é presumido.

Com amparo na doutrina tradicional, costuma-se afirmar que a *anulação do ato praticado em fraude contra credores dá-se por meio de uma ação revocatória, denominada "ação pauliana"*.

Os fundamentos da referida ação (causas de pedir), à luz do Código Civil de 2002, são as seguintes:

a) *negócios de transmissão gratuita de bens – art. 158, "caput" (doação, v. g.)*;

b) *remissão de dívidas – art. 158, "caput" (o devedor insolvente perdoa dívida de terceiro, v. g.)*;

c) *contratos onerosos do devedor insolvente, em duas hipóteses (art. 159)*:

– *quando a insolvência for notória*;

– *quando houver motivo para ser conhecida do outro contratante (a pessoa que adquire o bem do devedor é um parente próximo, que deveria presumir o seu estado de insolvência)*;

à sua custa, se quiser; se não quiser, o credor que o mantém preso dar-lhe-á por dia uma libra de pão ou mais, a seu critério; VIII – Se não há conciliação, que o devedor fique preso por 60 dias; durante os quais será conduzido em 3 dias de feira ao 'comitium', onde se proclamará, em altas vozes, o valor da dívida; IX – Se são muitos os credores, é permitido, depois do terceiro dia de feira, dividir o corpo do devedor em tantos pedaços quantos sejam os credores; não importando cortar mais ou menos; se os credores preferirem, poderão vender o devedor a um estrangeiro, além do Tibre".

Com o surgimento da *Lex Poetelia Papiria* em 326 a.C. – resultante de uma sangrenta revolta popular contra o maltrato físico de um jovem devedor plebeu –, o não pagamento do débito passou a ensejar não mais a execução pessoal, mas do patrimônio do devedor. Esta lei, pois, marca a consagração, no Direito Romano, do princípio segundo o qual *o patrimônio do devedor é a garantia do credor*. No Direito brasileiro, o Código Civil de 2002 é expresso ao dispor que: "Art. 391. Pelo inadimplemento das obrigações respondem *todos os bens* do devedor" (grifos nossos).

[63] P. R. Tavares Paes, *Fraude contra Credores*, 3. ed., São Paulo: Revista dos Tribunais, 1993, p. 19.

d) *antecipação de pagamento feita a um dos credores quirografários, em detrimento dos demais – art. 162 (neste caso, a ação é proposta também contra o beneficiário do pagamento da dívida não vencida, que fica obrigado a repor, em proveito do acervo sobre que se tenha de efetuar o concurso de credores, aquilo que recebeu);*

e) *outorga de garantia de dívida dada a um dos credores, em detrimento dos demais – art. 163 (firma-se, aqui, uma "presunção de fraude". É o caso da constituição de hipoteca sobre bem do devedor insolvente, em benefício de um dos credores).*

Compare-se, à luz dos ensinamentos de WASHINGTON DE BARROS MONTEIRO, com as hipóteses consagradas pelo Código de 1916: atos de transmissão gratuita de bens (art. 106); remissão de dívidas (art. 106); contratos onerosos (art. 107) – desde que a insolvência do devedor seja notória ou presumida; antecipação de pagamentos (art. 110); outorga de direitos preferenciais a um dos credores (art. 111)[64].

O *credor quirografário preexistente*[65] (que já o era antes do ato fraudulento que tornou o devedor insolvente) tem *legitimidade ativa* para ajuizar a ação revocatória (art. 158 do CC/2002), a qual, por ter *natureza pessoal, independe de outorga uxória ou autorização marital*.

O *credor com garantia*, em princípio, por já deter um bem ou um patrimônio vinculado à satisfação da dívida, careceria de interesse processual. Todavia, caso se torne insuficiente a mencionada garantia, poderá manejar a referida *actio*, consoante se depreende da análise do § 1.º do art. 158 do CC/2002, sem similar no Código de 1916[66].

---

[64] Washington de Barros Monteiro, *Curso de Direito Civil*, 37. ed., São Paulo: Saraiva, 2000, v. 1, p. 227.

[65] Em situações excepcionais, o STJ tem relativizado a exigência da anterioridade do crédito, caso comprovada "fraude preordenada": "PROCESSO CIVIL E CIVIL. RECURSO ESPECIAL. FRAUDE PREORDENADA PARA PREJUDICAR FUTUROS CREDORES. ANTERIORIDADE DO CRÉDITO. ART. 106, PARÁGRAFO ÚNICO, CC/16 (ART. 158, § 2.º, CC/02). TEMPERAMENTO. 1. Da literalidade do art. 106, parágrafo único, do CC/16 extrai-se que a afirmação da ocorrência de fraude contra credores depende, para além da prova de *consilium fraudis* e de *eventus damni*, da anterioridade do crédito em relação ao ato impugnado. 2. Contudo, a interpretação literal do referido dispositivo de lei não se mostra suficiente à frustração da fraude à execução. Não há como negar que a dinâmica da sociedade hodierna, em constante transformação, repercute diretamente no Direito e, por consequência, na vida de todos nós. O intelecto ardiloso, buscando adequar-se a uma sociedade em ebulição, também intenta – criativo como é – inovar nas práticas ilegais e manobras utilizados com o intuito de escusar-se do pagamento ao credor. Um desses expedientes é o desfazimento antecipado de bens, já antevendo, num futuro próximo, o surgimento de dívidas, com vistas a afastar o requisito da anterioridade do crédito, como condição da ação pauliana. 3. Nesse contexto, deve-se aplicar com temperamento a regra do art. 106, parágrafo único, do CC/16. Embora a anterioridade do crédito seja, via de regra, pressuposto de procedência da ação pauliana, ela pode ser excepcionada quando for verificada a fraude predeterminada em detrimento de credores futuros. 4. Dessa forma, tendo restado caracterizado nas instâncias ordinárias o conluio fraudatório e o prejuízo com a prática do ato – ao contrário do que querem fazer crer os recorrentes – e mais, tendo sido comprovado que os atos fraudulentos foram predeterminados para lesarem futuros credores, tenho que se deve reconhecer a fraude contra credores e declarar a ineficácia dos negócios jurídicos (transferências de bens imóveis para as empresas Vespa e Avejota). 5. Recurso especial não provido" (STJ, REsp 1092134/SP, Rel. Min. NANCY ANDRIGHI, TERCEIRA TURMA, j. 5-8-2010, *DJe* 18-11-2010). Ver também REsp 1324308/PR.

[66] Sobre o tema, na III Jornada de Direito Civil da Justiça Federal, de novembro/2004, foi proposto o Enunciado 151: "Art. 158: O ajuizamento da ação pauliana pelo credor com garantia real (art. 158, § 1.º) prescinde de prévio reconhecimento judicial da insuficiência da garantia". Acrescente-se, ainda

O *devedor insolvente*, por sua vez, deverá figurar no *polo passivo* da ação, juntamente com a *pessoa com quem ele celebrou o ato* e o *terceiro que haja atuado de má-fé* (art. 161 do CC/2002), incidindo tal regra apenas nas ações propostas com fundamento nos arts. 158 e 159 do Código Civil de 2002 (*negócios fraudulentos de transmissão gratuita de bens, remissão de dívidas e contratos onerosos fraudulentos, desde que a insolvência do devedor seja notória ou haja motivo para ser presumida*).

Concordamos com CARVALHO SANTOS no sentido de que a *legitimidade passiva do terceiro*, espécie de *subadquirente*, existe quando haja adquirido o bem de *má-fé e a título oneroso*, ou, *esteja ou não de má-fé*, quando a aquisição se der *a título gratuito*[67].

Seguindo diretriz do Código de 1916 (art. 112), o Novo Código, em seu art. 164, *firmou regra no sentido de considerar de boa-fé os negócios ordinários indispensáveis à manutenção de estabelecimento mercantil, rural, industrial, ou à subsistência do devedor e de sua família*. A esse respeito, observa, com propriedade, MARIA HELENA DINIZ:

> "se o devedor insolvente vier a contrair novo débito, visando beneficiar os próprios credores, por ter o escopo de adquirir objetos imprescindíveis ao funcionamento do seu estabelecimento mercantil, agrícola ou industrial, evitando a paralisação de suas atividades e consequentemente a piora de seu estado de insolvência e o aumento do prejuízo aos seus credores, o negócio por ele contraído será válido, ante a presunção em favor da boa-fé"[68].

Anulado o negócio fraudulento, a vantagem resultante reverterá em proveito do acervo sobre que se tenha de efetuar o concurso de credores. Se o negócio fraudulento tinha o único objetivo de atribuir direito real de garantia, a anulação atingirá apenas a preferência ajustada (art. 165 do CC/2002).

Observe que a lei, ao referir-se à consequência do reconhecimento do vício, consigna a seguinte expressão: *"Anulados os negócios fraudulentos..."*.

Mas será que a ação pauliana resultaria na prolação de uma *sentença anulatória* propriamente dita?

---

no que tange ao polo ativo da pauliana, que já se admitiu o *nascituro* como passível de proteção por meio dessa *actio*: "Ação Pauliana. Crédito alimentar. Investigação de paternidade. Alienação feita para irmãos durante a gravidez. Bens que retornam à esposa. Direitos do nascituro. Pressupostos de fraude contra credores. Ônus probatório. Presunção que deriva do negócio com familiar. Ineficácia e não nulidade da alienação. 1. A ação pauliana, com sede nos direitos privado e material, tem seu fundamento na insolvabilidade do devedor para satisfazer direitos dos credores e não exige demanda judicial que a preceda. São suficientes a anterioridade do crédito à alienação ou oneração, o conflito fraudatório entre os negociantes e que o terceiro tenha consciência do prejuízo a causar ou possa prever o dano. 2. Os direitos do nascituro são assegurados desde a concepção, o que transforma suas expectativas em direitos subjetivos, como ocorre com os alimentos, que têm concreção neste estágio. 3. Ao credor cumpre informar sobre a insolvência e suas consequências, tocando ao devedor a prova de inexistência daquela situação, e aos terceiros que não tinham ciência de tal fraude e do prejuízo. 4. Os atos fraudulentos não são nulos, mas ineficazes, não havendo retorno do bem à propriedade do alienante, preservando-se a possibilidade de sua sujeição ao credor. A sentença, com carga declaratória, não anula a alienação/oneração, mas pronuncia sua ineficácia perante o credor, que pode manejar a ferramenta instrumental para constranger o patrimônio registrado em nome de terceiro. Apelação provida, em parte. (9 FLS.) – Segredo de justiça" (TJRS, Apelação Cível 700.039.206.34, 7.ª Câm. Cív., Rel. José Carlos Teixeira Giorgis, j. 12-6-2002).

[67] J. M. Carvalho Santos, ob. cit., p. 440.
[68] Maria Helena Diniz, ob. cit., p. 559.

A doutrina tradicional sustenta tratar-se de *sentença anulatória* de ato jurídico, *desconstitutiva do ato impugnado*.

Esse é o pensamento difundido desde CLÓVIS BEVILÁQUA:

"esse remédio é a ação pauliana, revocatória ou rescisória, pela qual o credor obtém a *anulação* do ato que diminui a soma dos bens de seu devedor, para neles fazer execução, quando outros não existam em quantidade suficiente para a satisfação do débito"[69].

Não pensamos assim.

Entendemos que a decisão final na *ação pauliana* é, simplesmente, *declaratória da ineficácia do ato praticado em fraude contra credores*. Vale dizer, a ação visa a declarar ineficaz o ato apenas em face dos credores prejudicados, e não propriamente anulá-lo ou desconstituí-lo[70].

Nesse sentido, é a lição do Prof. YUSSEF SAID CAHALI, citando NELSON HANADA: "desde que, no ato praticado em fraude de credores, a simples declaração de ineficácia, isto é, a declaração de que o negócio jurídico não prejudica aos credores anteriores ao ato, por ineficaz em relação a eles, porque a esse ponto não entrou no mundo jurídico, é bastante para satisfazer o interesse dos credores, porquanto isso é suficiente para que os bens possam ser abrangidos pela execução como se ainda se encontrassem no patrimônio do executado..."[71].

E em outro ponto de sua obra conclui o mesmo autor: "parece-nos, porém, que o efeito da sentença pauliana resulta do objetivo a que colima a ação: declaração de ineficácia jurídica do negócio fraudulento"[72].

---

[69] Clóvis Beviláqua, ob. cit., p. 297-8.
[70] "PROCESSUAL CIVIL. RECURSO ESPECIAL. ALÍNEA C. AUSÊNCIA DE DEMONSTRAÇÃO DO DISSÍDIO. FRAUDE CONTRA CREDORES. NATUREZA DA SENTENÇA DA AÇÃO PAULIANA. EXECUÇÃO. EMBARGOS DE TERCEIRO. DESCONSTITUIÇÃO DE PENHORA SOBRE MEAÇÃO DO CÔNJUGE NÃO CITADO NA AÇÃO PAULIANA. 1. O conhecimento de recurso especial fundado na alínea *c* do permissivo constitucional exige a demonstração analítica da divergência, na forma dos arts. 541 do CPC e 255 do RISTJ. 2. A fraude contra credores não gera a anulabilidade do negócio – já que o retorno, puro e simples, ao *status quo ante* poderia inclusive beneficiar credores supervenientes à alienação, que não foram vítimas de fraude alguma, e que não poderiam alimentar expectativa legítima de se satisfazerem à custa do bem alienado ou onerado. 3. Portanto, a ação pauliana, que, segundo o próprio Código Civil, só pode ser intentada pelos credores que já o eram ao tempo em que se deu a fraude (art. 158, § 2.º; CC/16, art. 106, par. único), não conduz a uma sentença anulatória do negócio, mas sim à de retirada parcial de sua eficácia, em relação a determinados credores, permitindo-lhes excutir os bens que foram maliciosamente alienados, restabelecendo sobre eles, não a propriedade do alienante, mas a responsabilidade por suas dívidas. 4. No caso dos autos, sendo o imóvel objeto da alienação tida por fraudulenta de propriedade do casal, a sentença de ineficácia, para produzir efeitos contra a mulher, teria por pressuposto a citação dela (CPC, art. 10, § 1.º, I). Afinal, a sentença, em regra, só produz efeito em relação a quem foi parte, "não beneficiando, nem prejudicando terceiros" (CPC, art. 472). 5. Não tendo havido a citação da mulher na ação pauliana, a ineficácia do negócio jurídico reconhecido nessa ação produziu efeitos apenas em relação ao marido, sendo legítima, na forma do art. 1046, § 3.º, do CPC, a pretensão da mulher, que não foi parte, de preservar a sua meação, livrando-a da penhora. 5. Recurso especial provido" (STJ, REsp 506.312/MS, Rel. Min. TEORI ALBINO ZAVASCKI, PRIMEIRA TURMA, j. 15-8-2006, *DJ* 31-8-2006, p. 198).
[71] Yussef Said Cahali, *Fraude Contra Credores*, 2. ed., São Paulo: Revista dos Tribunais, 1999, p. 386.
[72] Idem, ibidem, p. 385.

Indiscutível a razoabilidade desse pensamento, inclusive em se considerando que se o devedor conseguir numerário suficiente para saldar as suas dívidas, o ato de alienação subsistirá, não mais se podendo defender a sua anulabilidade.

A despeito desses lúcidos argumentos, o Código Civil de 2002 preferiu seguir a teoria tradicional, considerando de natureza *anulatória* o provimento jurisdicional final na ação pauliana (art. 165 do CC/2002), como regra genérica.

Nesse sentido, pontifica o ilustre Min. MOREIRA ALVES:

"o último dos defeitos de cuja disciplina trata o Projeto é a fraude contra credores, como sucede no Código Civil atual. Igualmente, manteve o projeto a *anulabilidade* como consequência da fraude contra credores, embora reproduza, no art. 160 a regra do art. 110[73] do Código, na qual Pontes de Miranda identifica hipótese de ineficácia relativa".

Vale lembrar, ainda, que o Superior Tribunal de Justiça, a despeito das controvérsias existentes, editou a Súmula 195[74], *no sentido de não admitir a anulação por fraude contra credores em sede de embargos de terceiro*. Salienta-se, com isso, a importância que se atribui à natureza anulatória da ação pauliana. Se se reconhecesse a tese da ineficácia, ficaria mais fácil admitir o deslinde da questão em embargos de terceiro, desde que fossem citados todos os interessados.

Não se deve confundir, finalmente, a *fraude contra credores com a fraude de execução*. De referência a esta última, dispõe o art. 792 do Código de Processo Civil de 2015:

"Art. 792. A alienação ou a oneração de bem é considerada fraude à execução:

I – quando sobre o bem pender ação fundada em direito real ou com pretensão reipersecutória, desde que a pendência do processo tenha sido averbada no respectivo registro público, se houver;

II – quando tiver sido averbada, no registro do bem, a pendência do processo de execução, na forma do art. 828;

III – quando tiver sido averbado, no registro do bem, hipoteca judiciária ou outro ato de constrição judicial originário do processo onde foi arguida a fraude;

IV – quando, ao tempo da alienação ou da oneração, tramitava contra o devedor ação capaz de reduzi-lo à insolvência;

V – nos demais casos expressos em lei.

§ 1.º A alienação em fraude à execução é ineficaz em relação ao exequente.

§ 2.º No caso de aquisição de bem não sujeito a registro, o terceiro adquirente tem o ônus de provar que adotou as cautelas necessárias para a aquisição, mediante a exibição das certidões pertinentes, obtidas no domicílio do vendedor e no local onde se encontra o bem.

§ 3.º Nos casos de desconsideração da personalidade jurídica, a fraude à execução verifica-se a partir da citação da parte cuja personalidade se pretende desconsiderar.

§ 4.º Antes de declarar a fraude à execução, o juiz deverá intimar o terceiro adquirente, que, se quiser, poderá opor embargos de terceiro, no prazo de 15 (quinze) dias."

---

[73] Art. 162 do CC/2002.
[74] Súmula 195: "Em embargos de terceiro não se anula ato jurídico, por fraude contra credores".

Observa-se que entre ambas as espécies de fraudes existe diferença no momento de sua ocorrência.

Enquanto na *fraude contra credores* o devedor insolvente antecipa-se, alienando ou onerando bens em detrimento dos seus credores, antes que estes intentem qualquer espécie de ação, na *fraude de execução*, mais grave por violar normas de ordem pública, o devedor já tem contra si processo judicial, capaz de reduzi-lo à insolvência, e, ainda assim, atua ilicitamente, alienando ou onerando o seu patrimônio, em prejuízo não apenas dos seus credores, mas do próprio processo, caracterizando reprovável atitude de desrespeito à Justiça.

Nesse ponto, cumpre-nos invocar a arguta preleção de CÂNDIDO RANGEL DINAMARCO: "a fraude de execução revela-se mediante dados puramente objetivos, caracterizados pela insolvência e pela pendência de um processo, não se cogitando do 'consilium fraudis'". E mais adiante conclui: "além disso, caracteriza-se a fraude de execução como ato de rebeldia à autoridade estatal exercida pelo juiz no processo, porque alienar bens na pendência deste e reduzir-se à insolvência significaria tornar inútil o exercício da jurisdição e impossível a imposição do poder sobre o patrimônio do devedor"[75].

Um ponto a ser destacado, porém, é que, embora sua denominação possa dar a entender sentido contrário, a demanda capaz de reduzir o devedor à insolvência, a que se refere o art. 792, II, do CPC/2015, não é necessariamente de *execução*, admitindo-se a declaração da fraude à execução se, na efetivação da prestação jurisdicional, for constatado, por exemplo, que o devedor alienou bens após o ajuizamento da ação de conhecimento que gerou o título executivo judicial (ainda que anteriormente ao início da fase executória correspondente).

Por tudo isso, o ato praticado em *fraude de execução é ineficaz em face da execução*, desafiando simples pronunciamento judicial, por provocação do interessado ou de ofício, no próprio curso do processo (o bem não tem a alienação declarada nula, mas apenas a alienação não produzirá efeitos em relação ao exequente, podendo-se penhorá-lo como se fosse do executado). É desnecessário dizer que, a despeito de prescindir do ajuizamento de ação para o seu reconhecimento, só poderá o juiz apreciar o incidente após ouvir o devedor, em respeito ao princípio constitucional do contraditório e da ampla defesa.

Em quadro esquemático, podemos trazer a seguinte visão sistemática das principais distinções elencadas na doutrina entre os institutos:

Fraude à execução X Fraude a credores

Instituto de Direito Processual X Instituto de Direito Material

Má-fé presumida X Ônus da prova do credor

Interesse do credor e do Estado, sendo considerados Atos atentatórios à dignidade da Justiça (art. 774, I, CPC/2015; art. 600, I, CPC/1973) X

Interesse somente do credor, como particular prejudicado

Atos declarados ineficazes X Atos anuláveis

Declarável incidentalmente X Objeto de ação anulatória, autônoma e específica

Tipifica ilícito penal (CP, art. 179) X Interesse puramente particular

---

[75] Cândido Rangel Dinamarco, *Execução Civil*, 7. ed., São Paulo: Malheiros, 2000, p. 278.

Em conclusão, vale referir que a *ação pauliana também não se confunde com a ação revocatória falencial*. Esta última, prevista no art. 129 da Lei de Falências (Lei n. 11.101/2005), não visa a anular negócio jurídico algum, mas, sim, a *obter a declaração judicial de ineficácia da alienação fraudulenta efetivada em prejuízo da massa e, por via oblíqua, dos próprios credores do falido.* Ao contrário, o art. 130 (da Lei n. 11.101/2005), por sua vez exige ação revocatória, sendo semelhante à fraude contra credores (*vide* art. 132 da mesma lei).

Capítulo XIV
Invalidade do Negócio Jurídico

Sumário: 1. Introdução. 2. Considerações prévias sobre a inexistência do ato ou negócio jurídico. 3. Nulidade absoluta. 4. Nulidade relativa (anulabilidade). 5. Quadro geral comparativo: nulidade absoluta × nulidade relativa. 6. Conversão do negócio jurídico. 7. Invalidade do negócio jurídico em face do novo conceito de capacidade civil. 7.1. A Lei Brasileira de Inclusão (Estatuto da Pessoa com Deficiência). 7.2. A pessoa com deficiência e a teoria da invalidade do negócio jurídico. 7.2.1. Pessoa com deficiência tem curador nomeado. 7.2.2. Pessoa com deficiência tem apoiadores nomeados. 7.2.3. Pessoa com deficiência sem curador ou apoiador.

1. INTRODUÇÃO

Conforme ensina CARVALHO SANTOS, a nulidade é um "vício que retira todo ou parte de seu valor a um ato jurídico, ou o torna ineficaz apenas para certas pessoas"[1].

No mesmo sentido, doutrina MARIA HELENA DINIZ que a nulidade "vem a ser a sanção, imposta pela norma jurídica, que determina a privação dos efeitos jurídicos do negócio praticado em desobediência ao que prescreve"[2].

Desses conceitos tradicionais, podemos extrair a conclusão de que a nulidade se caracteriza como uma sanção pela ofensa a determinados requisitos legais, não devendo produzir efeito jurídico, em função do defeito que carrega em seu âmago.

Como *sanção* pelo descumprimento dos pressupostos de validade do negócio jurídico, o direito admite, e em certos casos impõe, o reconhecimento da declaração de nulidade, objetivando restituir a normalidade e a segurança das relações sociojurídicas.

Esta nulidade, porém, sofre gradações, de acordo com o tipo de elemento violado, podendo ser absoluta ou relativa, como a seguir verificaremos.

Com fulcro no pensamento de GRINOVER, CINTRA e DINAMARCO, é correto afirmar-se que *o reconhecimento da nulidade de um ato viciado é uma forma de proteção e defesa do ordenamento jurídico vigente*[3].

---

[1] M. de Carvalho Santos, *Código Civil Brasileiro Interpretado*, Rio de Janeiro: Freitas Bastos, 1949, v. III, p. 225.
[2] Maria Helena Diniz, *Curso de Direito Civil Brasileiro*, 37. ed., São Paulo: Saraiva, 2020, v. 1, p. 606.
[3] Vale conferir a excelente obra *Teoria Geral do Processo*, de Ada Pellegrini Grinover, Antônio Carlos de Araújo Cintra e Cândido Rangel Dinamarco (São Paulo: Malheiros, 15. ed., 1999), onde os autores falam em "negação de eficácia jurídica" como forma de defesa do ordenamento jurídico (p. 339).

De fato, a previsibilidade doutrinária e normativa da teoria das nulidades impede a proliferação de atos jurídicos ilegais, portadores de vícios mais ou menos graves, a depender da natureza do interesse jurídico violado.

Dentro dessa perspectiva, é correto dizer-se que o *ato nulo* (*nulidade absoluta*), desvalioso por excelência, viola norma de ordem pública, de natureza cogente, e carrega em si vício considerado grave.

O *ato anulável* (*nulidade relativa*), por sua vez, contaminado por vício menos grave, decorre da infringência de norma jurídica protetora de interesses eminentemente privados.

Tais premissas devem ser corretamente fixadas, uma vez que a natureza da nulidade determinará efeitos variados, interferindo, até mesmo, na legitimidade ativa para a arguição dos referidos vícios.

Além das principais categorias já apontadas (absoluta e relativa), as nulidades classificam-se em[4]:

a) *originária* e *sucessiva* – a primeira nasce com o próprio ato, contemporaneamente à sua formação; a segunda decorre de causa superveniente;

b) *total* e *parcial* – no primeiro caso, a nulidade atinge todo o ato, contaminando-o por inteiro; no segundo, a nulidade contamina apenas parte do negócio, mantendo-se as demais disposições que, à luz do princípio da conservação, podem ser preservadas[5].

O Código Civil de 2002, corretamente, adota a expressão "invalidade" como categoria genérica das subespécies de nulidade: *absoluta e relativa*, destinando um capítulo próprio para suas disposições gerais (arts. 166 a 184).

Todo o ato, pois, absoluta ou relativamente nulo (anulável) é considerado inválido. Entretanto, é bom que se diga que a simples *invalidade do instrumento não induz a do próprio negócio quando este se puder provar por outro modo*. A invalidade do instrumento onde se documentou o contrato, por exemplo, não acarreta a consequente e imediata nulidade do próprio negócio jurídico contratual, se for possível prová-lo por outra forma (art. 183 do CC/2002).

Do mesmo modo, a *invalidade parcial*, suprarreferida, não contamina as partes válidas e aproveitáveis de um negócio. Aliás, pelo mesmo fundamento (princípio da conservação), há regra legal no sentido de não implicar a invalidade da obrigação principal eventual defeito da obrigação acessória. O raciocínio inverso, todavia, não é admitido (art. 184 do CC/2002). Assim, a nulidade do contrato de penhor (acessório) não prejudica a validade da compra e venda que estava garantindo (principal). Todavia, a invalidade do contrato principal prejudica, por razões óbvias, a garantia acessória pactuada, por não lhe ser separável.

---

[4] Sobre o assunto, cf. Martinho Garcez Neto, *Temas Atuais de Direito Civil,* Rio de Janeiro: Renovar, 2000, p. 275-6.

[5] Denomina-se *redução* a operação pela qual retiram-se partes inválidas de um determinado negócio, preservando-se as demais. Cuida-se de uma medida sanatória do negócio jurídico. Nesse sentido, preleciona Carlos Alberto Bittar: "Dá-se *a redução* de negócios inválidos quando a causa de nulidade ou de anulabilidade reside em elemento não essencial de seu contexto. Nessa hipótese, tem-se por válido o negócio, aplicando-se o princípio da conservação, à luz da vontade hipotética ou conjectural, das partes. Assim, na análise da situação concreta, se se concluir que os interessados o teriam realizado na parte não atingida pela invalidade, prospera o negócio, extirpada a disposição afetada" (ob. cit., p. 170).

2. CONSIDERAÇÕES PRÉVIAS SOBRE A INEXISTÊNCIA DO ATO OU NEGÓCIO JURÍDICO

Embora verse o presente capítulo sobre a invalidade do negócio jurídico – ou seja, já superada a questão de sua existência –, parece-nos relevante tecer algumas considerações sobre o chamado ato (ou negócio) jurídico inexistente.

A doutrina tradicional, notadamente por meio da obra de AUBRY E RAU, propunha uma terceira classe de invalidade, além dos atos nulos e anuláveis, justamente os inexistentes, que seriam os atos que nem chegaram a se constituir juridicamente, sendo definidos por MARCEL PLANIOL como aqueles "a que falta um elemento essencial à sua formação, de modo que não se possa conceber a formação do ato na ausência desse elemento"[6].

Isso porque parte da doutrina, talvez considerando o fato de o nosso legislador não haver consagrado em norma expressa a *teoria da inexistência*, sufragou tese no sentido de que a nulidade absoluta do ato jurídico prejudicaria a sua própria existência, de forma que, em sendo nulo, *não chegaria nem a se formar...*

Nesse sentido, é a doutrina do Prof. ARNOLDO WALD: "O ato jurídico nulo é o que não chega a se formar em virtude da ausência de um elemento básico que é a declaração de vontade consciente"[7].

Com a devida *venia*, não aceitamos esse entendimento.

Dentro da divisão metodológica desenvolvida desde PONTES DE MIRANDA para a análise dos *planos de existência, validade e eficácia*, claro está que a ausência de declaração de vontade consciente interferirá, não no plano da validade, mas sim no existencial, consoante se demonstrou linhas acima.

Assim, situações em que nem há manifestação de vontade – como, v. g., as já mencionadas hipóteses da *coação física* (*vis absoluta*), com ação direta sobre o corpo da vítima, ou da hipnose, que neutraliza a capacidade volitiva do paciente – não podem sequer ser consideradas juridicamente existentes.

Se, por um lado, reconhecemos – como veremos – que a *declaração de nulidade absoluta* fulmina a eficácia do ato jurídico *ab initio*, como se nunca houvesse gerado efeitos, por outro, não se pode concluir, sob pena de se subverterem inadvertidamente os princípios vetores da teoria, que tal declaração admitiu a inexistência do negócio.

O ato existiu, mas, por ser *absolutamente nulo*, teve os seus efeitos completamente desconstituídos, retornando as partes ao *status quo ante*.

Esse é o melhor entendimento doutrinário, na nossa visão, embora, sob o prisma do direito positivo, as normas constantes no novo Código Civil, assim como no Código de 1916, acabem por dispensar tratamento apenas à *nulidade absoluta*, deixando de cuidar do aspecto existencial do negócio jurídico.

3. NULIDADE ABSOLUTA

Em sequência, passemos em revistas as hipóteses legais de nulidade absoluta.

---

[6] Marcel Planiol, *Traité Élémentaire de Droit Civil*, Paris: PUF, v. I, p. 326.

[7] Arnoldo Wald, *Curso de Direito Civil Brasileiro*, 8. ed., São Paulo: Revista dos Tribunais, 1995, p. 189.

O Código Civil de 1916, em seu art. 145, reputava nulo o negócio jurídico quando:

a) praticado por pessoa absolutamente incapaz (art. 5.º);

b) for ilícito ou impossível o seu objeto;

c) não revestir a forma prescrita em lei (arts. 82 e 130);

d) for preterida alguma solenidade que a lei considere essencial para a sua validade;

e) a lei taxativamente o declarar nulo ou lhe negar efeito.

O Código Civil de 2002, por sua vez, em seus arts. 166 e 167, adotando diretriz semelhante, com algumas modificações, considera nulo o negócio jurídico quando:

a) for celebrado por pessoa absolutamente incapaz;

b) for ilícito, impossível ou indeterminável o seu objeto;

c) o motivo determinante, comum a ambas as partes, for ilícito;

d) não revestir a forma prescrita em lei;

e) preterir alguma solenidade que a lei considere essencial para a sua validade;

f) tiver por objeto fraudar a lei imperativa;

g) a lei taxativamente o declarar nulo, ou proibir-lhe a prática, sem cominar sanção;

h) tiver havido simulação.

Analisando os termos das duas leis codificadas, conclui-se, com facilidade, que esses pressupostos legais enquadram-se perfeitamente no esquema teórico apresentado, quando se tratou do *Plano de Validade*:

De fato, são pressupostos de validade do negócio jurídico:

a) agente *capaz e legitimado*;

b) manifestação de vontade *livre e de boa-fé*;

c) forma *livre ou prescrita em lei*;

d) objeto *lícito, possível e determinado ou determinável*.

Como se vê, todas as hipóteses legais mencionadas estão diretamente relacionadas com um dos pressupostos estabelecidos de validade.

Talvez as únicas novidades consistam na previsibilidade da *causa* (*entendida como motivação típica do ato*) dentre os pressupostos de validade do negócio jurídico (art. 166, III, do CC/2002) e, bem assim, a *fraude à lei imperativa* (art. 166, VI, do CC/2002).

Quanto à causa, remetemos o leitor ao tópico 2.5 ("Algumas Palavras sobre a Causa nos Negócios Jurídicos") do Capítulo XI ("Plano de Existência do Negócio Jurídico"), oportunidade em que desenvolvemos a matéria.

No que diz respeito à *fraude à lei*, algumas observações devem ser feitas.

Primeiramente, não há que se confundir esta espécie de fraude, causa de nulidade absoluta, com a *fraude contra credores*, vício social do negócio jurídico e justificador de sua anulação, consoante já se anotou.

Trata-se da manobra engendrada pelo fraudador para violar dispositivo expresso de lei, objetivando esquivar-se de obrigação legal ou obter proveito ilícito. As legislações fiscal e trabalhista costumeiramente são atingidas por esta espécie de fraude, realizada sob diferentes formas[8].

A respeito do tema, preleciona MOREIRA ALVES:

> "Trata-se de negócio *in fraudem legis*, a respeito de cuja sanção há três posições defensáveis: a) o ato em fraude à lei é ineficaz, e, portanto, inoponível ao terceiro prejudicado; b) a ele se deve cominar a mesma sanção que a lei burlada impõe ao ato que a viola frontalmente; c) o ato fraudulento é nulo. O Projeto adotou terceira dessas soluções, e que – como salienta Alvino Lima – é a dominante"[9].

Note-se que a nulidade do ato, dada a gravidade do vício que porta – imagine-se um menor de dez anos celebrando um contrato de *leasing* ou o estabelecimento de um negócio que tenha por objeto a prestação de um serviço criminoso –, poderá ser arguida por *qualquer interessado ou pelo Ministério Público*, quando lhe couber intervir, podendo, inclusive, o próprio juiz *declará-la* de ofício, razão por que se diz que *a nulidade opera-se de pleno direito*.

Nesse sentido, o Código Civil de 2002[10]:

> "Art. 168. As nulidades dos artigos antecedentes podem ser alegadas *por qualquer interessado*, ou *pelo Ministério Público*, quando lhe couber intervir.
>
> Parágrafo único. As nulidades devem ser pronunciadas pelo *juiz*, quando conhecer do negócio jurídico ou dos seus efeitos e as encontrar provadas, não lhe sendo permitido supri-las, ainda que a requerimento das partes" (grifos nossos).

Impende notar ainda que o negócio nulo não admite confirmação[11] razão por que, constatando-se o vício, o ato há que ser *repetido, afastando-se o seu defeito*.

---

[8] Sobre o tema, a Consolidação das Leis do Trabalho, em seu art. 9.º, estabelece, de forma taxativa, que serão "nulos de pleno direito os atos praticados com o objetivo de desvirtuar, impedir ou fraudar a aplicação dos preceitos contidos na presente Consolidação", o que é um instrumental poderoso à disposição do magistrado para a efetivação dos direitos trabalhistas.

[9] José Carlos Moreira Alves, ob. cit., p. 120.

[10] No CC/1916, art. 146: "As nulidades do artigo antecedente podem ser alegadas por qualquer interessado, ou pelo Ministério Público, quando lhe couber intervir. Parágrafo único. Devem ser pronunciadas pelo juiz, quando conhecer do ato ou dos seus efeitos e as encontrar provadas, não lhe sendo permitido supri-las ainda quando a requerimento das partes".

[11] A doutrina não se entende neste ponto. O Código Civil de 1916 utilizava o termo "ratificação", duramente criticado por alguns juristas que entendem que o suprimento do ato viciado encontra melhor significado na palavra "confirmação". Para Caio Mário, "muitos escritores, e especialmente a doutrina francesa, costumam dizer que o ato nulo é insuscetível de confirmação que tomam como traduzindo ratificação. Entendemos serem diversas estas ideias, e, por isso, dizemos que o negócio jurídico não pode ser ratificado, mas lícito será confirmá-lo, se revestir a confirmação todos os requisitos, de fato e de direito, necessários à sua eficácia, e isto mesmo quando for possível sem afronta à mesma proibição que tornou nulo o primitivo. A nosso ver, portanto, confirmação importa na repetição do ato, escoimando-o da falha" (ob. cit., p. 406). Orlando Gomes, por sua vez, entende diferentemente e afirma ser a nulidade "incurável, porque as partes não podem saná-lo mediante confirmação, nem ao juiz é lícito supri-la" (ob. cit., p. 488). Sílvio Venosa, com a costumeira precisão, adotou posição intermediária, sustentando que "ratificar ou confirmar é dar validade a ato que poderia ser desfeito por decisão judicial" (ob. cit., p. 475). O novo Código Civil pôs fim à controvérsia e consagrou o termo "confirmação" para significar o suprimento da invalidade do ato por força da vontade das próprias partes, equivalendo à ideia tradicional de "ratificação" (cf. arts. 169, 172 a 175).

Nesse diapasão, figure-se o seguinte exemplo: Caio e Tício celebram um contrato, não obstante seja o primeiro absolutamente incapaz, não tendo havido intervenção do seu representante. O negócio, como se sabe, é absolutamente nulo. Superada a incapacidade, as partes não podem simplesmente *confirmá-lo*, por meio de um termo aditivo. Deverão renová-lo, repetindo-o em novo instrumento contratual, e com a observância de todos os requisitos formais de validade.

Tal repetição, todavia, só é aconselhada quando não se puder utilizar a medida sanatória especial de *conversão*, tema dos mais apaixonantes do Direito Civil, que será discutido em momento próprio.

Quanto ao aspecto da prescritibilidade, costuma a doutrina afirmar que *"se a nulidade é de negócio jurídico relativo a direito imprescritível, a ação para decretar-lhe a nulidade não prescreve jamais"*[12].

Nesse sentido, também ORLANDO GOMES: "... por fim, é perpétua, no sentido de que, em princípio, se não extingue por efeito da prescrição. O decurso do tempo não convalida o que nasceu inválido. Se nenhum efeito produz desde o nascimento, nenhum produzirá para todo o sempre. A qualquer tempo, é alegável"[13].

Em abono dessa tese, argumenta-se que o prazo prescricional previsto para as ações pessoais (art. 205 do CC/2002) *é uma regra genérica*, que não se compatibiliza com a característica da *perpetuidade* reconhecida à nulidade absoluta.

O Código Civil de 2002, seguindo este norte doutrinário, consagrou, em norma expressa, a *imprescritibilidade da declaração de nulidade do negócio jurídico*:

> "Art. 169. O negócio jurídico nulo não é suscetível de confirmação, *nem convalesce pelo decurso do tempo*" (grifos nossos).

Contudo, a despeito de a lei haver firmado norma expressa a respeito, não é facilmente aceita a teoria da *imprescritibilidade* dos efeitos do ato nulo.

Sim, o ato nulo produz efeitos, embora limitados à seara das relações fáticas!

Com efeito, não há como negar que o ato realmente existiu, embora se reconheça que esteja eivado de vícios que impossibilitam o reconhecimento de sua validade jurídica.

Tais atos geram, sem sombra de dúvida, efeitos concretos, que não podem deixar de se convalidar com o decurso do tempo. Os efeitos privados pela sanção da nulidade são os jurídicos, não havendo como se negar o fato de que a emissão destes atos gera efeitos na realidade concreta, ou seja, em outras palavras, a nulidade (absoluta ou relativa) somente é evidente no mundo ideal, exigindo a manifestação judicial para a declaração desta nulidade.

Conforme ensina MARIA HELENA DINIZ, mesmo "sendo nulo ou anulável o negócio jurídico, é imprescindível a manifestação do Judiciário a esse respeito, porque a nulidade não opera *ipso jure*. A nulidade absoluta ou relativa só repercute se for decretada judicialmente; caso contrário surtirá efeitos aparentemente queridos pelas partes; assim o ato negocial praticado por um incapaz terá, muitas vezes, efeitos até que o órgão judicante declare sua invalidade"[14].

---

[12] Marcos Bernardes de Mello, ob. cit., p. 38.
[13] Orlando Gomes, ob. cit., p. 488.
[14] Maria Helena Diniz, ob. cit., v. 1, p. 609.

Preferível, por isso, é o entendimento de que *a ação declaratória de nulidade é realmente imprescritível*, como, aliás, toda ação declaratória deve ser, mas os efeitos do ato jurídico – existente, porém nulo – sujeitam-se a prazo, que pode ser o prazo máximo prescricional para as pretensões pessoais (que, como se verá no capítulo próprio[15], foi reduzido pelo novo Código Civil de 20 para 10 anos) ou, como na maior parte dos casos, tratando-se de demanda de reparação civil, o novo prazo de 3 anos (CC/2002, art. 206, § 3.º, V).

Isso porque se a ação ajuizada for, do ponto de vista técnico, simplesmente declaratória, sua finalidade será apenas a de certificar uma situação jurídica da qual pende dúvida, o que *jamais poderia ser objeto de prescrição*.

Todavia, se a ação declaratória de nulidade for cumulada com pretensões condenatórias, como acontece na maioria dos casos de restituição dos efeitos pecuniários ou indenização correspondente, admitir-se a imprescritibilidade seria atentar contra a segurança das relações sociais. Neste caso, entendemos que prescreve sim *a pretensão condenatória*, uma vez que não é mais possível retornar ao estado de coisas anterior.

A evidente confusão nesta matéria parece-nos decorrente da imprecisão terminológica do CC/1916 (no que foi seguido, na espécie, pelo CC/2002) de não distinguir a inexistência do ato em relação à sua nulidade, o que leva diversos autores, nesse sentido, a prelecionar que a *"nulidade absoluta, ora é imprescritível (nos casos de matrimônio nulo, menos a hipótese do art. 208), ora prescreve, mas dentro do prazo das ações pessoais"*[16].

Por imperativo de segurança jurídica, melhor nos parece que se adote o critério da prescritibilidade da *pretensão condenatória* de perdas e danos ou restituição do que indevidamente se pagou, correspondente à nulidade reconhecida, uma vez que a situação consolidada ao longo de dez anos provavelmente já terá experimentado uma inequívoca aceitação social. Aliás, se a gravidade, no caso concreto, repudiasse a consciência social, que justificativa existiria para tão longo silêncio? Mais fácil crer que o ato já atingiu a sua finalidade, não havendo mais razão para desconsiderar os seus efeitos.

Em síntese: *a imprescritibilidade dirige-se, apenas, à declaração de nulidade absoluta do ato, não atingindo as eventuais pretensões condenatórias correspondentes*.

Nessa linha de raciocínio, cumpre analisar os *efeitos* da declaração de nulidade do negócio jurídico.

Por se tratar de sentença proferida no bojo de *ação declaratória de nulidade*, salvo norma especial em sentido contrário, os seus efeitos retroagem até a data da realização do ato, invalidando-o *ab initio* (efeitos *ex tunc*).

Declarado nulo o ato, as partes restituir-se-ão ao estado em que antes dele se achavam, e, não sendo possível restituí-las, serão indenizadas com o equivalente.

Nesse sentido o art. 182 do CC/2002 é expresso[17]:

> "Art. 182. Anulado o negócio jurídico, restituir-se-ão as partes ao estado em que antes dele se achavam, e, não sendo possível restituí-las, serão indenizadas com o equivalente".

---

[15] Confira-se o Capítulo XVIII ("Prescrição e Decadência") para mais detalhes.
[16] Washington de Barros Monteiro, ob. cit., p. 277-8.
[17] No CC/1916, *vide* art. 158.

Vale advertir que a expressão "anulado", consignada na norma, deve ser entendida em sentido amplo, de forma a abranger também a nulidade absoluta.

Finalmente, uma última observação se impõe. Embora o corolário da prática de um ato jurídico por um absolutamente incapaz seja a declaração de sua nulidade absoluta, com o retorno ao *status quo ante*, no campo do Direito do Trabalho, em função de seus princípios próprios e pela impossibilidade fática de restituição da força de trabalho colocada à disposição, tem-se admitido que, embora nulo, o contrato de trabalho do menor proibido de trabalhar gera repercussões pecuniárias, para evitar-se o enriquecimento sem causa do tomador da mão de obra.

4. NULIDADE RELATIVA (ANULABILIDADE)

Conforme já mencionamos, o ato anulável (nulidade relativa) padece de vício menos grave, por violar interesses meramente particulares.

Em uma escala axiológica crescente de ilicitude, a nulidade relativa encontra-se a meio caminho, entre a nulidade absoluta e a plena validade do negócio jurídico.

"Nesta hipótese", pontifica SILVIO RODRIGUES, "procura o legislador proteger um interesse particular, quer de pessoa que não atingiu ainda o pleno desenvolvimento mental, como o menor púbere ou o silvícola, quer de pessoa que tenha concordado em virtude de um vício de vontade, quer, ainda, de indivíduo que tenha sido ludibriado pela simulação ou pela fraude. Aqui o interesse social é mediato, de maneira que o ordenamento jurídico, conferindo ação ao prejudicado, não toma qualquer iniciativa e se dispõe a validar o ato, se o interessado não promover a sua anulação"[18].

Segundo o Código Civil de 1916, justificavam a anulabilidade do ato (art. 147):

a) a *incapacidade relativa* do agente;

b) a existência de algum vício de consentimento ou social: *o erro, o dolo, a coação, a simulação e a fraude*.

O Código Civil de 2002 modifica pouco esta estrutura normativa.

Com efeito, nos termos do seu art. 171, é anulável o negócio jurídico, além de outros casos expressamente previstos em lei[19]:

a) por *incapacidade relativa do agente*;

b) por vício resultante de *erro, dolo, coação, estado de perigo, lesão ou fraude contra credores*.

A Nova Lei Codificada, conforme já se disse, converte a simulação em causa de *nulidade absoluta* do ato jurídico (art. 167 do CC/2002), inserindo, no campo da anulabilidade, dois novos defeitos, analisados anteriormente: *a lesão e o estado de perigo*.

Diferentemente da nulidade absoluta, a relativa (anulabilidade), que não tem efeito antes de julgada por sentença, *não poderá ser pronunciada de ofício*, exigindo, pois, para o seu reconhecimento, *alegação dos legítimos interessados*:

---

[18] Silvio Rodrigues, *Direito civil – Parte Geral,* 12. ed., São Paulo: Saraiva, 1981, v. 1, p. 296.

[19] Tome-se o seguinte exemplo de anulabilidade prevista fora da regra geral: "Art. 496. É anulável a venda de ascendente a descendente, salvo se os outros descendentes e o cônjuge do alienante expressamente houverem consentido" (no CC/1916, corresponde ao art. 1.132).

> "Art. 177. A anulabilidade não tem efeito antes de julgada por sentença, nem se pronuncia de ofício; só os interessados a podem alegar, e aproveita exclusivamente aos que a alegarem, salvo o caso de solidariedade ou indivisibilidade"[20].

Se o objeto do negócio jurídico (e da própria relação obrigacional daí decorrente) for indivisível – um animal de raça, por exemplo –, ou houver solidariedade ativa ou passiva entre as partes – quando cada um dos declarantes tem direito ou está obrigado à dívida toda – a arguição de nulidade relativa feita por um dos envolvidos aproveita aos demais interessados.

Aliás, o melhor entendimento é no sentido de que se trata de pessoa *juridicamente interessada*, vale dizer, *o próprio declarante* que foi parte no negócio, *ou o seu representante legal*.

Interesse meramente econômico ou moral não legitima a alegação.

A impugnação do ato anulável dá-se por meio de *ação anulatória de negócio jurídico*, cujo prazo decadencial é de quatro anos (art. 178 do CC/2002)[21], contando-se da seguinte forma:

a) no caso de coação, do dia em que ela cessar;

b) no de erro, dolo, fraude contra credores, estado de perigo ou lesão, do dia em que se realizou o negócio jurídico;

c) no de atos de incapazes, do dia em que cessar a incapacidade.

Este prazo é reduzido para dois anos no caso de a norma legal não estabelecer prazo para a anulação:

> "Art. 179. Quando a lei dispuser que determinado ato é anulável, sem estabelecer prazo para pleitear-se a anulação, será este de dois anos, a contar da data da conclusão do ato".

Na hipótese, por exemplo, de anulação da venda de ascendente a descendente, realizada sem o consentimento dos demais herdeiros necessários, a lei cuida, apenas, de prever a anulabilidade do negócio sem estabelecer prazo para a sua invalidação (art. 496 do CC/2002). Nesse caso, o prazo será de dois anos, aplicando-se o referido art. 179.

A anulação do negócio, todavia, deve ser sempre providência secundária.

Por força do *princípio da conservação* – em virtude do qual deve-se tentar ao máximo aproveitar o negócio jurídico viciado –, a doutrina civilista reconheceu existirem medidas *sanatórias* do ato nulo ou anulável, consistentes em "instrumentos jurídicos destinados a salvaguardar a manifestação de vontade das partes, preservando-a da deficiência que inquina o ato"[22].

Essas *medidas sanatórias*, por sua vez, comportam a seguinte classificação[23]:

a) *medidas involuntárias* – decorrem diretamente da lei, não concorrendo, para a sua configuração, a vontade das partes (a prescrição[24], por exemplo);

---

[20] No CC/1916, art. 152.
[21] No CC/1916, art. 178, § 9.º, *a, b, c* e *d*.
[22] Raquel Campani Schmiedel, apud José Abreu, ob. cit., p. 354.
[23] Cf., a respeito dessa classificação e outros pontos do tema, a excelente e festejada obra da Profa. Rachel Campani Schmiedel, *Negócio Jurídico: Nulidade e Medidas Sanatórias*, São Paulo: Saraiva, 1981.
[24] Registre-se haver autores que preferem utilizar a expressão *"convalidação"* para caracterizar o convalescimento do ato anulável por força do decurso do tempo. Nesse sentido, cf. Marcos Bernardes de Mello, ob. cit., p. 190.

b) *medidas voluntárias* – derivam da vontade das partes (a confirmação, a redução e a conversão substancial, por exemplo).

No que tange especificamente ao ato anulável, objeto do presente tópico, especial atenção merece a *medida sanatória da confirmação.*

A *confirmação*, que alguns preferem denominar *ratificação*, consoante já se anotou, é *medida sanatória voluntária*, própria dos atos anuláveis, e consistente em uma *declaração de vontade* que tem por objetivo validar um negócio jurídico defeituoso por erro, dolo, coação, lesão, estado de perigo ou fraude contra credores[25], desde que já se encontre escoimado o vício de que padecia.

Seus efeitos retroagem à data do negócio que se pretende confirmar.

Nesse sentido, já previa o Código de 1916:

"Art. 148. O ato anulável pode ser ratificado pelas partes, salvo direito de terceiro. A ratificação retroage à data do ato".

A esse respeito, o Código Civil de 2002 dispõe:

"Art. 172. O negócio anulável pode ser confirmado pelas partes, salvo direito de terceiro".

Em tal hipótese, se um determinado contrato foi firmado por força de ameaça (coação moral), e, posteriormente, verifica-se que a avença acabou favorecendo o coagido, pode este confirmar o negócio, renunciando, por conseguinte, ao direito de anulá-lo.

Essa confirmação poderá ser:

a) *expressa* – quando as partes manifestam firme e claro propósito de reafirmar todos os termos do negócio. A confirmação expressa deve conter a substância do negócio celebrado e a vontade expressa de mantê-lo (art. 173 do CC/2002);

b) *tácita* – neste caso, mesmo não manifestando explícito interesse de confirmá-lo, a parte comporta-se diante da outra nesse sentido. É o que ocorre quando, a despeito do vício, o devedor, que poderia alegá-lo, cumpre a sua obrigação (art. 174 do CC/2002).

Registre-se que, na forma do art. 176 do CC/2002, se a "anulabilidade do ato resultar da falta de autorização de terceiro, será validado se este a der posteriormente", o que deve, em regra, ser feito de forma expressa, não se admitindo, salvo regra excepcional, a prova de uma autorização tácita.

É desnecessário observar que a confirmação expressa ou tácita importa a extinção de todas as ações ou defesas de que dispunha a vítima do defeito negocial contra a outra parte (art. 175 do CC/2002).

Entretanto, é bom que se diga que, em nenhuma hipótese, a confirmação poderá violar direito de terceiro de boa-fé[26].

---

[25] Na vigência do CC/1916: erro, dolo, coação, simulação e fraude contra credores.

[26] "Nulidade de ato jurídico praticado por incapaz antes da sentença de interdição. Reconhecimento da incapacidade e da ausência de notoriedade. Proteção do adquirente de boa-fé. Precedentes da Corte. 1. A decretação da nulidade do ato jurídico praticado pelo incapaz não depende da sentença de interdição. Reconhecida pelas instâncias ordinárias a existência da incapacidade, impõe-se a decretação da nulidade, protegendo-se o adquirente de boa-fé com a retenção do imóvel até a devolução

Este elemento psicológico (a boa-fé), a despeito da omissão legal, é pressuposto inafastável para que se reconheça o impedimento da confirmação em prejuízo do terceiro.

Se um terceiro de má-fé experimentar prejuízo em decorrência da confirmação de um determinado negócio jurídico, nada poderá alegar, uma vez que a lei não deve tutelar os inescrupulosos.

Exemplo difundido pela doutrina pátria de hipótese em que se não admitiria a confirmação, sob pena de lesão a direito de terceiro de boa-fé, é sufragado por WASHINGTON DE BARROS MONTEIRO, havendo perfeita aplicabilidade ao sistema do novo Código Civil: "um menor relativamente incapaz aliena prédio de sua propriedade sem a observância das formalidades legais; mais tarde, depois de haver adquirido plena capacidade civil, vende o mesmo imóvel a terceiro. É evidente que, nesse caso, não poderá ratificar a primeira alienação, porque tal ratificação afeta os direitos do segundo adquirente. Conseguintemente, a confirmação não é eficaz contra esse segundo comprador, *ex vi* do disposto no art. 148 [*art. 172 do CC/2002*] do Código"[27].

A ideia de boa-fé também está presente em duas outras regras específicas, em que se preserva o interesse de quem não deu causa à anulação do negócio jurídico, sem prejuízo da disciplina geral de proteção aos incapazes, a saber:

> "Art. 180. O menor, entre dezesseis e dezoito anos, não pode, para eximir-se de uma obrigação, invocar a sua idade se dolosamente a ocultou quando inquirido pela outra parte, ou se, no ato de obrigar-se, declarou-se maior".

> "Art. 181. Ninguém pode reclamar o que, por uma obrigação anulada, pagou a um incapaz, se não provar que reverteu em proveito dele a importância paga".

Finalmente, assim como fizemos para a nulidade absoluta, cumpre-nos analisar os efeitos da anulabilidade ou nulidade relativa do negócio jurídico.

Em linha de princípio, cumpre fixar que a sentença proferida ao final da *ação anulatória de negócio jurídico* tem natureza *desconstitutiva* ou *constitutiva negativa*, uma vez que determina, em seu comando sentencial, *o desfazimento do ato*, e, por consequência, a *extinção da relação jurídica viciada*.

Ora, partindo-se da premissa assentada na doutrina processual civil de que a *sentença constitutiva* (*positiva ou negativa*) não tem eficácia retro-operante, mas, sim, possui efeitos para o futuro (*ex nunc*), pode-se chegar à falsa conclusão de que isso também ocorre na *sentença anulatória de ato jurídico*.

De fato, as sentenças desconstitutivas em geral possuem efeitos para o futuro (*ex nunc*), a exemplo da que *decreta a separação judicial de um casal*, dissolvendo a sociedade conjugal. Somente após o trânsito em julgado da sentença, as partes (na separação litigiosa) ou os interessados (na separação consensual) podem-se considerar civilmente separados.

---

do preço pago, devidamente corrigido, e a indenização das benfeitorias, na forma de precedente da Corte. 2. Recurso especial conhecido e provido" (STJ, 3.ª T., REsp 296.895/PR, Rel. Min. Carlos Alberto Menezes Direito, *DJ*, 21-6-2004, p. 214).

[27] Washington de Barros Monteiro, ob. cit., p. 278.

Ocorre que a ilicitude do ato anulável, a despeito de desafiar *sentença desconstitutiva*, exige que a eficácia sentencial seja retroativa (*ex tunc*), sob pena de se coroarem flagrantes injustiças.

Figuremos a seguinte hipótese: um indivíduo, vítima de *lesão*, foi levado, por necessidade, a celebrar um contrato cujas prestações eram consideravelmente desproporcionais. Por força da avença viciada, o lesado fora induzido a prestar um sinal (arras confirmatórias) no valor de quinze mil reais. Posteriormente, cuidou de anular o ato viciado, pleiteando, inclusive, o que indevidamente pagou. Ora, tal situação demonstra claramente que a maior virtude da anulabilidade do ato é, exatamente, restituir as partes ao estado anterior em que se encontravam, em todos os seus termos. E, obviamente, tal propósito só é possível se se reconhecer à sentença anulatória efeitos retro-operantes.

Nesse sentido, justificando o entendimento de que a sentença anulatória, *a despeito de ser constitutiva negativa*, possui efeitos *ex tunc*, e não *ex nunc*, leia-se o art. 182 do Código Civil de 2002:

> "Art. 182. Anulado o negócio jurídico, *restituir-se-ão as partes ao estado em que antes dele se achavam*, e, não sendo possível restituí-las, serão indenizadas com o equivalente" (grifos nossos).

E para que não haja dúvida quanto à eficácia retroativa (*ex tunc*) da anulação do ato negocial, cumpre transcrever a lúcida preleção do Prof. HUMBERTO THEODORO JÚNIOR:

> "São casos especiais de sentença constitutiva: a) sentença que anula o ato jurídico por incapacidade relativa do agente, ou vício de erro, dolo, coação, simulação ou fraude, porque sua eficácia é *ex tunc* em decorrência do art. 158 do Código Civil, que manda, *in casu*, sejam as partes restituídas ao estado em que se achavam antes do ato anulado"[28].

Cumpre advertir ainda que a anulação do ato negocial, sem pedido expresso de restituição da coisa indevidamente transferida ao réu, não permite ao juiz concedê-lo de ofício, à luz do princípio processual do *nemo judex sine actore*. Da mesma forma, para o reconhecimento dos efeitos *ex tunc* da sentença constitutiva negativa, é imprescindível uma determinação judicial expressa de retroação dos efeitos, por uma questão básica de estabilidade e segurança jurídica.

Nesse sentido, é o pensamento do Prof. OVÍDIO BAPTISTA:

> "As ações constitutivas, pelas quais se busque obter a desconstituição de atos ou negócios jurídicos, quando não cumuladas com alguma demanda de restituição da posse da coisa eventualmente transferida ao réu em virtude do cumprimento do negócio jurídico desfeito, não têm eficácia capaz de autorizar o juiz, ao julgá-la procedente, a ordenar a restituição. A anulação, rescisão ou revogação do ato ou negócio jurídico não envolve, necessariamente, qualquer pretensão à restituição da posse, que somente poderá compor outra demanda, inconfundível com a ação constitutiva negativa. Especialmente nos casos em que o negócio jurídico desconstituído pela sentença haja servido de base para uma nova transferência da

---

[28] Humberto Theodoro Júnior, *Curso de Direito Processual Civil*, 18. ed., Rio de Janeiro: Forense, 1996, v. I, p. 519.

coisa a terceiro de boa-fé, torna-se visível a impropriedade de tratar-se de restituição da coisa como mera questão da lide constitutiva"[29].

5. QUADRO GERAL COMPARATIVO: NULIDADE ABSOLUTA × NULIDADE RELATIVA

Em conclusão, com fundamento em tudo que se expôs, cuidaremos de apresentar um quadro comparativo entre *a nulidade absoluta e a nulidade relativa,* ressaltando os seus efeitos e características peculiares:

NULIDADE ABSOLUTA

1. O ato nulo atinge interesse público superior.

2. Opera-se de pleno direito.

3. Não admite confirmação.

4. Pode ser arguida pelas partes, por terceiro interessado, pelo Ministério Público, quando lhe couber intervir, ou, até mesmo, pronunciada de ofício pelo juiz.

5. A ação declaratória de nulidade é decidida por sentença de natureza declaratória de efeitos *ex tunc.*

6. Pode ser reconhecida, segundo o novo Código Civil, a qualquer tempo, não se sujeitando a prazo prescricional ou decadencial.

NULIDADE RELATIVA (ANULABILIDADE)

1. O ato anulável atinge interesses particulares, legalmente tutelados.

2. Não se opera de pleno direito.

3. Admite confirmação expressa ou tácita.

4. Somente pode ser arguida pelos legítimos interessados.

5. A ação anulatória é decidida por sentença de natureza desconstitutiva de efeitos *ex tunc.*

6. A anulabilidade somente pode ser arguida, pela via judicial, em prazos decadenciais de quatro (regra geral) ou dois (regra supletiva) anos, salvo norma específica em sentido contrário.

6. CONVERSÃO DO NEGÓCIO JURÍDICO

Considerando a importância deste tema, nem sempre tratado com a devida atenção pelos manuais de Direito Civil, cuidamos de desenvolvê-lo em tópico autônomo.

A conversão, figura muito bem desenvolvida pelo Direito Processual Civil, constitui, no Direito Civil, à luz do *princípio da conservação,* uma importante medida sanatória dos atos nulo e anulável.

---

[29] Ovídio Baptista da Silva, *Curso de Processo Civil – Processo de Conhecimento,* 4. ed., São Paulo: Revista dos Tribunais, 1998, v. 1, p. 192.

Deve-se mencionar, nesse ponto, que, a despeito de a *conversão* poder ser invocada para os *atos anuláveis*, seu maior campo de aplicação, indiscutivelmente, é na seara dos *atos nulos*, uma vez que os primeiros admitem *confirmação*, o que não é possível para os últimos.

É bom que se diga que o Código Civil de 1916, nesse particular, diferentemente do Código Civil alemão (BGB)[30], não consagrou, em norma expressa, *a conversão substancial do negócio jurídico*.

O Código Civil de 2002, por sua vez, colocando-se ao lado dos ordenamentos jurídicos mais modernos, admitiu a medida para os negócios jurídicos nulos:

> "Art. 170. Se, porém, o *negócio jurídico nulo* contiver os requisitos de outro, subsistirá este quando o fim a que visavam as partes permitir supor que o teriam querido, se houvessem previsto a nulidade" (grifamos).

Nesse contexto, o Prof. MARCOS BERNARDES DE MELLO define essa medida conservatória nos seguintes termos: "consiste no expediente técnico de aproveitar-se como outro ato jurídico válido aquele inválido, nulo ou anulável, para o fim a que foi realizado"[31].

CARLOS ALBERTO BITTAR, por seu turno, com acuidade, afirma que a

> "conversão é, pois, a operação pela qual, com os elementos materiais de negócio nulo ou anulado, se pode reconstituir outro negócio, respeitadas as condições de admissibilidade. Cuida-se de expediente técnico que o ordenamento põe à disposição dos interessados para imprimir expressão jurídica a manifestações de vontade negocial, não obedientes, no entanto, a pressupostos ou a requisitos"[32].

JOÃO ALBERTO SCHUTZER DEL NERO, em sua excelente tese de doutoramento *Conversão Substancial do Negócio Jurídico*, posteriormente convertida em obra jurídica, adverte que GIUSEPPE SATTA, na Itália, assim define a conversão:

> "Na linguagem comum, entende-se por conversão o ato por força do qual, em caso de nulidade do negócio jurídico querido principalmente, abre-se às partes o caminho para fazer valer outro, que se apresenta como que compreendido no primeiro e encontra nos escombros (*rovine*) deste os requisitos necessários para a sua existência, de que seriam exemplos: a) uma venda simulada, que poderia conter os requisitos de uma doação; e b) um ato público nulo, que poderia conter os requisitos de uma escritura privada"[33].

Trata-se, portanto, de uma medida sanatória, *por meio da qual aproveitam-se os elementos materiais de um negócio jurídico nulo ou anulável, convertendo-o, juridicamente, e de acordo com a vontade das partes, em outro negócio válido e de fins lícitos*.

Retira-se, portanto, o ato negocial da categoria em que seria considerado inválido, inserindo-o em outra, na qual a nulidade absoluta ou relativa que o inquina será considerada sanada, à luz do princípio da conservação.

---

[30] No BGB, a respeito da conversão, cf. o § 140.
[31] Marcos Bernardes de Mello, ob. cit., p. 209.
[32] Carlos Alberto Bittar, ob. cit., p. 171.
[33] João Alberto Schutzer Del Nero, *Conversão Substancial do Negócio Jurídico*, Rio de Janeiro: Renovar, 2001, p. 299-300.

Nesse diapasão, atente-se para a advertência de KARL LARENZ, no sentido de que *não se admite a conversão se o negócio perseguido pelas partes persegue fins imorais ou ilícitos*[34].

A conversão exige, para a sua configuração, a concorrência dos seguintes pressupostos:

a) material – *aproveitam-se os elementos fáticos do negócio inválido, convertendo-o para a categoria jurídica do ato válido*[35];

b) imaterial – *a intenção dos declarantes direcionada à obtenção da conversão negocial e consequente recategorização jurídica do negócio inválido.*

Podem-se apontar alguns exemplos de *conversão substancial*: a nota promissória nula por inobservância dos requisitos legais de validade é *aproveitada* como confissão de dívida; a doação *mortis causa*, inválida segundo boa parte da doutrina brasileira, *converte-se* em legado, desde que respeitadas as normas de sucessão testamentária, e segundo a vontade do falecido; o contrato de compra e venda de imóvel valioso, firmado em instrumento particular, nulo de pleno direito por vício de forma, *converte-se* em promessa irretratável de compra e venda, para a qual não se exige a forma pública.

Trata-se, nesse tópico, da *conversão substancial*, a qual diz respeito ao conteúdo do negócio jurídico em si, e não da conversão simplesmente formal ou legal[36].

Os estudiosos do Direito Processual Civil desenvolveram com maestria a figura jurídica sob análise, principalmente no campo da tutela possessória, em que se admite a *fungibilidade ou conversibilidade dos interditos*, nos termos do art. 554 do Código de Processo Civil de 2015:

> "Art. 554. A propositura de uma ação possessória em vez de outra não obstará a que o juiz conheça do pedido e outorgue a proteção legal correspondente àquela cujos pressupostos estejam provados".

Seguindo essa diretriz, embora ajuizada *ação de manutenção de posse,* com *causa de pedir consistente na turbação,* se o juiz se convencer tratar-se de *esbulho*, não indeferirá a inicial, uma vez que, *por força da conversibilidade dos interditos*, poderá outorgar a proteção legal adequada, ordenando a expedição de mandado de reintegração de posse.

Aliás, recentemente, o Superior Tribunal de Justiça admitiu a conversão de um inventário em procedimento de herança jacente, justificando tal providência no princípio da economia processual[37].

---

[34] Karl Larenz, *Derecho Civil – Parte General,* Ed. Revista de Derecho Privado, 1978, p. 643.

[35] Neste sentido, é o Enunciado 13 da I Jornada de Direito Civil da Justiça Federal: "Art. 170. O aspecto objetivo da conversão requer a existência do suporte fático no negócio a converter-se".

[36] Exemplo de conversão legal, combatido por Pontes de Miranda, é encontrado no art. 1.083 do CC/1916: "a aceitação fora do prazo, com adições, restrições, ou modificações, importará nova proposta". De fato, assiste razão ao mestre alagoano, uma vez que a "conversão" da aceitação em proposta, por simples determinação legal e sem concorrência da vontade das partes não pode ser igualada à figura de que se está tratando (cf. Marcos Bernardes de Mello, ob. cit., p. 214).

[37] STJ, 4.ª Turma, REsp 147959-SP, Rel. Min. Sálvio de Figueiredo Teixeira.

Em outra oportunidade, o mesmo Tribunal admitiu a conversão de procedimento de jurisdição voluntária em contenciosa, sob o argumento de que "o sistema das nulidades processuais no direito brasileiro prestigia o aproveitamento dos atos processuais, desde que a finalidade tenha sido alcançada e não haja prejuízo para qualquer das partes"[38].

Ora, é inaceitável que uma matéria de tamanha importância prática, e inequívoca aplicação social, não mereça o mesmo tratamento por parte do Direito Civil brasileiro.

O jurista precisa notar que a *conversão substancial do negócio jurídico* é medida de alto valor, principalmente no campo do Direito Contratual, e, por isso mesmo, não merece permanecer adormecida nos velhos livros de Teoria Geral.

Talvez com a aprovação do novo Código Civil, que em seu art. 170 consagra em norma legal expressa esta medida sanatória, a conversão passe a gozar de maior aplicabilidade e prestígio no Direito brasileiro.

Ressaltando a importância do tema, cumpre invocar, em conclusão, as palavras de JUNQUEIRA DE AZEVEDO, registradas na *apresentação* da supramencionada obra de DEL NERO:

"A conversão, instituto posto a meio caminho entre as exigências formais do Direito e as exigências substanciais da Justiça, é figura que atenua as exigências do direito estrito, permitindo, conforme o princípio da conservação dos negócios jurídicos – tomado em sua acepção mais ampla – o aproveitamento de atos realizados"[39].

Trata-se, realmente, da melhor orientação sobre o tema.

Para encerrar este capítulo, faremos uma digressão final acerca da invalidade do negócio jurídico, diante da nova disciplina da capacidade civil decorrente do Estatuto da Pessoa com Deficiência.

7. INVALIDADE DO NEGÓCIO JURÍDICO EM FACE DO NOVO CONCEITO DE CAPACIDADE CIVIL[40]

Uma questão que tem sido objeto de profunda inquietação, dada a ausência de diretrizes nítidas sobre a sua disciplina jurídica, diz respeito ao tratamento da validade do negócio jurídico celebrado por pessoa com deficiência.

Como se sabe, a Convenção Internacional sobre os Direitos das Pessoas com Deficiência e o seu Protocolo Facultativo, assinados em Nova York, em 30 de março de 2007, foram ratificados pelo Congresso Nacional por meio do Decreto Legislativo n. 186, de 9 de julho de 2008.

Trata-se de uma Convenção dotada de natureza jurídica diferenciada, na medida em que **tem força de Emenda Constitucional**.

Pois bem.

---

[38] STJ, 4.ª Turma, REsp 238573-SE, Rel. Min. Sálvio de Figueiredo Teixeira.
[39] João Alberto Schutzer Del Nero, ob. cit. Apresentação de Antonio Junqueira de Azevedo.
[40] Tópico baseado no seguinte texto: STOLZE, Pablo. A invalidade do negócio jurídico em face do novo conceito de capacidade civil. *Revista Jus Navigandi*, Teresina, ano 23, n. 5.538, 30 ago. 2018. Disponível em: <https://jus.com.br/artigos/68666>. Acesso em: 6 set. 2018.

Essa Convenção, em seu artigo 12, item 2, expressamente dispôs:

"Artigo 12[41]

Reconhecimento igual perante a lei

2. Os Estados Partes reconhecerão que **as pessoas com deficiência gozam de capacidade legal em igualdade de condições com as demais pessoas em todos os aspectos da vida**" (grifei).

É de clareza meridiana, portanto, que a nova concepção da "capacidade", em uma perspectiva inclusiva e não discriminatória, não é fruto do Estatuto da Pessoa com Deficiência – que atuou apenas em nível legal regulamentar, conforme lembra o excelente FLÁVIO TARTUCE[42] –, mas da própria Convenção, inserida no ordenamento pátrio com matiz de norma constitucional.

Vale dizer, foi a própria Convenção de Nova York que estabeleceu o novo paradigma da capacidade, para, nesse novo conceito – rompendo com a antiga dualidade capacidade de direito x de fato –, contemplar todas as pessoas, mesmo aquelas que, para atuar, se valham de um instituto assistencial ou protetivo[43].

Por isso, é fácil perceber que o novo conceito de capacidade fora moldado não no simples cadinho da regra civil, mas na poderosa forja da norma constitucional.

---

[41] Convenção de Nova York: "Artigo 12. Reconhecimento igual perante a lei. 1. Os Estados Partes reafirmam que as pessoas com deficiência têm o direito de ser reconhecidas em qualquer lugar como pessoas perante a lei. 2. Os Estados Partes reconhecerão que as pessoas com deficiência gozam de capacidade legal em igualdade de condições com as demais pessoas em todos os aspectos da vida. 3. Os Estados Partes tomarão medidas apropriadas para prover o acesso de pessoas com deficiência ao apoio que necessitarem no exercício de sua capacidade legal. 4. Os Estados Partes assegurarão que todas as medidas relativas ao exercício da capacidade legal incluam salvaguardas apropriadas e efetivas para prevenir abusos, em conformidade com o direito internacional dos direitos humanos. Essas salvaguardas assegurarão que as medidas relativas ao exercício da capacidade legal respeitem os direitos, a vontade e as preferências da pessoa, sejam isentas de conflito de interesses e de influência indevida, sejam proporcionais e apropriadas às circunstâncias da pessoa, se apliquem pelo período mais curto possível e sejam submetidas à revisão regular por uma autoridade ou órgão judiciário competente, independente e imparcial. As salvaguardas serão proporcionais ao grau em que tais medidas afetarem os direitos e interesses da pessoa. 5. Os Estados Partes, sujeitos ao disposto neste Artigo, tomarão todas as medidas apropriadas e efetivas para assegurar às pessoas com deficiência o igual direito de possuir ou herdar bens, de controlar as próprias finanças e de ter igual acesso a empréstimos bancários, hipotecas e outras formas de crédito financeiro, e assegurarão que as pessoas com deficiência não sejam arbitrariamente destituídas de seus bens".

[42] "A propósito, cabe lembrar que o Estatuto da Pessoa com Deficiência regulamenta a Convenção de Nova York, tratado de direitos humanos do qual o Brasil é signatário, e que gera efeitos como emenda constitucional (art. 5.º, § 3.º, da CF/1988 e Decreto 6.949/2009)". TARTUCE, Flávio. Alterações do Código Civil pela Lei 13.146/2015 (Estatuto da Pessoa com Deficiência). Repercussões para o direito de família e confrontações com o Novo CPC. Parte II. Disponível em: <http://www.migalhas.com.br/FamiliaeSucessoes/104,MI225871,51045-Alteracoes+do+Codigo+Civil+pela+lei+131462015+Estatuto+da+Pessoa+com>. Acesso em: 13 ago. 2018.

[43] O insuperável civilista LUIZ EDSON FACHIN, por ocasião do julgamento da medida liminar da ADI 5.357, afirmou que "a Convenção Internacional sobre os Direitos da Pessoa com Deficiência concretiza o princípio da igualdade como fundamento de uma sociedade democrática que respeita a dignidade humana".

7.1. A Lei Brasileira de Inclusão (Estatuto da Pessoa com Deficiência)

Resta, pois, fixada a premissa de que o art. 12 da Convenção de Nova York, vigorando em todo o território brasileiro com força de norma constitucional, explicitamente reconstruiu o paradigma da capacidade, em uma perspectiva inclusiva e afinada com o princípio da dignidade da pessoa humana.

Com isso, o Estatuto da Pessoa com Deficiência (Lei n. 13.146, de 6-7-2015), nada mais fez do que dar aplicabilidade específica às normas internacionais.

E, por óbvio, sob pena de manifesta inconstitucionalidade, não poderia o Estatuto ir de encontro à Convenção.

Com a entrada em vigor do Estatuto, vale salientar, a pessoa com deficiência não seria mais tecnicamente considerada civilmente incapaz, na medida em que, respeitando a diretriz da Convenção de Nova York, os arts. 6.º e 84 do mesmo diploma legal deixam claro que a deficiência não afeta a plena capacidade civil da pessoa:

"Art. 6º A deficiência **não afeta a plena capacidade civil da pessoa**, inclusive[44] para:

I – casar-se e constituir união estável;

II – exercer direitos sexuais e reprodutivos;

III – exercer o direito de decidir sobre o número de filhos e de ter acesso a informações adequadas sobre reprodução e planejamento familiar;

IV – conservar sua fertilidade, sendo vedada a esterilização compulsória;

V – exercer o direito à família e à convivência familiar e comunitária; e

VI – exercer o direito à guarda, à tutela, à curatela e à adoção, como adotante ou adotando, em igualdade de oportunidades com as demais pessoas" (grifei).

"Art. 84. A pessoa com deficiência tem assegurado **o direito ao exercício de sua capacidade legal em igualdade de condições com as demais pessoas**" (grifei).

Este último dispositivo é claro: a pessoa com deficiência é legalmente capaz, ainda que pessoalmente não exerça os direitos postos à sua disposição.

Poder-se-ia afirmar, então, que o Estatuto inaugura um novo conceito de capacidade, paralelo àquele previsto no art. 2.º do Código Civil[45]?

Em nosso sentir, não há um novo conceito, voltado às pessoas com deficiência, paralelo ao conceito geral do Código Civil.

Se assim fosse, haveria um viés discriminatório e inconstitucional.

Em verdade, o conceito de capacidade civil foi reconstruído e ampliado.

E já se notam reflexos na jurisprudência:

"APELAÇÃO CÍVEL – AÇÃO DE INTERDIÇÃO – LEI N. 13.146/15 – DEFICIENTES – PLENA CAPACIDADE CIVIL – NOMEAÇÃO DE CURADOR – POSSIBILIDADE –

---

[44] Note-se que o emprego da expressão "inclusive" é proposital, para afastar qualquer dúvida acerca da capacidade de pessoa com deficiência, até mesmo para a prática dos atos mencionados nesses incisos.

[45] "Art. 2.º A personalidade civil da pessoa começa do nascimento com vida; mas a lei põe a salvo, desde a concepção, os direitos do nascituro."

ASSISTÊNCIA NOS ATOS DE NATUREZA PATRIMONIAL E NEGOCIAL – PROCEDÊNCIA PARCIAL. Nos termos da Lei n. 13.146/15, a deficiência, seja de natureza física, mental, intelectual ou sensorial, não afeta a plena capacidade civil da pessoa, que mantém o direito de exercê-la, em igualdade de condições com as demais. Os deficientes poderão ser submetidos a curatela, desde que o caso efetivamente exija a proteção extraordinária, porém o curatelado somente será assistido nos atos relativos às questões patrimoniais e negociais, mantida sua capacidade e sua autonomia para todos os demais atos da vida civil" (TJMG, Apelação Cível n. 1.0003.14.004025-8/001, Rel. Des. Amauri Pinto Ferreira, 3.ª Câmara Cível, j. 16-2-2017, publicação da súmula em 14-3-2017).

Com a derrocada do conceito tradicional de capacidade, para contemplar a pessoa com deficiência, dois artigos matriciais do Código Civil foram reestruturados pelo Estatuto.

Isso porque, por imperativo lógico, as previsões de incapacidade civil derivadas da deficiência deixaram de existir.

O art. 3.º do Código Civil, que dispõe sobre os **absolutamente incapazes**, teve todos os seus incisos revogados, mantendo-se, como única hipótese de incapacidade absoluta, a do menor impúbere (menor de 16 anos).

O art. 4.º, por sua vez, que cuida da **incapacidade relativa**, também sofreu modificação. No inciso I, permaneceu a previsão dos menores púberes (entre 16 anos completos e 18 anos incompletos); o inciso II, por sua vez, suprimiu a menção à deficiência mental, referindo, apenas, "os ébrios habituais e os viciados em tóxico"; o inciso III, que albergava "o excepcional sem desenvolvimento mental completo", passou a tratar, apenas, das pessoas que, "por causa transitória ou permanente, não possam exprimir a sua vontade"[46]; por fim, permaneceu a previsão da incapacidade do pródigo.

7.2. A pessoa com deficiência e a teoria da invalidade do negócio jurídico

Ora, se a deficiência não é mais causa de incapacidade civil, a invalidade (nulidade ou anulabilidade) do negócio jurídico por incapacidade derivada de deficiência não existe mais[47].

Nesse ponto, há de se reconhecer, a Convenção de Nova York e a Lei Brasileira de Inclusão poderiam nos conduzir ao reconhecimento de uma indesejável "desproteção".

Tal preocupação não passou despercebida ao atento olhar de JOSÉ FERNANDO SIMÃO:

> "Isso significa que hoje, se alguém com deficiência leve, mas com déficit cognitivo, e considerado relativamente incapaz por sentença, assinar um contrato que lhe é desvantajoso (curso por correspondência de inglês ofertado na porta do metrô) esse contrato é anulável, pois não foi o incapaz assistido. Com a vigência do Estatuto esse contrato passa a ser, em tese, válido, pois celebrado por pessoa capaz"[48].

---

[46] Refletindo, criticamente, acerca da errônea localização dessa norma, confira-se: STOLZE, Pablo. Deficiência não é causa de incapacidade relativa: a brecha autofágica. *Revista Jus Navigandi*, Teresina, ano 21, n. 4.794, 16 ago. 2016. Disponível em: <https://jus.com.br/artigos/51407>. Acesso em: 26 ago. 2018.

[47] Ver arts. 166, I, e 171, I, do Código Civil.

[48] SIMÃO, José Fernando. Estatuto da Pessoa com Deficiência causa perplexidade – Parte 1. Disponível em: <https://www.conjur.com.br/2015-ago-06/jose-simao-estatuto-pessoa-deficiencia-causa-perplexidade>. Acesso em: 29 ago. 2018.

É compreensível que a entrada em vigor de um microssistema tão amplo e poderoso como o Estatuto da Pessoa com Deficiência, a despeito do seu viés inclusivo e isonômico, deflagre certos efeitos colaterais indesejados.

Mas é tarefa da doutrina e da jurisprudência, cientes da matriz constitucional do Estatuto, imprimir-lhe uma interpretação justa, razoável e harmônica, que preserve os seus próprios fins.

É preciso ter em mente que o legislador, seguindo as normas do Direito Internacional, optou por tratar a pessoa com deficiência em uma perspectiva que priorizasse a sua autonomia e capacidade de autodeterminação.

Até porque, na multifária escala da deficiência, coexistem diversos matizes, graus e especificidades.

Nesse mosaico, preferiu-se abolir o rótulo da incapacidade – mesmo em favor dos que se valem da curatela para atuar na vida social –, o que pode não parecer muito para certos intérpretes, mas, para aqueles que vivem a realidade da deficiência, em diferentes escalas, é uma imensa conquista.

Vale dizer, no sistema anterior, sob o argumento da "proteção estatal", impunha-se ao deficiente o rótulo da incapacidade, oficializado em sua interdição, alijando-o, na prática, das suas potencialidades; no sistema atual, prestigia-se a sua autonomia, reconhecendo-o legalmente capaz, ainda que, excepcionalmente, dependa de certos instrumentos oficiais de proteção.

Nessa linha, considerando-se que a deficiência não é mais causa de incapacidade civil, não se podendo, pois, como visto, invalidar (por nulidade absoluta ou relativa) o negócio celebrado com esse fundamento, pergunta-se: **se a pessoa, em virtude da sua deficiência, experimenta prejuízo ao celebrar um negócio jurídico, o que fazer?**

Nesse ponto, algumas situações devem ser consideradas.

7.2.1. Pessoa com deficiência tem curador nomeado

A curatela, restrita a atos relacionados aos direitos de natureza patrimonial e negocial, passou a ser uma medida extraordinária (art. 85):

"Art. 85. A curatela afetará tão somente os atos relacionados aos direitos de natureza patrimonial e negocial.

§ 1.º A definição da curatela não alcança o direito ao próprio corpo, à sexualidade, ao matrimônio, à privacidade, à educação, à saúde, ao trabalho e ao voto.

§ 2.º A curatela constitui *medida extraordinária*, devendo constar da sentença as razões e motivações de sua definição, preservados os interesses do curatelado.

§ 3.º No caso de pessoa em situação de institucionalização, ao nomear curador, o juiz deve dar preferência a pessoa que tenha vínculo de natureza familiar, afetiva ou comunitária com o curatelado" (grifei).

Note-se que a lei não diz que se trata de uma medida "especial" mas sim, "extraordinária", o que reforça a sua excepcionalidade.

Nessa linha, temos que a prática de ato negocial sem a presença do curador – e note-se que estamos diante de uma modalidade nova e especial de curatela, protetiva de uma pessoa capaz – resulta na inexistência ou nulidade absoluta do ato negocial[49].

A situação em que, por exemplo, consegue-se apor a digital de uma pessoa, com grave paralisia (não alfabetizada), em um documento, sem a intervenção do seu curador, poderia nos conduzir a uma hipótese de inexistência do negócio por ausência de manifestação da vontade.

Todavia, a depender da Escola filosófica que se siga, caso não se admita o plano existencial do negócio jurídico, pode-se concluir que o ato praticado nessas circunstâncias é nulo por vício em sua própria forma, dada a indispensável participação do curador na realização do ato negocial (art. 166, IV, do CC).

7.2.2. Pessoa com deficiência tem apoiadores nomeados

Se a curatela é uma medida extraordinária, é porque existe uma outra via assistencial de que pode se valer a pessoa com deficiência – livre do estigma da incapacidade – para que possa atuar na vida social: a "tomada de decisão apoiada", processo pelo qual a pessoa com deficiência elege pelo menos 2 (duas) pessoas idôneas, com as quais mantenha vínculos e que gozem de sua confiança, para prestar-lhe apoio na tomada de decisão sobre atos da vida civil, fornecendo-lhe os elementos e informações necessários para que possa exercer sua capacidade[50].

Pessoas com deficiência e que sejam dotadas de grau de discernimento que permita a indicação dos seus apoiadores, até então sujeitas a uma inafastável interdição e curatela geral, poderão se valer de um instituto menos invasivo em sua esfera existencial.

Note-se que, com isso, a autonomia privada projeta as suas luzes em recantos até então inacessíveis.

Imagine-se, por exemplo, que uma pessoa com síndrome de Down, após amealhar recursos provenientes do seu trabalho, pretenda comprar um apartamento.

Pode ser que tenha dificuldade no ato de lavratura da escritura pública[51].

Dada a desnecessidade da nomeação de um curador para atuar em espectro amplo no campo negocial, a própria pessoa interessada indicará os apoiadores que irão assisti-la (apoiá-la), especificamente, na compra do bem.

Em tal contexto, designados os apoiadores, judicialmente chancelados para a prática do ato negocial de aquisição do imóvel pretendido pela pessoa com síndrome de Down, a ausência de manifestação deles na lavratura e registro da escritura, a despeito da presença do interessado, resultará na nulidade absoluta do ato negocial, por inobservância de aspecto formal (art. 166, IV, do CC).

Isso porque a participação dos apoiadores integra o revestimento formal da própria declaração de vontade negocial.

---

[49] Caso não exista curador nomeado, as soluções propostas, com mais razão ainda, se justificam.
[50] Cf. art. 1.783-A do Código Civil.
[51] O próprio vendedor pode solicitar a presença dos apoiadores: Art. 1.783-A, § 5.º, do CC: Terceiro com quem a pessoa apoiada mantenha relação negocial pode solicitar que os apoiadores contra-assinem o contrato ou acordo, especificando, por escrito, sua função em relação ao apoiado".

7.2.3. Pessoa com deficiência sem curador ou apoiador

Imagine-se a hipótese de uma pessoa, inserida em um espectro autista[52] moderado, celebrar negócio que lhe seja prejudicial.

Se, por um lado, não se pode reconhecer invalidade diretamente com fulcro na deficiência (que varia consideravelmente em cada caso), pensamos que a aplicação da teoria dos defeitos do negócio jurídico lhe deva ser mais vantajosa.

Tendo sido, por exemplo, vítima de dolo ou lesão, defendemos a inversão do ônus da prova em favor da pessoa com deficiência, visando a imprimir paridade de armas, tal como já se dá no âmbito das relações de consumo.

Em resumo: não se invalida mais negócio por deficiência, mas nada impede que a deficiência comprovada conduza ao reconhecimento mais facilitado de um defeito invalidante do negócio jurídico.

Talvez se possa, até mesmo, em tese mais arrojada, havendo evidente prejuízo e diante da violação manifesta à cláusula geral de boa-fé, falar em "nulidade virtual".

Por certo, a resolução desse problema não será fácil, como bem destacou SIMÃO[53].

Mas, certamente, na perspectiva do Princípio da Vedação ao Retrocesso, lembrando CANOTILHO, a melhor solução haverá de ser alcançada, em respeito à pessoa com deficiência e a toda a sociedade.

Sustentamos, pois, com toda a firmeza, a necessidade de uma reflexão cuidadosa, por parte dos operadores do Direito, acerca do significado social do Estatuto da Pessoa com Deficiência, evitando-se repetições de fórmulas superadas, frases de efeito e conceitos ultrapassados, até porque, como adverte HANNAH ARENDT, na célebre obra *A condição humana*, "a repetição complacente de 'verdades' que se tornaram triviais e vazias" parece ser "uma das mais notáveis características do nosso tempo"[54].

---

[52] É preciso que haja respeito e atenção em torno do autismo, inclusive em se levando em conta os dados estatísticos atuais: «"About 1 in 59 children has been identified with autism spectrum disorder (ASD) according to estimates from CDC's" (fonte: Centers for Disease Control and Prevention. Disponível em: <https://www.cdc.gov/ncbddd/autism/data.html>. Acesso em: 26 ago. 2018).

[53] Estatuto da Pessoa com Deficiência causa perplexidade – Parte 1. Disponível em: <http://www.conjur.com.br/2015-ago-06/jose-simao-estatuto-pessoa-deficiencia-causa-perplexidade>. Acesso em: 29 ago. 2018.

[54] ARENDT, Hannah. *A condição humana*. 13. ed. Rio de Janeiro: Forense Universitária, 2018, p. 6.

Capítulo XV
Plano de Eficácia do Negócio Jurídico

Sumário: 1. A concepção do plano de eficácia. 2. Elementos acidentais limitadores da eficácia do negócio jurídico. 2.1. Condição. 2.2. Termo. 2.3. Modo ou encargo.

1. A CONCEPÇÃO DO PLANO DE EFICÁCIA

Após analisarmos os planos de existência e validade, cumpre indagar a respeito da eficácia do ato negocial.

Neste plano, verifica-se se o negócio jurídico é eficaz, ou seja, se repercute juridicamente no plano social, imprimindo movimento dinâmico ao comércio jurídico e às relações de direito privado em geral.

Assim, a título de ilustração, celebrado um contrato de compra e venda existente e válido, será também *juridicamente eficaz* se não estiver subordinado a um acontecimento futuro a partir do qual passa a ser exigível.

Nesse diapasão, seguindo a linha de pensamento do culto Prof. JUNQUEIRA DE AZEVEDO,

> "o terceiro e último plano em que a mente humana deve projetar o negócio jurídico para examiná-lo é o plano de eficácia. Nesse plano, não se trata, naturalmente, de toda e qualquer possível eficácia prática do negócio, mas sim, tão só, de sua eficácia jurídica e, especialmente, da sua eficácia própria ou típica, isto é, da eficácia referente aos efeitos manifestados como queridos"[1].

Nos compêndios universitários de Direito Civil, esta matéria é tratada, normalmente, sob o título de *elementos acidentais do negócio jurídico*.

E que elementos são esses?

É o que veremos no próximo tópico.

2. ELEMENTOS ACIDENTAIS LIMITADORES DA EFICÁCIA DO NEGÓCIO JURÍDICO

Nesse campo de estudo do negócio jurídico, são considerados *elementos acidentais* (*modalidades*):

a) *o termo*;

b) *a condição*;

c) *o modo ou encargo*.

---
[1] Antônio Junqueira de Azevedo, ob. cit., p. 48.

Antes, porém, de iniciarmos a análise desses elementos, é preciso que se diga que, por vezes, o ato eivado de nulidade absoluta produz efeitos jurídicos, a exemplo do que ocorre no casamento putativo[2], ou seja, tem repercussões no plano da eficácia, e, bem assim, na hipótese de atos praticados por menores (incapazes), sem a devida representação ou assistência, mas com indiscutível eficácia jurídica e aceitação social[3].

A esse respeito, pontifica, com propriedade, SÍLVIO VENOSA:

"O negócio é juridicamente nulo, mas o ordenamento não pode deixar de levar em conta efeitos materiais produzidos por esse ato. Isso é verdadeiro tanto em relação aos atos nulos como em relação aos atos anuláveis"[4].

Feita essa importante observação, passaremos à análise dos elementos acidentais do negócio jurídico, verdadeiros fatores de eficácia da declaração negocial de vontade, consoante adiante se demonstrará.

2.1. Condição

Condição "é a determinação acessória, que faz a eficácia da vontade declarada dependente de algum acontecimento futuro e incerto"[5].

Trata-se, portanto, de um *elemento acidental, consistente em um evento futuro e incerto, por meio do qual subordinam-se ou resolvem-se os efeitos jurídicos de um determinado negócio.*

É o caso, por exemplo, do indivíduo que se obriga a transferir gratuitamente um imóvel rural ao seu sobrinho (doação), quando ele se casar. O casamento, no caso, é uma determinação acessória, futura e incerta, que subordina a eficácia jurídica do ato negocial (condição suspensiva). Na mesma linha, quando o sujeito adquire, por meio de um contrato devidamente registrado, o usufruto de um determinado bem, para auferir renda até que cole grau em curso superior, forçoso concluir também tratar-se de negócio jurídico condicional (condição resolutiva).

Dois elementos são fundamentais para que se possa caracterizar a condição:

a) a incerteza;

b) a futuridade.

Se o fato a que se subordina a declaração de vontade for certo (uma data determinada, por exemplo), estaremos diante de um *termo*, e não de uma condição. Por isso se diz ser

---

[2] É o casamento nulo ou anulável contraído de boa-fé por um ou ambos os cônjuges (art. 1.561 do CC/2002; art. 221 do CC/1916).

[3] É a hipótese de um menor de sete anos utilizar um dinheiro que recebeu do avô para comprar um refrigerante no boteco da esquina. Com amparo na doutrina tradicional, conclui-se que o "ato negocial" de compra do refresco, que o menor realiza sozinho, sem a devida representação dos seus pais, embora nulo, é socialmente aceito, sendo indiscutivelmente eficaz. Aliás, não se poderia invocar o sistema das nulidades, na hipótese, em se considerando não ter havido prejuízo ao incapaz. Consoante já anotamos em nosso Capítulo IX ("Fato Jurídico em Sentido Amplo"), melhor seria enquadrar esta ação humana na categoria do ato-fato jurídico.

[4] Sílvio Venosa, ob. cit., p. 469.

[5] Clóvis Beviláqua, ob. cit., p. 303.

indispensável a *incerteza da determinação acessória*, para que se possa identificá-la como condição.

Aliás, é bom advertir que essa incerteza diz respeito à própria ocorrência do fato, e não ao período de tempo em que este irá se realizar. Por isso, a *morte, em princípio*, não é considerada *condição*: o indivíduo nasce e tem a *certeza* de que um dia irá morrer, mesmo que não saiba quando (acontecimento *certus an* e *incertus quando*). Trata-se de um *termo incerto*, matéria que será analisada logo mais. Imagine-se a hipótese de uma doação condicionada ao falecimento de um parente moribundo: *obrigo-me a transferir a terceiro a minha fazenda, quando o meu velho tio, que lá se encontra, falecer.*

A doutrina, por outro lado, costuma lembrar a hipótese de a *morte vir a ser considerada condição*. Se a doação, figurada linhas acima, for subordinada à morte de meu tio *dentro de um prazo prefixado* (doarei a fazenda, se o meu tio, moribundo, falecer até o dia 5), o acontecimento subsume-se à categoria de *condição*, uma vez que, neste caso, haverá *incerteza* quanto à *própria ocorrência do fato dentro do prazo que se fixou*.

Também a *futuridade* é requisito indispensável para a caracterização da condição.

Acontecimento passado não pode caracterizar determinação acessória condicional.

O exemplo citado por SPENCER VAMPRÉ é bastante elucidativo: *prometo a alguém certa quantia em dinheiro, se o meu bilhete de loteria, que correu ontem, estiver premiado.* Neste caso, tratando-se de *fato passado*, uma de duas situações poderá ocorrer: *ou o bilhete está premiado e a promessa de doação é pura e simples (não condicional)* ou *o bilhete está branco, perdendo a promessa eficácia jurídica*[6].

Fixadas tais premissas, passaremos a analisar o direito positivo a respeito da matéria.

O Código Civil de 2002 dispõe:

"Art. 121. Considera-se condição a cláusula que, derivando exclusivamente da vontade das partes, subordina o efeito do negócio jurídico a evento futuro e incerto".

Cotejando esta regra legal com a correspondente norma do Código de 1916[7], constatamos que o legislador cuidou não apenas de substituir a expressão "ato" por "negócio jurídico", mas também consignou expressamente a *vontade das partes* como única causa genética de toda determinação acessória condicional.

De tal forma, culminou por afastar a categoria das *condições necessárias* (*condiciones juris*), uma vez que estas, não se radicando na vontade das partes, derivam exclusivamente da lei (a escritura pública na venda de um imóvel, por exemplo, não é propriamente uma condição voluntária, mas sim um requisito formal de validade, legalmente exigido).

Nesse ponto, cumpre transcrever o pensamento de MOREIRA ALVES:

"No que diz respeito à condição, o Projeto procurou aperfeiçoar o Código vigente, corrigindo-lhe falhas e suprimindo lacunas. No art. 119[8] (que corresponde ao 114 do Código atual), a

---

[6] Spencer Vampré, apud Washington de Barros Monteiro, ob. cit., p. 235.
[7] CC/1916: "Art. 114. Considera-se condição a cláusula, que subordina o efeito do ato jurídico a evento futuro e incerto".
[8] Art. 121, na redação final do novo Código Civil brasileiro.

inclusão da frase 'derivando exclusivamente da vontade das partes', serve para afastar do terreno das condições em sentido técnico as *condiciones juris*"[9].

Com base em tal assertiva, portanto, podemos colocar, ao lado da *futuridade e da incerteza*, a *voluntariedade da condição* como sendo elemento característico fundamental.

A esse respeito, aliás, o Código de 1916 continha norma explícita:

> "Art. 117. Não se considera condição a cláusula, que não derive exclusivamente da vontade das partes, mas decorra necessariamente da natureza do direito, a que acede".

Adotando o critério classificatório da condição mais difundido (quanto ao modo de atuação), teríamos:

a) condições suspensivas;

b) condições resolutivas.

Fundindo os subtipos em conceito único, pode-se definir a condição como sendo *o acontecimento futuro e incerto que subordina a aquisição de direitos, deveres e a deflagração de efeitos de um determinado ato negocial (condição suspensiva), ou*, a contrario sensu, *que determina o desaparecimento de seus efeitos jurídicos (condição resolutiva)*.

De referência à *condição suspensiva*, é preciso que se esclareça que a aposição de cláusula desta natureza no ato negocial subordina, não apenas a sua *eficácia jurídica* (exigibilidade), mas, principalmente, os *direitos e obrigações decorrentes do negócio*. Quer dizer, se um sujeito celebra um contrato de compra e venda com outro, subordinando-o a uma condição suspensiva, enquanto esta se não verificar, *não se terá adquirido o direito a que ele visa (art. 125 do CC/2002)*[10].

Assim, se o comprador, inadvertidamente, antecipa o pagamento, poderá exigir a *repetição do indébito*, via *actio in rem verso*, por se tratar de pagamento indevido. Isso porque, não implementada a condição, não se poderá afirmar haver *direito de crédito a ser satisfeito*, de maneira que o pagamento efetuado caracteriza espúrio enriquecimento sem causa do vendedor.

Nesse sentido, clara é a lição de CAIO MÁRIO DA SILVA PEREIRA:

> "Caso especial de indébito, e que encontra a mesma solução, é o do pagamento de dívida condicional, antes do implemento da condição. É de princípio que, subordinando-se o ato a condição suspensiva, enquanto esta se não realiza, não terá adquirido o direito a que ele visa. Ora, condicional a dívida, o credor não tem mais que uma expectativa – *spes debitum iri* – que se poderá ou não transformar em direito e o devedor não tem uma obrigação efetiva de solver. Se, portanto, este paga antes de verificada a *conditio*, está na mesma situação daquele que paga em erro,

---

[9] José Carlos Moreira Alves, ob. cit., p. 107.

[10] O dispositivo comporta apenas aparente antinomia com o § 2.º do art. 6.º da LINDB ("§ 2.º Consideram-se adquiridos assim os direitos que o seu titular, ou alguém por ele, possa exercer, como aqueles cujo começo do exercício tenha termo pré-fixo, ou condição preestabelecida inalterável, a arbítrio de outrem"). De fato, quando a LINDB menciona condição preestabelecida inalterável, está justamente se referindo a uma hipótese de impossibilidade jurídica de modificação dessa condição, ainda que por manifestação posterior de vontade. Já a previsão do art. 125 do CC/2002, por outro lado, refere-se justamente a situações em que não houve a realização de uma condição (suspensiva), em que, aí, sim, não é possível falar em direito adquirido, ao contrário da situação anterior.

pois que, conforme ocorra ou não a condição, o débito poderá ou não ocorrer. Daí a consequência: o que recebe dívida condicional fica obrigado a restituir"[11].

Vale destacar, porém, que, até mesmo para a segurança das relações jurídicas, o estabelecimento de novas disposições, enquanto pendente uma condição suspensiva, somente poderá ter valor se, realizada a condição, forem com ela compatíveis[12].

Se for resolutiva a condição, enquanto esta não se realizar, vigorará o negócio jurídico, podendo exercer-se desde a conclusão deste o direito por ele estabelecido. Verificada a condição, para todos os efeitos extingue-se o direito a que ela se opõe (art. 127 do CC/2002).

Entretanto, se a condição for aposta em contrato de execução continuada ou diferida (protraída no tempo), o seu implemento, salvo estipulação em contrário, não prejudicará os atos já praticados, desde que compatíveis com a natureza da condição pendente e a boa-fé (art. 128 do CC/2002). Assim, no exemplo do usufruto constituído sobre imóvel para mantença de estudante universitário (usufrutuário), beneficiário da renda proveniente da venda do gado até que cole grau, o implemento da condição resolutiva (colação de grau) não poderá prejudicar a venda de novilhos a terceiro já pactuada, estando pendente apenas a entrega dos animais.

A condição resolutiva poderá ainda ser expressa ou tácita.

No primeiro caso, opera-se de pleno direito; no segundo, demanda interpelação judicial, consoante regra que constava no Código de 1916 (art. 119). Esta última espécie não fora contemplada em norma expressa pelo Novo Código, embora entendamos deva subsistir jurisprudencial e doutrinariamente. Não é pelo fato de ser tácita ou implícita que perde a natureza de condição.

Assim, nos contratos bilaterais, mesmo não havendo cláusula que preveja a resolução da avença em caso de inadimplemento (acontecimento futuro e incerto), se uma das partes não cumprir a sua obrigação, poderá a outra pleitear a dissolução do negócio, cumulada com perdas e danos, exigindo-se-lhe, todavia, antes do ajuizamento da ação principal, a interpelação judicial do inadimplente.

Dentro, ainda, de nosso esforço classificatório, as condições poderão ser, no plano fenomenológico:

a) *positivas* (consistem na verificação de um fato – auferição de renda até *a colação de grau*);

b) *negativas* (consistem na inocorrência de um fato – empréstimo de uma casa a um amigo, *até que a enchente deixe de assolar a sua cidade*).

A esse respeito, assim se manifesta ROBERTO DE RUGGIERO: "Se é positiva, aparece quando surge o fato; se é negativa, até o momento em que se verifique a eventualidade considerada"[13].

---

[11] Caio Mário da Silva Pereira, *Instituições de Direito Civil*, 19. ed., Rio de Janeiro: Forense, 2001, v. II, p. 190.

[12] Nesse sentido, o art. 126 do CC/2002: "Art. 126. Se alguém dispuser de uma coisa sob condição suspensiva, e, pendente esta, fizer quanto àquela novas disposições, estas não terão valor, realizada a condição, se com ela forem incompatíveis". No CC/1916, art. 122.

[13] Roberto de Ruggiero, ob. cit., p. 369.

Quanto à licitude, as condições podem ser ainda:

a) lícitas;

b) ilícitas.

Seguindo a bem elaborada redação do Código Civil de 2002, *são lícitas, em geral, todas as condições não contrárias à lei, à ordem pública e aos bons costumes* (art. 122 do CC/2002).

De acordo com tal diretriz, a licitude de uma cláusula condicional exige compatibilidade, não apenas com o direito positivo, mas também com o indispensável respeito ao padrão de moralidade média da sociedade, enquadrável no conceito indeterminado de *bons costumes*.

São exemplos de *condições* não admitidas, por atentarem contra o direito ou a moral: *a proibição de se casar, pois viola a liberdade individual* (admite, outrossim, a doutrina, a proibição de se casar com determinada pessoa, uma vez que a liberdade de escolha não estaria completamente obstada)[14]; *a proibição de mudar de religião; a obrigatoriedade de sair do país e não mais voltar; a prática de determinado ato criminoso; a obrigatoriedade de permanecer em determinado lugar...*

As condições ilícitas ou de fazer coisa ilícita invalidam os negócios jurídicos que lhes são subordinados, maculando-os de nulidade absoluta (arts. 123, II, e 166, VII, do CC/2002).

Costuma ainda a doutrina (e, agora, o CC/2002, art. 122, *parte final*) reputar proibidas as condições:

a) *perplexas* (*incompreensíveis* ou *contraditórias*);

b) *potestativas*.

As *condições perplexas* (*incompreensíveis ou contraditórias*) *são aquelas que* privam de todo o efeito o negócio jurídico celebrado. Imagine-se um contrato de comodato em que se estabeleça o seguinte: "Empresto o imóvel, desde que você não more nele e não o alugue". Nesse ponto, o Código Civil de 2002 dispôs, expressamente, que as condições incompreensíveis ou contraditórias invalidam o próprio negócio jurídico que lhes é subordinado (art. 123, III, do CC/2002).

Note-se que a consequência da aposição desta espécie de condição, considerada ilícita, é a própria *invalidade do negócio jurídico pactuado* (art. 123, III, do CC/2002).

Trata-se, no caso, de uma nulidade absoluta por violação a expressa disposição de lei (art. 166, VII, do CC/2002).

A segunda hipótese de cláusula vedada diz respeito às *condições puramente potestativas*, que são aquelas que derivam do exclusivo arbítrio de uma das partes.

Não se confundem, outrossim, com as *condições simplesmente potestativas*, as quais, dependendo também de algum fator externo ou circunstancial, não caracterizam abuso ou tirania, razão pela qual são admitidas pelo direito.

As *condições puramente potestativas* caracterizam-se pelo uso de expressões como: "se eu quiser", "caso seja do interesse deste declarante", "se na data avençada, este declarante

---

[14] Nesse sentido, Washington de Barros Monteiro: "Mas essa cláusula oferece outros aspectos. Só quando absoluta é ela ilícita; se relativa, cumpre admitir-lhe a licitude. Por exemplo, instituo Maria por herdeira, se ela não se casar com Pedro, meu inimigo, ou com Paulo, de condição social inferior. Em ambos os casos, a liberdade não é afetada, porque à pessoa a quem se dirige a estipulação resta ainda vasto campo de ação" (ob. cit., p. 239).

considerar-se em condições de prestar" etc. Todas elas traduzem arbítrio injustificado, senão abuso de poder econômico, em franco desrespeito ao princípio da boa-fé objetiva.

Por outro lado, as *condições simplesmente potestativas,* a par de derivarem da vontade de uma das partes apenas, aliam-se a outros fatores, externos ou circunstanciais, os quais amenizam eventual predomínio da vontade de um dos declarantes sobre a do outro. Tome-se a hipótese do indivíduo que promete doar vultosa quantia a um atleta, *se ele vencer o próximo torneio desportivo.* Nesse caso, a simples vontade do atleta não determina a sua vitória, que exige, para a sua ocorrência, a conjugação de outros fatores: preparo técnico, nível dos outros competidores, boa forma física etc.

A esse respeito, vale transcrever a sintética e inteligente conclusão de ARNOLDO WALD:

> "São potestativas as condições que dependem da vontade do agente. Distinguem-se, na matéria, as condições puramente potestativas, que ficam ao exclusivo arbítrio de um dos contratantes e privam de todo o efeito o ato jurídico, das demais condições potestativas, em que se exige da parte um certo esforço, ou determinado trabalho. Viciam o ato as primeiras, citando-se como exemplo de condições potestativas as seguintes: se a parte quiser, se pedir, se desejar etc. São, ao contrário, condições potestativas que não viciam o ato por importar desempenho de uma atividade as que subordinam a validade de uma doação a determinado livro que o donatário deverá escrever, à venda de determinado objeto, à aquisição de determinado bem, à conclusão de um curso etc."[15].

WASHINGTON DE BARROS MONTEIRO, em seu *Curso de Direito Civil,* amparado na jurisprudência pátria, apresenta um rol de situações admitidas como *condições simplesmente potestativas*[16].

Da análise desses julgados, constata-se acentuada carga de subjetivismo, uma vez que, em nosso entendimento, algumas dessas cláusulas não deveriam ser reputadas lícitas, em face do seu caráter nitidamente arbitrário ("quando puder" ou "quando possível", expressões indicadoras de inegável capricho, foram tidas por aceitáveis no elenco jurisprudencial apresentado pelo culto professor).

É preciso que se observe ainda que, se, por um lado, a *lei veda o estabelecimento de condição que derive exclusivamente do capricho de uma das partes*, tal não ocorre na chamada *venda a contento,* pacto acessório que dá direito ao comprador de experimentar a coisa antes de aceitá-la, uma vez que a sua causa não é o arbítrio, mas, sim, a satisfação do adquirente, o que é plenamente admitido por lei[17].

---

[15] Arnoldo Wald, ob. cit., p. 177.

[16] "Coerente com esse ponto de vista, abeberada na melhor doutrina, vem a jurisprudência admitindo a validade das seguintes estipulações: a) pagarei a coisa adquirida quando revender; b) da cláusula que subordina à conveniência do locatário prorrogação do contrato de locação, ao seu término, pelo mesmo prazo e aluguel; c) não se pode considerar potestativa cláusula que, em compromisso de compra e venda, estabelece o direito de arrependimento e sujeita o promitente-vendedor à devolução em dobro do preço recebido; d) a cláusula 'pagarei quando estiver ao meu alcance ou quando vender o meu estabelecimento' equipara-se a termo incerto e não à condição potestativa; e) não é potestativa a cláusula 'quando puder' ou 'quando possível'; não se vislumbra aí o *merum arbitrium*, mas o *arbitrium boni viri*" (Washington de Barros Monteiro, ob. cit., p. 238).

[17] Cf. arts. 509 a 512 do CC/2002. No CC/1916, o art. 1.144 era bastante claro: "A venda a contento reputar-se-á feita sob condição suspensiva, se no contrato não se lhe tiver dado expressamente o

Outra distinção legal de relevo diz respeito às *condições física e juridicamente impossíveis*.

Condições fisicamente impossíveis são aquelas irrealizáveis por qualquer pessoa, ou seja, cujo implemento exigiria esforço sobrenatural. É o caso de se exigir que o sujeito *dê a volta ao redor do estádio da Fonte Nova em dois segundos*. Nos termos do art. 116 do CC/1916, tal determinação acessória, assim como a de *não fazer coisa impossível*, era simplesmente considerada *inexistente*, ou seja, *não escrita*, remanescendo o negócio em sua forma pura.

O Código Civil de 2002, por sua vez, confere tratamento diferenciado à matéria. Se a condição *fisicamente impossível* tiver natureza *suspensiva, invalidará o negócio que lhe for subordinado* (nulidade absoluta por violação a expressa disposição de lei – art. 123, I, c/c o art. 166, VII, do CC/2002). Se tiver cunho *resolutivo, ou for de não fazer coisa impossível*, será reputada inexistente (art. 124 do CC/2002).

As *condições juridicamente impossíveis* também são consideradas ilícitas, por contrariarem o direito. Não vislumbramos diferença essencial entre a *ilicitude e a impossibilidade jurídica de uma determinação acessória, uma vez que lhes é aplicável o mesmo sistema principiológico*. Aliás, a consequência da aposição de uma *conditio* juridicamente impossível é exatamente a invalidade do negócio jurídico, assim como ocorre em uma condição considerada ilícita (art. 123, I e II, do CC/2002). Em verdade, parece-nos que pretendeu o legislador explicitar, em uma ênfase quase pleonástica, que não somente são proibidas as condições expressamente vedadas pelo Direito, mas sim também tudo aquilo que não estiver de acordo com o ordenamento jurídico, o que carrega, em si, uma distinção muito tênue. Tomem-se os seguintes exemplos de condições juridicamente impossíveis: realizar negócio jurídico condicionado à alienação de bem de uso comum do povo; doação condicionada à vinda do Rei do Brasil (quando o sistema republicano já aboliu a monarquia) etc.

Beviláqua, citando GOUVEIA PINTO, preleciona que "as condições contrárias ao direito e à moral contêm em si um vício que se propaga à declaração principal da vontade, e a política jurídica aconselha que se destruam esses estímulos para a prática do mal"[18].

Até aqui, apresentamos critérios classificatórios da *condição*, quanto:

a) à natureza – *necessárias (condiciones juris) e voluntárias*;

b) ao modo de atuação – *suspensivas e resolutivas*;

c) ao plano fenomenológico – *positivas e negativas*;

d) à licitude – *condições lícitas e ilícitas* (subdividindo-se estas últimas em *ilícitas "stricto sensu"* e proibidas, que abarcam as *perplexas – contraditórias e incompreensíveis –* e as *puramente potestativas*);

e) à possibilidade – *condições possíveis e impossíveis (física e juridicamente)*.

Em sequência, *quanto à origem*, gênero do qual já destacamos as condições potestativas ao abordarmos o critério da licitude, as condições poderão ser:

---

caráter de condição resolutiva. Parágrafo único. Nesta espécie de venda, se classifica a dos gêneros que se costumam provar, medir, pesar, ou experimentar, antes de aceitos".

[18] Clóvis Beviláqua, ob. cit., p. 306.

a) *casuais* – as que dependem de um evento fortuito, natural, alheio à vontade das partes. Ex.: "Doarei o valor, se chover na lavoura";

b) *potestativas* – já analisadas. São as que dependem da vontade de uma das partes. Consoante visto acima, poderão ser *simplesmente potestativas ou puramente potestativas*. As primeiras, por não entremostrarem capricho, são admitidas pelo direito (lícitas), ao passo que as segundas, por serem arbitrárias, são vedadas (ilícitas). Se a condição nasce *potestativa*, mas vem a perder tal característica por fato superveniente alheio à vontade do agente, que frustra ou dificulta a sua realização, diz-se que é *promíscua*[19];

c) *mistas* – são as que derivam não apenas da vontade de uma das partes, mas também de um fator ou circunstância exterior (como a vontade de um terceiro). Ex.: "darei o capital de que necessita, se formares a sociedade com fulano".

Cumpre observar que os critérios classificatórios interagem, interpenetrando-se, de maneira que uma mesma condição pode ser considerada *voluntária, suspensiva, fisicamente possível* e *lícita*, por exemplo.

Finalmente, registre-se haver dissenção doutrinária no que tange aos efeitos do implemento de uma condição.

A doutrina alemã é no sentido de serem *irretroativos* tais efeitos, posição aparentemente adotada pelo Código Civil de 1916.

Os franceses, por sua vez, esposam entendimento contrário, defendendo a *retroatividade* dos efeitos da condição, de maneira a considerar, por ficção, que o tempo intermediário entre o instante da declaração de vontade e o do implemento da condição não exista. É como se, realizada a condição, o ato negocial fosse considerado puro, *ab initio*.

Sobre o assunto, conclui, acertadamente, CAIO MÁRIO DA SILVA PEREIRA:

> "A doutrina legal brasileira encontra-se, portanto, na linha das teorias mais modernas, que contestam esse efeito retro-operante como regra geral, admitindo que ele se entenda como forma de construção jurídica, que explica e torna mais claros os efeitos do ato condicional, fixando de que maneira atua o evento na aquisição ou na resolução do direito, na maioria dos casos"[20].

O Código Civil de 2002 não tratou da matéria em norma expressa, razão pela qual perfilhamo-nos junto à corrente de pensamento esposada pelo ilustrado jurista mineiro.

Finalmente, à luz do princípio da eticidade e da boa-fé, frise-se que se *considera realizada a condição cujo implemento seja maliciosamente obstado pela parte a quem desfavorecer, não se reputando, na mesma linha, implementada a condição levada a efeito por quem se beneficiaria com a mesma* (art. 129 do CC/2002).

Da mesma forma, *ao titular do direito eventual*[21], nos casos de condição suspensiva ou resolutiva, é permitido praticar os atos destinados a conservá-lo (art. 130 do CC/2002).

---

[19] Exemplo apresentado pela Profa. Maria Helena Diniz: "Dar-lhe-ei dois mil reais se você, campeão de futebol, jogar no próximo torneio. Essa condição potestativa passará a ser promíscua se o jogador vier a machucar sua perna" (*Curso de Direito Civil Brasileiro*, 37. ed., São Paulo: Saraiva, 2020, v. 1, p. 595).

[20] Caio Mário da Silva Pereira, ob. cit., p. 389.

[21] Sobre o tema, confira-se o Capítulo IX ("Fato Jurídico em Sentido Amplo"), tópico 4.1 ("Aquisição de Direitos").

2.2. Termo

Também espécie de determinação acessória, o termo é *o acontecimento futuro e certo que subordina o início ou o término da eficácia jurídica de determinado ato negocial.*

Possui duas características fundamentais:

a) *futuridade*;

b) *certeza*.

Assim como a condição, esta cláusula refere-se a acontecimento futuro, descaracterizando-a se o evento já ocorreu[22].

A sua fixação importa para os negócios de execução diferida, não os instantâneos, que se consumam em um só ato. Se um contrato de prestação de serviços protrai a sua eficácia negocial para data certa indicada pelos contratantes, a partir da qual as obrigações passam a ser exigíveis, firma-se um *termo inicial*, conforme já se anotou. Mas, se não há data para o seu cumprimento, diz-se que é puro e instantâneo, de exigibilidade imediata.

Nada impede, outrossim, tomando-se o mesmo exemplo, que as partes acordem *data certa para extinção dos efeitos do contrato,* hipótese em que se estará diante de um *termo final.*

Nessa linha de raciocínio, seguindo a diretriz apresentada pelo Código Civil de 2002, é correto afirmar-se que *o termo inicial suspende o exercício, mas não a aquisição do direito* (art. 131 do CC/2002).

Com isso quer-se dizer que, nos negócios jurídicos a termo inicial, apenas a exigibilidade do negócio é transitoriamente suspensa, não impedindo que as partes adquiram desde já os direitos e deveres decorrentes do ato.

Dessa forma, em um determinado contrato *a termo*, pode o devedor cumprir antecipadamente a sua obrigação, uma vez que, *não tendo sido pactuado o prazo em favor do credor,* o termo não subordina a aquisição dos direitos e deveres decorrentes do negócio, mas apenas o seu exercício.

Realizado o ato, já surgem o crédito e o débito, estando os mesmos apenas com a exigibilidade suspensa.

Por isso, não há, no caso de antecipação do pagamento, *enriquecimento sem causa do credor*, como ocorreria se se tratasse de negócio sob condição suspensiva, consoante se anotou linhas acima. Advirta-se, apenas, que a antecipação do pagamento, *ante tempus*, é simplesmente uma faculdade, e não uma obrigação do devedor.

O termo poderá ser *certo* ou *incerto*.

No primeiro caso (*certus an* e *certus quando*), há certeza da ocorrência do evento futuro e do período de tempo em que se realizará, traduzindo-se, em geral, por uma data determinada ou um lapso temporal preestabelecido ("no dia 13 de abril de 2001" ou "da data de hoje a 10 dias").

No segundo caso (*certus an* e *incertus quando*), existe *uma indeterminação* quanto ao momento da ocorrência do fato, embora seja certo que existirá ("quando fulano morrer").

---

[22] Aliás, a correspondência – não semelhança – entre a disciplina das condições e termos é reconhecida pelo próprio CC/2002, ao dispor, em seu art. 135, que *ao termo inicial e final aplicam-se, no que couber, as disposições relativas à condição suspensiva e resolutiva* (no CC/1916, art. 124).

O período de tempo entre os termos *inicial* e *final* denomina-se *prazo* (art. 132 do CC/2002).

O seu estudo importa, não apenas para o Direito Civil, mas, principalmente, para o Direito Processual Civil, e, a esse respeito, cumpre transcrever a lição de WAMBIER, ALMEIDA e TALAMINI:

> "Esse espaço de tempo em que deve ser realizado o ato processual tem um termo inicial, isto é, um momento de início da contagem do respectivo prazo (*dies a quo*) e um termo final, ou seja, um momento em que o prazo se expira (*dies ad quem*), sujeitando o titular do ônus ou do dever à respectiva consequência"[23].

Em regra, computam-se os prazos excluindo-se o dia do começo e incluindo-se o dia do vencimento.

Nessa ordem de ideias, e para que não pairem dúvidas, transcrevemos o art. 132 do CC/2002[24]:

> "Art. 132. Salvo disposição legal ou convencional em contrário, computam-se os prazos, excluído o dia do começo, e incluído o do vencimento.
> § 1.º Se o dia do vencimento cair em feriado, considerar-se-á prorrogado o prazo até o seguinte dia útil.
> § 2.º Meado considera-se, em qualquer mês, o seu décimo quinto dia.
> § 3.º Os prazos de meses e anos expiram no dia de igual número do de início, ou no imediato, se faltar exata correspondência.
> § 4.º Os prazos fixados por hora contar-se-ão de minuto a minuto".

Nos testamentos, presume-se o prazo em favor do herdeiro[25], e, nos contratos, em proveito do devedor[26], salvo quanto a esses, se do conteúdo do instrumento, ou das circunstâncias, resultar que se estabeleceu a benefício do credor ou de ambos os contratantes (art. 133 do CC/2002).

Vale salientar que os atos negociais sem prazo são *exigíveis de imediato*, ressalvada a hipótese de a execução ter de ser feita em local diverso ou depender de tempo (*a entrega de uma mercadoria em outro Estado, por exemplo*).

Cuida-se do *prazo tácito*, previsto no art. 134 do CC/2002:

> "Art. 134. Os negócios jurídicos entre vivos, sem prazo, são exequíveis desde logo, salvo se a execução tiver de ser feita em lugar diverso ou depender de tempo".

Finalmente, cumpre-nos mencionar que a doutrina costuma apresentar a seguinte classificação do *termo*:

---

[23] Luiz Rodrigues Wambier, Flávio Renato Correia de Almeida e Eduardo Talamini, *Curso Avançado de Processo Civil*, 2. ed., 2. tir., São Paulo: Revista dos Tribunais, 2000, p. 182.

[24] No CC/1916, art. 125.

[25] "Se, porventura, houver prazo para a entrega de um legado, haverá presunção de que tal prazo foi fixado em favor do herdeiro obrigado a pagá-lo e não do legatário" (Maria Helena Diniz, *Código Civil Anotado*, 5. ed., São Paulo: Saraiva, 1999, p. 141).

[26] Por isso que o devedor pode renunciar ao prazo e antecipar o pagamento, sem se configurar enriquecimento sem causa da parte adversa.

a) *convencional* – fixado pela vontade das partes (*em um contrato*, por exemplo);

b) *legal* – determinado por força de lei;

c) *de graça* – fixado por decisão judicial (geralmente consiste em um prazo determinado pelo juiz para que o devedor de boa-fé cumpra a sua obrigação).

2.3. Modo ou encargo

Modo ou encargo é *determinação acessória acidental do negócio jurídico que impõe ao beneficiário um ônus a ser cumprido, em prol de uma liberalidade maior*.

Trata-se de uma autolimitação da vontade, típica dos negócios gratuitos.

Nesse sentido, preleciona SÍLVIO VENOSA:

> "O encargo ou modo é restrição imposta ao beneficiário da liberalidade. Assim, faço doação à instituição, impondo-lhe o encargo de prestar determinada assistência a necessitados; doo casa a alguém, impondo ao donatário obrigação de residir no imóvel; faço legado de determinada quantia a alguém, impondo-lhe o dever de construir monumento em minha homenagem; faço doação de área determinada à Prefeitura, com encargo de ela colocar, em uma das vias públicas, meu nome etc."[27].

Ora, se é realizado tendo em vista um benefício mais significativo para o realizador do ato, caracteriza-se como mera restrição, não sendo correto dizer que o encargo funciona como contraprestação contratual.

Por isso, entendemos não assistir razão a RUGGIERO quando admite a natureza de *encargo* ao ônus que restrinja *todas as vantagens patrimoniais decorrentes do negócio*[28].

Encargo é *peso atrelado a uma vantagem*, e não uma prestação correspectiva sinalagmática.

Cumpre mencionar ainda que esta espécie de determinação acessória não suspende a aquisição nem o exercício do direito, ressalvada a hipótese de haver sido fixado o encargo como condição suspensiva (art. 136 do CC/2002).

Geralmente é identificado pelas expressões "para que", "com a obrigação de", "com o encargo de".

Não suspendendo os efeitos do negócio jurídico, o não cumprimento do encargo não gera, portanto, a invalidade da avença, mas sim apenas a possibilidade de sua cobrança judicial, ou a posterior revogação do negócio, como no caso de ser instituído em doação (art. 562 do CC/2002) ou legado (art. 1.938 do CC/2002).

Interessante, ainda, é a previsão normativa do art. 137 do CC/2002, segundo a qual *o encargo ilícito ou impossível é considerado não escrito (inexistente)*, remanescendo o ato na sua forma pura. Seria o caso, por exemplo, de uma doação, em que se estabelecesse para o donatário a obrigação de fazer uma viagem turística a Saturno, encargo (ainda) impossível no atual estágio de pesquisas espaciais.

A mesma norma legal, por outro lado, ressalva a hipótese de tal encargo haver sido imposto como *motivo determinante da liberalidade* (*causa do ato negocial*), caso em que

---

[27] Sílvio de Salvo Venosa, *Direito Civil – Parte Geral*, São Paulo: Atlas, 2001, p. 440.
[28] Roberto de Ruggiero, ob. cit., p. 386.

invalida todo o negócio. Assim, se o ato de liberalidade (doação de um valioso imóvel) é feito com a finalidade específica (motivação típica) de o donatário empregá-la na implantação de uma casa de prostituição (encargo ilícito), deverá ser invalidado todo o negócio jurídico.

Em verdade, a nova regra legal supre lacuna existente no Código de 1916, que não disciplinava satisfatoriamente o *modo ou encargo*, reservando-lhe apenas o seu mencionado art. 128.

Em conclusão, e para a adequada apreensão do assunto, transcrevemos o referido art. 137 do Código Civil de 2002:

> "Art. 137. Considera-se não escrito o encargo ilícito ou impossível, salvo se constituir o motivo determinante da liberalidade, caso em que se invalida o negócio jurídico".

Capítulo XVI
Prova do Negócio Jurídico

Sumário: 1. Considerações gerais. 2. Provas, em espécie, do negócio jurídico. 2.1. Confissão. 2.2. Documento. 2.3. Testemunha. 2.4. Presunções. 2.5. Perícia. 3. Considerações finais.

1. CONSIDERAÇÕES GERAIS

No decorrer de capítulos anteriores[1], já referimos que as *declarações de vontade, núcleo essencial dos negócios jurídicos,* têm forma livre.

Mas nem sempre foi assim.

O Direito Romano, fonte histórica por excelência de nosso Direito Civil, distinguiu-se pelo formalismo.

Manifestando-se a respeito, JOSÉ CRETELLA JR., com sabedoria, pontifica:

"A forma sempre representou algo de muito importante para o povo romano, não só no direito, como na religião, na política, nas festas. E o direito reflete o povo, de maneira perfeita. No campo contratual, o relevo da forma é de importância extraordinária. A esse respeito é expressiva a passagem famosa do jurisconsulto Gaio, em que se adverte o risco em perder o pleito pela pessoa que, litigando contra quem lhe cortasse videiras, empregasse o vocábulo apropriado *vites*, em lugar do genérico *arbores*, preceituado na Lei das XII Tábuas"[2].

Ocorre que o desenvolvimento espiritual e material dos povos aconselhou o abrandamento do excessivo formalismo nas relações negociais, uma vez que tal exigência, nas sociedades atuais, deixaria de simplesmente servir à segurança jurídica, para se tornar um entrave injustificado nas relações jurídicas de direito privado.

A determinação legal da forma deve ser providência excepcional, inspirada por razões de ordem pública.

Em algumas hipóteses, por exemplo, a lei exige, não apenas para efeito de prova, mas, principalmente por imperativo de segurança jurídica, a lavratura do ato negocial em instrumento público.

É o caso da alienação de imóvel acima do limite legal, em que se deve documentar o ato em escritura pública, a ser devidamente registrada, sob pena de nulidade absoluta do negócio realizado[3].

Trata-se de um ato único que exige *forma especial ou solene.*

---

[1] Confiram-se os Capítulos X ("Negócio Jurídico (Noções Gerais)") e XII ("Plano de Validade do Negócio Jurídico").
[2] José Cretella Jr., *Curso de Direito Romano*, 20. ed., Rio de Janeiro: Forense, 1997, p. 247.
[3] Art. 108 do CC/2002; art. 134, II, do CC/1916.

O Código Civil de 2002, nesse ponto, cuidou de estabelecer os requisitos formais da escritura pública, em seu art. 215, que merece transcrição literal[4]:

"Art. 215. A escritura pública, lavrada em notas de tabelião, é documento dotado de fé pública, fazendo prova plena.

§ 1.º Salvo quando exigidos por lei outros requisitos, a escritura pública deve conter:

I – data e local de sua realização;

II – reconhecimento da identidade e capacidade das partes e de quantos hajam comparecido ao ato, por si, como representantes, intervenientes ou testemunhas;

III – nome, nacionalidade, estado civil, profissão, domicílio e residência das partes e demais comparecentes, com a indicação, quando necessário, do regime de bens do casamento, nome do outro cônjuge e filiação;

IV – manifestação clara da vontade das partes e dos intervenientes;

V – referência ao cumprimento das exigências legais e fiscais inerentes à legitimidade do ato;

VI – declaração de ter sido lida na presença das partes e demais comparecentes, ou de que todos a leram;

VII – assinatura das partes e dos demais comparecentes, bem como a do tabelião ou seu substituto legal, encerrando o ato.

§ 2.º Se algum comparecente não puder ou não souber escrever, outra pessoa capaz assinará por ele, a seu rogo.

§ 3.º A escritura será redigida na língua nacional.

§ 4.º Se qualquer dos comparecentes não souber a língua nacional e o tabelião não entender o idioma em que se expressa, deverá comparecer tradutor público para servir de intérprete, ou, não o havendo na localidade, outra pessoa capaz que, a juízo do tabelião, tenha idoneidade e conhecimento bastantes.

§ 5.º Se algum dos comparecentes não for conhecido do tabelião, nem puder identificar-se por documento, deverão participar do ato pelo menos duas testemunhas que o conheçam e atestem sua identidade".

Observe-se, outrossim, haver atos cuja forma, além de especial, é *complexa*, em razão das inúmeras solenidades exigidas por lei, cuja observância, inclusive de sua ordem sequencial, é indispensável para a sua validade. Tome-se o casamento, por exemplo. Não se trata de um ato único e solene, como a alienação de um imóvel. A consumação do matrimônio é resultado de um *iter procedimental* complexo, desde a habilitação até a cerimônia oficial, em salão aberto, na presença de testemunhas, oportunidade em que o juiz de direito deve proferir as palavras sacramentais, na estrita forma da legislação civil em vigor[5].

Há, ainda, ao lado dos *atos de forma especial complexa*, os *atos de forma especial múltipla*.

---

[4] No CC/1916, cf. art. 134, § 1.º.

[5] CC/2002: "Art. 1.535. Presentes os contraentes, em pessoa ou por procurador especial, juntamente com as testemunhas e o oficial de registro, o presidente do ato, ouvida aos nubentes a afirmação de que pretendem se casar por livre e espontânea vontade, declarará efetuado o casamento, nestes termos: 'De acordo com a vontade que ambos acabais de afirmar perante mim, de vos receberdes por marido e mulher, eu, em nome da lei, vos declaro casados'" (CC/1916, art. 194).

Neste caso, "a lei autoriza a formalização do negócio, por diversos modos, podendo o interessado optar validamente por um deles"[6].

É o que ocorre, por exemplo, no *reconhecimento voluntário de filho*, para o qual a lei prevê cinco maneiras de realização:

1) declaração ao oficial de Registro Civil (registro de nascimento);

2) escritura pública, a ser arquivada em cartório;

3) escrito particular, a ser arquivado em cartório;

4) testamento, ainda que o reconhecimento haja sido incidentalmente manifestado;

5) manifestação expressa e direta perante o juiz, mesmo que o reconhecimento não tenha sido o objeto único e principal do ato que o contém.

Entretanto, a *forma especial ou solene*, quer seja única, múltipla ou complexa, é exigida apenas excepcionalmente.

Isso porque vigora, consoante já se anotou, como regra para os negócios jurídicos em geral, *o princípio da liberdade da forma*, que já encontrava assento no Código de 1916, no capítulo concernente à forma e prova dos atos jurídicos (art. 129), havendo sido também consagrado pelo Código Civil de 2002, que corretamente o deslocou para as Disposições Gerais do Título I, Livro I, da Parte Geral (Dos Fatos Jurídicos)[7].

Nesse ponto, andou bem o legislador ao não inserir a norma no capítulo referente à prova, uma vez que esta não se confunde, no sentido técnico, com a *forma do ato jurídico*.

A *forma*, consoante já se anotou, é revestimento exterior do ato, e, quando *qualificada* (*especial*), constitui verdadeiro pressuposto de validade do negócio.

A *prova*, diferentemente, consiste no meio pelo qual se constata a veracidade do negócio jurídico que se realizou, confirmando, assim, a sua existência e validade.

Nesse sentido, ressaltando as peculiaridades do tema, pontifica SÍLVIO VENOSA: "Não se confunde a forma com a prova dos atos jurídicos. A forma é vista sob o aspecto estático; é aquele envoltório que reveste a manifestação de vontade. A prova é vista sob o aspecto dinâmico; serve para demonstrar a existência do ato"[8].

A par, todavia, da distinção conceitual existente, deve-se reconhecer a íntima correlação entre as duas noções, porquanto, se a lei impuser determinada *forma especial*, o ato não se poderá *provar* por outro modo, senão quando aquela for obedecida.

Finalmente, cumpre-nos advertir que a matéria relativa à prova não interessa apenas ao Direito Civil, mas também ao Direito Processual Civil, sendo que, este último, disciplina a produção da prova em juízo[9].

---

[6] Carlos Roberto Gonçalves, *Direito Civil – Parte Geral*, v. 1, Sinopses Jurídicas, 5. ed., São Paulo: Saraiva, 1999, p. 135.

[7] CC/2002: "Art. 107. A validade da declaração de vontade não dependerá de forma especial, senão quando a lei expressamente a exigir".

[8] Sílvio Venosa, ob. cit., p. 447.

[9] "É controvérsia antiga a relativa à natureza das normas que regulam a prova: se de direito material, se de direito formal. Entre os processualistas modernos é francamente dominante a tese de que as leis referentes à prova são processuais. E como não podem eles negar que várias dessas normas pertencem ao direito material – tanto assim que a elas não se aplica o princípio de que as leis processuais

Posto isso, iniciaremos a análise da prova do *negócio jurídico*, estabelecendo uma necessária linha de cotejo entre o Código Civil de 1916 e o Código Civil de 2002, fazendo também, sempre que cabível, referências à Legislação processual.

2. PROVAS, EM ESPÉCIE, DO NEGÓCIO JURÍDICO

Ressalvada a hipótese de a lei exigir *forma especial ou solene*, o fato jurídico – o legislador preferiu adotar esta expressão genérica, abrangente da noção de negócio jurídico – pode ser provado, segundo dispõe o art. 212 do Código Civil de 2002, mediante:

a) confissão;

b) documento;

c) testemunha;

d) presunção;

e) perícia.

Embora o rol apresentado seja bastante abrangente, parece-nos que considerá-lo definitivamente taxativo seria cercear a capacidade criativa do homem.

Por isso, defendemos que nada impede que novas formas probatórias venham a ser criadas, embora as relacionadas – e suas regras respectivas – já sejam suficientes, no presente momento, para envolver as hodiernamente utilizadas, ainda que exijam algumas adaptações[10].

Em verdade, tal posicionamento é fruto da constatação, na nossa atividade profissional como magistrados, de que a imposição de limitações formais à prova de determinados fatos jurídicos em sentido amplo tem se tornado menos um instrumento de segurança e mais um desvio da finalidade instrumental do processo judicial.

2.1. Confissão

A confissão é o reconhecimento livre da veracidade do fato que a outra parte da relação jurídica ou do próprio negócio pretende provar (art. 212, I, do CC/2002).

---

incidem de imediato – resolvem o problema sustentando que, ao lado de um direito processual formal, há um direito processual material. Essa divisão do direito processual não consegue, todavia, eliminar o problema de as normas materiais de prova dizerem respeito aos direitos em si mesmos, devendo, portanto, ser disciplinadas, quando esses direitos são privados, pelo direito privado" (José Carlos Moreira Alves, ob. cit., p. 158).

[10] É o caso, por exemplo, dos meios audiovisuais, que acabam sendo tratados, pelo art. 225 do CC/2002 ("As reproduções fotográficas, cinematográficas, os registros fonográficos e, em geral, quaisquer outras reproduções mecânicas ou eletrônicas de fatos ou de coisas fazem prova plena destes, se a parte, contra quem forem exibidos, não lhes impugnar a exatidão"), como se documentos fossem. Além disso, não se pode esquecer da inspeção judicial, que é um meio de prova tratado nos arts. 481 a 484 do CPC/2015, que, por ficção doutrinária, acaba por ser tratado como se fosse um deslocamento de uma audiência presidida pelo magistrado, numa disciplina equivalente a das provas pericial e testemunhal.

Nos termos do art. 389 do Código de Processo Civil de 2015, "há confissão, judicial ou extrajudicial, quando a parte admite a verdade de fato contrário ao seu interesse e favorável ao adversário"[11].

Sem dúvida, a confissão erige-se como o mais importante meio de prova de um fato jurídico, o que levou juristas antigos a denominá-la "a rainha das provas".

Deve-se advertir, entretanto, que, algumas vezes, a confissão decorre de coação ou provêm de pessoa impedida de confessar, o que exige do julgador extrema atenção e redobrada cautela, para interpretá-la sistematicamente, em cotejo com os outros meios probatórios de que dispõe.

Talvez em atenção a esse cuidado que deve envolver a colheita da prova, o legislador cuidou de dispor, expressamente, em seu art. 213, que:

> "Art. 213. Não tem eficácia a confissão se provêm de quem não é capaz de dispor do direito a que se referem os fatos confessados.
>
> Parágrafo único. Se feita a confissão por um representante, somente é eficaz nos limites em que este pode vincular o representado".

Segundo o art. 214 do mesmo Código, a confissão é *irrevogável, podendo ser anulada por coação ou erro de fato.*

No primeiro caso, o confitente reconhece o fato por força da violência psicológica sofrida ("confesse, ou você morre!"). Note-se que, se a coação for física, traduzida no emprego de energia corporal sobre o corpo da vítima, o ato deixa de ser simplesmente anulável, e passa a ser inexistente.

Ocorre *erro de fato*, por sua vez, quando o declarante equivoca-se sobre a natureza do negócio, suas qualidades essenciais, seu objeto, ou quanto à pessoa do outro declarante, e culmina por confessar, por engano, fato inverídico, não condizente com a realidade.

Digna de nota é, ainda, a característica da indivisibilidade da confissão, consagrada pelo art. 395 do Código de Processo Civil de 2015:

> "Art. 395. A confissão é, em regra, indivisível, não podendo a parte que a quiser invocar como prova aceitá-la no tópico que a beneficiar e rejeitá-la no que lhe for desfavorável, porém cindir-se-á quando o confitente a ela aduzir fatos novos, capazes de constituir fundamento de defesa de direito material ou de reconvenção."

Em termos processuais, vale destacar que a confissão é literalmente o resultado da atividade instrutória, sendo que pode ser obtida através do interrogatório (prerrogativa do magistrado de inquirir as partes para esclarecimento de fatos) ou do depoimento pessoal (meio de prova à disposição do requerimento dos litigantes para obter a confissão), os quais, embora materialmente se confundam[12], têm distinção no que diz respeito à iniciativa[13].

---

[11] No CPC/2015, cf. arts. 389 a 395.

[12] Sobre o tema, na III Jornada de Direito Civil da Justiça Federal, de novembro/2004, foi proposto o Enunciado 157: "Art. 212: O termo 'confissão' deve abarcar o conceito lato de depoimento pessoal, tendo em vista que este consiste em meio de prova de maior abrangência, plenamente admissível no ordenamento jurídico brasileiro".

[13] No processo do trabalho, inclusive, há amplo entendimento doutrinário e jurisprudencial no sentido de que somente cabe o interrogatório dos litigantes, por iniciativa do magistrado, por força do *caput* do art. 848 da CLT ("Terminada a defesa, seguir-se-á a instrução do processo, podendo o

2.2. Documento

Também é considerado meio de prova o documento[14] (art. 212, II, do CC/2002).

Cuida-se de *um escrito representativo de um determinado fato jurídico*.

Seguindo a doutrina de MOACYR AMARAL SANTOS, os documentos poderão ser[15]:

a) *públicos* – quando formados por oficial público, no exercício de suas funções e na forma da lei (guias de recolhimento de impostos, v. g.);

b) *particulares* – quando formados por particulares ou por quem atue nesta qualidade (aviso de cancelamento de plano de saúde por expiração de prazo sem pagamento).

O *instrumento público (lavrado por oficial[16]) ou particular (firmado pelas próprias partes)* possui significado jurídico próprio, sendo espécie de documento, formado com o *propósito de servir de prova do ato representado*.

Consubstancia, pois, uma prova *pré-constituída*.

A eficácia probatória do instrumento é a nota peculiar desta espécie documental: *a escritura de compra e venda de um imóvel e o instrumento de procuração*, por exemplo, pré-constituem a prova da alienação onerosa e do contrato de mandato, respectivamente.

Um convite de casamento, por sua vez, é mero documento particular, não podendo ser considerado *instrumento*, por não possuir o propósito de formar prova pré-constituída de um ato jurídico.

Em conclusão, pode-se afirmar que *documento é gênero*, e *instrumento é espécie*.

Se houver a necessidade de autorização para a validade do ato, esta deverá constar do próprio *instrumento*, consoante reza o art. 220 do CC/2002:

"Art. 220. A anuência ou a autorização de outrem, necessária à validade de um ato, provar-se-á do mesmo modo que este, e constará, sempre que se possa, do próprio instrumento".

Assim, no caso de o marido pretender prestar fiança, a anuência de sua esposa (outorga uxória) deverá preferencialmente constar no próprio instrumento de garantia, provando-se do mesmo modo que este. Na hipótese de venda de bem imóvel, a procuração outorgada deverá constar em instrumento público, porque esta é a forma exigida para a validade desta espécie de alienação[17].

---

presidente, *ex officio* ou a requerimento de qualquer juiz temporário, interrogar os litigantes"), que não menciona o direito subjetivo da parte de requerer a ouvida do oponente. Embora majoritário o entendimento, não partilhamos dele, por considerar que acaba subtraindo, daquele que vai a Juízo, o direito de obter a tão valorizada "rainha das provas".

[14] No CPC/2015, cf. arts. 405 a 441 (arts. 364 a 399 do CPC/1973).

[15] Moacyr Amaral Santos, *Primeiras Linhas de Direito Processual Civil*, 17. ed., São Paulo: Saraiva, 1995, v. II, p. 393.

[16] Art. 215 do CC/2002 e art. 134, § 1.º, do CC/1916, já referidos linhas acima.

[17] O novo Código Civil, modificando, em alguns pontos, o regramento anterior, dispõe: "Art. 1.647. Ressalvado o disposto no art. 1.648, nenhum dos cônjuges pode, sem autorização do outro, exceto no regime da separação absoluta: I – alienar ou gravar de ônus real os bens imóveis; II – pleitear, como autor ou réu, acerca desses bens ou direitos; III – prestar fiança ou aval; IV – fazer doação, não sendo remuneratória, de bens comuns, ou dos que possam integrar futura meação. Parágrafo único. São válidas as doações nupciais feitas aos filhos quando casarem ou estabelecerem economia

É bom que se observe ainda que a formalização de um ato jurídico em instrumento particular somente terá eficácia *erga omnes (perante terceiros)* após o seu necessário registro público em cartório.

Nesse sentido, dispõe o art. 221 do Código Civil de 2002[18]:

> "Art. 221. O instrumento particular, feito e assinado, ou somente assinado por quem esteja na livre disposição e administração de seus bens, prova as obrigações convencionais de qualquer valor; mas os seus efeitos, bem como os da cessão, não se operam, a respeito de terceiros, antes de registrado no registro público.
>
> Parágrafo único. A prova do instrumento particular pode suprir-se pelas outras de caráter legal".

Questão interessante, nesse ponto, diz respeito à compra e venda de automóvel, comumente firmada por instrumento particular, sem o necessário registro do ato no Registro Público.

O Supremo Tribunal Federal firmou entendimento, assentado na Súmula 489, no sentido de que "a compra e venda de automóvel não prevalece contra terceiros, de boa-fé, se o contrato não foi transcrito no Registro de Títulos e Documentos".

Isso quer dizer que o terceiro de boa-fé poderá responsabilizar civilmente o indivíduo que lhe vendeu o veículo já alienado, desde que o primeiro ato de alienação não haja sido registrado no Cartório de Registro Civil de Títulos e Documentos.

Daí não se deve concluir, todavia, que a ausência do registro da alienação, inclusive no DETRAN, sujeita o alienante aos efeitos obrigacionais decorrentes de um ato ilícito cometido culposamente pelo adquirente.

Em outras palavras, pelo fato de a compra e venda não haver sido registrada, o vendedor não poderá ser responsabilizado pelo comportamento nocivo, causador de acidente, atribuído ao adquirente do veículo.

Trata-se de responsabilidade extracontratual ou aquiliana, pela qual responde apenas aquele que detinha o poder de comando da coisa, e não, simplesmente, o proprietário presuntivo.

Por força da coerência lógica desses argumentos, o Superior Tribunal de Justiça pronunciou-se a respeito da matéria, editando a Súmula 132, que merece integral transcrição:

> "Súmula 132, STJ – A ausência de registro da transferência não implica a responsabilidade do antigo proprietário por dano resultante de acidente que envolva o veículo alienado".

Até aqui tudo que se comentou diz respeito ao *instrumento público ou particular original*.

Entretanto, para efeito de prova do ato jurídico, a lei também admite o valor:

a) das certidões textuais de qualquer peça judicial, protocolo das audiências, ou de qualquer livro a cargo do escrivão, sendo extraídas por ele, ou sob sua vigilância, e por ele

---

separada. Art. 1.648. Cabe ao juiz, nos casos do artigo antecedente, suprir a outorga, quando um dos cônjuges a denegue sem motivo justo, ou lhe seja impossível concedê-la". No CC/1916, cf. arts. 235 a 239 e 242. Voltaremos à matéria quando tratarmos do Direito de Família.

[18] No CC/1916, art. 135. Note-se que a nova lei afastou a exigência anterior no sentido de condicionar a obrigatoriedade do negócio, entre as próprias partes, à participação de duas testemunhas.

subscritas, assim como o traslado de autos, quando por outro escrivão consertados (art. 216 do CC/2002);

b) dos traslados e das certidões, extraídas por oficial público, de instrumentos ou documentos lançados em suas notas (art. 217 do CC/2002). Vale destacar que, na forma do art. 218 do CC/2002, os traslados e as certidões considerar-se-ão instrumentos públicos, se os originais se houverem produzido em juízo como prova de algum ato;

c) da cópia fotográfica de documento, conferida por tabelião de notas, não obstante em caso de impugnação de sua autenticidade, deva ser conferido o original. O título de crédito, outrossim, sob pena de prejudicar a aferição de sua *certeza*, deve ser exibido no original, principalmente para o fim de aparelhar execução judicial (art. 223 do CC/2002; art. 424 do CPC/2015);

d) das reproduções dos documentos particulares, fotográficas ou obtidas por outros meios de repetição (como, a título meramente exemplificativo, registros cinematográficos, fonográficos e, em geral, quaisquer outras reproduções mecânicas ou eletrônicas de fatos ou de coisas), valendo como certidões sempre que o escrivão ou o chefe de secretaria certificar sua conformidade com o original (art. 225 do CC/2002; art. 423 do CPC/2015) ou, em nosso sentir, se a parte, contra quem forem exibidos, não lhes impugnar a exatidão;

e) dos livros e fichas dos empresários e sociedades contra as pessoas a que pertencem, e, em seu favor, quando, escriturados sem vício extrínseco ou intrínseco, forem confirmados por outros subsídios. Esta prova, todavia, não supre ausência de escritura pública ou escrito particular revestido de requisitos especiais, e pode ser ilidida pela comprovação da falsidade ou inexatidão dos lançamentos (art. 226 do CC/2002; arts. 417 a 419 do CPC/2015).

Vale destacar que o Código de Processo Civil de 2015 preocupou-se também com a possibilidade de o documento ser produzido eletronicamente ou precisar ser reproduzido por tal processo.

Para tal mister, importante é destacar a figura da ata notarial, prevista no art. 384 do CPC/2015:

> "Art. 384. A existência e o modo de existir de algum fato podem ser atestados ou documentados, a requerimento do interessado, mediante ata lavrada por tabelião.
>
> Parágrafo único. Dados representados por imagem ou som gravados em arquivos eletrônicos poderão constar da ata notarial."

Assim, o registro de uma conversa em mídias sociais como WhatsApp, Instagram, Facebook ou mesmo no antigo Orkut pode ser documentado, através da ata notarial, para os devidos fins de Direito.

E o documento eletrônico propriamente dito?

Deve ser amplamente estimulado o seu uso, principalmente quando se tratar de processo judicial eletrônico, superando-se o paradigma da redução cartácea.

Todavia, se for o caso de utilização em processo convencional (físico), naturalmente haverá a necessidade de conversão do documento eletrônico para a forma impressa, com a verificação de sua autenticidade.

Sobre o tema, preceituam os arts. 439 a 441 do Código de Processo Civil de 2015:

"Art. 439. A utilização de documentos eletrônicos no processo convencional dependerá de sua conversão à forma impressa e da verificação de sua autenticidade, na forma da lei.

Art. 440. O juiz apreciará o valor probante do documento eletrônico não convertido, assegurado às partes o acesso ao seu teor.

Art. 441. Serão admitidos documentos eletrônicos produzidos e conservados com a observância da legislação específica."

Um ponto importante, porém, que sempre buscamos destacar, é a questão do valor probatório das cópias (traslados), caso não tenham sido autenticados ou não tenha sido reconhecida a firma.

Isso porque a exigência de tal rigor na apresentação de documentos, notadamente quando se tratem de instrumentos comuns às partes, parece-nos uma formalidade inútil e anacrônica em um mundo que se orgulha de seus avanços tecnológicos.

Não conhecer um documento somente pelo fato de sua cópia não estar autenticada, sem que haja qualquer impugnação ao seu conteúdo, é uma prática que remonta a uma forma cartorial de pensar o direito, o que, definitivamente, não pode mais ser sinceramente defendido. Pensar em sentido contrário é propugnar pelo retrocesso no direito à prestação jurisdicional, seja em termos de custos processuais (o reconhecimento de firma e a autenticação de documentos não são gratuitos), seja em celeridade para a solução do litígio (pela necessidade de diligências para "formalizar" os documentos apresentados).

E não se diga que o Código Civil de 2002 impede tal entendimento, pois o que ele faz, em verdade, é apenas, no final das contas, *equiparar* os documentos mencionados aos originais (o que, sem sombra de dúvida, é medida das mais razoáveis), sem haver qualquer menção proibitiva da apresentação de cópias. Permitindo-nos um trocadilho: cópia inautêntica não é sinônimo de cópia inverídica!

Esse posicionamento, ao contrário do que se possa suscitar, não tem nada de revolucionário, valendo destacar, inclusive, que o art. 38 do Código de Processo Civil de 1973, com a redação dada pela Lei n. 8.952, de 13 de dezembro de 1994, passou a não mais exigir, como outrora, a firma reconhecida na procuração geral para o foro, o que já sinalizou de que tal posicionamento é dos mais razoáveis[19].

---

[19] CPC/1973: "Art. 38. A procuração geral para o foro, conferida por instrumento público, ou particular assinado pela parte, habilita o advogado a praticar todos os atos do processo, salvo para receber citação inicial, confessar, reconhecer a procedência do pedido, transigir, desistir, renunciar ao direito sobre que se funda a ação, receber, dar quitação e firmar compromisso".

Essa diretriz foi mantida e ampliada com o Código de Processo Civil de 2015, em seu art. 105:

"Art. 105. A procuração geral para o foro, outorgada por instrumento público ou particular assinado pela parte, habilita o advogado a praticar todos os atos do processo, exceto receber citação, confessar, reconhecer a procedência do pedido, transigir, desistir, renunciar ao direito sobre o qual se funda a ação, receber, dar quitação, firmar compromisso e assinar declaração de hipossuficiência econômica, que devem constar de cláusula específica.

§ 1.º A procuração pode ser assinada digitalmente, na forma da lei.

§ 2.º A procuração deverá conter o nome do advogado, seu número de inscrição na Ordem dos Advogados do Brasil e endereço completo.

Dentro dessa linha, faz sentido, por exemplo, por mais paradoxal que possa parecer, a menção ao telegrama, no art. 222 do CC/2002, admitido como meio de prova mediante a conferência do original assinado, *quando lhe for contestada a autenticidade*. Isso quer dizer que, *não sendo contestada a autenticidade* (note-se que, aqui, se estará afirmando, por exemplo, que o telegrama não foi sequer expedido), a mera redução cartácea de recebimento valerá como prova.

Em uma perspectiva de valorização ética do documento, estabelece, porém, o art. 219:

"Art. 219. As declarações constantes de documentos assinados presumem-se verdadeiras em relação aos signatários.

Parágrafo único. Não tendo relação direta, porém, com as disposições principais ou com a legitimidade das partes, as declarações enunciativas não eximem os interessados em sua veracidade do ônus de prová-las"[20].

Os documentos redigidos em língua estrangeira deverão ser vertidos para a língua portuguesa, para que possam ter efeitos legais no país (art. 224 do CC/2002)[21].

Por imperativo de segurança, entendemos deva a tradução, caso o juiz não conheça o idioma estrangeiro, ser realizada por tradutor nomeado e juramentado.

Tudo o que se disse, até aqui, a respeito da prova documental, mereceu a atenção do Código de Processo Civil de 2015, em seus arts. 405 a 441, para os quais remetemos o leitor.

Trata-se, em verdade, de matéria situada em zona intermediária, conforme já dito, localizada entre o direito substantivo e o direito adjetivo.

Em conclusão, vale referir que a lei processual, à luz do *princípio do convencimento fundamentado do julgador*, estabelece, corretamente, que "*o juiz apreciará fundamentadamente a fé que deva merecer o documento, quando em ponto substancial e sem ressalva contiver entrelinha, emenda, borrão ou cancelamento*" (art. 426 do CPC/2015, correspondente ao art. 386 do CPC/73, que falava em livre convencimento, em vez de apreciação fundamentada).

Registre-se, por fim, que a "Declaração de Direitos da Liberdade Econômica" estabeleceu regras específicas sobre documentos, a saber, *in verbis*:

"Art. 10. A Lei n. 12.682, de 9 de julho de 2012, passa a vigorar acrescida do seguinte art. 2.º-A:

---

§ 3.º Se o outorgado integrar sociedade de advogados, a procuração também deverá conter o nome dessa, seu número de registro na Ordem dos Advogados do Brasil e endereço completo.

§ 4.º Salvo disposição expressa em sentido contrário constante do próprio instrumento, a procuração outorgada na fase de conhecimento é eficaz para todas as fases do processo, inclusive para o cumprimento de sentença."

[20] Sobre o tema, na III Jornada de Direito Civil da Justiça Federal, de novembro/2004, foi proposto o Enunciado 158: "Art. 215: A amplitude da noção de 'prova plena' (isto é, 'completa') importa presunção relativa acerca dos elementos indicados nos incisos do § 1.º, devendo ser conjugada com o disposto no parágrafo único do art. 219".

[21] Apenas a título de interesse histórico, o Projeto de Lei n. 6.960, de 2002 (posteriormente numerado para 276/2007) pretendeu modificar essa disposição, determinando que os "documentos redigidos em língua estrangeira serão traduzidos para o vernáculo e registrados em Títulos e Documentos para terem efeitos legais no País".

'Art. 2.º-A. Fica autorizado o armazenamento, em meio eletrônico, óptico ou equivalente, de documentos públicos ou privados, compostos por dados ou por imagens, observado o disposto nesta Lei, nas legislações específicas e no regulamento.

§ 1.º Após a digitalização, constatada a integridade do documento digital nos termos estabelecidos no regulamento, o original poderá ser destruído, ressalvados os documentos de valor histórico, cuja preservação observará o disposto na legislação específica.

§ 2.º O documento digital e a sua reprodução, em qualquer meio, realizada de acordo com o disposto nesta Lei e na legislação específica, terão o mesmo valor probatório do documento original, para todos os fins de direito, inclusive para atender ao poder fiscalizatório do Estado.

§ 3.º Decorridos os respectivos prazos de decadência ou de prescrição, os documentos armazenados em meio eletrônico, óptico ou equivalente poderão ser eliminados.

§ 4.º Os documentos digitalizados conforme o disposto neste artigo terão o mesmo efeito jurídico conferido aos documentos microfilmados, nos termos da Lei n. 5.433, de 8 de maio de 1968, e de regulamentação posterior.

§ 5.º Ato do Secretário de Governo Digital da Secretaria Especial de Desburocratização, Gestão e Governo Digital do Ministério da Economia estabelecerá os documentos cuja reprodução conterá código de autenticação verificável.

§ 6.º Ato do Conselho Monetário Nacional disporá sobre o cumprimento do disposto no § 1.º deste artigo, relativamente aos documentos referentes a operações e transações realizadas no sistema financeiro nacional.

§ 7.º É lícita a reprodução de documento digital, em papel ou em qualquer outro meio físico, que contiver mecanismo de verificação de integridade e autenticidade, na maneira e com a técnica definidas pelo mercado, e cabe ao particular o ônus de demonstrar integralmente a presença de tais requisitos.

§ 8.º Para a garantia de preservação da integridade, da autenticidade e da confidencialidade de documentos públicos será usada certificação digital no padrão da Infraestrutura de Chaves Públicas Brasileira (ICP-Brasil).'"

Trata-se de um conjunto de regras que pretende disciplinar o armazenamento, em geral, de documentos eletrônicos, com a finalidade de garantir a desburocratização com segurança.

2.3. Testemunha

Também a testemunha poderá provar o fato jurídico (art. 212, III, do CC/2002).

O Código de Processo Civil de 2015 disciplina a produção e colheita em juízo da prova testemunhal nos arts. 442 a 463.

CLÓVIS BEVILÁQUA, com absoluta propriedade, observa que *"a prova testemunhal é das mais perigosas, se bem que inevitável"*[22].

De fato, a testemunha, chamada a depor em juízo, deve discorrer acerca do que sabe e lhe for perguntado, impondo-se-lhe, por isso mesmo, deixar de lado caprichos ou convicções pessoais, sob pena de desvirtuar a verdade dos fatos, prejudicando a administração da Justiça.

Não deve a testemunha tecer considerações opinativas, uma vez que a sua precípua função é externar ao julgador apenas o que viu ou ouviu, ainda que por meio de terceiro.

---

[22] Clóvis Beviláqua, ob. cit., p. 330.

JOÃO MONTEIRO define-a como sendo "a pessoa capaz e estranha ao feito, chamada a juízo para depor o que sabe sobre o fato litigioso"[23].

A prova testemunhal é realmente de grande utilidade.

De fato, conforme previsto no parágrafo único do art. 227 do Código Civil brasileiro de 2002 (cujo *caput* foi revogado pelo Código de Processo Civil de 2015), "qualquer que seja o valor do negócio jurídico, a prova testemunhal é admissível como subsidiária ou complementar da prova por escrito".

Sobre a utilização da prova testemunhal para demonstração em juízo da existência de relações jurídicas obrigacionais, estabelecem os arts. 444 a 446 do CPC/2015[24]:

"Art. 444. Nos casos em que a lei exigir prova escrita da obrigação, é admissível a prova testemunhal quando houver começo de prova por escrito, emanado da parte contra a qual se pretende produzir a prova.

Art. 445. Também se admite a prova testemunhal quando o credor não pode ou não podia, moral ou materialmente, obter a prova escrita da obrigação, em casos como o de parentesco, de depósito necessário ou de hospedagem em hotel ou em razão das práticas comerciais do local onde contraída a obrigação.

Art. 446. É lícito à parte provar com testemunhas:

I – nos contratos simulados, a divergência entre a vontade real e a vontade declarada;

II – nos contratos em geral, os vícios de consentimento."

As regras sobre prova, especialmente testemunhal, devem ser sempre interpretadas com certa razoabilidade.

No processo do trabalho, por exemplo, em que a relação de emprego, na forma do art. 442 da CLT, pode-se caracterizar até mesmo de forma tácita, o *princípio da primazia da realidade* impõe uma maior valorização da prova testemunhal, uma vez que tendo ocorrido fraude aos direitos trabalhistas, mediante a contratação de verdadeiros empregados sob outras formas contratuais (prestação civil de serviços, cooperativas de trabalho, representações comerciais, entre outras modalidades), muitas vezes somente a prova testemunhal é

---

[23] João Monteiro, apud Moacyr Amaral Santos, ob. cit., p. 452-3.

[24] Estes dispositivos equivalem aos arts. 402 a 404 do Código de Processo Civil de 1973, porém, valorizam a produção da prova testemunhal.

Se não, verifiquem-se os mencionados preceitos normativos:

"Art. 402. Qualquer que seja o valor do contrato, é admissível a prova testemunhal, quando:

I – houver começo de prova por escrito, reputando-se tal o documento emanado da parte contra quem se pretende utilizar o documento como prova;

II – o credor não pode ou não podia, moral ou materialmente, obter a prova escrita da obrigação, em casos como o de parentesco, depósito necessário ou hospedagem em hotel.

Art. 403. As normas estabelecidas nos dois artigos antecedentes aplicam-se ao pagamento e à remissão da dívida.

Art. 404. É lícito à parte inocente provar com testemunhas:

I – nos contratos simulados, a divergência entre a vontade real e a vontade declarada;

II – nos contratos em geral, os vícios do consentimento."

que pode demonstrar ao juiz a verdadeira essência do vínculo jurídico mantido. Trata-se de uma particularidade que não deve ser desprezada.

As testemunhas que firmam determinado negócio jurídico, juntamente com as partes, são denominadas *instrumentárias;* as que depõem em juízo, por sua vez, *judiciais*.

Nada impede, outrossim, que, havendo participado como testemunha de um determinado contrato (testemunha instrumentária), a mesma pessoa venha a ser, posteriormente, convocada para depor o que sabe a respeito do ato negocial, em juízo (testemunha judicial).

Sobre a admissibilidade de testemunhas, dispõe o Código Civil de 2002[25], com a redação dada pela Lei n. 13.146, de 2015 (Lei Brasileira de Inclusão da Pessoa com Deficiência – Estatuto da Pessoa com Deficiência):

> "Art. 228. Não podem ser admitidos como testemunhas:
>
> I – os menores de dezesseis anos;
>
> II – (Revogado)
>
> III – (Revogado)
>
> IV – o interessado no litígio, o amigo íntimo ou o inimigo capital das partes;
>
> V – os cônjuges, os ascendentes, os descendentes e os colaterais, até o terceiro grau de alguma das partes, por consanguinidade, ou afinidade.
>
> § 1.º Para a prova de fatos que só elas conheçam, pode o juiz admitir o depoimento das pessoas a que se refere este artigo.
>
> § 2.º A pessoa com deficiência poderá testemunhar em igualdade de condições com as demais pessoas, sendo-lhe assegurados todos os recursos de tecnologia assistiva."

Observando o § 1.º (outrora parágrafo único) do referido artigo, conclui-se que as regras limitativas não se dirigem apenas às testemunhas instrumentárias. Pelo contrário. As restrições dizem respeito, especialmente, às testemunhas judiciais.

Ora, quanto a estas últimas, as hipóteses de incapacidade, impedimento ou suspeição, que obstam a admissibilidade da prova em juízo, estão disciplinadas pelas regras específicas do art. 447 do CPC/2015.

Na nossa opinião, o máximo que a lei civil poderia fazer, respeitando os termos da Constituição Federal e da legislação processual em vigor, seria estabelecer requisitos para a atuação de alguém como *testemunha instrumentária*, ou seja, como testemunha simplesmente presente à realização do negócio jurídico. Entretanto, a norma do art. 228, tal como foi posta, não autoriza essa interpretação.

Nesse diapasão, a legislação processual civil, mais abrangente e específica, admite que todas as pessoas possam ser testemunhas, fazendo a ressalva técnica dos incapazes, impedidos e suspeitos.

Sobre a incapacidade para depor, estabelece o § 1.º do art. 447 do Código de Processo Civil de 2015:

> "§ 1.º São incapazes:
>
> I – o interdito por enfermidade ou deficiência mental;

---

[25] No CC/1916, art. 142.

II – o que, acometido por enfermidade ou retardamento mental, ao tempo em que ocorreram os fatos, não podia discerni-los, ou, ao tempo em que deve depor, não está habilitado a transmitir as percepções;

III – o que tiver menos de 16 (dezesseis) anos;

IV – o cego e o surdo, quando a ciência do fato depender dos sentidos que lhes faltam."

Parece-nos que, mesmo não tendo havido revogação expressa por parte da Lei n. 13.146, de 2015 (Lei Brasileira de Inclusão da Pessoa com Deficiência – Estatuto da Pessoa com Deficiência), sua interpretação teleológica permite limitar a incapacidade à questão etária, devendo os incisos I, II e IV ser compreendidos como superados ou – no mínimo – interpretados da forma mais excepcional possível.

A lei prevê, ainda, os *impedidos* de depor, pelo eventual interesse que possam ter no deslinde do litígio. Cuida-se de pessoas objetivamente ligadas a uma das partes (art. 447, § 2.º, do CPC/2015; art. 405, § 2.º, do CPC/1973):

a) o cônjuge, o companheiro, bem como o ascendente e o descendente em qualquer grau, ou o colateral, até o terceiro grau, de alguma das partes, por consanguinidade ou afinidade, salvo se o exigir o interesse público, ou, tratando-se de causa relativa ao estado da pessoa, não se puder obter de outro modo a prova, que o juiz repute necessária ao julgamento do mérito;

b) o que é parte na causa;

c) o que intervém em nome de uma parte, como o tutor na causa do menor, o representante legal de uma pessoa jurídica, o juiz, o advogado e outros, que assistam ou tenham assistido as partes.

Finalmente, em atenção ao princípio da verdade material, informador de todo ordenamento processual brasileiro, são considerados *suspeitos* (art. 447, § 3.º, do CPC/2015; art. 405, § 3.º, do CPC/1973):

a) o inimigo da parte ou seu amigo íntimo;

b) o que tiver interesse no litígio.

Note-se que, sendo estritamente necessário, o juiz poderá ouvir testemunhas menores, impedidas ou suspeitas, independentemente de compromisso, dando aos seus depoimentos o valor que possam merecer (art. 447, §§ 4.º e 5.º, do CPC/2015; art. 405, § 4.º, do CPC/1973).

Vale destacar, porém, que, pelo menos para efeito do processo do trabalho, de acordo com o Enunciado n. 357 do colendo Tribunal Superior do Trabalho, "não torna suspeita a testemunha o simples fato de estar litigando ou de ter litigado contra o mesmo empregador".

A função social da atividade testemunhal é de relevância indiscutível.

Os ensinamentos teóricos constantes nos manuais não têm o condão de mensurar a importância, mormente nos processos penal e trabalhista, que, na realidade, tem a testemunha.

Por isso, muito mais do que um dever legal, o depoimento da testemunha é manifestação de cidadania, razão pela qual deve pautar-se pelos mais relevantes princípios éticos, sendo destinatária, inclusive, de persecução criminal, caso faça afirmações falsas ou se negue ou cale a verdade[26].

A despeito, porém, de tal importância jurídica e social, a testemunha, nos termos do art. 448 do CPC/2015, não é obrigada a depor sobre fatos[27]:

a) que lhe acarretem grave dano, bem como ao seu cônjuge ou companheiro e aos seus parentes consanguíneos ou afins, em linha reta, ou na colateral até o terceiro grau;

b) a cujo respeito, por estado ou profissão, deva guardar sigilo.

As pessoas que devam guardar segredo profissional, a exemplo do médico e do advogado, incorrem, em caso de descumprimento desse preceito, e sem prejuízo de eventual apuração em sede administrativa, nas sanções penais previstas no art. 154 do Código Penal Brasileiro (violação de segredo profissional).

Trata-se de infração penal de menor potencial ofensivo, cuja persecução criminal é condicionada à representação da vítima, sendo cabível, em tese, a aplicação das medidas despenalizadoras previstas na Lei n. 9.099, de 26 de setembro de 1995.

2.4. Presunções

Seguindo ainda a diretriz de nossa Lei Civil, as *presunções* também são meio de prova do fato jurídico (art. 212, IV, do CC/2002).

Não pensamos que se trata, propriamente, de um "meio de prova".

Isso porque a presunção não é, tecnicamente, um meio de demonstrar fato, mas, sim, uma operação mental pela qual, *partindo-se de um fato conhecido, chega-se a um fato desconhecido, admitido como verdadeiro*.

O dispositivo talvez mereça ser ressignificado para, nele, ser reconhecida uma autorização, na legislação de Direito Material, para a utilização da denominada "prova indireta", ou seja, aquela que, embora não demonstre especificamente os fatos alegados, comprova outros pelos quais se chega à conclusão por meio de um raciocínio indutivo[28].

Vejamos alguns exemplos colhidos de nosso direito positivo: a existência da pessoa natural, como se sabe, termina com a morte, *presumindo-se* esta, todavia, quanto aos ausentes, nos casos em que a lei autoriza a abertura de sucessão definitiva (art. 6.º do CC/2002); no contrato de empreitada, o que se mediu *presume-se* verificado se, em trinta dias, a contar

---

[26] CP: "Art. 342. Fazer afirmação falsa, ou negar ou calar a verdade, como testemunha, perito, tradutor ou intérprete em processo judicial, policial ou administrativo, ou em juízo arbitral:
Pena – reclusão, de 1 (um) a 3 (três) anos, e multa.
§ 1.º Se o crime é cometido com o fim de obter prova destinada a produzir efeito em processo penal:
Pena – reclusão, de 2 (dois) a 6 (seis) anos, e multa.
§ 2.º As penas aumentam-se de um terço, se o crime é praticado mediante suborno.
§ 3.º O fato deixa de ser punível, se, antes da sentença, o agente se retrata ou declara a verdade".
[27] No CC/1916: "Art. 144. Ninguém pode ser obrigado a depor de fatos, a cujo respeito, por estado ou profissão, deva guardar segredo."
[28] Nesse sentido, vale lembrar a previsão do art. 239 do Código de Processo Penal brasileiro:
"Art. 239. Considera-se indício a circunstância conhecida e provada, que, tendo relação com o fato, autorize, por indução, concluir-se a existência de outra ou outras circunstâncias."

da medição, não forem denunciados os vícios ou defeitos pelo dono da obra ou por quem estiver incumbido da sua fiscalização (art. 614, § 2.º, do CC/2002).

As presunções legais, que mais de perto nos interessam, poderão ser:

a) absolutas *(juris et de jure)*;

b) relativas *(juris tantum)*.

As primeiras são inafastáveis, firmando a certeza jurídica da verdade do fato que se pretende provar, não se admitindo prova em sentido contrário. Nos atos de alienação gratuita, em fraude contra credores, por exemplo, firma-se a presunção da *má-fé (consilium fraudis)* em caráter absoluto, exigindo-se para a obtenção da ineficácia do ato apenas a prova do prejuízo causado *(eventus damni)*.

As hipóteses de *presunções relativas*, por sua vez, são mais comuns. Neste caso, admite-se prova em contrário.

Assim, a propriedade presume-se plena e exclusiva até prova em contrário (art. 1.231 do CC/2002).

O Direito das Obrigações, consoante mencionado acima, reconhece, na seção referente ao objeto do pagamento e sua prova, três importantes regras de *presunção legal relativa* de pagamento[29]:

"Art. 322. Quando o pagamento for em quotas periódicas, a quitação da última estabelece, até prova em contrário, a presunção de estarem solvidas as anteriores.

Art. 323. Sendo a quitação do capital sem reserva dos juros, estes presumem-se pagos.

Art. 324. A entrega do título ao devedor firma a presunção do pagamento.

Parágrafo único. Ficará sem efeito a quitação assim operada se o credor provar, em sessenta dias, a falta do pagamento".

Ao lado das *presunções legais* existem as *comuns*, ou seja, não decorrentes da lei, mas extraídas da experiência ordinária.

Nesse sentido, a própria legislação processual civil admite, em seu art. 375, que o juiz aplicará as regras de experiência comum subministradas pela observação do que ordinariamente acontece e, ainda, as regras de experiência técnica, ressalvado, quanto a estas, o exame pericial.

Assim, o comerciante que, durante anos, forneceu, para agradar o comprador, pequena quantidade a mais do produto vendido, firma uma *presunção da ocorrência deste fato*, quando da efetivação de um negócio, no mesmo lugar e em condições semelhantes.

Da mesma forma, em algumas cidades do interior deste país de extensão continental em que vivemos, não é raro o magistrado se valer de certas presunções comuns à sua comarca, registrando a experiência, por exemplo, a importância do "dia da feira", em que raramente há labor fora dessa atividade, mesmo que não caia em dia consagrado legalmente para o repouso.

2.5. Perícia

Finalmente, é meio de prova do fato jurídico a *perícia* (art. 212, V, do CC/2002), expressão utilizada em substituição à expressão "exames e vistorias", constante no Código de 1916 (art. 136, VI), que, tecnicamente, são espécies da prova pericial.

---

[29] No CC/1916, arts. 943, 944 e 945.

A perícia, disciplinada pelos arts. 464 a 480 do CPC/2015, pode ser classificada em:

a) *exame*: atividade técnica ou científica desenvolvida pelos peritos, consistente na inspeção descritiva de coisas e pessoas com o propósito de provar determinado ato ou fato jurídico;

b) *vistoria*: exame pericial realizado em bens imóveis;

c) *avaliação*: atribuição de valor a determinados bens jurídicos móveis e imóveis, corpóreos e incorpóreos.

O perito é auxiliar da justiça e desempenha um *múnus público*, não podendo escusar-se sem justo motivo, nem, muito menos, atuar temerariamente, sob pena de ser responsabilizado penal, civil e administrativamente (arts. 466 e 467 do CPC/2015 e art. 342 do CP).

Considerando que o desenvolvimento da produção judicial da prova técnica ou pericial interessa mais de perto ao Direito Processual, entendemos inapropriado exaurir, neste tópico, toda a matéria.

Fixaremos, portanto, a nossa atenção nas questões diretamente ligadas ao Direito material.

Nesse ponto, urge reconhecer que o Código Civil de 2002, adotando posição digna de encômios, consagrou duas importantes regras disciplinadoras da perícia médica e da consequência da recusa injustificada da parte em submeter-se à sua realização.

Assim, dispõem os arts. 231 e 232 do CC/2002:

"Art. 231. Aquele que se nega a submeter-se a exame médico necessário não poderá aproveitar-se de sua recusa.

Art. 232. A recusa à perícia médica ordenada pelo juiz poderá suprir a prova que se pretendia obter com o exame".

Há pouco tempo, o Supremo Tribunal Federal fora chamado a se manifestar a respeito de uma interessante questão.

O réu de determinada ação de investigação de paternidade, aduzindo ser avesso a injeções e agulhas, resistiu à realização do exame médico-pericial de DNA, já ordenado pelo Juízo de Direito.

Ante a recalcitrância apresentada, o ilustre magistrado de primeiro grau determinou a condução coercitiva do acusado, que se insurgiu, impetrando *habeas corpus*, cujo deslinde, por via de recurso constitucional, chegou ao conhecimento do Pretório Excelso.

Por maioria, então, o Tribunal entendeu que o réu, à luz da doutrina dos direitos da personalidade, poderia furtar-se à realização do exame, embora suportasse, em seu desfavor, a presunção de verdade do fato que se pretendia provar por meio da prova pericial.

Nesse sentido, leia-se resumo constante no *Informativo* 106 do Supremo Tribunal Federal: "Com base na orientação adotada pelo STF no julgamento do HC 71.373-RS (*DJU* de 22-11-96) – no sentido de que, em ação civil de investigação de paternidade, não se pode obrigar o réu à coleta de material para exame de DNA, sob pena de violação da intangibilidade do corpo humano –, a Turma deferiu *habeas corpus* contra acórdão do Tribunal de

Justiça do Estado de Santa Catarina que mantivera a decisão, tomada em ação ordinária de reconhecimento de paternidade, de submeter o paciente ao exame hematológico de DNA"[30].

Completando tal linha de intelecção, concluiu, em artigo publicado no *site* do Conselho da Justiça Federal, o Ministro MOREIRA ALVES:

> "No Supremo Tribunal Federal, não há muito, tivemos uma vasta discussão em *habeas corpus*, em que uma juíza havia determinado, debaixo de vara, a condução de um investigando de paternidade que se recusava a extrair sangue para efeito do exame de DNA. A juíza não teve dúvida e disse: conduza-se, ainda que à força. Ele alegava: tenho terror e pânico até de injeção, quanto mais de tirar sangue. Depois de uma vasta discussão no Plenário do Supremo Tribunal Federal, por 6 votos a 5, considerou-se que isso atingia um direito de personalidade dele de não querer tirar sangue, *mas corria contra ele, obviamente, a presunção de que realmente fosse o pai*"[31].

Firmou-se, portanto, ainda que em nível jurisprudencial, a presunção de veracidade da prova que se pretendia produzir, em face da recusa injustificada à sua realização.

Ora, o Código Civil de 2002, seguindo esta vertente de pensamento, sem violar a intangibilidade do corpo humano, consagra a mesma presunção, agora em nível legal (art. 232), decorrente da negativa injustificada à colheita do material humano para a realização do DNA.

Assim, a partir da eficácia da nova Lei, poderá o réu esquivar-se da realização do exame, suportando a presunção de paternidade que a prova pretendia reconhecer ou afastar[32].

Nessa linha de intelecção, foi editada, em 18 de outubro de 2004, a Súmula 301 do Superior Tribunal de Justiça, preceituando que "em ação investigatória, a recusa do suposto pai a submeter-se ao exame de DNA induz presunção *juris tantum* de paternidade".

3. CONSIDERAÇÕES FINAIS

O Código Civil de 2002, consoante se anotou, simplificou o tratamento legal dispensado à prova do fato jurídico, em comparação com o antigo regramento do Código de 1916.

Isso talvez pelo fato de haver-se chegado à conclusão de que a matéria é muito mais atinente ao Direito Processual.

Afastou, outrossim, dois meios de prova, consagrados pelo Código de Beviláqua, talvez por considerá-los anacrônicos ou desnecessários: o *arbitramento e os atos processados em juízo* (art. 136, II e VII, do CC/1916).

---

[30] HC 76.060-SC, Rel. Min. Sepúlveda Pertence (31-3-98), constante no *Informativo* 106 do Supremo Tribunal Federal.

[31] José Carlos Moreira Alves, *A Parte Geral do Projeto do Código Civil*, disponível no endereço eletrônico: www.cjf.gov.br/revista/numero9/artigo1.htm, acessado em 20 de dezembro de 2001, também publicado, segundo informação encontrada no *site*, na Revista *CEJ* – quadrimestre: set./dez. 1999.

[32] Sobre o tema, na III Jornada de Direito Civil da Justiça Federal, de novembro/2004, foi proposto o Enunciado: "A perícia de que trata o art. 232 há de ser realizada por especialista formado em medicina, justificando-se qualquer recusa de submissão a tal exame sempre que os laboratórios e peritos não pertencerem ao ramo da medicina".

O arbitramento é uma *forma especial de perícia*, em que o árbitro fixa o valor econômico de uma determinada obrigação, liquidando-a.

Os atos processados em juízo, por sua vez, "são os que já foram objeto de processo ou cuja existência foi pronunciada judicialmente, p. ex., a coisa julgada, carta de arrematação, de adjudicação, formal de partilha, alvará judicial"[33]. Também é o caso da *prova emprestada*, produzida em um processo e levada para outro (o depoimento de uma testemunha, por exemplo), sob o crivo do contraditório e da ampla defesa. Neste caso, andou bem o legislador em não consagrá-lo como meio de prova autônomo, por absoluta desnecessidade. A disciplina da prova documental supre perfeitamente a ausência deste permissivo legal.

Em conclusão, é bom que se reitere não nos agradar muito a ideia de a lei estabelecer critérios limitativos para a aferição da prova, em juízo ou fora dele.

A produção probatória, desde que lícita, há que ser livre, não devendo ser condicionada pela legislação ordinária, material ou processual, porque somente à Constituição Federal é dado, à luz do devido processo legal, apontar critérios de admissibilidade da prova.

Segundo o disposto em nossa Carta Magna, "aos litigantes, em processo judicial ou administrativo, e aos acusados em geral, são assegurados o *contraditório e a ampla defesa*, com os *meios e recursos a ela inerentes*" (art. 5.º, LV, grifamos). Ao mencionar "meios e recursos" a Lei Maior não os limitou. E, aliás, o próprio contraditório *não se exaure na resposta, na contestação, também se estendendo a outros atos processuais, principalmente probatórios, que impliquem a defesa*[34].

Nessa ordem de ideias, analisando os termos da Carta da República, verificamos que a única restrição existente, em matéria probatória, diz respeito à inadmissibilidade das provas ilícitas, *ex vi* do disposto em seu art. 5.º, LVI.

Ao invés de elencar exaustivamente as formas pelas quais se prova o fato jurídico (confissão, documentos, testemunha etc.), o legislador deveria assentar apenas que se *prova o fato jurídico por qualquer meio lícito e legítimo, respeitadas apenas as restrições de ordem constitucional*.

E que restrições seriam estas?

Nesse ponto, permitimo-nos tecer breves considerações acerca das *provas proibidas*, pelo inegável interesse que desperta no estudioso do Direito Civil, embora reconheçamos ser o Direito Processual a seara própria de desenvolvimento do assunto.

A prova é considerada *proibida* em duas hipóteses:

a) quando viola princípios e normas processuais – *provas ilegítimas;*

b) quando vulnera regras de direito material – *provas ilícitas.*

Uma confissão obtida sob ameaça ou um documento furtado não valem como meio de prova.

Mas observe-se que, em algumas hipóteses excepcionais, a doutrina, influenciada pela *teoria da proporcionalidade,* e sopesando os interesses em jogo, admite a produção da prova ilicitamente obtida.

---

[33] Maria Helena Diniz, *Código Civil Anotado,* 5. ed., São Paulo: Saraiva, 1999, p. 152.
[34] Roberto Rosas, *Direito Processual Constitucional,* 3. ed., São Paulo: Revista dos Tribunais, 1999, p. 46.

Isso não apenas no processo penal, em que já se encontra assentada a possibilidade de reconhecer validade à prova ilícita em prol da inocência do acusado, mas também, posto mais raramente, no próprio processo civil, a depender, como se disse, da natureza dos interesses em litígio.

Imaginemos a hipótese de uma parte solicitar a juntada aos autos do processo de investigação de paternidade de uma agenda furtada do réu (escrito particular assinado), única prova da filiação, na qual o mesmo declara ser, de fato, pai do investigante.

Ora, se por um lado é defensável a tese da ilicitude da prova, visto que obtida em franca violação ao direito ao segredo, afinal a ninguém é dado ter acesso a notas pessoais de quem quer que seja, por outro, temos o correlato direito de uma criança (investigante) em obter o reconhecimento de sua paternidade, o que acarreta, além dos implícitos efeitos de ordem pessoal, consequências jurídicas patrimoniais extremamente relevantes (direito aos alimentos e sucessórios).

Neste caso, sem prejuízo de eventual apuração criminal relativa à espúria subtração da prova (o furto da agenda), dada a relevância dos interesses em jogo, poderá a mesma, em caráter excepcional, ser aproveitada.

"Em determinadas circunstâncias", pontifica OVÍDIO BAPTISTA DA SILVA, "tem-se admitido o uso de provas conseguidas por meios ilegítimos. É a doutrina conhecida como a do 'interesse preponderante' (ADALBERTO JOSÉ DE CAMARGO ARANHA, A prova proibida no âmbito penal, 22), ou do 'bilanciamento degli interessi' (TROCKER, Processo civile e costituzione, 596) amplamente empregada pelos tribunais alemães, segundo a qual, em certas hipóteses, particularmente quando a prova ilegítima seja a única existente, deve admitir-se o seu emprego, tal como ocorre com mais frequência em processo penal, onde, muitas vezes, a prova formada clandestinamente é até mesmo autorizada pelo juiz, como ocorre com as interceptações telefônicas"[35].

A aplicação desta teoria, todavia, exige do julgador redobrada cautela no apreciar a relevância dos bens jurídicos em conflito, para que não se converta em instrumento de violação indevida da vida privada.

---

[35] Ovídio A. Baptista da Silva, *Curso de Processo Civil,* 4. ed., São Paulo: Revista dos Tribunais, 1998, v. I, p. 358.

Capítulo XVII
Ato Ilícito

Sumário: 1. Noções introdutórias e conceituais. 2. Da inexistência de diferença ontológica entre ilícito civil e penal. 3. Tratamento no Código Civil de 1916 e no novo Código Civil. 4. O abuso de direito. 5. Causas excludentes de ilicitude.

1. NOÇÕES INTRODUTÓRIAS E CONCEITUAIS

Quando estudamos o *fato jurídico,* vimos que, segundo a melhor doutrina, o *ato jurídico (em sentido amplo) é toda ação humana lícita, positiva ou negativa, apta a criar, modificar ou extinguir direitos e obrigações.*

Entretanto, por vezes, pode a pessoa atuar contrariamente ao direito, violando as normas jurídicas e causando prejuízo a outrem.

Neste último caso, estaremos diante de uma categoria própria, denominada *ato ilícito,* conceito difundido pelo Código Civil alemão, *consistente no comportamento humano voluntário, contrário ao direito, e causador de prejuízo de ordem material ou moral.*

SÉRGIO CAVALIERI FILHO, com precisão, define-o como sendo "o ato voluntário e consciente do ser humano, que transgride um dever jurídico"[1].

Do exposto, poderemos extrair os seguintes elementos componentes do *ato ilícito*:

a) ação humana (positiva ou negativa);

b) contrariedade ao direito ou ilicitude (violação de dever jurídico preexistente);

c) prejuízo (material ou moral).

"A iliceidade de conduta está no procedimento contrário ao dever preexistente", adverte CAIO MÁRIO DA SILVA PEREIRA. E arremata: "Sempre que alguém falta ao dever a que é adstrito, comete um ilícito, e como os deveres, qualquer que seja a sua causa imediata, na realidade são sempre impostos pelos preceitos jurídicos, o ato ilícito importa na violação do ordenamento jurídico"[2].

2. DA INEXISTÊNCIA DE DIFERENÇA ONTOLÓGICA ENTRE ILÍCITO CIVIL E PENAL

A noção de *ato ilícito não interessa apenas ao Direito Civil,* mas toca a todos os outros ramos do Direito.

Aliás, reputamos inteiramente írrita a discussão infindável a respeito dos critérios diferenciadores dos *ilícitos civil e penal.*

---

[1] Sérgio Cavalieri Filho, *Programa de Responsabilidade Civil,* 2. ed., São Paulo, 2000, p. 22.
[2] Caio Mário da Silva Pereira, *Instituições de Direito Civil,* 19. ed., São Paulo: Saraiva, 2001, v. 1, p. 416.

De fato, na responsabilidade civil, o agente que cometeu o ilícito tem a obrigação de reparar o dano patrimonial ou moral causado, buscando restaurar o *status quo ante*, obrigação esta que, se não for mais possível, é convertida no pagamento de uma indenização (na possibilidade de avaliação pecuniária do dano) ou de uma compensação (na hipótese de não se poder estimar patrimonialmente este dano), enquanto, pela responsabilidade penal ou criminal, deve o agente sofrer a aplicação de uma cominação legal, que pode ser privativa de liberdade (ex.: prisão), restritiva de direitos (ex.: perda da carta de habilitação de motorista) ou mesmo pecuniária (ex.: multa).

Nas palavras de CARLOS ALBERTO BITTAR, "a reparação representa meio indireto de devolver-se o equilíbrio às relações privadas, obrigando-se o responsável a agir, ou a dispor de seu patrimônio para a satisfação dos direitos do prejudicado. Já a pena corresponde à submissão pessoal e física do agente, para restauração da normalidade social violada com o delito", pois o "princípio que governa toda essa matéria é o do *neminem laedere* – um dos princípios gerais do direito – consoante o qual a ninguém se deve lesar, cujos efeitos em concreto se espraiam pelos dois citados planos, em função do interesse maior violado (de pessoa, ou de pessoas, de um lado; da sociedade ou da coletividade, de outro) e conforme a técnica própria dos ramos do Direito que a regem, a saber: a) Direito Civil (para as violações privadas) e b) o Direito Penal (para a repressão pública)"[3].

É preciso, contudo, que fique claro que ambos os casos (responsabilidade civil e responsabilidade criminal) decorrem de um fato juridicamente qualificado como ilícito ou, em outras palavras, como não desejado pelo direito, pois praticado em ofensa à ordem jurídica, violando direito subjetivo.

Desta forma, conforme aponta WLADIMIR VALLER, baseado em NÉLSON HUNGRIA, a

"ilicitude jurídica é uma só, do mesmo modo que um só, na sua essência, é o dever jurídico. Em seus aspectos fundamentais há uma perfeita coincidência entre o ilícito civil e o ilícito penal, pois ambos constituem uma violação da ordem jurídica, acarretando, em consequência, um estado de desequilíbrio social. Mas, enquanto o ilícito penal acarreta uma violação da ordem jurídica, quer por sua gravidade ou intensidade, a única sanção adequada é a imposição da pena, no ilícito civil, por ser menor a extensão da perturbação social, são suficientes as sanções civis (indenização, restituição *in specie*, anulação do ato, execução forçada, etc.). A diferença entre o ilícito civil e o ilícito penal é, assim, tão somente, de grau ou de quantidade"[4].

A diferença não está, portanto, na constituição essencial de um ou outro, mas, sim, no grau mais ou menos severo de resposta do próprio ordenamento jurídico violado.

Apenas a natureza do interesse tutelado e a força da sanção imposta em face do descumprimento da norma dirão se estamos diante de um ilícito civil ou penal.

Figuremos um exemplo simples.

Um sujeito, guiando o seu veículo imprudentemente, ultrapassa o sinal vermelho e atropela um pedestre, causando-lhe grave lesão física.

---

[3] Carlos Alberto Bittar, *Responsabilidade Civil – Teoria & Prática*, 2. ed., Rio de Janeiro: Forense, 1990, p. 3.
[4] Wladimir Valler, *A Reparação do Dano Moral no Direito Brasileiro*, 3. ed., Campinas SP: E. V. Editora, 1995, p. 17.

O mesmo comportamento humano positivo, com acentuada carga de ilicitude, violou normas de três ordens: administrativa, civil e penal.

Para cada uma, o ordenamento jurídico, considerando a natureza dos interesses atingidos (organização do tráfego, patrimônio e integridade física), previu mecanismos sancionatórios diferenciados: multa administrativa (Direito Administrativo), pagamento de indenização à vítima (Direito Civil) e privação da liberdade (Direito Penal).

Ora, diante de tal hipótese, conclui-se facilmente estarmos diante de apenas *um comportamento humano,* cujo espectro de ilicitude, por força da natureza dos interesses atingidos e das sanções impostas, tingiu-se de três diferentes matizes (*administrativo, penal e civil*).

O ato ilícito é uno, e não deve ser cindido na sua essência, senão quando se estuda a consequência dos seus efeitos nocivos, à luz dos diversos ramos do Direito.

Outra não é a conclusão a que chega CAIO MÁRIO, ao discorrer sobre a diferença entre o *ilícito civil* e o *ilícito penal*:

> "Nesta análise cabe toda espécie de ilícito, seja civil, seja criminal. Não se aponta, em verdade, uma diferença ontológica entre um e outro. Há em ambos o mesmo fundamento ético: a infração de um dever preexistente e a imputação do resultado à consciência do agente. Assinala-se, porém, uma diversificação que se reflete no tratamento deste, quer em função da natureza do bem jurídico ofendido, quer em razão dos efeitos do ato. Para o direito penal, o delito é um fator de desequilíbrio social, que justifica a repressão como meio de restabelecimento; para o direito civil o ilícito é um atentado contra o interesse privado de outrem, e a reparação do dano sofrido é a forma indireta de restauração do equilíbrio rompido"[5].

Posto isso, iniciaremos a análise do tema em nosso Direito Positivo.

3. TRATAMENTO NO CÓDIGO CIVIL DE 1916 E NO NOVO CÓDIGO CIVIL

O estudo do *ato ilícito* une-se umbilicalmente, como já se anteviu, ao problema da responsabilidade, tema dos mais apaixonantes em todo o Direito[6].

Segundo ZANOBINI, o termo "responsabilidade", em sentido lato, presta-se a *"indicar a situação toda especial daquele que, por qualquer título, deva arcar com as consequências de um fato danoso"*[7].

A responsabilidade jurídica, por seu turno, pode ser definida como sendo *a consequência imediata da infração de um dever normativo preexistente, causador de lesão ao interesse jurídico que se pretendia tutelar.*

No que se refere à responsabilidade civil, o prejuízo decorrente da violação normativa é essencialmente patrimonial, impondo-se ao agente causador do dano a *obrigação de indenizar,* desde que se observem os seguintes pressupostos:

---

[5] Caio Mário da Silva Pereira, *Instituições de Direito Civil,* 3. ed. universitária, Rio de Janeiro: Forense, 1992, v. I, p. 452-3. Em sentido contrário, a título de curiosidade, confira-se André Luiz Batista Neves, "Da Independência Ontológica entre a Ilicitude Penal e a Civil", *O Trabalho - Doutrina,* fascículo 21, Curitiba: Ed. Decisório Trabalhista, nov. 1998, p. 503-4.
[6] Cuidaremos específica e detidamente do tema "Responsabilidade Civil" no volume 3 desta obra, ao qual remetemos o leitor.
[7] Zanobini, cit. por Rui Stoco, *Tratado de Responsabilidade Civil,* 5. ed., São Paulo: Revista dos Tribunais, 2001, p. 90.

a) ação humana (positiva ou negativa);

b) dano (material ou moral);

c) nexo de causalidade (entre o agente e o prejuízo);

d) imputabilidade (este último elemento é pressuposto somente da obrigação de indenizar, e não da responsabilidade civil, que a transcende, como veremos no tomo próprio[8]).

Embora este não seja o momento próprio para desenvolvermos a matéria, vale a pena registrar que o elemento subjetivo (dolo ou culpa) não é mais um postulado inquestionável e um elemento indispensável para a caracterização da responsabilidade civil.

Com o desenvolvimento da *teoria do risco*, incrementada pelo *avanço tecnológico do século XX*, a responsabilidade civil subjetiva, fundamentada na ideia de culpa, tão defendida pelos irmãos MAZEAUD, cedeu lugar, paulatinamente, à *responsabilidade civil objetiva*.

Hoje, ambas as formas de responsabilidade convivem, havendo sido esta, inclusive, a posição adotada pelo novo Código Civil[9]:

"Art. 927. Aquele que, por *ato ilícito* (arts. 186 e 187), causar dano a outrem, fica obrigado a repará-lo.

Parágrafo único. Haverá obrigação de reparar o dano, independentemente de culpa, nos casos especificados em lei, ou quando a atividade normalmente desenvolvida pelo autor do dano implicar, por sua natureza, risco para os direitos de outrem" (grifamos).

De tudo que se disse, constatamos que *o ato ilícito compõe a estrutura da responsabilidade civil.*

O Código de 1916, em seu art. 159, assim o definia:

"Art. 159. Aquele que, por ação ou omissão voluntária, negligência ou imprudência, violar direito, ou causar prejuízo a outrem, fica obrigado a reparar o dano.

A verificação da culpa e a avaliação da responsabilidade regulam-se pelo disposto neste Código, arts. 1.518 a 1.532 e 1.537 a 1.553".

Observe-se que esse dispositivo, além de estar calcado na ideia de culpa, traduzida nas expressões *"omissão voluntária, negligência ou imprudência"*, impôs o dever de indenizar como consequência pelo prejuízo causado a outrem.

Não se preocupou, outrossim, o legislador de 1916, em reconhecer expressamente a reparabilidade do dano moral.

Entretanto, por não haver estabelecido proibição nesse sentido, sempre foi possível interpretar teleologicamente a palavra "prejuízo", para abranger a indenização pela dor psicológica sofrida. Tal interpretação foi reforçada com a Constituição Federal de 1988, que, em seu art. 5.º, V e X, consagrou expressamente a reparabilidade do dano moral, fulminando de morte os que ainda resistiam a tal hermenêutica.

O novo Código Civil, por sua vez, aprimorou sobremaneira esta regra legal, consoante decorre da leitura dos seus arts. 186 e 187:

---

[8] Confira-se, a propósito, Rodolfo Pamplona Filho, *O Dano Moral na Relação de Emprego*, 3. ed., São Paulo: LTr, 2002.

[9] O Código de 1916 guardou, em sua estrutura básica, a noção de culpa (arts. 159 e 1.518 e s.), ainda que presumida, reservando para poucos e esparsos dispositivos a consagração da responsabilidade civil objetiva.

"Art. 186. Aquele que, por ação ou omissão voluntária, negligência ou imprudência, violar direito e causar dano a outrem, *ainda que exclusivamente moral*, comete ato ilícito.

Art. 187. Também comete ato ilícito o titular de um direito que, ao exercê-lo, excede manifestamente os limites impostos pelo seu fim econômico ou social, pela boa-fé ou pelos bons costumes" (grifos nossos).

4. O ABUSO DE DIREITO[10]

Além de admitir, seguindo orientação constitucional, que o ato ilícito poderá produzir *dano exclusivamente moral*, o legislador, nos referidos arts. 186 e 187, cuidou também de prever, em norma expressa, a *teoria do abuso de direito*, apenas indiretamente reconhecida pelo Código de 1916[11].

Esta teoria desenvolveu-se a partir do célebre caso de Clement Bayard, julgado por um tribunal francês, no início do século passado. O proprietário de um imóvel, sem razão justificável, construiu altas hastes pontiagudas para prejudicar o voo de aeronaves no terreno vizinho. Cuida-se de nítido *abuso do direito de propriedade*.

Analisando o art. 187 do CC/2002, conclui-se não ser imprescindível, pois, para o reconhecimento da *teoria do abuso de direito*, que o agente tenha a intenção de prejudicar terceiro, bastando, segundo a dicção legal, *que exceda manifestamente os limites impostos pela finalidade econômica ou social, pela boa-fé ou pelos bons costumes*[12].

Aliás, no apreciar a aplicação da teoria, deve o julgador recorrer à regra de ouro do art. 5.º da Lei de Introdução às Normas do Direito Brasileiro:

"Art. 5.º Na aplicação da lei, o juiz atenderá aos fins sociais a que ela se dirige e às exigências do bem comum".

Pronunciando-se a respeito do tema, pondera SILVIO RODRIGUES:

"Acredito que a teoria atingiu seu pleno desenvolvimento com a concepção de Josserand, segundo a qual há abuso de direito quando ele não é exercido de acordo com a finalidade social para a qual foi conferido, pois, como diz este jurista, os direitos são conferidos aos

---

[10] O nosso leitor encontrará o desenvolvimento da matéria referente aos efeitos do abuso de direito em nosso volume 3, quando tratamos da Responsabilidade Civil.

[11] Na medida em que o art. 160, I, *parte final*, do CC/1916 mencionava "não constituir ato ilícito o exercício regular de um direito reconhecido", a doutrina admitia, interpretando a norma *a contrario sensu*, que o exercício irregular de um direito reconhecido seria considerado ato ilícito e abusivo. Situava-se, aqui, portanto, a consagração implícita da teoria do abuso de direito.

[12] Hodiernamente a teoria do abuso de direito ganhou inegável importância, conforme doutrina especializada (Daniel Boulos, *O Abuso de Direito no Novo Código Civil*, São Paulo: Método, 2006). A sua relevância, aliás, fez com que outros institutos correlatos também chamassem a atenção dos juristas, a exemplo da *supressio*, situação indicativa de abuso que se caracteriza quando o titular de um direito, não o tendo exercido oportunamente, pretende fazê-lo, não mais podendo, por quebra da boa-fé objetiva (não confundir com *surrectio*, hipótese em que o exercício continuado de uma dada situação ou a prática de determinado comportamento contrário à ordem jurídica culmina por constituir um direito em favor do agente – ex.: utilização de área comum em condomínio, conforme ilustra a doutrina em geral).

homens para serem usados de uma forma que se acomode ao interesse coletivo, obedecendo à sua finalidade, segundo o espírito da instituição"[13].

Adotou-se, portanto, o critério finalístico para a identificação do *abuso de direito*[14].

Apenas a título de exemplificação, podemos apontar algumas hipóteses de abuso de direito: no Direito Contratual, a negativa injustificada, causadora de prejuízo, de contratar, após o proponente nutrir a legítima expectativa da outra parte; no Direito das Coisas, o uso abusivo do direito da propriedade, desrespeitando a política de defesa do meio ambiente; no Direito de Família, a exacerbação do poder correcional dos pais em relação aos filhos; no Direito do Trabalho, o exercício abusivo do direito de greve; no Direito Processual do Trabalho, a sanção cominada nos arts. 731 e 732 da CLT, aplicável especialmente ao reclamante, que não comparece por duas vezes à audiência designada, deixando arquivar (extinguir o processo sem julgamento do mérito) a reclamação, sempre que percebe a presença do reclamado, para tentar forçar uma revelia deste, no dia em que o mesmo esteja impedido de comparecer[15].

---

[13] Silvio Rodrigues, *Direito Civil – Parte Geral*, 28. ed., São Paulo: Saraiva, 1998, v. 1, p. 314.

[14] Nesse sentido, é também o Enunciado 37 da I Jornada de Direito Civil da Justiça Federal: *"Art. 187: A responsabilidade civil decorrente do abuso do direito independe de culpa, e fundamenta-se somente no critério objetivo-finalístico"*.

[15] A jurisprudência trabalhista tem-se mostrado pródiga no reconhecimento do abuso de direito como ato ilícito, como é o caso, até mesmo, do chamado "abuso do direito de ação", conforme noticiou o colendo Tribunal Superior do Trabalho, nos seguintes termos:

"Demora em ajuizar ação tem reflexos sobre direito de grávida.

O gozo da estabilidade provisória no emprego garantida pela Constituição de 1988 à empregada gestante desde a confirmação da gravidez até cinco meses após o parto (artigo 10, inciso II, alínea *b* do ADCT) está diretamente vinculado à sua iniciativa de ajuizar a reclamação trabalhista, caso seja demitida antes da ciência da gravidez. Se houver demora no ajuizamento da ação, a própria gestante sofrerá os prejuízos dessa omissão.

A jurisprudência do Tribunal Superior do Trabalho vem firmando-se no sentido de não considerar devidos os salários do período anterior ao ajuizamento da ação, quando, sem justificativa, a empregada demora a recorrer à Justiça do Trabalho. Os ministros têm entendido que se configura 'abuso de direito de ação' quando há delonga injustificada por parte da empregada no ajuizamento da ação, caso ocorra a demissão sem que o empregador (e ela própria) saibam da gravidez.

Com base neste entendimento, a Primeira Turma do TST acolheu parcialmente recurso de uma ex-funcionária da Editora 'O Fluminense' Ltda., do Rio de Janeiro (RJ), e restabeleceu a sentença de primeiro grau que condenou a editora a pagar os salários e seus reflexos devidos a contar do ajuizamento da reclamação trabalhista até o quinto mês após o nascimento da criança.

A trabalhadora foi demitida em 14/08/1995, em fase inicial de gravidez, e só ajuizou reclamação trabalhista cinco meses depois. Na ação contra seu ex-empregador, a ex-funcionária da editora não pleiteou sua reintegração ao emprego, mas sim o pagamento de indenização. Para o TRT/RJ ficou claro 'seu intuito de auferir vantagens pecuniárias e não o retorno ao trabalho'. O TRT/RJ não reconheceu a estabilidade da empregada gestante por não existir prova de comunicação ao empregador de seu estado.

A trabalhadora recorreu então ao TST. Relator do recurso, o ministro Renato de Lacerda Paiva afirmou que o TRT/RJ 'ofendeu a regra constitucional' ao negar direito ao pagamento de indenização decorrente da estabilidade. Lembrou que a OJ n. 88 da SDI-1 do TST afirma que 'o desconhecimento do estado gravídico pelo empregador, salvo previsão contrária em norma coletiva, não afasta o direito ao pagamento da indenização decorrente da estabilidade'. Segundo o relator, quando na dispensa, nem

Em conclusão, transcrevemos a precisa observação feita por SÍLVIO VENOSA, de referência à expressa consagração da teoria do abuso de direito no novo Código Civil brasileiro: "O Projeto, de forma elegante e concisa, prescinde da noção de culpa, no art. 187, para adotar o critério objetivo-finalístico. É válida, portanto, a afirmação apresentada de que o critério de culpa é acidental e não essencial para a configuração do abuso. Adota ainda o Projeto, ao assim estabelecer, a corrente majoritária em nosso meio"[16].

5. CAUSAS EXCLUDENTES DE ILICITUDE

O *exercício regular do direito, a legítima defesa e o estado de necessidade* são causas excludentes de ilicitude, previstas em nosso direito positivo.

Nesse sentido, dispõe o art. 188 do novo Código Civil, que mantém, com poucas modificações, diretriz já constante no Código de 1916 (art. 160):

"Art. 188. Não constituem atos ilícitos:

I – os praticados em legítima defesa ou no exercício regular de um direito reconhecido;

II – a deterioração ou destruição da coisa alheia, ou a lesão a pessoa, a fim de remover perigo iminente.

Parágrafo único. No caso do inciso II, o ato será legítimo somente quando as circunstâncias o tornarem absolutamente necessário, não excedendo os limites do indispensável para a remoção do perigo".

Compare-se esse artigo com a previsão legal do Código de 1916:

"Art. 160. Não constituem atos ilícitos:

I – os praticados em legítima defesa ou no exercício regular de um direito reconhecido;

II – a deterioração ou destruição da coisa alheia, a fim de remover perigo iminente (arts. 1.519 e 1.520).

Parágrafo único. Neste último caso, o ato será legítimo, somente quando as circunstâncias o tornarem absolutamente necessário, não excedendo os limites do indispensável para a remoção do perigo".

---

empregada nem empregador têm ciência da gravidez, não há como se falar em dispensa afrontando a estabilidade da gestante.

'Ainda que a Constituição garanta à empregada gestante a estabilidade no emprego, a jurisprudência desta Corte vem firmando-se no sentido de não ser devidos os salários do período anterior ao ajuizamento da ação, quando, sem justificativa, há demora em ajuizar a reclamação', afirmou o ministro. Exemplo disso ocorre quando a empregada toma ciência da gravidez perto de um mês após a rescisão do contrato, mas opta por acionar o ex-empregador apenas cinco meses depois, como foi o caso dos autos. O recurso da empregada foi parcialmente provido e a editora condenada a pagar os salários devidos a contar do ajuizamento da ação até o quinto mês após o nascimento da criança" (RR 625510/2000).

[16] Sílvio de Salvo Venosa, *Direito Civil – Parte Geral*, São Paulo: Atlas, 2001, p. 499.

Registre-se que o Enunciado 617 da VIII Jornada de Direito Civil da Justiça Federal estabelece: "ENUNCIADO 617 – Art. 187: O abuso do direito impede a produção de efeitos do ato abusivo de exercício, na extensão necessária a evitar sua manifesta contrariedade à boa-fé, aos bons costumes, à função econômica ou social do direito exercido".

Dentro da noção de exercício regular de um direito enquadra-se, por óbvias razões, o estrito cumprimento do dever legal.

A legítima defesa (art. 188, I, primeira parte, do CC/2002) pressupõe a reação proporcional a uma injusta agressão, atual ou iminente, utilizando-se moderadamente os meios de defesa postos à disposição do ofendido.

A desnecessidade ou imoderação dos meios de repulsa poderá caracterizar o excesso, proibido pelo direito.

Vale lembrar que, se o agente, exercendo a sua lídima prerrogativa de defesa, atinge terceiro inocente, terá de indenizá-lo, cabendo-lhe, outrossim, ação regressiva contra o verdadeiro agressor.

Nesse sentido, confiram-se os arts. 929 e 930 do CC/2002:

"Art. 929. Se a pessoa lesada, ou o dono da coisa, no caso do inciso II do art. 188, não forem culpados do perigo, assistir-lhes-á direito à indenização do prejuízo que sofreram.

Art. 930. No caso do inciso II do art. 188, se o perigo ocorrer por culpa de terceiro, contra este terá o autor do dano ação regressiva para haver a importância que tiver ressarcido ao lesado.

Parágrafo único. A mesma ação competirá contra aquele em defesa de quem se causou o dano (art. 188, inciso I)".

O estado de necessidade (art. 188, II, do CC/2002), por sua vez, consiste na situação de agressão a um direito alheio, de valor jurídico igual ou inferior àquele que se pretende proteger, para remover perigo iminente, quando as circunstâncias do fato não autorizarem outra forma de atuação.

Perceba-se que o parágrafo único do referido artigo prevê que *o estado de necessidade* "somente será considerado legítimo quando as circunstâncias o tornarem absolutamente necessário, não excedendo os limites do indispensável para a remoção do perigo".

Diferentemente do que ocorre na legítima defesa, o agente não reage a uma situação injusta, mas *atua para subtrair um direito seu ou de outrem de uma situação de perigo concreto*.

É o caso do sujeito que desvia o carro de um bebê, para não atropelá-lo, e atinge o muro da casa, causando danos materiais. Atuou, neste caso, em estado de necessidade.

Se o terceiro atingido *não for o causador da situação de perigo*, poderá exigir indenização do agente que houvera atuado em estado de necessidade, cabendo a este ação regressiva contra o verdadeiro culpado (o pai do bebê que, à luz do art. 933 do CC/2002, responderá objetivamente pelo dano causado).

Finalmente, cumpre-nos advertir que, em situações excepcionais, os atos lícitos *poderão impor a obrigação de indenizar*.

É o caso da passagem forçada, prevista no art. 1.285 do novo Código Civil:

"Art. 1.285. O dono do prédio que não tiver acesso a via pública, nascente ou porto, pode, mediante pagamento de indenização cabal, constranger o vizinho a lhe dar passagem, cujo rumo será judicialmente fixado, se necessário".

Note-se que, neste caso, a obrigação de indenizar decorre de um ato perfeitamente lícito: o próprio direito de passagem, previsto no referido artigo de lei.

Ainda no campo dos Direitos Reais, também ocorre a obrigação de indenizar em decorrência de um *ato lícito* na hipótese prevista no art. 1.313 do CC/2002:

"Art. 1.313. O proprietário ou ocupante do imóvel é obrigado a tolerar que o vizinho entre no prédio, mediante prévio aviso, para:

I – dele temporariamente usar, quando indispensável à reparação, construção, reconstrução ou limpeza de sua casa ou do muro divisório;

II – apoderar-se de coisas suas, inclusive animais que aí se encontrem casualmente.

§ 1.º O disposto neste artigo aplica-se aos casos de limpeza ou reparação de esgotos, goteiras, aparelhos higiênicos, poços e nascentes e ao aparo de cerca viva.

§ 2.º Na hipótese do inciso II, uma vez entregues as coisas buscadas pelo vizinho, poderá ser impedida a sua entrada no imóvel.

§ 3.º *Se do exercício do direito assegurado neste artigo provier dano, terá o prejudicado direito a ressarcimento*" (grifamos).

Excepcionalmente, portanto, a responsabilidade civil poderá decorrer de um comportamento humano admitido pelo direito.

Capítulo XVIII
Prescrição e Decadência

Sumário: 1. O tempo como fato jurídico. 2. Fundamentos sociais da limitação temporal de direitos e pretensões. 3. Noções conceituais. 4. Distinção entre prescrição e decadência. 4.1. Critérios tradicionais. 4.2. Fundamento doutrinário para distinção *a priori* de prescrição e decadência. 4.2.1. Classificação dos direitos subjetivos quanto à finalidade: a) Direitos a uma prestação; b) Direitos potestativos; b.1) Exercitáveis mediante simples declaração de vontade do titular; b.2) Exercitáveis mediante declaração de vontade do titular, com exigência judicial no caso de resistência; b.3) Exercitáveis mediante ajuizamento obrigatório de ação judicial. 4.2.2. Classificação moderna das ações. 4.2.3. Correspondência entre os institutos da prescrição e decadência com a tutela jurisdicional pretendida. 5. A prescrição e a decadência no novo Código Civil. 6. Causas impeditivas e suspensivas da prescrição. 7. Causas interruptivas da prescrição. 8. Prazos de prescrição no novo Código Civil. 9. Prazos de decadência no novo Código Civil. 10. Prazos prescricionais em matéria de Direito Intertemporal. 11. Prescrição intercorrente. 12. Prescrição e decadência e a pandemia da Covid-19.

1. O TEMPO COMO FATO JURÍDICO

Como dizia o poeta, "o tempo não para...".

E é justamente sobre os efeitos jurídicos do decurso do tempo que trataremos no presente capítulo.

O tempo é um fato jurídico natural de enorme importância nas relações jurídicas travadas na sociedade, uma vez que tem grandes repercussões no nascimento, exercício e extinção de direitos.

O decurso de certo lapso temporal no exercício de determinadas faculdades jurídicas pode ser o fato gerador da aquisição de direitos, como, por exemplo, no usucapião, em que a posse mansa e pacífica – ainda que sem boa-fé – possibilita a aquisição da propriedade móvel ou imóvel[1].

Além disso, o tempo tem força modificativa, a exemplo do que ocorre na teoria das capacidades. Com o passar dos anos, modificamos a nossa situação jurídica individual: partimos da *absoluta incapacidade para a prática dos atos da vida civil* (abaixo dos dezesseis anos), avançamos para a fase intermediária da *incapacidade relativa* (entre dezesseis e dezoito anos[2]), e, finalmente, atingimos a *plena capacidade civil ao atingirmos a maioridade* (dezoito anos[3]).

Da mesma forma, para poder exercer determinados direitos, a lei, por vezes, pode condicionar tal prerrogativa ao transcurso de um período de tempo. Era o caso do divórcio,

---

[1] A usucapião, conjunção dos fatores "posse", "tempo" e "*animus domini*", é tratada na Parte Especial do Código Civil. Conhecida também, inclusive, como *prescrição aquisitiva*.

[2] No CC/1916, maior de dezesseis e menor de vinte e um anos.

[3] No CC/1916, vinte e um anos.

antes da Emenda Constitucional n. 66/2010, em que o ajuizamento da ação constitutiva negativa tinha como requisito necessário, para seu êxito, justamente o passar inexorável do tempo, a partir do qual se poderia exercer, a qualquer tempo, o direito potestativo, como se verificava do texto original do art. 1.580 do CC/2002 (hoje superado)[4].

Por fim, o tempo também poderá fulminar de morte certos direitos ou as pretensões decorrentes de sua violação, que é o caso justamente dos institutos, respectivamente, da *decadência* e da *prescrição*, objeto desse capítulo.

Mas qual é o fundamento doutrinário desses institutos?

Vejamos isto no próximo tópico.

2. FUNDAMENTOS SOCIAIS DA LIMITAÇÃO TEMPORAL DE DIREITOS E PRETENSÕES

O maior fundamento da existência do próprio direito é a garantia de pacificação social.

De fato, ao fazermos tal afirmação, temos em mente a ideia de que o ordenamento jurídico deve buscar prever, na medida do possível, a disciplina das relações sociais, para que todos saibam – ou tenham a expectativa de saber – como devem se portar para o atendimento das finalidades – negociais ou não – que pretendam atingir.

Por isso, não é razoável, para a preservação do sentido de *estabilidade social* e *segurança jurídica*, que sejam estabelecidas relações jurídicas perpétuas, que podem obrigar, sem limitação temporal, outros sujeitos, à mercê do titular.

O exercício de direitos, seja no campo das relações materiais, seja por ações judiciais, deve ser uma consequência e garantia de uma consciência de cidadania, e não uma "ameaça eterna" contra os sujeitos obrigados, que não devem estar submetidos indefinidamente a uma "espada de Dâmocles" sobre as suas cabeças.

Ademais, a existência de prazo para o exercício de direitos e pretensões é uma forma de disciplinar a conduta social, sancionando aqueles titulares que se mantêm inertes, numa aplicação do brocardo latino *dormientibus non sucurrit jus*. Afinal, quem não tem a dignidade de lutar por seus direitos não deve sequer merecer a sua tutela.

Na precisa observação de FRANCISCO AMARAL:

> "Com o fim de proteger a segurança e a certeza, valores fundamentais do direito moderno, limitam-se no tempo a exigibilidade e o exercício dos direitos subjetivos, fixando-se prazos maiores ou menores, conforme a sua respectiva função.
>
> Para os direitos subjetivos, a lei fixa prazos mais longos, que podem ser suspensos e interrompidos, durante os quais se pode exigir o cumprimento desses direitos, ou melhor, dos respecti-

---

[4] "Art. 1.580. Decorrido um ano do trânsito em julgado da sentença que houver decretado a separação judicial, ou da decisão concessiva da medida cautelar de separação de corpos, qualquer das partes poderá requerer sua conversão em divórcio.

§ 1.º A conversão em divórcio da separação judicial dos cônjuges será decretada por sentença, da qual não constará referência à causa que a determinou.

§ 2.º O divórcio poderá ser requerido, por um ou por ambos os cônjuges, no caso de comprovada separação de fato por mais de dois anos".

vos deveres. Já para os direitos potestativos, os prazos são mais rígidos, isso porque esses direitos devem exercer-se em brevíssimo tempo.

Essa distinção é fundamental.

Para as faculdades jurídicas o tempo não conta. Como simples manifestações dos direitos subjetivos em que se contém, a falta de seu exercício não prejudica esses mesmos direitos. As faculdades jurídicas não se extinguem pelo decurso do tempo ('in facultativis non datur praescriptio')"[5].

Justamente por tais circunstâncias é que a ordem jurídica estabelece os prazos de prescrição e decadência, que garantem a relativa estabilidade das relações jurídicas na sociedade.

Compreendidos os fundamentos sociais dos institutos, resta a pergunta: como conceituá-los e diferenciá-los?

3. NOÇÕES CONCEITUAIS

A prescrição é a perda da *pretensão* de reparação do direito violado, em virtude da inércia do seu titular, no prazo previsto pela lei[6].

Neste caso, a obrigação jurídica prescrita converte-se em obrigação natural, que é aquela *"que não confere o direito de exigir seu cumprimento, mas, se cumprida espontaneamente, autoriza a retenção do que foi pago"*[7].

Tem por objeto *direitos subjetivos patrimoniais* e *disponíveis*, não afetando, por isso, direitos sem conteúdo patrimonial direto como os direitos personalíssimos, de estado ou de família, que são irrenunciáveis e indisponíveis. Como veremos em tópico próprio, as relações jurídicas afetadas pela prescrição são objeto necessário de *ações condenatórias*, que visam a compelir o obrigado a cumprir a prestação ou sancioná-lo na hipótese de inadimplemento.

Entretanto, para se chegar à ideia de que a prescrição atinge a *pretensão*, e não o *direito de ação em si*, longo caminho foi percorrido.

Tradicionalmente, a doutrina sempre defendeu que *"a prescrição ataca a ação e não o direito, que só se extingue por via de consequência"*[8].

Nesse sentido, é o pensamento de CARVALHO SANTOS:

> "Tal prescrição pode definir-se como sendo um modo de extinguir os direitos pela *perda da ação que os assegurava*, devido à inércia do credor durante um decurso de tempo determinado pela lei e que só produz seus efeitos, em regra, quando invocada por quem dela se aproveita"[9].

---

[5] Francisco Amaral, *Direito Civil – Introdução*, 10. ed., São Paulo: Saraiva, 2018, p. 683-684.

[6] CC/2002: "Art. 189. Violado o direito, nasce para o titular a pretensão, a qual se extingue, pela prescrição, nos prazos a que se referem os arts. 205 e 206".

[7] Sérgio Carlos Covello, *A Obrigação Natural – Elementos para uma Possível Teoria*, São Paulo: LEUD, 1996, p. 71-2. Maiores detalhes sobre o tema serão expostos no tomo II desta obra, dedicado às "Obrigações".

[8] É a ideia de Beviláqua, Espínola, Carpenter, Camara Leal, Carvalho Santos (cf. O. Gomes, ob. cit., p. 518). Também Silvio Rodrigues: "O que perece, portanto, através da prescrição extintiva, não é o direito. Este pode, como ensina Beviláqua, permanecer por longo tempo inativo, sem perder a sua eficácia. O que se extingue é a ação que o defende" (*Direito Civil – Parte Geral*, 28. ed., São Paulo: Saraiva, 1998, v. I, p. 318).

[9] J. M. de Carvalho Santos, *Código Civil Brasileiro Interpretado – Parte Geral*, Rio de Janeiro: Freitas Bastos, 1950, v. III, p. 371.

Mas tal assertiva, *data venia*, ampara-se em fundamento equivocado.

O direito constitucional de ação, ou seja, *o direito de pedir ao Estado um provimento jurisdicional que ponha fim ao litígio*, é sempre público, abstrato, de natureza essencialmente processual e indisponível.

Não importando se o autor possui ou não razão, isto é, se detém ou não o direito subjetivo que alega ter, a ordem jurídica *sempre* lhe conferirá o legítimo direito de ação, e terá, à luz do *princípio da inafastabilidade,* inviolável direito a uma sentença.

Por isso, *não se pode dizer que a prescrição ataca a ação!*

Ocorre que, na época da elaboração do Código Civil de 1916, e mesmo antes, considerava-se, ainda com fulcro na superada *teoria imanentista do Direito Romano,* que a *ação judicial nada mais era do que o próprio direito subjetivo, lesado, em movimento*[10]. Por essa razão, incrementada pelo pouco desenvolvimento do Direito Processual Civil, não se visualizava a nítida distinção entre o direito de ação em si (*de pedir do Estado o provimento jurisdicional*) e o próprio direito material violado.

Ora, se *a ação e o direito material eram faces da mesma moeda,* explicava-se porque a *prescrição extintiva atacava o direito de ação e, indiretamente, o próprio direito material violado,* que permaneceria inerte, despojado de sua capacidade defensiva...

Todavia, consoante já se demonstrou, a prescrição não atinge o direito de ação – que sempre existirá –, mas, sim, a *pretensão que surge do direito material violado*.

E o que se entende por pretensão?

Pretensão é a expressão utilizada para caracterizar o *poder de exigir de outrem coercitivamente o cumprimento de um dever jurídico,* vale dizer, *é o poder de exigir a submissão de um interesse subordinado (do devedor da prestação) a um interesse subordinante (do credor da prestação) amparado pelo ordenamento jurídico*.

Um exemplo irá tornar claro o pensamento.

Caio (credor) é titular de um *direito de crédito* em face de Tício (devedor). Nos termos do contrato pactuado, Caio teria direito ao pagamento de 100 reais, no dia 1.º de janeiro de 2002 (dia do vencimento). Firmado o contrato no dia 10 de dezembro de 2001, Caio já dispõe do crédito, posto somente seja exigível no dia do vencimento. Observe, pois, que o *direito de crédito nasce com a realização do contrato,* em 10 de dezembro. No dia do vencimento, para a surpresa de Caio, o devedor nega-se a cumprir a sua obrigação. Torna-se, portanto, inadimplente, *violando o direito patrimonial de Caio de obter a satisfação do seu crédito.* Neste exato momento, portanto, violado o direito, *surge para o credor a legítima pretensão de poder exigir, judicialmente, que o devedor cumpra a prestação assumida.* Esta *pretensão,* por sua vez, quedará *prescrita, se não for exercida no prazo legalmente estipulado para o seu exercício (dez anos, no novo Código Civil – art. 205; vinte anos, no Código de 1916 – art. 177).*

Observe-se, portanto, que o objeto da prescrição extintiva é a *pretensão,* e não o *direito de ação em si,* que sempre existirá, mesmo depois de decorrido o prazo prescricional estabelecido em lei.

---

[10] Essa era a interpretação que se dava ao art. 75 do Código de 1916: "A todo o direito corresponde uma ação, que o assegura".

Nesse sentido, a técnica do novo Código Civil é digna de encômios:

> "Título IV
>
> DA PRESCRIÇÃO E DA DECADÊNCIA
>
> Capítulo I
>
> Da Prescrição
>
> Seção I
>
> *Disposições Gerais*
>
> Art. 189. *Violado o direito*, nasce para o titular a *pretensão*, a qual *se extingue, pela prescrição*, nos prazos a que aludem os arts. 205 e 206" (grifos nossos)[11].

Comentando esse dispositivo, MIGUEL REALE, com sabedoria, pontifica: "Ainda a propósito da prescrição, há problema terminológico digno de especial ressalte. Trata-se de saber se prescreve a *ação* ou a *pretensão*. Após amadurecidos estudos, preferiu-se a segunda solução, por ser considerada a mais condizente com o Direito Processual contemporâneo, que de há muito superou a teoria da ação como simples projeção de direitos subjetivos"[12].

Aliás, mesmo antes do Código de 2002, o Código de Defesa do Consumidor já trazia disposição alinhada com a correta técnica de disciplina da prescrição, afastando-se da ideia equivocada de que o decurso do prazo prescricional atacaria o direito de ação:

> "Art. 27. *Prescreve* em 5 (cinco) anos a *pretensão* à reparação pelos danos causados por fato do produto ou do serviço prevista na Seção II deste Capítulo, iniciando-se a contagem do prazo a partir do conhecimento do dano e de sua autoria".

O novo Código Civil, inclusive, põe termo também à discussão doutrinária acerca da possibilidade de se poder opor, em defesa, um direito prescrito, ao estabelecer, no art. 190, que a *"exceção prescreve no mesmo prazo em que a pretensão"*[13].

---

[11] A regra é de clareza meridiana, ao dispor que **a pretensão surge quando o direito (à prestação) é violado**. Sucede que a jurisprudência, conferindo nova roupagem a uma clássica ideia, algumas vezes, tem firmado a noção de que este prazo somente começaria a correr quando o titular do direito tomasse ciência do fato danoso e das suas consequências (**doutrina ou teoria da *actio nata***). É o caso, por exemplo, do paciente que sofre um erro médico, caso em que o prazo prescricional somente teria início quando tomasse efetiva ciência da lesão. No STJ, ver AgRg no REsp 1189169/SC.

[12] Miguel Reale, *O Projeto do Novo Código Civil*, 2. ed., São Paulo: Saraiva, 1999, p. 68.

[13] Esse dispositivo foi assim justificado pelo Relatório da Comissão Revisora, ao examinar uma proposta de emenda supressora: "Este artigo do Projeto (ele foi incluído justamente para atender a críticas que se fizeram ao Anteprojeto) visa a suprir uma lacuna do Código Civil, e que tem dado problema na prática: saber se a exceção prescreve (havendo quem sustente que qualquer exceção é imprescritível, já que o Código Civil é omisso), e, em caso afirmativo, dentro de que prazo. Ambas as questões são solucionadas pelo artigo 188 do Projeto, que, *data venia*, não encerra qualquer deformação terminológica (os termos técnicos nele usados são do domínio comum da ciência do direito), nem distanciamento da melhor doutrina, pois o que se quer evitar é que, prescrita a pretensão, o direito com pretensão prescrita possa ser utilizado perpetuamente a título de exceção, como defesa. Note-se esta observação de Hélio Tornaghi (*Instituições de Processo Penal*, Rio de Janeiro: Forense, 1959, v. I, p. 353, 1959):

'Quando a exceção se funda em um direito do réu (por ex.: a compensação se baseia no crédito do réu contra o autor), prescrito este, não há mais como excepcioná-lo'.

Pensamos estar ganhando força, paulatinamente, em nosso sentir, no âmbito do STJ, a perspectiva no sentido de que o prazo prescricional deve ter início quando o lesado tem ciência do fato e da extensão das suas consequências. Tal linha de análise, inclusive, influenciou o Anteprojeto de Reforma do Código Civil[14]. Trata-se da consagração da denominada "teoria da *actio nata subjetiva*", valendo destacar os seguintes julgados:

"Agravo interno nos embargos de declaração no recurso especial. Ação condenatória. Decisão monocrática que deu parcial provimento ao reclamo. Insurgência do demandado.

1. Derruir o entendimento do Tribunal de origem, no sentido de aferir ilegitimidade passiva da parte, forçosamente, ensejaria em rediscussão das cláusulas do contrato e da matéria fática, com o revolvimento das provas juntadas ao processo, o que é vedado pelas Súmulas 5 e 7 do STJ. Precedentes.

2. Aplica-se o prazo quinquenal previsto nos arts. 25 da Lei n. 8.906/94 e 206, § 5º, II, do CC/2002 para cobrança de honorários contratuais *ad exitum* pelo espólio do causídico falecido. Precedentes.

2.1. Esta Corte Superior de Justiça possui entendimento no sentido de que o curso do prazo prescricional da pretensão inicia-se somente quando o titular do direito subjetivo violado passa a conhecer o fato e a extensão de suas consequências, conforme o princípio da *actio nata* subjetiva. Precedentes.

2.2. A Corte local havia entendido pela aplicação do prazo prescricional decenal à espécie, não examinando a data de liquidação referente ao cumprimento individual da sentença por parte de cada sindicalizado. Tais questões não podem ser analisadas de plano por esta Corte, sob pena de supressão de instância e incursão no acervo probatório dos autos.

3. Agravo interno desprovido" (AgInt nos EDcl no REsp 1.799.350/DF, Rel. Min. Marco Buzzi, Quarta Turma, julgado em 22-4-2024, *DJe* 25-4-2024).

"Civil. Ação de indenização por danos materiais e morais. Abuso sexual infantil. Prescrição. Termo inicial. Teoria subjetiva da *actio nata*. Aplicação. Recurso provido.

Se a exceção não prescrevesse, perduraria *ad infinitum*..." (José Carlos Moreira Alves, *A Parte Geral do Projeto do Código Civil Brasileiro*, São Paulo: Saraiva, 1986, p. 152-3).

[14] Anteprojeto de Reforma do Código Civil:
"Art. 189. Violado o direito, nasce para o titular a pretensão que se extingue pela prescrição, nos prazos a que aludem os arts. 205 e 206.

§ 1º O início do prazo prescricional ocorre com o surgimento da pretensão, que decorre da exigibilidade do direito subjetivo.

§ 2º Ressalvado o previsto na legislação especial, nos casos de responsabilidade civil extracontratual, a contagem do prazo prescricional inicia-se a partir do momento em que o titular do direito tem conhecimento ou deveria ter, do dano sofrido e de quem o causou.

§ 3º Nas hipóteses do § 2º, quando o dano, por sua natureza, só puder ser conhecido em momento futuro, o prazo contar-se-á do momento em que dele, e de seu autor, tiver ciência o lesado, observado que, independentemente do termo inicial, o termo final da prescrição não excederá o prazo máximo de 10 anos, contados da data da violação do direito" (grifamos).

1. Em situações peculiares, nas quais a vítima não detém plena consciência do dano nem de sua extensão, a jurisprudência desta Corte tem adotado a teoria subjetiva da *actio nata*, elegendo a data da ciência como termo inicial da prescrição.

2. No caso de violência sexual ocorrida na infância e na adolescência, não é razoável exigir da vítima a imediata atuação no exíguo prazo prescricional de 3 (três) anos após atingir a maioridade civil (art. 206, § 3º, V, do CC/2002). Em virtude da complexidade do trauma associado ao abuso sexual infantil, é possível que, aos 21 (vinte e um) anos de idade, a vítima ainda não tenha plena consciência de toda a extensão do dano sofrido e das consequências desse fato ao longo de sua vida.

2.1. Dessa forma, é imprescindível conceder à vítima a oportunidade de comprovar o momento em que constatou os transtornos decorrentes do abuso sexual, a fim de estabelecer o termo inicial de contagem do prazo prescricional para a reparação civil.

3. Recurso especial provido para determinar o retorno dos autos ao Juízo de primeira instância, facultando às partes a produção de provas, devendo posteriormente ser analisada a prescrição sob a ótica da teoria subjetiva da *actio nata*" (REsp 2.123.047/SP, Rel. Min. Antonio Carlos Ferreira, Quarta Turma, julgado em 23-4-2024, *DJe* 30-4-2024).

"Agravo interno no recurso especial. Direito Civil. Dissolução de sociedade. Apuração de haveres. Responsabilidade do sócio administrador. Prazo prescricional trienal. Aplicação da teoria da *actio nata* em sua vertente subjetiva. Peculiaridade do caso concreto. Excepcionalidade demonstrada na origem. Revisão. Impossibilidade. Aplicação da Súmula n. 7 do STJ. Dissídio jurisprudencial prejudicado. Agravo desprovido.

1. O STJ adota como regra para o cômputo da prescrição a teoria da *actio nata* em sua vertente objetiva, considerando a data da efetiva violação ao direito como marco inicial para a contagem.

2. Em situações excepcionais em que demonstrada a inviabilidade de conhecimento dos demais sócios acerca da gestão fraudulenta da sociedade pelo administrador, a regra do art. 189 do CC, assume viés humanizado e voltado aos interesses sociais, admitindo-se como marco inicial não mais o momento da ocorrência da violação do direito, mas a data do conhecimento do ato ou fato do qual decorre o direito de agir.

3. A aplicação da teoria da *actio nata* em sua vertente subjetiva admite a fluência do prazo prescricional a partir do conhecimento da violação da lesão ao direito subjetivo pelo seu titular e não da violação isoladamente considerada.

4. Identificado que a aplicação da *actio nata* para fundamentar o termo inicial do prazo prescricional no caso concreto baseou-se em premissa fático-probatória acostada aos autos, sobretudo quanto à vulnerabilidade da publicidade dos atos de administração, sua revisão nesta instância extraordinária encontra óbice na Súmula n. 7 do STJ.

5. A incidência da Súmula n. 7 do STJ quanto à interposição pela alínea a do permissivo constitucional impede o conhecimento do recurso especial pela divergência jurisprudencial sobre a mesma questão.

6. Agravo interno desprovido" (AgInt no REsp 1.494.347/SP, Rel. Min. João Otávio de Noronha, Quarta Turma, julgado em 10-9-2024, *DJe* 12-9-2024).

Por tudo que se disse até aqui, já se pode perceber profundas diferenças entre a prescrição e a decadência.

Há direitos que, por sua própria natureza, possuem *prazo predeterminado para o seu exercício*.

O transcurso desse prazo, aliado à inércia do seu titular, caracteriza a *decadência ou caducidade*.

Esta última, portanto, consiste na *perda* efetiva de um *direito potestativo*, pela falta de seu exercício, no período de tempo determinado em lei ou pela vontade das próprias partes. Sendo, literalmente, a extinção do direito, é também chamada, em sentido estrito, consoante já se disse, de *caducidade*, não remanescendo qualquer sombra de direito em favor do titular, que não terá como exercer mais, *de forma alguma*, o direito caduco.

Referem-se, como veremos a seguir, a *direitos potestativos*, de qualquer espécie (disponíveis ou não), direitos estes, que nas palavras de FRANCISCO AMARAL, "conferem ao respectivo titular o poder de influir ou determinar mudanças na esfera jurídica de outrem, por ato unilateral, sem que haja dever correspondente, apenas uma sujeição"[15].

Um exemplo irá facilitar o entendimento[16]:

Adquirida uma coisa com *vício redibitório*[17] (defeito oculto que diminui o valor ou prejudica o uso da coisa alienada), o adquirente, desde o momento da tradição, tem o *direito de exigir o desfazimento do contrato* (por meio da ação redibitória), dentro do *prazo predeterminado* de trinta dias (se o bem for móvel) ou um ano (se o bem for imóvel)[18]. Trata-se de um *prazo decadencial*, legalmente previsto para o exercício de um *direito potestativo* (direito de redibir o contrato), uma vez que o alienante se sujeitará ao seu exercício, sem que nada possa fazer.

Não há, portanto, no *exercício do direito potestativo*, sujeito a *prazo decadencial*, *pretensão exigível pelo titular do direito violado*, que é objeto de prescrição, consoante já vimos.

---

[15] Francisco Amaral, ob. cit., 2018, p. 687.

[16] Exemplos bastante difundidos de prazos decadenciais foram previstos no art. 178, §§ 3.º e 4.º, I, do CC/1916. Trata-se dos prazos para o exercício do *direito de contestação de paternidade* (ação negatória), limitados a *dois meses*, contados do nascimento, se o marido estava presente, *ou três meses*, se o marido se achava ausente, ou lhe ocultaram o nascimento, contados do dia de sua volta à casa conjugal ou da data do conhecimento do fato, respectivamente. Do nascimento da criança, do retorno do ausente ou da data do conhecimento do fato, portanto, surgia o *direito potestativo de contestação da paternidade*, exercitável pelo marido. Tais hipóteses serviriam perfeitamente para ilustrar os *prazos de caducidade*, se o novo Código Civil não houvesse estabelecido, acolhendo firme orientação jurisprudencial já existente, em seu art. 1.601: *"Cabe ao marido o direito de contestar a paternidade dos filhos nascidos de sua mulher, sendo tal ação imprescritível"*. Assim, a partir da vigência do novo Código Civil, o direito potestativo de contestação da paternidade *não se submeterá a prazo algum*, de forma que tais exemplos divulgados pela doutrina servirão apenas como informação histórica. Essa modificação da disciplina legal, inclusive, se coaduna tanto com a natureza declaratória das ações de verificação (investigação e contestação) de paternidade, que atrai a imprescritibilidade, como veremos em tópico posterior, quanto com a regra do art. 27 da Lei n. 8.069, de 13-7-1990 (Estatuto da Criança e do Adolescente), que estabelece que o "reconhecimento do estado de filiação é direito personalíssimo, indisponível e imprescritível, podendo ser exercitado contra os pais ou seus herdeiros, sem qualquer restrição, observado o segredo de Justiça".

[17] Os arts. 441 a 446 do CC/2002, seguindo diretriz semelhante do CC/1916 (arts. 1.101 a 1.106), disciplinam o instituto.

[18] Art. 445 do CC/2002; art. 178, §§ 2.º e 5.º, IV, do CC/1916 (na vigência desta lei, os prazos eram de quinze dias ou seis meses).

Pela importância do tema, voltaremos, em momento oportuno, a discorrer sobre as diferenças entre os dois institutos.

Entretanto, antes de passarmos ao próximo tópico, registre-se que nem a prescrição, nem a decadência se confundem com o instituto da preclusão, que, em verdade, é a perda de uma faculdade ou direito *processual*, por se haver esgotado ou por não ter sido exercido em tempo e momento oportunos[19].

Da mesma forma, não há como confundi-los com a *perempção*, que, embora também calcada na ideia de inércia, é instituto de direito processual, aplicável somente aos acionantes da máquina judiciária, com a extinção do processo civil ou criminal, como sanção pelo não cumprimento de diligências que lhe cabiam[20].

4. DISTINÇÃO ENTRE PRESCRIÇÃO E DECADÊNCIA

Um dos temas tradicionalmente mais difíceis da Teoria Geral do Direito Civil é justamente a distinção entre a prescrição e a decadência.

De fato, observa AGNELO AMORIM FILHO:

"A questão referente à distinção entre prescrição e decadência – tão velha quanto os dois velhos institutos de profundas raízes romanas – continua a desafiar a argúcia dos juristas. As dúvidas são tantas e vêm se acumulando de tal forma através dos séculos, que, ao lado de autores que acentuam a complexidade da matéria, outros, mais pessimistas, chegam até a negar – é certo que com indiscutível exagero – a existência de qualquer diferença entre as duas primeiras espécies de prazos extintivos. É o que informa De Ruggiero (*Instituições de Direito Civil*, v. 1.º, p. 335, da trad. port.). Já Baudry-Lacantinerie e Albert Tissler declaram que são falíveis, ou imprestáveis, os vários critérios propostos para distinguir os dois institutos. Acentuam, ainda, que não se pode, *a priori*, estabelecer diferença entre prescrição e decadência e assim examinar caso por caso, para dizer, *a posteriori*, se o mesmo é de prescrição ou de decadência. Clóvis Bevilá-

---

[19] Como ensinava Moacyr Amaral Santos, a preclusão "pode ser temporal, lógica ou consumativa. Interessa-nos, por ora, a preclusão temporal. Esta consiste na perda de uma faculdade ou direito processual por não ter sido exercido em tempo e momento oportunos. Assim, a contestação deverá ser apresentada dentro de quinze dias a contar da entrada em cartório do mandado de citação devidamente cumprido (Cód. Proc. Civil, art. 297). Não apresentando a contestação no prazo, não mais o réu poderá oferecê-la, isto é, estará precluso o seu direito de apresentá-la. O tempo útil está precluso, encerrado, e com isso perdeu o réu o direito de realizar o respectivo ato" (*Primeiras Linhas de Direito Processual Civil*, 6. ed., São Paulo: Saraiva, 1978, v. 1, p. 255).
[20] "Perempção. *1. Direito processual civil*. Caducidade ou extinção de processo, sem julgamento do mérito, quando o autor, por não promover atos e diligências que lhe competiam, abandonar a causa por mais de trinta dias, ou melhor, quando o autor der causa, por três vezes, à extinção do processo por não ter promovido as diligências, não poderá intentar a repropositura da quarta ação contra o réu com o mesmo objeto. É a perda do direito de demandar sobre o mesmo objeto. É o modo extintivo da relação processual fundado na desídia e inação do autor. *2. Direito processual penal*. Forma extintiva da punibilidade, em caso de ação penal privada, resultante da inércia do querelante, no que atina à movimentação processual, ou seja, por deixar de promover o andamento do processo durante trinta dias seguidos; ou não comparecer, sem motivo justificado, a qualquer ato processual a que deva estar presente; ou não formular o pedido de condenação nas alegações finais; ou pelo não comparecimento em juízo, dentro de sessenta dias, em caso de morte ou incapacidade do querelante, de pessoa habilitada a fazê-lo; ou, ainda, pela extinção da pessoa jurídica, querelante, sem deixar sucessor" (Maria Helena Diniz, *Dicionário Jurídico*, São Paulo: Saraiva, 1998, v. 3, p. 570).

qua, por sua vez, afirma que 'a doutrina ainda não é firme e clara neste domínio' (*Teoria Geral*, 2. ed., p. 367). Para Amílcar de Castro, é 'uma das mais difíceis e obscuras questões de Direito essa de distinguir a prescrição da decadência' (RT, v.156/323). Giorgi diz que a ciência ainda não encontrou um critério seguro para distinguir a prescrição das caducidades (*Teoría de las obligaciones*, v. 9.º, p. 217). E Camara Leal, inegavelmente o autor brasileiro que mais se dedicou ao estudo do assunto, chegando mesmo a elaborar um método prático para se fazer a distinção entre os dois institutos, diz que este é 'um dos problemas mais árduos da Teoria Geral do Direito Civil' (*Da Prescrição e da Decadência*, 1.ª ed., p. 133)"[21].

Realçada pelo fato de o Código de 1916 elencar, em um único artigo, indistintamente, prazos prescricionais e decadenciais (art. 178), essa dificuldade em estabelecer critérios seguros de diferenciação forçou ORLANDO GOMES, na última página do Capítulo 34 de sua obra, a fugir do seu estilo desapegado ao texto de lei e enumerar os prazos que entendia serem *decadenciais*. Vale dizer, depois de todo o esforço teórico desenvolvido, talvez não satisfeito com os critérios diferenciadores elaborados pela doutrina, o grande civilista cuidou, ele mesmo, de indicar os prazos legais de caducidade[22].

4.1. Critérios tradicionais

Na doutrina nacional, destaca-se o critério sugerido por CAMARA LEAL, nos seguintes termos:

"É de decadência o prazo estabelecido pela lei, ou pela vontade unilateral ou bilateral, quando prefixado ao exercício do direito pelo seu titular. E é de prescrição, quando fixado, não para o exercício do direito, mas para o exercício da ação que o protege. Quando, porém, o direito deve ser por meio de ação, originando-se ambos do mesmo fato, de modo que o exercício da ação representa o próprio exercício do direito, o prazo estabelecido para a ação deve ser tido como prefixado ao exercício do direito, sendo, portanto, de decadência, embora aparentemente se afigure de prescrição"[23].

MARIA HELENA DINIZ, fazendo uma compilação de todos os critérios propostos para a distinção entre os institutos, apresenta o seguinte quadro esquemático, antes do novo Código Civil:

"1) A decadência extingue o direito e indiretamente a ação; a prescrição extingue a ação e por via oblíqua o direito.

2) O prazo decadencial é estabelecido por lei ou por vontade unilateral ou bilateral; o prazo prescricional somente por lei.

3) A prescrição supõe uma ação cuja origem seria diversa da do direito; a decadência requer uma ação cuja origem é idêntica à do direito.

4) A decadência corre contra todos; a prescrição não corre contra aqueles que estiverem sob a égide das causas de interrupção ou suspensão previstas em lei.

---

[21] Agnelo Amorim Filho, Critério Científico para Distinguir a Prescrição da Decadência e para Identificar as Ações Imprescritíveis, *RT, 300*:7, out. 1960, reproduzido na *RT, 711*:725-6, out. 1997.

[22] Orlando Gomes, *Introdução ao Direito Civil*, 10. ed., Rio de Janeiro: Forense, 1993, p. 522.

[23] Antonio Luis da Camara Leal, *Da Prescrição e da Decadência*, 2. ed., Rio de Janeiro: Forense, 1959, p.133-4.

5) A decadência decorrente de prazo legal pode ser julgada, de ofício, pelo juiz, independentemente de arguição do interessado; a prescrição das ações patrimoniais não pode ser, *ex officio*, decretada pelo magistrado.

6) A decadência resultante de prazo legal não pode ser renunciada; a prescrição, após sua consumação, pode sê-lo pelo prescribente.

7) Só as ações condenatórias sofrem os efeitos da prescrição; a decadência só atinge direitos sem prestação que tendem à modificação do estado jurídico existente"[24].

Todos esses critérios, embora válidos para efeitos didáticos, acabam pecando por não explicitar a efetiva causa de cada um desses institutos jurídicos, estando muitas vezes mais preocupados em delimitar as suas consequências que, em verdade, dependem muito mais de disciplina legal do que propriamente de sua essência[25].

---

[24] Maria Helena Diniz, *Curso de Direito Civil Brasileiro*, 37. ed., São Paulo: Saraiva, 2020, v. 1, p. 488.

[25] Com efeito, a questão, por exemplo, da inaplicabilidade geral de causas impeditivas, suspensivas ou interruptivas da prescrição ao instituto da decadência – prevista expressamente no art. 207 do CC/2002 – é excepcionada pela Lei n. 8.078/90 (Código de Defesa do Consumidor), que, em seu art. 26, § 2.º, admite causas obstativas do prazo decadencial, o que equivale à suspensão do lapso temporal. Esta hipótese continua vigente com o CC/2002, uma vez que este traz a expressão "salvo disposição legal em contrário" no mencionado art. 207.

Ainda sobre tal situação excepcional, ensina Rômulo de Andrade Moreira: "Como é sabido, o prazo para oferecer queixa (ação penal de iniciativa privada) ou representação (ação penal pública condicionada) é decadencial (seis meses – arts. 38 do Código de Processo Penal e 103 do Código Penal). A própria redação dos dois dispositivos não deixa margem para qualquer dúvida. Aliás, neste sentido, nunca houve qualquer divergência na doutrina e na jurisprudência: o prazo é decadencial e, portanto, não se suspende nem se interrompe. Porém, a Lei n. 5.250/67 (Lei de Imprensa), no art. 41, § 1.º, estabelece, erroneamente, que 'o direito de queixa ou de representação *prescreverá*, se não for exercido dentro de 3 (três) meses da data da publicação ou transmissão' (grifo nosso). Ora, evidentemente que não se trata de prazo prescricional, mas decadencial; a atecnia legislativa, porém, avança no § 2.º do mesmo art. 41, ao prever a interrupção deste prazo. Neste sentido veja-se esta decisão do Supremo Tribunal Federal: 'É notória a confusão engendrada, considerados prazos que dizem respeito a institutos diversos. Refiro-me à prescrição e à decadência. Muito embora no art. 41, § 1.º, da Lei de Imprensa preceitue-se que o direito de queixa ou de representação prescreverá se não for exercido dentro de três meses da data da publicação ou transmissão, aludindo-se, após, à interrupção, exsurge, ao primeiro exame, que o prazo assinado é de decadência e não de prescrição, pouco interessando a menção, porque atécnica, a esta última. O perecimento previsto diz respeito ao direito em si de queixa ou de representação, uma vez decorrido, sem exercício, o prazo de três meses. A circunstância de se haver excepcionado a regra segundo a qual o prazo decadencial não se interrompe não transmuda este último em prescricional' (STF – HC – Rel. Ministro Marco Aurélio – RT 676/384). Em outro julgado, o Supremo Tribunal Federal, enfrentando mais uma vez a mesma questão, asseverou o seguinte: 'Sendo o Direito uma ciência, os institutos, as expressões e os vocábulos possuem sentido próprio, sendo que a segurança na atuação científica não prescinde da correta utilização dos termos que lhe são próprios' (Ação Penal Originária 191-9 – *DJU* 17/06/1994, p. 15706). No Tribunal de Alçada de São Paulo, as decisões eram reiteradas, senão vejamos: 'A Lei de Imprensa ao fixar o prazo de três meses para a prescrição do direito de queixa contado da data da publicação ou transmissão, na verdade, estabelece verdadeiro prazo decadencial, improrrogável, que não se suspende ou interrompe e atinge o direito de agir da parte' (TACRIM-SP – AC – Rel. Ciro Campos – RT 625/299). 'Apesar da impropriedade técnica do legislador ao empregar o *nomen juris* prescrição no parágrafo primeiro do art. 41 da Lei de Imprensa, trata-se de prazo decadencial, porque incidindo num direito instrumental, o direito de agir, torna o querelante carecedor da ação privada, ao contrário da prescrição, que recai sobre o próprio *jus*

4.2. Fundamento doutrinário para distinção *a priori* de prescrição e decadência

Na nossa opinião, o melhor critério doutrinário é ainda o proposto por AGNELO AMORIM FILHO, no memorável estudo analítico já citado, calcado na classificação dos direitos subjetivos e nos tipos de ações correspondentes, o que nos permitimos sintetizar nos próximos subtópicos.

4.2.1. Classificação dos direitos subjetivos quanto à finalidade

Os direitos subjetivos são os poderes conferidos pela ordem jurídica a alguém de agir e/ou exigir de outrem determinado comportamento.

Classificá-los consiste em adotar uma determinada visão metodológica, com base em algum parâmetro prévio.

Assim, se tomarmos, por exemplo, o prisma focal da relação jurídica que integram, os direitos subjetivos serão *públicos* ou *privados*, na medida em que se constata a situação jurídica do seu titular na relação específica travada[26].

Segundo a finalidade, em classificação atribuída a CHIOVENDA, os direitos subjetivos podem ser agrupados em duas grandes categorias:

a) Direitos a uma prestação

Nesta categoria de direitos, encontram-se aqueles que têm por finalidade um bem da vida a conseguir-se mediante uma atividade (prestação) – positiva ou negativa – a que está submetida um sujeito passivo (devedor).

Como exemplos, podemos elencar toda a enorme gama de direitos que compõem a classe dos direitos pessoais e reais. Entre eles, arrolem os direitos de crédito, como uma prestação positiva a exigir-se; e o direito de propriedade, em que se verifica o dever geral de conduta negativa, qual seja, abster-se de violar o direito estabelecido em relação ao titular.

b) Direitos potestativos

Nesta segunda categoria, enquadram-se os direitos mediante os quais determinadas pessoas podem influir, com uma declaração de vontade, sobre situações jurídicas de outras.

---

puniendi' (TACRIM-SP – HC 138266 – Rel. Ricardo Andreucci). De toda maneira, devemos atentar que com o advento do novo Código Civil, permite-se, excepcionalmente, a suspensão e interrupção do prazo decadencial, se houver 'disposição legal em contrário' (art. 201). Assim, podemos concluir que, sob a égide do novo Código Civil, o prazo previsto no art. 41, § 1.º, da Lei de Imprensa, apesar de decadencial (e não prescricional), ainda assim, pode ser interrompido nas hipóteses referidas nas alíneas 'a' e 'b' do § 2.º do mesmo artigo de lei" ("Juizados Especiais Criminais: considerações gerais", disponível no endereço: www.unifacs.br/revistajuridica, dez. 2005). De qualquer forma, com o julgamento proferido pelo Supremo Tribunal Federal na ADPF 130, que declarou a não recepção do texto integral da Lei de Imprensa, tal discussão tornou-se, na prática, inócua.

[26] Na abalizada opinião de Francisco Amaral, esse "critério não é, porém, seguro, porque tanto o Estado pode ser titular de direitos privados quanto o particular de direitos públicos. A tendência é conceber o direito subjetivo como uma situação unitária, própria da teoria do direito, de que o Estado pode ser titular ativo ou passivo". O referido autor traz várias outras classificações em seu livro, ao qual remetemos o leitor, uma vez que fogem do objetivo deste tópico (ob. cit., 2018, p. 295).

Trata-se de direitos insuscetíveis de violação, pois a eles não corresponde qualquer prestação, como, por exemplo, a revogação de um mandato ou uma despedida sem justa causa de empregado não estável.

Esses últimos direitos, porém, não podem ser todos exercitados da mesma forma, pelo que devem ser subclassificados, para fins didáticos, de acordo com a necessidade ou não de intervenção judicial:

b.1) Exercitáveis mediante simples declaração de vontade do titular

Naquilo que chamamos de "direitos potestativos puros", estes se exercitam mediante simples declaração de vontade do titular, independentemente de acesso aos tribunais.

A sujeição daquele que sofre os efeitos da manifestação volitiva é absoluta, não podendo resistir ou compelir o titular do direito a modificar seu posicionamento.

São exemplos desses direitos a possibilidade de revogação do mandato ou a (não) aceitação de herança.

b.2) Exercitáveis mediante declaração de vontade do titular, com exigência judicial no caso de resistência

Outras hipóteses de direitos potestativos, embora exercitáveis mediante declaração de vontade do titular, já admitem uma resistência daquele que sofre a sujeição.

Esclareça-se, porém, que esta resistência *não é em relação ao conteúdo do direito exercitável*, mas somente quanto à sua forma de exercício extrajudicial.

Nestes casos, a via judicial é exercitada subsidiariamente, para fazer valer a sujeição prevista na lei.

O exemplo mais claro é do direito do sócio de promover a dissolução da sociedade por tempo determinado, antes de expirado o prazo, na forma prevista outrora no art. 1.408 do CC/1916[27], norma sem equivalência no CC/2002. Neste caso, a via judicial é apenas subsidiária. No CC/2002, as causas de dissolução previstas no contrato social poderão também exigir intervenção judicial, em caso de resistência, consoante se depreende dos arts. 1.034 e 1.035[28].

b.3) Exercitáveis mediante ajuizamento obrigatório de ação judicial

Por fim, há certos direitos potestativos que somente podem ser invocados mediante o exercício obrigatório do direito de ação.

Aqui, não há campo para disponibilidade, pelo que, mesmo que o sujeito passivo da relação jurídica aceite que o direito seja exercitado extrajudicialmente, isto não poderá ocorrer, pois, em verdade, visa a lei a conceder maior segurança para determinadas situações jurídicas, cuja alteração tenha possíveis fortes reflexos na ordem pública.

---

[27] CC/1916: "Art. 1.408. Quando a sociedade tiver duração prefixa, nenhum sócio lhe poderá exigir a dissolução, antes de expirar o prazo social, se não provar algum dos casos do art. 1.399, I a IV".

[28] CC/2002: "Art. 1.034. A sociedade pode ser dissolvida judicialmente, a requerimento de qualquer dos sócios, quando:

I – anulada a sua constituição;

II – exaurido o fim social, ou verificada a sua inexequibilidade.

Art. 1.035. O contrato pode prever outras causas de dissolução, *a serem verificadas judicialmente quando contestadas*" (grifos nossos).

As ações serão, portanto, constitutivas (positivas ou negativas) necessárias ou declaratórias, não se podendo exercer tal direito sem a autorização judicial, como, por exemplo, a antiga ação anulatória de casamento por defloramento anterior (mencionada no art. 178, § 1.º, do CC/1916) ou a ação de contestação de paternidade, não sujeita a prazo decadencial, segundo firme orientação jurisprudencial, já inferível da aplicação das regras do Estatuto da Criança e do Adolescente e, agora, expressamente acolhida pelo novo Código Civil.

4.2.2. Classificação moderna das ações

A concepção tradicional, oriunda do Direito Romano, classificava as ações de acordo com a natureza do direito cuja tutela se pretendia. Assim, as ações se classificavam em reais, pessoais, mistas e prejudiciais.

Mudando o parâmetro de categorização, que passou a ser a natureza do pronunciamento judicial pleiteado, a moderna teoria sistematizou as ações em três tipos:

a) *condenatórias*: quando se pretende obter do réu uma determinada prestação;

b) *constitutivas*: quando se procura obter, pela via judicial, a criação de um estado jurídico ou a modificação/extinção do estado anterior;

c) *meramente declaratórias*: quando pretendem conseguir uma certeza jurídica.

Somente desta rápida sistematização, já é possível antever que há perfeita correspondência entre o sentido da prestação jurisdicional pretendida e a incidência dos institutos da prescrição e decadência.

Senão, vejamos.

4.2.3. Correspondência entre os institutos da prescrição e decadência com a tutela jurisdicional pretendida

Realmente, já antecipamos que há perfeita correspondência entre os institutos da prescrição e decadência e a classificação das ações, de acordo com a tutela jurisdicional pretendida.

E isto se dá, em verdade, porque se a *prescrição* é a extinção da pretensão à prestação devida – direito este que continua existindo na relação jurídica de direito material – em função de um descumprimento (que gerou a ação), esta somente pode ser aplicada às *ações condenatórias*. Afinal, somente este tipo de ação exige o cumprimento coercitivo de uma prestação[29].

Já a *decadência*, como se refere à perda efetiva de um direito, pelo seu não exercício no prazo estipulado, somente pode ser relacionada aos direitos potestativos, que exijam uma manifestação judicial. Tal manifestação, por ser elemento de formação do próprio exercício do direito, somente pode-se dar, portanto, por *ações constitutivas*.

Por fim, as *ações declaratórias*, que visam somente ao mero reconhecimento de certeza jurídica (e isto independe de qualquer prazo), somente podem ser *imprescritíveis*, uma vez que não são direcionadas a modificar qualquer estado de coisas.

---

[29] A propósito, confira-se o Enunciado 14 da I Jornada de Direito Civil da Justiça Federal: "Art. 189: 1) o início do prazo prescricional ocorre com o surgimento da pretensão, que decorre da exigibilidade do direito subjetivo; 2) o art. 189 diz respeito a casos em que a pretensão nasce imediatamente após a violação do direito absoluto ou de obrigação de não fazer".

Por exceção, nos casos de direitos potestativos exercitáveis mediante simples declaração de vontade do titular, sem prazo especial de exercício previsto em lei, a eventual ação judicial ajuizada (*ações constitutivas sem prazo especial de exercício previsto em lei*) também será *imprescritível*, como é o caso da ação de divórcio, que desconstitui o vínculo matrimonial.

5. A PRESCRIÇÃO E A DECADÊNCIA NO NOVO CÓDIGO CIVIL

O novo Código Civil, objetivando tentar superar um erro histórico[30], finalmente disciplinou expressamente a decadência no Código Civil brasileiro, evitando a lamentável circunstância de o CC/1916 ter tratado todos os prazos sob a denominação comum de *prescrição*, o que fazia com que o aplicador do direito tivesse de se rebelar contra a literalidade do texto legal e contra princípio básico de hermenêutica, distinguindo onde este não fazia, com base na essência e sentido do prazo previsto.

Tratando, de forma explícita, a matéria, até mesmo a diferença entre os institutos fica facilitada.

Nessa linha, a própria possibilidade de renúncia prévia é elemento interessante para a distinção, uma vez que a decadência, prevista em lei, é irrenunciável (art. 209), enquanto a renúncia à prescrição não é somente admissível, como também se aceita a sua caracterização tácita. Para se renunciar à aplicação da prescrição, todavia, é preciso que a mesma já esteja consumada e não haja prejuízo a terceiro[31].

"Renunciar à prescrição" consiste na possibilidade de o devedor de uma dívida prescrita, consumado o prazo prescricional e sem prejuízo a terceiro, abdicar do direito de alegar esta defesa indireta de mérito (a prescrição) em face do seu credor. Se anuncia o pagamento, e o executa, *renunciou expressamente*. Se, embora não o haja afirmado expressamente, constituiu procurador, providenciou as guias bancárias para o depósito ou praticou qualquer ato incompatível com a prescrição, significa que *renunciou tacitamente*.

Justamente em decorrência dessa peculiaridade em relação à renúncia, proibida para o prazo decadencial legal, deve o juiz, de ofício, conhecer da decadência, quando prevista em lei. Sobre pronunciamento de ofício da prescrição cuidaremos a seguir, mas adiantamos que, conforme a regra do art. 193 do CC/2002, a prescrição "pode ser alegada em qualquer grau de jurisdição, pela parte a quem aproveita".

Como exceções a essa regra geral, antes do advento da Lei n. 11.280, de 16 de fevereiro de 2006, tínhamos o caso dos absolutamente incapazes, que, merecendo tutela especial do Estado, podiam ver a prescrição ser declarada de ofício quando tal acolhimento lhes

---

[30] No projeto primitivo, organizado por Clóvis Beviláqua, os prazos de decadência se achavam dispersos pelo Código, nos lugares apropriados, e assim foram mantidos pela comissão revisora extraparlamentar, pela *Comissão dos XXI* da Câmara dos Deputados, e pela própria Câmara, nas três discussões regimentais. Na redação final entretanto, a respectiva comissão, supondo melhorar o projeto, metodizando-o, transferiu para a Parte Geral todos os prazos de decadência, colocando-os ao lado dos prazos prescricionais propriamente ditos. E isso passou despercebido, não foi objeto de debate, resultando, daí, ao invés do planejado melhoramento, um erro manifesto de classificação" (Agnelo Amorim Filho, ob. cit., p. 726).

[31] CC/2002: "Art. 191. A renúncia da prescrição pode ser expressa ou tácita, e só valerá, sendo feita, sem prejuízo de terceiro, depois que a prescrição se consumar; tácita é a renúncia quando se presume de fatos do interessado, incompatíveis com a prescrição". No mesmo sentido: art. 161 do Código de 1916.

favorecesse (art. 194 do CC/2002, ora revogado), seja como sujeito passivo (hipótese mais visível), seja como terceiro interessado juridicamente no resultado da demanda.

Com a revogação do art. 194 do CC/2002 pela referida Lei n. 11.280/2006, permitiu-se ao órgão judicante reconhecer de ofício a prescrição. A mesma norma também alterou o § 5.º do art. 219 do CPC/1973, prevendo que o juiz pronunciará, de ofício, a prescrição, o que antes somente poderia ocorrer se não se tratasse de direitos patrimoniais.

Entendemos, todavia, desde nosso primeiro comentário sobre a modificação legislativa, que esse reconhecimento de ofício pressupõe que o juiz, antes de se manifestar, à luz do princípio da cooperação processual, ouça as partes.

Essa oitiva tem duas finalidades: permitir que o devedor possa opor-se ao pronunciamento judicial (pois pode querer pagar, renunciando à prescrição) e admitir que o credor possa contrapor-se ao reconhecimento do fim da sua pretensão, argumentando, por exemplo, que o prazo prescricional não fluiu, ou qualquer outra causa obstativa da prescrição[32].

Adotando exatamente essa diretriz, o Código de Processo Civil de 2015 estabeleceu, expressamente, no parágrafo único do seu art. 487, que "a prescrição e a decadência não serão reconhecidas sem que antes seja dada às partes oportunidade de manifestar-se", ressalvando apenas a hipótese do § 1.º do seu art. 332, que trata de julgamento de improcedência *prima facie*.

Já a decadência não pode ser declarada de ofício se for estipulada convencionalmente (hipótese em que os próprios contratantes, e não a lei, previram prazo decadencial para o exercício de um direito), o que se entende até mesmo pelo fato de que a norma pactuada pela autonomia da vontade, por não ser legislação federal, tem de necessariamente ser levada ao conhecimento do magistrado. Todavia, em função da importância do instituto – que, repita-se, implica a perda do direito material discutido em juízo – também não haverá preclusão temporal para sua arguição (art. 211 do CC/2002).

Note-se que a sistemática do Código de 1916 era menos abrangente.

Além de só autorizar a alegação da prescrição de direitos patrimoniais pela parte a quem aproveita, vedando o reconhecimento judicial de ofício (art. 165), não reservou um único artigo à disciplina da decadência.

Outra questão controvertida na doutrina fora dirimida pelo novo Código Civil: *a possibilidade de alteração convencional dos prazos prescricionais*.

"Problema que, por outro lado, desperta a atenção dos juristas", observa CAIO MÁRIO DA SILVA PEREIRA, "é o que se contém na indagação se é possível a alteração dos prazos prescricionais. Atentando na circunstância de envolverem um interesse de ordem pública, entende-se que é ilícita a sua extensão convencional, sob fundamento de que envolveria uma renúncia antecipada, e, como a lei a proíbe, veda também o alongamento do prazo. Tem-se

---

[32] Sobre o tema, na III Jornada de Direito Civil da Justiça Federal, de novembro/2004, foram propostos dois Enunciados pelos seguintes ilustres juristas: "O juiz deve suprir de ofício a alegação de prescrição em favor do absolutamente incapaz" (JOÃO BAPTISTA VILLELA) e "O art. 194 do Código Civil de 2002, ao permitir a declaração *ex officio* da prescrição de direitos patrimoniais em favor de absolutamente incapaz, derrogou o disposto no § 5.º do art. 219 do CPC" (MÁRIO LUIZ DELGADO RÉGIS). Cumpre anotar que o art. 194 do CC/2002 foi revogado pela Lei n. 11.280/2006.

discutido a validade da cláusula que o restringe, admitindo-se a sua eficácia, por implicar a mais rápida liberação do devedor"[33].

Nesse ponto, talvez pelo fato de a prescrição somente poder ser fixada por lei (ao contrário da decadência, que admite a delimitação pela via negocial), os *"prazos de prescrição não podem ser alterados por acordo das partes"*, conforme preceitua o art. 192, que pôs fim à controvérsia.

Registre-se que os *"relativamente incapazes e as pessoas jurídicas têm ação contra os seus assistentes ou representantes legais, que derem causa à prescrição, ou não a alegarem oportunamente"* (art. 195 do CC/2002), regra que também é aplicável para a decadência, por força do art. 208 do CC/2002. Tal preceito destaca a importância dos institutos – e de sua arguição em juízo –, uma vez que podem ensejar ações de responsabilização civil por perdas de chance. Vale lembrar que o Código de 1916 já trazia dispositivo semelhante, embora com mais requisitos: "As pessoas que a lei priva de administrar os próprios bens, têm ação regressiva contra os seus representantes legais, quando estes, por dolo ou negligência, derem causa à prescrição".

Finalmente, duas óbvias regras merecem ser lembradas, posto prescindam de maiores esclarecimentos dada a clareza de sua hermenêutica: "a prescrição iniciada contra uma pessoa continua a correr contra o seu sucessor"[34] (art. 196 do CC/2002) e "com o principal prescrevem os direitos acessórios" (art. 167 do CC/1916, sem previsão expressa no CC/2002, embora merecedora de integral acolhimento jurisprudencial e doutrinário).

Por fim, para a consumação da prescrição e, no que couber, da decadência, faz-se mister, em síntese, a conjugação de quatro fatores bem nítidos:

a) existência de um direito exercitável;

b) inércia do titular pelo não exercício;

c) continuidade da inércia por certo tempo;

d) ausência de fato ou ato impeditivo, suspensivo ou interruptivo do curso da prescrição – requisito aplicável à decadência excepcionalmente, somente por previsão legal específica (*vide* art. 207).

6. CAUSAS IMPEDITIVAS E SUSPENSIVAS DA PRESCRIÇÃO

A legislação prevê diversas causas impeditivas e suspensivas da prescrição.

A priori, não há diferença ontológica entre impedimento e suspensão da prescrição, pois ambas são formas de paralisação do prazo prescricional. A sua diferença fática é quanto ao termo inicial, pois, no impedimento, o prazo nem chegou a correr, enquanto na suspensão, o prazo, já fluindo, "congela-se", enquanto pendente a causa suspensiva.

Por isso mesmo, as causas impeditivas e suspensivas da prescrição são tratadas da mesma forma nos arts. 197 a 199 do CC/2002, a saber:

---

[33] Caio Mário da Silva Pereira, *Instituições de Direito Civil*, 19. ed., Rio de Janeiro: Forense, 2001, v. 1, p. 445.

[34] Mais tecnicamente, o novo Código Civil substitui a expressão "herdeiro" (espécie de sucessor universal *mortis causa*) pelo designativo genérico "sucessor", muito mais abrangente.

"Art. 197. Não corre a prescrição:

I – entre os cônjuges, na constância da sociedade conjugal;

II – entre ascendentes e descendentes, durante o poder familiar;

III – entre tutelados ou curatelados e seus tutores ou curadores, durante a tutela ou curatela.

Art. 198. Também não corre a prescrição:

I – contra os incapazes de que trata o art. 3.º;

II – contra os ausentes do País em serviço público da União, dos Estados ou dos Municípios;

III – contra os que se acharem servindo nas Forças Armadas, em tempo de guerra.

Art. 199. Não corre igualmente a prescrição:

I – pendendo condição suspensiva;

II – não estando vencido o prazo;

III – pendendo ação de evicção".

Comparemos estes artigos com as regras previstas nos arts. 168, 169 e 170 do Código de 1916:

"Art. 168. Não corre a prescrição:

I – entre cônjuges, na constância do matrimônio;

II – entre ascendentes e descendentes, durante o pátrio poder;

III – entre tutelados ou curatelados e seus tutores ou curadores, durante a tutela ou curatela;

IV – em favor do credor pignoratício, do mandatário, e, em geral, das pessoas que lhes são equiparadas, contra o depositante, o devedor, o mandante e as pessoas representadas, ou seus herdeiros, quanto ao direito e obrigações relativas aos bens confiados à sua guarda.

Art. 169. Também não ocorre a prescrição:

I – contra os incapazes de que trata o *art. 5.º*;

II – contra os ausentes do Brasil em serviço público da União, dos Estados, ou dos Municípios;

III – contra os que se acharem servindo na armada e no exército nacionais, em tempo de guerra.

Art. 170. Não corre igualmente:

I – pendendo condição suspensiva;

II – não estando vencido o prazo;

III – pendendo ação de evicção".

Injustificável, porém, é essa disciplina do mesmo instituto em três artigos diferentes, pois a sua caracterização como impedimento ou suspensão dependerá muito do caso concreto. Por exemplo, o casamento entre devedores fará suspender a prescrição já iniciada, por aplicação do art. 197, I, do CC/2002. O mesmo dispositivo, porém, autoriza uma hipótese de impedimento do curso prescricional se a dívida for contraída durante a constância da sociedade conjugal.

Exemplificando: João é credor de Maria de uma dívida já vencida e exigível, constante em instrumento público ou particular, estando em curso o prazo prescricional (para se formular a pretensão condenatória, via ação de cobrança) de cinco anos (na forma do art. 206, § 5.º, do CC/2002; no CC/1916, o prazo era o geral de vinte anos). Dois anos após a data do vencimento da dívida, contraem matrimônio, por força do qual o *prazo prescricional ficará suspenso até a dissolução da sociedade conjugal*. No caso, decretada a separação judicial do casal, o prazo prescricional (suspenso durante o tempo de convivência conjugal) continuará a correr, computados os dois anos transcorridos, até que o credor atue ou seja atingido o limite máximo da prescrição. O matrimônio, no caso, atuou como uma causa suspensiva da prescrição. Se, todavia, Maria, respeitado o regime de separação de bens, contrai a dívida perante João, no curso do casamento, o *prazo prescricional ficará impedido de correr* até a dissolução da sociedade conjugal.

O mesmo raciocínio é aplicado entre ascendentes e descendentes, durante o poder familiar (expressão que substitui o superado "pátrio poder"), e entre tutelados e curatelados e seus tutores e curadores, durante a tutela ou curatela[35].

Observe-se que o novo Código, acertadamente, suprimiu, por desnecessária, a regra constante no inc. IV do art. 168 do CC/1916. Injustificável que o credor pignoratício, o mandatário, o depositante e demais pessoas equiparadas gozassem desse privilégio (suspensão do prazo prescricional), não estendido a outras formas contratuais.

Da mesma forma, não corre a prescrição *contra* os absolutamente incapazes[36], os ausentes do País em serviço público da União, dos Estados e dos Municípios, e os que se acharem servindo nas Forças Armadas, em tempo de guerra.

Note-se que, dado o interesse público envolvido, a prescrição não corre *contra* essas pessoas, *embora possa correr a favor*. Assim, se o credor ausentou-se do País para prestar serviços em uma embaixada brasileira em Islamabad, por exemplo, o prazo prescricional ficará suspenso até o seu retorno. Por outro lado, se o ausente for o devedor, a *prescrição corre a seu favor*, de maneira que, durante o período em que estiver fora, o prazo fluirá normalmente.

Finalmente, não corre a prescrição pendendo condição suspensiva, não estando vencido o prazo, ou estando em curso ação de evicção (art. 199 do CC/2002). As duas primeiras hipóteses são claras, e falam por si mesmas. Se o negócio jurídico estiver subordinado a condição suspensiva ou a prazo, o crédito constituído será inexigível até o advento da condição ou o vencimento da dívida (transcurso do prazo), restando obstado o curso do prazo prescricional até aí. A pretensão, no caso, só surgirá quando o crédito for exigível (ocorrida a condição ou vencido o prazo), e o devedor descumprir a prestação que lhe fora imposta.

Também não corre a prescrição estando pendente ação de evicção. A evicção[37] consiste na *perda total ou parcial do direito do adquirente sobre a coisa, em razão de uma decisão judicial, que reconhece a propriedade anterior de outrem*. Pelos riscos da evicção, responde o alienante (perante o adquirente). Assim, estando pendente ação de evicção (proposta pelo

---

[35] Sobre o tema, na III Jornada de Direito Civil da Justiça Federal, de novembro/2004, foi proposto o Enunciado 156: "Art. 198: Desde o termo inicial do desaparecimento, declarado em sentença, não corre a prescrição contra o ausente".

[36] O Estatuto da Pessoa com Deficiência (Lei n. 13.146/2015), em respeito ao princípio da dignidade da pessoa humana e na linha da Convenção de Nova York, passou, como sabemos, a considerar a pessoa com deficiência dotada de capacidade legal. Sem dúvida, uma mudança de tal magnitude produziria efeitos colaterais no sistema. E aqui está um deles. Uma vez que a pessoa com deficiência não é mais considerada incapaz não pode, por consequência, valer-se da presente causa impeditiva do curso do prazo prescricional.

[37] No CC/2002: arts. 447 a 457; no CC/1916: arts. 1.107 a 1.117.

terceiro/reivindicante contra o adquirente), os prazos prescricionais em geral e, bem assim, o próprio prazo de usucapião (prescrição aquisitiva) ficam suspensos até que se decida a quem, de fato, pertence a propriedade.

Em nosso entendimento, o legislador perdeu boa oportunidade de suprimir, por ser absolutamente desnecessário, este art. 199 do novo Código Civil (art. 170 do CC/1916). As regras aí constantes são óbvias e não mereciam atenção do legislador. O próprio BEVILÁQUA, lembra-nos SÍLVIO VENOSA, já criticava a redação do art. 170 do CC/1916, pelas sobreditas razões: "Clóvis, em seus comentários ao art. 170, entende-o supérfluo, pelo simples fato de que nos decantados casos, a prescrição não corre e nem poderia correr, porque não existe ação para o cumprimento da obrigação"[38]. O único reparo a ser feito nessa culta advertência é no sentido de que a prescrição não corre por não haver surgido ainda a pretensão do credor, fruto da violação do seu direito. Isso porque, consoante já observamos, o direito processual de ação (direito de pedir um provimento jurisdicional do Estado) *sempre existirá, incondicionalmente.*

Um dado importantíssimo, de grandes consequências práticas, é a novel regra do art. 200 do CC/2002, que assim dispõe:

> "Art. 200. Quando a ação se originar de fato que deva ser apurado no juízo criminal, não correrá a prescrição antes da respectiva sentença definitiva".

Com efeito, muitas vezes, determinados fatos geram repercussões tanto no juízo civil, quanto no criminal, correndo processos simultaneamente que poderiam gerar, inclusive, sentenças contraditórias, caso a sentença civil seja prolatada antes da penal.

Na hipótese de o sujeito haver cometido um homicídio, por exemplo, a despeito da *relativa independência entre a jurisdição penal e a civil,* enquanto não houver sentença criminal definitiva a prescrição não correrá contra os herdeiros da vítima (credores da reparação civil)[39].

Outro exemplo muito comum é quando se despede um empregado por falta grave de improbidade, havendo sido dado início também à persecução criminal. Enquanto pendente a discussão no juízo penal, não correrá a prescrição para demandas cuja causa de pedir próxima seja a acusação de improbidade. Isso pode ser extremamente útil para uma cognição exauriente da matéria e uma solução integral da lide, pois se buscará mais a verdade real do que a realidade formal e muitas vezes apequenada de uma reparação puramente pecuniária[40].

---

[38] Apud Sílvio Venosa, ob. cit., p. 519.

[39] Nesse ponto, vale referir o art. 935 do CC/2002: "A responsabilidade civil é independente da criminal, não se podendo questionar mais sobre a existência do fato, ou sobre quem seja o seu autor, quando estas questões se acharem decididas no juízo criminal". O CC/1916 previu dispositivo semelhante: "Art. 1.525. A responsabilidade civil é independente da criminal; não se poderá, porém, questionar mais sobre a existência do fato, ou de quem seja o seu autor, quando estas questões se acharem decididas no crime". Sobre o tema, voltaremos em nosso volume 3, dedicado ao estudo da responsabilidade civil.

[40] Ainda sobre a ação civil relacionada com a ação criminal, preceitua o vigente Código de Processo Penal, em seus arts. 63 a 68, *in verbis*:

"*Art. 63.* Transitada em julgado a sentença condenatória, poderão promover-lhe a execução, no juízo cível, para o efeito da reparação do dano, o ofendido, seu representante legal ou seus herdeiros.

Por fim, saliente-se que a suspensão da prescrição em favor de um dos credores solidários somente aproveitará aos outros se a obrigação for indivisível, consoante disciplina o art. 201 do CC/2002:

"Art. 201. Suspensa a prescrição em favor de um dos credores solidários, só aproveitam os outros se a obrigação for indivisível".

Assim, se Caio, Tício e Tácito são credores solidários[41] de Xerxes (devedor), de uma quantia de trezentos reais, verificada uma causa suspensiva em face de algum deles (ex.: Caio ausentou-se do país, em serviço público da União), só restará suspenso o prazo prescricional em favor do beneficiário direto da suspensão, uma vez que se trata de *obrigação divisível (prestação de dar dinheiro)*. Contra os outros credores, o prazo prescricional fluirá normalmente. Diferentemente, se o objeto da obrigação for indivisível (ex.: um cavalo de raça), a suspensão da prescrição em face de um dos credores beneficiará todos os demais.

7. CAUSAS INTERRUPTIVAS DA PRESCRIÇÃO

A diferença entre a interrupção e a suspensão da prescrição é que, enquanto na segunda o prazo fica paralisado, na primeira "zera-se" todo o prazo decorrido, recomeçando a contagem "da data do ato que a interrompeu, ou do último ato do processo para a interromper" (parágrafo único do art. 202 do CC/2002). Assim, transcorridos dois anos do prazo prescricional para se formular uma pretensão, via ação ordinária de cobrança (prazo máximo de dez anos no CC/2002 – vinte anos no CC/1916), por exemplo, e verificada posteriormente uma causa interruptiva, todo o lapso temporal recomeça "do zero".

Parágrafo único. Transitada em julgado a sentença condenatória, a execução poderá ser efetuada pelo valor fixado nos termos do inciso IV do *caput* do art. 387 deste Código sem prejuízo da liquidação para a apuração do dano efetivamente sofrido.

Art. 64. Sem prejuízo do disposto no *artigo anterior*, a ação para ressarcimento do dano poderá ser proposta no juízo cível, contra o autor do crime e, se for caso, contra o responsável civil.

Parágrafo único. Intentada a ação penal, o juiz da ação civil poderá suspender o curso desta, até o julgamento definitivo daquela.

Art. 65. Faz coisa julgada no cível a sentença penal que reconhecer ter sido o ato praticado em estado de necessidade, em legítima defesa, em estrito cumprimento de dever legal ou no exercício regular de direito.

Art. 66. Não obstante a sentença absolutória no juízo criminal, a ação civil poderá ser proposta quando não tiver sido, categoricamente, reconhecida a inexistência material do fato.

Art. 67. Não impedirão igualmente a propositura da ação civil:

I – o despacho de arquivamento do inquérito ou das peças de informação;

II – a decisão que julgar extinta a punibilidade;

III – a sentença absolutória que decidir que o fato imputado não constitui crime.

Art. 68. Quando o titular do direito à reparação do dano for pobre (*art. 32, §§ 1.º e 2.º*), a execução da sentença condenatória (*art. 63*) ou a ação civil (*art. 64*) será promovida, a seu requerimento, pelo Ministério Público".

[41] Havendo *solidariedade ativa*, cada um dos credores tem o direito de cobrar a dívida parcial ou totalmente, com a consequente obrigação, neste último caso, de repassar as quotas-partes dos demais.

Uma outra inovação da disciplina legal da prescrição pelo novo Código Civil diz respeito *à interrupção da prescrição, que, agora, somente poderá ocorrer uma única vez*[42].

Esta limitação nos parece bastante salutar, no sentido de moralizar a utilização da possibilidade de interrupção, evitando-se abusos generalizáveis e a própria perpetuação da lide.

Assim, são causas interruptivas da prescrição, na forma dos incisos do art. 202 do novo Código Civil:

a) *O despacho do juiz, mesmo incompetente, que ordenar a citação, se o interessado a promover no prazo e na forma da lei processual (inc. I).*

Neste ponto, houve importante alteração, se considerarmos a regra similar contida no art. 172, I, do CC/1916.

Isto porque, esta última norma, que previa a interrupção da prescrição "pela citação pessoal feita ao devedor, ainda que ordenada por juiz incompetente", já havia sofrido temperamento, à luz do disposto no § 1.º do art. 219 do Código de Processo Civil de 1973 (com redação determinada pela Lei n. 8.952/94), com o seguinte teor: *"A interrupção da prescrição retroagirá à data da propositura da ação".*

Assim, desde que a parte interessada promovesse os atos necessários à efetivação da citação (pagamento das custas, por exemplo) no prazo de lei, não mais a data da citação válida, mas, sim, a *data da propositura da ação*[43] marcaria a interrupção do prazo prescricional.

Essa diretriz foi mantida no Código de Processo Civil de 2015, estabelecendo expressamente o parágrafo único do seu art. 802 que a "interrupção da prescrição retroagirá à data de propositura da ação".

Nessa linha, prevê o art. 240 do CPC/2015:

"Art. 240. A citação válida, ainda quando ordenada por juízo incompetente, induz litispendência, torna litigiosa a coisa e constitui em mora o devedor, ressalvado o disposto nos arts. 397 e 398 da Lei n. 10.406, de 10 de janeiro de 2002 (Código Civil).

§ 1.º A interrupção da prescrição, operada pelo despacho que ordena a citação, ainda que proferido por juízo incompetente, retroagirá à data de propositura da ação.

§ 2.º Incumbe ao autor adotar, no prazo de 10 (dez) dias, as providências necessárias para viabilizar a citação, sob pena de não se aplicar o disposto no § 1.º.

§ 3.º A parte não será prejudicada pela demora imputável exclusivamente ao serviço judiciário.

§ 4.º O efeito retroativo a que se refere o § 1.º aplica-se à decadência e aos demais prazos extintivos previstos em lei."

E se a parte interessada não promover os atos necessários à efetivação da citação no prazo de lei? Neste caso, excedidos os prazos previstos no CPC, responde-nos o ilustrado BARBOSA MOREIRA, "a citação apenas surtirá o efeito interruptivo ou obstativo na data

---

[42] "Art. 202. A interrupção da prescrição, *que somente poderá ocorrer uma vez*, dar-se-á...".

[43] Lembre-se de que "*considera-se proposta a ação quando a petição inicial for protocolada*, todavia, a propositura da ação só produz quanto ao réu os efeitos mencionados no art. 240 depois que for validamente citado" (art. 312 do CPC/2015 – grifamos).

em que se realizar"[44], "desde que até então não se haja consumado a prescrição ou a extinção do direito..."[45].

Em nosso entendimento, o disposto no art. 202, I, do novo Código Civil não entrava em rota de colisão com o art. 219 e parágrafos do Código de Processo Civil de 1973, devendo as referidas regras ser *interpretadas harmonicamente*. Vale dizer: exarado o *despacho positivo inicial de citação* ("*cite-se*"), os efeitos da interrupção do prazo prescricional retroagirão até a data da propositura da ação, desde que a parte praticasse os atos processuais que lhe fossem determinados, nos prazos legalmente previstos, para viabilizar a citação. Esse sempre foi considerado, por nós, o melhor entendimento, tendo sido adotado expressamente pelo CPC/2015, conforme se verifica do seu art. 240 e seus parágrafos, bem como do parágrafo único do seu art. 802[46].

Dessa forma, parece-nos que, quanto ao ato jurídico que interrompe a prescrição, não houve mudança.

Isso porque a menção ao despacho que determina a citação, do art. 202, I, do CC/2002, traz referência ao fato de que ela ocorrerá "se o interessado a promover no prazo e na forma da lei processual".

O que se deve levar em consideração, pois isso, sem sombra de dúvida, será diferenciado se tratarmos de um processo civil comum, de um processo tramitando perante um Juizado Especial ou mesmo na Justiça do Trabalho, é se a parte tem de praticar algum ato para promover a citação no prazo.

Isso porque, na Justiça do Trabalho, por exemplo, com a provocação do Poder Judiciário, todos os atos passam a ser praticados de ofício pelos órgãos auxiliares do Juízo, pelo que qualquer mora aí incidente somente pode ser imputável ao Poder Judiciário e não ao postulante.

Não se pode esquecer que o fundamento da prescrição é a inércia da parte, e não do Poder Judiciário, não sendo razoável se admitir que, por força de ato não imputável a ela, possa sofrer consequências nos seus direitos subjetivos.

Assim, ousamos afirmar: o que interrompe é a citação, mas se, do despacho que a determina até a sua consumação, não há qualquer ato imputável à parte, ficticiamente os

---

[44] Considera-se realizada a *citação válida na data da juntada aos autos do mandado devidamente cumprido*.

[45] José Carlos Barbosa Moreira, *O Novo Processo Civil Brasileiro*, 19. ed., Rio de Janeiro: Forense, 1997, p. 33.

[46] CPC/2015: "Art. 240. A citação válida, ainda quando ordenada por juízo incompetente, induz litispendência, torna litigiosa a coisa e constitui em mora o devedor, ressalvado o disposto nos arts. 397 e 398 da Lei n. 10.406, de 10 de janeiro de 2002 (Código Civil).

§ 1.º A interrupção da prescrição, operada pelo despacho que ordena a citação, ainda que proferido por juízo incompetente, retroagirá à data de propositura da ação.

§ 2.º Incumbe ao autor adotar, no prazo de 10 (dez) dias, as providências necessárias para viabilizar a citação, sob pena de não se aplicar o disposto no § 1.º.

§ 3.º A parte não será prejudicada pela demora imputável exclusivamente ao serviço judiciário.

§ 4.º O efeito retroativo a que se refere o § 1.º aplica-se à decadência e aos demais prazos extintivos previstos em lei".

"Art. 802. Na execução, o despacho que ordena a citação, desde que realizada em observância ao disposto no § 2.º do art. 240, interrompe a prescrição, ainda que proferido por juízo incompetente. Parágrafo único. A interrupção da prescrição retroagirá à data de propositura da ação."

atos de determinação ("despacho inicial") e citação confundir-se-ão. Dizemos mais: em determinados procedimentos judiciais, como na Justiça do Trabalho, não há sequer despacho do juiz para determinar citação, pelo que, nesses casos, é a própria propositura que gerará a interrupção da prescrição, caso seja realizada a cientificação hábil da parte ré.

A regra processual é, portanto, perfeitamente compatível com a legislação de direito material, até mesmo por se tratar de um dado objetivo para a contagem do lapso prescricional.

Com a interrupção, a prescrição volta a contar novamente. Todavia, a premissa de que "o fundamento da prescrição é a inércia da parte, e não do Poder Judiciário" não pode ser desprezada.

Assim, a partir do trânsito em julgado da sentença condenatória, nasce NOVO prazo para a pretensão executória.

Se ajuizado no prazo adequado, não há que se falar em interrupção de prescrição, mas, simplesmente, da sua não consumação, quando a parte pratica os atos que lhe cabem.

b) *O protesto, nas mesmas condições do inciso antecedente (inc. II).*

Trata-se, aqui, da medida cautelar de protesto, matéria que passou a ser disciplinada pelos arts. 726 a 729 do Código de Processo Civil de 2015[47].

Pode, pois, o credor, vencendo a sua inércia, valer-se da medida judicial mencionada para dar ciência de *seu interesse no cumprimento da obrigação* ao devedor, interrompendo, dessa forma, a prescrição.

Ainda se referindo ao protesto judicial do Código de Processo Civil de 1973, observava HUMBERTO THEODORO JÚNIOR que era ele "portanto, ato judicial de comprovação ou documentação de intenção do promovente. Revela-se, por meio dele, o propósito do agente de fazer atuar no mundo jurídico uma pretensão, geralmente, de ordem substancial ou material"[48].

Por fim, observe-se que a medida judicial só terá o condão de interromper o curso do prazo prescricional se o interessado promovê-la no prazo e na forma da lei processual.

---

[47] "Seção II – Da Notificação e da Interpelação

Art. 726. Quem tiver interesse em manifestar formalmente sua vontade a outrem sobre assunto juridicamente relevante poderá notificar pessoas participantes da mesma relação jurídica para dar-lhes ciência de seu propósito.

§ 1.º Se a pretensão for a de dar conhecimento geral ao público, mediante edital, o juiz só a deferirá se a tiver por fundada e necessária ao resguardo de direito.

§ 2.º *Aplica-se o disposto nesta Seção, no que couber, ao protesto judicial.*

Art. 727. Também poderá o interessado interpelar o requerido, no caso do art. 726, para que faça ou deixe de fazer o que o requerente entenda ser de seu direito.

Art. 728. O requerido será previamente ouvido antes do deferimento da notificação ou do respectivo edital:

I – se houver suspeita de que o requerente, por meio da notificação ou do edital, pretende alcançar fim ilícito;

II – se tiver sido requerida a averbação da notificação em registro público.

Art. 729. Deferida e realizada a notificação ou interpelação, os autos serão entregues ao requerente." (grifamos)

[48] Humberto Theodoro Júnior, *Curso de Direito Processual Civil*, 21. ed., Rio de Janeiro: Forense, 1998, v. 2, p. 518.

c) *O protesto cambial (inc. III).*

Trata-se, neste ponto, de uma inovação.

De fato, a Lei Codificada anterior, segundo a doutrina, só previa o *protesto judicial* como causa de interrupção da prescrição (art. 172, II, do CC/1916).

O novo Código Civil, por sua vez, alargando o horizonte de aplicação da norma, admitiu, em regra expressa, o *protesto cambial* como causa interruptiva, revogando inequivocamente o entendimento anterior já assentado pelo Supremo Tribunal Federal na Súmula 153 (*"simples protesto cambiário não interrompe a prescrição"*).

Em conclusão, e para a boa fixação do tema, cumpre-nos transcrever a precisa definição de RUBENS REQUIÃO:

> "O protesto constitui precisamente um ato oficial e público que comprova a exigência do cumprimento daquelas obrigações cambiárias, constituindo-se em prova plena"[49]. Assim, o protesto de uma nota promissória, por exemplo, além de repercutir junto aos coobrigados indiretos da cártula, tem o efeito de interromper o curso do prazo prescricional.

d) *A apresentação do título de crédito em juízo de inventário ou em concurso de credores (inc. IV).*

O credor que habilitar o seu crédito no inventário ou no concurso de credores aberto contra o devedor haverá interrompido o curso do prazo prescricional que corria contra si. Isso porque demonstra, pelo seu comportamento, claro propósito de fazer valer a sua pretensão.

e) *Qualquer ato judicial que constitua em mora o devedor (inc. V).*

Assim como no inciso anterior, tal regra não é novidade, uma vez que já se encontrava no Código de 1916 (art. 172, IV). Trata-se de norma genérica que considera causa interruptiva da prescrição qualquer *ato judicial* que demonstre a intenção do credor de exigir o cumprimento da prestação devida. Interpelações, notificações, enfim, medidas cautelares em geral podem interromper o curso do prazo prescricional.

f) *Qualquer ato inequívoco, ainda que extrajudicial, que importe reconhecimento do direito pelo devedor (inc. VI).*

Também presente no Código de 1916 (art. 172, V), esta regra considera interrompida a prescrição por qualquer manifestação do devedor que importe reconhecimento da prestação que lhe era exigível. Uma carta de confissão de dívida, a solicitação de purgação da mora ou, até mesmo, a declaração feita, de viva voz, na presença de testemunhas poderão gerar este efeito.

Pela generalidade da norma, entendemos que o intérprete não deve estabelecer restrições ou condicionamentos onde não existe, ficando a cargo do julgador a admissão, *in concreto*, da presente causa interruptiva.

Deve-se observar que, *ao praticar atos incompatíveis com a prescrição (renúncia tácita), nomeando procurador para que efetue o depósito do valor devido, por exemplo, o devedor atua inequivocamente no sentido de reconhecer o direito do credor, interrompendo o curso da prescrição.*

---

[49] Rubens Requião, *Curso de Direito Comercial*, 23. ed., São Paulo: Saraiva, 1998, v. 2, p. 391.

Em conclusão, com fulcro em tudo que se expôs, transcreveremos integralmente os arts. 172 do CC/1916 e 202 do CC/2002 referentes às causas interruptivas da prescrição, a fim de que possa ser feita uma análise comparativa entre ambos os dispositivos:

CÓDIGO CIVIL DE 1916

"Art. 172. A prescrição interrompe-se:

I – pela citação pessoal feita ao devedor, ainda que ordenada por juiz incompetente;

II – pelo protesto, nas condições do número anterior;

III – pela apresentação do título de crédito em juízo de inventário, ou em concurso de credores;

IV – por qualquer ato judicial que constitua em mora o devedor;

V – por qualquer ato inequívoco, ainda que extrajudicial, que importe reconhecimento do direito pelo devedor".

NOVO CÓDIGO CIVIL

"Art. 202. A interrupção da prescrição, que somente poderá ocorrer uma vez, dar-se-á:

I – por despacho do juiz, mesmo incompetente, que ordenar a citação, se o interessado a promover no prazo e na forma da lei processual;

II – por protesto, nas condições do inciso antecedente;

III – por protesto cambial;

IV – pela apresentação do título de crédito em juízo de inventário ou em concurso de credores;

V – por qualquer ato judicial que constitua em mora o devedor;

VI – por qualquer ato inequívoco, ainda que extrajudicial, que importe reconhecimento do direito pelo devedor."

Registre-se que, na forma do art. 203, a *prescrição pode ser interrompida por qualquer interessado*.

Melhor assim, uma vez que o Código de 1916, consagrando norma pouco expressiva, só reconhecia legitimidade *ao próprio titular do direito em via de prescrição, a quem legalmente o representasse, ou ao terceiro que tivesse legítimo interesse*. Muito mais adequada, e menos redundante, portanto, a regra genérica prevista na Nova Lei Codificada, conferindo legitimidade a "qualquer interessado".

Por fim, em relação às obrigações com pluralidade de sujeitos, tanto no polo passivo e ativo quanto na condição de sujeito principal ou de obrigado em relação acessória, disciplina o art. 204 do CC/2002:

"Art. 204. A interrupção da prescrição por um credor não aproveita aos outros; semelhantemente, a interrupção operada contra o codevedor, ou seu herdeiro, não prejudica aos demais coobrigados.

§ 1.º A interrupção por um dos credores solidários aproveita aos outros; assim como a interrupção efetuada contra o devedor solidário envolve os demais e seus herdeiros.

§ 2.º A interrupção operada contra um dos herdeiros do devedor solidário não prejudica os outros herdeiros ou devedores, senão quando se trate de obrigações e direitos indivisíveis.

§ 3.º A interrupção produzida contra o principal devedor prejudica o fiador".

Duas ideias orientaram o legislador: a primeira, no sentido de que, em se tratando de *pluralidade de credores,* a interrupção da prescrição feita por um deles não poderá favorecer os demais; por outro lado, se houver *pluralidade de devedores,* a interrupção da prescrição operada contra um dos codevedores, ou seu herdeiro, não poderá prejudicar os demais coobrigados, para os quais continuará fluindo, normalmente, o lapso prescricional.

Entretanto, havendo *solidariedade ativa* – hipótese em que *todos os credores têm o direito de exigir a dívida integralmente, com a consequente obrigação de repassar a quota-parte dos demais* –, por existir um liame interno ligando os credores entre si, *a interrupção promovida por um deles aproveita a todos.*

Pelo mesmo fundamento, existindo *solidariedade passiva* – situação em que qualquer *dos devedores pode ser demandado por toda a dívida* – a *interrupção efetuada contra o devedor solidário envolve os demais e seus herdeiros.* Observe-se, porém, que se a *interrupção for promovida diretamente contra um dos herdeiros do devedor solidário, os seus efeitos não prejudicarão os outros herdeiros ou devedores, senão quando se tratar de obrigações e direitos indivisíveis.*

Finalmente, a par da clareza da norma, vale registrar que *a interrupção produzida contra o principal devedor alcança, pela relação de acessoriedade, o fiador.*

8. PRAZOS DE PRESCRIÇÃO NO NOVO CÓDIGO CIVIL

O novo Código Civil acabou com um velho tormento do professor e uma terrível angústia do aluno: pôs fim à hercúlea tarefa de se diferenciar, no corpo da Lei Codificada, os prazos que seriam prescricionais dos que se reputariam decadenciais.

Dentro da nova norma geral, a ideia que presidiu os trabalhos é de que todos os prazos prescricionais do novo Código Civil estejam previstos na sua Parte Geral, Título IV, Capítulo I (arts. 205 e 206). Dessa forma, todos os demais prazos serão reputados decadenciais.

Nesse sentido, manifesta-se, com propriedade, MIGUEL REALE:

> "Menção à parte merece o tratamento dado aos problemas da prescrição e decadência, que, anos a fio, a doutrina e a jurisprudência tentaram em vão distinguir, sendo adotadas, às vezes, num mesmo Tribunal, teses conflitantes, com grave dano para a Justiça e assombro das partes. Prescrição e decadência não se extremam segundo rigorosos critérios lógico-formais, dependendo sua distinção, não raro, de motivos de conveniência e utilidade social, reconhecidos pela política legislativa. Para pôr cobro a uma situação deveras desconcertante, optou a Comissão por uma fórmula que espanca quaisquer dúvidas. *Prazos de prescrição*, no sistema do Projeto, passam a ser, apenas e exclusivamente, os taxativamente discriminados na Parte Geral, Título IV, Capítulo I, sendo de *decadência* todos os demais, estabelecidos, em cada caso, isto é, como complemento de cada artigo que rege a matéria, tanto na Parte Geral, como na Especial"[50].

Isto quer dizer que a relação de prazos prescricionais dos arts. 205 e 206 é efetivamente taxativa no Código Civil de 2002, não havendo impedimento de que leis especiais estabeleçam outros prazos prescricionais, o que, de fato, sempre ocorreu. É o caso do art. 11 da Consolidação das Leis do Trabalho (interpretado em conjunto com o art. 7.º, XXIX,

---

[50] Miguel Reale, *O Projeto do Novo Código Civil,* 2. ed., São Paulo: Saraiva, 1999, p. 67.

da CF), do art. 27 do Código de Defesa do Consumidor e do art. 25-A do Estatuto da Advocacia (Lei n. 8.906/94)[51].

O certo, porém, é que, na ausência de prazo específico previsto em norma legal, o exercício de qualquer tipo de pretensão condenatória estará submetido ao novo prazo prescricional geral do art. 205, que é de dez anos[52]. Observe-se, portanto, haver sido reduzido o prazo prescricional previsto no art. 177 do CC/1916, que era de vinte anos para as ações pessoais, e de dez (entre presentes) ou quinze anos (entre ausentes) para as ações reais.

---

[51] Lei n. 11.902, de 12 de janeiro de 2009:
"Art. 1.º A Lei n. 8.906, de 4 de julho de 1994, passa a vigorar acrescida do seguinte art. 25-A: 'Art. 25-A. Prescreve em cinco anos a ação de prestação de contas pelas quantias recebidas pelo advogado de seu cliente, ou de terceiros por conta dele (art. 34, XXI)'".

[52] Nessa linha, observe-se que o Superior Tribunal de Justiça decidiu que a "ação de repetição de indébito por cobrança indevida de valores referentes a serviços não contratados de telefonia fixa tem prazo prescricional de 10 (dez) anos" (EAREsp 738.991-RS, Rel. Min. Og Fernandes, Corte Especial, por maioria, julgado em 20-2-2019, *DJe*, 11-6-2019).

Esse mesmo Tribunal também decidiu, no que tange ao prazo prescricional referente à pretensão de responsabilidade civil contratual:

"Prazo prescricional para ação que busca reparação civil contratual é de dez anos

É de dez anos o prazo prescricional a ser considerado nos casos de reparação civil com base em inadimplemento contratual, aplicando-se o artigo 205 do Código Civil. O entendimento da Corte Especial consolidou a posição do Superior Tribunal de Justiça (STJ) sobre o tema.

O colegiado deu provimento ao recurso de uma revendedora de veículos para afastar a incidência da prescrição trienal (artigo 206, parágrafo 3.º, inciso V), que havia sido aplicada ao caso pela Terceira Turma.

A revendedora assinou um contrato de vendas e serviços com a Ford em 1957, prorrogado diversas vezes e sem prazo determinado para acabar. Em 1998, o contrato foi rescindido pela fabricante. Em 2008, pouco antes de fluir o prazo decenal, a revendedora ingressou com a ação de reparação civil.

Ao julgar o recurso especial nesse processo, a Terceira Turma entendeu que o prazo prescricional deveria ser de três anos, pelo fato de a ação estar fundada em atos ilícitos contratuais, e que a prescrição deveria ser unificada para os casos de responsabilidade contratual e extracontratual.

Uniformização

Após a decisão, a revendedora entrou com embargos de divergência apontando decisões da Primeira, Segunda e Quarta Turmas do tribunal que aplicaram ora o prazo de dez, ora o de três anos, havendo necessidade de a Corte Especial uniformizar o entendimento.

Por maioria, a Corte Especial acompanhou o voto do ministro Felix Fischer, segundo o qual a expressão 'reparação civil' mencionada no artigo 206 está relacionada aos danos decorrentes de ato ilícito não contratual, diferentemente da situação vivenciada pela revendedora de veículos.

Fischer destacou que o Código Civil detém unidade lógica e deve ser interpretado em sua totalidade. O ministro ressaltou que a expressão 'reparação civil', além do artigo 206, só se repete em uma parte especial do código que versa sobre a responsabilidade civil extracontratual.

'E tal sistemática não advém do acaso, e sim da majoritária doutrina nacional que, inspirada nos ensinamentos internacionais provenientes desde o direito romano, há tempos reserva o termo 'reparação civil' para apontar a responsabilidade por ato ilícito *stricto sensu*', explicou Felix Fischer.

O ministro concluiu que a sistemática utilizada divide a responsabilidade civil entre extracontratual e contratual (teoria dualista), 'ante a distinção ontológica, estrutural e funcional entre ambas, o que vedaria inclusive seu tratamento isonômico'.

Em conclusão, transcrevemos os arts. 205 e 206 do novo Código Civil, referentes aos prazos prescricionais supramencionados:

"Art. 205. A prescrição ocorre em dez anos, quando a lei não lhe haja fixado prazo menor.

Art. 206. Prescreve:

§ 1.º Em um ano:

I – a pretensão dos hospedeiros ou fornecedores de víveres destinados a consumo no próprio estabelecimento, para o pagamento da hospedagem ou dos alimentos;

II – a pretensão do segurado contra o segurador, ou a deste contra aquele, contado o prazo:

a) para o segurado, no caso de seguro de responsabilidade civil, da data em que é citado para responder à ação de indenização proposta pelo terceiro prejudicado, ou da data que a este indeniza, com a anuência do segurador;

b) quanto aos demais seguros, da ciência do fato gerador da pretensão;

III – a pretensão dos tabeliães, auxiliares da justiça, serventuários judiciais, árbitros e peritos, pela percepção de emolumentos, custas e honorários;

IV – a pretensão contra os peritos, pela avaliação dos bens que entraram para a formação do capital de sociedade anônima, contado da publicação da ata da assembleia que aprovar o laudo;

V – a pretensão dos credores não pagos contra os sócios ou acionistas e os liquidantes, contado o prazo da publicação da ata de encerramento da liquidação da sociedade.

§ 2.º Em dois anos, a pretensão para haver prestações alimentares, a partir da data em que se vencerem.

§ 3.º Em três anos:

I – a pretensão relativa a aluguéis de prédios urbanos ou rústicos;

II – a pretensão para receber prestações vencidas de rendas temporárias ou vitalícias;

III – a pretensão para haver juros, dividendos ou quaisquer prestações acessórias, pagáveis, em períodos não maiores de um ano, com capitalização ou sem ela;

IV – a pretensão de ressarcimento de enriquecimento sem causa;

V – a pretensão de reparação civil;

Incongruência

Fischer destacou que interpretação em sentido oposto acarretaria 'manifesta incongruência', já que, enquanto não estiver prescrita a pretensão central da obrigação contratual, 'não pode estar fulminado pela prescrição o provimento acessório relativo a perdas e danos advindos do descumprimento de tal obrigação pactuada'.

Outra consequência, segundo o ministro, seria a possibilidade de se admitir que a prestação acessória prescreva em prazo próprio diverso da obrigação principal, sob pena de se permitir que a parte lesada pelo inadimplemento possa recorrer à Justiça visando garantir o cumprimento do contrato, mas não o ressarcimento dos danos decorrentes.

O ministro destacou que o entendimento pela aplicação do prazo prescricional decenal já havia sido firmado pela Segunda Seção, em 2018, ao julgar os Embargos de Divergência no Recurso Especial 1.280.825, relatado pela ministra Nancy Andrighi" (Disponível em: <http://www.stj.jus.br/sites/portalp/Paginas/Comunicacao/Noticias/Prazo-prescricional-para-acao-que-busca-reparacao-civil-contratual-e--de-dez-anos.aspx>. Acesso em: 11 ago. 2019).

VI – a pretensão de restituição dos lucros ou dividendos recebidos de má-fé, correndo o prazo da data em que foi deliberada a distribuição;

VII – a pretensão contra as pessoas em seguida indicadas por violação da lei ou do estatuto, contado o prazo:

a) para os fundadores, da publicação dos atos constitutivos da sociedade anônima;

b) para os administradores, ou fiscais, da apresentação, aos sócios, do balanço referente ao exercício em que a violação tenha sido praticada, ou da reunião ou assembleia geral que dela deva tomar conhecimento;

c) para os liquidantes, da primeira assembleia semestral posterior à violação;

VIII – a pretensão para haver o pagamento de título de crédito, a contar do vencimento, ressalvadas as disposições de lei especial;

IX – a pretensão do beneficiário contra o segurador, e a do terceiro prejudicado, no caso de seguro de responsabilidade civil obrigatório.

§ 4.º Em quatro anos, a pretensão relativa à tutela, a contar da data da aprovação das contas.

§ 5.º Em cinco anos:

I – a pretensão de cobrança de dívidas líquidas constantes de instrumento público ou particular;

II – a pretensão dos profissionais liberais em geral, procuradores judiciais, curadores e professores pelos seus honorários, contado o prazo da conclusão dos serviços, da cessação dos respectivos contratos ou mandato;

III – a pretensão do vencedor para haver do vencido o que despendeu em juízo".

Vale registrar que o prazo do art. 205 somente é aplicável no silêncio de previsão específica, seja no supratranscrito art. 206[53], seja na legislação especial.

---

[53] "STJ, noticiário de 8-9-2011: **Cobrança de dívidas condominiais prescreve em cinco anos**

A cobrança de cotas condominiais prescreve em cinco anos, a partir do vencimento de cada parcela. Esse foi o entendimento da Terceira Turma do Superior Tribunal de Justiça (STJ), ao considerar que os débitos condominiais são dívida líquida constante de instrumento particular e o prazo prescricional aplicável é o estabelecido pelo artigo 206, parágrafo 5.º, inciso I do Código Civil (CC) de 2002.

Um condomínio carioca ajuizou ação de cobrança contra um morador, requerendo o pagamento das cotas condominiais devidas desde junho de 2001. O juízo de primeiro grau rejeitou a preliminar de prescrição, por considerar que, na ação de cobrança de cotas condominiais, incide a prescrição de dez anos, prevista no artigo 205 do Código de 2002. O condômino apelou, mas o Tribunal de Justiça do Rio de Janeiro (TJRJ) manteve a sentença, por entender não haver regra específica para a hipótese.

No recurso especial interposto no STJ, o morador sustentou que o valor das despesas condominiais encontra-se prescrito, nos termos do artigo 206, parágrafo 5.º, inciso I do CC, que estabelece que a pretensão à cobrança de dívidas líquidas constantes de instrumento público ou particular prescreve em cinco anos.

Requisitos

A relatora do recurso, ministra Nancy Andrighi, observou que são necessários dois requisitos para que a pretensão se submeta ao prazo prescricional de cinco anos: dívida líquida e definida em instrumento privado ou público. 'A expressão 'dívida líquida' deve ser compreendida como obrigação

Por fim, merece especial menção a Súmula 647 do STJ, que, tratando de situação sensível e especial, consagra uma excepcional hipótese de "imprescritibilidade":

> Súmula 647: "São imprescritíveis as ações indenizatórias por danos morais e materiais decorrentes de atos de perseguição política com violação de direitos fundamentais ocorridos durante o regime militar".

O enunciado da súmula traz, por certo, uma diretriz pretoriana de inegável justiça.

No entanto, a única sugestão de aperfeiçoamento que faríamos seria no sentido de substituir a palavra "ações" por "pretensões", tendo em vista a expressa dicção do Código Civil brasileiro ao tratar do instituto da prescrição.

9. PRAZOS DE DECADÊNCIA NO NOVO CÓDIGO CIVIL

Os prazos decadenciais, como visto, são criados pela lei ou pela convenção das partes.

De acordo com a sistematização que se pretendeu fazer ao novo Código Civil, todos os prazos *não previstos* no Título IV, Capítulo I, da Parte Geral (arts. 205 e 206) são decadenciais.

Passemos em revista alguns deles: arts. 45, parágrafo único, 48, parágrafo único, 445, 446, 501, 512, 513, parágrafo único, 516, 539, 550, 754, 771, 1.084, 1.122, 1.124, 1.131, 1.151,

---

certa, com prestação determinada', argumentou a ministra. Já o conceito de 'instrumento' deve ser interpretado como 'documento formado para registrar um dever jurídico de prestação'.

Nancy Andrighi destacou que alguns doutrinadores defendem que o prazo prescricional de cinco anos não se aplica às cotas condominiais, pois tais despesas não são devidas por força de declaração de vontade expressa em documento, mas em virtude da aquisição de um direito real. Entretanto, a ministra apontou que a previsão do artigo 206, parágrafo 5.º, inciso I não se limita às obrigações em que a fonte seja um negócio jurídico.

Desse modo, o dispositivo incide nas hipóteses de obrigações líquidas – independentemente do fato jurídico que deu origem à relação obrigacional –, definidas em instrumento público ou particular. Tendo em vista que a pretensão de cobrança do débito condominial é lastreada em documentos, avaliou a ministra, aplica-se o prazo prescricional de cinco anos.

'Isso porque, apenas quando o condomínio define o valor das cotas condominiais, à luz da convenção (artigos 1.333 e 1.334 do CC) e das deliberações das assembleias (artigos 1.350 e 1.341 do CC), é que o crédito passa a ser líquido, tendo o condômino todos os elementos necessários para cumprir a obrigação a ele imposta', concluiu a relatora.

No caso julgado, a ministra Nancy Andrighi constatou que a ação de cobrança foi ajuizada em 19 de dezembro de 2003, mas o condômino foi citado somente em 15 de abril de 2008, tendo transcorrido, entre a entrada em vigor do novo Código Civil e a citação, intervalo superior a cinco anos.

A relatora lembrou que, conforme jurisprudência do STJ, a citação válida interrompe a prescrição, que retroage à data de propositura da ação quando a demora na citação do executado se deve a outros fatores, não à negligência do credor. 'Assim, para a solução da controvérsia, é imprescindível descobrir se a demora na citação ocorreu por motivos inerentes ao mecanismo da justiça ou em virtude da omissão/inércia do autor', frisou.

Como a análise de fatos e provas em recurso especial é vedada pela Súmula 7/STJ, a ministra Nancy Andrighi deu parcial provimento ao recurso para corrigir a aplicação da regra de prescrição e determinar a remessa dos autos ao TJRJ, a fim de que verifique a ocorrência de eventual prescrição. A decisão foi unânime". Disponível em: <http://www.stj.jus.br/portal_stj/publicacao/engine.wsp?tmp.area=398&tmp.texto=103096>, acessado em 7 nov. 2012.

1.237, 1.302, 1.481, 1.482, 1.541, 1.555, 1.560, 1.800, parágrafo quarto, 1.807, 1.815, 1.859, 1.891, 1.895, 1.983, 2.027, parágrafo único, dentre outros.

Há também prazos decadenciais disciplinados em normas legais específicas, valendo destacar, por exemplo, o art. 26 do Código de Defesa do Consumidor (Lei n. 8.078, de 11-9-1990), que merece a nossa especial atenção:

"Art. 26. O direito de reclamar pelos vícios aparentes ou de fácil constatação *caduca* em:

I – 30 (trinta) dias, tratando-se de fornecimento de serviço e de produto não duráveis;

II – 90 (noventa) dias, tratando-se de fornecimento de serviço e de produto duráveis".

10. PRAZOS PRESCRICIONAIS EM MATÉRIA DE DIREITO INTERTEMPORAL

Para arrematar este capítulo, parece-nos importante tratar da questão dos prazos prescricionais em matéria de Direito Intertemporal, quando há conflito de normas jurídicas no tempo, fixando prazos distintos.

O art. 6.º da LINDB estabelece que "a lei em vigor terá efeito imediato e geral, respeitados o ato jurídico perfeito, o direito adquirido e a coisa julgada"[54]. Assim, dois princípios básicos podem ser enunciados sobre o tema:

1) Imediatidade dos efeitos da lei;

2) Irretroatividade da nova regra legal.

Quando uma nova lei entra em vigor, três situações jurídicas bem distintas podem ocorrer:

1) *Pretéritas* – iniciadas e terminadas antes da vigência da nova lei;

2) *Pendentes* – iniciadas antes da vigência da lei;

3) *Futuras* – iniciadas após a vigência da lei nova e ainda não concluídas.

Em relação às situações pretéritas, nenhuma dificuldade há de se colocar, uma vez que se trata de uma situação jurídica consolidada. Mesmo em sede de prazos prescricionais, não há maiores digressões sobre a matéria, valendo lembrar o exemplo da prescrição trabalhista, cujo prazo para o trabalhador urbano foi originariamente ampliado pela CF/88 (o art. 11 da CLT determinava, na sua redação original, um prazo de dois anos, mantido pelo texto constitucional somente para o período posterior à extinção do vínculo empregatício, criando, porém, uma prescrição de parcelas de cinco anos), mas a própria jurisprudência trabalhista reconheceu o direito adquirido, em função da prescrição consumada na data de promulgação do novo texto constitucional.

No caso das situações futuras *stricto sensu*, a questão é ainda mais fácil, pois simplesmente aplicar-se-á a nova regra prescricional, sem qualquer maior questionamento.

A situação, porém, é mais complexa em relação às situações jurídicas pendentes (*facta pendentia*), nas quais se incluem as situações futuras ainda não concluídas quando da edição da nova norma.

---

[54] Semelhante regra é encontrada no art. 5.º, XXXVI, da Constituição Federal de 1988.

No caso de uma nova lei não estabelecer regras de transição[55], o saudoso WILSON DE SOUZA CAMPOS BATALHA[55], *inspirado nas diretrizes do Código Civil alemão*, aponta alguns critérios:

---

[55] O CC/2002, por exemplo, trouxe regras para solução de tais problemas com a sua entrada em vigor, conforme se verifica dos arts. 2.028 a 2.030, *in verbis*:

"Art. 2.028. Serão os da lei anterior os prazos, quando reduzidos por este Código, e se, na data de sua entrada em vigor, já houver transcorrido mais da metade do tempo estabelecido na lei revogada.

Art. 2.029. Até dois anos após a entrada em vigor deste Código, os prazos estabelecidos no parágrafo único do art. 1.238 e no parágrafo único do art. 1.242 serão acrescidos de dois anos, qualquer que seja o tempo transcorrido na vigência do anterior, Lei n. 3.071, de 1.º de janeiro de 1916.

Art. 2.030. O acréscimo de que trata o artigo antecedente, será feito nos casos a que se refere o § 4.º do art. 1.228".

Finalmente, devemos advertir que, caso tenha havido redução de prazo pela lei nova (imagine a pretensão de reparação civil que se reduziu de 20 para 3 anos – art. 206, § 3.º, V), tendo transcorrido menos da metade do prazo pela lei anterior, ao aplicar a lei nova (art. 2.028), esse novo prazo, obviamente, começará a correr da data da entrada em vigor do novo Código Civil. Imaginemos, pois, ainda considerando a pretensão de reparação civil, que tenham transcorridos 7 anos da data do ilícito. À luz do referido art. 2.028, incidirá o prazo menor de 3, a partir de 11 de janeiro de 2003, consoante a lição de BATALHA supracitada. Ademais, se se imaginar que o prazo novo começaria a correr da data da consumação do ilícito, chegar-se-ia à absurda conclusão de que o novo Código estava em vigor quando o ilícito foi cometido. Isso sem mencionar o direito da vítima, que quedaria completamente aniquilado. Corroborando esse entendimento, consulte o Acórdão n. 0267866-8 do Tribunal de Alçada Civil do Paraná.

Na área trabalhista, vale registrar o seguinte acórdão do Tribunal Superior do Trabalho:

"Recurso de revista – preliminar de nulidade por negativa de prestação jurisdicional. A Orientação Jurisprudencial n. 115 da SBDI-1 pacificou o entendimento de que apenas se conhece de preliminar de negativa de prestação jurisdicional quando há menção explícita aos arts. 458 do Código de Processo Civil, 832 da Consolidação das Leis do Trabalho ou 93, IX, da Carta Magna. INDENIZAÇÃO POR DANOS MORAIS E MATERIAIS – PRESCRIÇÃO CIVIL 1. A Subseção I Especializada em Dissídios Individuais desta Corte recentemente decidiu que devem ser adotadas as regras de prescrição civil para as ações de dano moral ajuizadas na Justiça Comum anteriormente à vigência da Emenda Constitucional n. 45/2004, por aplicação do princípio da segurança jurídica. Precedentes. 2. No caso vertente, a decisão regional registrou que a lesão ocorreu em 21-1-1998, não havendo transcorrido mais da metade do prazo de vinte anos previsto pelo Código Civil de 1916 quando da entrada em vigor do Código Civil, em 11-1-2003. 3. Transcorridos menos de dez anos (metade do tempo estabelecido na lei revogada), é forçoso reconhecer que o direito sobre o qual se controverte é sujeito ao prazo prescricional previsto no art. 206, § 3.º, V, do Código Civil de 2002. 4. Considerando o princípio da Segurança Jurídica, cumpre ressaltar que esses três anos devem ser contados a partir da vigência do novo Código, ou seja, 11 de janeiro de 2003, e não da data da ocorrência do fato gerador do direito. Precedente. Recurso de Revista não conhecido" (Processo: RR-698/2006-141-15-00.9, j. 13-5-2009, rel. Min. Maria Cristina Irigoyen Peduzzi, 8.ª T., data de divulgação: DEJT 15-5-2009).

A Orientação Jurisprudencial n. 115 da SBDI-1 pacificou o entendimento de que apenas se conhece de preliminar de negativa de prestação jurisdicional quando há menção explícita aos arts. 458 do Código de Processo Civil, 832 da Consolidação das Leis do Trabalho ou 93, inciso IX, da Carta Magna. INDENIZAÇÃO POR DANOS MORAIS E MATERIAIS – PRESCRIÇÃO CIVIL. 1. A Subseção I Especializada em Dissídios Individuais desta Corte recentemente decidiu que devem ser adotadas as regras de prescrição civil para as ações de dano moral ajuizadas na Justiça Comum anteriormente à vigência da Emenda Constitucional n. 45/2004, por aplicação do princípio da segurança jurídica. Precedentes. 2. No caso vertente, a decisão regional registrou que a lesão ocorreu em 21-1-1998, não havendo transcorrido mais da metade do prazo de vinte anos previsto pelo Código Civil de 1916 quando da entrada em vigor do Código Civil, em 11-1-2003. 3. Transcorridos menos

I – Se a lei nova aumenta o prazo de prescrição ou de decadência, aplica-se o novo prazo, computando-se o tempo decorrido na vigência da lei antiga;

II – Se a lei nova reduz o prazo de prescrição ou decadência, há que se distinguir:

a) se o prazo maior da lei antiga se escoar antes de findar o prazo menor estabelecido pela lei nova, adota-se o prazo da lei anterior;[56]

b) se o prazo menor da lei nova se consumar antes de terminado o prazo maior previsto pela lei anterior, aplica-se o prazo da lei nova, contando-se o prazo a partir da vigência desta[57].

---

de dez anos (metade do tempo estabelecido na lei revogada), é forçoso reconhecer que o direito sobre o qual se controverte é sujeito ao prazo prescricional previsto no art. 206, § 3.º, V, do Código Civil de 2002. 4. Considerando o princípio da Segurança Jurídica, cumpre ressaltar que esses três anos devem ser contados a partir da vigência do novo Código, ou seja, 11 de janeiro de 2003, e não da data da ocorrência do fato gerador do direito. Precedente. Recurso de Revista não conhecido (Processo: RR 698/2006-141-15-00.9, j. 13-5-2009, rel. Min. Maria Cristina Irigoyen Peduzzi, 8.ª T., data de divulgação: DEJT 15-5-2009).

[56] Wilson de Souza Campos Batalha, *Lei de Introdução ao Código Civil*, São Paulo: Max Limonad, 1957, v. 1, t. 1, p. 229 e s.

[57] Justamente sobre este tema, instalou-se, recentemente, polêmica no Direito do Trabalho brasileiro, haja vista que a Emenda Constitucional n. 28, dando nova redação ao art. 7.º, XXIX, da CF/88, uniformizou os prazos prescricionais de trabalhadores urbanos e rurais para "cinco anos, até o limite de dois da extinção do contrato de trabalho".

Como, no regime anterior, o prazo prescricional para o trabalhador rural somente começava a fluir, no lapso temporal de dois anos, com o termo final do contrato de trabalho, sendo consideradas imprescritíveis as parcelas devidas durante a constância da relação de emprego, instaurou-se controvérsia sobre como aplicar a nova norma.

Na nossa opinião, não há a menor dúvida de que o critério proposto por Wilson Batalha é o mais adequado, inclusive por compatibilidade às regras da Lei de Introdução às Normas do Direito Brasileiro, no que diz respeito à aplicação imediata, mas não retroativa da nova lei.

Assim sendo, em relação a este caso específico, a prescrição parcial – quinquenal – somente poderá começar a fluir para o trabalhador rural a partir de cinco anos da vigência da nova regra constitucional, o que garante o pleno respeito às situações jurídicas consolidadas, bem como ao sentido da norma.

Nessa linha, decidiu o Supremo Tribunal Federal: "EMENTA: 1. Prescrição trabalhista: trabalhador rural: CF, art. 7.º, XXIX: pretensão inadmissível de impor redução do prazo prescricional à ação iniciada antes da promulgação da Emenda Constitucional 28/2000; a norma constitucional – ainda quando o possa ser – não se presume retroativa: só alcança situações anteriores, de direito ou de fato, se o dispuser expressamente: precedentes. 2. Recurso extraordinário: descabimento: questão relativa à aplicação da multa prevista no art. 557, § 2.º, do C. Pr. Civil, restrita ao âmbito infraconstitucional; alegada ofensa indireta à Constituição Federal: incidência, *mutatis mutandis*, da Súmula 636" (STF, 1.ª T., AgRgRE 423575, Rel. Min. Sepúlveda Pertence, *DJ*, 17-12-2004).

Algo semelhante, inclusive, ocorria com o trabalhador menor, uma vez que, por força do art. 440 da CLT, contra ele não corria qualquer prescrição, somente começando a fluir a partir do advento de sua maioridade. Se o vínculo perdurar por um período maior depois deste fato, verificar-se-á que a prescrição parcial somente poderá ser contada cinco anos após sua maioridade, estando, antes disso, completamente resguardados todos os direitos referentes ao período da menoridade.

11. PRESCRIÇÃO INTERCORRENTE[58]

Diz-se que é *intercorrente* a prescrição se ela se consumar no curso de um processo. Nesse ponto, é importante perceber o seguinte: se há um processo em curso, é porque o credor já exercitou a *pretensão* quanto à prestação a que o devedor se obrigou.

Daí se depreende que a *prescrição intercorrente* atinge *outra* pretensão, não a pretensão original, uma vez que a pretensão original, que nasceu com o inadimplemento da obrigação, foi exercitada mediante a propositura da demanda.

Essa outra *pretensão* – a que é objeto da prescrição intercorrente – somente pode ter nascido, por óbvio, *depois* que a pretensão original foi exercitada.

A *prescrição intercorrente* atinge sempre a *pretensão executiva* e nem sempre está vinculada a um quadro de inércia do credor.

Pois bem.

Em virtude de alteração realizada em 2021, inseriu-se o art. 206-A ao Código Civil, que, fundamentalmente, consagrou regra no sentido de que a prescrição intercorrente observaria o mesmo prazo de prescrição da pretensão (cf. MP n. 1.040/2021, Lei n. 14.195, de 26-8-2021, e, posteriormente, a Lei n. 14.382, de 27-6-2022)[59].

O tema desperta histórico interesse no âmbito da execução fiscal e, ainda, nas execuções fundadas em título extrajudicial distintas da execução fiscal, bem como no cumprimento de sentença.

No caso do cumprimento de sentença, uma das situações, exemplificativamente, que podem ocorrer é a seguinte: se a parte autora, ao final do procedimento de conhecimento, vê reconhecido, por meio de decisão transitada em julgado, o seu direito à obtenção de uma reparação civil, tão logo a obrigação reúna os atributos da certeza, da liquidez e da exigibilidade definitiva, a parte credora terá o prazo de três anos (CC, art. 206, § 3.º, V) para exercer a sua pretensão executiva, adotando as medidas para que ocorra o cumprimento da decisão judicial. Se a pretensão executiva não for exercitada, ocorrerá a prescrição intercorrente.

É importante perceber, aqui, que, tendo em vista a unidade processual – as fases de certificação e de efetivação do direito são etapas de um só processo –, a prescrição, por haver ocorrido no *curso* de um processo, é, induvidosamente, *intercorrente*.

Note-se que a disciplina a respeito da prescrição intercorrente, toda ela, está voltada para o processo de execução, e *não* para o processo de conhecimento.

E é muito fácil entender a razão: é norma fundamental do processo civil aquela segundo a qual o processo se desenvolve por impulso oficial, salvo as exceções previstas em

---

[58] Tópico baseado no texto de: Pablo Stolze Gagliano e Salomão Viana, A prescrição intercorrente e a nova MP n. 1.040/21 (Medida Provisória de "Ambiente de Negócios"). *JusBrasil*. Disponível em: <https://direitocivilbrasileiro.jusbrasil.com.br/artigos/1186072938/a-prescricao-intercorrente-e-a-nova-mp-n-1040-21-medida-provisoria-de-ambiente-de-negocios>. Acesso em: 15 nov. 2021.

[59] "Art. 206-A. A prescrição intercorrente observará o mesmo prazo de prescrição da pretensão, observadas as causas de impedimento, de suspensão e de interrupção da prescrição previstas neste Código e observado o disposto no art. 921 da Lei n. 13.105, de 16 de março de 2015 (Código de Processo Civil)."

lei (CPC, art. 2.º). Trata-se de regra que, à época do CPC/1973, também encontrava base legal, uma vez que o texto do art. 262 do Código revogado tinha redação similar.

Assim, diante do fato de um processo de conhecimento permanecer paralisado por algum tempo, o primeiro raciocínio a ser feito deve ter por centro a atuação do órgão julgador, já que é dele o dever de impulsionar a prática dos atos do procedimento.

Aliás, não é por outro motivo que a ordem jurídica processual, no que se refere ao tema prescrição, adota, desde o CPC/1973, cautelas quanto à possibilidade de a demora para a prática de atos decorrer de falta imputável exclusivamente aos serviços judiciários (CPC/1973, art. 219, § 2.º; CPC/2015, art. 240, § 3.º; enunciado 106 da súmula do STJ).

E mais: na hipótese de a paralisação do processo de conhecimento decorrer de inércia da parte autora ou de negligência de ambas as partes, o caso será de encerramento do procedimento, sem que o mérito da causa seja julgado (CPC, art. 485, II e III).

Não há, portanto, espaço para aplicação do instituto da prescrição intercorrente no curso de processos de conhecimento.

E, afinal, o referido art. 206-A realmente inova a nossa ordem jurídica?

Respondem-nos PABLO STOLZE e SALOMÃO VIANA[60]:

> "A resposta à indagação constante no rótulo deste item é, definitivamente, **não**.
>
> Como demonstramos, o sentido a ser extraído do novo texto normativo é o de que o prazo para consumação da prescrição intercorrente é o mesmo prazo legalmente previsto para prescrição da pretensão original, que foi exercitada por meio da propositura da demanda.
>
> Convenhamos: trata-se da adoção de um critério lógico, cuja aplicação – pode-se arriscar – seria até intuitiva. Aliás, de tão intuitiva, a aplicação desse critério vem se dando de há muito, no âmbito jurisprudencial.
>
> Afinal, não teria sentido a criação, pelo intérprete, de um prazo para a prescrição intercorrente que fosse maior ou menor do que aquele que a própria lei já estabelece para a prescrição da pretensão que foi exercitada por meio da propositura da demanda".

12. PRESCRIÇÃO E DECADÊNCIA E A PANDEMIA DA COVID-19

Destacamos, inclusive pela importância histórica, o dispositivo da Lei n. 14.010 de 2020 – que instituiu o Regime Jurídico Emergencial e Transitório de Direito Privado, também conhecida como "Lei da Pandemia" – que cuidou dos prazos de prescrição e decadência:

> "Art. 3.º Os prazos prescricionais consideram-se impedidos ou suspensos, conforme o caso, a partir da entrada em vigor desta Lei até 30 de outubro de 2020.
>
> § 1.º Este artigo não se aplica enquanto perdurarem as hipóteses específicas de impedimento, suspensão e interrupção dos prazos prescricionais previstas no ordenamento jurídico nacional.
>
> § 2.º Este artigo aplica-se à decadência, conforme ressalva prevista no art. 207 da Lei n. 10.406, de 10 de janeiro de 2002 (Código Civil)".

---

[60] Pablo Stolze Gagliano e Salomão Viana, ob. cit.

Sobre o tema, escreveram PABLO STOLZE GAGLIANO e CARLOS ELIAS DE OLIVEIRA[61]:

> "Pretendeu o legislador, tendo em vista a grave situação socioeconômica desencadeada pela pandemia do coronavírus, obstar o transcurso do prazo prescricional, visando, com isso, a resguardar os interesses dos credores em geral.
>
> Com efeito, ficaram impedidos ou suspensos (paralisados) prazos prescricionais para se formular pretensão em juízo, o que se explica pelas dificuldades de variada ordem derivadas da pandemia, inclusive com reflexo na rotina de trabalho dos Tribunais.
>
> (...)
>
> Com efeito, de acordo com o caput do referido art. 3.º, os prazos prescricionais consideram-se impedidos ou suspensos, conforme o caso, a partir da vigência da nova Lei até 30 de outubro de 2020.
>
> Mas observe.
>
> Trata-se de uma **regra supletiva ou subsidiária**, pois, conforme o § 1.º, havendo previsão legal específica de impedimento, suspensão – ou até mesmo interrupção[62] – do prazo prescricional, esta prevalecerá em razão da regra constante no *caput* do artigo sob comento.
>
> Assim, por exemplo, caso um prazo prescricional já não estivesse correndo contra um credor, ausente do Brasil a serviço da União (art. 198, II, CC), sem previsão do retorno, a regra constante neste art. 3.º (no sentido da paralisação do prazo até 30 de outubro de 2020) não se aplicaria.
>
> Ressalvamos apenas a hipótese de ele retornar ao Brasil antes do referido termo final, caso em que a norma de reserva seria aplicada, nos termos do próprio § 1.º do artigo sob comento.
>
> (...)
>
> Dispõe o § 3.º que as regras estabelecidas no artigo 3.º (referentes ao impedimento ou suspensão do prazo prescricional) também se aplicam ao prazo decadencial, a exemplo daqueles previstos no art. 26 do Código de Defesa do Consumidor (30 ou 90 dias) para se exercer o direito potestativo de se reclamar em Juízo. Trata-se, aqui, de uma exceção legal à regra geral (prevista no art. 207 do Código Civil) de implacabilidade da fluência do prazo decadencial".

Note-se, por fim, que a janela eficacial do dispositivo legal sob comento encerrou-se no dia 30 de outubro de 2020.

---

[61] GAGLIANO, Pablo Stolze; OLIVEIRA, Carlos Eduardo Elias de. Comentários à Lei da Pandemia (Lei n. 14.010, de 10 de junho de 2020 – RJET). Análise detalhada das questões de Direito Civil e Direito Processual Civil. *Revista Jus Navigandi*, citado.
[62] Cf. art. 202 do CC.

Referências

ABREU FILHO, José. *O Negócio Jurídico e sua Teoria Geral*. 3. ed. São Paulo: Saraiva, 1995.

ACADEMIA BRASILEIRA DE LETRAS JURÍDICAS. *Dicionário Jurídico*. 3. ed. Rio de Janeiro: Forense, 1995.

ADEODATO, João Maurício. *Filosofia do Direito – Uma Crítica à Verdade na Ética e na Ciência*. São Paulo: Saraiva, 1996.

ALEXY, Robert. *Teoria dos Direitos Fundamentais*. São Paulo: Malheiros, 2008.

ALMEIDA, Ísis de. *Manual da Prescrição Trabalhista*. 2. ed. São Paulo: LTr, 1994.

ALMEIDA, Silmara J. A. Chinelato e. *Tutela Civil do Nascituro*. São Paulo: Saraiva, 2000.

ALVES, Jones Figueirêdo. Novo Regime Jurídico do Nome Civil e outros Avanços do Direito Registral. Disponível em <https://www.conjur.com.br/2022-jul-11/processo-familiar-regime-juridico-nome-civil-outros-avancos-direito-registral>. Acesso em: 29 nov. 2022.

ALVES, José Carlos Moreira. *A Parte Geral do Projeto de Código Civil Brasileiro*. São Paulo: Saraiva, 1986.

ALVES, José Carlos Moreira. A Parte Geral do Projeto do Código Civil. Artigo disponível no endereço: www.cjf.gov.br/revista/numero9/artigo1.htm, *site* do Conselho da Justiça Federal.

ALVINO LIMA. *Culpa e Risco*. 2. ed. São Paulo: Revista dos Tribunais, 1999.

AMARAL, Francisco. *Direito Civil – Introdução*. 3. ed. Rio de Janeiro: Renovar, 2000.

AMARAL, Francisco. *Direito Civil – Introdução*. 10. ed. São Paulo: Saraiva, 2018.

AMORIM FILHO, Agnelo. Critério Científico para Distinguir a Prescrição da Decadência e para Identificar as Ações Imprescritíveis. *RT*, v. 300, out. 1960, p. 7 – reproduzido na *RT*, v. 711, out. 1997, p. 725-6.

ARAUJO, Luiz Alberto David. *A Proteção Constitucional da Própria Imagem – Pessoa Física, Pessoa Jurídica e Produto*. Belo Horizonte: Del Rey, 1996.

ARENDT, Hannah. *A condição humana*. 13. ed. Rio de Janeiro: Forense Universitária, 2018.

ASCENSÃO, José de Oliveira. *O Direito – Introdução e Teoria Geral – Uma Perspectiva Luso-Brasileira*. 2. ed. bras. Rio de Janeiro: Renovar, 2001.

ATAÍDE JR., Vicente de Paula. Os animais no anteprojeto de reforma do Código Civil: nem coisas, nem pessoas. *Migalhas*, 30 jul. 2024. Disponível em: <https://www.migalhas.com.br/coluna/reforma-do-codigo-civil/412220/os-animais-no-anteprojeto-de-reforma-do-codigo-civil>. Acesso em: 22 out. 2024.

AYALA, Francisco. *Tratado de Sociologia*. Buenos Aires: Losada, 1947. v. 2.

AZEVEDO, Álvaro Villaça de. *Bem de Família*. 4. ed. São Paulo: Revista dos Tribunais, 1999.

AZEVEDO, Álvaro Villaça de. "Bem de Família Internacional". Disponível no endereço: http://jus2.uol.com.br/doutrina/texto.asp?id=2257

AZEVEDO, Álvaro Villaça de. *Princípios Gerais de Direito Contratual*, 1997.

AZEVEDO, Antônio Junqueira de. *Negócio Jurídico. Existência, Validade e Eficácia*. 3. ed. São Paulo: Saraiva, 2000.

BAHIA, Saulo José Casali. *Responsabilidade Civil do Estado*. Rio de Janeiro: Forense, 1995.

BARROS, Alice Monteiro de. *A Mulher e o Direito do Trabalho*. São Paulo: LTr, 1995.

BATALHA, Wilson de Souza Campos. *Direito Intertemporal*. Rio de Janeiro: Forense, 1980.

BATALHA, Wilson de Souza Campos. *Lei de Introdução ao Código Civil*. São Paulo: Max Limonad, 1957. v. 2, t. 1.

BEVILÁQUA, Clóvis. *Código Civil Comentado*. 1916. v. 1.

BEVILÁQUA, Clóvis. *Direito das Coisas*. 4. ed. Rio de Janeiro: Forense, 1956.

BEVILÁQUA, Clóvis. *Teoria Geral do Direito Civil*. Campinas: RED Livros, 1999.

BITENCOURT, Cezar Roberto. *Manual de Direito Penal – Parte Geral*. 4. ed. São Paulo: Revista dos Tribunais, 1997.

BITTAR, Carlos Alberto. *Curso de Direito Civil*. Rio de Janeiro: Forense, 1994. v. 1.

BITTAR, Carlos Alberto. *O Direito Civil na Constituição de 1988*. 2. ed. São Paulo: Revista dos Tribunais, 1991.

BITTAR, Carlos Alberto. *Os Direitos da Personalidade*. 3. ed. Rio de Janeiro: Forense, 1999.

BITTAR, Carlos Alberto. *Reparação Civil por Danos Morais*. São Paulo: Revista dos Tribunais, 1993.

BITTAR, Carlos Alberto. *Responsabilidade Civil – Teoria & Prática*. 2. ed. Rio de Janeiro: Forense, 1990.

BOAVENTURA, Edivaldo. *As Etapas do Doutorado*. Salvador: Universidade do Estado da Bahia – UNEB, 1994.

BOAVENTURA, Edivaldo. *Como Ordenar as Ideias*. 5. ed. São Paulo: Ática, 1997.

BORGES, Roxana. *Disponibilidade dos Direitos da Personalidade e Autonomia privada*. São Paulo: Saraiva, 2005.

BOULOS, Daniel. *O Abuso de Direito no Novo Código Civil*. São Paulo: Método, 2006.

BRASIL, Celso. *Dicionário Jurídico de Bolso*. Campinas-SP: Cel-Lex Editora, 2000.

CAHALI, Francisco José e HIRONAKA, Giselda Maria Fernandes Novaes. *Curso Avançado de Direito Civil*. São Paulo: Revista dos Tribunais, 2000. v. 6.

CAHALI, Yussef Said. *Fraude contra Credores*. 2. ed. São Paulo: Revista dos Tribunais, 1999.

CAMPOS FILHO, Paulo Barbosa de. *O Problema da Causa no Código Civil Brasileiro*. São Paulo: Max Limonad.

CANOTILHO, José Joaquim Gomes. Civilização do Direito Constitucional ou Constitucionalização do Direito Civil? A Eficácia dos Direitos Fundamentais na ordem jurídico-civil no contexto do Direito Pós-Moderno. In.: GRAU, Eros Roberto et GUERRA FILHO, Willis Santiago. *Direito Constitucional: Estudos em Homenagem a Paulo Bonavides*. São Paulo: Malheiros, 2001, p. 108-15.

CANOTILHO, José Joaquim Gomes. *Constituição Dirigente e Vinculação do Legislador: Contributo para a Compreensão das Normas Constitucionais Programáticas*. Coimbra: Coimbra Ed., 1994.

CAPITANT, Henri. *La Thèse de Doctorat en Droit*. 4. ed. Paris: Dalloz, 1951.

CARNEIRO, Athos Gusmão. *Jurisdição e Competência*. 14. ed. São Paulo: Saraiva, 2005.

CARNELUTTI, Francesco. *Teoria Geral do Direito*. São Paulo: Lejus, 1999.

CASTRO, Lincoln Antônio de. *O Ministério Público e as Fundações de Direito Privado*. Rio de Janeiro: Freitas Bastos, 1995.

CASTRO, Mônica Neves Aguiar da Silva. *Honra, Imagem, Vida Privada e Intimidade em Colisão com Outros Direitos*. Rio de Janeiro: Renovar, 2002.

CAVALIERI FILHO, Sérgio. *Programa de Responsabilidade Civil*. 2. ed. São Paulo: 2000.

CENEVIVA, Walter. *Lei dos Registros Públicos Comentada*. 13. ed. São Paulo: Saraiva, 1999.

CENTERS FOR DISEASE CONTROL AND PREVENTION. Disponível em: <https://www.cdc.gov/ncbddd/autism/data.html>. Acesso em: 26 ago. 2018.

CHAVES, Antônio. Direito à Própria Imagem. *RT*, n. 451, p. 11-23.

CHIOVENDA, Giuseppe. *Instituições de Direito Processual Civil*. 2. ed. São Paulo: Saraiva, 1965. v. 2.

CINTRA, Antônio Carlos de Araújo; Grinover, Ada Pellegrini e Dinamarco, Cândido Rangel. *Teoria Geral do Processo*. 9. ed. 2. tir. São Paulo: Malheiros, 1993.

COELHO, Fábio Ulhoa. *Curso de Direito Comercial*. São Paulo: Saraiva, 1998. v. 1.

COELHO, Fábio Ulhoa. *Curso de Direito Comercial*. São Paulo: Saraiva, 1999. v. 2.

COELHO, Fábio Ulhoa. *Desconsideração da Personalidade Jurídica*. São Paulo: Revista dos Tribunais, 1989.

COELHO, Fábio Ulhoa. *Manual de Direito Comercial*. 16. ed. São Paulo: Saraiva, 2005.

COMPARATO, Fábio Konder. *O Poder de Controle na Sociedade Anônima*. 3. ed. Rio de Janeiro: Forense, 1983.

COSSIO, Carlos. *La Teoría Egológica del Derecho y el Concepto Jurídico de Libertad*. 2. ed. Buenos Aires: Abeledo-Perrot, 1964.

COSTA JÚNIOR, Paulo José da. *O Direito de Estar Só: Tutela Penal da Intimidade*, São Paulo: Revista dos Tribunais, 1970.

COVELLO, Sérgio Carlos. *A Obrigação Natural – Elementos para uma Possível Teoria*. São Paulo: LEUD, 1996.

CRETELLA JR., José. *Curso de Direito Romano*. 20. ed. Rio de Janeiro: Forense, 1997.

CUNHA, Leandro Reinaldo da. *Identidade e redesignação de gênero*: aspectos da personalidade, da família e da responsabilidade civil. Rio de Janeiro: Lumen Juris, 2015.

CUNHA JR., Dirley da. *Controle das Omissões do Poder Público*. São Paulo: Saraiva, 2004.

DE CUPIS, Adriano. *Os Direitos da Personalidade*. Lisboa: Livr. Moraes, 1961.

DELGADO, Mário Luiz. A responsabilidade civil do administrador não sócio. In: *Questões Controvertidas no Novo Código Civil*. Série Grandes Temas de Direito Privado. v. 2. Coord. Mário Luiz Delgado e Jones Figuerêdo Alves. São Paulo: Método, 2004.

DEL NERO, João Alberto Schutzer. *Conversão Substancial do Negócio Jurídico*. São Paulo: Renovar, 2001.

DIAS, José de Aguiar. *Da Responsabilidade Civil*. 9. ed. Rio de Janeiro: Forense, 1994. v. 2.

DIAS, Maria Berenice. *União Homossexual – O Preconceito e a Justiça*. 2. ed. Porto Alegre: Livr. do Advogado Ed., 2001.

DIDIER JR., Fredie. O embrião não implantado *in utero* como sujeito de direito (artigo inédito).

DIDIER JR., Fredie. *Regras Processuais no Novo Código Civil*. São Paulo: Saraiva, 2004.

DINAMARCO, Cândido Rangel. *Execução Civil*. 7. ed. São Paulo: Malheiros, 2000.

DINIZ, Gustavo Saad. *Direito das Fundações Privadas – Teoria Geral e Exercício de Atividades Econômicas*. Porto Alegre: Síntese, 2000.

DINIZ, Maria Helena. *Código Civil Anotado*. 5. ed. São Paulo: Saraiva, 1999.

DINIZ, Maria Helena. *Compêndio de Introdução à Ciência do Direito*. 27. ed. São Paulo: Saraiva, 2019.

DINIZ, Maria Helena. *Curso de Direito Civil*. 10. ed. São Paulo: Saraiva, 1996. v. 7.

DINIZ, Maria Helena. *Curso de Direito Civil Brasileiro*. 17. ed. São Paulo: Saraiva, 2001. v. 1; 36. ed. 2019.

DINIZ, Maria Helena. *Dicionário Jurídico*. São Paulo: Saraiva, 1998. v. 4.

DINIZ, Maria Helena. *Lei de Introdução ao Código Civil Brasileiro Interpretada*. 7. ed. São Paulo: Saraiva, 2001.

DINIZ, Maria Helena. *O Estado Atual do Biodireito*. São Paulo: Saraiva, 2001.

DWORKIN, Ronald. *O Direito da Liberdade: A Leitura Moral da Constituição Norte-Americana*. São Paulo: Martins Fontes, 2006.

ECO, Umberto. *Como se Faz uma Tese*. 1. ed. [traduzida do original italiano *Como se fa una tesi di laurea*]. São Paulo: Perspectiva, 1988.

ESPÍNOLA, Eduardo e ESPÍNOLA FILHO, Eduardo. *A Lei de Introdução ao Código Civil Brasileiro*. 3. ed. Rio de Janeiro: Renovar, 1999.

FACHIN, Luiz Edson. Dos Atos Não Negociais à Superação do Trânsito Jurídico Tradicional a Partir de Pontes de Miranda. *Revista Trimestral de Direito Civil – RTDC*, ano 1, v. 1, Rio de Janeiro: Padma, jan./mar. 2000.

FACHIN, Luiz Edson. *Estatuto Jurídico do Patrimônio Mínimo*. Rio de Janeiro: Renovar, 2001.

FACHIN, Luiz Edson. *Teoria Crítica do Direito Civil*. Rio de Janeiro: Renovar, 2000.

FACHIN, Luiz Edson. (coord.). *Repensando Fundamentos do Direito Civil Brasileiro Contemporâneo*. Rio de Janeiro: Renovar, 2000.

FARIAS, Cristiano Chaves de. *Direito Civil – Teoria Geral*. 2. ed. Rio de Janeiro: Lumen Juris, 2005.

FERRAZ JR., Tercio Sampaio. *Introdução ao Estudo do Direito*. 2. ed. São Paulo: Atlas, 1996.

FERREIRA, Aurélio Buarque de Holanda. *Novo Dicionário Aurélio da Língua Portuguesa*. 2. ed. Rio de Janeiro: Nova Fronteira, 1986.

FERREIRA FILHO, Manoel Gonçalves. *Curso de Direito Constitucional*. 21. ed. São Paulo: Saraiva, 1994.

FIUZA, César. *Direito Civil – Curso Completo*. 4. ed. Belo Horizonte: Del Rey, 2001.

FIUZA, Ricardo. *Relatório Final do Projeto de Código Civil*.

FRANÇA, R. Limongi. *Instituições de Direito Civil*. 5. ed. São Paulo: Saraiva, 1999.

FRANÇA, R. Limongi. Reparação do Dano Moral. *Revista dos Tribunais*, n. 631, maio 1988.

FRANCO, Affonso Arinos de Mello. *Responsabilidade Criminal das Pessoas Jurídicas*. Rio de Janeiro: Gráfica Ypiranga, 1930.

FRANCO FILHO, Georgenor de Sousa (coord.). *Curso de Direito Coletivo do Trabalho – Estudos em Homenagem ao Ministro Orlando Teixeira da Costa*. São Paulo: LTr, 1998.

FREDIANI, Yone. Patrimônio Genético. *Revista de Direito Privado*, 2, São Paulo: Revista dos Tribunais, abr./jun. 2000.

FRIAS FILHO, Otávio. Por um véu. *Folha de S. Paulo*. 15-1-2004, p. A2.

FRITZ, Karina. Tribunal Constitucional alemão garante direito de manifestação mesmo em tempos de coronavírus. Publicado em: 22 de abril de 2020. Disponível em: <https://www.migalhas.com.br/coluna/german-report/325145/tribunal-constitucional-alemao-garante-direito-de-manifestacao-mesmo-em-tempos-de-coronavirus>. Acesso em: 20 nov. 2020.

GABBA. Prolusione al Corso di Diritto Civile. *Archivio Giuridico*, 39/517.

GADAMER, Hans-Georg. *Verdade e Método*. 3. ed. Petrópolis: Vozes, 1999.

GAGLIANO, Pablo Stolze. Bem de Família. Palestra proferida no "II Fórum Brasil de Direito", realizado no Centro de Convenções de Salvador – BA, nos dias 30-5 a 1.º-6-2001.

GAGLIANO, Pablo Stolze. *Código Civil Comentado: direito das coisas, superfície, servidões, uso, habitação, direito do promitente comprador, artigos 1.369 a 1.418*. São Paulo: Atlas, 2004. v. XIII.

GAGLIANO, Pablo Stolze. A invalidade do negócio jurídico em face do novo conceito de capacidade civil. *Revista Jus Navigandi*, Teresina, ano 23, n. 5.538, 30 ago. 2018. Disponível em: <https://jus.com.br/artigos/68666>. Acesso em: 6 set. 2018.

GAGLIANO, Pablo Stolze. Deficiência não é causa de incapacidade relativa – a brecha autofágica. *Revista Jus Navigandi*, Teresina, ano 21, n. 4.794, 16 ago. 2016. Disponível em: <https://jus.com.br/artigos/51407>. Acesso em: 26 ago. 2018.

GAGLIANO, Pablo Stolze. O Estatuto da Pessoa com Deficiência e sistema brasileiro de incapacidade civil (editorial 41). *Revista Jus Navigandi*, Teresina, ano 20, n. 4.411, 30 jul. 2015. Disponível em: <http://jus.com.br/artigos/41381>. Acesso em: 7 set. 2015.

GAGLIANO, Pablo Stolze. A Lei n. 13.874/2019 (Liberdade Econômica): a desconsideração da personalidade jurídica e a vigência do novo diploma. *Revista Jus Navigandi*, Teresina, ano 24, n. 5.927, 23 set. 2019. Disponível em: <https://jus.com.br/artigos/76698>. Acesso em: 23 set. 2019.

GAGLIANO, Pablo Stolze; VIANA, Salomão. Impactos da nova lei que altera normas do direito brasileiro. Disponível em: <https://www.lfg.com.br/conteudos/ entrevistas/geral/impactos-da-nova-lei-que-altera-normas-do-direito-brasileiro>. Acesso em: 27 jul. 2018.

GAGLIANO, Pablo Stolze; VIANA, Salomão. A prescrição intercorrente e a nova MP n. 1.040/21 (Medida Provisória de "Ambiente de Negócios"). *JusBrasil*. Disponível em: <https://direitocivilbrasileiro.jusbrasil.com.br/artigos/1186072938/a-prescricao-intercorrente-e-a-nova-mp-n-1040-21-medida-provisoria-de-ambiente-de-negocios>. Acesso em: 15 nov. 2021.

GAGLIANO, Pablo Stolze; OLIVEIRA, Carlos Eduardo Elias de. Comentários à Lei da Pandemia (Lei n. 14.010, de 10 de junho de 2020 – RJET). Análise detalhada das questões de Direito Civil e Direito Processual Civil. *Revista Jus Navigandi*, ISSN 1518-4862, Teresina, ano 25, n. 6.190, 12 jun. 2020. Disponível em: <https://jus.com.br/artigos/46412>. Acesso em: 20 nov. 2020.

GAGLIANO, Pablo Stolze; OLIVEIRA, Carlos Eduardo Elias de. Continuando os comentários à Lei da Pandemia (Lei n. 14.010, de 10 de junho de 2020 – RJET). Análise dos novos artigos. *Revista Jus Navigandi*, ISSN 1518-4862, Teresina, ano 25, n. 6.279, 9 set. 2020. Disponível em: <https://jus.com.br/artigos/85303>. Acesso em: 20 nov. 2020.

GIORDANI, Mário Curtis. *O Código Civil à Luz do Direito Romano*. 4. ed. Rio de Janeiro: Lumen Juris, 1999.

GOMES, Orlando. *Código Civil – Projeto Orlando Gomes*. Rio de Janeiro: Forense, 1985.

GOMES, Orlando. Direitos da Personalidade. *Revista Forense*, v. 216.

GOMES, Orlando. *Ensaios de Direito Civil e de Direito do Trabalho*. Rio de Janeiro: Aide, 1986.

GOMES, Orlando. *Introdução ao Direito Civil*. 18. ed. Rio de Janeiro: Forense, 2001.

GOMES, Orlando. *Sans Adieu – 50 anos de Cátedra*. Conferencia Pronunciada no Encontro Nacional de Mestres de Direito Civil, Realizado em Homenagem ao Professor Orlando Gomes. Ed. Ciência Jurídica.

GONÇALVES, Carlos Roberto. *Direito Civil – Parte Geral*. 5. ed. São Paulo: Saraiva, 1999 (Sinopses Jurídicas, v. 1).

GONÇALVES, Carlos Roberto. *Direito Civil Brasileiro – Parte Geral*. 18. ed. São Paulo: Saraiva, 2020. v. 1.

GRINOVER, Ada Pellegrini et al. *Código Brasileiro de Defesa do Consumidor*. 5. ed. Rio de Janeiro: Forense, 1998.

GRINOVER, Ada Pellegrini; CINTRA, Antônio Carlos de Araújo e DINAMARCO, Cândido Rangel. *Teoria Geral do Processo*. 15. ed. São Paulo: Malheiros, 1999.

GUERRA FILHO, Willis Santiago. *Estudos Jurídicos – Teoria do Direito – Direito Civil*. Fortaleza: Imprensa Oficial do Ceará, 1985.

GUIMARÃES, Flávia Lefèvre. *Desconsideração da Personalidade Jurídica no Código do Consumidor – Aspectos Processuais*. São Paulo: Max Limonad, 1998.

GUIMARÃES, Márcio Souza. Aspectos modernos da teoria da desconsideração da personalidade jurídica. *Revista Jus Navigandi*, Teresina, ano 8, n. 64, 1.º abr. 2003. Disponível em: <https://jus.com.br/artigos/3996>. Acesso em: 22 set. 2019.

HIRONAKA, Giselda Maria F. Novaes. *Estudos – Direito Civil*. Belo Horizonte: Del Rey, 2000.

HUPSEL, Francisco. *Autonomia privada na dimensão civil-constitucional: o negócio jurídico, a pessoa concreta e suas escolhas existenciais*. Salvador: JusPodivm, 2016.

JESUS, Damásio E. de. *Direito Penal*. 12. ed. São Paulo: Saraiva, 1988. v. 1.

KAPLAN, Harold I.; SADOCK, Benjamin J. E. e GREBB, Jack A. *Compêndio de Psiquiatria – Ciências do Comportamento e Psiquiatria Clínica*. 7. ed. Porto Alegre: Artes Médicas, 1997.

KATAOKA, Eduardo Takemi. Declínio do Individualismo e Propriedade. In: TEPEDINO, Gustavo (coord.). *Problemas de Direito Civil-Constitucional*. Rio de Janeiro: Renovar, 2000.

KOURY, Suzy Elizabeth Cavalcante. *A Desconsideração da Personalidade Jurídica ("disregard doctrine") e os Grupos de Empresas*. 2. ed. Rio de Janeiro: Forense, 1997.

KROETZ, Maria Cândida do Amaral. *A Representação Voluntária no Direito Privado*. São Paulo: Revista dos Tribunais, 1997.

LARENZ, Karl. *Derecho Civil – Parte General*. Madrid: Revista de Derecho Privado, 1978.

LEAL, Antonio Luis da Camara. *Da Prescrição e da Decadência*. 2. ed. Rio de Janeiro: Forense, 1959.

LISBOA, Roberto Senise. O Contrato como Instrumento de Tutela Ambiental. *Revista de Direito do Consumidor*, n. 35, São Paulo: Revista dos Tribunais, jul./set. 2000.

LOBO, Abelardo Saraiva da Cunha. *Curso de Direito Romano*. Rio de Janeiro: Tipografia de Álvaro Pinto, 1931. v. 1.

LOPES, Miguel Maria de Serpa. *Curso de Direito Civil*. 9. ed. Rio de Janeiro: Freitas Bastos, 2000. v. 1.

LOTUFO, Renan (coord.). *Direito Civil Constitucional – Cadernos 1*. São Paulo: Max Limonad, 1999.

LOUREIRO, João Carlos Simões Gonçalves. *Transplantações: Um Olhar Constitucional*. Coimbra: Coimbra Ed., 1995.

MACHADO, Hugo de Brito. *Uma Introdução ao Estudo do Direito*. São Paulo: Dialética, 2000.

MACHADO NETO, A. L. *Compêndio de Introdução à Ciência do Direito*. 3. ed. São Paulo: Saraiva, 1975.

MACHADO NETO, A. L. *Introdução à Ciência do Direito* (Sociologia Jurídica). São Paulo: Saraiva, 1963. v. 2.

MADALENO, Rolf. *A Disregard e a sua Efetivação no Juízo de Família*. Porto Alegre: Livr. do Advogado, 1999.

MAGALHÃES, Ana. *O Erro no Negócio Jurídico*. São Paulo: Atlas, 2011.

MAIA JÚNIOR, Mairam Gonçalves. *A Representação no Negócio Jurídico*. São Paulo: Revista dos Tribunais, 2001.

MARANHÃO, Délio, SÜSSEKIND, Arnaldo et al. *Instituições de Direito do Trabalho*. 15. ed. São Paulo: LTr, 1995. v. 1.

MARINHO, Josaphat. Os Direitos da Personalidade no Projeto de Novo Código Civil Brasileiro. *Boletim da Faculdade de Direito da Universidade de Coimbra – STVDIA IVRIDICA*, 40, Colloquia – 2. Separata de Portugal-Brasil, Coimbra Ed., 2000.

MARINHO, Josaphat. *Parecer Final do Relator – Comissão Especial do Código Civil*.

MARINHO, Josaphat. *Revista de Informação Legislativa – O Projeto de Novo Código Civil*. Brasília: Secretaria Especial de Editoração e Publicações, abr./jun. 2000, separata.

MARTINEZ, Jaime Vidal. *Las nuevas formas de reproducción humana: Estudio desde la perspectiva del Derecho Civil español*. Valencia: Universidad de Valencia – Editorial Civitas S.A., 1988.

MARTINHO NETO, Garcez. *Temas Atuais de Direito Civil*. Rio de Janeiro: Renovar, 2000.

MARTINS, Fran. *Curso de Direito Comercial*. 24. ed. Rio de Janeiro: Forense, 1999.

MARTINS, Guilherme Magalhães. Boa-Fé e Contratos Eletrônicos Via Internet. In: *Problemas de Direito Civil Constitucional*. Rio de Janeiro: Renovar, 2000.

MARTINS, Marcelo Guerra. *Lesão Contratual no Direito Brasileiro*. Rio de Janeiro: Renovar, 2001.

MARTINS-COSTA, Judith. *A Boa-Fé no Direito Privado*. São Paulo: Revista dos Tribunais, 2000.

MARTINS-COSTA, Judith e BRANCO, Gerson Luiz Carlos. *Diretrizes Teóricas do Novo Código Civil Brasileiro*. São Paulo: Saraiva, 2002.

MATIELO, Fabrício Zamprogna. *Dano Moral, Dano Material e Reparação*. 2. ed. Porto Alegre: Sagra-Luzzatto, 1995.

MAURO, Roberta. *Direitos Reais e Autonomia da Vontade (O Princípio da Tipicidade dos Direitos Reais)*; resenha do livro de André Pinto da Rocha Osório Gondinho. Rio de Janeiro: Renovar. *Revista Trimestral de Direito Civil – RTDC*, Rio de Janeiro: PADMA, jul./set. 2001.

MAXIMILIANO, Carlos. *Hermenêutica e Aplicação do Direito*. 14. ed. Rio de Janeiro: Forense, 1994.

MEDAUAR, Odete. *Direito Administrativo Moderno*. 3. ed. São Paulo: Revista dos Tribunais, 1999.

MEIRA, Sílvio. *Instituições de Direito Romano*. 4. ed. São Paulo: Max Limonad, 1970.

MEIRA, Sílvio. Os Códigos Civis e a Felicidade dos Povos. *Revista de Informação Legislativa do Senado*, n. 117, 1993.

MELLO, Celso Antônio Bandeira de. *Curso de Direito Administrativo*. 11. ed. São Paulo: Malheiros, 1999.

MELLO, Marcos Bernardes de. Achegas para uma Teoria das Capacidades em Direito. *Revista de Direito Privado*, São Paulo: Revista dos Tribunais, jul./set. 2000.

MELLO, Marcos Bernardes de. *Teoria do Fato Jurídico – Plano da Existência*. 10. ed. São Paulo: Saraiva, 2000.

MELLO, Marcos Bernardes de. *Teoria do Fato Jurídico – Plano da Validade*. 2. ed. São Paulo: Saraiva, 1997.

MIRANDA, Francisco Pontes de. *Tratado de Direito Privado*. Campinas: Bookseller, 1999. t. 1, atual. por Vilson Rodrigues Alves.

MONTEIRO, Washington de Barros. *Curso de Direito Civil – Parte Geral*. 37. ed. São Paulo: Saraiva, 2000. v. 1.

MONTORO, André Franco. *Introdução à Ciência do Direito*. 23. ed. São Paulo: Revista dos Tribunais, 1995.

MORAES, Walter. Concepção Tomista de Pessoa – Um Contributo para a Teoria do Direito da Personalidade. *Revista de Direito Privado*, v. 2, abr./jun. 2000, São Paulo: Revista dos Tribunais, 2000.

MOREIRA, José Carlos Barbosa. *O Novo Processo Civil Brasileiro*. 19. ed. Rio de Janeiro: Forense, 1997.

MOREIRA, Rogério de Meneses Fialho. *A Supressão da Categoria dos Bens Imóveis por Acessão Intelectual pelo Código Civil de 2002*. Acessável no site http://www.unifacs.br/revistajuridica, *Revista Eletrônica do Curso de Direito da UNIFACS – Universidade Salvador*, edição de janeiro/2003, seção "Convidados".

MOREIRA, Rômulo de Andrade. "Juizados Especiais Criminais: considerações gerais". Disponível no endereço: www.unifacs.br/revistajuridica, dez./2005.

MÜLLER, Friedrich. *Discours de la Méthode Juridique*. Paris: Presses Universitaires de France, 1996.

NANNI, Giovanni Ettore. A Autonomia Privada sobre o Próprio Corpo, o Cadáver, os Órgãos e Tecidos diante da Lei Federal n. 9.434/97 e da Constituição Federal. In: Lotufo, Renan (coord.). *Direito Civil Constitucional – Cadernos 1*. São Paulo: Max Limonad, 1999.

NASCIMENTO, Amauri Mascaro. *Curso de Direito Processual do Trabalho*. 17. ed. São Paulo: Saraiva, 1997.

NEGRÃO, Theotonio. *Código Civil e Legislação Civil em Vigor*. 16. ed., atual. até 5 de janeiro de 1997. São Paulo: Saraiva, 1997.

NERY JR., Nelson et al. *Código Brasileiro de Defesa do Consumidor*. 5. ed. Rio de Janeiro: Forense.

NEVES, André Luiz Batista. Da Independência Ontológica entre a Ilicitude Penal e a Civil. *O Trabalho – Doutrina*, fascículo 21, Curitiba: Ed. Decisório Trabalhista, nov. 1998, p. 503-4.

NOGUEIRA, Rubem. *História de Rui Barbosa*. 3. ed. Rio de Janeiro: Edições Casa de Rui Barbosa, 1999.

NORONHA, E. Magalhães. *Direito Penal*. 20. ed. São Paulo: Saraiva, 1992. v. 3.

NORONHA, E. Magalhães. *Direito Penal*. 32. ed. São Paulo: Saraiva, 1997. v. 1.

NUNES, Luiz Antonio Rizzatto. *Liberdade – Norma, Consciência, Existência*. São Paulo: Revista dos Tribunais, 1995.

NUNES, Luiz Antonio Rizzatto. *Manual da Monografia Jurídica*. São Paulo: Saraiva, 1997.

OLIVEIRA, Carlos Eduardo Elias de. *Lei da Liberdade Econômica*: Diretrizes interpretativas da Nova Lei e Análise Detalhada das Mudanças no Direito Civil e nos Registros Públicos. Texto gentilmente cedido pelo autor, publicado no *site*: <http://www.flaviotartuce.adv.br>.

OLIVEIRA, J. M. Leoni Lopes de. *O Novo Código Civil*. Rio de Janeiro: Lumen Juris, 2001.

PAES, P. R. Tavares. *Fraude contra Credores*. 3. ed. São Paulo: Revista dos Tribunais, 1993.

PAMPLONA FILHO, Rodolfo. *O Assédio Sexual na Relação de Emprego*. São Paulo: LTr, 2001.

PAMPLONA FILHO, Rodolfo. *O Dano Moral na Relação de Emprego*. 3. ed. São Paulo: LTr, 2002.

PAMPLONA FILHO, Rodolfo. Orientação Sexual e Discriminação no Emprego. *Revista de Direito do Trabalho*, São Paulo: Revista dos Tribunais, n. 98, ano 26, abr./jun. 2000.

PAMPLONA FILHO, Rodolfo. *Pluralidade Sindical e Democracia*. São Paulo: LTr, 1997.

PAMPLONA FILHO, Rodolfo. *Prescrição Trabalhista – Questões Controvertidas*. São Paulo: LTr, 1996.

PAMPLONA FILHO, Rodolfo. *Questões Controvertidas de Direito do Trabalho*. Belo Horizonte: Ed. Ciência Jurídica, 1999.

PAMPLONA FILHO, Rodolfo. Terceirização e Responsabilidade Patrimonial da Administração Pública. *Revista de Direito do Trabalho*, São Paulo: Revista dos Tribunais, n. 101, ano 27, jan./mar. 2001, p. 127-34.

PEREIRA, Caio Mário da Silva. *Direito Civil – Alguns Aspectos de sua Evolução*. Rio de Janeiro: Forense, 2001.

PEREIRA, Caio Mário da Silva. *Instituições de Direito Civil*. 19. ed. Rio de Janeiro: Forense, 2001. v. 1.

PEREIRA, Caio Mário da Silva. *Lesão nos Contratos*. 6. ed. Rio de Janeiro: Forense, 1999.

PERELMAN, Chaïm. *Ética e Direito*. São Paulo: Martins Fontes, 1996.

PERLINGIERI, Pietro. *Perfis do Direito Civil – Introdução ao Direito Civil Constitucional*. Rio de Janeiro: Renovar, 1999.

PESSOA, Cláudia Grieco Tabosa. *Efeitos Patrimoniais do Concubinato*. São Paulo: Saraiva, 1997.

PESSOA, Roberto. A Ultra-atividade das Normas Coletivas. In: RIBEIRO, Lélia Guimarães Carvalho e PAMPLONA FILHO, Rodolfo. *Direito do Trabalho – Estudos em Homenagem ao Prof. Luiz de Pinho Pedreira da Silva*. São Paulo: LTr, 1996.

PIETRO, Maria Sylvia Zanella di. *Direito Administrativo*. 9. ed. São Paulo: Atlas, 1998.

PIMENTA, Paulo Roberto Lyrio. *Eficácia e Aplicabilidade das Normas Constitucionais Programáticas*. São Paulo: Max Limonad, 1999.

PINHEIRO, Frederico Garcia. "Empresa Individual de Responsabilidade Limitada". Disponível em: <http://pablostolze.ning.com/page/artigos-2>. Acesso em: 10 ago. 2011.

PINTO, José Augusto Rodrigues. *Curso de Direito Individual do Trabalho*. 3. ed. São Paulo: LTr, 1997.

PINTO, José Augusto Rodrigues. Reflexões em Torno do Registro Sindical. In: FRANCO FILHO, Georgenor de Sousa (coord.). *Curso de Direito Coletivo do Trabalho – Estudos em Homenagem ao Ministro Orlando Teixeira da Costa*. São Paulo: LTr, 1998.

PINTO, José Augusto Rodrigues; PAMPLONA FILHO, Rodolfo. *Manual da Conciliação Preventiva e do Procedimento Sumaríssimo Trabalhista*. São Paulo: LTr, 2001.

PINTO, José Augusto Rodrigues; PAMPLONA FILHO, Rodolfo. *Repertório de Conceitos Trabalhistas*. São Paulo: LTr, 2000.

PLANIOL, Marcel. *Traité Élémentaire de Droit Civil*. Paris: PUF. v. 1.

PORTO, Laura. A herança digital na proposta de atualização do Código Civil: protegendo seu patrimônio digital. *Migalhas*, 28 maio 2024. Disponível em: <https://www.migalhas.com.br/coluna/reforma-do-codigo-civil/408156/a-heranca-digital-na-proposta-de-atualizacao-do-codigo-civil>. Acesso em: 22 out. 2024.

PRADO, Luiz Régis. *Curso de Direito Penal Brasileiro – Parte Geral*. 2. ed. São Paulo: Revista dos Tribunais, 2000.

RÁO, Vicente. *Ato Jurídico*. 4. ed. São Paulo: Revista dos Tribunais, 1999.

REALE, Miguel. *O Direito como Experiência*. 2. ed. fac-similar. São Paulo: Saraiva, 1992.

REALE, Miguel. *O Projeto do Novo Código Civil*. 2. ed. São Paulo: Saraiva, 1999.

RECASÉNS SICHES, Luís. *Tratado General de Filosofía del Derecho*. México: Porrúa, 1959.

REIS, Clayton. *Dano Moral*. 4. ed. Rio de Janeiro: Forense, 1995.

REIS, Nilza Maria Costa dos. *O Direito à Própria Imagem*. Dissertação final de mestrado apresentada à Faculdade de Direito da Universidade Federal da Bahia, jul. 1994 (inédita).

REQUIÃO, Rubens. *Curso de Direito Comercial*. 23. ed. São Paulo: Saraiva, 1998. v. 1.

REQUIÃO, Rubens. *Curso de Direito Comercial*. 23. ed. São Paulo: Saraiva, 1998. v. 2.

REZEK, Francisco. *Direito Internacional Público – Curso Elementar*. 17. ed. São Paulo: Saraiva, 2018.

RIBEIRO, Lélia Guimarães Carvalho e PAMPLONA FILHO, Rodolfo. *Direito do Trabalho – Estudos em Homenagem ao Prof. Luiz de Pinho Pedreira da Silva*. São Paulo: LTr, 1996.

RODRIGUES, Silvio. *Direito Civil; Parte Geral*. 28. ed. São Paulo: Saraiva, 1998. v. 1.

ROLFSEN, Bianca; ALVARES, Rodrigo Feracine. A Lei Federal 14.382 – 2022 e a possibilidade de realizar a alteração do prenome no Registro Civil de Pessoas Naturais. Disponível em: <https://ibdfam.org.br/artigos/1861/A+Lei+Federal+14.382+2022+e+a+possibilidade+de+realizar+a+alteração+do+prenome+no+Registro+Civil+de+Pessoas+Naturais>.

ROSAS, Roberto. *Direito Processual Constitucional*. 3. ed. São Paulo: Revista dos Tribunais, 1999.

ROTHENBURG, Walter Claudius. *A Pessoa Jurídica Criminosa*. Curitiba: Juruá, 1997.

RUGGIERO, Roberto de. *Instituições de Direito Civil*. Campinas: Bookseller, 1999. v. 1.

SALEILLES, Raymond. *De la Déclaration de Volonté*. Paris: LGDJ, s.d.

SALEILLES, Raymond. *Introduction à l'Étude du Droit Civil Allemand*. s.d.

SALOMÃO, Luis Felipe. *Novas tecnologias e direitos fundamentais*. Disponível em: <https://www.conjur.com.br/dl/leia-palestra-salomao-novas-tecnologias.pdf>. Acesso em: 8 ago. 2018.

SALOMÃO FILHO, Calixto. *O Novo Direito Societário*. São Paulo: Malheiros, 1998.

SAN TIAGO DANTAS, Francisco Clementino de. *Programa de Direito Civil*. 3. ed. Rio de Janeiro: Forense, 2000.

SANTOS, J. M. Carvalho. *Código Civil Brasileiro Interpretado*. 6. ed. Rio de Janeiro: Freitas Bastos, 1955. v. 2.

SANTOS, J. M. Carvalho. *Código Civil Brasileiro Interpretado*. Rio de Janeiro: Freitas Bastos, 1949. v. 3.

SANTOS, Moacyr Amaral. *Primeiras Linhas de Direito Processual Civil*. 17. ed. São Paulo: Saraiva, 1994. v. 1.

SANTOS, Moacyr Amaral. *Primeiras Linhas de Direito Processual Civil*. 4. ed. São Paulo: Saraiva, 1979. v. 2.

SCHMIEDEL, Rachel Campani. *Negócio Jurídico: Nulidade e Medidas Sanatórias*. São Paulo: Saraiva, 1981.

SEMIÃO, Sérgio Abdalla. *Os Direitos do Nascituro – Aspectos Cíveis, Criminais e do Biodireito*. Belo Horizonte: Del Rey, 1998.

SESSAREGO, Carlos Fernandez. *El Derecho como Libertad*. Lima: Ed. Libreria Studium, 1987.

SEVERINO, Antônio Joaquim. *Metodologia do Trabalho Científico*. 19. ed. São Paulo: Cortez, 1993.

SEVERO, Sérgio. *Os Danos Extrapatrimoniais*. São Paulo: Saraiva, 1996.

SILVA, Floriano Corrêa Vaz da. A Equidade e o Direito do Trabalho. *Revista LTr*, v. 38, São Paulo: LTr, 1974.

SILVA, Jorge Cesa Ferreira da. *A Boa-Fé e a Violação Positiva do Contrato*. Rio de Janeiro: Renovar, 2002.

SILVA, José Afonso da. *Aplicabilidade das Normas Constitucionais*. 4. ed. São Paulo: Malheiros, 2000.

SILVA, José Afonso da. *Curso de Direito Constitucional Positivo*. 9. ed. São Paulo: Malheiros, 1993.

SILVA, Ovídio A. Baptista da. *Curso de Processo Civil*. 4. ed. São Paulo: Revista dos Tribunais, 1998. v. 1.

SILVA, Sérgio André Rocha Gomes da. Da Inconstitucionalidade da Penhorabilidade do Bem de Família por Obrigação Decorrente de Fiança em Contrato de Locação. *Revista de Direito Privado*, v. 2. São Paulo: Revista dos Tribunais, abr./jun. 2000.

SILVA, Wilson Melo da. *O Dano Moral e sua Reparação*. 3. ed. Rio de Janeiro: Forense, 1983.

SIMÃO, José Fernando. Estatuto da Pessoa com Deficiência causa perplexidade (parte 01). Disponível em: http://www.conjur.com.br/2015-ago-06/jose-simao-estatuto-pessoa-deficiencia-causa-perplexidade.

SOUZA NETO, João Baptista de Mello e. *Direito Civil – Parte Geral*. 3. ed. São Paulo: Atlas, 2000.

STOCO, Rui. *Abuso do Direito e Má-Fé Processual*. São Paulo: Revista dos Tribunais, 2002.

STOCO, Rui. *Tratado de Responsabilidade Civil*. 5. ed. São Paulo: Revista dos Tribunais, 2001.

SZANIAWSKI, Elimar. *Direitos de Personalidade e sua Tutela*. São Paulo: Revista dos Tribunais, 1993.

SZANIAWSKI, Elimar. O Embrião Excedente – O Primado do Direito à Vida e de Nascer. Análise do Art. 9.º do Projeto de Lei do Senado n. 90/99. *Revista Trimestral de Direito Civil – RTDC*, Rio de Janeiro: PADMA, ano 2, v. 8, out./dez. 2001, p. 83-107.

TARTUCE, Flávio. Alterações do Código Civil pela Lei 13.146/2015 (Estatuto da Pessoa com Deficiência). Repercussões para o direito de família e confrontações com o Novo CPC. Parte II. Disponível em: <http://www.migalhas.com.br/FamiliaeSucessoes/104,MI225871,51045--Alteracoes+do+Codigo+Civil+pela+lei+131462015+Estatuto+da+Pessoa+com>. Acesso em: 13 ago. 2018.

TARTUCE, Flávio. *Manual de Direito Civil*. 7. ed. São Paulo: Método, 2017.

TARTUCE, Flávio. *Direito Civil – Lei de Introdução e Parte Geral*. 17. ed. Rio de Janeiro: Forense, 2021.

TELLES JR., Goffredo. *O Direito Quântico*. 5. ed. São Paulo: Max Limonad, 1981.

TEPEDINO, Gustavo (coord.). *A Parte Geral do Novo Código Civil – Estudos na Perspectiva Civil-Constitucional*. Rio de Janeiro: Renovar, 2002.

TEPEDINO, Gustavo. *Problemas de Direito Civil-Constitucional*. Rio de Janeiro: Renovar, 2000.

TEPEDINO, Gustavo. *Temas de Direito Civil*. 2. ed. Rio de Janeiro: Renovar, 2001.

TEPEDINO, Gustavo; BARBOZA, Heloisa Helena e MORAES, Maria Celina Bodin de (coords.). *Código Civil interpretado conforme a Constituição da República*. Rio de Janeiro: Renovar, 2004.

THEODORO JÚNIOR, Humberto. *Curso de Direito Processual Civil*. 18. ed. Rio de Janeiro: Forense, 1996. v. 1.

THEODORO JÚNIOR, Humberto. *Curso de Direito Processual Civil*. 21. ed. Rio de Janeiro: Forense, 1998. v. 2.

THEODORO JÚNIOR, Humberto. *O Contrato e seus Princípios*. Rio de Janeiro: Aide, 1993.

TICIANELLI, Joelma. Limites Objetivos e Subjetivos do Negócio Jurídico na Constituição Federal de 1988. In: LOTUFO, Renan (org.). *Direito Civil Constitucional – Cadernos 1*. São Paulo: Max Limonad, 1999.

TORNAGHI, Hélio. *Instituições de Processo Penal*. Rio de Janeiro: Forense, 1959. v. 1.

TRINDADE, Washington Luiz da. *O Superdireito nas Relações de Trabalho*. Salvador: Editora e Distribuidora de Livros Salvador Ltda., 1982.

VALLE, Christino Almeida do. *Dano Moral*. 2. tir. Rio de Janeiro: Aide, 1994.

VALLER, Wladimir. *A Reparação do Dano Moral no Direito Brasileiro*. 3. ed. Campinas-SP: E. V. Editora Ltda., 1995.

VENOSA, Sílvio de Salvo. *Direito Civil* (Parte Geral). São Paulo: Atlas, 2001. v. 1.

VENOSA, Sílvio de Salvo. *Direito Civil* (Direito de Família). São Paulo: Atlas, 2001. v. 5.

VERÇOSA, Haroldo. Código Civil Pode Trazer Incertezas a Empresas. *Gazeta Mercantil*, 17 ago. 2001.

VERRUCOLI, Piero. *Il Superamento della Personalità Giuridica della Società di Capitali nella "Common Law" e nella "Civil Law"*.

VIANA, Rui Geraldo de Camargo e NERY, Rosa Maria Andrade. *Temas Atuais de Direito Civil na Constituição Federal*. São Paulo: Revista dos Tribunais, 2000.

WALD, Arnoldo. *Curso de Direito Civil Brasileiro*. 8. ed. São Paulo: Revista dos Tribunais, 1995.

WALD, Arnoldo. O Contrato, Passado, Presente e Futuro. *Revista da Associação dos Magistrados Brasileiros – Cidadania e Justiça*, ano 4, n. 8, 1. sem. 2000.

WAMBIER, Luiz Rodrigues; ALMEIDA, Flávio Renato Correia de e TALAMINI, Eduardo. *Curso Avançado do Processo Civil*. 2. ed. 2. tir. São Paulo: Revista dos Tribunais, 2000.

ZAFFARONI, Eugenio Raúl e PIERANGELI, José Henrique. *Manual de Direito Penal Brasileiro – Parte Geral*. São Paulo: Revista dos Tribunais, 1997.

ZENUN, Augusto. *Dano Moral e sua Reparação*. 4. ed. Rio de Janeiro: Forense, 1996.

ZITSCHER, Harriet Christiane. *Introdução ao Direito Civil Alemão e Francês*. Belo Horizonte: Del Rey, 1999.

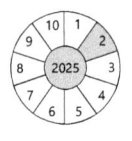